商代青铜器铭文研究

嚴志斌 著

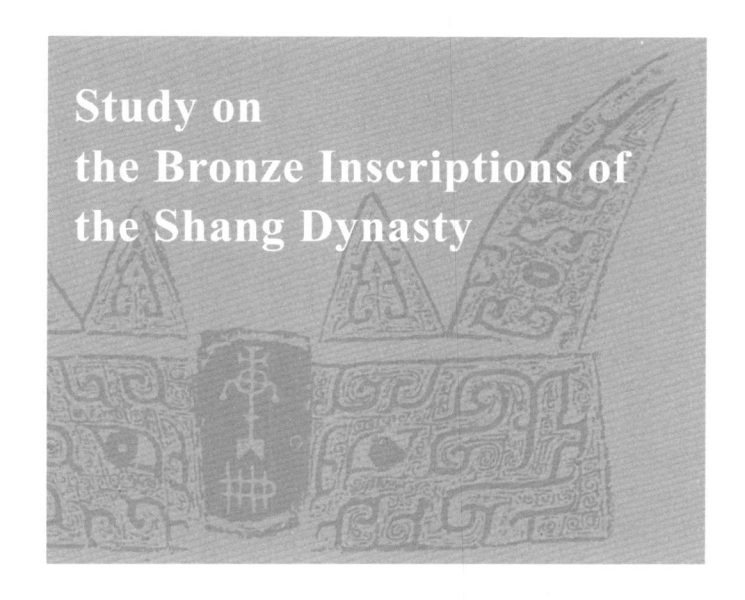

Study on
the Bronze Inscriptions of
the Shang Dynasty

上海古籍出版社

圖書在版編目(CIP)數據

商代青銅器銘文研究／嚴志斌著.—上海：上海古籍出版社，2017.4（2024.12重印）
ISBN 978-7-5325-8390-4

Ⅰ.①商… Ⅱ.①嚴… Ⅲ.①青銅器(考古)—金文—研究—中國—商代 Ⅳ.①K877.34

中國版本圖書館CIP數據核字(2017)第051161號

商代青銅器銘文研究

嚴志斌 著

上海世紀出版股份有限公司
上 海 古 籍 出 版 社 出版
（上海瑞金二路272號　郵政編碼200020）

(1) 網址：www.guji.com.cn
(2) E-mail：guji1@guji.com.cn
(3) 易文網網址：www.ewen.co

上海世紀出版股份有限公司發行中心發行經銷
浙江臨安曙光印刷有限公司印刷
開本787×1092　1/16　印張38.75　插頁4　字數618,000
2017年4月第1版　2024年12月第3次印刷
印數：2,301—2,900
ISBN 978-7-5325-8390-4
K·2306　定價：168.00元
如有質量問題，請與承印公司聯繫

目　　錄

序 ·· 劉一曼　1
導言 ·· 1

第一章　商代青銅器銘文研究概況 ·· 1
　　一、資料的整理與著錄 ·· 3
　　二、工具書的編纂 ·· 5
　　三、銘文的考釋與研究 ·· 5
　　四、族氏銘文的研究 ·· 6
　　五、斷代研究 ·· 8
　　六、其他專題研究 ·· 12

第二章　商代有銘青銅器的斷代與分期 ·································· 15
　第一節　商代有銘青銅器的類型學研究 ···································· 21
　　一、食器 ·· 21
　　二、酒器 ·· 40
　　三、水器 ·· 69
　　四、樂器 ·· 72
　　五、兵器 ·· 74
　　六、雜器 ·· 82
　第二節　武丁以前有銘青銅器的探討 ···································· 85

第三章　商代青銅器銘文的分期 ·· 100
第一節　商代青銅器銘文單字形體的分期 ································ 103
第二節　商代青銅器銘文分期特點 ·· 128
一、商代中期與殷墟一期 ·· 128
二、殷墟二期 ·· 131
三、殷墟三期 ·· 132
四、殷墟四期 ·· 133

第四章　商代青銅器銘文的語法 ·· 137
第一節　詞法 ·· 138
一、詞類 ·· 138
二、構詞法 ·· 144
第二節　短語 ·· 145
一、短語的結構類型 ·· 145
二、各類短語的功能 ·· 146
第三節　句法 ·· 147
一、句子成分 ·· 147
二、單句 ·· 152
三、複句和句類 ·· 155

第五章　商代青銅器銘文中的職官 ·· 157
第一節　"亞"形問題 ·· 157
第二節　職官 ·· 176
一、師 ·· 176
二、寢 ·· 176
三、宰 ·· 180
四、作冊 ·· 180

五、尹 ··· 183

　　六、小臣 ··· 184

　　七、史 ··· 185

　　八、牧 ··· 186

　　九、戍 ··· 189

　　十、侯 ··· 191

　　十一、射 ··· 193

　　十二、菊 ··· 194

　　十三、田 ··· 195

　　十四、犬 ··· 197

　　十五、衛 ··· 199

　　十六、馬 ··· 200

　　十七、旅 ··· 201

　　十八、宁 ··· 202

第六章　商代青銅器銘文中的諸子與諸婦 ············ 205

　第一節　諸子 ··· 205

　第二節　諸婦 ··· 240

第七章　商代青銅器銘文中的族氏 ····················· 248

　第一節　族氏銘文研究回顧 ····························· 248

　　一、族氏銘文的性質 ···································· 248

　　二、族氏銘文的特點 ···································· 254

　第二節　複合族氏問題 ···································· 260

　第三節　主要族氏探討 ···································· 263

　　一、北方族氏 ··· 264

　　二、西方族氏 ··· 278

　　三、南方族氏 ··· 305

四、東方族氏 ··· 315

第八章　商代青銅器銘文中的記事金文 ························ 337
　　一、賞賜動詞 ··· 337
　　二、賞賜物 ··· 338
　　三、賞賜地點 ··· 342
　　四、賜者與受賜者 ··· 343
　　五、賞賜緣由 ··· 344

第九章　餘論 ·· 345
　　一、日名問題 ··· 345
　　二、銘文中所見名物研究 ······································· 346
　　三、紀年曆法研究 ··· 346
　　四、族氏銘文研究 ··· 346

主要參考文獻 ·· 348

商代青銅器銘文總表 ·· 370

後記 ·· 603

Contents

Foreword ···Liu Yiman 1
Preface ·· 1

Chapter 1: Research Survey of the Bronze Inscriptions of the Shang Dynasty
·· 1
    1. The Sorting out and Recording of the Data ··· 3
    2. The Compilation of the Dictionaries ·· 5
    3. The Textual Explanation and Research of the Inscriptions ······················ 5
    4. The Study on the Clan Symbols ·· 6
    5. The Chronological Study and Periodization ·· 8
    6. The Other Monographic Study ··· 12

Chapter 2: Dating and Periodization on the Bronzes with Inscriptions of the Shang Dynasty ·· 15
    1. The typological Study on the Bronzes with Inscriptions of the Shang Dynasty
·· 21
        1.1. Utensils for food ··· 21
        1.2. Drinking Vessels ·· 40
        1.3. Water Collectors ·· 69
        1.4. Musical Instruments ··· 72

1.5. Weapons ··· 74
1.6. Miscellaneous Devices ·· 82
2. The Study on the Bronzes with Inscriptions Before WuDing's Reign ······ 85

Chapter 3: The Periodization on the Bronze Inscriptions of the Shang Dynasty ······ 100
1. The Periodization on the Single Character's Form of the Bronze Inscriptions of the Shang Dynasty ··· 103
2. The Characters of Stages of the Bronze Inscriptions of the Shang Dynasty ··· 128
    2.1. The Mid-shang Period and the *Yinxu*(殷墟) Culture Phase Ⅰ ·········· 128
    2.2. The *Yinxu*(殷墟) Culture Phase Ⅱ ································· 131
    2.3. The *Yinxu*(殷墟) Culture Phase Ⅲ ································· 132
    2.4. The *Yinxu*(殷墟) Culture Phase Ⅳ ································· 133

Chapter 4: The Grammars of the Bronze Inscriptions of the Shang Dynasty ······ 137
1. Morphology ··· 138
    1.1. Parts of Speech ··· 138
    1.2. Word Formation ··· 144
2. Phrases ··· 145
    2.1. Structure Types of the Phrases ······································ 145
    2.2. Function of the Phrases ··· 146
3. Syntax ·· 147
    3.1. Sentence Elements ·· 147
    3.2. Simple Sentence ··· 152
    3.3. Complex Sentence and Sentence Category ····················· 155

Chapter 5: The Officials in the Bronze Inscriptions of the Shang Dynasty ······ 157
1. Study on the Form of "*Ya*(亞)" ··· 157
2. Officials ·· 176

2.1. *Shi*（師）·· 176
2.2. *Qin*（寢）·· 176
2.3. *Zai*（宰）·· 180
2.4. *ZuoCe*（作册）·· 180
2.5. *Yin*（尹）·· 183
2.6. *XiaoChen*（小臣）·· 184
2.7. *Shi*（史）·· 185
2.8. *Mu*（牧）·· 186
2.9. *Shu*（戍）·· 189
2.10. *Hou*（侯）·· 191
2.11. *She*（射）·· 193
2.12. *Fu*（葡）··· 194
2.13. *Tian*（田）·· 195
2.14. *Quan*（犬）·· 197
2.15. *Wei*（衛）·· 199
2.16. *Ma*（馬）··· 200
2.17. *Lv*（旅）··· 201
2.18. *Ning*（宁）·· 202

Chapter 6: The *Zi*（子）and *Fu*（婦）in the Bronze Inscriptions of the Shang Dynasty ··· 205
1. The *Zi*（子）·· 205
2. The *Fu*（婦）·· 240

Chapter 7: The Clan in the Bronze Inscriptions of the Shang Dynasty ········ 248
1. The Review of the Study on the Clan Symbols ································ 248
   1.1. The Properties of the Clan Symbols ····································· 248
   1.2. The Characters of the Clan Symbols ····································· 254

2. The Compound Clan ·· 260
   3. Research on the Main Clans ·································· 263
      3.1. The Northern Clan ··· 264
      3.2. The Western Clan ·· 278
      3.3. The Southern Clan ··· 305
      3.4. The Eastern Clan ·· 315

Chapter 8: The Narrative Contents in the Bronze Inscriptions of the Shang Dynasty ·· 337
   1. The Verb of Largess ··· 337
   2. The Gifts of Largess ··· 338
   3. The Location of Largess ·· 342
   4. The persons of Largess ··· 343
   5. The Reason of Largess ·· 344

Chapter 9: The Complementary Part ···································· 345
   1. The *Riming*（日名）System ·· 345
   2. The Study on the Names and Descriptions of Things in the Bronze Inscriptions
      ·· 346
   3. The Study on the Calendar of Age-Dating ························ 346
   4. The Study on the Clan Symbols ·································· 346

Bibliography ·· 348

The Summary Statement of the Bronze Inscriptions of the Shang Dynasty
   ·· 370

Postscript ·· 603

序

　　嚴志斌博士的學位論文《商代青銅器銘文研究》即將出版，他希望我爲之作序，將要動筆之時，如煙的往事一幕一幕浮現在我眼前。
　　2003年春，是我最後一次招收博士生，嚴志斌、謝肅、胡進駐三人同時報考，到了夏天，中國社科院研究生院招生辦傳來消息，他們三位全被錄取。嚴志斌於2000年夏在吉林大學碩士畢業後就到中國社會科學院考古所夏商周研究室工作，因此我們接觸的機會較多。得知他被錄取後不久，在一次簡短的交流中，我希望他儘早確定博士論文的選題，並建議他若傾向甲骨文方面，則從小屯南地甲骨或花園莊東地甲骨中選題；若是銅器銘文，則可從商代或西周金文中選題。嚴志斌是我同班學友林澐先生的研究生，在林先生的指導下，其撰寫的碩士論文是《四版〈金文編〉校補》，在金文上已有較好的基礎，他當時傾向於選擇金文。
　　大概在九月上旬，我與他作了詳談。我指出西周金文銘文較長，內容豐富，涉及面廣，研究的學者及發表的論著也較多，而攻讀博士學位的時間較短，恐難有創造性的突破。商代金文雖然數量較多，但文辭簡短，大多爲二三個字或幾個字，最長的也僅四十多字，長期以來不大爲學者所重視，研究者少，即便有學者對它進行研究，也只是在某些局部的具體問題上作些探討，至今尚無一部系統研究的專著。但20世紀70年代以來，隨着商代考古工作蓬勃開展，商代有銘銅器（特別是殷墟有銘銅器）出土較多，而且學術界對商代青銅器、陶器、甲骨文的分期斷代也取得了重要進展，這就爲商代青銅器銘文的綜合研究創造了良好的條件。所以我建議他可作《商代銅器銘文研究》這一題目，此課題若做好了，可望有新的突破，有填補空白的重要學術意義。我當時還談到商代銘文資料數量也較大，較零散，要將資料收集齊備，恐怕要花費一兩年時間，再加上整理資料、研究，寫成論文，三年時間也是很緊張的，難度也很大。他表示考慮我提出的題目,儘快收集資料,進行研究,我爲他知難而進的勇氣感到高興。

2004年9月,在博士生論文開題的論證會上,嚴志斌把《商代青銅器銘文研究》的選題意義、章節結構、研究方法等向評委作了陳述。與會的學者基本同意他的報告,並認爲這一題目工作量大,時間又較緊,重點應放在商代青銅器銘文的研究概況、商代有銘銅器與銅器銘文的分期及族氏銘文研究這四章,其他幾章若時間不夠,可酌情删去,等畢業後再繼續進行。

2005年春,嚴志斌花了很大力氣終於完成了收集資料、建立銘文數字文檔和對有銘銅器進行分期的工作。這時我見到他比以前消瘦了,顯得相當疲勞。我生怕他累病了,憐惜之心油然而生,建議他删去商代青銅器銘文語法一章。我當時的想法是,從事甲骨金文語法研究,對於中文系畢業學生,做起來會得心應手,而嚴志斌本科是學考古的,寫這一章會比較困難。但是他還是不顧疲勞,踏踏實實,於2006年3月,按照開題報告所列的全部章節完成了論文。論文長達三十多萬字,加上所附表格,厚厚的一本。這種鍥而不捨的韌勁令人欽佩不已。

天道酬勤,功夫不負有心人,嚴志斌的論文在答辯中被評爲優秀論文,2009年又獲得了中國社會科學院研究生院優秀博士論文一等獎及國務院學位辦全國百篇優秀博士論文獎。對於他所取得的成績和榮譽,作爲指導教師,欣慰之情,難於言表。我也深知,這篇論文獲獎,不僅體現了評委們對那些守得住寂寞、專心致志從事費時、費力的基礎課題研究的年青學子的鼓勵,也證明了志斌同學有較好的業務基礎,並能在已有的基礎上努力提高,在傳統的框架結構中尋求突破,使其研究成果具有創新性、科學性和鮮明特色。

此書是我國第一部對商代有銘銅器進行全面系統整理與研究的著作。收集的資料完備而豐富,全書共收商代有銘銅器5 453件,可以説,2007年以前發表的有銘銅器已囊括其中。作者對這五千多件器物進行分類分期,並對銅器銘文的語法,銘文中的職官、諸子、諸婦、族氏及記事銘文等諸多問題作了較深入的探討。其創新之處主要有如下幾點。

一、對武丁以前銅器銘文的鑒别較爲科學。目前所見商代青銅器絶大多數是武丁及其以後時期的,武丁以前的銅器是否有銘文,這些銘文的形態如何?是個備受關注的問題。一些學者從類型學的角度作過探討,區分出商代中期至殷墟一期的有銘銅器20餘件。此書對這些銅器作了重新考察,認爲其中7件應該剔除在早期銅器之外。這7件器物2件屬裝飾性的紋飾,並非銘文,餘5

件應爲殷墟二期至四期之物。作者又在前人鑒別的基礎上,新增了幾件早期有銘銅器,該書所列武丁以前的有銘銅器計18件。由於作者在判定早期有銘銅器時,不但注意銅器的形態、紋飾,還注意銘文的字體風格,將這三項因素作綜合分析,因而得出的結論較爲可靠。

二、基本建立起商代青銅器銘文的年代框架。以往學者對商代銅器銘文的分期較爲粗略,長期以來多從區分商器與周器的角度進行討論。20世紀80年代以後,有的學者已注意將銘文作爲銅器的一項附屬特徵,在器物分期範圍内加以概括。如鄭振香、陳志達《殷墟青銅器的分期與年代》(見《殷虚青銅器》,文物出版社,1958年)、岳洪彬《殷墟青銅禮器研究》(中國社會科學出版社,2006年),此二書在對青銅器進行分期時,均概述了殷墟一、二、三、四期銘文的特徵。本書先對17個各期常見的銘文形體進行了分期研究,歸納出字形變化特徵,然後再根據銅器的考古斷代,分析各期銘文之特點,認爲從銘文發展的角度看,應分爲三期:第一期,相當於商代中期與殷墟文化第一期,是商金文的肇始階段;第二期,相當於殷墟文化二、三期,是商金文的發展階段;第三期,相當於殷墟文化第四期,是商金文的轉型階段。我認爲他的分期以考古發掘的有銘銅器爲基礎,是合理的、妥當的。

三、對族氏銘文作了較深入的探討。在商代銅器銘文中,多數爲族氏銘文,而族氏銘文在商代史及商代考古的研究中有着重要作用,因此不少學者對此作過探討,但也存在一些不同的看法。如對複合族名的含義,存在聯合説與分支説兩種觀點,前者認爲複合族氏名表示兩個或兩個以上族氏的結合,表示由幾個族氏結合而成的標識。後者認爲一個族的分支,將其氏名附於自身所從出的族名之下以别之。兩説中以後一種觀點影響更大,引用的人更多。嚴志斌對此作了分析,指出其中存在的問題,他認爲應結合分支説與聯合説才能符合族内部與族外部之間的多層面的關係,即對具體族氏應作具體分析的原則,不强求一刀切式的論斷。文中他正是用這種方法對殷代東、南、西、北方的重要族氏作了探討,其中對丙族、冀族、史族的分析較前人更爲深入、精到。

四、對青銅器銘文的語法進行了細緻研究。學術界對銅器銘文語法研究較少,即便對此進行研究時,重點也放在西周金文上,很少涉及商代銅器銘文的語法。該書專闢一章研究商代銅器銘文語法,較詳細地分析了商代銘文的詞法、短語、句法等,頗具開創性,對漢語語法史的研究很有意義。

五、青銅器銘文一覽表內容豐富,易於檢索。書中所附的商代青銅器銘文一覽表,是過去學者所未做過的,份量大,所占的篇幅與正文接近。儘管稱爲附表,也是本書的重點與精華所在。該表將5 453件商代青銅器銘文,逐件列出其出處(著錄號)、器名、出土地點、器物型式、時代、銘文等,内容詳細,便於檢索。這爲今後學者對商代金文作進一步研究打下良好的基礎,又爲從事殷商史、殷商考古、甲骨文研究的學者及商周銅器愛好者查閱商代銅器銘文資料提供了極大方便。所以在嚴志斌論文答辯之後,一些高校或科研單位從事商周考古、古文字研究的學者、碩士生、博士生及古代青銅器愛好者等,多複印此表。表明此表有較强的實用價值,頗受大家歡迎。

總之,這是一部水準較高的學術專著,相信古文字學者、專業文物考古工作者、先秦史學者以及古文字愛好者都會從書中得到裨益。

應當指出的是,雖然本書對商代銅器銘文進行了系統的研究,取得了可喜的成績,但書中有些結論尚待新資料的驗證,一些問題還有待進一步探討。而此書尚未研究的商金文中的日名、地名、物名問題以及金文反映的祭祀、族氏銘文與青銅器紋飾的關係等諸多問題,也還需要今後作專題研究。

我認爲,商代金文研究領域中,值得探索的問題很多,但當務之急還是先做好基礎工作,如編纂一部商代金文字編或商代金文詞典。衆所周知,容庚先生的《金文編》,歷來是古文字學者案頭必備的重要工具書,學術價值極高。該書每個字的排列基本上是按時代之先後,將商代銘文排於周代銘文之前,但由於當時條件所限,没有對商、周銘文進行明確的斷代。如上文所述,至今商代金文已達五千多件,有必要將之單獨編成字典,以促進商代金文研究向縱深發展。

我還想過,這部新的商代金文字編,最好能改變《金文編》的按《説文》分別部居的排序法,而采用"自然分類法"編排系統。因爲傳統字書的排序法,對於許多古文字基礎薄弱,但又需從書中查找資料的人來説,均有檢索不便之感。所以,近二十多年來,出版的一批甲骨文工具書如《殷墟甲骨刻辭類纂》、《甲骨文字形表》、《甲骨文字編》等均已采用後一種方法,因檢索方便而深受讀者歡迎。金文字典與甲骨文字典接軌,這應是古文字學發展的趨勢。近聞嚴志斌正在從事《商金文編》的工作,十幾年來,他一直在金文這片園地上辛勤耕耘,有很豐富的積累,我堅信他一定能完成好這部新著,我們將翹首以待。

劉一曼

2012年12月

導　言

　　商代銅器銘文與甲骨刻辭是商代歷史研究中的直接史料，素爲學者所重。商代青銅器銘文的載體主要是青銅禮器，是商代青銅器的一個有機組成部分，所以它是研究商代青銅器、商代文字、商代禮制以及禮制所反映的政治制度、社會結構等歷史狀況的重要資料。另外，在歷史上發現的各類古文字資料中，金文延續的時間最長——從商代到戰國晚期，因而佔有特別重要的地位。商代金文作爲這類文字的源頭，對其進行研究有助於瞭解銘文的字體、佈局、內容，以及隨着時代發展所發生的歷時性改變。

　　過去學者研究商周青銅器銘文，重點在周代，綜合性研究商代銘文者則較少。究其原因，可能是商代青銅器銘文內容簡短，難以完全通曉；再者，商代有銘文的青銅器大多數屬於傳世品，無準確的年代和明確的出土單位。這些都限制了研究的深入，而在對商代青銅器銘文的研究中，多只是對某些具體問題進行研究，尚未對它進行全面整理，所以迄今尚無一部綜合性研究商代青銅器銘文的著作。近二十年來，隨着考古資料的不斷出土與發表，商代青銅器銘文的資料也日益增多，學術界對商代青銅器的分期斷代研究也取得了重要進展。這一切都爲商代銅器銘文的綜合研究提供了良好的條件。

　　分期研究是青銅器研究的一項基本工作。要加強商代史的研究，銅器銘文的分期與甲骨刻辭的分期都是必需的工作，只有在分期的基礎上，綜合運用同期的各方面材料，才能促進一些問題在時間這一層面上的研究。甲骨刻辭的分期研究已經取得了重要的成果，而商代銅器銘文的分期斷代研究方面，除了部分可確認爲某王之器以外（例如帝辛時征人方諸器等），大部分商代銅器的時代依然過於粗疏。單就商代銅器銘文集錄而言，1917年羅振玉作《殷文存》時，收有銘器755件①；1935年王辰作《續殷文存》，收有銘器1 587件②；1995年，張光遠就臺灣故宮博物院收藏的商代有銘銅器特展編輯圖錄《商代金文圖錄》，收器42件③。又，《殷周金文集成》全書收商代有銘銅器4 864件④；《安陽殷墟青銅器》收商代有銘銅器29件⑤；《近出殷周金文集錄》收商代有銘銅器420件⑥；《新收殷周青銅器銘文暨器影彙編》新收錄商代有銘銅器301件⑦；《近出殷周金文集錄二編》收錄商代銘文銅器360件⑧（後三書所收銅器互有重複）。以上是商代銅器銘文研究中的重要成果。但以上諸作所收不全、取捨也未必精當，且上舉成果與絕大多數銅器銘文著錄書在時代一項上皆概言"殷"或"商代晚期"而沒有更細緻的分期。這顯然不利於相關研究在時代層面上的展開。

　　本書首先擬對目前公佈（截至2007年底）的商代銅器銘文資料進行全面的整理和分期斷代。其意義主要有如下幾個方面：整理收錄已公佈的所有可斷為商代的銅器銘文；將以往著錄中籠統歸為商代晚期的銅器銘文進行細緻的區分，給出更為細緻的年代刻度，構建銅器銘文發展的更準確的時間框架；基於更細緻的時間框架，銅器銘文各方面的歷時性描述與研究將更加生動。如解析字體的變化，語法的規律，商代家族的分衍、遷移、融合、消亡等問題。與商代銅器銘文同時代的文獻，如甲骨文等，也因此有了可以反觀存照進行研究的尺規，同時也能反過來促進商代銅器的研究。通過斷代研究，確也找出了早於武丁時期的銅器銘文，如此，無疑為早商歷史與文字起源的研究找到了一個突破口。

　　本書分期斷代研究的基本思路與研究方法是：在分期斷代的研究中，以科學發掘出土的銅器為主，以考古類型學方法，確定若干標準器，進而將傳世銅器也作分期斷代研究。在此基礎上，選擇部分常見銅器銘文字形，進行字體的分期斷代研究。並以此為基礎，嘗試對部分不見銅器器影的銘文進行斷代，剔除部分斷為西周的銅器銘文，並重新釐定部分定為商代晚期銘文與西周早期的銘

---

① 羅振玉：《殷文存》，1917年石印本。
② 王辰：《續殷文存》，考古學社，1935年。
③ 張光遠：《商代金文圖錄》，臺灣故宮博物院，1995年。
④ 中國社會科學院考古研究所：《殷周金文集成》，中華書局，1984—1994年。
⑤ 安陽市文物工作隊、安陽市博物館：《安陽殷墟青銅器》，中州古籍出版社，1993年。
⑥ 劉雨、盧岩：《近出殷周金文集錄》，中華書局，2002年。
⑦ 鍾柏生、陳昭容、黃銘崇、袁國華：《新收殷周青銅器銘文暨器影彙編》，藝文印書館，2006年。
⑧ 劉雨、嚴志斌：《近出殷周金文集錄二編》，中華書局，2010年。

文。這方面研究的難點有以下幾個方面：商代銅器銘文的著錄比較散亂；商代有銘文的青銅器中的大部分都是傳世品或非科學發掘品，已失去了其原始的存在背景以及器物之間的相互關係，這造成了進行斷代分期工作的難度；商代銘文銅器多收藏於公私藏家，部分銅器只公佈了銘文而無器影或器影不清，難以進行斷代研究。部分商代末期的銅器與西周早期的銅器在類型學上無法進一步區分，本書將本着實事求是的原則，不作硬性區分。

本書擬在分期斷代研究的基礎上，參照前人的研究成果，對商代青銅器銘文進行整體論述，並對一些學術界關注的問題，如商代青銅器銘文的語法、族氏、方國地理、職官、人物及文法等問題，嘗試將銅器銘文與甲骨文、商代玉石器上的文字以及古代文獻相結合，進行綜合分析。

第一章

商代青銅器銘文研究概況

對商周青銅器銘文的關注始見於文獻記載的時間可上溯至兩漢時期。這也與當時不斷發現商周青銅器相關連。《漢書·郊祀志》記載了漢武帝時發現了一件銅器，有個叫李少君的人認出那是齊桓公所作之器；漢宣帝時的京兆尹張敞也識出當時得於美陽的銅鼎爲周鼎。儘管當時還談不上對青銅器及其銘文的研究，但東漢的許慎在其《説文解字》序中提到："郡國往往於山川得鼎彝，其銘即前代之古文。"認識到銅器上的銘文是古代的文字已屬難能可貴。而且這一時期已有私人收藏銅器的風氣，如1964年10月在江西南昌老福山的西漢中期墓中就隨葬有商代晚期的銅瓿[①]，1953年11月湖南衡陽蔣家山東漢4號墓也發掘出土了商代晚期的銅爵和銅觶[②]。兩漢之後，商周銅器屢有出土，也有人專門收集銅器。如《梁書·劉之遴傳》記載："之遴好古愛奇，在荆州聚古器數十百種。"北宋以後，對古器的收藏、把玩逐漸成爲社會上層的一種時尚，金石之學漸盛，開始了真正意義上的對青銅器及其銘文的研究。在此基礎之上，加之印刷等技術的進步，出現了一批具有開創之功的頗有學術價值的青銅器著作。經過元、明的著録與研究的低落之後，到了清代，隨着對古代典籍與文字進行嚴密考證的"樸學"之風的盛行，有清一代對青銅器及其銘文的研究又日益成爲當時的學術重心。其中尤以官方身份編撰的宫廷所藏的銅器圖録《西清古鑒》對青銅器及銘文研究起到了較大的推動作用。在此之後，這一時期出現了一大批私人編纂的青銅器著録與考證書籍。

[①] 江西省文物管理委員會：《江西南昌老福山西漢木槨墓》，《考古》1965年第6期，第270頁。
[②] 湖南省文物管理委員會：《衡陽苗圃蔣家山古墓清理簡報》，《文物參考資料》1954年第6期，第53—56頁。

縱觀從宋到清這八百多年的漫長時間,中國金石之學所作的貢獻主要在於對青銅器的著錄,而其中有許多器物已不見了蹤影,從而爲今天青銅器及銘文的研究提供了珍貴的資料。另一方面,銅器著錄書在器物的定名、銘文與文字的考釋以及著錄體例等方面也均有開創之功。但是,這一時期的研究無疑還處於原始材料的積累階段,仍陷於古器物學的窠臼。

清末至民國初年,西方的科學技術思想漸次被引進,一批海外學成人員及西方學者開創了對中國人文科學研究者有直接影響的中國現代考古學,加上殷墟甲骨文、敦煌寫本書卷等幾次古代文物的重大發現,這些學術界的變化導致金石學研究向科學的方向轉變。在新的研究方向與旨趣的指引下,除了繼續編纂出版青銅器與銘文著錄書籍之外,在青銅器的類型學、斷代與分期、區域研究等方面的研究也取得了重大進步。而且出現了一系列綜合性的研究著作,如容庚的《商周彝器通考》,總體上建立了青銅器的科學研究體系。另外,如《金文編》這樣專收青銅器銘文的字典類工具書的編著,也説明這一階段學者對銅器銘文的考釋有了質的飛躍。

1949年以來,隨着田野考古工作的大規模展開,青銅器也不斷出土,新材料促進了新研究。青銅器的研究已成爲考古學的分支,而青銅器銘文的研究,與青銅器器形、紋飾的研究聯合,凸顯出研究的綜合性,並以更多角度向廣度與深度發展。

關於歷年來金文研究的狀況,趙誠先生有《二十世紀金文研究述要》[1]一書問世。此書分六章,分時段對金文研究進行述評。第一章爲宋代的金文研究,討論了宋代以前的狀況,宋代的金文著錄、釋讀與考證;第二章談清代的金文研究;第三章至第六章分別以20世紀30、50、70、90年代20年的時間間隔對當時的金文研究進行述評。這是目前所見最爲詳細的金文研究史述評著作。

在對清以前的金文整理與研究中,王國維在其《觀堂集林》卷六之《宋代金文著錄表序》中概括爲"與叔考古之圖,宣和博古之録,既寫其形,複摹其款,此一類也;嘯堂集古,薛氏法帖,但以録文爲主,不以圖譜爲名,此二類也;歐趙金石之目,才甫古器之評,長睿東觀之論,彥遠廣川之跋,雖無關圖譜,而頗存名目,此三類也"。下文擬從資料的整理與著録、工具書的編纂、銘文的考釋與研

---

[1] 趙誠:《二十世紀金文研究述要》,書海出版社,2003年。

究、族氏銘文的研究、斷代研究、其他專題研究等六個方面擇其要者對商代青銅器銘文的研究狀況稍作梳理。因爲以往的集成性著録與研究多數是商代與周代金文不分,所以下文所述(尤其是著録書)並不僅僅是對商代金文的研究,而是涵蓋商周金文的金文研究這一總的框架。

一、資料的整理與著録

對資料的整理與著録又可分爲兩類:一類僅録青銅器銘文,學界多以"款識"稱之;另一類則録有青銅器器形與銘文,學界多以"圖録"稱之。

就款識類圖書來説,約有14部。早期較有影響的有宋代薛尚功的《歷代鐘鼎彝器款識法帖》二十卷,摹録商周至秦漢銅器銘文489件,每件銅器銘文作釋文並加以考證。雖有不當之處,如將有鳥蟲書的春秋戰國時代器物誤作夏器,但摹録了宋代出土的大部分銅器,是研究瞭解宋代金文著録的重要參考書之一。晚近的羅振玉編的《三代吉金文存》是羅氏畢生搜集的金文拓本總集,總録四千八百多器,印製精良,内容豐富,集當時傳世銅器銘文之大成。中國社會科學院考古研究所編《殷周金文集成》,1984—1994年由中華書局陸續出版,共18册,收録了1985年以前幾乎所有的商周金文,數量達12 113件(此是順序號,若減去空號,實收11 983件)。其資料之豐富、體例之完備、印刷之精美,代表了青銅器銘文著録的最高成就。

作爲金文的著録書,除了對銘文的真僞進行鑒别外,主要是對編纂體例的探索。最初的款識類書,除金文之外,還常收録其他品類的文字,在體例上也没有一成之規,尚處於摸索階段。之後一般多以銘文字數爲序,將同一類器編在一起,加上參照銅器本身的斷代研究,對銘文本身的年代也有了初步的判斷,體例漸趨完備,如《殷周金文集成》,銘文的字數、流傳、出處、年代等皆成爲附記内容。

圖録類圖書約有45部,主要是集録青銅器器形,有銘文者也附録銘文摹本或拓本。北宋吕大臨的《考古圖》十卷,所收公私器物凡224件,其中商周銅器148件,著録的方法是把夏商周三代器與秦漢器分開,同時代的按形制器用分類。器物均精心繪圖,每器皆摹繪器形、銘文,記載尺寸大小、容量、重量,對部分銅器的出土地點、收藏者也加以注明。私人收藏家的姓名載在圖説的頭上或標目的下方,並引用當時金石學家楊南仲、劉敞、李公麟等的研究成果加以考證，有不識的字都附於卷末以示存疑。該書在青銅器著述的體例上有肇始之功，是我國最早而較有系統的一部青銅器圖錄，後世的許多青銅器著錄大體沿襲其體例規則。清代以前的圖書器形多用白描，銘文多用摹本，故而皆有失真之處，而且對器物年代少有考證者，多以三代器籠而統之。清代以降，這方面則有較大的進步，乾隆時期的《西清古鑒》、《寧壽鑒古》、《西清續鑒》（甲編、乙編）等體例仿宋代《博古圖》遺式，繪出器物圖形，有銘文拓本或摹本，並有簡略的考證說明。因爲是官方行爲，對青銅器研究也有推動作用。

　　清末民國初，墨拓技術成熟運用，器形多用全形拓，銘文也多用拓本，品質有了顯著提高。容庚著《頌齋吉金圖錄》一册，著錄主要爲商周禮樂器，書後有作者對著錄的每件銅器的簡單考證。特點是花紋與文字拓本、器物全形均予錄出。同爲容庚所著的《海外吉金圖錄》三册，著錄流傳在日本的中國古銅器的一部分，這是收錄流失國外銅器的開始。

　　隨着照相與印刷技術的提高，銅器與銘文著錄水準與品質也顯著提高，到了近代，照相製版已廣泛運用於銅器著錄之中，並且考古繪圖的方法也被廣泛采用。20世紀80年代以後，彩色圖版在銅器著錄中被更廣泛地運用，X光片也被用來記錄銅器與銘文，圖像精美與準確漸次成爲銅器著錄書的一項基本追求。在追求圖像更高的品質之外，圖像的說明內容也日益豐富，器物尺寸、形態、花紋、出土地、藏家、年代等都逐漸進入著者視野，能提供給讀者的信息量不斷得到豐富。尤其在近代考古學興起之後，科學出土銅器的著錄常能注意提供器物的出土單位與存在背景關係，無疑爲研究者提供了更多信息和更多便利。但是這一類圖錄性的著作，一般都是將銘文僅視作銅器的一項附屬，多數僅錄銘文，最多也就是在器物說明中提及銘文釋文，而沒有研究性的內容，這當然也是受銅器著錄這種資料彙編性質的限制所致。20世紀80年代以後的代表性著作有日本學者林巳奈夫著《殷周時代青銅器の研究——殷周青銅器綜覽一》，1984年日本吉川弘文館出版。該書先論述了銅器的發現、收集與研究簡史，並討論銅器器類的命名問題，其中最見功力的是對銅器所作類型學與斷代分期工作，以及紋飾與銘文的分類與演變的歸納研究。文中還附有同時作銘青銅器表，對瞭解同銘銅器群研究也很有益處，書的下册圖版將銅器圖像與銘文一並列出，並於每器下注明型式與年代，是當時綜合性研究著作中的翹楚之作。

而近代以來零星出土刊佈的青銅器及銘文資料，多就其出土地、尺寸、形制、花紋作有說明，器形附照相與線圖，銘文附拓本，並往往有考釋。2002年中華書局出版的劉雨、盧岩編《近出殷周金文集錄》，收録1985年後新刊佈的國內外商周有銘文青銅器1 258件，也是一部集成性的有銘青銅器圖録，單色圖版，有的僅用線圖，器形與銘文拓本排在一起，甚爲便利。說明記尺寸，並作斷代，但其中有部分器與《殷周金文集成》重出[①]。

二、工具書的編纂

關於金文的工具書也可分爲兩類：一類是字典類，另一類是目録類。

字典類。約有11部。吕大臨撰《考古圖釋文》以四聲隸字，間有音釋，是金文字典的肇始之作。容庚《金文編》是對歷代出土的商周青銅器銘文拓本或影印本進行臨摹而成的一部金文字典，是當時彙集銘文最多、釋字最具權威性的金文大字典。全書收字極爲謹慎，就金文字形研究來說，該書有很高的科學價值和實用價值，爲目前國內外金文研究者不可缺少的參考書。相繼的，還有一些著作對該書作了修正工作。如1994年中國社會科學出版社出版陳漢平的《金文編訂補》，1995年東北師範大學出版社出版董蓮池的《金文編校補》，2001年吉林大學出版社出版嚴志斌的《四版〈金文編〉校補》。

目録類。約有9部。孫稚雛編的《金文著録簡目》，是一部目前爲止我們能見到的較全面的金文著録表。

三、銘文的考釋與研究

從宋代到清代，金文的考釋方法，主要是與《説文》小篆形體的比較對照，這在現今古文字界也是考釋文字的重要方法。另外，將金文中的一些詞語與先秦典籍中的慣用語相參照的所謂推勘法也有許多成功運用的例子。還有如孫詒讓(《古籀拾遺》)等人比較廣泛運用的偏旁分析法、義近形旁通用例等現在被古文字學學者概括出來的研究方法和通例，在宋代以來，尤其在晚清時期都

[①] 簡列如下（J指《近出殷周金文集録》，只出器號者指《殷周金文集成》）：J371＝2946；J372＝2947；J544＝4769；J613＝5395；J705＝6645；J706＝6786；J773＝7739；J852＝8295；J896＝8814；J999＝10031；J1080＝10775；J1204＝11449；J983＝9799；J175＝1226；J230＝1535；J173＝1227；J786＝7751；J735＝7071；J174＝1225。

已在研究實踐中出現並已被熟練運用。

在對金文研究的目的性上，宋代至清早、中期都是以金文治經，所謂證經補史。清代阮元則在其《積古齋鐘鼎彝器款識》之《商周銅器説·上篇》中指出："古銅器鐘鼎銘之文爲古人篆跡，非經文隸楷縑楮傳寫之比。且其詞爲古王侯、大夫、賢者所爲，其重與九經同。"明確把金文視與經同重。經其宣導，其時學術風氣漸而走向經史與金文互證、傳世典籍與出土文獻並重的研究道路，由此生發出了王國維在《古史新證》中提出的著名學術思想——"二重證據法"。

在考釋類著作中，楊樹達的《積微居金文説》闡述研究青銅器銘文的理論與方法：據《説文》釋字、據甲文釋字、據甲文定偏旁釋字、據銘文釋字、據形體釋字、據文義釋字、據古禮俗釋字、義近形旁任作、音近聲旁任作、二字形近混用等，書末備有彝器分類索引，是20世紀考證金文、研究青銅器銘文的代表性成果之一。2001年香港中文大學中國文化研究所出版的中國社會科學院考古研究所編《殷周金文集成釋文》，是對《殷周金文集成》所作的釋文，並對原《集成》中的一些訛誤作了訂正。書中吸收了近年學界對金文的研究成果，也是當下金文研究的集大成者，基本反映了現在學界對金文考釋的研究水平。

縱觀以前諸多著作，對商代金文的研究多少都有涉及，但因商銘多簡短，故而專門設論者較少，只是在論說中稍微提及，或僅是對銘文作一釋文。總的看來，對商銘的研究主要集中於所謂"圖形文字"之性質的討論與認定上。由此可以看出，商代金文的研究一方面比較零星，另外也沒有很好地深入研究與系統總結，所以有學者也提出了需要對商代金文進行彙集及考釋工作[1]。

四、族氏銘文的研究

商代銘文文字簡短，多數僅銘一文或數文，這類銘文具有較強的象形性，數量多達四千多條。最初學界多不認爲是文字，或曰難以釋讀，經過多年的研究與討論，學界已基本形成共識：族徽文字是一種表現形式不同於一般商周古

---

[1] 李學勤：《古文字學初階》，中華書局，1985年，第84頁。

文字的特殊古文字，它與古代的族氏有關。在對所謂族徽文字性質認定的基礎上，學界還對族徽銘文的具體歷史狀況進行了多角度的研究，這大體可分兩個大的方面。

其一是對具體族徽的考查與研究。如于省吾對𭣋字的考證①，就綜合運用古文字、古文獻及民族學資料，並從字的形、音、義三方面進行論證，論說精彩。李學勤對"孤竹"的考釋②也先從字形分析入手，並結合文獻中地望的記載、銅器的時代與出土地點進行分析，論說詳密，此二例代表了族徽考釋與研究的高水準。對具體族徽的考查與研究仍是近幾年來族徽銘文研究的重點，這一類研究多是采用考古學方法，排比有關銅器，或參用甲骨文材料與古文獻，研究上古國族的歷史狀況。如曹定雲對殷墟婦好墓中出土銅器上的族氏的研究③，殷瑋璋、曹淑琴對亞疑、臣辰、龍、𤔲、光、丙、天黽、庚諸國族的研究④；丁山的《甲骨文所見氏族及其制度》⑤以及張亞初、劉雨的《商周族氏銘文考釋舉例》⑥中也對多個族氏進行了分析。這些研究拓寬了族徽文字研究的領域。

其二是對族徽銘文的面貌與社會歷史背景進行總體上的概括和研究。朱鳳瀚撰《商周青銅器銘文中的複合氏名》⑦一文對分支説着力進行論證，遂成爲"複合氏名"問題上的宏論。葛英會的《金文氏族徽號所反映的我國氏族制度的痕跡》⑧，用族徽銘文材料討論氏族制度問題。劉雨的《殷周青銅器中的特殊銘刻》⑨重論了金文特殊銘刻中很大部分是古代方國、家族與個人的名號。關於族徽的使用人群，王獻唐認爲族徽是商人的傳統⑩，近年張懋鎔則明確提出了"周人不用族徽説"⑪，其後，又在其《試論商周青銅器族徽文字獨特的表現形

---

① 于省吾：《釋𭣋》，《考古》1979年第4期，第353—355頁。
② 李學勤：《試論孤竹》，《社會科學戰線》1983年第2期。
③ 曹定雲：《殷墟婦好墓銘文研究》，文津出版社，1993年。
④ 有關研究論文詳後。
⑤ 丁山：《甲骨文所見氏族及其制度》，中華書局，1988年。
⑥ 張亞初、劉雨：《商周族氏銘文考釋舉例——摘自〈商周青銅器族氏銘文的資料和初步研究〉》，《古文字研究》第七輯，第31—41頁。
⑦ 朱鳳瀚：《商周青銅器銘文中的複合氏名》，《南開學報》1983年第3期，第54—65頁。
⑧ 葛英會：《金文氏族徽號所反映的我國氏族制度的痕跡》，《北京文物與考古》第2輯，北京燕山出版社，1991年，第25—64頁。
⑨ 劉雨：《殷周青銅器中的特殊銘刻》，《故宫博物院院刊》1999年第4期，第13—18頁。
⑩ 王獻唐：《山東古國考·黃縣𣰽器》，山東人民出版社，1960年。
⑪ 張懋鎔：《周人不用族徽説》，《考古》1995年第9期，第835—840頁。

式》一文中對常見於族徽銘文中的亞、子、册三字的性質進行分析,提出了"準族徽文字"的概念,並對如何區分族徽與私名提出了六條標準①。儘管學界現在對其中的一些問題還有不同的看法,但這些研究對商代族徽銘文以及商代社會歷史的研究無疑會有一定的促進作用。

五、斷代研究

對商周金文的斷代與區分,南宋張掄的《紹興内府古器評》一書,可説是銅器(銘文)斷代方面最早的專著。如評祖辛尊曰:"商家生子以日爲名。自微始至十四代君曰祖辛,蓋祖乙之子,沃甲之兄,祖丁之父。在商之世以質爲尚,而法度之所在。故器之所載皆曰彝。此器文鏤純簡,沁暈暗漬,而間以赭花斕斑,知其所以爲商物,又豈待考其銘款而後辯邪?"

此文已開始以標準器與器主之名進行斷代分析,而晚清時期的學者,又進而采用繫聯法對一組銅器(銘文)進行斷代研究,並參照器形、花紋、銘文中的用詞等考證出年代。這些都爲近現代的金文研究奠定了很好的基礎。

20世紀初期羅振玉的《殷文存》是收録商代銅器銘文的專書,其集録標準是:"殷人以日爲名,通乎上下,此編集録即以此爲埻的。其中象形文字或上及於夏器;日名之制,亦沿用於周初。要之,不離殷文者近是。"

這是真正意義上對商代銅器銘文進行斷代研究的開始。

隨着銘文資料的增益,學者也更加關注殷周金文的審別。1928年馬衡《中國之銅器時代》考訂商代銅器銘文的時代,有下列方法:

其一,同於殷墟甲骨文字者:1. 紀時法。根據甲骨文殷人的紀時方法,其次序是"日、月、祀";2. 根據甲骨文,殷人祭祀祖妣必用其祖或妣的名的日;其妣皆曰"奭",其祭名或曰"遘";3. 甲骨文中祭日的名,如眢日;4. 甲骨文中常見"征人方"之語。

其二,出土地點證明在安陽殷墟的②。

商金文的判別依據,白川靜在《金文集》中曾明確指出,最爲確實的方法是出土地點,凡商墓所出之器,一概可信爲商器,而商器的形制標準與商金文

---

① 張懋鎔:《試論商周青銅器族徽文字獨特的表現形式》,《文物》2000年第2期,第46—51頁。
② 馬衡:《中國之銅器時代》,上海古籍出版社,1982年影印本。

的特徵也可從已有的材料中作出歸納。白川静還具體列舉出商金文的七個特點①：1. 銘識多用圖像文字；2. 父祖的廟號以"干"稱名；3. 銘辭簡樸，銘文的諸要素尚未完備；4. 五祀週祭的紀日法；5. 日月祀的倒敘紀年法；6. 大事紀年的形式中含有商代的史實；7. 語彙、語法、字形可以與卜辭相對照者。以當時的研究水準而論，其説是非常全面的。

1984年容庚、張維持的《殷周青銅器通論》中斷爲商器商銘的三項標準是②：其一，銘文的書體和文體早於周的金文而類似甲骨文，以日爲名，紀時的次序，記祭祀、賞賜的語法構造等。其二，銘文的記載有關殷代的歷史事實：先公先王的名號。其三，銅器的出土地點是安陽殷墟遺址。

1985年羅福頤在其《商代青銅器銘文確徵例證》一文中歸納定爲商銘的若干依據③：其一，由發掘品銘文比例知爲商器。如鹿鼎、牛鼎等，"其銘文偉麗，動物形象古樸，未脱圖形文字之範。類似這種風格的銘文在西周時期未見有，當是商器銘文的標本"。

其二，參證殷墟卜辭以確定商器。

1. 族氏徽號。如銅器銘文中的婦好、啟、弜、史、壴、宁、何、逆、束等都見於卜辭，多是貞人名。"據甲骨文中的族氏名號鑒別商代銅器不是絶對的，但在一定程度上仍不失爲一個重要的準繩"。2. 稱謂。如司辛、司母辛、毓祖丁、子某。3. 伐人方和井方。"井方和人方一樣，都是殷商時代的方國，西周以後不再見這兩個方名，故知有人方和井方的銅器銘文當爲商器無疑"。4. 乡日、劦日、翌日之祭。翌日是商代特有的祭法。故有乡日、劦日、翌日的銘文必爲商器可知；5. 首書干支、次書月、末書祀的文法。6. 祭祖擇日的規律。以妣名之日爲祭日，並用"爽"字表明該先妣爲某先王之法定配偶。

1995年黃然偉也作文對殷周賞賜銘文之鑒別標準進行了論述，共分九個方面④：

其一，紀年、月、日法。殷、周賞賜銘文之最大差異在於紀年月日之方法。

---

① ［日］白川静：《金文集（殷周）》，二玄社，1964年。
② 容庚、張維持：《殷周青銅器通論》，文物出版社，1984年，第13—14頁。
③ 羅福頤：《商代青銅器銘文確徵例證》，《古文字研究》第十一輯，中華書局，1985年，第123—155頁。
④ 黃然偉：《殷周史料論集·殷周青銅器賞賜銘文研究》，三聯書店（香港）有限公司，1995年，第70—75頁。

殷代賞賜銘文只具有干支紀"日"者,與西周初之銘文同,然其有紀"年、月、日"三者之銘文,則與西周者有別。殷之銘文先紀干支紀日,次紀月數,最後爲祀數。或有先紀日名,次紀祀數,以月數在最後者。又有缺月數者,但此類銘文並不多見。殷之銅器銘文無以"年"字爲紀年者,悉以"祀"字爲紀年之專用字,此乃與當時之曆法及祭祀有關。西周銘文紀年月日法之次序通常爲年、月、月相、干支日四項,偶有先序月數,次爲月相,干支日,而後祀數者。此期用於紀年之文字有二,即"年"與"祀";前者爲周代紀年所特有,而"祀"字則爲周人沿用殷人者,西周銘文中用作紀年之"祀"字,不但用於西周初期,且亦見於中、後期之銘文。東周時仍有沿用"祀"者,惟已不甚普遍。月相爲西周金文紀日之特徵,此爲殷代卜辭及其時金文所無者,可用爲判別殷周兩代銘文之標準方法之一。此外,周之紀時文字中有用"隹"(惟)字,此亦爲殷器紀時銘文所無者。

其二,用字。殷代銅器銘文用以表達賞賜意義之文字有四:易、商、賓、商易,前二字用之最多,後二字則不甚普遍。西周之賞賜銘文亦以"易"、"商"爲最多見,次爲"賓"、"令"二字,此外更有益、歸、休(或作宲)、畮、舍、儕。

其三,賞賜物。殷代銘文所記賞賜物品,以貝爲多,其餘有鬯、玤、章、玉等,但此類銘文甚少。周初銘文記賞賜之物亦以貝爲多見,類似殷代。稍後見於銘文者種類繁多,計有衣服旂幟、臣僕、車、馬、弓矢、金、玉、干戈、土地、動物(牛、羊、鹿、鳳、魚)、彝器、田畝、車馬飾等,尤其自西周中期開始,賞賜已成爲制度,有一定的儀式及典誥,所頒賜之器物,有一次多至十種以上者。凡此賞賜之儀式及器物,除常見之貝及其他玉、鬯、馬外,皆非殷代銘文所有。

其四,祭名。殷金文刻辭之文例有可與甲骨卜辭相比較者,如:《豐彝》於乙酉之日以"肜祭"祭祀武乙,《戊辰彝》於戊辰之日以"劦"祭祀武乙之配妣戊,《𨛷其卣》於丙辰之日以"肜祭"祭祀大乙之配妣丙。殷代自武丁之子祖甲建立嚴格的祭祀系統以祭其先王先妣以後,其祭祀先祖妣皆以其所名之日爲祭或卜祭。故三器記祭祀妣戊於戊辰之日,祭妣丙於丙辰,祭武乙於乙酉,皆於其所名之日爲祭。卜辭之五種祭典爲"彡"、"翌"、"祭"、"𥄲"、"劦",西周初期之賞賜銘文無上述情形,此可作爲判別殷周賞賜銘文之根據。

其五，人名及官名。銅器上之人名及官名往往亦見於甲骨卜辭，這可作爲審別時代之佐證。如"毓且丁"、"小臣舌"、"卿史"、"乍册"、"多亞"。以上各例爲銅器銘文之人名、官名又見於甲骨卜辭者，可爲判別銘文所屬時代之參證。除"多亞"之外，因"小臣"、"卿史"、"乍册"、"宰"等官名亦多見於西周銘文，故若僅以官名一項以參驗，尚不足以爲必然之證據，必須佐以文例、器物形制、銘文風格等項而後可以定之。

其六，紀事。殷周銘文有以征伐之事與紀年月日之文字同鑄於一器者，其事可爲判定一器所屬時代之參考。如征井方、人方。至於西周賞賜銘文，亦有記征伐之事，如《中鼎》的伐反虎方，《禽簋》伐䇎侯，《庸伯𢿌簋》伐逨魚、淖黑。此類銘文之特色，在於用字與殷代銘文不同，此期銘文皆用"伐"字，與殷代之用"正"（征）字截然有別。然西周銘文亦有用"征"字者，惟多用於"征東夷"、"從某征"、"南征"之辭而不同於殷代之用法。

其七，地名與宮室名。如"才召"、"才魯"、"才棶"、"ꓯ"、"𠔌"，亦散見於卜辭。西周賞賜銘文地名、宮室名之"成周"、"宗周"、"康廟"、"般宮"、"周剌宮"，與殷銘文之地名殊異，極易判別。

其八，恒語。殷周賞賜銘文皆有其慣用辭語，然殷文簡質，變化不多，其習見於銘文者計有："用乍××尊彝"、"用乍××彝"、"揚君商"。西周銘文之恒語則種類繁多，此乃因賞賜在當時已成爲一種儀式，且文辭篇幅增大，辭藻典雅，已着重於形式化。此期銘文中最常見之辭有以下各種："王若曰"、"××蔑曆"、"×拜稽首，對揚×休"、"對揚天子丕顯休"、"萬年無疆"、"眉壽萬年"、"用乞眉壽，黃耇吉康"、"用乞多福，眉壽無疆，永屯靈冬"、"乍父考××寶簋"、"子子孫孫永寶用"。以上幾類普遍存在於周代賞賜銘文，其善頌善禱、恭敬有加之富麗辭藻，與殷代文辭之簡樸風格，大相徑庭。

其九，字數與形式。殷文質樸，彝器通常銘有一至五六字而已。此少數銘文，或記作器者之名，或記爲某人而作器，其中字數略多者則爲祭祀、賞賜之銘文，西周賞賜銘文字數遠較殷代爲多。西周初期以後的賞賜銘文因其時王廷以册命作爲任令官員之方式，册命有其儀式，儀式中又有賞賜，銘文有長短，而其賞賜之儀式不變。此類銘文只存於西周，而不見於殷器。

此文是迄今爲止對商周銅器銘文區別得最爲詳細的論述,但受論文主旨所限,僅是針對賞賜類銘文作的總結。而商代銅器銘文中,賞賜類銘文並不占主體,所以仍有缺憾。

以上是學界對商代銅器銘文進行斷代研究所作的歸納與概括。總的來説,斷代的方法和參照的標準基本上是與甲骨文對照以及對銅器(銘文)出土地的重視。另外,還有一些論文中也涉及商銘的斷代問題,並取得一定的成績,如認爲寢孳鼎、𩰫簋[①]、䣙其三卣[②]是乙辛時器等。還有近幾年經科學發掘出土的一批商代墓葬,如婦好墓[③]、郭家莊M160號墓[④],以及對商代青銅器的一系列分期研究成果[⑤],已構建起商代青銅器斷代分期研究的基本框架,對商代銅器銘文的斷代與分期研究起到了更大的推動作用。銅器銘文的集成性巨作《殷周金文集成》,收録商代銘文4 800多條,是商代銘文斷代的一次總結,但書中没有提供其斷代的依據與原則。

縱觀以前的商銘斷代研究,多數僅是爲了區分商器與周器,這在對金文研究的初始階段自然是非常必要的,但如上文所及,除少量論著對個别銅器(或銅器組)進行具體的斷代研究外,對商代銅器銘文更細緻的斷代分期工作仍很欠缺,這是以後研究需更多用力的一個重要方面。

商代銅器銘文的判定,筆者認爲第一位的是銅器本身,包括器形、紋飾、銘文本身所顯示出的時代特點,以及銅器的共出器物與出土單位所在的層位與時代。

六、其他專題研究

青銅器的僞造在宋代以前便已出現,但僞器的大量出現還當自宋代始,

---

① 李學勤:《寢孳方鼎和𩰫簋》,《夏商周年代學札記》,遼寧大學出版社,1999年,第49頁;常玉芝:《"寢孳方鼎"銘文及相關問題》,《殷商文明暨紀念三星堆遺址發現七十周年國際學術研討會論文集》,社會科學文獻出版社,2003年,第208頁。
② 杜廼松:《䣙其三卣銘文考及相關問題的研究》,《故宫博物院院刊》1985年第4期,第36—57頁。
③ 中國社會科學院考古研究所:《殷墟婦好墓》,文物出版社,1980年。
④ 中國社會科學院考古研究所:《安陽殷墟郭家莊商代墓葬》,中國大百科全書出版社,1998年。
⑤ 這方面的成果包括張長壽:《殷商時代的青銅容器》,《考古學報》1979年第3期;鄒衡:《試論殷墟文化分期》,《北京大學學報》1964年第4—5期;楊錫璋:《殷墟青銅容器的分期》,《中原文物》1983年第3期;[日]林巳奈夫:《殷周時代青銅器的研究》,日本吉川弘文館,1984年;鄭振香、陳志達:《殷墟青銅器的分期與年代》,載於中國社會科學院考古研究所編著《殷墟青銅器》,文物出版社,1985年;王世民、張亞初:《殷代乙辛時期青銅容器的形制》,《考古與文物》1986年第4期。

且在宋代銅器作僞已發展成爲一門專業技術。因之，辨僞也就一直是銅器及銘文研究的重要內容。1936年徐中舒先生在其所撰《論古銅器之鑒別》（《考古社刊》第四期，1936年）中指出："如果要把古銅器當作一門學問看待，那麼，我們第一件當做的事就無過於真僞的鑒別了。"王國維的《國朝金文著錄表》即在各器類下列有僞器。1941年容庚先生在其《商周彝器通考》中對歷代辨僞經驗進行了詳細總結，並歸納了辨僞的若干重要準則，至今仍有重要的學術價值。其後，張光裕先生的《僞作先秦彝器銘文疏要》[①]對歷代僞作銅器銘文進行歸納總結，也是一部集大成之作。除了舊著錄中已被公認的僞銘外，一些傳世的所謂商代銅器與銘文也存在真僞之爭。較著名的如邲其三卣[②]、商三句兵[③]等，學界對其真僞的論爭，同時也促進了對銅器與銘文研究的深化。

　　與族徽銘文一樣，日名也是商代金文中佔有大比例的一類銘文內容。商代日名的組成成分，一般是天干字前加上親屬稱謂，如祖甲、父乙、母辛、兄丁等；另一種是在天干字前加上"日"字，如日戊、日己、日辛等。日名問題（有的學者則稱之爲廟號）也是商代金文研究中的一個重要而又難以解決的問題，圍繞這一問題，學界展開了廣泛的討論。對於日干名的選用原則，眾說紛紜，先有生日說[④]、廟主說[⑤]、祭名說[⑥]、死日說[⑦]、祭序說[⑧]等五說。張光直對商周的干名進行統計後，發現偶數日干的出現頻率要遠大於奇數日干[⑨]，這一現象的揭示遂使得此前五說皆再難立足。張氏撰文提出商代王族中的十干氏

---

① 張光裕：《僞作先秦彝器銘文疏要》，香港書局，1974年。
② 杜迺松：《邲其三卣銘文考及相關問題的研究》，《故宮博物院院刊》1985年第4期，第36—57頁。
③ 董作賓：《湯盤與商三戈》，《董作賓先生全集》，藝文印書館，1978年，第807—815頁；馬承源：《商代勾兵中的瑰寶》，《遼海文物學刊》1987年第2期，第142—145頁；李學勤：《鳥紋三戈的再研究》，《比較考古學隨筆》，廣西師範大學出版社，1997年，第171—177頁。
④ 《白虎通·姓名篇》云："殷家質，故直以生日名子也。"
⑤ 《殷本紀·索隱》："焦周以死稱廟主曰甲也。"
⑥ 王國維《觀堂集林》卷九·七："殷之祭先率以所名之日祭之，祭名甲者用甲日，祭名乙者用乙日，此卜辭之通例也。"
⑦ 董作賓《甲骨文斷代研究例》："成湯以來，以日爲名，當是死日，非生日。"
⑧ 陳夢家《殷虛卜辭綜述》："卜辭中廟號，既無關於生卒之日，也非追名，乃是致祭的次序，是依了世次、長幼、及位先後、死亡先後，順著天干排下去的。"
⑨ 張光直：《論王亥與伊尹的祭日並再論殷商王制》，《中研院民族學研究所集刊》第35期；又見《中國青銅時代》，生活·讀書·新知三聯書店，1999年。

族之族氏稱號説①,引發了較多的討論。1957年李學勤提出了卜選祭日説②,根據卜辭立論,曾得到許多學者的認同。最近,還有學者重新提出廟號源於生稱、日名源於宗族行第的見解③。但問題還沒有完全解決,而討論也還在繼續。

此外,還有多篇論文或著作對商代金文進行挖掘,對其中所涉及的祭名、祭法、紀年以及族氏的歷史地理、家族組織、國家形態等方面進行探討,在此不一一贅述。

---

① 張光直:《商王廟號新證》,《中研院民族學研究所集刊》第15期;又見《中國青銅時代》,生活・讀書・新知三聯書店,1999年。
② 李學勤:《評陳夢家殷虛卜辭綜述》,《考古學報》1957年第3期,第123頁。
③ 曹定雲:《論商人廟號及其相關問題》,《新世紀的中國考古學》,科學出版社,2005年,第269—303頁。

第二章

商代有銘青銅器的斷代與分期

關於商代青銅器（主要是容器）的分期，學界一般從總體上分爲三期，即早商、中商與晚商。據研究，早商時期的青銅器可分爲兩期。

第一期以鄭州東里路黃河醫院C8M32、白家莊C8M7、滎陽西史村M2等單位爲代表。器形有爵、斝、盉等。器壁較薄，一般爲素面，個別飾弦紋、乳釘紋或有鏤孔。爵流、尾較長，兩矮柱立於流口相接處，平底，錐足。斝多平底，三棱形空錐足。盉爲封口盉，三空袋足。

第二期以鄭州商城銘功路M2、M150，垣曲商城M1、M16，偃師商城83ⅢM1，盤龍城李家嘴M2等單位爲代表。器類有鼎、鬲、觚、爵、斝、盉、盤、簋、尊、甗等。花紋以饕餮紋爲主，另外弦紋、乳釘紋、渦紋也常見。爵爲平底。斝平底或微下凸，立柱仍偏於一側。觚體粗矮，多飾一周饕餮紋。鼎多爲折沿深腹、圜底，圓錐實足。鬲爲折沿，三錐形空足[①]。

關於中商時期的遺存，據研究，藁城臺西、邢臺曹演莊、安陽三家莊、安陽小屯、濟南大辛莊、鄭州小雙橋、安陽洹北商城等地均有發現[②]。中商銅器可分爲三期。

第一期以鄭州白家莊M2，北二七路M2，銘功路C11M146、M148，東里路C8M39，盤龍城李家嘴M1，樓子灣M3等單位爲代表。器類有鼎、鬲、觚、爵、斝、盉、盤、簋、尊、卣、罍等。紋飾有饕餮紋、弦紋、乳釘紋、渦紋、雲雷紋、連珠紋。

[①] 中國社會科學院考古研究所：《中國考古學·夏商卷》，中國社會科學出版社，2003年，第387—389頁。

[②] 中國社會科學院考古研究所：《中國考古學·夏商卷》，中國社會科學出版社，2003年，第249頁。

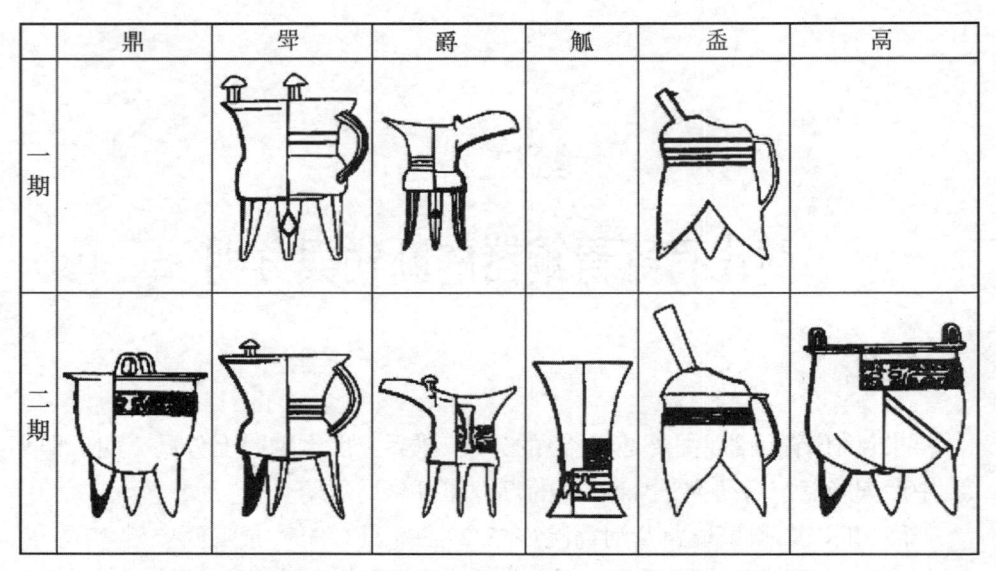

	鼎	斝	爵	盉	盂	鬲

早商青銅容器分期圖（采自《中國考古學·夏商卷》圖7-1,387頁）

鬲分襠、折沿、錐足。鼎深腹、錐足、折沿，斝敞口、束腰、平底、三棱錐足，爵束腰、平底、長流、三棱錐足，盉粗矮，罍小口、高頸、鼓腹。

第二期以藁城臺西遺址早期墓葬、鄭州白家莊M3、銘功路M4、北二七路M1等單位爲代表。器類同一期，出現瓿。花紋中出現雙層花紋，流行邊珠紋夾主紋帶的形式。鼎耳分處於三足之間，斝柱變大，爵爲園底，盉出現高體，尊小口、折肩、斂腹、圈足。

第三期以洹北三家莊M1、M3，花園莊東地M10，安陽小屯YM232、YM333、YM388等單位爲代表[①]。

鑒於上舉中商第三期青銅器具有較爲典型的殷墟時期青銅器風格，也爲了便於與以往的研究工作相接合，筆者傾向於將這一階段的銅器還歸入殷墟時期，即殷墟一期。

因爲商代有銘文的青銅器主要出現在商代晚期，即殷墟時期，所以下文重點介紹學界對晚商青銅器的分期研究工作。

對殷墟時期青銅器的分期研究始於李濟。在其《記小屯出土之青銅器》

---

① 中國社會科學院考古研究所：《中國考古學·夏商卷》，中國社會科學出版社，2003年，第388—391頁。

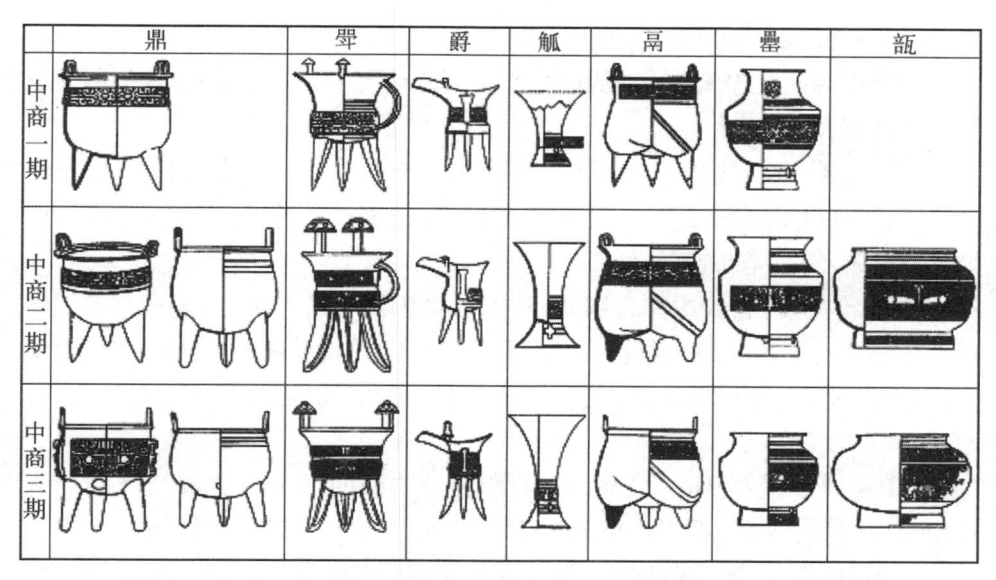

中商青铜容器分期图（采自《中国考古学·夏商卷》图7-2，389、390页）

中，将81件青铜容器分为两种四个序列①。

稍后，邹衡在殷墟青铜器比较细致的分期研究基础上，对殷墟文化进行了分期：一期相当于盘庚、小辛、小乙时期，二期相当于武丁和祖庚、祖甲时期，三期相当于廪辛、康丁和武乙、文丁时期，四期相当于帝乙、帝辛时期②。

张长寿则以1976年以前出土的青铜器为基础，将商代铜器分为三期：一期为盘庚迁殷至武丁时期，二期相当于祖庚、祖甲、廪辛、康丁时期，三期相当于武乙、文丁、帝乙、帝辛时期③。

1981年出版的《商周铜器群综合研究》中，郭宝钧也对晚商铜器群进行分期，认为："M232是早期，M53（大司空村）是晚期，59武北M1是中期，M331是中期偏前，介早中期之间。"④

杨锡璋也将殷墟青铜器分为三期。第一期为武丁以前；第二期早段相当于武丁前期，中段相当于武丁后期及祖庚、祖甲时期，晚段相当于廪辛、康丁、武

---

① 李济：《记小屯出土之青铜器》（上篇），《中国考古学报》第三册，1948年。
② 邹衡：《试论殷墟文化分期》，《北京大学学报》1964年第4—5期；又收入《夏商周考古学论文集》，文物出版社，1980年，第87页。
③ 张长寿：《殷商时代的青铜容器》，《考古学报》1979年第3期，第271—299页。
④ 郭宝钧：《商周铜器群综合研究》，文物出版社，1981年。

乙、文丁時期；第三期爲帝乙、帝辛時期[①]。

　　日本學者林巳奈夫在《殷周時代青銅器の研究》中也對殷、周青銅器作過類型學研究，分爲三期[②]。

　　而鄭振香、陳志達兩位將殷墟銅器詳細分四期：一期早於武丁，下限不晚於武丁；二期上限早於武丁，下限不晚於祖甲；三期相當於廩辛至文丁時期；四期相當於帝乙、帝辛時期[③]。

　　朱鳳瀚在其《古代中國青銅器》中將殷墟銅器分爲三期：一期相當於盤庚至武丁早期；二期一段相當於武丁早期，二段相當於武丁晚期至祖甲（可延至廩辛）時期；三期一段相當於廩辛至文丁（可延至帝乙）時期，二段相當於帝乙、帝辛時期[④]。

　　《中國考古學·夏商卷》將殷墟青銅器分爲四期：第一期以武官村59M1、小屯M188爲代表；二期以小屯M5、M17、M18、大司空村M539爲代表；三期以苗圃北地M172、殷墟西區M907、郭家莊M160爲代表；四期以殷墟西區M269、M284、M1713、大司空村62M53爲代表[⑤]。但每期未與商王對應。

　　岳洪彬以殷墟科學發掘出土的千餘件青銅容器爲主要分析材料，將殷墟青銅器分爲四期：一期相當於盤庚（包括盤庚以前的一個時期）、小辛、小乙時期；二期早段相當於武丁早期，晚段相當於武丁晚期、祖庚、祖甲時期；三期相當於廩辛、康丁、武乙、文丁時期；四期相當於帝乙、帝辛時期[⑥]。

　　另外，還有一些專門性的研究，如王世民、張亞初的《殷代乙辛時期青銅容器的形制》[⑦]，就是對帝乙、帝辛時期銅器的一次清理。

　　容器之外，對兵器的斷代分期也有專門的研究。1948年，李濟的《記小屯出土之青銅器》用類型學的方法分析了戈、矛、刀、鏃的形制演變[⑧]；郭寶鈞作有

---

　　① 楊錫璋：《殷墟青銅容器的分期》，《中原文物》1983年第3期。楊錫璋、楊寶成：《殷代青銅禮器的分期與組合》，載中國社會科學院考古研究所編之《殷虛青銅器》，文物出版社，1985年，第79—102頁。
　　② ［日］林巳奈夫：《殷周時代青銅器の研究》，日本吉川弘文館，1984年。
　　③ 鄭振香、陳志達：《殷墟青銅器的分期與年代》，載於中國社會科學院考古研究所編之《殷虛青銅器》，文物出版社，1985年，第27—78頁。
　　④ 朱鳳瀚：《古代中國青銅器》，南開大學出版社，1995年，第626—642頁。
　　⑤ 中國社會科學院考古研究所：《中國考古學·夏商卷》，中國社會科學出版社，2003年，第391—392頁。
　　⑥ 岳洪彬：《殷墟青銅容器分期研究》，《考古學集刊》第15集，文物出版社，2004年，第51—100頁。
　　⑦ 王世民、張亞初：《殷代乙辛時期青銅容器的形制》，《考古與文物》1986年第4期，第46—67頁。
　　⑧ 李濟：《記小屯出土之青銅器》（中篇），《中國考古學報》第四册，1949年。

《殷周的青銅武器》①，研究其演變；林巳奈夫的《中國殷周時代の武器》②對當時刊佈的兵器收集詳備，按考古學文化分期的早晚論述各種兵器；楊新平、陳旭的《試論商代青銅武器的分期》③就商代青銅兵器進行了分期研究；郭鵬的《殷墟青銅兵器研究》④是對殷墟出土的青銅兵器進行的分期及相關研究；郭妍利的《中國商代青銅兵器研究》⑤是迄今爲止收集材料最爲豐富的商代兵器研究論文，研究領域也頗爲廣泛。另外，還有大量專論某一類兵器的論文，此不再列舉。

商代有銘文的青銅器以容器與兵器兩類爲主，以上所舉學者的研究工作爲我們研究商代青銅器奠定了很好的基礎。參照學界的研究成果，筆者將商代青銅器分爲早、中、晚三大階段。

早期指早商時期。中期指中商時期，但不包括上文所舉中商期的第三期。晚期指殷墟時期，可分爲四期：第一期相當於盤庚、小辛、小乙時期；第二期相當於武丁、祖庚、祖甲時期；第三期相當於廩辛、康丁、武乙、文丁時期；第四期相當於帝乙、帝辛時期。據近年學者的研究所謂第四期部分遺存的絕對年代已進入到西周初期⑥，所以第四期的年代可能晚至周初。

參照以上諸家對商代青銅器的斷代、分期研究，下文先歸納出對其年代學界看法比較一致的考古出土單位，作爲對傳世品進行斷代研究的參照。時代皆爲殷墟時期。

一期：YM232⑦，YM333⑧，YM388⑨，三家莊 M1、M3⑩。

---

① 郭寶鈞：《殷周的青銅武器》，《考古》1961年第2期，第111—118頁。
② ［日］林巳奈夫：《中國殷周時代の武器》，京都大學人文科學研究所，1972年。
③ 楊新平、陳旭：《試論商代青銅武器的分期》，《中原文物》1983年特刊，第36—46頁。
④ 郭鵬：《殷墟青銅兵器研究》，《考古學集刊》第15集，文物出版社，2004年，第129—173頁。
⑤ 郭妍利：《中國商代青銅兵器研究》，中國社會科學院研究生院2004年博士學位論文。
⑥ 唐際根、汪濤：《殷墟第四期文化年代辨微》，《考古學集刊》第15集，文物出版社，2004年，第36—50頁。
⑦ 石璋如：《小屯第一本·遺址的發現與發掘·丙編·殷墟墓葬之三·南組墓葬附北組墓補遺》，歷史語言研究所，1973年。
⑧ 石璋如：《小屯第一本·遺址的發現與發掘·丙編·殷墟墓葬之五·丙區墓葬上》，歷史語言研究所，1980年。
⑨ 石璋如：《小屯第一本·遺址的發現與發掘·丙編·殷墟墓葬之五·丙區墓葬上》，歷史語言研究所，1980年。
⑩ 中國社會科學院考古研究所安陽工作隊：《安陽殷墟三家莊東的發掘》，《考古》1983年第2期。

二期：YM331[1]，YM188[2]，59武官M1[3]，婦好墓[4]，小屯M17、M18[5]，95郭家莊M26[6]，大司空M539[7]，花東M54[8]。

三期：戚家莊M269[9]，大司空M51[10]，苗圃北地M172[11]，郭家莊M160[12]，殷墟西區GM268、GM1127、GM355、GM907[13]、GM875、GM2508[14]。

四期：99劉家莊M1046[15]，82小屯M1[16]，殷墟西區GM1713[17]、GM2579[18]，郭家莊北M6[19]，劉家莊北M9[20]，郭家莊M53[21]。

因爲有銘文的青銅器大多數都是傳世品，已脱離原來的共存關係，沒有共存器物可資比較，所以只能與經科學發掘的年代較爲明確與明顯的銅器進行對比分析。首先進行器物類型學的研究，並參照學界對有關傳世銅器年代的研究

---

[1] 石璋如：《小屯第一本·遺址的發現與發掘·丙編·殷墟墓葬之五·丙區墓葬上》，歷史語言研究所，1980年。
[2] 石璋如：《小屯第一本·遺址的發現與發掘·丙編·殷墟墓葬之一·北組墓葬上》，歷史語言研究所，1970年。
[3] 中國社會科學院考古研究所安陽工作隊：《安陽武官村北的一座商墓》，《考古》1979年第3期。
[4] 中國科學院考古研究所：《殷墟婦好墓》，文物出版社，1980年。
[5] 中國社會科學院考古研究所安陽工作隊：《安陽小屯村北的兩座殷代墓》，《考古學報》1981年第4期。
[6] 中國社會科學院考古研究所安陽工作隊：《河南安陽市郭家莊東南26號墓》，《考古》1998年第10期。
[7] 中國社會科學院考古研究所安陽工作隊：《1980年河南安陽大司空村M539發掘簡報》，《考古》1992年第6期。
[8] 中國社會科學院考古研究所安陽工作隊：《河南安陽市花園莊54號商代墓葬》，《考古》2004年第1期，第7—19頁。
[9] 中國社會科學院考古研究所安陽工作隊：《殷墟戚家莊東269號墓》，《考古學報》1991年第3期。
[10] 中國科學院考古研究所安陽工作隊：《1958年春河南安陽大司空村殷代墓葬發掘簡報》，《考古通訊》1958年第10期。
[11] 中國社會科學院考古研究所：《殷虚青銅器》，文物出版社，1985年。
[12] 中國社會科學院考古研究所：《安陽殷墟郭家莊商代墓葬——1982~1992年考古發掘報告》，中國大百科全書出版社，1998年。
[13] 中國社會科學院考古研究所安陽工作隊：《1969—1977年殷墟西區墓葬發掘報告》，《考古學報》1979年第1期。
[14] 中國社會科學院考古研究所：《殷虚青銅器》，文物出版社，1985年。
[15] 中國社會科學院考古研究所安陽工作隊：《安陽殷墟劉家莊北1046號墓》，《考古學集刊》第15集，文物出版社，2004年。
[16] 中國社會科學院考古研究所：《殷虚青銅器》，文物出版社，1985年。
[17] 中國社會科學院考古研究所安陽工作隊：《安陽殷墟西區一七一三號墓的發掘》，《考古》1986年第8期。
[18] 中國社會科學院考古研究所：《殷虚青銅器》，文物出版社，1985年。
[19] 中國社會科學院考古研究所安陽工作隊：《河南安陽郭家莊村北發現一座殷墓》，《考古》1991年第10期。
[20] 安陽市文物工作隊、安陽市博物館：《安陽殷墟青銅器》，中州古籍出版社，1993年。
[21] 中國社會科學院考古研究所：《安陽殷墟郭家莊商代墓葬——1982~1992年考古發掘報告》，中國大百科全書出版社，1998年。

及對銅器紋飾的專門研究①進行其年代的初步判定。

第一節　商代有銘青銅器的類型學研究

筆者收集到商代有銘文青銅器的圖像2 483件,下面按食器、酒器、水器、樂器、兵器、雜器順序分別討論其形制與年代。此用途分類僅是爲了行文方便,器類歸屬並無必然性。

一、食器

包括鼎、簋、甗、盉、豆、匕。

（一）鼎

商代有銘文的青銅鼎共840件,其中筆者收集到有圖像的有銘文青銅鼎457件。根據鼎的形制,可以分爲甲、乙二類:圓鼎與方鼎。

甲類:368件。圓鼎。根據腹、足上的特徵異同,可分爲A、B、C三型。

A型:242件。圓腹。分二亞型。

Aa型:2件。錐足。分二式。

Ⅰ式:1件。錐足較高,腹較直。冃鼎②,現藏日本東京國立博物館。雙立耳,寬折沿,深腹,腹上部有三組淺平雕連珠獸面紋。兩耳下口沿上各鑄一陽文。時代爲中商。

Ⅱ式:1件。錐足較矮,腹較鼓。標本1,眉鼎（《保利》）。卷沿窄方唇,雙耳直立,侈口束頸。頸飾獸面紋帶。通高27.5、口徑20釐米。時代爲一期（凡此均指殷墟時期）。

Ab型:190件。柱足。分四式。

Ⅰ式:1件。雙立耳豎直,矮足上粗下細,深腹。天鼎（集成992）,1965年出自陝西綏德縣墕頭村商代銅器窖藏。口稍斂,一對立耳,深腹圜底,三柱足細小。口下飾雲雷紋組成的獸面紋。通高24、口徑14.5釐米。時代爲一期。

---

① 陳公柔、張長壽:《殷周青銅容器上鳥紋的斷代研究》,《考古學報》1984年第3期,第265—285頁。上海博物館青銅器研究組:《商周青銅器紋飾》,文物出版社,1984年。陳公柔、張長壽:《殷周青銅容器上獸面紋的斷代研究》,《考古學報》1990年第2期,第137—168頁。

② 楊曉能:《早期有銘青銅器的新資料》,《考古》2004年第7期,第96頁,圖三。

月鼎　　　　　　　眉鼎　　　　　　　天鼎

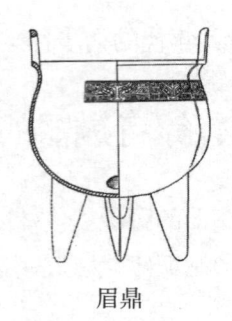

Ⅱ式：80件。雙立耳豎直，足粗矮，深腹。標本1，婦好鼎（集成1328），出自婦好墓（M5：815）。立耳方脣，圓腹圜底，腹飾獸面紋與夔紋各三組。通高29.4、口徑25.3釐米。標本2，敔象鼎（近出220），1983年出自河南安陽市薛家莊東南3號商代墓葬（M3：25）。窄沿方脣，口微斂，口沿上一對立耳，圓腹圜底。口下飾浮雕圓渦紋間獸面紋，腹飾三角紋，均填以雲雷紋。通高26.5、口徑22釐米。時代爲二期。

婦好鼎　　　　　　　　　　敔象鼎

Ⅲ式：40件。立耳稍外撇，足稍高，腹較淺。標本1，絆葡鼎（近出219），出自河南安陽市梯家口村商代墓葬（M3：5）。口微斂，平沿外折，圓腹圜底，三條柱足粗壯。頸飾雲雷紋填地的夔紋帶，腹飾斜方格乳釘紋。通高16.8、口徑13.1釐米。標本2，爰鼎（近出180），1984年出自河南安陽市戚家莊東269號商代墓葬（M269：39）。窄沿方脣，口微斂，口沿上一對立耳，深腹圜底。口下飾獸面紋。通高28.3、口徑21.5釐米。流行於三期。

Ⅳ式：69件。立耳外撇，足較高，腹較淺並略下垂。標本1，重父壬鼎（集成1666），1982年出自河南安陽小屯西地墓葬（M1：11）。折沿方脣，立耳較大，下腹略外鼓。口下飾圓渦紋間四瓣花紋一周，以雲雷紋填地。通高25.7、口徑20.8釐米。標本2，向鼎（近出199），1990年出自河南安陽市梅園莊墓葬（M1：5），

絆葡鼎 　　　　　　　　爰鼎

窄沿方唇,腹微鼓。口下飾雲雷紋組成的獸面紋。通高16.5、口徑13.8釐米。流行於四期,可延至周初。

重父壬鼎 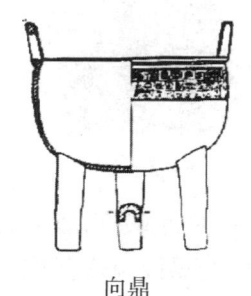　　　　　　　向鼎

Ac型：24件。蹄足。分三式。

Ⅰ式：4件。蹄足較矮,上粗下細,腹較深。標本1,亞弜鼎(集成1400),出自河南安陽市小屯村殷墟婦好墓(M5：808)。大口方唇立耳,深腹圜底,三足中空。頸飾雲雷紋組成的獸面紋帶,足上部亦飾獸面紋。通高72.4、口徑54.5釐米。標本2,巳鼎(近出187),1981年出自河南武陟縣寧郭村。窄平沿,深腹,口沿上一對立耳,三足粗壯。頸飾獸面紋,以雲雷紋填地。通高37、口徑28.9釐米。時代為二期。

亞弜鼎 　　　　　　　　巳鼎

Ⅱ式：7件。蹄足較矮，腹較淺。標本1，亞址鼎（近出216），1990年出自河南安陽市郭家莊商代墓葬（M160：62）。斂口鼓腹，窄折沿，口沿上有一對絢索狀立耳外侈，深腹圜底，馬蹄形足半空，腰稍束。口下飾雲雷紋填地的獸面紋，足上部飾內卷角獸面紋。通高55、口徑41釐米。標本2，冉辛鼎（集成1389）。窄沿方唇，口沿上一對立耳，腹微鼓，圜底，口下飾雲雷紋填地的外卷角獸面紋，足上部飾浮雕獸面。通高43.6、口徑34釐米。流行於三期。

亞址鼎 　　　　　　冉辛鼎

Ⅲ式：13件。蹄足較高；腹較淺，下部略外鼓。標本1，戍嗣鼎（集成2708），1959年出自河南安陽後崗殉葬坑（HGH10：5）。直口折沿，腹微鼓，雙立耳，圜底，半空足，足的中腰略束，近馬蹄形。口下有扉棱六條，口下飾由夔龍組成的獸面紋六組。通高48、口徑39.5×34.5釐米。標本2，戎父乙鼎（集成1533），出自河南安陽市殷墟西區孝民屯南商代墓葬（M284：1）。深腹圜底，窄沿方唇，口沿上有一對立耳，柱足上粗下細。口下飾雲雷紋填地的獸面紋。通高19.2、口徑14.8釐米。流行於四期。此外，《集成》定爲商代的辛鼎（集成989），當屬西周早期。

戍嗣鼎 　　　　　　戎父乙鼎

Ad型：26件。扁足。分四式。
Ⅰ式：1件。直耳，淺腹圜底，鰭形夔足。亞得父庚鼎（集成1880），口下內壁

銘"亞得父庚"。通高27.3、口徑21.4釐米。此鼎形近於YM333：R2053，但器腹較淺，其時代當屬三期。但因此式鼎在中商及殷墟一期就出現，所以仍定為Ⅰ式。

Ⅱ式：3件。直耳，淺腹圜底，透雕夔足或圓雕鳥形足。標本1，聝鼎（集成1211），出自安陽婦好墓（M5：1173）。立耳方唇，淺腹圜底，三條夔形足，尾尖外翹。腹上部飾獸面紋三組。通高31.6、口徑24.9釐米。標本2，婦好鼎（集成1334），出自婦好墓（M5：776）。淺腹圜底，平沿方唇，立耳微外侈，鳥形三足。通高13.5、口徑11.9釐米。時代為二期。

亞得父庚鼎　　　　聝鼎 　　　　婦好鼎

Ⅲ式：14件。耳外撇，淺腹，夔足細化，紋飾簡化。標本1，疋未鼎（近出218），1984年出自河南安陽市戚家莊東269號商代墓葬（M269：38）。窄沿方唇，淺腹圜底，口沿上一對立耳，腹部有六條扉棱，三條夔龍形扁足。口下飾夔紋組成的獸面紋。通高16、口徑13.7釐米。標本2，册融鼎（近出221），1986年出自山東青州市蘇埠屯商代墓（M8：17）。窄沿方唇，口沿上有一對立耳，束頸淺腹，圜底，三條夔龍狀扁足。腹飾雲雷紋組成的獸面紋。通高17.6、口徑16.4釐米。流行於三、四期。另外，《集成》定為殷或西周早期的臤父丁鼎（集成1852），從其扁足形制看當屬西周早期。

疋未鼎 　　　　册融鼎　　　　臤父丁鼎

Ⅳ式：8件。耳外撇，淺腹，鳥形或夔形扁足。標本1，戎父乙鼎（近二.196），1978年出自河南安陽市殷墟西區第八區商代墓葬（GM1573∶1）。淺腹圜底，窄沿方唇，雙立耳，三足作扁夔形。口下飾雲雷紋填地的蟬紋和目紋。通高19.5、口徑15.8釐米。標本2，亞戈父己鼎（集成1869）。窄沿方唇，口沿有一對立耳，淺腹圜底，腹部有三道扉棱，三條鳥形扁足。腹飾蟬紋帶，上下飾以三角目雷紋帶。通高19.5、口徑15.9釐米。流行於四期。另外，《集成》定爲商代的冀父乙鼎（集成1526）也屬此式，但鳥足的形制與造型表明當屬西周早期。

戎父乙鼎 　　　　　亞戈父己鼎　　　　　冀父乙鼎

B型：34件。束頸鼎。分二亞型。
Ba型：33件。頸腹分界明顯。分三式。
Ⅰ式：9件。直口或微侈口，微束頸，足上粗下細，微外撇。標本1，婦好鼎（集成1333），出自河南安陽婦好墓（M5∶835）。雙立耳，下腹外鼓，圜底，三條柱足，口沿下飾圓渦紋，並間以龜形紋，腹飾三角蟬紋。通高10.1、口徑8.1釐米。標本2，光鼎（集成1025），雙立耳，下腹外鼓，圜底，三條柱足，口沿下飾夔紋，腹飾三角蟬紋。時代爲二期。

婦好鼎 　　　　　光鼎

Ⅱ式：6件。侈口，束頸，圓鼓腹，柱足。標本1，羍鼎（集成1107），自頸至腹有六道扉棱。頸飾回首卷尾鳥紋，腹飾外卷角大獸面。通高22.7、口徑17.8釐

米。標本2,車㠱鼎(集成1455),口沿下飾獸面紋,腹飾三角蟬紋。通高約29.6釐米。流行於三、四期。

牵鼎　　　　　　車㠱鼎

Ⅲ式:18件。侈口,束頸明顯,圓鼓腹下垂,柱足。標本1,祖辛父辛鼎(GM874:9),1982年出自河南安陽市殷墟西區商代墓葬。口下飾雲雷紋填地的夔紋,腹飾三角蟬紋。通高23.7、口徑19釐米。標本2,邑鼎(近出170),1985年出自山西靈石縣旌介村商代墓葬(M1:36)。頸飾蛇紋,腹飾三角蟬紋,均以雲雷紋填地,柱足飾三角雲紋。通高21.9、口徑18釐米。流行於四期。

祖辛父辛鼎 　　　　邑鼎　　　　溫鼎

Bb型:1件。頸腹分界不明顯。溫鼎(集成1230),1935年出自河南安陽侯家莊西北岡1435號商墓。侈口束頸,口沿上一對立耳,下腹向外傾垂,腹很深,三條圓柱形空足。頸部飾一周夔龍紋,腹部飾三角紋,足上部飾雲雷紋和三角紋。通高67.6、口徑38.3釐米。時代爲二期。

C型:92件。分襠鼎。分三式。

Ⅰ式:13件。直耳,口微斂,柱足較矮。標本1,舟鼎(集成1148),1950年出自河南安陽武官村商代1號大墓陪葬墓(W8)。窄沿平折,口沿上有一對小立耳。口下飾雲雷紋組成的獸面紋。通高21.8、口徑17.8釐米。標本2,受鼎(近出179），1995年出自河南安陽市郭家莊商代墓（M26∶29）。窄沿方唇，口微斂，口沿上一對立耳，下腹微鼓，分襠柱足。頸部飾蟬紋，腹飾獸面紋和夔紋，均以雲雷紋填地。通高22.2、口徑17釐米。流行於二期。

舟鼎　　　　　　　　　　　受鼎

Ⅱ式：25件。立耳稍外撇，腹較淺，柱足較高。標本1，亞褱止鼎（近出246），1990年出自河南安陽市郭家莊商代墓葬（M160∶135）。直口窄折沿。腹飾雲雷紋填地的内卷角獸面紋，兩側加飾口朝下的倒夔紋。通高21、口徑17.1釐米。標本2，己並鼎（近出209），1983年12月出自山東壽光縣古城公社古城村商代墓葬。窄沿方唇，腹微鼓。頸飾一周雲雷紋，腹飾外卷角獸面紋，均以雲雷紋填地。通高19.2、口徑14.8釐米。流行於三期，可延至四期。

亞褱止鼎　　　　　　　　　己並鼎

Ⅲ式：54件。立耳外撇，腹較淺，高柱足。標本1，亞魚鼎（近出339），1984年6月出自河南安陽市殷墟西區孝民屯南商代墓葬（M1713∶27）。窄沿方唇，口微斂。口下飾雲雷紋，腹飾外卷角獸面紋，兩旁填以倒立的夔紋，雲雷紋填地。通高19、口徑17釐米。標本2，亞鼎（集成1147）。直口窄沿，襠部微分，三柱足細而高。體飾外卷角獸面紋，其上加飾一道雲雷紋。通高18.5、口徑17.2釐米。流行於四期，可延至周初。《集成》定商代的𠙴作父辛鼎（集成1886）、無敄鼎（集成2432），當是西周早期器。

亞魚鼎 　　　　　　　亞鼎

乙類：89件。方鼎。分爲A、B二型。

A型：85件。直腹。分二亞型。

Aa型：83件。柱足。分三式。

Ⅰ式：6件。平底，柱足粗矮，器身長大於寬。標本1，司母辛方鼎（集成1708），出自河南安陽市小屯村殷墟婦好墓（M5：809）。口下飾兩條夔龍組成的獸面紋，腹部四面左右側和下側飾排列規整的乳釘紋。足上部飾獸面紋。通高80.5、口長64、口寬47.6釐米。標本2，婦好小方鼎（集成1338），出自婦好墓（M5：834）。口下飾雲紋一道，腹四面飾對稱的鳥紋，以雲雷紋填地，足上飾雲紋一周，接飾三角紋。通高12.2、口橫9.2、口縱7.6釐米。流行於二、三期。

司母辛方鼎 　　　　　婦好小方鼎

Ⅱ式：28件。底略下凸，柱足較細。標本1，子蠱方鼎（近二177），1979年出自河南安陽市孝民屯南殷墟西區商代墓葬（M2508：1）。口下飾夔紋帶，腹飾外卷角獸面紋，柱足上部飾浮雕獸面紋，均以雲雷紋填地。通高25.3、口橫19.8、口縱16.7釐米。標本2，爰方鼎（近出182），1984年出自河南安陽市戚家莊東269號商代墓葬（M269：41）。口下飾鳥紋，腹壁飾內有夔龍組成的卷角獸面紋，耳外側飾龍紋，均以雲雷紋填地，足飾三角雲紋。通高22.5、口橫17、口縱13.1釐米。流行於三期。

子蠡方鼎 　　　　　　　爰方鼎

Ⅲ式：49件。柱足細高，器身長寬之比變小。標本1，庚豕父丁方鼎（集成1855），1982年出自河南安陽小屯西地墓葬（M1∶44）。四面中部和四角均飾獸面紋，有粗線雲紋構成，腹左右側及下側飾乳釘紋，足上端飾獸面紋和三角紋。通高22.6、口橫18、口縱15.3釐米。標本2，亞孔方鼎（近二172），安陽殷墟劉家莊北1046號墓。腹部各面邊緣飾雲雷紋組成的帶狀饕餮紋，中間爲素面，足上部各飾一簡化獸面紋，其下有兩周凸弦紋。通耳高21.8、口長17.2、寬14.4釐米。流行於四期，可延至周初。另外，《集成》定爲商代的亞㰇父乙鼎（集成1818）、主鼎（集成1235）、田告父丁鼎（集成1849），器表裝飾爲典型西周早期紋樣，當是西周早期時器。

庚豕父丁方鼎 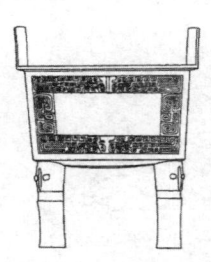　　　　　亞孔方鼎

亞㰇父乙鼎 　　　　主鼎 　　　　田告父丁鼎

Ab型：2件。扁足。分二式。

Ⅰ式：1件。扁足較寬。婦好扁足方鼎（集成1337），出自婦好墓（M5∶813）。四面飾外卷角獸面紋，獸面兩側加飾倒立的夔龍，足的兩面飾夔紋，均以雲雷紋填地。通高42.2、口橫33.3、口縱25.1釐米。流行於二期。

Ⅱ式：1件。扁足較細。册融方鼎（近出222），1986年出自山東青州市蘇埠屯商代墓（M8∶15）。腹飾雲雷紋組成的獸面紋。通高18.7釐米。流行於四期。還有1件四扁足鼎——亞醜父丁鼎（集成1840），鳥足的形式也是西周早期的形制，器銘"亞醜父丁"有學者疑爲後刻[①]。

婦好扁足方鼎 　　　　册融方鼎 　　　　亞醜父丁鼎

B型：4件。束頸、鼓腹，俎形蓋。標本1，䍙鼎（集成1164）。四角有扉棱，頸飾斜目紋，腹飾獸面紋，足飾三角紋。通高33、口橫24.6、口縱18.3釐米。標本2，亞址鼎（近出214），1990年出自河南安陽市郭家莊商代墓葬（M160∶32）。蓋沿和器口下均飾連珠紋鑲邊的獸面紋帶。通高33、口橫21.6、口縱16.8釐米。流行於三期。

䍙鼎 　　　　亞址鼎

---

① 容庚、張維持：《殷周青銅器通論》，文物出版社，1984年，第31頁。

（二）簋

商代有銘文的青銅簋共302件，其中筆者收集到有圖像者180件。分A、B二型。

A型：83件。無耳簋。分二亞型。

Aa型：42件。侈口，束頸，鼓腹。分三式。

Ⅰ式：14件。口徑略小於腹徑，圈足較矮，腹較深。標本1，北單戠簋（集成3239），1950年出自河南安陽武官村殷墟1號商代大墓陪葬墓（E9）。頸飾浮雕獸頭和雲雷紋填地的蠶紋。通高14.3、口徑20.7釐米。標本2，正侯簋（集成3127），1976年出自河南安陽小屯村殷墟商代墓葬（M18∶5）。頸部飾浮雕獸首和雲雷紋填地的小鳥紋。通高13、口徑19.7釐米。時代爲二期。

北單戠簋　　　　　　　正侯簋

Ⅱ式：13件。口徑與腹徑基本相等，高圈足。標本1，子南簋（集成3072），1950年出土於河南安陽市郊區。頸飾浮雕獸頭和雲雷紋填地的夔紋，腹飾外卷角獸面紋，圈足亦飾夔紋，均以雲雷紋填地。通高15.2、口徑19.4釐米。標本2，亞盟簋（集成3100），1963年出自河南安陽市苗圃北地殷墟商代墓葬（M172∶1）。頸飾浮雕獸首和獸面紋，圈足亦飾獸面紋，均以雲雷紋填地。通高13、口徑16釐米。流行於二、三期，以三期常見。

子南簋　　　　　　　亞盟簋

Ⅲ式：15件。口徑略大於腹徑，淺腹，束頸明顯，下腹外鼓。標本1，戊乙簋（集成3061），1975年出自河南安陽市殷墟西區孝民屯商代墓葬（M764∶4）。頸部有一對浮雕獸首,並飾三道弦紋。通高14、口徑18.9釐米。標本2,殷簋(集成2971)。頸部和圈足均飾雲雷紋組成的獸面紋帶。流行於二、三期。

戍乙簋　　　　　　殷簋

Ab型:41件。敞口,斜收腹或直腹。分五式。

Ⅰ式:1件。深腹,矮圈足。腹部最大徑在口沿下。蠱簋(集成2944),口沿下飾三道凸弦紋。時代爲一期。

Ⅱ式:9件。腹較深,腹部最大徑在口沿下。標本1,正簋(集成2947)。口沿下飾三道凸弦紋。通高16.4、口徑24釐米。標本2,辰寢出簋(集成3238),出自河南安陽市殷墟大司空村商代墓葬(M539:30)。口下飾浮雕獸頭和夔紋,以雲雷紋填地,圈足飾獸面紋。通高14、口徑21.2釐米。此式流行時間較長,二期常見,但亦見於三、四期。

蠱簋 　　　　　正簋 　　　　　辰寢出簋

Ⅲ式:17件。腹稍外鼓。標本1,重簋(集成2927)。頸飾浮雕獸首和渦紋,腹飾方格乳釘紋,圈足飾獸面紋,均以雲雷紋爲地。通高16.8釐米。標本2,門祖丁簋(集成3136),腹有乳釘紋,口下飾夔紋,足飾饕餮紋。高20.3釐米。流行於二、三期,四期偶見。

重簋　　　　　　門祖丁簋

Ⅳ式：7件。斜直腹，然後內折。標本1，伊簋（近出369）。口下飾夔紋，腹飾斜方格乳丁紋，圈足飾三列雲雷紋組成的獸面紋。通高17.5釐米。標本2，🗆簋（近出366）。口下和圈足飾夔紋，腹飾獸面紋，均以雲雷紋填地。通高17.5釐米。流行於三期，四期仍存在。

伊簋 　　　　　🗆簋

Ⅴ式：7件。上腹壁較直，下腹急收。標本1，亞寰址簋（近出407），1990年出自河南安陽市郭家莊商代墓葬（M160∶33）。頸和圈足均飾目雷紋帶。通高12、口徑16.8釐米。標本2，🗆簋（集成2929），1975年出自河南安陽市殷墟西區孝民屯商代墓葬（M355∶6）。素面。通高11.2、口徑17釐米。流行於三期。

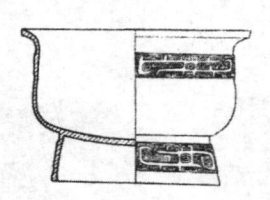

亞寰址簋 　　　　　🗆簋

B型：97件。有耳簋。分三亞型。

Ba型：90件。侈口，圓體。分四式。

Ⅰ式：5件。耳上無珥，矮圈足。標本1，戈父丁簋（集成3172）。口沿下飾菱形雷紋，前後飾浮雕獸頭，腹部飾斜方格乳釘紋，圈足飾回首卷尾鳥紋。通高15、口徑22.5釐米。標本2，🗆父己簋（集成3195）。口沿下前後飾浮雕獸頭，腹部飾斜方格乳釘紋，圈足飾回首卷尾鳥紋。流行於二期。

戈父丁簋 　　　　　🗆父己簋

Ⅱ式：25件。耳上無珥，耳上獸首多上翹，圈足較高。標本1，爰簋（近出368），1984年出自河南安陽市戚家莊東269號商代墓葬（M269：40）。頸部飾夔紋四組，均以雲雷紋填地。通高15.4、口徑19.8釐米。標本2，寢魚簋（近出454），1984年出自河南安陽市殷墟西區孝民屯南商代墓葬（M1713：33）。雙耳飾鹿頭，口下飾浮雕獸頭和夔龍紋，圈足飾獸面紋。通高13.3、口徑19.5釐米。流行於三、四期。

爰簋 　　　　　　　　　寢魚簋

Ⅲ式：28件。耳下垂有勾狀小珥。耳上獸首多下伏。標本1，戎母己簋（集成3222），1978年出自河南安陽市殷墟西區商代墓葬（M1573：2）。口下飾浮雕獸頭和夔紋，圈足飾獸面紋，均以雲雷紋填地。通高14.3、口徑15.5釐米。標本2，聑賓婦𦎧簋（集成3345），1952年出自河南輝縣褚邱。頸飾浮雕獸首和目雷紋，圈足飾兩道弦紋。通高12.1、口徑17.8釐米。流行於四期。

戎母己簋 　　　　　　　聑賓婦𦎧簋

Ⅳ式：32件。長方形垂珥。耳上獸首多下伏。標本1，亞丮簋（近二348），出自安陽殷墟劉家莊北1046號墓。腹飾斜方格雷紋乳釘紋。通高14.7、口徑20.9釐米。標本2，肄作父乙簋（集成4144）。頸飾短夔紋間浮雕圓渦紋，圈足飾四瓣花紋間浮雕圓渦紋，腹飾直棱紋。通高16、口徑21.5釐米。此爲帝辛時器。流行於四期最晚階段，可延至西周早期。

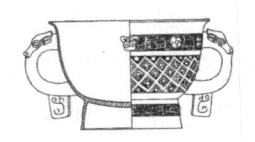

亞丮簋 　　　　　　　　肄作父乙簋

Bb型：6件。斂口球形。標本1，大丏簋（集成3457），1958年出自河南安陽市殷墟西區大司空村（GT231：18）。蓋與體合成扁球形，斂口鼓腹，蓋頂有圈狀捉手。口下飾浮雕獸首和夔紋，腹飾外卷角獸面紋，圈足飾夔紋。通高23、口徑16.5釐米。標本2，亞䇷父丁簋（集成3310）。蓋、肩及器口下均飾渦紋，間飾四瓣花紋，足飾弦紋二道，器外底有一凸起的四瓣花紋。通高23.3、寬30釐米。流行於四期或西周早期。

大丏簋　　　　　亞䇷父丁簋

Bc型：1件。方形。亞䇷方簋（集成3098）。體呈方形，侈口束頸，收腹，圈足外侈，獸首雙耳，下有勾狀垂珥，四角和四壁中線有扉棱，器頸和圈足飾夔紋，腹飾獸面紋，均以雲雷紋填地。通高20.5、口橫18.1、口縱11.9釐米。時代爲四期或西周早期。

亞䇷方簋

（三）甗（附甑）

商代有銘文的青銅甗有52件，有圖像者36件。根據甑與鬲部的結合方式分A、B二型。

A型：33件。連體甗。分五式。

Ⅰ式：1件。折沿，空錐足。◈甗（集成786），1972年出於山西長子縣北關北高廟。敞口深腹，口沿上折，兩直立小耳，三空錐足，一足殘。通體素面。通高39、口徑25、腹深19釐米。此甗形體與安陽三家莊近出1∶5近同，時代爲中商。

Ⅱ式：1件。直口，直耳，直腹壁。鬲部短小。標本1，宁◈甗（集成792），1981年出於内蒙古昭烏達盟翁牛特旗牌子鄉敖包山前。口沿加厚，上有一對方形立耳，腹壁近直，鬲部較小，束腰分襠，袋形足下部有較矮的圓柱形實足。上腹飾三道弦紋。通高66、口徑41釐米。此甗形體與安陽YM188∶R2063近同，時代爲一期。

Ⅲ式：4件。直口或侈口，直耳或微外侈，上腹壁較直。鬲部增高，有的飾獸面。標本1，正甗（集成776），1976年出於河南安陽市小屯村商代墓葬（M18∶32）。分襠柱足，腰內壁有三個長條形承箅的齒。口沿有一周加厚的寬帶，其下飾三道弦紋，鬲腹飾簡化獸面紋。通高50、口徑28釐米。時代爲二期。

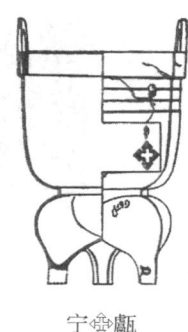

亞甗　　　　　　　寧甗 　　　　　　　正甗

Ⅳ式：25件。侈口，雙綯索耳外侈，上腹斜收。鬲部肥大，多飾牛角獸面。標本1，商婦甗（集成867）。口下飾三列雲雷紋組成的羽脊獸面紋帶，鬲腹飾牛角獸面紋。通高36.8、口徑22.7釐米。此式見於三、四期。

Ⅴ式：2件。敞口，耳外侈，鬲腹較淺。標本1，戈五甗（集成797）。通高14.6、腹深9.1、口徑9.2寸。口下飾連珠紋鑲邊的羽脊獸面紋，鬲腹飾牛角獸面紋。時代爲四期。

商婦甗 　　　　　　　戈五甗

B型：3件。分體甗。分二亞型。
Ba型：2件。單甗。婦好甗（集成794），出於河南安陽市小屯村殷墟婦好

墓（M5：797、768）。口沿下飾鳥首夔紋帶，下加垂葉紋。鬲部似鼎，腹下略鼓，分襠三柱足，腹飾雙線人字紋。通高35.3、口徑24釐米。時代爲二期。

Bb型：1件。多甗。婦好三聯甗（集成793），出於河南安陽市小屯村殷墟婦好墓（M5：790、768、769、770）。由一長方形承甑器和三個甑組成。通高68、長103.7、寬27釐米，甑高26.2、甑口徑33釐米。時代爲二期。

婦好甗 　　　　　　　　婦好三聯甗

甑。1件。
好甑（集成763），出自婦好墓（M5：764）。敞口方唇，沿面有凹槽一周，可置蓋，腹部兩側有附耳，下腹內收，底的中部有一圓柱形中空的透底柱，周壁有瓜子形鏤孔4個。口下飾鳥紋，腹飾大三角紋。通高15.6、口徑31釐米。時代爲二期。

好甑

（四）鬲

商代有銘文的青銅鬲共31件，其中有圖像者15件。根據頸部與足部的異同分A、B二型。

A型：14件。分二亞型。

Aa型：7件。無明顯的頸部。分二式。

Ⅰ式：1件。錐足跟。標本1，耳鬲（集成447）。束頸侈口，雙立耳，高襠袋足，下承中空尖足。頸飾三道弦紋，腹飾雙線人字紋。通高22、口徑15.4釐米。時代爲中商。

Ⅱ式：6件。柱足跟。標本1，⿱口丂丏父丁鬲（集成499），出土於河南安陽市孝民屯南殷墟西區商代墓葬（M1102：1）。侈口束頸，分襠款足，口沿上有一對立耳。頸飾三列雲雷紋組成的羽脊獸面紋一周。通高15.3、口徑12.3釐米。時代爲四期，這種形制的鬲在西周早期也常見。

第二章 商代有銘青銅器的斷代與分期   39

耳鬲　　　　　　　丅父丁鬲

Ab型：7件。頸部明顯。分二式。

Ⅰ式：3件。袋足肥大，足跟較矮。標本1，亞牧鬲（集成456），1962年出土於河北豐寧縣。侈口束頸，口沿上一對立耳，分襠，三個乳狀袋足下有上粗下細的圓柱形實足。頸部飾兩道弦紋。通高17.7、口徑12.3釐米。時代為四期或周初。

Ⅱ式：4件。袋足較瘦，足跟較長。標本1，眉子鬲（集成487），1964年出土於山東滕縣姜屯公社種寨村。侈口束頸，口沿上一對立耳，分襠，三足下段呈圓柱狀。頸飾雲雷紋組成的羽脊獸面紋。通高18.8釐米。流行於四期。另外，原定為商代晚期的丅父丁鬲（近出232），通高14.5釐米。呈鬲形，寬折沿，束頸鼓腹，口沿上有一對立耳，弧襠，三足下端呈圓柱狀，與足對應的腹部有扉棱。腹飾獸面紋。當是西周時器。

亞牧鬲　　　　　眉子鬲　　　　　丅父丁鬲

B型：1件。亞盤母鬲（集成485），1972年出土於甘肅涇川縣涇明公社蒜李大隊莊底早周墓葬。敞口，束頸，下接三大袋足，頸飾獸面紋。通高15、口徑2.5釐米。時代為商代晚期。

（五）豆

商代有銘文的青銅豆共5件，有圖像者3件。標本1，冀戲豆（集成4652）。窄折沿，侈口，圜底，筒形圈足甚高。盤腹飾

亞盤母鬲

兩道弦紋,間飾圓渦紋。通高10、口徑10.7釐米。標本2,斿豆(集成4651)。圓體,淺盤,直壁,直口,高圈足。口下有凹槽一圈,腹飾渦紋,足飾弦紋二圈。通高10.5、寬12.1釐米。此豆與87郭家莊東南M1∶21豆形體近同[①]。時代爲四期。

冀叔豆

斿豆

亞念匕

(六) 匕

商代有銘文的青銅匕共3件,有圖像者1件。

二、酒器

包括爵、角、斝、尊、觚、方彝、卣、罍、瓿、壺、觥、觶、勺。

(一) 爵

商代有銘文青銅爵共1 376件,其中見有圖像者511件。分A、B二型。

A型:480件。圜底爵。有柱。分二亞型。

Aa型:325件。腹壁近直。分三式。

Ⅰ式:90件。窄平長流,尾平短,矮柱位於流折處,腹較淺。標本1,母爵(集成7411),1976年出自河南安陽婦好墓(M5∶1579)。通高37.3釐米。標本2,寢出爵(集成8295),1980年出自河南安陽市大司空村商代墓葬(M539∶33)。通高19.8、流至尾長17.5釐米。流行於二、三期。

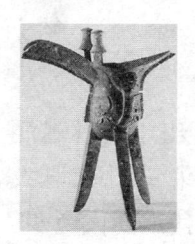

母爵

寢出爵

---

① 中國社會科學院考古研究所安陽工作隊:《1987年夏安陽郭家莊東南殷墓的發掘》,《考古》1988年第10期,第876頁,圖三∶1。

第二章　商代有銘青銅器的斷代與分期　41

Ⅱ式：100件。長流，長尾，略上翹。柱於流折處稍後移，腹較深。標本1，鬥日辛爵（集成8800），1969年出自河南安陽市殷墟西區孝民屯商代墓葬（M907∶2）。通高22.8、流至尾長20.2釐米。標本2，亞盥爵（集成7800），1963年出自河南安陽市殷墟苗圃北地商代墓葬（M172∶5）。通高18.2、流至尾長14.3釐米。流行於三、四期。

鬥日辛爵 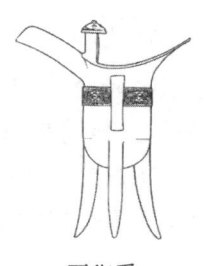　　　　　　　亞盥爵

Ⅲ式：135件。寬長流，長尾，上翹。長柱於流折處後移，腹較深。標本1，祖辛爵（集成7862），1977年出自河南安陽市殷墟西區孝民屯商代墓葬（M793∶10）。通高20.5、流至尾長18釐米。標本2，亞宫孔爵（近二761），出自安陽殷墟劉家莊北1046號墓。流行於四期。

祖辛爵 　　　　　　　亞宫孔爵

Ab型：155件。卵圓形腹。分二式。

Ⅰ式：68件。窄平長流，尾較平短，矮柱位於流折處。標本1，戈北單爵（集成8806），1950年出自河南安陽市武官村商代大墓陪葬墓（E9）。通高17.7、流至尾長18.6、腹深9.3釐米。標本2，**斌**爵（近出867），1995年出自河南安陽市郭家莊商墓（M26∶19）。通高21.2釐米。流行於二、三期。

戈北單爵　　　　　　　　觚爵

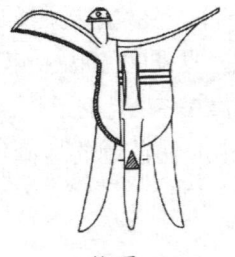

Ⅱ式：87件。長流，長尾，上翹。長柱於流折處後移，腹深。標本1，戎父辛爵（集成8601），1970年出自河南安陽市殷墟西區孝民屯商代墓葬（M1125∶2）。通高20.6、流至尾長17.8釐米。標本2，丙爵（集成7658），1976年出自河南安陽市殷墟西區孝民屯商代墓葬（M697∶8）。通高21.8、流至尾長17釐米。流行於三、四期。

戎父辛爵 　　　　　　　　丙爵

B型：31件。平底。有柱。分二亞型。
Ba型：26件。圓腹。分三式。
Ⅰ式：1件。窄長流，短尖尾，小柱。⌣爵（集成7755），通高15.6、流尾長14.5釐米。時代爲中商。
Ⅱ式：21件。窄平長流，尾較平短，矮柱位於流折處。下腹凸出。標本1，婦好爵（集成8128），出自殷墟婦好墓（M5∶664）。通高26.3釐米。流行於二期。
Ⅲ式：4件。寬長流、長尾。腹壁直。標本1，何疾父癸爵（集成8958），通高19.9、流至尾長16.6釐米。流行於二、三期。
Bb型：5件。方腹。標本1，虤方爵（近出787），1991年出自河南安陽市後崗商代墓（M9∶10）。通高17、流至尾長16.4釐米。流行於四期。

第二章 商代有銘青銅器的斷代與分期 43

ㄟ爵 　　　　　　婦好爵 　　　　　　何疾父癸爵　　　　　疏方爵

（二）角

商代有銘文的青銅角共55件，其中筆者見到有器形圖像者44件。分A、B、C三型。

A型：1件。卵形腹。亞寰角（集成7793）。口的兩翼呈凹弧形。深腹，下有三條三棱錐足，足尖外侈。底近平。雙翼下各飾大三角紋、浮雕獸首。腹飾兩組獸面紋。通高24.2釐米。時代為三期。

B型：39件。圜底。分二式。

Ⅰ式：34件。卵形腹，頸腹分界明顯。標本1，亞址角（近出838），1990年出自河南安陽市郭家莊商代墓葬（M160：143）。口之兩翼作凹弧形，深腹，下有三條三棱錐足，足尖外侈，腹一側有獸首扁環鋬。雙翼下各飾大三角紋，大三角內填以倒夔紋，腹飾兩組獸面紋。通高21.6、兩翼相距16.8釐米。流行於三、四期。

Ⅱ式：5件。筒形腹，頸腹分界不明顯。標本1，宰椃角（集成9105）。口沿兩翼上翹，內側有一個獸首鋬，三條三棱錐足。口下和兩翼下飾三角雲雷紋，腹飾雲雷紋組成的獸面紋，足面飾三角雷紋。通高22.3、兩翼相距15.8釐米。流行於四期，此式可延至西周早期。

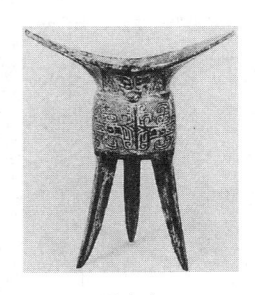

亞寰角 　　　　　　　亞址角 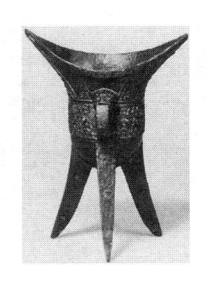　　　　　　　宰椃角

C型：4件。無柱，有蓋。分二亞型。

Ca型：2件。圜底。標本1，珥桒婦妑角（集成8984），1952年出土於河南輝縣褚邱。通高23、流至尾長19.3、腹深10.5釐米。時代爲四期。

Cb型：2件。平底。標本1，亞醜父丙角（集成8882），口上有龍首形蓋，橋形鈕，腹上有三道扉棱。蓋飾夔紋，腹飾獸面紋，以雲雷紋填地。通高23釐米。時代爲四期。

珥桒婦妑角 　　　　　　亞醜父丙角

（三）斝

商代有銘文的青銅斝共141件。其中有圖像者79件。分A、B、C三型。

A型：45件。圓斝。分二亞型。

Aa型：26件。長頸，頸腹分界明顯。分三式。

Ⅰ式：1件。不對稱菌形柱較矮，口徑與腹徑基本等寬。錐足較矮。標本1，耳斝（近二804），侈口長頸，二柱立於口一側。腹很深，直壁略向外鼓，平底下有三條外撇的錐足，扁條獸首鋬①。通高17、口徑17釐米。時代爲中商。

Ⅱ式：6件。對稱菌形柱較高，鋬較粗寬，口徑大於腹徑。標本1，参成斝（集成9118）。侈口，口沿上有一對菌頂方柱，粗頸，腹微鼓，底部微圜。頸飾外卷角獸面紋，腹飾内卷角獸面紋。通高34、口徑20.8釐米。流行於二、三期。

Ⅲ式：19件。對稱傘形柱較高，頸部多飾三角紋。錐足較高。標本1，亞其斝（集成9163），出土於河南安陽殷墟婦好墓（M5∶1197）。腹上下段各飾饕餮紋三組，在饕餮的兩側都有一條較小的倒夔，足飾對夔蕉葉紋，柱頂飾圓渦紋。通高61.2、口徑29.3、足高25.5釐米。流行於二、三期。

---

① 此器之菌形柱與鋬或認爲是後加的。見《保利藏金》第12頁孫華、王藝所撰亘（耳）斝説明，嶺南美術出版社，1999年。

耳斝　　　　　　　参成斝　　　　　　亞其斝

Ab型：19件。短頸，頸腹分界較不明顯。分二式。

Ⅰ式：14件。口徑與腹徑基本等同，頸部多飾三角紋，長錐足。標本1，亞斝（集成9143），1980年出土於河南安陽大司空村商墓（M539：35）。有蓋，敞口，兩立柱。鼓腹，圜底。三棱足微外撇。蓋上有獸形鈕。傘形柱帽。腹飾以雷紋為地紋的饕餮紋三個。足飾蕉葉紋。通高29.3、口徑16釐米。時代為二期。

Ⅱ式：5件。口徑略小於腹徑，紋飾簡化，錐足較短。標本1，亞矣斝（集成9156）。侈口束頸，鼓腹圜底，口沿上有一對傘狀柱，腹一側有獸首鋬，三棱錐足。腹飾雲雷紋組成的獸面紋。流行於三期。

亞斝　　　　　　　　　亞矣斝

B型：11件。方斝。分二亞型。

Ba型：6件。器體細高，腹截面近方形。分二式。

Ⅰ式：4件。長頸，口沿外折較小。標本1，婦好方斝（集成9178），1976年出土於河南安陽殷墟婦好墓（M5：752）。口外侈，口沿短邊上有一對方塔形立柱，深腹平底，四足作四棱錐形，腹四面飾獸面紋。通高67、口橫25、口縱23.4釐米。流行於二期。

Ⅱ式：2件。短頸，口沿向外平折。標本1，亞址方斝（近出919），1990年出土於河南安陽市郭家莊商代墓葬（M160：111）。方喇叭口，長頸深腹，口沿上有一對方塔形立柱，口上扉棱伸出器口，腹飾外卷角獸面紋，通體以雲雷紋填地。通高43.5、口橫20.5、口縱19.1釐米。流行於三期。

Bb型：5件。器體粗矮，截面呈圓角長方形。標本1，鼍斝（集成9106）。長方體，侈口束頸，鼓腹圜底，頸飾獸面紋帶，腹飾外卷角獸面紋，均以雲雷紋填地。通高22、口橫14.5、口縱10.6釐米。流行於二期。

婦好方斝 　　　　亞址方斝　　　　鼍斝

C型：23件。分襠斝。分二式。

Ⅰ式：14件。袋足較肥，襠較矮，口沿立柱較矮或無柱。標本1，亞寰址斝（近出924），1990年出土於河南安陽市郭家莊商代墓葬（M160：174）。侈口鼓腹長頸，分襠三柱足，通高27.5、口徑20.1釐米。標本2，亞宫丮斝（近二812），出土於安陽殷墟劉家莊北1046號墓（M1046：20）。侈口，口上有兩立柱，菌狀鈕，束頸，鼓腹，分襠。通高24.3、襠高9.4、口徑16.2釐米。此式偶見於三期，以四期為常見。另外，《集成》定為商代的亞昊㚸母癸斝（集成9245）也屬此式，但從銘文的內容與字體風格看，此器定為西周早期當更合適。這也說明這一型的斝延續至西周早期。

Ⅱ式：9件。袋足較瘦，襠較高，高柱。標本1，小臣邑斝（集成9249）。侈口長頸，口沿上有一對傘狀柱，分襠獸首鋬，足下端呈圓柱狀。通高20.3、口徑16釐米。流行於四期。

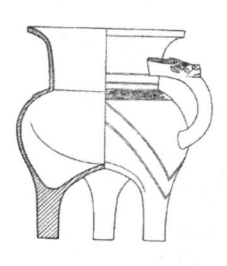

亞㚔址斝 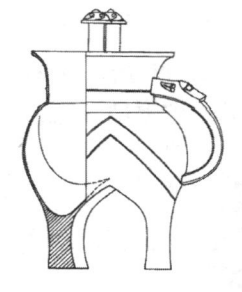　　　　　亞㠱丮斝 　　　　　小臣邑斝

（四）尊

商代有銘文的青銅尊有239件，其中筆者收集到有圖像者152件。尊的形體變化較大，只是根據學界的慣例將以下形態的銅器定名爲尊。可分A、B、C、D四型。

A型：38件。有肩尊。分二亞型。

Aa型：11件。方尊。分三式。

Ⅰ式：1件。短頸，頸部曲率小，圈足較矮。標本1，婦好方尊（集成5535），出自婦好墓（M5：792）。口略呈方形外侈，窄折肩，斂腹平底。通高43、口橫35.5、口縱33釐米。流行於二期。

Ⅱ式：3件。長頸，頸部曲率小，圈足較高。標本1，司婡癸方尊（集成5681），出自婦好墓（M5：806）。口略呈方形外侈，窄折肩，斂腹平底。腹及圈足飾獸面紋。通高55.6、口橫37.5、口縱37釐米。流行於二期。

婦好方尊 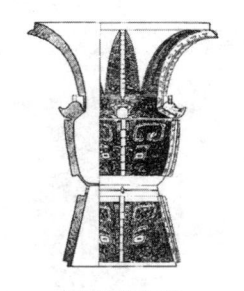　　　　　司婡癸方尊

Ⅲ式：7件。長頸，頸部曲率增大，圈足外撇。扉棱伸出口沿外。標本1，亞址方尊（近出610），1990年出自河南安陽市郭家莊商代墓葬（M160：152）。斂腹斜折肩。腹和圈足均飾雲雷紋組成的夔紋和獸面紋。通高43.9、口橫33、口縱

32.8釐米。標本2,亞刊方尊(近二553),出自安陽殷墟劉家莊北1046號墓。方口外侈,束頸,斜肩,底近平。下腹和足部四面各飾一分解式大饕餮紋,獸面兩側以變形倒夔紋補空,均以雲雷紋填地。流行於三、四期。

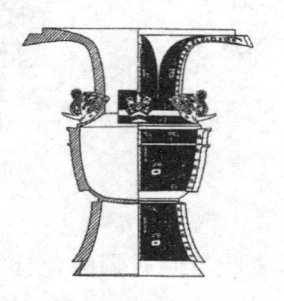

亞址方尊 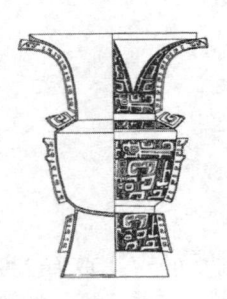　　　　　　　　亞刊方尊

Ab型:27件。圓尊。分二式。

Ⅰ式:13件。頸較短,腹部肥大,圈足較矮。此式與前者基本並存。標本1,宀尊(集成5501)。喇叭口,束頸折肩,斂腹,肩、腹和圈足各有三道扉棱。頸飾兩道弦紋,肩上飾夔紋,並有三個高浮雕犧首,腹和圈足飾雲雷紋填地的獸面紋。通高22.7、口徑26釐米。此尊形體與小屯M18:4[①]近同。流行於二、三期,四期亦見。

Ⅱ式:14件。頸較長,腹部較瘦,圈足較高。標本1,子漁尊(集成5542),1976年出自河南安陽小屯村北商代墓(M18:13)。喇叭口,折肩,收腹。頸飾由倒置的夔龍組成的蕉葉紋,下為夔龍紋帶,肩上有三個獸首,其間飾夔紋,腹及圈足飾曲折角獸面紋。通高36.7、口徑32.8釐米。流行於二期,三、四期亦見。

宀尊 　　　　　　　　子漁尊

---

① 中國社會科學院考古研究所安陽工作隊:《安陽小屯村北的兩座殷代墓》,《考古學報》1981年第4期,第498頁。

第二章 商代有銘青銅器的斷代與分期 49

B型：105件。瓠形尊。分二亞型。

Ba型：55件。紋飾較少，無扉棱。分三式。

Ⅰ式：4件。長頸，圈足外撇，腹、頸區別不明顯。標本1，亞址尊（近出609），出自河南安陽市郭家莊商代墓葬（M160∶118）。頸飾兩道弦紋，圈足飾一道弦紋。通高25、口徑22.9釐米。流行於三、四期。

Ⅱ式：35件。長頸，圈足較高，腹部稍外鼓。標本1，亞覃尊（集成5911），1972年出自河南安陽市殷墟西區孝民屯南商代墓葬（M93∶1）。頸和圈足近腹處各飾弦紋兩道，腹飾四瓣花紋，中填目雷紋。通高34、口徑23釐米。流行於四期。

Ⅲ式：16件。長頸，高圈足切地，腹部外鼓。標本1，合父己尊（集成5650），鼓腹長頸，圈足外侈。腹和圈足均飾雲雷紋組成的獸面紋。通高28.1、口徑21.5釐米。流行於四期。

亞址尊　　　　　亞覃尊　　　　　合父己尊

Bb型：50件。紋飾繁縟，有扉棱，頸部多飾蕉葉紋。分二式。

Ⅰ式：34件。扉棱分佈在圈足與腹部，不出口沿。標本1，史父壬尊（集成5662），長頸，腹微鼓，圈足微外侈、沿下折。腹和圈足有扉棱四道，頸飾夔紋組成的蕉葉紋，其下加飾一道夔紋，腹和圈足飾雲雷紋填地的外卷角獸面紋。通高29.9、口徑23.5釐米。此式二至四期皆見。

Ⅱ式：16件。扉棱突出口沿外。標本1，鳥父癸尊（集成5677），喇叭形口，長頸鼓腹，圈足沿下折，通體有四道棱脊，頸飾蕉葉紋，內填倒置的內卷角獸面紋，其下爲對稱鳥紋，腹飾外卷角獸面紋，圈足飾曲折角獸面紋，均以雲雷紋填地。通高31.3、口徑23.8釐米。流行於四期。

C型：1件。短頸，鼓腹，矮圈足。標本1，莽尊（集成5451）。敞口，圓腹，圈足上有十字形孔。口沿下飾蕉葉紋、雷紋，兩者間飾以連珠紋。腹部主要紋飾是九隻長鼻高卷的大象，以雲紋爲地。圈足飾以橫條弦紋。通高13.2、口徑20.7釐米。時代爲四期。

史父壬尊 　　　鳥父癸尊　　　㭉尊

D型：8件。鳥獸形尊。標本1，婦好鴞尊（集成5537），出自婦好墓（M5：785）。整體作鴟鴞形，通高45.9、口長徑16釐米。標本2，正鴞尊（集成5454）。整體作鴟鴞形，蓋作半球形，通體飾羽毛紋。通高13.9、寬10×7.5釐米。流行於二期。標本3，小臣俞犀尊（集成5990）。整體爲犀牛形，牛背開口，蓋已失，整器光素無紋。通高22.9、通長37釐米。時代爲四期。

婦好鴞尊 　　　正鴞尊 　　　小臣俞犀尊

（五）觥

商代有銘文的青銅觥共31件，其中有圖像者25件（其中2件爲觥蓋）。分二類：甲類爲匜形，乙類爲牲形。甲類可分A、B二型。

A型：19件。扁圓腹。分二亞型。

Aa型：15件。圈足。分二式。

Ⅰ式：8件。長流較低平，矮圈足。流腹下多有扉棱。蓋上流端獸耳多爲扇形。標本1，婦好觥（集成9260），出土於河南安陽市小屯殷墟婦好墓（M5：802）。短流，扁長體，底部略外鼓，牛頭鋬，流下有細棱一條，下通圈足，圈足後端亦有一條短棱。通高22、通長28.4釐米。時代爲二期,有的可到三、四期。

Ⅱ式:7件。短流上仰,圈足外撇或切地。流腹下多無扉棱。蓋上流端獸耳多爲柱形。標本1,兄觥(近出930),出土於河南安陽市郭家莊商代墓葬(M53:4)。蓋一端爲鹿頭,另一端有尾,器身束頸鼓腹,圈足,前有寬長流,後有扁環形鋬。通高19.2、口長18.7釐米。流行於四期,也可能延至周初。

婦好觥 　　　　　　　兄觥

Ab型:4件。柱足或錐足。分二式。

Ⅰ式:2件。三足,長流較低平。標本1,婦好觥(集成1339名其爲鼎),出於河南安陽婦好墓(M5:763)。口部呈圓形。頸飾夔紋四組。高23.9、口徑19.4釐米。時代爲二期。

Ⅱ式:2件。四足,短流上仰。文嬤己觥(集成9301)。橢圓形體,前有寬流槽,後有獸首鋬,腹微鼓,蓋作龍頭形。頸飾雲雷紋填地的夔紋帶。通高11.2、口長8.3寸(博古)。時代爲二期到四期或西周早期。

婦好觥 　　　　　　　文嬤己觥

B型:4件。方腹。標本1,者姒觥(集成9295),體呈橢方形,高圈足呈長方形,匜形口,前有寬流槽,蓋作龍形,尾部飾浮雕獸面,獸耳高豎,觥鋬作回首卷

尾龍形。圈足、腹部和頸部各有四道扉棱，頸部飾鳥紋，腹飾獸面紋，圈足飾夔紋，均以雲雷紋填地。通高31釐米。流行於殷末周初。

乙類：2件。器作牛形。均出於安陽婦好墓。標本1，姁辛觥（集成9281）（M5∶1163）。前部作獸形，頭似牛而有大卷羊角，蹄足，後部作一鳥形。通高36.5、通長47.4釐米。時代爲二期。

者姒觥　　　　　　　　姁辛觥

（六）方彝

商代有銘文的青銅方彝共63件，其中見有圖像者53件。分A、B、C三型。

A型：51件。四阿屋頂式蓋，腹爲直壁，下部略內收，圈足上有缺口。分三式。

Ⅰ式：17件。蓋面四坡弧曲，圈足直立，缺口較寬，上端多爲弧形。標本1，亞啟方彝（集成9847），出土於河南安陽殷墟婦好墓（M5∶823）。長方形口，平沿，腹下部略內收，平底，長方形圈足。通高26、口長15、寬12.2釐米。流行於二期。

Ⅱ式：12件。蓋面四坡略弧，圈足直立，缺口較寬。標本1，又方彝（集成9831），出土於河南安陽市西北岡武官北地1022號商代墓葬。長方體，深腹平底，腹壁向下漸收。通體以雲雷紋爲地，蓋上飾倒獸面紋，口下和圈足均飾夔紋，腹飾獸面紋，兩側填以倒夔紋。通高27.2、口橫15.8、口縱12.6釐米。流行於三期。

Ⅲ式：22件。蓋面四坡較直，圈足略外撇，缺口窄而方。標本1，亞宮丮方彝（近二900），出土於安陽殷墟劉家莊北1046號墓。長方形口，平沿，下腹內收，平底，高圈足。蓋下部、腹部皆飾分解式饕餮紋，兩側又以變形倒夔紋補空。均以雲雷紋爲地紋。通高33.9、口長18.1、寬15.1釐米。此式偶見於三期，流行於四期。

第二章 商代有銘青銅器的斷代與分期 53

亞啟方彝　　　　　又方彝　　　　　亞宫丮方彝

B型：1件。鼓腹，圈足無缺口。🙂𢀖末方彝（集成9869），長方體，蓋作四阿式屋頂形，上有屋頂形方鈕。腹飾鴞紋，均以雲雷紋填底。通高22.8、口橫17.6、口縱15.7釐米。流行於二、三期。另外，《集成》定爲商代的丏甫方彝（集成9844），其形制與昭王時期的令方彝、折方彝相近，當是西周早期時器。

🙂𢀖末方彝　　　　　丏甫方彝

C型：1件。偶方彝。婦好偶方彝（集成9862），出土於河南安陽市小屯殷墟婦好墓（M5∶791），全器似兩件方彝連成一體。器作直口窄沿，折肩曲腹，蓋爲四阿式屋頂形，有正脊和垂脊，肩上每面各有一個高浮雕牲首。通體以鴞、怪鳥、夔龍、象首、大獸面爲主紋裝飾。通高60、口橫88.2、口縱17.5釐米。時代爲二期。

婦好偶方彝

（七）卣

根據《集成》、《近出》等著録書統計，商代有銘文的青銅卣共417件，根據筆者的分析，其中有23件當屬西周早期。如此，屬於商代（包括殷末周初時器）有394件，見有圖像者199件。共分A、B、C、D、E、F、G七型。

A型：155件。器身橫截面呈橢圓形，器體矮胖。分二亞型。

Aa型：124件。器身裝飾簡樸。分四式。

Ⅰ式：3件。圓鼓腹，矮（或無）圈足。絢索狀提梁。標本1，史卣（集成4721），1979年出自河南安陽殷墟西區商代墓葬（M2575∶23）。失蓋，矮圈足外侈。頸飾連珠紋鑲邊的雲雷紋。通高19、最大腹徑20.5釐米。時代爲二期。

Ⅱ式：5件。腹稍下垂，圈足較矮，絢索狀提梁。標本1，叀卣（集成4785），出土於山東濱縣藍家村。子口內斂。蓋上飾三角紋，器頸飾夔紋，頸的前後增飾浮雕牲首，圈足飾兩道弦紋。通高19.8釐米。時代爲二、三期。

史卣 　　　　　　叀卣

Ⅲ式：84件。腹下垂，高圈足，多切地，絢索狀提梁。標本1，亞盥卣（集成4819），1963年出自河南安陽市苗圃北地商代墓葬（M172∶3）。蓋上飾目雷紋，蓋沿飾三角雲紋，肩上和圈足飾雲雷紋填地的夔紋。通高29.5、最大腹徑20釐

亞盥卣 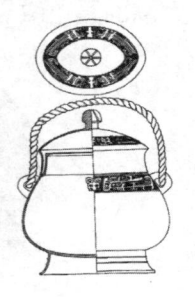　　　　　　亞孔卣

米。標本2，亞丮卣（劉家莊M1046：10），出自河南安陽殷墟劉家莊北1046號墓。直口。蓋、肩均飾一周夔龍紋，兩鈕間飾兩半浮雕獸頭，以雲雷紋爲地紋。通蓋高26.6、口徑10.3×13.4釐米。時代爲三、四期。

Ⅳ式：32件。腹下垂，扁條帶形提梁，兩端多飾獸頭。標本1，六祀邲其卣（集成5414）。斂口，提梁飾蟬紋，蓋面和器頸飾象鼻形獸紋，圈足飾龍紋。通高23.7、口徑7.5×9.2釐米。標本2，小子𪛔卣（集成5417）。提梁兩端呈獸頭狀。蓋沿飾雲雷紋組成的獸面紋，器頸和圈足均飾夔紋和四瓣花，器頸前後增飾浮雕牲首。通高27.8、口徑13.6×10.3釐米。時代爲四期或周初。

六祀邲其卣 　　　　　　　小子𪛔卣

Ab型：31件。器身滿飾花紋，裝飾華麗。標本1，亞址卣（近出561），1990年出土於河南安陽市郭家莊商代墓葬（M160：172）。長子口，長頸，下腹外鼓，圈足沿下折，頂上有一個花苞狀鈕，蓋和器體有四道扉棱。蓋上、蓋沿、頸部和圈足飾雲雷紋填地的卷尾鳥紋，上腹飾直棱紋，下腹飾雲雷紋填地的垂尾鳥紋。通高35.8、口徑13.5×15釐米。標本2，戈卣（集成4707），1970年出自湖南寧鄉縣黃材公社寨子山王家墳。直口短頸，鼓腹圈足，器和蓋的兩邊及中線有棱脊。蓋沿和圈足飾鳥紋，蓋面和上腹飾直棱紋，下腹飾鳥紋，頸飾夔紋。通高37.7、口徑15.3×13.2釐米。時代爲三、四期，可延至西周早期。

亞址卣 　　　　　　　戈卣

B型：25件。器身橫截面呈橢圓形，器體修長。分二式。

Ⅰ式：3件。細長頸，龍形大提梁，梁與器連接處在腹部。標本1，🐂卣（集成4779），1950年出自河南安陽武官村北地1號商代大墓陪葬墓（E9）。圓垂腹，矮圈足，提梁兩端作龍首形。蓋上飾斜角雷紋，頸飾雲雷紋組成的獸面，圈足飾雷紋帶。通高25.4、口徑7.3釐米。時代爲二期。

Ⅱ式：22件。頸較粗，提梁與器連接處在頸部。標本1，四祀邲其卣（集成5413）。直口長頸，腹下部外鼓，圈足，提梁兩端作圓雕犀首。蓋飾方格紋，頸飾獸面紋上下以連珠紋鑲邊。通高34.5、口徑10.3釐米。時代爲四期，可延至周初。

C型：4件。圓筒形，頸、腹、圈足有明顯分界。標本1，融卣（近出549），1986年出自山東青州市蘇埠屯商代墓（M8∶11）。圓形，體瘦高，長子口，折肩，圈足沿下折。蓋沿飾三角雲雷紋，頸部和圈足飾弦紋，頸的前後增飾浮雕獸頭。通高26.3釐米。時代爲四期。

🐂卣　　　　　四祀邲其卣　　　　融卣

D型：4件。方卣。標本1，亞矣卣（集成4813）。圓口方體，長頸內凹，折肩直腹，方圈足。通高39.5、口徑11.4釐米。此卣開體與新干大洋洲的方卣近同，年代稍早，當屬二期。標本2，㠯冊卣（集成5161）。方形，平底，直頸，蓋頂四阿形把手。通高38、口寬21.5釐米。標本3，叔䵼卣（集成4878）。體呈方形，侈口束頸，折肩收腹，方圈足，頸上下各有一道弦紋，腹飾兩道弦紋。通高14.5、口邊長5.5釐米。標本4，𰃮卣（集成4800）。四阿形蓋，束頸，斂腹，平底。通高15.5釐米。時代爲商代晚期或西周早期。

第二章 商代有銘青銅器的斷代與分期　57

亞矣卣 　　　丩冊卣　　　叔龔卣　　　䕫卣

E型：9件。鴞卣。標本1，戈卣（集成4711）。外形作相背的兩鴞。通高20.5、口縱8.5、口橫12釐米。標本2，龜卣（近出548），1980年出自河南羅山縣蟒張後李村商代墓葬（M11∶3）。高18.3、口徑12釐米。時代爲二、三期。

戈卣　　　　龜卣

F型：1件。圓球形。齎祖辛卣（集成5201），1957年出自山東長清縣興復河北岸（附3號）。略似球體，下具圈足，蓋上有圓形捉手，口下和蓋上各有一對貫耳。貫耳兩側飾圓渦紋和四瓣花紋。通高23.2、口徑17.9釐米。時代爲四期。

G型：1件。通體呈卵形。亞矣卣（集成1432），傳出河南安陽武官村北地。上尖下圓，斂口深腹，圜底下有三個粗矮的柱足，蓋上有菌狀鈕，上腹兩側有一對

齎祖辛卣 　　　亞矣卣

細小的獸首耳。器身自上而下有四周紋飾,口下飾三角紋,上腹飾獸面紋,中腹飾夔紋,下腹亦飾獸面紋,均以雲雷紋填地。通高60釐米。時代爲殷墟二期。

(八) 罍

商代有銘文的青銅罍共有75件,其中見有圖像者45件。分A、B二型。

A型：26件。圓罍。分三式。

Ⅰ式：3件。直口,平底或凹底,肩部飾環耳。標本1,罍（集成9749）。直口廣肩,斂腹肩上有一對環形獸首耳,腹內側有一個獸首提鈕。頸和肩各飾兩道弦紋。時代爲二期。

Ⅱ式：7件。侈口,矮圈足,肩部飾環耳。標本1,爰罍（近出973）,1984年出土於河南安陽市戚家莊東269號商代墓葬（M269：35）。侈口束頸,溜肩收腹,肩上有一對獸首耳,下腹內側有一個牛首環形鋬。頸飾回首卷尾夔龍紋,上加三角蟬紋帶,肩飾浮雕圓渦紋。通高38.6、口徑16.9釐米。時代爲三期。

Ⅲ式：16件。侈口,圈足較高,肩部飾銜環獸首耳。標本1,亞址罍（近出978）,1990年10月出自河南安陽市郭家莊商代墓葬（M160：40）。侈口束頸,溜肩收腹,底內圜,肩上有一對牛首銜環耳。頸飾回首卷尾夔龍紋,上腹飾由一對夔紋組成的外卷角獸面紋,下腹飾三角紋,均以雲雷紋填地。通高44.8、口徑17.5釐米。時代爲三、四期。

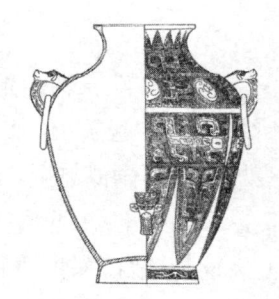

罍　　　　　　爰罍　　　　　　亞址罍

B型：19件。方罍。分三式。

Ⅰ式：6件。獸耳不銜環,平底或略內凹。標本1,婦好方罍（集成9782）,出土於河南安陽殷墟婦好墓（M5：856）。長方形直口,平沿弧形肩,腹下部內收,肩短邊正中有對稱的牛頭半圓形小耳；蓋作四阿式屋頂形。肩飾兩道弦紋和夔紋,前後加飾浮雕牛首,腹上部飾浮雕圓渦紋,其下飾由夔紋組成的垂葉紋。

通高52.5、口橫約15.9、口縱約13.3釐米。時代爲二期。

Ⅱ式：4件。獸耳有的銜環，有的無環。矮圈足。標本1，冊得方罍（集成9775），高頸直口，溜肩斂腹，器體、肩部、頸部和蓋上各有八道矮扉棱。飾夔紋、獸面紋，下腹飾三角獸面紋，通體以雲雷紋填地。通高47.4、口橫14.5、口縱12.5釐米。時代爲三期。

Ⅲ式：9件。獸耳銜環，高圈足。標本1，亞㠱方罍（近二884），出土於安陽殷墟劉家莊北1046號墓（M1046:25）。長方直口，高頸，圓肩，下腹內收，平底。蓋呈四阿屋頂形。肩部兩窄面和一寬面腹下部各有一半環獸首耳。通高44.4、口長13、寬11.5釐米。時代爲四期，也可能晚至周初。

婦好方罍 　　　　　冊得方罍 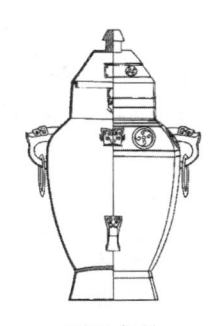　　　　　亞㠱方罍

另外，《集成》定爲商代的皿父己方罍（集成9812），其銘文爲"皿作父己尊彝"，此銘文中"皿"字下有空缺，而《集成》定爲皿天方彝蓋（集成9883）銘文爲"皿天全作父己尊彝"，而此器蓋作四阿形，頂上有四阿形鈕，四隅和每個面的中部有棱脊。蓋和鈕均飾倒置的獸面紋。高21.5、口縱22.3、口橫26.3釐米。其扉棱等裝飾風格與皿父己方罍契合若節，銘文內容也一致，又均爲方形器，所

皿父己方罍 　　　　　皿天方彝蓋

以此兩件器應該是同一件方罍的器身與器蓋。只是尚不知器身口部的尺寸。這件方罍的年代當是西周早期。

（九）瓿

商代有銘文的青銅瓿共17件，其中見有圖像者11件。分A、B二型。

A型：10件。有頸。分二亞型。

Aa型：7件。矮頸，溜肩、圓鼓腹。標本1,婦好瓿（集成9953），出土於河南安陽市殷墟婦好墓（M5：796）。斂口窄沿，底近平，圈足較高而直，蓋作球面形，中有菌形鈕，通體有六道扉棱。肩飾圓雕獸頭三個，間以對稱的夔紋，腹飾獸面紋，兩側加飾倒立的夔紋。通高33、口徑22.6釐米。流行於二期，可延至三期。

Ab型：3件。長頸，鼓腹。分二式。

Ⅰ式：1件。口微侈，圓肩，鼓腹。標本1,戈❡瓿（集成9950），出土於河南安陽殷墟西區孝民屯商代墓葬（M613：4）。折沿，方唇，高圈足，腹部有陰線紋一道。通高15.5、口徑15釐米。時代爲二期。

Ⅱ式：2件。侈口，折肩。❡瓿（集成9942），1975年出土於河南安陽殷墟西區孝民屯商代墓葬（M355：5）。侈口束頸，折肩收腹，圈足外侈，素面無飾。通高12.4、口徑13釐米。時代爲三期。

B型：1件。無頸。癙瓿（集成9941）。球形體，平口，圈足。肩部有雙貫耳，蓋頂上有一圓握。蓋飾勾連雷紋，飾斜角目雷紋。通高17.4、寬21.2釐米。時代爲二期。

婦好瓿 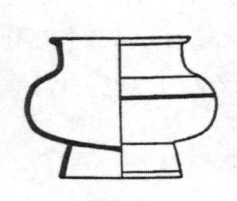　　　　戈❡瓿 　　　　❡瓿　　　　癙瓿

（十）壺

商代有銘文的青銅壺共45件，其中見有圖像者25件。分A、B、C、D四型。

A型：1件。小口細長頸。標本1,乂壺（近二837）。小口有蓋，長頸，圓肩，鼓腹，圈足，肩飾獸目紋，腹飾饕餮紋。圈足內銘"乂"。高25.3、口徑5釐米。時代爲中商。

B型：21件。橢圓形，頸部有一對貫耳。分二式。

Ⅰ式：19件。全器滿飾花紋，頸部收縮。標本1，婦好壺（集成9486），出土於河南安陽婦好墓（M5：863）。有蓋。扁圓形口，長頸，頸兩側有獸面貫耳，腹下部外鼓，底外凸，扁圓形圈足。腹、足均有扉棱。飾饕餮紋和夔紋。通高52.2、口長徑20.5釐米。流行於二、三期。

Ⅱ式：2件。器體較素，頸部較粗。標本1，弁壺（集成9464）。口微外侈，頸稍束，下腹外鼓，圈足較矮。頸飾三道弦紋。通高25、口徑10.3×17釐米。流行於三期。

义壺 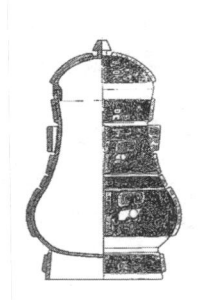　　婦好壺　　弁壺

C型：1件。小口溜肩長圓腹。亞羌壺（9544），直口有頸，圈足沿外侈，頸上有一對貫耳。頸和圈足均飾列羽獸面紋。高12.9、腹深11.7、口徑3.3寸（西清）。時代為四期。

D型：2件。方壺。均出自河南安陽婦好墓。標本1，司嬘大方壺（集成9510。M5：807），有蓋。口呈長方形，折沿方唇，束頸，方肩，腹下部略內收，長方形高圈足。四角、四面中部和圈足均有扉棱。通蓋高64、口長23.5、口寬19.5釐米。時代為二期晚段。

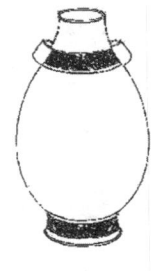

亞羌壺 　　司嬘大方壺

(十一) 觚

商代有銘文的青銅觚共832件,其中筆者收集到有圖像者407件。分甲、乙兩類。

甲類:399件。圓觚。分A、B二型。

A型。249件。紋飾繁縟。飾有扉棱。分二亞型。

Aa型:240件。器體瘦高,裝飾華麗。分二式。

Ⅰ式:106件。器體較矮,口由腹部即往上弧形打開。標本1,婦好觚(集成6860),出自婦好墓(M5:827)。口下飾蕉葉紋,腹飾獸面紋,圈足亦飾獸面紋。通高27.8、口徑16.6釐米。標本2,伐觚(集成6702),1976年出自河南安陽市小屯村商代墓葬(M18:8)。口下飾蕉葉雲紋,腹飾獸面紋,圈足外卷角獸面紋。通高28.5、口徑17.1釐米。流行於二、三期。

婦好觚 　　　　　　伐觚

Ⅱ式:134件。器體較高,腹部以上有一段柱形頸,然後弧形打開爲口。標本1,宁觚(近出708),出自河南安陽市劉家莊商代墓葬(M2:1)。頸飾夔紋,其上飾蕉葉紋,腹和圈足飾獸面紋,以雲雷紋填地。通高30.6、口徑17釐米。標本

宁觚　　　　　　戈觚

3，戉觚（近出681），出自河南安陽市郭家莊商代墓葬（M220∶4），腹頸飾蕉葉紋，腹部及圈足飾雲雷紋填地的獸面紋，腹頸間飾一周蛇紋。通高31.5、口徑16.7釐米。流行於三、四期。

Ab型：9件。器體較粗，飾四條菱形外凸扉棱。標本1，天册父己觚（集成7240），1977年出自河南安陽殷墟西區孝民屯南商代墓葬（M856∶1）。頸飾蕉葉紋，腹飾由一對夔龍組成的獸面紋，圈足飾夔紋，均以雲雷紋填地。通高26、口徑15釐米。流行於四期。

天册父己觚

B型：150件。紋飾較少。無扉棱。分三亞型。

Ba型：6件。器身較矮，細腰。大喇叭口，喇叭形圈足，外張較甚。分二式。

Ⅰ式：2件。腹不外鼓。標本1，犬觚（《考古》1988年第3期）。飾連珠紋鑲邊的獸面紋。此式觚中商時常見，至二期仍見。

Ⅱ式：4件。腹稍外鼓。標本1，融觚（近出701），1986年出自山東青州市蘇埠屯商代墓（M8∶1）。腹部和圈足均飾獸面紋。通高26.4、口徑15.6釐米。流行於四期。

犬觚 　　　融觚

Bb型：115件。器身較瘦高。分二式。

Ⅰ式：71件。口由腹部即往上弧形打開。鼓腹。標本1，蠱觚（集成6638），1976年出自河南安陽小屯殷墟商代墓葬（M17∶5）。腹部和圈足均飾雲雷紋組成的獸面紋。通高26.5、口徑15.5釐米。標本2，爻觚（集成6797）。頸飾蕉葉紋，腹和圈足飾雲雷紋組成的獸面紋。通高25.2釐米。流行於二、三期，也可延至四期。

蠱觚 　　　　　　　爻觚

Ⅱ式：44件。腹部以上有一段柱形頸，然後弧形打開爲口。腹部稍外鼓或不鼓。器身細高。標本1，亞盥觚（集成6991），1963年出自河南安陽苗圃北地商代墓葬（M172∶4）。腹飾雲雷紋組成的獸面紋，圈足飾夔紋。通高28、口徑14.8釐米。標本2，友觚（集成6597），腹和圈足飾獸面紋。通高28、口徑15.8釐米。流行於三、四期。

亞盥觚 　　　　　　　友觚

Bc型：29件。器體粗矮，器高多在22釐米以下。鼓腹。標本1，爰觚（近出690），1984年出自河南安陽市戚家莊東269號商代墓葬（M269∶23）。頸下端和圈足上端均飾三條弦紋，腹飾獸面紋。通高22.1、口徑14.1釐米。標本2，亞觚

（近二 630），出自安陽殷墟劉家莊北 1046 號墓（M1046∶9）。腹飾兩組獸面紋。其上、下各飾凸弦紋兩周。通高 21.4、口徑 13.4 釐米。流行於三、四期。

爰觚 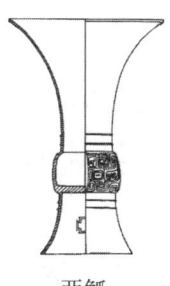　　　　　　亞觚

乙類：8 件。方觚。分二式。

Ⅰ式：6 件。器身細高，腹微外鼓。標本 1，亞址方觚（近出 726），1990 年出自河南安陽市郭家莊商代墓葬（M160∶150）。口下到頸飾蕉葉紋和分解式獸面紋，腹和圈足亦飾分解式獸面紋，均以雲雷紋填底。通高 30、口邊長 15.5—15.6 釐米。流行於三期。

Ⅱ式：2 件。器身粗壯，直腹。標本 1，亞矱方觚（集成 6970）。四隅和四壁中部各有一道扉棱。頸飾四瓣花紋，其上飾蕉葉紋，腹飾外卷角獸面紋，圈足飾四瓣花紋和獸面紋。流行於四期。

亞址方觚 　　　　　　亞矱方觚

（十二）觶

商代（包括部分殷末周初時銅器）有銘文的青銅觶共 247 件，其中有圖像者 121 件。分 A、B、C 三型。

A 型：118 件。橢圓（或圓形）形。束頸，鼓腹，圈足。分四式。

Ⅰ式：4 件。器形粗矮。器體花紋華麗，多有扉棱。標本 1，發觶（集成

6067)。侈口束頸,鼓腹圈足,蓋面隆起,上有菌狀鈕,通體有四道扉棱。蓋面和器腹飾獸面紋,頸飾三角紋,均以雲雷紋填地,圈足飾雲雷紋。通高17.2釐米。時代爲二期。

Ⅱ式:30件。器身稍高,無扉棱。標本1,䘌父癸觶(集成6338),1977年出自河南安陽市殷墟西區孝民屯商代墓葬(M793:9)。侈口長頸,鼓腹圜底,圈足外侈。頸和圈足均飾雲雷紋組成的獸面紋。通高12.5、口徑8.8釐米。流行於三期,亦見於四期。

發觶　　　　　　　　　　䘌父癸觶

Ⅲ式:56件。器身瘦高,腹較鼓,高圈足。蓋鈕爲菌形或半環鈕。標本1,亞址觶(近出648),1990年出土於河南安陽市郭家莊商代墓葬(M160:126)。侈口束頸,圈足沿下折成高臺座,蓋作球面形,有子口與器套合,頂上有菌狀鈕。蓋和腹飾內卷角獸面紋,頸飾外卷角獸面紋和夔紋,圈足飾夔紋,通體無地紋。通高19、口徑7.1×9釐米。流行於三、四期。也可延至周初。

Ⅳ式:28件。器形瘦長,細頸,高圈足。標本1,冀父癸觶(近出663),出自河南安陽市劉家莊商代墓葬(M9:36)。侈口長頸,鼓腹。頸部飾夔紋,圈足飾一條弦紋。通高14.3、口徑7釐米。時代爲四期或西周早期。

亞址觶　　　　　　　　　　冀父癸觶

B型：2件。方形，蓋上有環鈕。標本1，䫆子觶（集成6349）。橫截面呈橢方形，侈口束頸，鼓腹圈足，蓋隆起，上有環鈕。蓋和器腹飾獸面紋，器頸和圈足均飾夔紋，均無地紋。通高15.9、口橫7.6、口縱7釐米。標本2，冀父丁觶（6255）。侈口束頸，鼓腹圈足。頸飾蠶紋，腹飾獸面紋，圈足飾鳥紋，均以雲雷紋填地。通高17、口橫15、口縱12.5釐米。時代爲四期。

䫆子觶　　　　　　　　冀父丁觶

C型：1件。圓筒形。這種器形極少見，或可定名爲杯。䗪觶（集成6051），通高15、寬12.9釐米。體呈圓筒狀，侈口，平底直壁，器壁向下延伸形成圈足。頸部飾二道弦紋。時代爲商代晚期。

䗪觶

（十三）勺

關於勺這一類器物，又稱作斗，學術界對其定名和用途作過探討，多數學者都以爲當命名爲"瓚"[1]，是一種挹酒器。筆者贊成這類器物爲"瓚"之説，但據習慣下文仍以"勺"稱之。

---

[1] 王慎行：《瓚之形制與稱名考》，《考古與文物》1986年第3期，第74—76頁。

商代有銘文的青銅勺共26件，其中有圖像者19件。分二型。

A型：11件。連體扁長柄。分三式。

Ⅰ式：8件。直柄、小斗。均出自河南安陽殷墟婦好墓。標本1，婦好方孔勺（集成9917。M5：745）。斗部方孔圜底。通長7.5、斗部高6.1釐米。標本2，婦好圓孔勺（集成9922。M5：742）。斗部圓孔圜底。通柄長63.5、斗部高7.3釐米。時代爲二期。

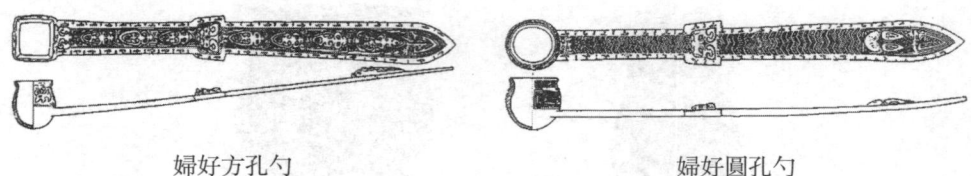

婦好方孔勺　　　　　　　　婦好圓孔勺

Ⅱ式：2件。曲柄、小斗。標本1，亞屰勺（集成9910）。直口，平底，腹微鼓，柄扁平而上翹。斗飾直棱紋，柄上亦飾直棱紋。柄長31.8、斗高6.1釐米。此式勺與安陽大司空村M539：16和安陽戚家莊M269：79近同。時代爲二、三期。

Ⅲ式：1件。曲柄，大斗。標本1，亞舟勺（集成9911）。斗呈圓筒形，直口深腹，下部稍大，長柄從下腹斜出，末端平折。通長35.5、斗口徑12.5釐米。時代爲商代晚期。

亞屰勺 　　　　　　　　亞舟勺

B型：8件。柄部有銎，以裝木柄。標本1，日勺（集成9908）。圓腹，圜底，直口，腹側有一柄。柄中空，呈半圓筒狀，一端粗，一端細，上有二圓孔。通高5.2、寬7.8、長12.3釐米。標本2，聑日勺（集成9913）。圓腹，圜底，直口，腹側有一柄。高6、口徑5釐米。時代爲商代晚期。

日勺 　　　　　　　　聑日勺

三、水器

包括盤、盉、盂。

(一) 盤

商代有銘文的青銅盤共34件,其中有圖像者20件。根據圈足分二式。

Ⅰ式:14件。窄折沿,矮圈足。標本1,婦好盤(集成10028),出土於河南安陽殷墟婦好墓(M5:777)。敞口,淺腹,底近平。內底飾蟠龍紋、夔紋和獸紋,口下內壁飾鳥紋、魚紋和獸紋。通高13、口徑36.3釐米。流行於二期,亦見於三、四期。

Ⅱ式:8件。寬折沿,高圈足有切地座盤。標本1,亞址盤(近出998),1990年出土於河南安陽市郭家莊商代墓葬(M160:97)。侈口折沿,沿略內斜,淺腹圜底,高圈足沿下折。通高15.87、口徑38.8釐米。時代爲三、四期。

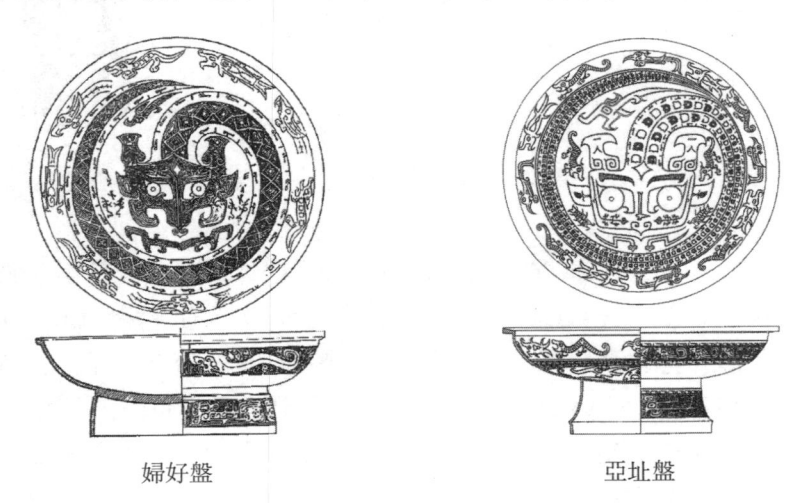

婦好盤　　　　　　　　亞址盤

(二) 盉

商代(有的可能晚至西周早期)有銘文的青銅盉共58件,其中有圖像者38件。分A、B、C三型。

A型:5件。封口盉。分二亞型。

Aa型:2件。圓形,三袋足。標本1,武父乙盉(近二826),出土於F1的2號門西側所出三件陶罐之一(A號)中(F1:1)。頸飾斜角目雲紋一周,腹與足飾雙線三角紋。通高34釐米。時代爲一期。標本2,婦好盉(集成9333),出土於河南安陽殷墟婦好墓（M5：859）。頸內收，下體如鬲，分襠款足。通高38.3、口橫6.2、口縱3釐米。時代爲二期偏晚。

Ab型：3件。方形，四足，均傳出自河南安陽市武官村西北岡1001號商代墓葬。標本1，右方盉（集成9317）。拱頂，一側有管狀流，另一側有圓口，長頸，四袋足，下有方柱形足跟，頸腹一側有獸形鋬，四隅及三壁中央均有扉棱。拱頂飾獸面紋，頸飾夔紋、鳥紋和浮雕獸頭，袋足飾獸面紋。通高72.1釐米。時代爲二期偏晚。

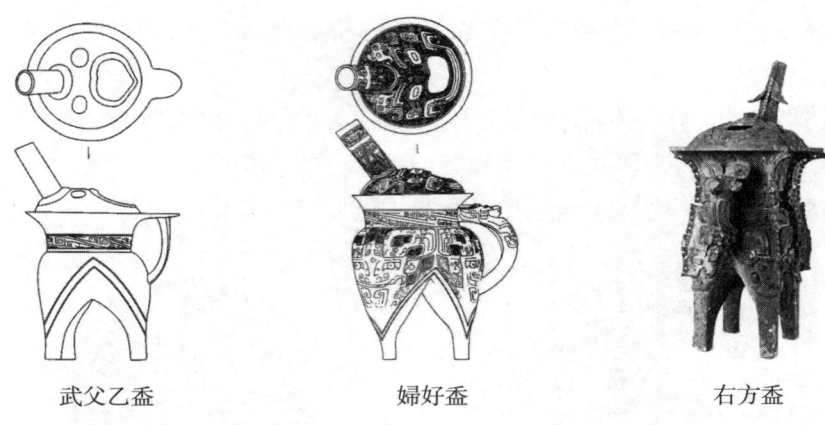

武父乙盉　　　　婦好盉　　　　右方盉

B型：15件。罐形盉。分三亞型。

Ba型：2件。平底或圈足。均出自河南安陽殷墟婦好墓。標本1，婦好盉（集成9334。M5：837），橢方形體，頂面作弧形隆起，中部有丁字形鈕，鈕前有短管流，腹下部略內收，小平底。流周壁飾斜角雲紋。通高38.7、口橫6、口縱3釐米。標本2，婦好盉（集成9335。M5：798），體近卵形，最大腹徑在下腹，小口圈底，矮直圈足，上腹有斜立的管形流，口下兩側有一對穿孔鼻。通高25、口徑8釐米。時代爲二期偏晚。

婦好盉（集成9334）　　　婦好盉（集成9335）

Bb型：7件。三錐足。分二式。

Ⅰ式：5件。斂口折沿，蓋上菌鈕或環鈕。標本1，亞址盉（近出933），1990年出土於河南安陽市郭家莊商代墓葬（M160：74）。侈口，深腹下鼓，管狀流，牛首鋬。通高30.7、口徑10.7釐米。時代爲三期偏晚到四期。

Ⅱ式：2件。直口長頸，蓋上環鈕。標本1，冉蟲盉（集成9330）。扁圓形腹，肩上有一個管狀流，與之對應的一側腹部有獸首鋬。蓋上和器頸均飾三列雲雷紋組成的列羽獸面紋帶。通高25釐米。流行於四期。

Bc型：6件。三柱足。標本1，冉父丁盉（集成9352）。侈口長頸，下腹向外鼓，體一側有管狀流，另一側有獸首鋬，獸頭上有一個環鈕，蓋上有半環形鈕。蓋沿和器頸均飾三列雲雷紋組成的列羽獸面紋。身高10.9、口徑5.6寸（善齋）。流行於四期，可延至西周早期。

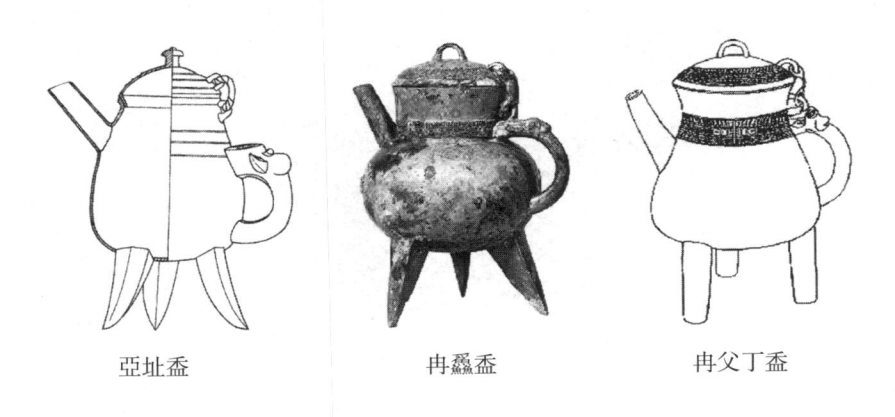

亞址盉　　　　　冉蟲盉　　　　　冉父丁盉

C型：18件。鬲形盉。分二亞型。

Ca型：13件。三足。標本1，子父乙盉（集成9338）。長管流，獸首鋬，分襠款足，蓋鈕作半環形。流管飾三角雷紋，頸飾夔紋組成的獸面紋，腹飾牛角獸面紋，均以雲雷紋填地。通高8.4、寬22.7釐米。時代爲四期至西周早期。

Cb型：5件。四足。標本1，箙參父乙盉（集成9370）。侈口長頸，溜肩鼓腹，四柱足，肩的一側有管狀流，另一側有獸首鋬，獸頭上有一個環鈕，蓋面隆起，上有菌狀鈕。蓋沿和器頸飾雲雷紋組成的獸面紋。高10.5、口徑5.6寸（善齋）。時代爲四期至西周早期。

子父乙盉 　　　　　　　　　箙参父乙盉

（三）盉

商代有銘文的青銅盉共6件，其中有圖像者5件。形制近同。標本1，寢小室盉（集成10302），1935年出自河南安陽侯家莊西北岡1004號商代大墓（M1004：R001092）。侈口斂腹，附耳圈足，有蓋，蓋鈕作四瓣花苞狀。蓋、頸和圈足均飾一周夔龍紋，腹飾蕉葉夔紋，均以雲雷紋填底。通高41.3、口徑40.2釐米。時代爲二期。

寢小室盉

四、樂器

包括鐃、鈴。但鈴器少，時代特徵不明顯，此暫不作類型學分析。

（一）鐃

商代有銘文的銅鐃有65件，有圖像者共52件。多數成套，三件一組，大小相次。完整者有13組，不全者有3組。根據鼓部的裝飾分爲二型。

A型：32件。鼓部飾獸面紋。分三式。

Ⅰ式：6件（由鐃一組3件，但公佈銘文的只有1件，所以暫按1件計）。獸面紋嘴角略外侈，銑外張。標本1，由鐃（近出110），1983年出於河南安陽市大司空村商代墓葬（M663：4）。體呈扁筒形，弧口平底，下有筒形柄，與體相通，鼓部飾獸面紋。河南安陽市花園莊54號商代墓葬出有三件亞長鐃與此形同。時代屬二期。

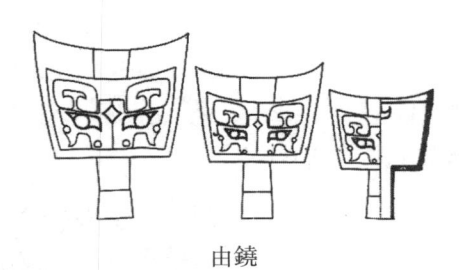

由鐃

Ⅱ式：24件（組）。獸面紋嘴外侈或飾牛角獸面紋。銑略內收。標本1，爰鐃（近出111、112、113），1984年出於河南安陽市戚家莊東269號商代墓葬。體呈扁筒形，口沿呈弧形，底平而微凸，中部有圓筒形柄，兩面均飾獸面紋。高分別爲18.4、13.7、11.9釐米。體側銘"爰"字。標本2，中鐃（集成367、368、369），1977年出於河南安陽殷墟西區孝民屯南商代墓葬（M699）。寬體弧口，圓柄中空，腔體飾牛角獸面紋。高分別爲21、18、14.3釐米。內銘"中"字。時代屬三、四期。

爰鐃　　　　　　　　　中鐃

Ⅲ式：2件。獸面紋嘴外侈，弧口近平，兩銑斜收。標本1，亞夫鐃（集成385）。體呈扁筒形，平底，兩銑斜收，柄較長，中部有一道弦紋，體飾獸面紋。時代爲四期。

亞夫鐃

B型：22件（組）。鼓部飾回字形凸弦紋或素面。分三式。

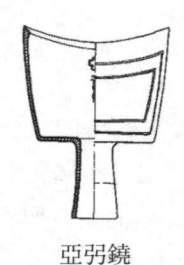

Ⅰ式：20件（組）。銑外張。標本1，亞弜鐃（集成383），1976年出於河南安陽市小屯殷墟婦好墓（M5：839—1）。鐃體略呈扁桶形，口寬於頂，口稍内凹呈弧形，平頂，頂中部有管狀柄。通高14.4、口橫10.3、柄長5.7釐米。

Ⅱ式：1組。銑略斜收，弧口近平。巳鐃（近二51、52、53），通高分別爲22.5、20、17釐米。器體銘"巳"。時代爲三期。

亞弜鐃　　　　　　　　　　巳鐃

Ⅲ式：1件。銑略斜收，口近平。魚正乙鐃（集成410），體呈扁筒形，平口平底，下有筒形柄，鼓部飾回字形弦紋。口部銘"魚正乙"三字。時代屬四期或西周早期。

魚正乙鐃

五、兵器

包括戈、鉞、矛、刀。

（一）戈

商代有銘青銅戈有282件，其中筆者收集到有圖像者144件。根據其裝柲方式的不同，分爲兩類。

甲類：84件。夾內戈。根據內部及援部的差異分三型。

A型：71件。長方形內，長條形援。分二亞型。

Aa型：49件。長方形內，長援，有欄。分四式。

Ⅰ式：3件。長條形援，內與援基本等寬，鋒較圓鈍。標本1，㞢戈（集成10774）。直援直內，欄上下出齒。時代爲中商時期。但殷墟一期延用。

㞢戈

Ⅱ式：13件。長條三角形援，內相對位於援中部偏上，鋒較圓鈍。標本1，冉戈（集成10714）。援的橫截面呈菱形，援平伸，欄上下出齒，長方形內上有一小圓穿。通長23.8釐米。標本2，交戈（集成10637）。直援平伸，長方形內上有一個圓形穿，欄有上下齒。內的一面飾龍面紋，另一面飾一對夔紋。通長11.1、寬2.7寸（《善齋》）。此式戈一期已出現，流行於二、三期。

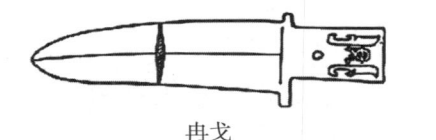

冉戈 　　　　　　　　　　　交戈

Ⅲ式：20件。長條三角形援，下刃較弧，援末寬於內，內上端與援上刃平，鋒較尖銳。標本1，旂戈（集成10653）。寬援，下刃弧度較大，直內上有一圓穿。標本2，珥奠戈（集成10869）。直援，有中脊，欄上下出齒，長方形內。流行於二、三期。

旂戈　　　　　　　　　　　珥奠戈

Ⅳ式：13件。長條形援，鋒呈圭形，內相對位於援中部，內寬小於援寬，欄側有的有穿。標本1，交戈（集成10638）。直援，長方形內，內上有一圓穿，欄側有一對長方形穿。標本2，敉戈（集成10757）。直援，長方形內，內上有一圓穿欄上下出齒。流行於四期。

交戈　　　　　　　　　　　敉戈

Ab型：22件。長方形內外弧，下有歧刺。長援，有欄。分三式。

Ⅰ式：1件。長條形援，內與援基本等寬。臣戈（集成10667），直援，有欄，內正中有一圓穿。通長24.6、援寬4.2、內長6.5、內寬3.7釐米。時代爲中商。

臣戈

Ⅱ式：12件。長條三角形援，內相對位於援中上部。標本1，臣戈（集成10666）。直援，欄上下出齒，援的本部和內的前部各有一個圓穿。內的下角圜收。通長27.5、援長20、寬4.8釐米。時代爲中商。標本2，望戈（集成10668）。直援下刃稍弧，欄上下出齒，內部有一個圓穿。內的下角圜收。流行於一、二期。

臣戈　　　　　　　　　望戈

Ⅲ式：9件。長條形援，內相對位於援中部，鋒多呈圭形。標本1，㐱戈（集成10651）。內一面飾獸面紋，一面鑄銘文。通長29.8、寬10.3釐米。標本2，蠱戈（集成10690）。直援，有中脊。欄上下出齒，內部有一個圓穿。內的下角圜收。二期盛行，傳至三期。

㐱戈　　　　　　　　　蠱戈

B型：10件。長條形援，鳥首形內。分二式。

Ⅰ式：6件。無欄。標本1，㔾戈（集成10658）。扁平體，直援微胡，內端作鳥首形。通長36釐米。形體與戚家莊M269∶4近同。流行於三期。

Ⅱ式：4件。有欄，援下略出胡。標本1，大祖日己戈（集成11401）。直援微胡,脊微隆起,欄上下出齒,內作鏤雕歧冠鳥形。通長27.5、援長17.8釐米。時代爲四期或西周早期。

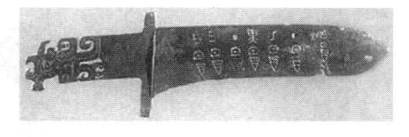

李戈　　　　　　　　　大祖日己戈

C型：3件。三角形援,長方形內,無欄。標本1,虎戈(近出1069)。三角援,起脊,近本處飾牛首形垂葉,中嵌綠松石。本有二穿。內部有一長穿,一面有銘文,另一面飾渦紋,夾以立羽紋。通長19.5釐米。形體與殷墟西區GM355：8及GM279：1近同。流行於三、四期。

虎戈

乙類：銎內戈。60件。據胡部的不同分爲二型。

A型：57件。無胡,內部有的爲長方形,有的雙有歧刺,據此分二亞型。

Aa型：52件。長方形內。標本1,♀戈(集成10604)。直援微下弧,中間起脊,鋒尖銳。標本2,取戈(10681)。直援,中間起脊,鋒較圓鈍。流行於二、三期。

♀戈　　　　　　　　　取戈

Ab型：5件。長方形內外弧,下有歧刺。標本1,酉凸戈(集成10880)。援有中脊,長方形內,後端圓頭下出刺,前部有橢圓形銎穿。通長23釐米。形體與戚家莊東M269：18近同。流行於三、四期。

酉凸戈

B型：3件。有胡。標本1，鄉宁戈（近出1089）。直援，有中脊。長胡二穿。通長25釐米。此戈出土於河南安陽郭家莊（M135∶5），流行於四期。

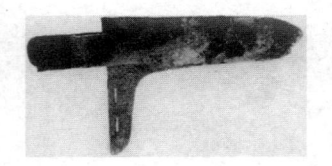

鄉宁戈

（二）鉞

商代鑄有銘文的青銅鉞共有44件，筆者所見有圖像者40件。根據形體的異同分爲四型。

A型：30件。不對稱刃，内多偏於一側。分二亞型。

Aa型：25件。鉞身較寬。器身本部多飾吡嘴獸面紋或倒三角紋。分四式。

Ⅰ式：2件。刃部稍不對稱，内位於本部中間稍外偏。標本1，亞啟鉞（集成11742），河南安陽殷墟婦好墓出土（M5∶1156）。鉞身近長方形，兩側稍内凹，弧形刃，平肩，長方形内。通長24.4、刃寬14.8釐米。時代屬二期。

Ⅱ式：16件。刃不對稱，内偏於長刃一側。本部多以夔紋構設成獸口作裝飾。標本1，䈞子鉞（集成11751）。弧刃寬援，援本部飾虎紋。長方形内，内上有一圓孔，本部飾獸面紋。通高20.3、寬13釐米。出於河南安陽市花園莊的亞長鉞（M54∶86）也屬此式。時代爲二期。

亞啟鉞　　　　　　䈞子鉞

Ⅲ式：3件。不對稱刃刃端外凸，有的刃部與本部有明顯分界。内較長，有的設有銎孔。器身多飾倒三角紋。標本1，甗鉞（集成11737）。斜弧刃，長方形内，内上裝柲處有一圓穿，兩面均飾對稱夔紋，上端兩面各銘一字。援體本部飾圓渦紋和三角紋。此式同於戚東M269∶77，時代屬三期。

第二章 商代有銘青銅器的斷代與分期　79

Ⅳ式：4件。寬援寬刃。內偏於一側，欄側內上一穿，內下二穿。標本1，伐鉞（集成11723）。長方形內，飾對稱夔紋。鉞身飾獸面紋與倒三角紋。此式與後崗M9：3及殷西GM1713：7近同，時代屬四期。

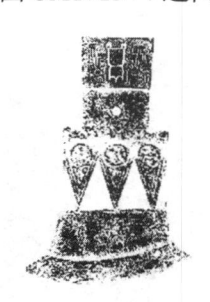

甗鉞　　　　　　　　　伐鉞

Ab型：5件。器身較瘦，內偏於一側。刃不對稱。標本1，亞矣鉞（集成11746）。長方形內。援本部飾一圓渦紋。時代屬二期。

B型：4件。對稱形刃，內位於援身正中。標本1，婦好鉞（集成11739），出於安陽殷墟婦好墓（M5：799）。弧刃，長方形內，肩部有對稱長方形穿，肩下兩側有小槽六對。援中飾虎撲人紋。通長39.5、刃寬37.3釐米。標本2，亞醜鉞（集成11743），出於山東青州蘇埠屯商墓（M1：1）。寬弧刃，長方形內，肩部有對稱長方形穿，肩下兩側有扉棱。援中飾鏤空人面紋。通長32.7、刃寬34.5釐米。時代屬二、三期。

亞矣鉞　　　　　婦好鉞　　　　　亞醜鉞

C型：5件。舌形鉞，內略偏於一側。標本1，蠱鉞（集成11727）。弧刃，長方形內上有一圓穿，一面銘"蠱"，一面飾夔紋。鉞身有一圓孔。圓孔側飾相對稱的龍首夔紋，雷紋為地。通長18.9、刃寬7.9釐米。標本2，鄉鉞（集成11732），出於陝西綏德墕頭村窖藏。長方形內，有一圓穿。肩部有對稱長方形穿。援身飾卷體夔紋。長16.1、刃寬8.8釐米。時代屬二期。

D型：1件。卷刃。兮鉞（近出1246）。刃作圓弧形，兩刃角反卷。飾饕餮紋，雷紋爲地。上下欄長短不等。內部一圓穿。銘"兮"夾立羽紋。時代爲二期。

蠱鉞　　　　　鄉鉞　　　　　兮鉞

（三）矛

商代有銘文的青銅矛共35件，其中筆者收集到有圖像者21件。根據葉的形態分A、B二型。

A型：11件。亞腰形葉，骹下沿兩側有圓穿。分二式。

Ⅰ式：3件。葉較細長，腰微束，骹部較長。標本1，亞長矛，出於河南安陽市花園莊54號墓（M54：37）。長27.9釐米。骹部兩圓穿之間銘"亞長"。時代爲二、三期。

Ⅱ式：10件。亞腰明顯，骹較短。標本1，亞䜌矛（集成11440）。通長24、鋬徑5.4釐米。尖鋒寬葉，有中脊，葉中部有尖桃形凹紋，葉下兩邊各有一個穿，圓形鋬。時代爲三、四期。

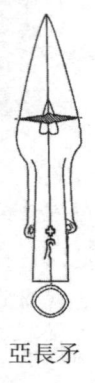

亞長矛　　　　　亞䜌矛

B型：10件。三角葉。分二亞型。

Ba型：8件。骸下部有兩鈕。分三式。

Ⅰ式：5件。葉下緣圓弧，骸直通葉尖。標本1，亞長矛，出於河南安陽市花園莊商墓（M54∶113）。長23.7釐米。骸部兩半圓形環鈕之間銘"亞長"。時代爲二期。

Ⅱ式：1件。葉下緣銳折，方骸通至葉中部。標本1，李矛（集成11421）。刀呈三角形，橢圓形銎，銎中部有脊，兩旁有側翼，翼下端各有一穿。時代爲三期。

Ⅲ式：2件。葉較圓鈍。標本1，交矛（集成11423），出於河南安陽殷墟西區孝民屯商代墓（M374∶7）。通長23.2釐米。葉尖鈍圓，兩側有半圓形鈕，銎口呈橢圓形。時代爲四期。

Bb型：2件。長骸無鈕。標本1，息矛（集成11425），出於河南羅山天湖村商代墓葬（M9∶10）。通長20釐米。長骸短葉，有中脊，骸呈橢圓形，上有一對穿。時代爲三期。

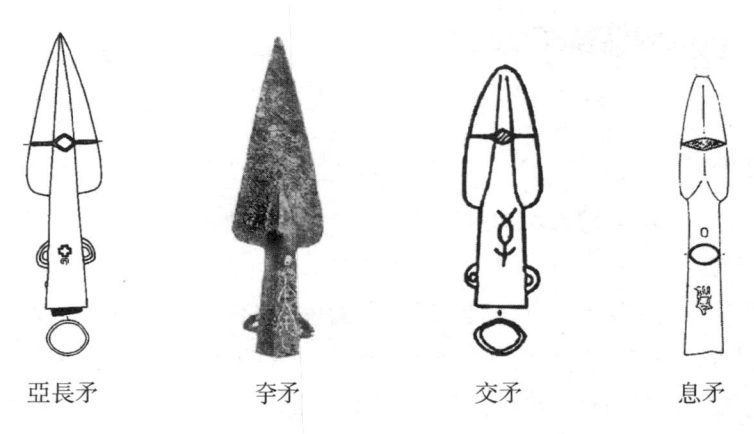

亞長矛　　　李矛　　　交矛　　　息矛

（四）刀

商代有銘文的青銅刀共10件。其中有圖像者6件。分A、B、C三型。

A型：1件。卷首刀。標本1，亞長刀[①]（花園莊M54∶87）。刀身長，背部有三長方形穿。刀背處飾一夔龍紋帶。刀身一側靠近柄部銘"亞長"。通長44.4釐米。時代爲二期。

[①] 中國社會科學院考古研究所安陽工作隊：《河南安陽市花園莊54號商代墓葬》，《考古》2004年第1期，圖一一∶4。

B型：3件。曲背，弧刃，刀尖上揚，柄用木柲夾持。標本1，劓刀（集成11803）。扁平體，曲背，刀尖上揚，柄呈長方形。通長31.8釐米。標本2，亞吳刀（集成11813）。凹背、曲刃，刀尖上揚，柄微下傾。長30.5釐米。時代爲二、三期。

亞長刀　　　　　劓刀　　　　　亞吳刀

C型：2件。拱背凹刃，柄端有環首。標本1，𢀛刀（集成11807），1957年出自山東長清縣興復河北岸。柄兩面向內凹，每面有兩條凸起的棱線，有欄，首爲半環形。通長40.2釐米。標本2，己刀（集成11808），1983年出自山東壽光縣古城村商代晚期陪葬坑。刀體作長條形，鋒端向上斜，柄扁平，向下斜，有環形首。通長30.8釐米。時代爲三、四期。

𢀛刀 　　　　　己刀

六、雜器

包括箕、方形器、罐、鍑、鏟。

（一）箕

商代有銘文的青銅箕共6件，其中有圖像者4件。形制基本一致。標本1，婦好箕（集成10394），出自婦好墓（M5∶869）。身如簸箕，後壁正中有一圓筒形斜柄，柄中空，近上端有一小孔，可固定木柄。柄面上端飾獸面紋。通長36.5、身寬22釐米。時代爲二期。標本2，尹箕（近出1054），1979年出自河南羅山縣後李村商代墓葬（M1∶16）。前寬後窄，三面直壁，後壁有一長方筒形柄向上斜出，銎可插裝木柄。通長35.2、寬16—20.5、柄長13.5釐米。時代爲三期。

婦好箕 　　　　　尹箕

（二）方形器

此器或以爲是"冰鑒"，是盛冰用以保持食物的[1]；或稱之爲"盧形器"，以爲是用作炊煮的器具或盛食物的器具[2]。因發現較少，現暫以器形稱之爲方形器。有銘文者共2件。標本1，射婦桑方形器（集成10286）。體呈長方形，直口直壁，長方圈足，圈足每面有一個長方圓角形缺。口下飾仰三角紋，腹飾獸面紋，圈足飾蛇紋，四角飾獸面紋，均以雲雷紋填地。高4.9、腹深2.9、口橫8.6、口縱8.1寸，重12.687 5斤（西清）。標本2，婀辛方形器（集成10345），出自婦好墓（M5:850）。方口平沿，平底，方形高圈足，稍小於口，體兩側中部有拐尺形鋬，鋬上飾獸頭紋，口部一面的正中有長條形缺口，圈足四面正中各有一個弧形缺口。體飾弦紋三道。通高7.8、口橫12.8、口縱2.2釐米。時代爲二期。

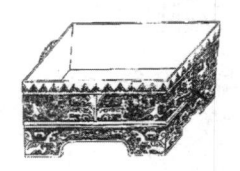

射婦桑方形器 　　　　婀辛方形器

（三）罐

商代有銘文的青銅罐共3件，有圖像者3件。標本1，婦好罐（集成9985），出自婦好墓（M5:852）。圓口平底，頸內斂，圓腹外鼓，頸下兩側有一對半圓形耳。頸下飾斜角雷紋。通高19.8、口徑16.9釐米。時代爲二期。標本2，凸罐（集成9983），1972年出自河南安陽市殷墟西區孝民屯南商代墓葬（M152:2）。侈口斜頸，流肩平底，下腹收斂，肩上有半環鈕接絢索狀提梁。肩上飾兩道弦紋，腹上一道弦紋。通高16、口徑10.8釐米。時代爲四期。

婦好罐　　　　凸罐

---

[1] 此說見《西清古鑒》卷三十一，第六十一頁。
[2] 中國社會科學院考古研究所：《安陽殷墟郭家莊商代墓葬——1982～1992年考古發掘報告》，中國大百科全書出版社，1998年，第104頁。

（四）鍑

商代有銘文的青銅鍑2件。標本1，宁口鍑（近出1043），1995年出自河南安陽市郭家莊商代墓（M26：28）。形似罐，侈口束頸，鼓腹圜底，口沿上有一對半環鈕，套接索形提梁。頸部飾三道弦紋。通高27.6、口徑22.4釐米。標本2，穴鍑（集成4765）。體似釜形，侈口束頸，鼓腹圜底，頸部有索形提梁，兩端飾圓雕蟾蜍。頸部飾三道弦紋。通高23.8、口徑15.2釐米。時代爲二期。

宁口鍑　　　　　　　穴鍑

（五）鏟

商代有銘文的鏟共17件，有圖像者13件。分二型。

A型：6件。鏟身較寬，弧形刃，刃角外張。標本1，羊鏟（近出1239），1984年9月出自河南安陽市武官村商代墓葬（M259：1）。扁平長方形，弧形刃，一面開刃，上有長方形銎口，上部有一對穿釘孔。通高11.2、寬2.5釐米。時代爲二期。標本2，↓鏟（集成11771）。扁平長方形，弧形刃，一面開刃，上有長方形銎口，上部有弦紋兩道。二、三、四期皆見。

B型：7件。鏟身窄長，平刃或弧形刃，刃角不外張。標本1，吊黽鏟（集成11781）。一面平，一側開刃，頂部有長方形銎。正面和兩側面均飾夔紋和三角紋。通長15.2、銎口長4.5、寬2釐米。標本2，祉鏟（集成11766）。長條形，弧刃，頂端有長方形銎。正面和背面均飾獸面紋和三角紋。二、三、四期皆見。

羊鏟　　　　↓鏟　　　　吊黽鏟　　　　祉鏟

第二節　武丁以前有銘青銅器的探討

　　商代開始流行在青銅器上鑄造銘文。目前發現的商代有銘青銅器絕大多數都是武丁及其以後時期的，作爲中國古代文字早期發展過程中的一個重要階段，武丁以前的青銅器上是否有銘文？如果有，那時的銘文又是一種怎樣的狀況？這一問題與探索武丁以前的甲骨文一樣，始終爲學界所關注[①]。

　　在對商代有銘青銅器的研究過程中，筆者新區分出幾件年代可早到中商時期的青銅器。同時，筆者經過類型學的分析，發現以往被認爲是二里岡時期或殷墟一期的部分有銘青銅器，在年代的判定上存在偏差。另外，有一些銅器上的所謂銘文，是紋飾的可能性更大。下文先對曾被學者判定爲二里岡期或殷墟一期的部分有銘銅器進行考察。

　　1. 1964年鄭州楊莊出土的爵[②]。長流，尖尾，平底，雙柱矮小，鈕不明顯，三棱形錐足，扁平鋬無獸頭。該爵一側飾饕餮紋，一側爲兩個對稱的雙目。這對稱形的雙目，有學者以爲是銘文[③]。其實這樣的雙目紋在商代青銅器上並不鮮見，如《歐洲所藏中國青銅器遺珠》[④]單色圖版64的目紋鉞上就有此紋飾。這種雙目紋有可能表現人面，或者就是"臣"字眼的饕餮紋的一種簡化。所以這件鄭州楊莊爵上的雙目是文字的可能性不大，説其爲紋飾當更合理。

[①]　這方面的論著有曹淑琴：《商代中期有銘銅器初探》，《考古》1988年第3期；張光遠：《商代早期酒器上的金文——兼論周官"𤉲人"的族徽》，載於《中華民國建國八十年中國藝術文物討論會論文集/器物（上）》，臺北故宮博物院，1992年；朱鳳瀚：《古代中國青銅器》，南開大學出版社，1995年，第452頁；王宇信：《山東桓臺史家"戍寧觚"的再認識及其啟示》，《夏商周文明研究——' 97山東桓臺中國殷商文明國際學術研討會論文集》，中國文聯出版社，1999年；中國社會科學院考古研究所：《中國考古學·夏商卷》，中國社會科學出版社，2003年，第425頁。

[②]　《河南出土商周青銅器》編輯組：《河南出土商周青銅器（一）》，文物出版社，1981年，第57頁，圖版60。

[③]　曹淑琴：《商代中期有銘銅器初探》，《考古》1988年第3期，第250頁；張光遠：《商代早期酒器上的金文——兼論周官"𤉲人"的族徽》，載於《中華民國建國八十年中國藝術文物討論會論文集/器物（上）》，臺北故宮博物院，1992年，第157—185頁。

[④]　李學勤、［英］艾蘭：《歐洲所藏中國青銅器遺珠》，文物出版社，1995年。

86　商代青銅器銘文研究

鄭州楊莊爵 　　　　　　目紋鉞

2. 鄭州白家莊M2出土的尊①。此尊在頸部有三個等距離的龜形圖像，和腹部的三組獸面形圖案相配合。關於這件尊上的龜形，有學者也認爲是銘文②。筆者以爲龜形圖像作三個等距離的安排，又施於器的外表，這樣的手法，明顯是爲了器的美觀，而龜背上的圓渦紋，與一般用來裝飾的龜形圖案一樣，裝飾性很強，其性質仍應是紋飾。

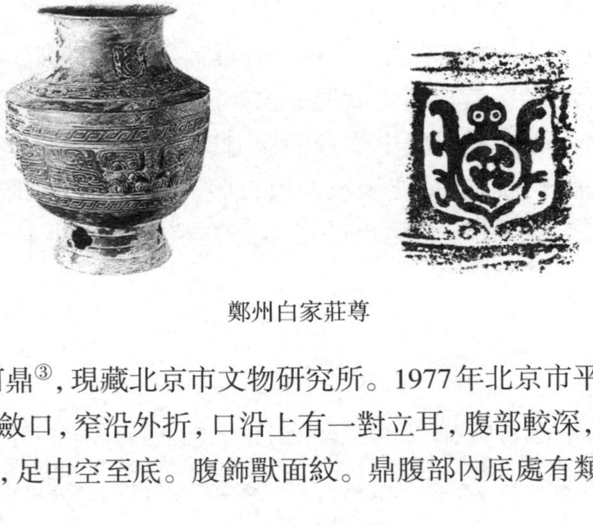

鄭州白家莊尊

3. 劉家河鼎③，現藏北京市文物研究所。1977年北京市平谷縣劉家河商代墓葬出土。斂口，窄沿外折，口沿上有一對立耳，腹部較深，呈球形，圜底，三條錐足外撇，足中空至底。腹飾獸面紋。鼎腹部內底處有類似鱉形的陽文

---

① 《河南出土商周青銅器》編輯組：《河南出土商周青銅器（一）》，文物出版社，1981年，第30頁，圖版23。
② 唐蘭：《從河南鄭州出土的商代前期青銅器談起》，《文物》1973年第7期，第6頁；曹淑琴：《商代中期有銘銅器初探》，《考古》1988年第3期，第250頁；張光遠：《商代早期酒器上的金文——兼論周官"龜人"的族徽》，載於《中華民國建國八十年中國藝術文物討論會論文集/器物（上）》，臺北故宮博物院，1992年，第157—185頁。
③ 北京市文物管理處：《北京市平谷縣發現商代墓葬》，《文物》1977年第11期。筆者在《商代中期有銘青銅器探討》（《故宮博物院院刊》2006年第4期）中將其視爲銘文，當改正。

銘①。通高18、口徑14釐米。《集成》1130將其作爲銘文收入。報告定年代爲商代中期,認爲鼎內底黽銘爲紋飾,是可取的意見。

劉家河鼎

以上是誤將紋飾定爲銘文的三例。下面再來看幾件時代上有問題的有銘銅器。

4. 媚爵②。日本兵庫縣黑川古文化研究所藏。此爵的流、尾較長,菌狀柱較矮,平底,三棱足較高,扁平鋬無獸頭裝飾,腹飾圓渦紋。通高17.4釐米。學者曾定此爵的年代爲二里岡時期③。早商時期的平底爵流窄長,尾短尖,長頸,寬扁形腹外鼓,平底下有三棱形錐足,流折處有矮小的丁字形雙柱;殷墟二期的平底爵流行的形制爲:窄平長流,尾平短,矮柱位於流折處,下腹凸出。如司㚰爵④。殷墟二、三期時的平底爵的形制爲:寬長流、長尾,腹壁直,如何疾父癸爵⑤。從器形演變的角度看,早商的爵流長,尾短,下腹較上腹外鼓。而這件爵的腹較直,流、尾較長,年代定爲二里岡期是不合適的,宜定爲殷墟二、三期。該爵僅銘"媚"字,但銘"子媚"的銅器卻很常見,其時代也多在武丁以後。

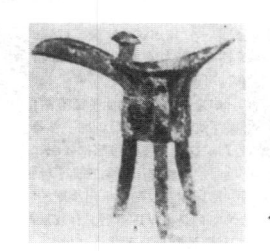

司㚰爵　　　媚爵 　　　何疾父癸爵

---

① 此銘也還有可斟酌之處。黽形在水器內底者多見,只是此器爲鼎,不是水器,所出現的黽暫以銘文計。
② 〔日〕黑川古文化研究所:《中國古代青銅器展覽》,1979年,圖14。銘文又見《集成》7413。
③ 曹淑琴:《商代中期有銘銅器初探》,《考古》1988年第3期,第251頁。
④ 出自殷墟婦好墓(M5:661)。
⑤ 故宮博物院:《故宮青銅器》,紫禁城出版社,1999年,圖34。銘文又見《集成》8958。

5. 侯瓿①。侈口束頸，圓肩鼓腹，高圈足。肩上飾弦紋。器內底銘"侯"字。學者曾定此瓿的時代爲殷墟一期②。筆者分析殷墟時期銅瓿的演變情況是：頸部由高變矮，器的最大腹徑漸下移，圈足由矮漸高。此瓿圈足較高，最大腹徑偏下。除紋飾外，器形與婦好瓿③接近，其年代定爲殷墟二期爲宜。

侯瓿　　　　　　　　　　婦好瓿

6. 失鬲④。日本東京出光美術館藏。平折沿，口沿上有一對立耳，高束頸，三袋足稍高，其下有圓柱足。頸部飾雷紋，袋足上有獸面紋。口內壁銘"失"字。通高19.5、口徑26釐米。此鬲的時代有學者曾定爲殷墟一期⑤。商代中期的銅鬲多是錐足，而此鬲柱足較高，束頸較長。此鬲形制與出土於河北豐寧縣的亞牧鬲⑥較接近，後者也是侈口束頸，口沿上一對立耳，分襠，三個乳狀袋足下有圓柱形實足。頸部飾兩道弦紋。筆者以爲將其定爲殷墟四期當更合適。

失鬲　　　　　　　　　　亞牧鬲

---

① 黃濬：《鄴中片羽初集》上卷，1935年尊古齋影印本，第30頁。銘文又見《集成》9943。
② 曹淑琴：《商代中期有銘銅器初探》，《考古》1988年第3期，第254頁。
③ 出自婦好墓（M5：796），銘文又見《集成》9953。
④ [日] 出光美術館：《開館十五周年紀念展圖錄》，1981年，第394頁，圖12。銘文又見《集成》445。
⑤ 曹淑琴：《商代中期有銘銅器初探》，《考古》1988年第3期，第255頁。
⑥ 1962年出土於河北豐寧縣。器見河北省博物館、文物管理處：《河北省出土文物選集》，文物出版社，1980年，圖81。銘文又見《集成》456。

7. 婦妌罍①。此罍口微侈,短頸,廣肩,腹收成小平底,肩上有一對獸首扁環耳,球面形蓋,上有一個菌形鈕。蓋面飾雷紋,肩飾圓渦紋間目紋,腹飾雲雷垂葉紋。通高14.5、寬10.1釐米。此罍的時代有學者曾定爲殷墟一期②。關於殷墟時期的圓罍,筆者認爲其演變的規律是:由直口、平底或凹底、肩部飾環耳(如🅇罍③)變爲侈口、矮圈足、肩部飾環耳(如㚤罍④),再變爲侈口、圈足較高、肩部飾銜環獸首耳(如亞址罍⑤)。從其侈口、平底的形制看,婦妌罍應爲殷墟二期常見的形制。

🅇罍　　　　　婦妌罍

㚤罍　　　　　亞址罍

8. 無壽觚⑥(定名各論者不同,有戍宁觚⑦、祖戊觚⑧、無壽觚⑨三種,本文以

---

① 中國科學院考古研究所(陳夢家):《美帝國主義劫掠的我國殷周銅器集錄》R483、A776,科學出版社,1962年。銘文又見《集成》9783。
② 曹淑琴:《商代中期有銘銅器初探》,《考古》1988年第3期,第255頁。
③ 黃濬:《鄴中片羽二集》上37,1937年影印本。銘文又見《集成》9749。
④ 1984年出土於河南安陽市戚家莊東269號商代墓葬(M269:35)。中國社會科學院考古研究所安陽工作隊:《殷墟戚家莊東269號墓》,《考古學報》1991年第3期,第336頁,圖8:13。
⑤ 1990年出於安陽市郭家莊商代墓葬(M160:40),見中國社會科學院考古研究所:《安陽殷墟郭家莊商代墓葬》,中國大百科全書出版社,1998年,圖版41。
⑥ 韓明祥:《山東長清、桓臺發現商代青銅器》,《文物》1982年第1期,第86頁。
⑦ 王宇信:《山東桓臺史家"戍宁觚"的再認識及其啟示》,《夏商周文明研究——'97山東桓臺中國殷商文明國際學術研討會論文集》,中國文聯出版社,1999年。
⑧ 何洪源、李晶:《"祖戊"觚及相關問題的再認識與探討》,《故宮文物月刊》總第186期,1998年。
⑨ 劉雨、盧岩:《近出殷周金文集錄》757號,定名爲"無壽觚",中華書局,2002年。

爲定爲"無壽觚"較合適)。此觚傳出山東桓臺,敞口,圓鼓腹,圈足。圈足內壁鑄"戍嗇無壽作祖戊彝"三行八字銘文。腹部飾饕餮紋,上下夾以連珠紋和凸弦紋。通高22、口徑14、底徑8.5釐米。與這件觚同出的尚有一爵,寬流,尖尾,二菌狀柱,腹底圓鼓,三棱形三足,鋬作獸首。鋬內鑄"且戊"二字銘文。柱頂飾渦紋,腹部飾雲雷紋襯地的饕餮紋。通高21、足高8.5、柱高4.5釐米。據簡報,這兩件銅器是濟南市環境衛生處工人所送交的,並說在桓臺縣東北12里田莊公社史家大隊西南崖頭出土①。簡報中將它們的年代推定爲"商代後期"②。另外,《近出殷周金文集錄》中也收錄了這件觚,將其年代定爲商代晚期③。但是近年陸續有學者發表論文,認爲該觚的年代爲"稍晚於中商,但早於武丁中、晚期,應爲殷墟一期(即盤庚、小辛、小乙和武丁早期)"④;有的學者則直接定爲武丁早期,殷墟文化第一期⑤。這件觚的銘文有8字,將其定爲殷墟早期的學者據此認定"是殷墟早期銅器迄今所見文字最多者,不僅具有重要的史料價值,而且對我們認識殷墟早期文字也很有意義"。並以此爲一基點對相關問題作進一步的論述,這對商代史的研究無疑會產生重要影響。但筆者以爲這件觚的年代不能早至殷墟一期或之前。理由如下:

無壽觚及銘文

---

① 韓明祥:《山東長清、桓臺發現商代青銅器》,《文物》1982年第1期,第86頁。
② 韓明祥:《山東長清、桓臺發現商代青銅器》,《文物》1982年第1期,第87頁。
③ 劉雨、盧岩:《近出殷周金文集錄》757號,中華書局,2002年。
④ 王宇信:《山東桓臺史家"戍寧觚"的再認識及其啟示》,《夏商周文明研究——'97山東桓臺中國殷商文明國際學術研討會論文集》,中國文聯出版社,1999年,第16頁。
⑤ 何洪源、李晶:《"祖戊"觚及其相關問題的再認識與探討》,《故宮文物月刊》總第186期,第70頁。

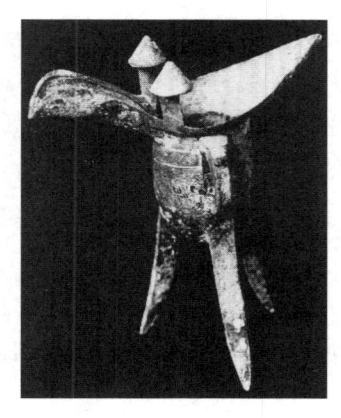

祖戊爵 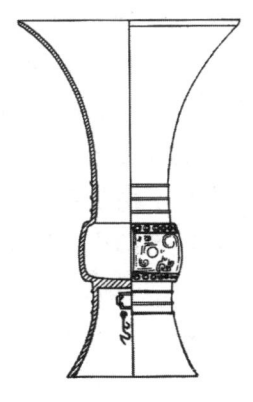　　　　　　　　亞丮觚

其一，無壽觚與祖戊爵同出，且都有祖先日名"祖戊"，所以這兩件銅器的年代可以一同加以考慮，這也是早期説者所沒有注意到的。祖戊爵的形制如上文所述，長流較寬，尖尾較寬並上翹，菌形柱位於流折處並稍向後。卵圓形腹較深。腹部飾雲雷紋襯地的饕餮紋。這樣形制的爵流行於殷墟三、四期。

其二，無壽觚的形制爲敞口，圓鼓腹，圈足。腹部飾饕餮紋，上下夾以連珠紋和凸弦紋。通高22釐米。類似這樣的商代有銘銅觚，筆者收集到25件。這類銅觚器體粗矮，器高多在22釐米以下。如1999年出自安陽殷墟劉家莊北1046號墓的亞丮觚（M1046∶51）[①]，粗矮體。喇叭形口，腹外鼓，圈足外撇。腹飾兩組獸面紋，線條粗疏，無地紋。其上、下各飾一周連珠紋，連珠紋之上、下飾凸弦紋三周。通高21.4釐米。這件亞丮觚的形制與無壽觚極爲相似。這類粗體觚的年代在殷墟三、四期，與祖戊爵的年代吻合。

其三，無壽觚腹部的紋飾。在主紋上、下所飾之連珠紋、凸弦紋，固然在中商時期是常見的紋飾，但這種紋飾在殷墟後期也常見。論者或以爲觚的主紋饕餮紋由細線條雲雷紋組成，有中商常見的"單層花"的作風[②]。這種以連珠紋爲邊欄、以線條勾勒的饕餮紋流行於二里崗上層偏晚階段，但殷墟早期這種形態的饕餮紋卻極少見，而在殷墟晚期（即三、四期），與此類似的紋飾卻不鮮見。

---

　　① 中國社會科學院考古研究所安陽工作隊：《安陽殷墟劉家莊北1046號墓》，《考古學集刊》第15集，文物出版社，2004年，第374頁，圖11∶6。
　　② 王宇信：《山東桓臺史家"戍寧觚"的再認識及其啟示》，《夏商周文明研究——'97山東桓臺中國殷商文明國際學術研討會論文集》，中國文聯出版社，1999年，第15頁。

如時代爲殷墟四期的安陽小屯1號墓出土的庚豕馬簋①的饕餮紋也是這樣的風格。傳世品中,像庚尊、歐侯妊尊②等殷墟晚期偏晚銅器都運用了連珠紋夾饕餮紋的裝飾手法。有學者以爲這種紋飾體現的是殷墟晚期一種復古的思潮,這時期銅器紋樣有的往往帶有一些殷墟早期紋樣的遺韻③,這是很有見地的。

其四,從無壽觚的銘文形體看,字體顯係晚期風格,而且多個單字都具有明顯的殷墟晚期甚至西周早期的風格。

① 戍。此無壽觚銘中的"戍"的形體,與屬殷墟四期的戍嗣鼎(2708)、戍甬鼎(2694)、戍鈴方彝(9894)銘中"戍"的形體相同,而商代青銅器銘文中所見"戍"這一職官者也是在殷墟四期。

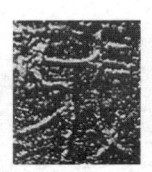

戍嗣鼎　　　　戍甬鼎　　　　戍鈴方彝　　　　無壽觚

② 壴。商代銘文中有壴字的青銅器還有:亞壴父乙卣、亞寰父丁卣、亞寰壴父丁觚、竹壴父戊方彝、竹壴父戊方彝、戍鈴方彝6件,其時代都是殷墟四期。

③ 壽。此無壽觚銘中的"壽"字爲商代青銅器銘文所僅見。而西周銅器中,作如此形體的"壽"字則常見。如豆閉簋、不壽簋、彔伯簋等器。

④ 戊。商代戊字形體參見第三章第一節之六。這件無壽觚中的戊字形體當屬Ⅲ式,其時代當屬殷墟三、四期。

其五,無壽觚銘有8字。武丁前銅器銘文一般爲1字,至多爲2字。而商代(部分可能晚到西周早期)有8字以上銘文的銅器,筆者收集到120件,其中極少量爲殷墟三期,絕大多數都是殷墟四期時器。

以上筆者從同出且銘文內容相關聯的爵、觚的形制、花紋、字體、字數等幾方面對這件無壽觚的年代進行考察。綜合起來看,這件觚的年代定爲殷墟四期是比較合適的。

---

① 中國社會科學院考古研究所:《殷虛青銅器》,文物出版社,1985年,圖版233。
② 保利藝術博物館:《保利藏金(續)》,嶺南美術出版社,2001年,第71、76頁。
③ 孫華:《三牛首獸面紋尊》,載於保利藝術博物館《保利藏金(續)》,嶺南美術出版社,2001年,第75頁。

第二章 商代有銘青銅器的斷代與分期　93

下面將筆者所見商代中期有銘文的銅器①作一歸納。

1. 冃鼎②,現藏日本東京國立博物館。雙立耳,寬折沿,深腹,三空錐足。腹上部有三組淺平雕連珠獸面紋。兩耳下口沿上各鑄一陽文。時代爲中商時期。

冃鼎

2. 眉鼎③,現藏保利藝術博物館。圜底錐足形。卷沿窄方唇,雙耳直立,侈口束頸。頸飾獸面紋帶。器內底銘陽文"眉"字。通高27.5、口徑20釐米。時代爲中商時期,或可到殷墟一期。

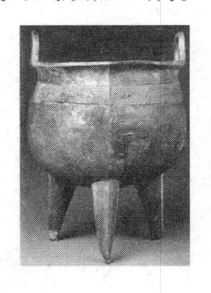

眉鼎

3. 天鼎④,現藏陝西歷史博物館。1965年出自陝西綏德縣墕頭村商代銅器窖藏。口稍斂,一對立耳,深腹圜底,三柱足細小。口下飾雲雷紋組成的獸面紋。腹內壁銘"天"字。通高24、口徑14.5、腹深14.5釐米。時代爲中商時期,或可到殷墟一期。

----

① 下文所舉商代中期的有銘青銅器,其中3、5、6、9、13、14、15、16、17、18、19諸器均見於曹淑琴《商代中期有銘銅器初探》(《考古》1988年第3期)。文中定其時代爲二里岡時期或殷墟一期。下文不再出注。
② 楊曉能:《早期有銘青銅器的新資料》,《考古》2004年第7期,第96頁,圖三。
③ 《保利藏金》編輯委員會:《保利藏金》,嶺南美術出版社,1999年,第15、16頁。
④ 陝西省考古研究所、陝西省文物管理委員會、陝西省博物館:《陝西出土商周青銅器(一)》圖版83,文物出版社,1979年。該文定此鼎爲商代晚期。銘文又見《集成》992。

天鼎

4. 蠱簋①。侈口，深腹，矮圈足。腹部最大徑在口沿下。口沿下飾三道凸弦紋。器內底銘"蠱"字。時代爲殷墟一期。

蠱簋

5. 蠱鼎②，出土自河南安陽花園莊南 M115。方唇，折沿，口微斂，圓鼓腹，圜底，三錐足。口沿下兩周弦紋。器內底銘"蠱"。

蠱鼎

6. 耳鬲③，現藏中國國家博物館。束頸侈口，雙立耳，高襠袋足，下承中空尖錐足。頸飾三道弦紋，腹飾雙線人字紋。口內側銘"耳"。通高22、口徑15.4釐米。時代爲中商時期。

---

① 羅振玉：《夢郼草堂吉金圖　附續編》續編一卷廿三號，民國上虞羅氏珂羅版印行，1917年。銘文又見《集成》2944。
② 中國社會科學院考古研究所、安陽市文物考古研究所：《殷墟新出土青銅器》3，雲南人民出版社，2008年。
③ 石志廉：《商戉鬲》，《文物》1961年第1期，第42頁。銘文又見《集成》447。

耳鬲

7. 乂壺①，現藏上海博物館。小口有蓋，長頸，圓肩，鼓腹，圈足，肩飾獸目紋，腹飾饕餮紋。圈足內銘"乂"。高25.3、口徑5、腹徑15.3、底徑10.1釐米。時代爲中商時期。

乂壺

8. ⇧甗②，現藏山西長治市博物館。1972年出於山西長子縣北關北高廟。敞口深腹，口沿上折，兩直立小耳，折沿，束腰，內無箅，三空錐足，一足殘。通體素面。內壁銘陽文"⇧"。通高39、口徑25、腹深19釐米。時代爲中商時期。

⇧甗

---

① 陳佩芬：《上海博物館中國古代青銅器》，1995年，第34頁，圖7。
② 王進先：《山西長治市揀選、徵集的商代青銅器》，《文物》1982年第9期，第50頁，圖4。銘文又見《集成》786。

9. 宁◇甗①，現藏內蒙古赤峰市文物工作站，1981年出於內蒙古昭烏達盟翁牛特旗牌子鄉敖包山前。直口深腹，口沿加厚，上有一對方形立耳，腹壁近直，鬲部較小，束腰分襠，袋形足下部有較矮的圓柱形實足。上腹飾三道弦紋。器內壁銘陽文"宁◇"。通高66、口徑41釐米。時代爲殷墟一期。

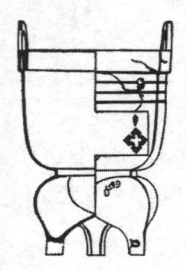

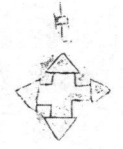

宁◇甗

10. 耳斝②，現藏保利藝術博物館。平底錐足形。侈口長頸，兩柱立於口一側。菌形柱帽坡度較陡。腹很深，直壁略向外鼓，平底下有三外撇的錐足，扁條獸首鋬③。口內側銘"耳"。通高17、口徑17釐米。時代爲中商時期。

耳斝

11. 父甲角④，現藏美國魯本斯氏。兩翼上翹，口弧曲，直腹平底，一側有獸首扁環鋬，下有三條三棱錐足。腹飾單線獸面紋。鋬內腹壁銘"父甲"。通高15、兩翼間距11.5釐米。時代爲中商時期。但此器銘筆道細弱，不排除是僞銘的可能。

---

① 蘇赫：《從昭盟發現的大型青銅器試論北方的早期青銅文明》，《內蒙古文物考古》第2期，1982年，圖1∶1。銘文又見《集成》792。
② 《保利藏金》編輯委員會：《保利藏金》，嶺南美術出版社，1999年，第12頁。
③ 此器之菌形柱與鋬或認爲是後加的。見《保利藏金》孫華、王藝所撰亘（耳）斝説明，嶺南美術出版社，1999年，第12頁。
④ 中國科學院考古研究所（陳夢家）：《美帝國主義劫掠的我國殷周銅器集錄》R212、A397，科學出版社，1962年。銘文又見《集成》7873。

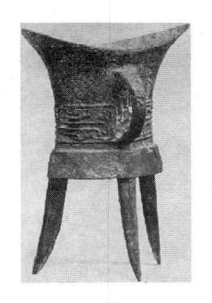

父甲角

12. ⌒爵①,現藏上海博物館。窄長流,短尖尾,長頸,寬扁形腹,平底下有三棱形錐足,流折處有矮小的丁字形雙柱,扁平鋬。鋬內腹壁銘陽文"⌒"。通高15.6、流尾長14.5釐米。時代爲中商時期。

⌒爵

13. 犬觚②,大喇叭口,弧腰,大圈足。飾連珠紋鑲邊的獸面紋。時代爲中商時期。

犬觚

---

① 陳佩芬:《夏商周青銅器研究》第031號,上海古籍出版社,2004年。銘文又見《集成》7755,但銘文倒置。
② 曹淑琴:《商代中期有銘銅器初探》,《考古》1988年第3期,圖一:1。

14. 臣戈①，現藏岐山縣文化館。1972年出於陝西岐山縣京當。直內長援，通長24.6釐米。內兩側銘"臣"。時代爲中商時期。

臣戈

15. 鳥戈②，現藏湖南省博物館。直內長援，內部銘"鳥"。時代爲中商時期。

鳥戈

16. 萬戈③，現藏故宮博物院。直援直內，內兩側有圓渦紋。內上銘"萬"。通長24.6釐米。時代爲中商時期。

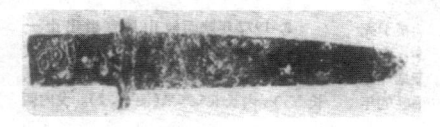

萬戈

17. 臣戈④，現藏河南博物院。1978年出於河南中牟縣大莊商墓。直內長援，通長27.5釐米。內兩側各有一銘"臣"。時代爲中商時期。

臣戈

---

① 陝西省考古研究所、陝西省文物管理委員會、陝西省博物館：《陝西出土商周青銅器（一）》，文物出版社，1979年，圖版10。銘文又見《集成》10667。
② 周世榮：《湖南出土戰國以前青銅器銘文考》，《古文字研究》第十輯，中華書局，1983年，t第268頁，圖15：1。銘文又見《集成》10711。
③ 曹淑琴：《商代中期有銘銅器初探》，《考古》1988年第3期，圖二：下。
④ 趙新來：《中牟縣黃店、大莊發現商代銅器》，《文物》1980年第12期，第89頁，圖1。銘文又見《集成》10666。

18. ↩戈①，現藏襄陽地區博物館。1977年出於湖北隨州淅河。直援直內，通長32.5釐米。內部銘"↩"。時代爲中商時期。

↩戈

---

① 曹淑琴：《商代中期有銘銅器初探》，《考古》1988年第3期，圖一：3。銘文又見《集成》10774。

第三章
商代青銅器銘文的分期

關於商代銅器銘文的分期，學者多從區分商器與周器的角度進行討論（參見第一章之斷代研究部分），而對商代銘文本身進行分期工作則明顯不足，涉及這一方面的也多是將銘文作爲銅器的一項附屬特徵放在器物分期的範圍內作一些概括。

1981年張振林先生作《試論銅器銘文形式上的時代標記》一文，將銅器分成九期：商前期、商後期、西周前期、西周中期、西周後期、春秋前期、春秋後期、戰國前期、戰國後期。從銅器有無銘文、族氏文字情況、文字的點畫結體、章法佈局、文辭的常見格式等方面對每期進行分析說明。商前期指從成湯至盤庚遷殷前，其共同特點是沒有銘文。商後期指從盤庚遷殷至受辛失國。根據銘文長短、內容、字形結構的特點，可分成兩段："上段從盤庚至康丁，約一百六十年，銅器大部分沒有銘文；有銘文的，多數也只有一、二個族氏文字，也有一些是記載人名的，如著名的'司母戊'、'司母辛'、'婦好'、'王作妌弄'等，字數也不多……下段是從武乙至受辛約一百一十年。這期間銅器器形莊重、花紋繁縟，銘文有的只有族氏文字，更多的爲族氏文字加祖或父或兄或母或妣的日干名。"其中族氏文字方面："銘文中大多數都有。其中表示動物、植物、人體、房屋、工具和武器的字或偏旁，往往隨體詰屈，象形意味較濃。諸亞官的銅器，銘文族氏文字上常帶有亞字標誌，有單獨的亞字冠於族氏文字之首，有將族氏文字置於亞字之中，有將全部銘文都用亞字包括起來等幾種形式。"在點畫結構上："文字點畫，普遍給人以粗肥的感覺。凡表示動物、植物、人體、房屋、工具和武器的文字或偏旁，因其象形意味濃，結體長短、寬窄、疏密不定。"章法佈局方面："章法佈局較隨意。字數三、四個以上者，有的分行，有的不分行，整體外緣或正方、長方形,也有很多呈不規則形的。每個字的大小不一致,字與字常互相穿插,祖或父或妣常與日干名合文書寫。"文辭格式方面:"(一) 單獨的族氏文字,或單獨的結體象形意味較濃的人名。此爲這一期的典型特徵。(二) 族氏文字或官職名字加祖或父或母或妣帶日干的名。(三) 某乍某某寶隣彝。銘前或銘後,銘下或銘上,附加族氏文字。(四) 干支紀日,簡單紀事(多爲賜貝),乍寶隣彝,族氏文字。也有在銘文後,族氏文字之前係'才某月,佳王幾祀'紀時的。"①

1985年中國社會科學院考古研究所編著出版了《殷墟青銅器》一書,其中鄭振香與陳志達先生所撰的《殷墟青銅器的分期與年代》一文將殷墟出土青銅器分成四期。在此基礎上,對各期銅器銘文的分期特徵進行了如下分析和總結。

第一期:年代約爲盤庚遷殷至武丁早期,禮器上尚未發現銘文。不過在相當於二里岡時期的一件傳世銅鬲上有"耳"銘文一字。

第二期:武丁晚期至祖甲時期,銘文已較普遍,各類埋葬幾乎都發現有銘銅器。如婦好墓有銘銅禮器占禮器數總的90%,四件銅鉞也都有銘文。小屯M18的禮器半數以上有銘文。銘文一至四字不等,以二三字爲最普遍,內容有族徽、私名、日名、"亞"加方國名或族名及私名後附記日名的(如"司粵癸")。有的銘文見於甲骨文或傳世銅器,有的則未見著錄。銘文的書法比較成熟,有的帶有藝術性,如"好"字寫作二"女"相對跪坐形;有的似較"原始"。此外,在二期墓出土的少數玉石器與骨角器上也出現了刻文,並有罕見的記事體朱書玉戈。可見到了第二期,文字已經廣泛地被應用了。

第三期:廩辛至文丁時期,實用禮器多鑄有銘文,如西區墓GM2508的四件禮器,三件有"子衛"銘文;苗圃北PNM172的五件禮器,均有"亞盥"二字。一般說來,銘文以二三字爲多見,內容有族徽、私名、日名加族徽、亞加族名或方國名等,明器一般都沒有銘文。值得注意的是,第三期銘文"亞"字,與二期比較有明顯的區別。三期的"亞"字,上下兩橫,有的外伸,有的與左右的短豎相接,私名或族名框在"亞"字內。"亞"字多與族名或方國名上下或左右分書,如"亞啟"等。

第四期:帝乙帝辛時期,銅器銘文的主要特點是字數增多,內容較前豐富。

---

① 張振林:《試論銅器銘文形式上的時代標記》,《古文字研究》第五輯,中華書局,1981年,第55—56頁。

就發掘品而言,銘文最多的30字(戍嗣子鼎),一般的3至5字。內容有族徽、日名、族徽加日名(即有作器者的族徽或私名,其下有受祭者的日名,省略動詞,如小屯82M1的五件有銘銅器,均屬此種),王爲某作器(如"大亥作母彝"簋),某人因某事爲某人作器(如戍嗣子鼎銘)等。據學者們的研究,在傳世銅器中,屬於乙、辛時期的有銘銅器約有四十多件,其中有些爲短篇記事性銘文,最長的達46字。總之,此期銘文在字數、記事、書法等方面都有新的發展[①]。

2004年岳洪彬先生的《殷墟青銅容器分期研究》一文在對殷墟青銅容器分期研究的基礎上,也對殷墟階段的各期銅器銘文特點作了概括。

第一期[相當於盤庚(可能還包括盤庚以前的一段時期)、小辛、小乙]:此期發掘出土的銅器上至今尚未見銘文。但據有關學者考證,在相當於二里岡期的銅器上已發現部分銘文,目前所知有二十餘件,多爲單字,有些可能是族徽文字。由此推測,殷墟一期銅器上也應有銘文,只是目前還沒有發現而已。

第二期(相當於武丁):早段:銘文少見,目前僅有一例可以確認是此段之銘文(武父乙盉);晚段:銘文較爲常見,但字數較少,多爲1—4個字。文辭格式有單一族徽或象形意味較濃的私名,職官加祖或父或母或妣帶日干之名。此期的部分銘文見於甲骨文或傳世銅器,有的則不見於著錄。總的來說,此時銘文的書法已比較成熟,有的帶有藝術性。

第三期(相當於廩辛、康丁、武乙、文丁):早段:所出銘文從章法佈局和文辭格式上看,與二期晚段沒有太大區別。但就某些字形本身來説還是有了不小的變化。如"亞"字本身內腔較大,足可容字,苗北M172出土的"亞盥"複合族徽,已開始將"盥"字置於"亞"字框內。二期晚段的"亞"字則多與族名或方國名上下或左右分書,如"亞啟"。其他如"宁"、"辛"等字也有較大的變化。晚段:銘文除個別字體寫法上有些差異外,在佈局和章法結構方面並無大的變化。

第四期(相當於帝乙、帝辛):相對以前各期來説,四期銘文發生了質的變化。首先,鑄銘字數增多,內容豐富。在發掘品中,有的多達30字(戍嗣子鼎),出現記事性銘文。在傳世銅器中,屬於四期的有銘銅器有數十件之多,最長的銘文達46字(鄁其卣乙巳器)。其次,字體本身的寫法與前不同,如"亞"字內

[①] 鄭振香、陳志達:《殷墟青銅器的分期與年代》,載於中國社會科學院考古研究所編著:《殷虛青銅器》,文物出版社,1985年,第45—56頁。

包容的字不單單是一個或兩個字的族徽,而是多達七八個字的簡單記事性文字,如GM93∶1的觚形尊銘。另如"癸"字,三期以前四端不出頭,四期時均向外伸出。其他如"辛"、"王"、"其"等字都有不同程度的變化。第三,字體點畫雖仍給人以粗肥之感,象形意味仍然濃厚,但其寬窄疏密,略顯定規,戍嗣子鼎的銘文排列就頗顯成熟。第四,文辭格式豐富多樣,除以前常見的族徽文字和帶有日名或職官名的人名外,還出現了"某乍某寶尊彝+族徽文字"和"干支紀日+簡單記事(常爲賜貝)+乍寶尊彝+族徽文字",或有的還鑄上"才某月,唯王幾祀"等紀時語①。

這些研究從考古材料出發,得出的認識是比較符合實際的,爲今後的分期研究打下了良好的基礎,但由於條件所限,沒有對商代青銅器銘文進行全面整理,所以有些具體的論斷也有可商之處。筆者擬在前輩研究的基礎上,對這一問題作進一步的探討。先對單個的銘文形體進行分期研究,歸納出字形變化的特徵,然後再根據銅器的考古斷代,對銘文進行總體的分期。

第一節　商代青銅器銘文單字形體的分期

本文選取在商代青銅器銘文各期中字形有所變化的17個常見字進行分期。

(一) 正

共56例。其中25例可依青銅器器形定其時代。正字形可分五型。

A型:四"止",二"止"在圈內,二"止"在圈外。如J691。
B型:二"止"在圈內。如1058。
C型:二"止"在圈外。如2948。
D型:二"止"對應二實心圓。如538。
E型:一"止"對應一實心圓。如410。

| J691 | 1058 | 2948 | 538 | 410 |

---

①　岳洪彬:《殷墟青銅容器分期研究》,《考古學集刊》第15集,文物出版社,2004年,第58—66頁。

各型的"正"字在各期的分佈情況是：二期：A型6件、C型8件，三期：A型3件、B型1件、C型2件、E型1件，四期：A、C型各1件、E型2件。A、B、C三型在四期皆流行，E（可能包括D型）主要出現在三、四期。從邏輯推理，正字的變化可能如下：

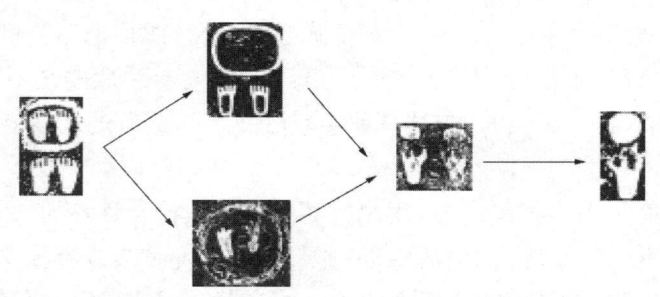

C型"正"字在甲骨刻辭中很常見。《殷墟甲骨刻辭類纂》[①]一書收錄223條刻辭出現該字，其中一期刻辭208條，約占93%，三至四期的只有15條，約占7%，而黃組卜辭中尚不見這種形體的"正"字。E型"正"字（"止"上圓點作虛廓形）在甲骨刻辭中早晚各期都有出現，而在《甲》3940的第五期鹿頭刻辭中形體與金文"正"字E型相似。甲骨刻辭中的"正"字演變規律與金文相同。

（二）鳥

共37例。"鳥"字字形可分六型。

A型：11例。尖喙下勾，無冠羽，短翅（尾）上翹，足直立。主要見於二期，亦見於四期。

B型：7例。尖喙下勾，歧尾，部分有冠羽。足多直立。時代從中商延至四期。

C型：6例。尖喙下勾，無冠羽，（歧）尾下折，曲足前伸。二期偶見，主要見於三、四期。

D型：2例。尖喙下勾，有冠羽，短翅（尾）上翹。時代當在三、四期。

E型：9例。空心尖喙下勾，有冠羽，短翅上翹，歧尾下折，曲足前伸。主要見於四期或西周早期。

F型：2例。文字化，形如"隹"字。僅見於四期或西周早期。

其中A、B、C型為較早階段的鳥形，而D、E、F型為較晚階段的鳥形。

---

① 姚孝遂主編：《殷墟甲骨刻辭類纂》，中華書局，1989年。

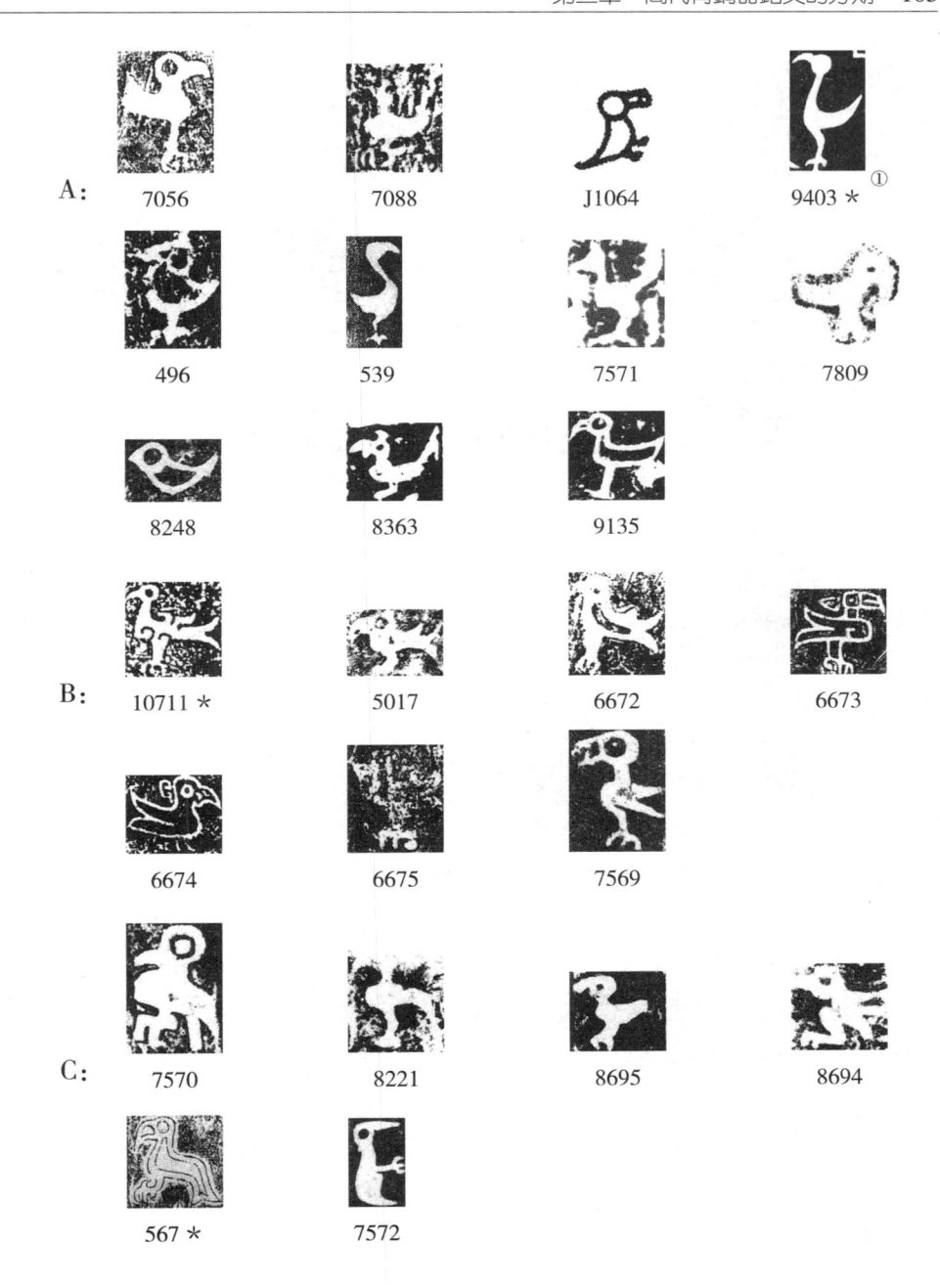

第三章　商代青銅器銘文的分期　105

A:　7056　　7088　　J1064　　9403 *①

　　496　　539　　7571　　7809

　　8248　　8363　　9135

B:　10711 *　　5017　　6672　　6673

　　6674　　6675　　7569

C:　7570　　8221　　8695　　8694

　　567 *　　7572

① 有 * 號者表示此欄銘文的器形有圖像可供斷代。下同。

D:　10044　　1817

E:　476　　1120　　1586　　53477＊

　　4889　　4902　　5514　　6870

　　1741

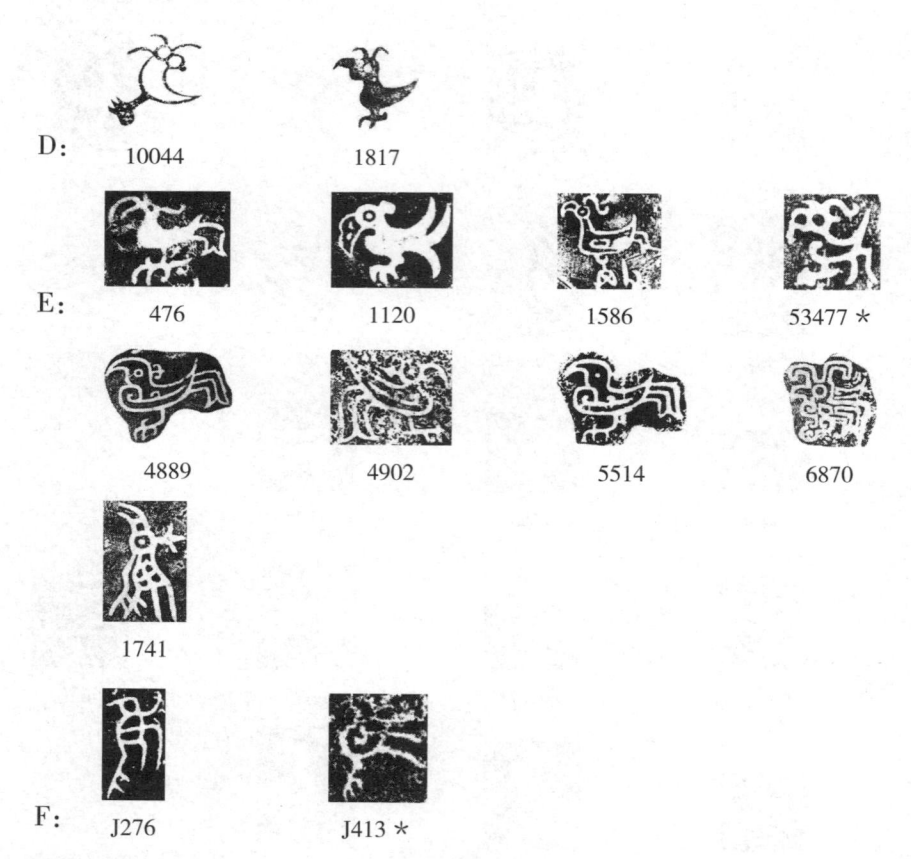

F:　J276　　J413＊

　　殷墟青銅器上的鳥紋，二期的大多數無冠羽，尾弧線下垂，末端不分叉；而三期以後多見冠羽，末端分叉如魚尾狀。銘文中的鳥與青銅器紋飾中鳥紋的變化規律基本相同，如A、B、C、D型接近於陳公柔、張長壽先生所分的小鳥紋Ⅰ、Ⅱ、Ⅴ式，E型則與Ⅵ式幾乎沒有分別，但商代青銅器銘文中的鳥沒有作類似於青銅器紋樣中的大鳥紋與長尾鳥紋者[①]。

（三）宁

　　共80例。其中有器形可供斷代者48例。"宁"字字形可分五式：
　　Ⅰ式：中間橫線長於兩邊，僅見於一期。如792。
　　Ⅱ式：三橫線基本等長，字體細長。二至四期均見。如1362。

---

①　陳公柔、張長壽：《殷周青銅容器上的鳥紋的斷代研究》，《考古學報》1984年第3期，第265—285頁。

Ⅲ式：三橫線基本等長，字體粗短，中間方框小。見於三、四期。如7006。

Ⅳ式：三橫線基本等長，外伸很短，中間方框大。常包含有其他銘文。三期偶見，主要在四期。如7009。

Ⅴ式：三橫線變成三角形，外伸很短，中間方框大。常包含其他銘文。主要在四期。如1448。

| 792 | 1362 | 7006 | 7009 | 1448 |

綜上，"宁"字各式在各期的分佈情況是：一期：Ⅰ式，二期：Ⅱ式，三期：Ⅱ式、Ⅲ式、Ⅳ式，四期：Ⅱ式、Ⅲ式、Ⅳ式、Ⅴ式。

（四）車

共54例。根據車衡的形制（還有1例車衡情況不明），分三型。

A型：曲衡，49例。根據18例可以依照器形定時代的"車"銘銅器，將A型車字銘所表現的諸特徵的期別列舉如下：

1. 衡。曲衡：二、三、四期。

2. 彎帶。軛與轅之間連接彎帶：三、四期。

3. 衡飾。曲衡飾有垂纓：二、三、四期。

4. 輿。圓形車輿：二、三、四期；方形車輿：三、四期；無輿（詳下文）：二、三期。

5. 輪。圓輪：二、三、四期；方輪（這也是銘文表現的特殊性所致，而非真是用方形車輪）：四期。

6. 輻。直輻條（即所表現的輻條與轅平行）：二、三、四期；斜輻條（即所表現的輻條與轅斜交）：四期。

根據這些特徵，將A型"車"字分爲二式。

Ⅰ式：31例。曲衡，圓形車輿或無輿，圓輪，直輻條。主要是二、三期，但四期仍能見。

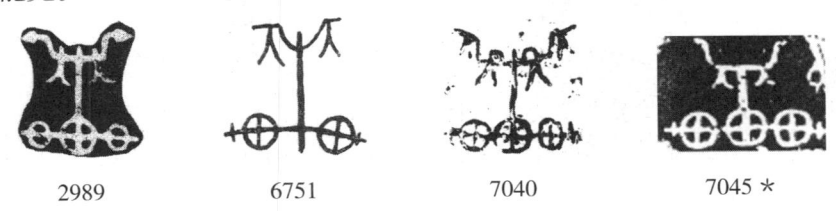

| 2989 | 6751 | 7040 | 7045 * |

7044 　　　　　9776 　　　　　7719 　　　　　7046

Ⅱ式：18例。曲衡，軛與轅之間連接彎帶，方形或圓形車輿，圓形或方形車輪，直輻或斜輻條。主要是三、四期，以四期常見。

7049 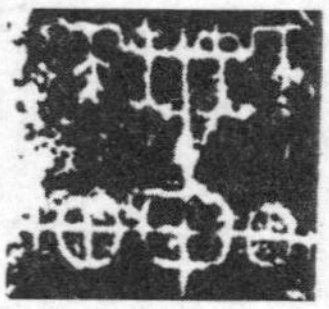　　　　　1622 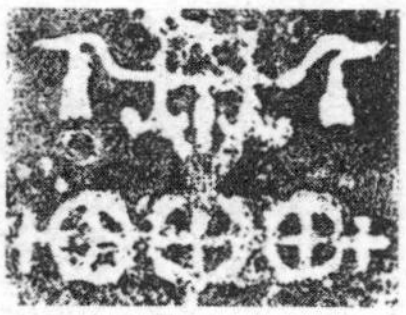　　　　　3194 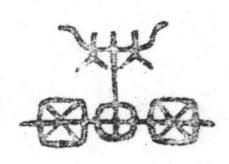　　　　　7042＊

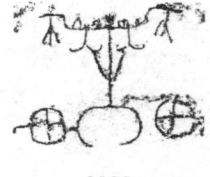

2988 　　　　　5590 　　　　　9196 　　　　　7043

B型：直衡，2例。如：10866、J864。時代爲三、四期。

J864 　　　　　　　　10866

C型：沒有表現車衡，2例。如：9944、9958。年代不詳。

9944 　　　　　　　　9958

由以上分析還可得出如下幾點信息：

1. 商代青銅器銘文中"車"字形體表明曲衡多於直衡，這樣的情況與考古發現多見直衡者相反，如果排除考古發現的偶然性因素的話，表明當時曲衡車是較常見的。劉一曼師曾對甲骨刻辭中的"車"字作過統計，有衡的"車"字15例，其中10例爲曲衡，5例爲直衡，曲衡的占三分之二。文中還從車馬坑中兩個衡末飾的距離推測，認爲在已公佈的車馬坑資料中還有數例當屬曲衡車，因而認爲"殷代曲衡馬車在當時亦較爲常見"①。

2. 關於車上的裝備，有兩種情況在商代考古發現中較少：一是軾與轅（或輿）之間連接的靷帶，二是曲衡飾有垂纓。這當是由於這兩類物品多數屬於有機物而未能保存下來之故。但1989年郭家莊M52（車馬坑）中有5件銅泡排列於轅之南側，另有2件壓在車廂前車轅之下，發掘者推測那是附在轅皮帶上的飾物②，已經注意到這一點。而西周時期的張家坡墓地第二號車馬坑中則發現了明確的靷帶遺存，其中第一號車在靠近車轅兩側的衡上各有一個大銅泡，和靷帶相連接，第二號車的轅兩側也有大蚌泡和八個貝組成的花朵狀裝飾和靷帶相連③。關於垂纓，商代的車子遺存上尚未發現垂纓一類的痕跡，但在西周的灃西第二號車馬坑的第二號車上，則出現有蚌飾垂纓。據報告，衡兩端的銅矛下面垂着成串的貝、蚌飾物，並有紅色織物的遺痕，這些飾物就是用紅色織物串起來的矛飾④。

3. 考古發現的商代車輿按其平面形狀有長方形、橢圓形、外長方內橢圓形與梯形四種。圓形車輿的面積比較小，一般不超過1平方米。長方形車輿面積較大，其中小的面積約1平方米，而大的則有1.8平方米⑤。從"車"字銘文的形體變化早晚來看，圓形車輿似要比方形車輿較早出現，體現出對車輿更大可乘量的要求。

4. "車"字表現的多是直轅，只因是正面表現，也有可能其中有眾多的曲轅者，但也有3例（4874、5590、7048）着重表現出曲轅的結構。1995年殷墟梅園莊東南出土的M40（甲車）、M41兩車的轅木在距衡不遠處向上彎曲，轅過衡後貼於衡

---

① 劉一曼：《殷墟車子遺跡及甲骨金文中的車字》，《中原文物》2000年第2期，第30頁。
② 中國社會科學院考古研究所：《安陽殷墟郭家莊商代墓葬》，中國大百科全書出版社，1998年，第134頁。
③ 中國科學院考古研究所：《灃西發掘報告——1955—1957年陝西長安縣灃西鄉考古發掘資料》，文物出版社，1962年，第145頁。
④ 中國科學院考古研究所：《灃西發掘報告——1955—1957年陝西長安縣灃西鄉考古發掘資料》，文物出版社，1962年，第145頁。
⑤ 中國社會科學院考古研究所：《中國考古學·夏商卷》，中國社會科學出版社，2003年，第415頁。

的前側向上向內倒勾，含衡於勾內①。曲輈"車"銘也許表現的就是這種曲輈車。

5. 例2989中"車"字的衡末端飾有尖狀物，可能就是考古上發現的車馬坑中常出的圓角長等腰三角形的銅飾，或稱三角形銅飾，或稱爲葉形飾。這類銅飾正面多有紋飾，背面爲素面，前端有的有三角形窄筒，近中部均有一拱形鈕。關於這種器物的用途，石璋如先生推測是"衡端的裝飾"②。1987年河南安陽郭家莊東南M52車馬坑中這種三角形銅飾出在衡的末端，表明它當是衡末端的銅飾③。

6. 過去學者多未注意到，商代青銅器銘文中的"車"字，有的也有車軾，如5590、7048兩銘中的"車"爲方形車輿，車門開於輿後，車輿前部就有一橫劃表現出車軾所在的位置。故在20世紀90年代以前，一般認爲西周車子才有車軾，商代是沒有車軾的。而近年來的考古工作已證明商代晚期的車上也是有車軾的，如1992年河南安陽劉家莊北地M348、1993年梅園莊M1、1995年梅園莊M40（南車）、1995年山東滕縣前掌大的馬車車輿內都發現了車軾④。

7. 諸"車"銘中，有10例（1009、1456、6750、6751、6752、7041、9776、9838、9944、9958）沒有表現出車輿。對這種現象，筆者以爲是一種文字簡化的跡象。車方彝（9938）器、蓋皆銘"車"，兩"車"一作無輿形，一作有輿形，可資證明。

（五）癸

商代有銘青銅器中可資圖像或銘文內容進行斷代的"癸"銘銅器共159例。從其形態可分爲A、B二型。

A型：42例。交叉兩橫以四小橫封頂。如846。

B型：111例。交叉兩橫突出於四小橫之外。如1685。

846　　　　　　　1685

---

① 中國社會科學院考古研究所安陽工作隊：《河南安陽市梅園莊東南的殷代車馬坑》，《考古》1998年第10期。

② 石璋如：《小屯第一本·遺址的發現與發掘·丙編·殷墟墓葬之一·北組墓葬》上冊，歷史語言研究所，1972年。

③ 中國社會科學院考古研究所：《安陽殷墟郭家莊商代墓葬》，中國大百科全書出版社，1998年，第132頁。

④ 中國社會科學院考古研究所：《中國考古學·夏商卷》，中國社會科學出版社，2003年，第416頁。

另有6例因銘文拓本不清難以判斷。根據器形的類型學研究，兩類"癸"銘銅器在各期的分佈狀況如下（定爲二、三期器的歸入三期；三、四期器的歸入四期，也包括四期或西周早期者）：二期：A型9例，B型6例。三期：A型8例，B型6例。四期：A型25例，B型99例。

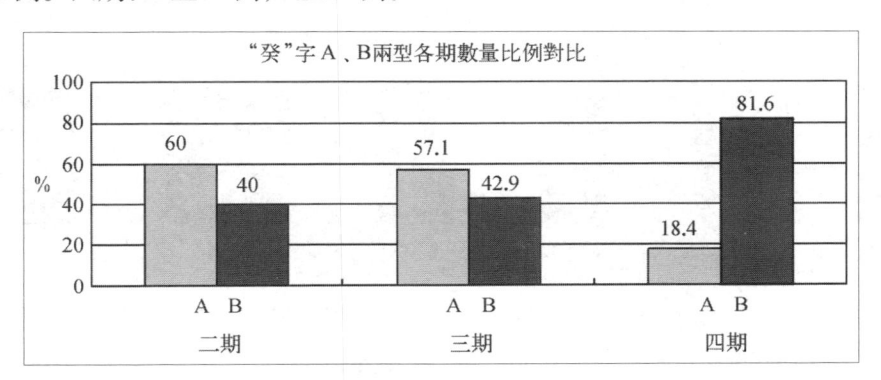

"癸"字A、B兩型各期數量比例對比

	A	B
二期	60	40
三期	57.1	42.9
四期	18.4	81.6

從此表中可以看出以下兩點：

1. A、B兩型"癸"字在二至四期都存在。以前A型癸字往往被認爲是癸的早期形態，B型癸字是癸的晚期形態，現在看來，這種認識是不符合實際的。
2. 但是，就同一期而言，A、B兩型癸字的出現頻率是不一樣的。二期時，A型癸要更佔優勢一些；三期時兩者比較接近，但仍以A型爲多見；四期時A型較少見，而B型則成爲絕對優勢。兩相對比，A型的比重逐漸下降，B型的比重則逐漸上升。換言之，即B型癸字有取代A型漸成流行式樣之勢。

在甲骨刻辭中，早、中期的王卜辭"癸"字基本上都寫作A型，但在花東H3非王卜辭中"癸"字作B型。而黃組卜辭中"癸"均作B型。時代屬殷墟三期的後崗M3:06出土的朱書石璋上，"癸"字作A型，而屬殷墟四期的劉北M1046中出土的四件石璋上的朱書"癸"字[1]均作B型。這表明A型癸字在殷墟早期比較常見，而B型癸字則在晚期比較流行，情況與金文相似。

（六）戊

商代可供斷代的有器形的"戊"銅器共42件，因有的器銘中有二"戊"字，所以字形共45例。分三式。

---

[1] 中國社會科學院考古研究所安陽工作隊：《安陽殷墟劉家莊北1046號墓》，《考古學集刊》第15集，文物出版社，2004年，第381、382頁。

Ⅰ式：7例。豎筆較直，上、下沒有橫筆，如7214、6357。主要流行於二、三期，四期偶見。

Ⅱ式：7例。豎筆較直，上、下有橫筆，如9153、6177。主要流行於三、四期。

Ⅲ式：31例。豎筆弧曲，上、下有橫筆，且多斜出，如9291、3189。流行於三、四期，以四期常見。

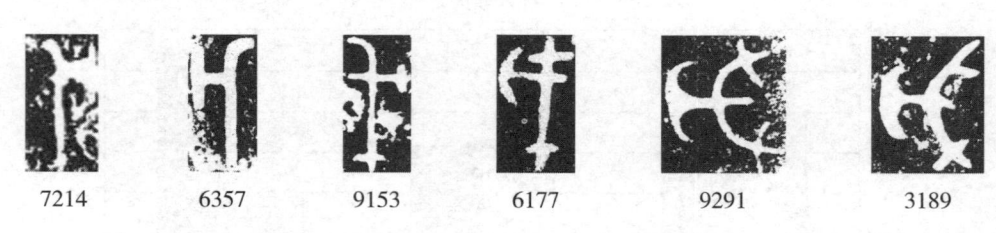

| 7214 | 6357 | 9153 | 6177 | 9291 | 3189 |

各式字形數量在各期的分佈是：二期：Ⅰ式3例；三期：Ⅰ式3例，Ⅱ式6例，Ⅲ式5例；四期：Ⅰ式1例，Ⅱ式1例，Ⅲ式26例。

"戊"字三式各期百分比對比表如下。

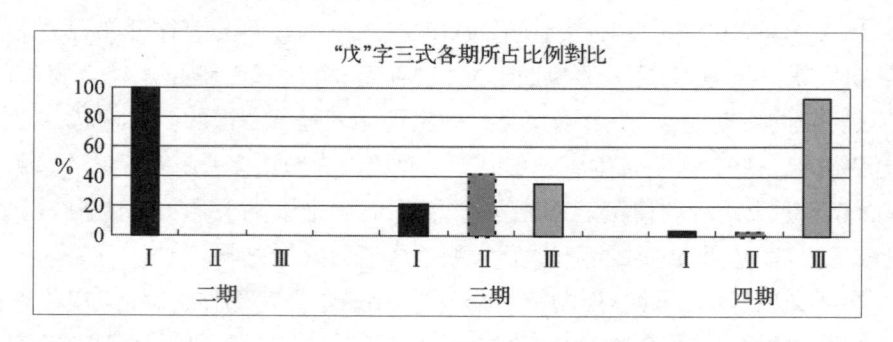

"戊"字三式各期所占比例對比

從上表中可以看出：Ⅰ式從二期到四期都有出現，但所占比例漸次下降，表明Ⅰ式"戊"字形是"戊"的早期形態。Ⅱ式出現於三期，到四期時也僅占極小比例。而Ⅲ式從三期出現以後，比例就較大，到四期時已占絕對優勢，是"戊"字形的晚期形態。

與甲骨文中的"戊"字體相比，兩者"戊"字變化基本一致。甲骨文中𠂤組、出組、何組的"戊"字形體接近Ⅱ式，而晚期的無名組、黃組等卜辭中"戊"字形體豎筆弧曲，接近Ⅲ式。

（七）辛

商代青銅器銘文中有"辛"字者285件，能據器形斷代者共142例，其中

第三章　商代青銅器銘文的分期　113

7147、7288兩銘不清。這140例"辛"字可分四式，如下圖所示。

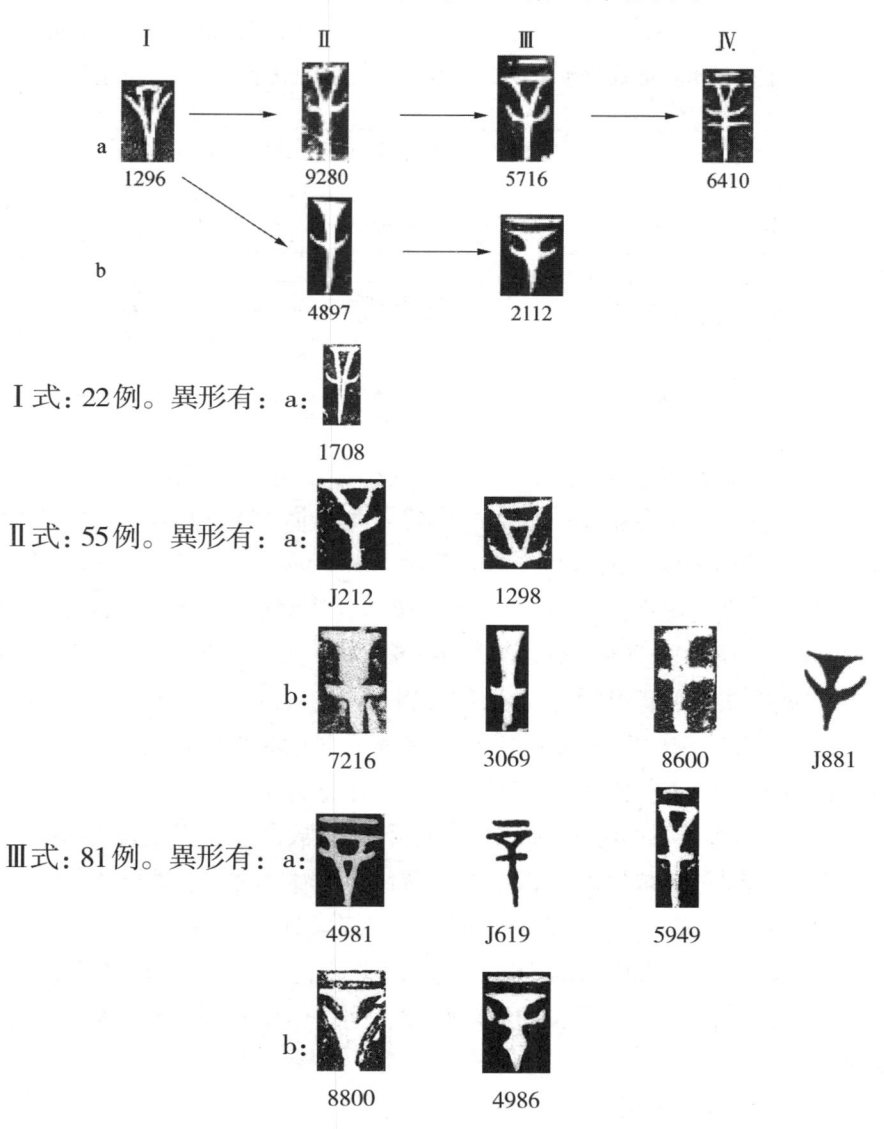

```
         Ⅰ            Ⅱ            Ⅲ            Ⅳ
      
   a    [1296] →    [9280] →    [5716] →    [6410]
                ↘
   b           [4897] →    [2112]
```

Ⅰ式：22例。異形有：a: [1708]

Ⅱ式：55例。異形有：a: [J212] [1298]

　　　　　　　　　b: [7216] [3069] [8600] [J881]

Ⅲ式：81例。異形有：a: [4981] [J619] [5949]

　　　　　　　　　b: [8800] [4986]

Ⅳ式：2例。異形有：a: [7672]

四式"辛"在各期的分佈情況是：二期：Ⅰ式2例，Ⅱ式10例；三期（包括器物斷代定爲三、四期者）：Ⅱ式18例，Ⅲ式25例；四期（包括器物斷代定爲四期或西周早期）：Ⅱ式27例，Ⅲ式56例，Ⅳ式2例。"辛"字四式各期百分比對比表如下。

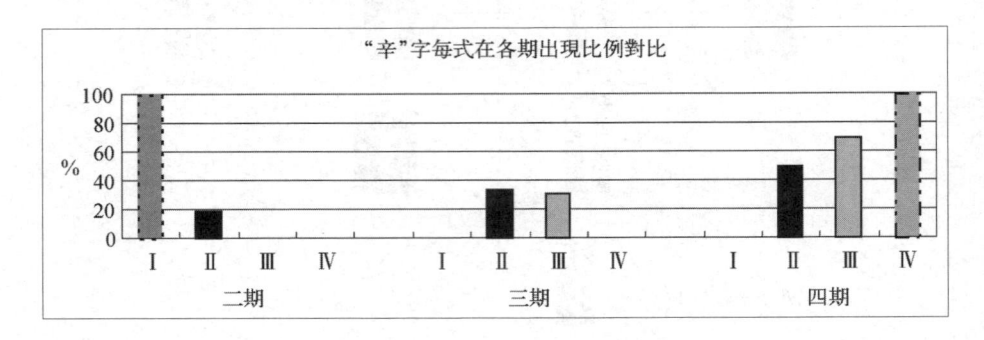

"辛"字每式在各期出現比例對比

從上表可以看出：1. Ⅰ式"辛"字形體僅出現在二期，是"辛"字的早期形態，但這樣的字形數量很少；2. Ⅳ式"辛"字形體僅出現在四期，是"辛"字的晚期形態，但這樣的字形數量很少；3. Ⅱ式"辛"字形體在二期就出現，並且延至四期，但在二期時出現的頻率較低，越往後出現頻率越高；4. Ⅲ式開始出現在三期，而四期時所占比例達三分之二以上；5. "辛"字字形比較有斷代意義的是Ⅰ式、Ⅲ式與Ⅳ式。前者可對應二期，後者對應四期。Ⅲ式則流行於三、四期。

在甲骨刻辭中，ᒣ、ᒣ兩類"辛"字形體在早、晚各期均共存，但在武丁時期的賓組卜辭中，基本上都是ᒣ形，而非王卜辭中（尤其是花東H3卜辭）以ᒣ形爲主。武丁時期的各組卜辭中，賓組卜辭的數量遠遠多於非王卜辭，因而也可以說，早期卜辭以ᒣ形最爲常見。黃組卜辭中，兩種形體皆流行。在殷墟中、晚期的朱書文字中，則以ᒣ形常見。如屬殷墟三期的後崗91M3：05柄形飾、屬殷墟四期的劉北M1046出土的四片石璋、劉南85M54：3石璋均作ᒣ形。因之筆者認爲，金文"辛"字的演變規律，大體上反映了殷墟時期該字的變化規律。

（八）其（當區分爲"𰀀"、"其"二字）

商代銘文中有"其"的青銅器共40件，其中有器形圖像可資斷代的26例。可分三式。

Ⅰ式：19例。"𰀀"作箕形，內表現具象的篾紋，箕兩側有手，手指或向下或向內。如6946、6953、7835、9163。見於二期。

第三章　商代青銅器銘文的分期　115

6946　　　6953 　　　7835 　　　9163

Ⅱ式：2例。"其"作箕形，表現具像篾紋減少，箕兩側無手。如6949、5168。見於二至四期。

Ⅲ式：5例。其兩側邊框"T"形出頭，內部篾紋僅以一"乂"表示。有的"其"下還有一橫劃。如9823、5414。見於四期。

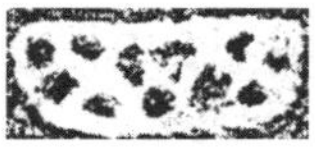

6949 　　　5168 　　　9823 　　　5414

與甲骨卜辭相比，早晚各類卜辭中的"其"皆作Ⅲ式，而不見Ⅰ式與Ⅱ式。

（九）冉

商代有銘青銅器中有"冉"字者184件，其中86件有圖像可供年代推定。這86例冉字可分7型。

A型：54例。

1389 　　　9365 　　　1177

B型：2例。

1383

C型：19例。

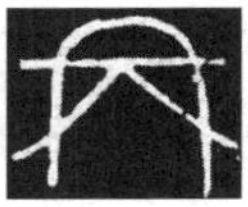

1390

D型：2例。

3089

E型：3例。

1831

F型：3例。

6831

G型：3例。

8015

各期出現冉字各型的具體情況是：二期：A、B、C、D型；三期：A、B、C、F型；四期：A、C、D、E、F、G型。而各型在各期出現的比例見下表。

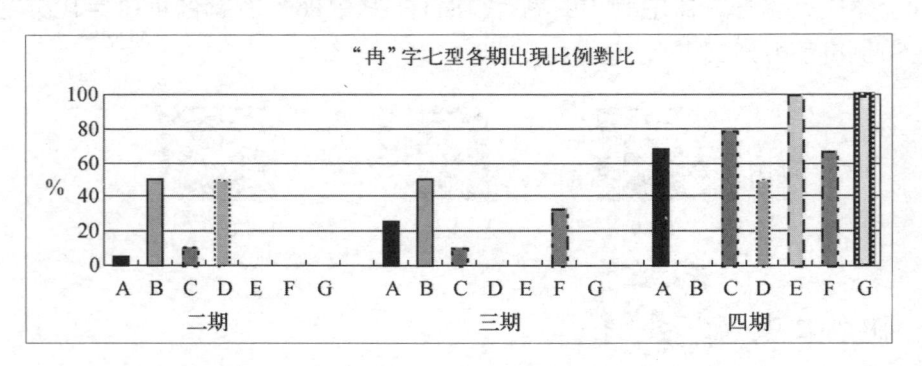

"冉"字七型各期出現比例對比

從表中可以看出：1. A型是"冉"字最常見的形式，各期都存在。但其比率二期最低，四期最高，主要流行於四期。2. B型量極少，見於二、三期。D型數量也極少。在年代特徵上似乎沒有意義。3. C型也是常見形式，各期均有出現。但主要見於四期。4. F型第三期出現，至四期比重加大。5. E、G二型數量也很少，但只見於四期。估計是"冉"的較晚形態。

關於商周銅器銘文中的"冉"字形體，以前有學者進行過整理工作，認爲"冉"字在殷墟文化二期時兩斜劃在上部不交叉，下部不出頭，個別交叉出頭者兩豎向內收斂。殷墟文化四期至西周初期一般是兩斜劃上部交叉，下部出頭，稍晚些的上部平劃兩側下垂等。演變情況圖示如下①：

殷墟二、三期	殷末周初	西周前期
𣪊 𣪊 𣪊	𣪊 𣪊	𣪊 𣪊 𣪊 𣪊 𣪊 𣪊

此表與筆者的分析對比來看，基本是一致的。如表中所示西周前期的"冉"字下垂的筆法確實尚不見於商代銘文中，或許可作爲區分商器與周器的一個參照。

（十）戈

商代銘文中有"戈"者共186件，其中有器形圖像可供斷代者65例。分四型。

A型：2例。祕下鐏爲圓形，戈內表現具象長纓。如J383。

B型：20例。祕下鐏爲圓形或錐形，戈內無纓。如7615。

C型：25例。祕下鐏爲叉形，戈內無纓。如4707。

D型：18例。祕下鐏爲叉形，戈內有程式化的纓。如9404。

J383　　7615　　4707　　9404

另外，在沒有公佈器形圖像的"戈"銘銅器上還有兩型"戈"字，各出現一例，如4705、9840。其中4705器、蓋同銘"戈"字，另一戈形作D型，故此型與D型當同時。如9840型者，其年代尚難推定。

4705　　9840

戈字四型在各期的分佈是（原器定二至三期的歸三期；三至四期的歸四期）：二期：A、B、C型；三期：B、C型；四期：B、C、D型。

同型戈字在不同期出現的比率見下表：

---

① 張亞初、劉雨：《商周族氏銘文考釋舉例》，《古文字研究》第七輯，中華書局，1982年，第32頁。

四型"戈"字各期比率對比

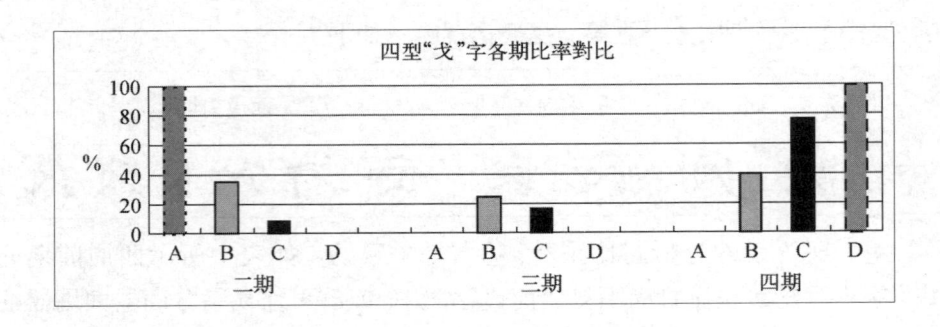

從表中或可看出：1. A型僅出現在二期，D型出現在四期（表中的四期包含部分三至四期時器）。這兩型當是"戈"字的較早與較晚的形式。2. B型在各期的分佈較爲平均，是商代青銅器銘文中的常見形式，也是最穩定的形式。但這一型中圓形戈鐏在較早階段（二、三期）出現的頻率比錐形者多，而錐形者在較晚階段（三、四期）則更多見。3. C型在二期時就已出現，但數量極少。三期開始增多，到四期時則較常見。有逐漸流行的趨勢。

從"戈"字字形看，柲下的鐏有三種形制：圓形、錐形與叉形，就考古發現的鐏的實物來看，似也是如此。其中錐形鐏是商代最常見的形式，這類鐏從二里岡上層時期就已經被使用了，而相當於殷墟一期的安陽洹北花園莊東地近年也出土一件刻有"戈亞"的骨匕（T11③：7）[1]，其中的"戈"字字形表明也是錐形鐏。如江西新干大洋洲大墓的XDM：293、298、309、310[2]，郭家莊M160：255[3]，郭家莊M190：9[4]，殷墟西區M836：1[5]等。錐形鐏的使用延續至西周以後，但考古上有一類旁側加彎鉤的鐏（如殷墟西區M781：1[6]、羅山天湖

---

[1] 中國社會科學院考古研究所安陽工作隊：《1998～1999年安陽洹北花園莊東地發掘報告》，《考古學集刊》第15集，文物出版社，2004年，第339頁，圖29。

[2] 江西省文物考古研究所、江西省博物館、新干縣博物館：《新干商代大墓》，文物出版社，1997年，第114頁，圖五八：6、7、9、11。

[3] 中國社會科學院考古研究所：《安陽殷墟郭家莊商代墓葬——1982～1992年考古發掘報告》，中國大百科全書出版社，1998年，第111頁，圖87：2。

[4] 中國社會科學院考古研究所：《安陽殷墟郭家莊商代墓葬——1982～1992年考古發掘報告》，中國大百科全書出版社，1998年，第51頁，圖38：2。

[5] 中國社會科學院考古研究所安陽工作隊：《1969—1977年殷墟西區墓葬發掘報告》，《考古學報》1979年第1期，第93頁，圖六八：6。

[6] 中國社會科學院考古研究所安陽工作隊：《1969—1977年殷墟西區墓葬發掘報告》，《考古學報》1979年第1期，第93頁，圖六八：5。

M12∶16①)在戈字銘文中得不到體現。就圓形鐏而言，目前考古尚沒有發現單體的，但在遼寧錦縣（今稱凌海市）水手營子出土一件連柄戈②，戈柲與戈身連鑄，柲通體鑄飾菱形紋中填邊珠紋，柲下端即有一圓形鐏。這件戈所出墓葬屬夏家店下層文化，表明圓形鐏的使用時間較早。與水手營子連柄戈形制近同的還有一件，藏於日本京都藤井齊成會有鄰館，柲下端也有圓形的鐏③。就叉形鐏而言，考古發現也很有限。婦好墓出土一件類似者（M5∶847④），形似鳥足，上有圓形銎，下爲四爪，高13.8釐米。另外羅山天湖商墓中也出有一件四爪形器（M1∶47）⑤。英國大英博物館藏有一件據傳早年出土於山東大辛莊的青銅鐏，下有三錐形尖，其形制與銘文中的戈鐏尤其近似⑥。此三者可能就是C、D兩型"戈"字柲下所用之叉形鐏。這種叉形的戈鐏，顯然不利於格鬥，可能還是作儀仗用的。

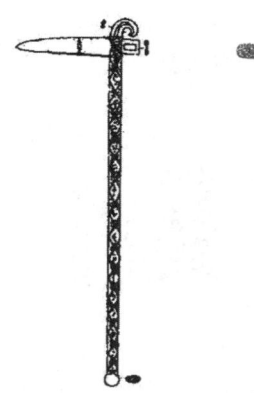

| 遼寧錦縣水手營子 | 日本京都藤井齊成會有鄰館 | 婦好墓 M5∶847 | 天湖 M1∶47 | 大英博物館 |

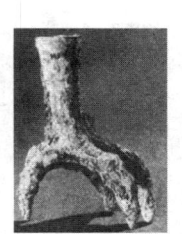

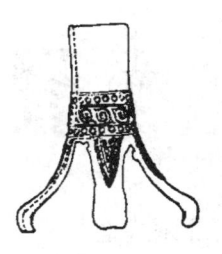

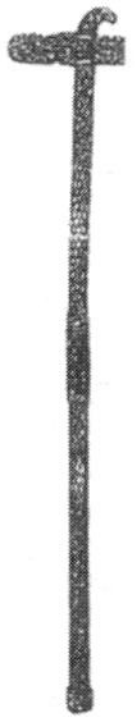

---

① 河南省信陽地區文管會、河南省羅山縣文化館：《羅山天湖商周墓地》，《考古學報》1986年第2期，第175頁，圖二三∶23。
② 齊亞珍、劉素華：《錦縣水手營子早期青銅時代墓葬及銅柄戈》，《遼海文物學刊》1991年第1期，第103頁，圖二∶1。
③ ［日］東京國立博物館：《大草原の騎馬民族——中國北方の青銅器》，1997年，圖3。
④ 中國科學院考古研究所：《殷墟婦好墓》，文物出版社，1980年，圖版七四∶6。
⑤ 河南省信陽地區文管會、河南省羅山縣文化館：《羅山天湖商周墓地》，《考古學報》1986年第2期，第175頁，圖二三∶25。
⑥ 方輝：《記兩件流失海外的大辛莊出土商代青銅器》，《黃盛璋先生八秩華誕紀念文集》，中國教育文化出版社，2005年，第36、39頁。

（十一）王

商代銅器中有"王"銘者共42件器，其形態基本上有如下三型：

| 5413 | 2708 | 944 |

從器形或銘文內容判斷，這些銅器（銘文）皆爲殷墟四期時器。商代銘文中的"王"字，似可作爲斷代的一個依據。而上舉三型中C型的時代相對最晚。

（十二）庚（䧹）

"庚"字分兩類，甲類是"庚"字下無"丙"形（隸定爲"庚"），乙類是"庚"字下有"丙"形（隸定爲"䧹"）。甲類多用作親屬日名或干支名，乙類則多用作族氏名。當然其中還有一些中間狀態的，如乙類中也的一些庚字下無丙形。

商代青銅器中有圖像的甲類"庚"字28例。分四式。如下圖所示：

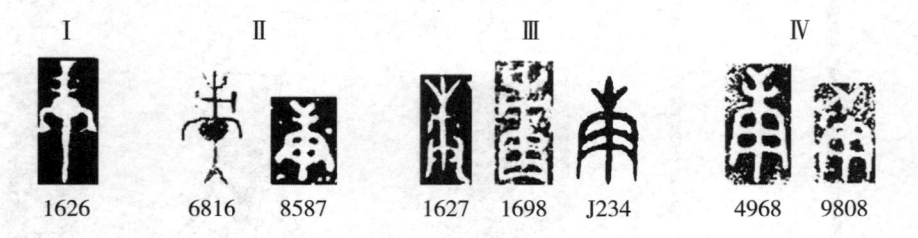

| Ⅰ | Ⅱ | Ⅲ | Ⅳ |
| 1626 | 6816　8587 | 1627　1698　J234 | 4968　9808 |

其中Ⅰ、Ⅱ兩式是"庚"字的較早形態，而Ⅲ、Ⅳ式則是較晚的形體。各式"庚"在三期的出現情況爲：二期：Ⅰ式；三期：Ⅱ式、Ⅲ式；四期：Ⅰ式、Ⅱ式、Ⅲ式、Ⅳ式。

商代青銅器銘中有"䧹"銘者共34件，其中有器形圖像者20件。可分五式。如下圖所示：

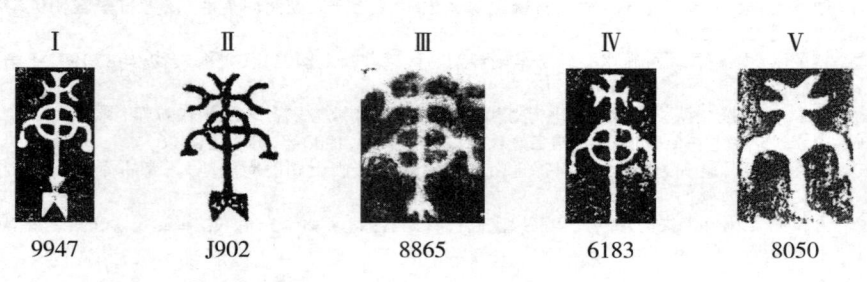

| Ⅰ | Ⅱ | Ⅲ | Ⅳ | Ⅴ |
| 9947 | J902 | 8865 | 6183 | 8050 |

各式"庚"在三期出現情況如下：二期：Ⅰ式；三期：Ⅰ式、Ⅱ式；四期：Ⅰ式、Ⅱ式、Ⅲ式、Ⅳ式、Ⅴ式。這五式庚中Ⅰ式出現頻率最高，延續時間最長，是作爲族氏名稱的"庚"的正規形體。Ⅱ式、Ⅲ式、Ⅳ式、Ⅴ式都是Ⅰ式的簡化形式，主要體現在下部的"丙"形上。Ⅲ、Ⅳ、Ⅴ三式的"丙"形已不存，其形體與甲類"庚"字幾近相同。甲、乙兩類各式的邏輯對應關係如下：

甲：　　　　　　　Ⅰ　Ⅱ　　　　Ⅲ　Ⅳ
乙：Ⅰ　Ⅱ　　　Ⅲ　Ⅳ　Ⅴ

作爲族氏銘文使用的"庚"字形具有很強的穩定性，如宰椃角（9105）、庚册父庚角（J902）、嬽鼎、父庚方鼎中"庚"與"庚"共存，形態上，甲Ⅳ式與乙Ⅰ式共存於同一器銘中，作爲族氏銘文的"庚"字還是最早出現的形態，而作爲時人日名的"庚"字則已采取了最後的文字形態，這對於我們理解族氏銘文的性質是有益的。

與甲骨卜辭中的"庚"字相比，金文中的"庚"字形體較爲複雜。Ⅱ式、Ⅲ式的簡化式與Ⅳ式者在早晚各類卜辭中皆見。黄組卜辭中，庚字形體基本上是類似於Ⅳ式。

（十三）帚（婦）

商代青銅器中有"婦"字銘文者共有171件，其中有圖像或根據銘文可以斷代者137器（"婦"字有140例），3例形體不清。135例"帚"（婦）可分三式。

Ⅰ式：50例。僅表現"帚"的頭部。主要出現在二期，三期偶見。

1326 　　1378 　　9251 　　9952 　　6144

Ⅱ式：54例。着重表現"帚"頭部。出現在二、三、四期。

9782 　　1327 　　3228 　　3082

Ⅲ式：31例。"帚"字細瘦。出現在三、四期。

5097 　　922

商代青銅器銘文研究

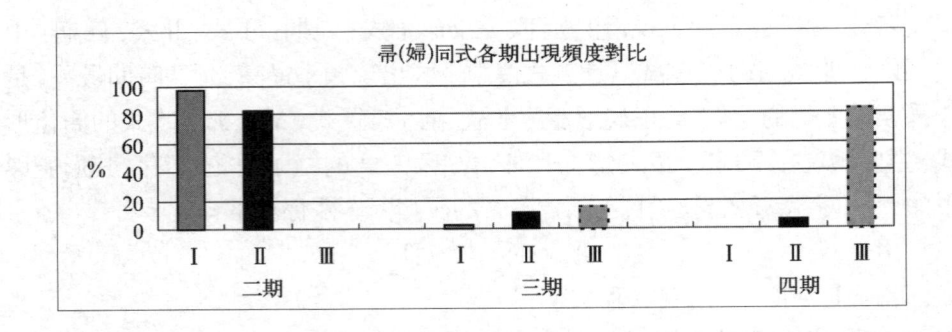

帚(婦)同式各期出現頻度對比

由上表可以看出：1. Ⅰ式主要出現在二期，三期極小量出現，四期則不見。2. Ⅱ式二、三、四期都有出現，但主要出現在二期，到三、四期出現頻率漸少。3. Ⅲ式不見於二期，三期出現，四期時占到絕對優勢。4. 二期時Ⅰ、Ⅱ式共存，所占比例基本持平。三期時Ⅰ、Ⅱ、Ⅲ式都有，但Ⅱ式出現的頻率稍高些。四期時Ⅱ、Ⅲ式共存，但Ⅲ式出現頻率占絕對優勢。

（十四）丙

商代青銅器銘文中有"丙"者共154例，其中有器物圖像可供斷代者80例（有的器蓋皆有"丙"字，共81例）。可分兩類。

第一類，"丙"旁有兩點。共47例。可分四型。

A型：38例。出現在二、三、四期。如：
4714　1158

B型：2例。出現在三、四期。如：
1160

C型：5例。出現在四期。如：
4720　7659

D型：2例。出現在四期。如：
J713

第二類，"丙"旁無兩點。共34例。分四型。

A型：14例。出現在二、三、四期。如： 4715　8144　7665

B型：11例。出現在二、三、四期。如： 1161　1610

C型：8例。出現在四期。如： 2708　1567

D型：1例。出現在四期（摹本，可能有所變形）。如： 8737

第一類"丙"形用作族氏名，因之也有學者以爲這類帶兩點的銘文不能隸作丙。但第二類的A型也用作族氏名，鑒於此，筆者認爲帶兩點的第一類"丙"有可能是"丙"的一種寫法，故而還是放在"丙"字條下一并加以討論。第二類的B、C、D三型多用作日名或干支名。

甲骨卜辭中的"丙"僅見青銅器銘文的第二類，其中以B、C兩型多見。

（十五）羌

商代青銅器銘文中"羌"字共7例，"羌"字均繫有絲，時代爲三、四期。而甲骨卜辭中"羌"字有兩體，一形無絲，另一形有絲。前者多見於賓組、出組卜辭，後者見於何組、曆組、無名組卜辭。兩者正相契合。

1464　6926　7306

（十六）母（女）

共142例。其中可斷代者93例。可分三式。

Ⅰ式：45例。二手於身後呈弧形，足部下折較直立且短。如：1708、9177。

Ⅱ式：22例。二手於身後呈弧形，足部下折較弧且長。如：3457、9873。

Ⅲ式：26例。二手於身後呈方形，表現出肩部，足部下折較弧而且長。如：5417、5293、9291。

| 1708 | 9177 | 3457 | 9873 | 5417 | 5293 | 9291 |

各式在二、三、四期中的出現情況如下表所示：

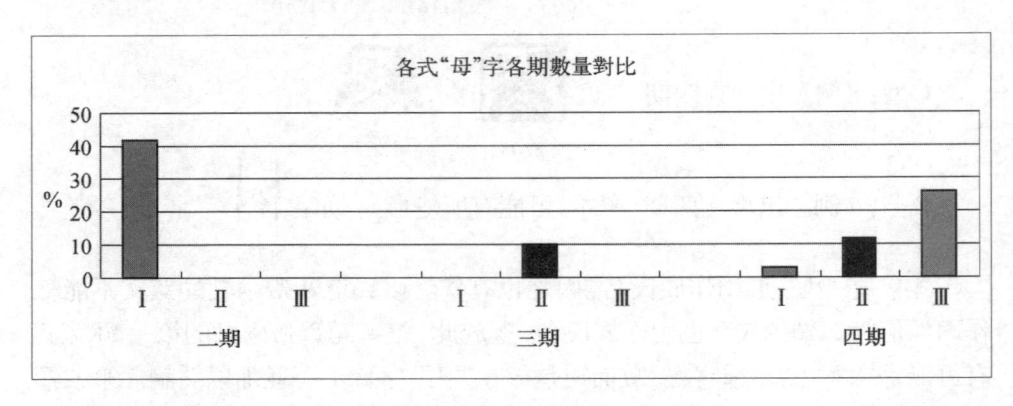

各式"母"字各期數量對比

由上表所示，可得如下幾點認識：1. 二期只見Ⅰ式。Ⅰ式是二期的流行式樣。2. 三期只見Ⅱ式，但從邏輯上說，Ⅰ式也是可能出現的，Ⅱ式是三期的流行式樣。3. 四期見有Ⅰ式、Ⅱ式、Ⅲ式，但以Ⅲ式占絕對優勢，是四期的流行式樣。

與"母"字的變化相對應的，還有"女"字旁、"卩"字旁等與人體腿部形態有關的形旁，它們的變化規律是一致的。

（十七）亞

共700件，其中有圖像者共388件。從形態上，亞形可分6型。

A型：截四角形，截角部分較小。✚ 如2402。

B型：四長方體形，截角部分較大。✚ 如3103。

C型：呈亞形，即四邊出頭，折角爲直角。✚ 如3309。

D型：同C型，唯折角爲弧形，此多是摹本。✚ 如3099。

E型：介於A、C型之間，✚ 如8778。

F型：異形，▽（8281▽禽爵，可能是"亞"的變形，7277就是"亞禽"）、□也可能是"亞"的變形。

2402　　　　　　　3103　　　　　　　3309

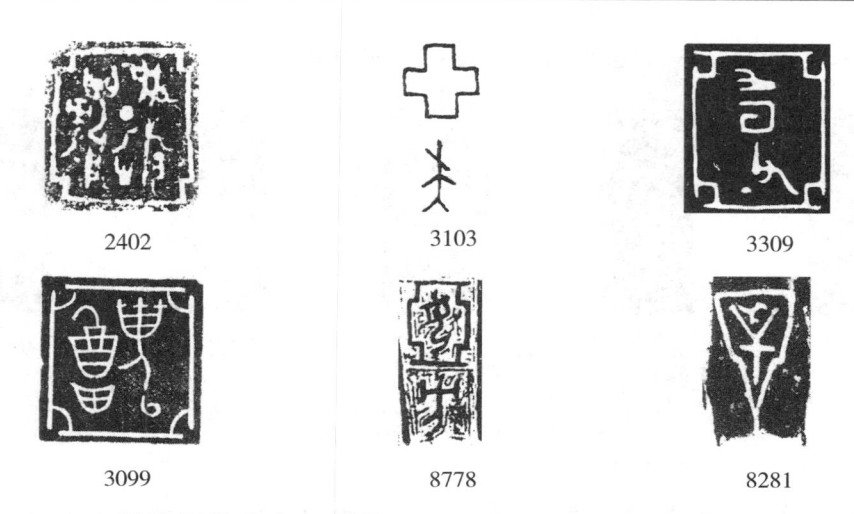

3099　　　　　　　8778　　　　　　　8281

但在有器物圖像的青銅器中，E、F兩型不見。所以僅對前四型進行分析。各型亞形在各期出現的數量與各型亞形在各期所占比重之頻度表見下表。

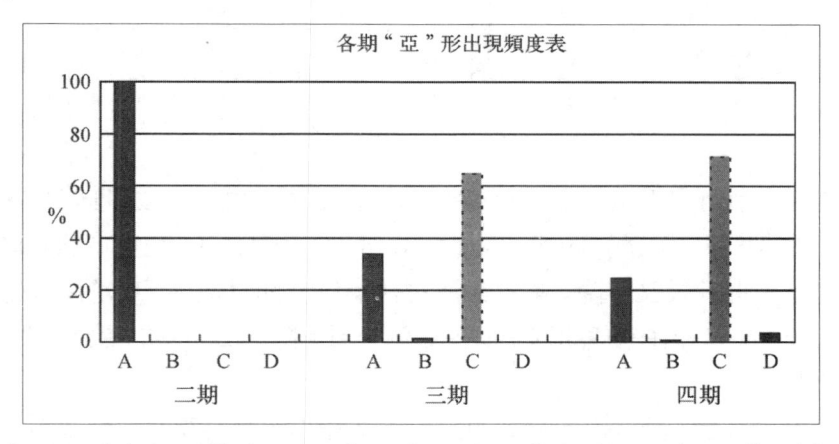

各期"亞"形出現頻度表

從表中可以看出以下幾點：1. 二期只有A型，三期新出B、C型，四期則有A、B、C、D四型；2. A、C兩型出現數量最多；3. A型在各期中所占比重逐漸減少，二期占100%，三期占34%，四期只占24.8%；4. C型比重逐漸上升，三期時占64.9%，四期時占71.7%。

亞形在銘文中的位置，約有五種情況：A. 亞形框族徽或族徽的部分。如5412。B. 亞形單獨游離。如383。C. 亞形框全銘。銘文如果僅是族徽的話則歸入A類。如8890。D. 亞形框族徽與部分銘文或單獨部分銘文。如8779。

E. 亞形與銘文共用部分筆劃，形成借筆字。如9156。

| 5412 |  1394 |  8890 |  8779 |  9156 |

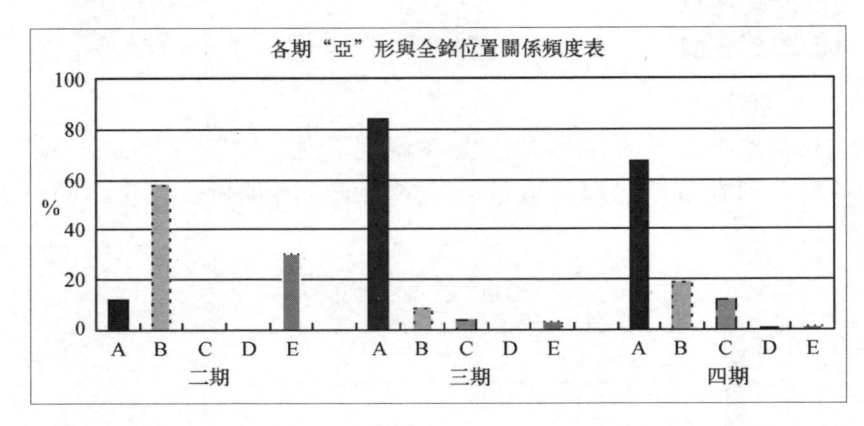

各期"亞"形與全銘位置關係頻度表

　　從上二表可以看出：1. A類的數量最大。B類次之。2. 二期時只有A、B、E三類，三期時新出C類，四期時又新出D類。3. A類所占比例以三期爲最多，其變化是先上升後又下降。4. B類所占比例以二期爲最多，其變化是先下降後又上升。5. E類在三個期別中所占比例不斷下降。6. C類出現於三期後，比重不斷上升。

　　綜上，商代金文單字分期表示意如下（表中所示僅是説明這類字形在該期比較常見）：

單字＼分期	二　期	三　期	四　期
正	 2948		410

第三章　商代青銅器銘文的分期　127

（續表）

單字＼分期	二　期	三　期	四　期
鳥	9403	567	53477
宁	1362	7006	1448
車	9776		5590
戊	6357	6177	3189
辛	1296	9280	6410
其	9163	6949	9823
戈	J383	4707	9404
庚	1626	8587	4968

（續表）

分期 單字	二　期	三　期	四　期
帚	1326	9782	5097
丙			2708
女	1708	3457	9291
亞	7181		1433

第二節　商代青銅器銘文分期特點

根據前文對商代青銅器類型學研究及分期結果，對各期銘文的特徵稍作概括。

一、商代中期與殷墟一期

相當於武丁以前。這一階段的有銘青銅器共18件，銘文有冃、眉、天、黿、耳（2件）、蠱（2件）、臣（2件）、犬、鳥、萬、乂、⌘、⌒、乙、宁⌘、無終，其特點如下。

其一，陽文銘多見。其上有6件爲陽文，約占32%。從鑄造的角度説，那就是直接在外範上刻寫銘文，這是一種比較省功與方便的做法。但不可否認的是，陰文銘卻還是占了很大的比重，這種費功費時的做法何以一開始就如此盛行，而且長此以往一直都是銘文製作手法中最常見的形式，是一個費解的問題。

其二，字數多爲一字，約占84%。這是早期銘文的一個顯著特點，但是這一階段也出現了二字銘文。尤其是"父甲"角，若是真銘，居然出現了親屬稱與日名。看來，商人用日名的傳統很早就已開始。而宁✥甗的銘文也是二字，按當前學界的一般意見，這樣的兩字銘就是複合族徽或複合氏名，如果就複合族徽是族氏分化的結果，那麼宁✥族中的母族（宁或✥）的存世年代就可能更爲古老。

其三，銘文的象形性強。如"眉"字，眼上的眉毛也有細緻的表現。"鳥"字也細緻地表現了鳥翅、鳥尾、鳥足。

其四，這些銘文中抽象的符號性銘文比較多。如⁊、⌒、乂、⊕等。

其五，在這些銘文中，共有3組6件同銘，即臣戈2件，耳斝與耳鬲，蟲鼎與蟲簋，表明這些銘文並非孤例。"蟲"字因爲字體成熟，是文字殆無問題。而"臣"與"耳"，形體較異，但多件器上都有此銘，所以是文字也不會有問題。這種多器同銘現象表明，這一階段在銅器上鑄銘是一種常例，而非偶而爲之的特例。

其六，有一些器的銘文位置與商代晚期常見者不類，如耳斝銘在口內與鋬相對處，甘鼎銘在口沿耳下等。但也有的銘文所在位置與商晚期的銘文所在位置基本一致，如戈的銘文在內部，衛簋的銘文在內底，父甲角與⌒爵銘在鋬內外腹壁。這種銘文位置的不固定性是早期銘文還處於鑄銘探索階段的表現，但不可否認的是，這些早期銘文畢竟也逐漸固定了銘文的位置。

其七，有銘文的銅器器類比較多，基本涵蓋了銅器的主要類別，如食器（鼎、簋、甗、鬲），酒器（爵、斝、觚、角），水器（壺），兵器（戈）。但其中鼎與戈所見有銘文者最多，這兩者也許正體現了祀與戎兩事在銅器發展史上的特殊重要性。

這一時期在其他質料的器物上也發現有文字資料，比較明確的有河北藁城臺西遺址。在該遺址出土的多件陶器上刻有多個文字符號，出現位置多在器物口沿、肩部、頸部、腹部、底部、內壁等處。內容可分爲三類：一類是數位類，如一、二、三、五、六、七、八、九等；二類爲工匠或器主的族氏或人名類，如

"止"、"臣(或"目")"、"五"、"天(或"芾")"、"刀"、"矢"、"戈"等；再一類是尚難釋讀的字元①。而河南鄭州小雙橋遺址還見有朱書文字，據報告②，小雙橋朱書文字僅發現於祭祀區的地層和遺跡中，出現在18件陶缸殘片上。其中大型缸類口沿外表2件、口沿內壁2件、腹部表面3件，小型缸類腹部表面7件、內腹壁1件、口沿外表面1件、口沿內壁1件，器蓋表面1件。朱書的位置不固定，其中口沿內壁及內腹壁出現4件，這一點爲殷代的青銅容器銘文所延續，其他14件朱書位置都出現在容器的外表，這一方面也許是因爲書寫的方便，另一方面可能還是由於早期器銘位置尚未定型的緣故。朱書內容大致分三類：一類是數目字；再一類是象形文字或徽記類；還有一些性質不明的其他類，其中"二"、"三"、"帚"、"陶"、"天"、"尹"等字形體清晰可辨。臺西與小雙橋這兩批出土較集中的陶文，從字形、筆劃、結構及表現手法分析，兩者有很多的共性，而它們與商代中期青銅器銘文也有着比較密切的內在聯繫，當屬於同一文字體系。陶文與青銅器銘文皆以單獨書寫爲主，文字所出現的位置往往不固定(個別的則又相對固定)，多個文字重複出現，如"天"、"臣"等，一方面說明它們作爲文字殆無問題，同時也說明這些器物上的文字性質更多的當是族氏徽記一類，但是陶文中常見的數字在青銅器銘文中則少見，這是一個尚待討論的現象。

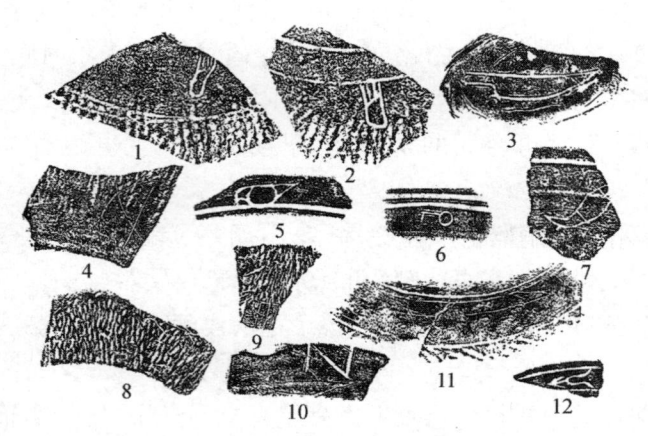

河北藁城臺西遺址出土陶文(采自《藁城臺西商代遺址》)

① 河北省文物研究所：《藁城臺西商代遺址》，文物出版社，1985年，第90—99頁。
② 宋國定：《鄭州小雙橋遺址出土陶器上的朱書》，《文物》2003年第5期，第35—44頁。

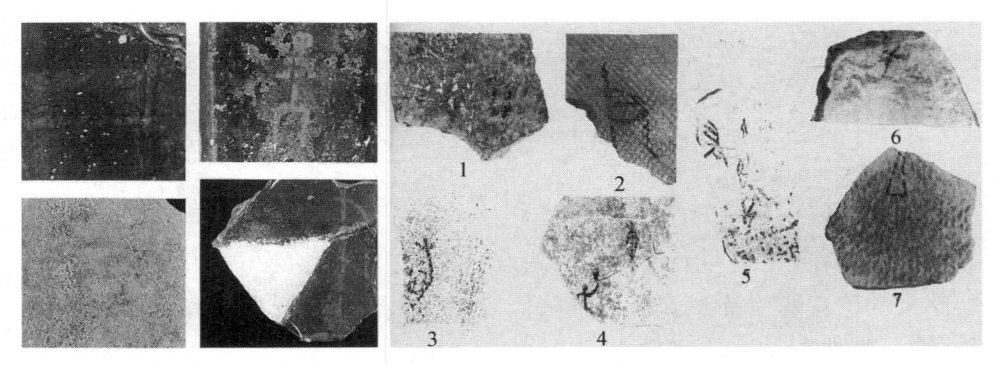

第三章 商代青銅器銘文的分期 131

鄭州小雙橋遺址出土的朱書陶文(采自《鄭州小雙橋遺址出土陶器上的朱書》)

二、殷墟二期

相當於武丁、祖庚、祖甲時期。這一階段的有銘青銅器(有圖像可供斷代者)共679件,其特點如下。

其一,銘文字數較少,以一、二、三字多見,這三者占總數的98%。五字以上的極少見,五字和九字者各僅一例。

其二,銘文內容較簡單。可分如下幾類:1. 族氏(包括職官)名。共423例,約占總數的62%。矣、弜、史、職、正、冉、其、會、鳶、丙、長等是此期較常見的族氏銘文。2. 日名。較少。僅見2例。3. 親屬稱謂＋日名。11例。4. 族氏名＋日名。23例。5. 族氏名＋親屬稱謂＋日名。67例。親屬稱謂有示、祖、父、母,尚不見妣。其中以父器為多,有58例;母器次之,有14例;祖器有6例。6. 名號。有149例,如婦好、婦旋、子妥、子漁、子䇓等。7. 其他。主要是方位詞,3例,如左、中、右。還有1例器有自名"盂"(10302)。

其三,特徵性字體。

正:A、C型。

鳥:A、B、C型。

宁:Ⅱ式。

車:A型Ⅰ式。

戊:Ⅰ式。

辛:Ⅰ、Ⅱ式。

其:Ⅰ、Ⅱ式,以Ⅰ式多見。

冉：A、B型。

戈：A、B、C型，以A型多見。

庚：Ⅰ式。

帚（婦）：Ⅰ、Ⅱ式。

丙：A型（一類、二類）、B型（二類）。

亞形：銘文中有亞形者104件，約占總數的15%，亞形形態僅見A型。亞形與銘文的位置關係有A、B、E三種關係，以B型（即亞形與其他銘文分離）最常見，約占總數的61%；E型次之，占28%；A型較少。

其四，表人體、動物、器用的銘文有較强的象形性，部分體現較抽象意思的銘文則更强調該字的造字本意。

其五，文字形體多用肥筆，體現出較明顯的筆書風格。

其六，銘文字數少，銘文佈局比較簡單。很多銘文爲追求美觀，常進行對稱性佈置。這種增複繁構或許也是一種鄭重的表示。

三、殷墟三期

相當於廩辛、康丁、武乙、文丁時期。這一階段的有銘青銅器（有圖像可供斷代者）共480件，其特點如下。

其一，銘文字數仍以一、二、三字多見，這三項約占總數的94%。字數最多者七字，出現2例。

其二，銘文內容較簡單。可分如下幾類：1. 族氏（包括職官）名。共358例，約占總數的75%。戎、址、冀、爰、巳、息、己竝、李等是此期較常見的族氏銘文。2. 日名。較少。僅見3例。3. 親屬稱謂＋日名。13例。4. 族氏名＋日名。37例。5. 族氏名＋親屬稱謂＋日名。47例。親屬稱謂有示、祖、父、母，尚不見妣。其中以父器爲多，有52例。祖器有6例。母器有3例。示（主）器1例。6. 名號。21例。如守婦、婦姗、黿婦煢、子工、子蝠、子衛等。7. 其他。出現記事性銘文，但還少見。如亞䍙孟（9415）"亞䍙作仲子辛彝"。這是與二期區別較大的一類銘文內容。

其三，特徵性字體。

鳥：C、D型。

宁：Ⅱ式、Ⅲ式、Ⅳ式（較少）。

車：A型Ⅰ式、Ⅱ式，B型。
戊：Ⅱ式、Ⅲ式，以Ⅱ式常見。
辛：Ⅱ式、Ⅲ式。
其：Ⅱ式。
冉：A型、B型、C型、F型，以B型常見。
戈：B型、C型。
庚：Ⅱ式、Ⅲ式。臱：Ⅰ式、Ⅱ式。
鼎：Ⅰ式、Ⅱ式、Ⅲ式，以Ⅱ式常見。
丙：A型、B型。

亞形：銘文中有亞形者93件，約占總數的19%，亞形形態見A型（66%）、B型（1%）、C型（33%）。亞形與銘文的位置關係有A、B、C、E三種關係，以A型（即亞形框族徽或族徽的部分）最常見，約占總數的84%；B型次之，占8%；C、E型較少。

其四，在銘文象形性、書體風格與銘文佈局方面，與二期基本相同。

四、殷墟四期

相當於帝乙、帝辛時期。這一階段的有銘青銅器（可斷代者）共1 249件，其特點如下。

其一，銘文字數仍以一、二、三字多見，這三項約占總數的80%。但長銘也大量出現，字數最多者48字，出現1例。銘文10字以上的共有47件，占總數的3.6%。

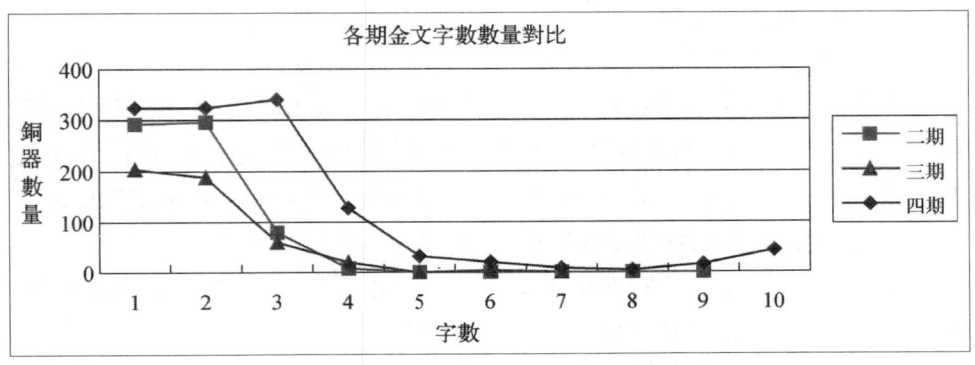

（表中字數10表示銘文字數在10字以上者）

其二，銘文內容較以前增多。可分爲以下幾類：1. 族氏（包括職官）名。共572例，約占總數的46%。中、馘、齋、戈、息、獏、凡、蠁、丙、史、融、疏、卂、盾、得、聑賨等是此期較常見的族氏銘文。2. 日名。較少。僅見3例。3. 親屬稱謂＋日名。40例。4. 族氏名＋日名。66例。5. 族氏名＋親屬稱謂＋日名。486例。親屬稱謂有示、祖、妣、父、母、兄、姑。其中以父器爲多，有418例。祖器有61例。母器有31例。妣器9例。兄器5例（有可能有的是人名）。姑器6例。示（主）器1例。6. 名號。73例。如：子雨、子犬、子媚、商婦、山婦、杞婦。7. 記事銘文。85例。其中大部分都是"某作某器"的格式，這類共80例。記事的內容除"作器"之外，則多是賞賜類的內容。四期的長銘中，記事性銘文是其主體。

其三，特徵性字體。

正：E型。

鳥：D型、E型、F型。

宁：Ⅳ式、Ⅴ式。

車：A型Ⅱ式，B型。

戉：Ⅱ式、Ⅲ式，以Ⅲ式常見。

辛：Ⅱ式、Ⅲ式、Ⅳ式。

其：Ⅲ式。

冉：D型、G型。

戈：C型、D型。

庚：Ⅳ式。虜：Ⅲ式、Ⅳ式、Ⅴ式。

帚（婦）：Ⅲ式。

丙：C型、D型。

亞形：共191例，占總數的15%。亞形形態見有A、B、C、D型，以C型爲最常見，占70%；其次以A形多見，B、D少見。亞形與銘文位置關係有A、B、C、D、E五種形式，以A型最多，占66%；D、E二型數量較少。還有少量亞形單獨出現。

王、賞、賜：就目前材料看，僅出現在四期。

其四，新出現干支記時與記年文辭。如："甲子"、"乙巳"、"在某月"、"唯王某祀"，這都是與記事銘文的出現相伴而出的。

其五，銘文中有的字體象形性强，字數少的銘文佈局與以前近似。但隨着長篇銘文的出現，此期的銘文佈局也出現了很大變化。多數長篇銘文都縱向排列整齊，銘文各字形體大小接近。銘文書體除了還保持肥筆的特徵外，也大量出現首末基本等粗的瘦體。

下面試對各期中銘文的各項內容在本期內所占比重進行對比，如下表。從表中可以看出，三期銘文內容的前4項內容所占比例基本一致。第5項內容（族氏名＋親屬稱謂＋日名）二、三期近同，與四期相區別。第6項內容（人物名號）三、四期近同，與二期相區別。關於第5項，四期時的比重顯著增大，與此期大量出現親屬稱謂有關。與二、三期相比，四期時多出現了妣、兄、姑等被祭者名，而商代的週祭系統也是在帝乙、帝辛時期被確立與完善的。四期時大量親屬稱謂的出現與受祭，當與其不無關係。二期時的人物名號出現比重要比三、四期高，筆者覺得這其實並不是當時實際情況的反映。二期的婦好墓出土物中大量都是銘有私名的器物，其中私名比例高當是受其影響所致。

以上據銅器分期的結果對商代青銅器銘文各期的特點進行了總結分析，根據這一分析，不難發現，二期與三期的青銅器銘文有很大的共性，表現如下。

其一，字數上，以二三字為主，長銘不見，最多的也就7字或9字。

其二，銘文內容上，都是族氏名與親屬日名為主，基本不見記事性銘文。

其三，一些特徵性銘文的形體也有相當的共性。

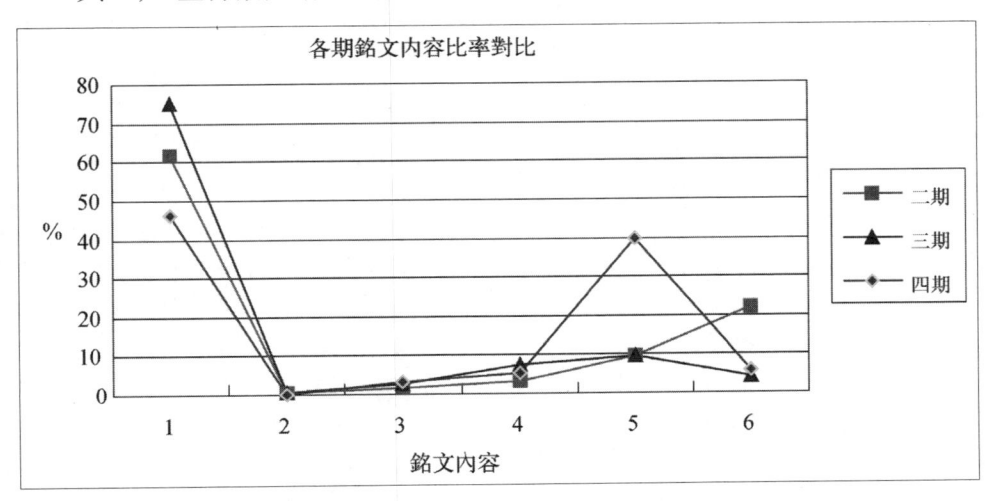

各期銘文內容比率對比

（1. 族氏名；2. 日名；3. 親屬稱謂＋日名；4. 族氏名＋日名；5. 族氏名＋親屬稱謂＋日名；6. 名號）

其四，銘文的書體接近，以肥筆居多，基本不見瘦體。

基於以上特點，從銘文發展史的角度來説，殷墟二期與三期銘文可合併爲同一階段銘文。

據此，從銘文本身的特點與發展史的角度，筆者以爲可將商代銘文分爲如下新的三期（爲與基於銅器分期的四期相區别，在各期前加"金文"二字）：金文一期，相當於商代中期與殷墟一期，這是金文的肇始階段。金文二期，相當於殷墟二期、三期，這是商代金文的發展階段。金文三期，相當於殷墟四期，這是商代金文的轉型階段。西周金文直接繼承了這一期銘文的風格特點。

第四章

商代青銅器銘文的語法

　　商代是目前我國有確切文字記錄的最早階段,鑄於青銅器上的銘文和契刻於甲骨上的刻辭都是當時語言文字的真實記錄,是研究商代歷史的重要資料。甲骨文與青銅器銘文對研究中國上古語言及語言史而言,更是難得的一手資料。對於甲骨刻辭的語法研究,目前學界研究已較充分,而且已然成爲一門甲骨學分支學科。綜合性著作有管燮初先生的《殷墟甲骨刻辭的語法研究》[①]及張玉金先生的《甲骨文語法學》[②]。就承接商代青銅器銘文的西周時期青銅器銘文的語法問題,也已有學者作了研究總結工作,如管燮初先生的《西周金文語法研究》[③],而商代青銅器銘文在語法研究中卻鮮有人涉及。究其原因,可能是商代金文一般銘文都較短少、文句簡單。但對商代語言問題的研究而言,只注重甲骨刻辭而無視青銅器銘文,這顯然是不夠的。而且作爲禮器的青銅器上的銘文,在鑄銘之時對其所使用的文句顯然是有所斟酌的,應該更接近書面用語,是當時的規範用語。張光遠先生認爲商代金文是商代文字的代表,其在中國文字的歷史上實居存真見源的正統地位,是商代的正體字[④]。近年,也有學者開始關注對商代青銅器銘文的語法研究,但也只是對某一詞類的分析,如動詞[⑤]等。鑒於此,本文擬對商代青銅器銘文的語法進行初步探索,並嘗試與甲骨刻辭的

[①] 管燮初:《殷墟甲骨刻辭的語法研究》,科學出版社,1953年。
[②] 張玉金:《甲骨文語法學》,學林出版社,2001年。
[③] 管燮初:《西周金文語法研究》,商務印書館,1981年。
[④] 張光遠:《論商代金文在中國文字史的地位》,《中國考古學與歷史學之整合研究》,中研院歷史語言研究所會議論文集之四,1997年,第1053—1082頁。
[⑤] 胡雲鳳:《殷商金文動詞研究》,《2004年安陽殷商文明國際學術研討會議論文集》,社會科學文獻出版社,2004年,第127—148頁。

語法現象進行對比。

第一節 詞　　法

一、詞類

商代青銅器銘文中共有九種詞類，即名詞、動詞、形容詞、數詞、量詞、代詞、副詞、介詞、連詞等。這九類詞可分成兩大類：一類是實詞，包括上舉前七類；另一類是虛詞。金文中不見感歎詞、語氣詞。

（一）名詞。表示人或物或事的詞爲名詞。

1. 名詞的種類

（1）普通名詞。包括物品、職官、身份。例如，豕、貝、玉、酒、帛、田、彝，作册、師、寢、卿事，王、侯、婦、子、祖、父、兄、妣、母。

（2）專有名詞。包括人名、族氏名、地名。例如，祖丁、母癸、帝乙、子啓、彭母、梌、上魯、夒畬、召大廳、人方、井方，息、孤竹。

（3）時間名詞。例如，祀、月、癸巳、辛亥、戊辰。

（4）方位名詞。例如，左、中、右、上、下、東、西、南、北。

甲骨文中常見的"東北"、"東南"、"西北"、"西南"、"卜（外）"、"入（內）"等不見於金文。金文中習見"南單"、"西單"、"北單"之稱，可知這裏的"南"、"西"、"北"當是方位名詞。"東"字也見於金文，在作册豐鼎（《殷周金文集成》2711，下文僅標數位編號者皆出自該書）中銘有"東大貝"，但其他銅器銘文中的"東"一律用作族名或地名，所以還不能肯定這一"東"是否爲方位之"東"。現藏日本根津美術館的各銘"左"、"中"、"右"銘文的三件方盉，傳出於安陽武官1001號墓，三銘所標示的當是其放置的相對位置，屬方位名詞無疑。

2. 名詞的語法功能

（1）作主語。例如，作册豐鼎（2711）：王述于作册般新宗。

（2）作賓語。例如，𨗣鼎（2709）：賞貝，用作父丁彝。

（3）作兼語。例如，寢𡧊鼎（2710）：王令寢𡧊省北田四品。

（4）作定語。例如，小臣俞尊（5990）：王賜小臣俞夒貝。

（5）作受數詞或量詞修飾。例如，六祀邲其卣（5414）：邲其賜作册嘼貝一、玨一。

3. 名詞的活用

目前所見商代金文中名詞活用現象主要是名詞用作動詞，例如，宰甫卣（5395）：王光宰甫貝五朋。其中"光"原是名詞，在此銘文中用作動詞，意爲"賞賜"。

（二）動詞。表示動作、行爲、存在的詞爲動詞。

1. 動詞的種類

（1）從意義上分，商代金文中的動詞多數都是表示動作行爲的動詞。例如，賞、賜、賓、貺、以、作、伐、省、獸、格、從、揚、夙、令、曰、望、迟、宜、饗、歸。商代金文中不見心理活動動詞、存現動詞、能願動詞、判斷動詞。

（2）根據能否帶賓語，可以把動詞分爲以下兩類：

A. 及物動詞，指能帶賓語的動詞。例如，小子省卣（5394）：子賞小子省貝五朋。

B. 不及物動詞，指不能帶賓語的動詞。例如，遽鼎（2709）：王歸。

（3）根據動詞所聯繫的動元數目，可以把動詞分爲以下幾類：

A. 一價動詞，主要指不及物動詞。例如，歸。

B. 二價動詞，指能帶一個賓語的動詞。例如，作、伐、省、獸。

C. 三價動詞，指能帶兩個賓語的動詞。例如，賞、賜、賓、貺、令。

商代金文中不見能帶三個賓語的四價動詞。

2. 動詞的語法功能

（1）作謂語或謂語的中心，例如，遽鼎（2709）：王歸。

（2）及物動詞可帶賓語，例如，小子𠧢簋（4138）：唯夙令伐人方。

3. 動詞的活用

（1）爲動用法。主要的爲動詞是"作"，銘文的格式是"作某某彝"，應當理解爲"爲某某作彝"。商代金文以此爲最常見。例如，亞古父己卣（5215）：亞古作父己彝。

（2）用作名詞。用作名詞的動詞有"賞"。例如，小子省卣（5394）：子賞小子省貝五朋。省揚君賞，用作父己寶彝。其中前一"賞"是動詞，後一"賞"則作名詞用，意爲"賞賜之物"或"賞"這件事。

（三）形容詞。表示性質、狀態的詞爲形容詞。

1. 形容詞的種類

（1）性質形容詞。例如，新、高、大、小、文。

（2）不定量形容詞。例如，多。

2. 形容詞的語法功能

作定語。作定語的形容詞都出現在名詞之前。例如，作册豐鼎（2711）：王述于作册般新宗。

（四）數詞。表示數目或次序的詞爲數詞。

1. 數詞的種類

數詞可分爲兩大類：一類爲基數詞，另一類爲序數詞。

（1）基數詞。這是表示數目多少的詞，可以分爲系數詞、位數詞和複合數詞。

A. 系數。商代金文中的系數有一、二、三、四、五、六、七、八、九，"八"僅在爻卦中見到。

B. 位數。商代金文中的位數有十、百。例如，亞雀作祖丁簋（3940）：王賜雀㪯玉十玨、璋。另外也見有"萬"、"旬"，但並不是位數詞。

C. 複合數。由系數與位數複合而成。複合的形式是系數在位數之前，兩者是倍數的關係（另外還有特殊的一類，就是"廿"）。例如，小子𫊣簋（3904）：卿事賜小子𫊣貝二百。

（2）序數詞。序數詞表示次序前後。商代金文中的序數詞多用在"月"之前，表示第幾個月，或在"祀"之前。例如，四祀邲其卣（5413）：在四月，唯王四祀翌日。

此外有些詞雖不是數詞但也能起到序數的作用。例如，"正月"中的"正"即相當於第一，即"一月"。另外，例如六十甲子，因其本身就是按一定的順序排列的，所以也有記序的功能。例如，二祀邲其卣（5412）：在正月，遘于妣丙肜日大乙奭；四祀邲其卣（5413）：乙巳，王曰：尊文武帝乙，宜在召大廳，遘乙；翌日丙午，酓；丁未，煮；己酉，王在梌。

2. 數詞的語法功能

（1）修飾名詞，作定語。

有系數出現在名詞之後，例如，六祀邲其卣（5414）：邲其賜作册㝨𡎰一、珏一。

有複合數詞出現在名詞後,例如,小子𫊣簋(3904):卿事賜小子𫊣貝二百。

還有名詞出現在數詞之中,其中一定有系數和位數,名詞在兩者之間,名詞之後可以有"又",也可以沒有"又"。例如,韐作父乙簋(4144):在十月一,唯王曰祀𦭞日;文嫚己觚(9301):在十月又三。

(2) 與量詞一起組成數量短語,置於名詞之後作定語。例如,小臣缶鼎(2653):王賜小臣缶渦積五年。

(3) 作狀語。例如,亞魚鼎(近339):在六月,唯王七祀翌日。

(五) 量詞。表示計量單位的詞爲量詞。

1. 量詞的種類

商代金文中的量詞有:朋、具、品、年、珏。

朋。例如,窊作母乙卣(5367):王賜窊貝朋。

具。例如,馭卣(5380):王賜馭⟩(貝一具。

品。例如,寢䢅鼎(2710):王令寢䢅省北田四品。

年。例如,小臣缶鼎(2653):王賜小臣缶渦積五年。

珏。例如,亞雀作祖丁簋(3940):王賜雀䘏玉十珏、璋。

2. 量詞的語法功能

量詞只能與數詞組合成數量短語,修飾名詞,位於名詞之後。這樣的名詞和數量短語組成定中結構,在句子中可以充當直接賓語。例如,窊作母乙卣(5367):丙寅,王賜窊貝朋,用作母乙彝。

(六) 代詞

1. 代詞的種類

商代金文中的代詞有:我、汝、乃。

我(第一人稱)。例如,毓祖丁卣(5396):降令曰歸祼于我多高。

汝(第二人稱)。例如,小子𩵋卣(5417):子曰:貝唯丁蔑汝曆。

乃(第二人稱)。例如,乃孫罍(9823):乃孫智作祖甲罍。

以上共見有三個。另外也見有"朕",但它也可能只是某人一特定的私名,是否爲代詞尚不能肯定。

朕。例如,朕母觚(6879):朕母。

如果一並算上,與甲骨刻辭相比,商代金文中尚不見刻辭中已出現的

"余"、"之"、"爾"、"兹"等代詞。

2. 代詞的語法功能

商代金文中所見的三個代詞"我"、"汝"、"乃"均作領屬性定語。"我多高"意即"我的多個高祖","蔑汝曆"意即"稱讚你的功績","乃孫智"即"你的孫子名叫智"。如果上舉"其"是代詞,則"其"也是第三人稱,用作主語。

"我"在甲骨刻辭中除了也可以作領屬性定語外,還可用作主語,以及動詞的賓語。例如:丙辰卜,永貞:呼省我田(《甲骨文合集》9611,下文簡稱"合")。

"汝"和"乃"在甲骨刻辭中的用法與在商代金文中的用法近同,唯"汝"也可作主語。試看以下例子:……女……入呼有司:汝克俘二人(合35362)。

(七)副詞。表示程度、範圍等意義,修飾動詞、形容詞的詞爲副詞。

1. 語氣副詞

商代金文中所見語氣副詞有三個:唯、來、其。

A. 唯。"唯"一般都位於句首,表示強調。或在句中,形成倒裝。例如,亞魚鼎(J339):在六月,唯王七祀,翌日。

商代金文材料中所見"唯"的用法,多用在表時間的句子之前,表示強調。相比較而言,甲骨刻辭中"唯"的語氣就顯得更加多樣。例如,唯帝令作我禍(合39912)。其中"唯"就還有表示判斷的語氣。這是商代金文中的"唯"所不具備的。

B. 來。"來"一般都位於動詞前,用來加強語氣。例如,宰甫卣(5395):王來獸自豆麓。"來"的這種用法不見於甲骨刻辭,但在西周時期金文中卻也很常見。例如,旅鼎(2718):唯公大保來伐反夷年。

C. 其。"其"可能也只表示一種陳述語氣,例如,乃孫罍(9823):乃孫智作祖甲罍,其遽尕弗述寶,其作彝。這其中的"其遽尕弗述寶,其作彝"可以說成"遽尕弗述寶,作彝"。而甲骨刻辭中,"其"還可以表示命令的語氣。例如,戊子卜,疑貞:王曰:余其曰多尹,其令二侯上絲暨倉侯:其[璞]周(合23560)。

2. 否定副詞

僅見一個"弗"。例如,乃孫罍(9823):乃孫智作祖甲罍,其遽尕弗述寶,其作彝。相似的甲骨刻辭用例如,壬寅卜,殼貞:河弗害王(合776)。相較而言,商代金文中的這個"弗"更加體現了主體對於否定性結果的意願,其中"弗"意爲"不要"、"不應"。而甲骨刻辭中的"弗"意爲"不會"、"不能"。

3. 時間副詞

時間副詞有兩個："既"、"先"。

A. 既。例如,二祀邲其卣(5412):唯王二祀,既妣于上下帝。

"既"用在動詞之前,表示該動作已經發生或完成,相當於"已經"。在甲骨刻辭中,"既"也在這個意義上被運用。例如,既燎上甲于唐(合1200)。

B. 先。例如,小子𠂤卣(5417):子令小子𠂤先以人于堇。

"先"表示某事在時間順序上先發生或進行。在甲骨刻辭中,"先"的意義上亦與此同。例如,貞:先省在南廩(合9641)。

甲骨刻辭中的副詞還有"叀、不、弜、鼎、並、大、亦、永"等,這些詞也見於商代金文,但它們在金文中只用作族氏名或人名,並不用作副詞。

(八) 介詞

商代金文中的介詞有:在、于、自、由。

1. 在

"在"可以引介處所和時間詞語,"在"及其賓語在句子中常作補語或狀語。例如,作父己簋(3861):王賜貝,在闌。"在"的這種功能與在甲骨刻辭中者一致。例如,癸未卜,王曰貞:有𢆶在行,其左射,獲(合24391)。

2. 于

商代金文中的"于"可細分爲三種:

(1) 表示動作行爲到某處進行,相當於"到"或"在",其賓語一般是名詞,出現在謂語動詞之後,作補語。例如,作册豊鼎(2711):王遘于作册般新宗。類似的用法見於甲骨刻辭者,例如,于宗戶尋王羌(《小屯南地甲骨》3185,下文稱簡"屯南")。

(2) 表示動作行爲爲某個物件而進行的,相當於"對"或"向"。"于"的賓語爲名詞或代詞,在句子中作補語。例如,肄作父乙簋(4144):唯王曰祀,劦日,遘于妣戊武乙奭。類似的用法見甲骨刻辭者,如,丁亥卜,貞:翌□戌用三豕酒于成、祖乙(合1371)。

甲骨刻辭中,"于"還有另外一些用法不見於金文。如表示動作行爲到何時進行,相當於"在"或"到",例如,貞:勿于今夕入(合1506)。"于"還有"被"、"受"的意思,例如,己未貞:旨千若于帝,祐(合14199)。此外,"于"還有表示範圍之意，例如，丙寅卜：大庚歲竟于毓祖乙（屯南3629）。"于"還可充妝連詞、虛詞性詞素。

3. 自

"自"表示動作的處所或起點，相當於"從"或"由"。這種用法中，"自"均在動詞之後。在名詞結構中作補語。例如，宰甫卣（5395）：王來獸自豆麓。

在甲骨刻辭中，"自"也有與上舉金文中的用法相同之例：辛酉卜，尹貞：王步自商，亡災（合24228）。但"自"字結構還可作狀語。例如：自東西北逐遴麋，亡災（合28789）。

4. 由

"由"表示動作行爲的時間或處所起點，意爲"從"，作狀語或補語。例如，王甗（9821）：王由攸田歺，作父丁尊。類似的用法見於甲骨刻辭者，例如，貞：王勿往出由歺（合16107）。

甲骨刻辭中所見的介詞"及"、"若"等雖也見於商代金文，但它們在金文中只作爲族氏名，不用作介詞。

（九）連詞

商代金文中連詞僅見一個：又（有）。只用於連接整數和單數。例如，文嫘己觥（9301）：子賜□貝，用作文嫘己寶彝。在十月又三。

參照甲骨刻辭，同類的例子有：大乙伐十羌又五（屯南2293）。

二、構詞法

商代金文中的詞，即語言音義獨立的最小單位，多數是單純詞，少數是合成詞。下面對合成詞的結構類型和功能類型稍作分析歸納。

（一）合成詞的結構類型

商代金文中的合成詞只有複合式合成詞，尚不見有附加式合成詞及重複式合成詞。複合式合成詞由兩個或多個不同的片語組合而成。這類合成詞可分爲如下幾類：

1. 並列式

詞根並列組合而成。例如，辛亥（5396）、丙寅（9301）、乙巳（5417）、己亥（3861）、庚午（2710）。這一類多是記時名詞。

2. 同位式

詞根以同位元的方式組合而成。例如，父丁（9821）、母辛（5417）、祖丁（5396）、妣戊（4144）、帝乙（5413）、宰甫（5395）、子斄（9088）、人方（5417）、婦好（6141）。這一類合成詞基本上是專有名詞，如親屬稱謂、職官加私名、婦名、方國名等。

3. 定中式

這類合成詞由一個詞根修飾另一個詞根而成。例如，上下帝（5412）、大乙（5412）、大子（2711）、小子（5417）、小臣（5378）、小室（10302）、丁宗（9894）、上魯（4138）。這一類合成詞基本上也是專有名詞。

4. 動賓式

前一詞根表示動作，後一詞根表示相關之事物。例如，作册（2711）。

商代金文中尚不見主謂式的複合式合成詞。

（二）合成詞的功能類型

主要作名詞和動詞。作動詞用的少，主要有"劦日"（4144）、"翌日"（近339）、"肜日"（5412）幾例有關祭祀的。作名詞的可細分爲以下諸類：

1. 時間名詞。例如，辛亥（5396）、丙寅（9301）。

2. 處所名詞。例如，北單（388）、上魯（4138）、南門（1567）、小室（10302）、丁宗（9894）。

3. 國族名詞。例如，井方（2709）、人方（5417）、孤竹（5271）。

4. 職官名詞。例如，小臣（5378）、作册（2711）。

5. 人物名詞。例如，父丁（9821）、母辛（5417）、帝乙（5413）、宰甫（5395）、子斄（9088）。

第二節　短　　語

一、短語的結構類型

詞和詞按照一定的規則可以組成短語，短語是由詞和詞構成的，比詞大、比句子小的語法單位。商代金文裏有許多種短語，最常見的是下面八種。

1. 聯合短語。由地位平等的片語組成的短語叫作聯合短語。例如，十月一（4144）、十祀又五（5990）、文武（5413）、㠯一珏一（5414）、上下（5412）。

2. 偏正短語。偏正短語中的一部分是中心詞,另外爲修飾語,修飾語一般都是定語,可稱爲定中短語。例如,召大廳(5413)、夆田(5412)、賣貝(2710)、北田(2710)、彙帥(2709)、新宗(2711)、夒食(5990)、大子乙家(2653)、東大貝(2711)、寶彝(5394)、文父丁(4138)。另外還有補語或狀語作修飾語的。例如,貝二朋(5417)、田四品(2710)。

3. 動賓短語。這是動詞後面所帶賓語的短語。例如,賜貝(5413)、蔑汝曆(5417)、伐人方(4138)、降令(5396)。

4. 主謂短語。被陳述物件在前,陳述者在後構成的短語,叫作主謂短語。例如,子曰(5417)、王賞(2648)。

5. 介詞短語。介詞在前,其他詞語(主要是名詞或者名詞短語)在後組成的短語。例如,在四月(5413)、在上魯(4138)、于夆田(5412)。

6. 同位短語。由兩部分組成,前後各部分詞的所指相同。例如,妣戊武乙奭(4144)。

7. 數量短語。由數詞和量詞組合而成的短語叫作數量短語。例如,二朋(5417)、十祀(9894)、四品(2710)、十珏(3940)、一具(5380)。

8. 兼語短語。由前一個動詞的受事兼作後一動詞或形容詞的施事,即動賓短語的受事和主謂短語的施事套疊,形成一個受事兼施事的兼語,這整個結構叫作兼語短語。例如,令小子甾先以人(5417)、令鄈其覛嘼(5412)。

二、各類短語的功能

1. 聯合短語
(1) 作定語。例如,文武帝乙。(5413)
(2) 作賓語。例如,鄈其賜作册嚳豎一、瑝一。(5414)
(3) 作狀語的一部分。例如,在十月又三。(9301)
甲骨刻辭中的聯合短語還可作主語、謂語、兼語。

2. 偏正短語
(1) 作賓語。例如,王省夒食。(5990)
(2) 作狀語的一部分。例如,王來獸自豆麓。(5395)
(3) 作定語。例如,缶用作宫大子乙家祀尊。(2653)
甲骨刻辭中的偏正短語還可作主語、兼語、謂語。

3. 動賓短語

（1）作賓語。例如，𠃬令伐人方。（4138）

（2）作謂語。例如，王在廣，降令曰歸裸于我多高。（5396）

甲骨刻辭中動賓短語還可作主語、定語。

4. 主謂短語

（1）作定語。例如，子賜小子𦉢王賞貝。（2648）

（2）作賓語。例如，省揚君賞。（5394）

甲骨刻辭中主謂短語還可作主語、謂語。

5. 介詞短語

用作補語或狀語。例如，王歸在彙師。（2709）

6. 同位短語

（1）作介詞賓語。例如，唯王曰祀，劦日，遘于妣戊武乙奭。豕一。（4144）

（2）作主語。例如，乃孫䇂作祖甲䵼。（9823）

甲骨刻辭中同位短語還可作主語、狀語。

7. 數量短語

作後置定語。例如，王賞戍嗣子貝廿朋。（2708）

8. 兼語短語

用作謂語或謂語的上部分。例如，子令小子𠬝先以人于堇。（5417）

關於商代金文中短語的功能類型，其中，聯合短語、偏正短語、同位短語、數量短語屬於名詞性短語；動賓短語、兼語短語、主謂短語屬於謂詞性短語；介詞短語屬於副詞性短語。

第三節 句　法

一、句子成分

商代金文所見的句子成分有主語、謂語、賓語、定語、中心語、狀語、補語。

（一）主語

1. 主語的構成

商代金文中的主語主要是名詞性主語，不見謂語性主語。名詞性主語由名詞性的詞或短語充當,包括名詞、同位短語等。

（1）名詞構成主語者。此常見。例如,何作兄日壬卣（5339）：何作兄日壬寶尊彝。

（2）同位短語構成主語者。此較少見。例如,乃孫罍（9823）：乃孫䚘作祖甲罍。

甲骨刻辭中,也可構成主語者還有代詞、定中短語、名詞性並列短語、主謂短語。

2. 主語的意義類型

（1）施事主語。即主語是動作行為的主體。例如,作册豐鼎（2711）：王逆于作册般新宗。

（2）受事主語。即主語是動作行為的客體。這樣的句子也叫被動句。例如,四祀邲其卣（5413）：邲其賜貝；麇婦觚（7312）：甲午,麇婦賜貝于趴,用作辟日乙尊彝。

這兩例中,麇婦、邲其作為被賜與貝者,都是"賜貝"一事的受體。前一例中有"于"表明這種被動關係；而後者的被動關係是從上下文義中推定出來的。

（3）當事主語。即,主語不表示施事、受事的人或物。例如,宰槪角（9105）：庚申,王在闌。

3. 主語的位置

在商代金文中,主語都位於謂語之前。例如上舉數例。不見甲骨刻辭中常見的那種主語倒置於謂語之後的句式。

（二）謂語

1. 謂語的構成

商代金文中的謂語主要由動詞性詞語構成。動詞性詞語主要包括動詞、數詞性名詞、動賓短語、介詞短語、兼語短語等。不見形容詞性謂語、名詞性謂語、主謂短語性謂語。

（1）動詞構成謂語。例如,小臣俞尊（5990）：王省夔京。

（2）數詞性名詞構成謂語。例如,緋作父乙簋（4144）：唯王曰祀,劦日,遘于妣戊武乙奭。豕一。

（3）動賓短語構成謂語。例如,毓祖丁卣（5396）：王在廣,降令曰歸祼于我多高。

（4）兼語短語構成謂語。此類在金文中較常見。例如,小子𪓞卣（5417）：

子令小子奮先以人于堇。

（5）偏正短語構成謂語。例如：宰甫卣（5395）：王來獸自豆麓。

2. 謂語的意義類型

商代金文中的謂語主要是敍述主語所做之事或存在的狀態。這類謂語主要由動詞性詞語充當。例如，宰椃角（9105）：王在闌。王格。宰椃從。

甲骨刻辭中所見的描繪性謂語和判斷性謂語暫不見於商代金文。

（三）賓語

1. 賓語的構成

（1）名詞構成賓語。例如，作冊豊鼎（2711）：王賞作冊豊貝。

（2）偏正短語構成賓語。例如，小臣俞尊（5990）：王省夔㠱。

（3）並列短語構成賓語。例如，六祀邲其卣（5414）：邲其賜作冊䜌㠯一、珏一。

（4）動賓短語構成賓語。例如，小子奮卣（5417）：子曰：令望人方罨。

（5）主謂短語構成賓語。例如，小子省卣（5394）：省揚君賞。

甲骨刻辭中所見之代詞構成賓語、動詞構成賓語、形容詞構成賓語者暫不見於商代金文。

2. 賓語的意義類型

（1）受事賓語。即賓語是動作行爲的物件或結果。例如：作冊豊鼎（2711）：大子賜東大貝。

（2）當事賓語。例如，戍嗣子鼎（2708）：王饗闌大室。

（3）與事賓語。即賓語表示動作行爲所關涉的物件。例如，四祀邲其卣（5413）：尊文武帝乙。

商代金文中不見賓語作施事賓語者。

3. 賓語的位置

商代金文中的賓語都在謂語動詞之後，也有賓語前置的情況。例如，黿父乙爵（9050）：貝唯賜，黿父乙。該例即以"唯"作爲賓語前置的提示。甲骨刻辭中類似的賓語前置之例有：王勿唯龍方伐（合6476）。

（四）定語

1. 定語的構成

（1）名詞構成定語。例如，肄作父乙簋（4144）：彸師賜肄曺戶、亹貝。

（2）代詞構成定語。例如，乃孫作祖己鼎（2431）：乃孫作祖己宗寶艸鬱。
（3）數詞構成定語。例如，六祀邲其卣（5414）：邲其賜作册𢀛𠂤一、琡一。
（4）量詞構成定語。例如，㚸作母乙卣（5367）：王賜㚸貝朋。
（5）形容詞構成定語。例如，作册豐鼎（2711）：王祼于作册般新宗。
（6）偏正短語構成定語。例如，小臣缶鼎（2653）：缶用作言大子乙家祀尊。
（7）數量短語構成定語。例如，小子䚄簋（4138）：𣄰賞小子䚄貝十朋。
（8）主謂短語構成定語。例如，小子𤾊鼎（2648）：子賜小子𤾊王賞貝。

2. 定語的意義類型

根據定語與中心語的語義關係可以把定語分成描寫性定語和限制性定語兩類。

（1）描寫性定語。這類定語主要用來描寫中心語的性質或狀態，多由形容詞性成分構成。例如，作册豐鼎（2711）：王祼于作册般新宗。王賞作册豐貝。大子賜東大貝。

（2）限制性定語。這類定語主要是表明中心語的分類或範圍，多由名詞性、動詞性、數量詞語構成。例如，寢𡖃鼎（2710）：王令寢𡖃省北田四品。

3. 多層定語的次序

多層定語即中心語前有多個定語進行修飾者。商代金文中所見多層定語一般爲兩層，例如，作册豐鼎（2711）：王祼于作册般新宗，王賞作册豐貝。大子賜東大貝。少量爲三層。例如，小臣缶鼎（2653）：缶用作言大子乙家祀尊。

多層定語的修飾次序由遠及近爲：（1）表示領屬關係的詞語；（2）表示處所的詞語；（3）動詞性詞語；（4）形容詞性詞語。

如上引兩例中，"作册般"、"大子"表示領屬；"東"、"乙家"表示處所；"祀"這一動詞性定語表明其所修飾的中心語的功用；"新"、"大"爲形容詞，最靠近中心語。金文中多層定語的次序與甲骨刻辭中的多層定語近同。例如，貞：我家舊老臣亡害我（合3522）。

4. 定語的位置

商代金文中定語的位置有出現在中心語之前者，也有出現在中心語之後者（這一類主要是數量短語）。例如，作册豐鼎（2711）：王祼于作册般新宗。也有的同時出現在中心語的前後，例如，寢𡖃鼎（2710）：王令寢𡖃省北田四品。

商代金文中定語的位置與甲骨刻辭中的定語出現位置基本相同。但甲骨刻辭中的定語在中心語之後、又被別的詞語所隔開的情況暫還不見於金文中。例如，……卜：其侑羌妣庚<u>三人</u>（合26924）。

5. 定語修飾的中心語

定語修飾的中心語可由名詞、偏正短語充當。例如，作册豐鼎（2711）：大子賜東<u>大貝</u>。甲骨刻辭中，中心語還可由名詞性聯合短語充當，這不見於商代金文。

（五）狀語

1. 狀語的構成

商代金文中狀語主要由副詞構成。例如，小子𧊒卣（5417）：子令小子𧊒<u>先</u>以人于堇。遹鼎（2709）：<u>唯</u>各。這兩例中的副詞"先"、"唯"出現在謂語動詞"以"、"各"之前作狀語。目前所見金文中的狀語都位於謂語動詞之前。狀語所修飾的中心語也僅有動詞一項。

2. 狀語的意義類型

商代金文中的狀語主要用來表示時間、程度、語氣等，屬於限制性狀語。不見出現於甲骨刻辭中的由形容詞或名詞構成的描寫性狀語。例如，乙未卜：<u>大</u>禱自上甲（合1180）。

（六）補語

1. 補語的構成

商代金文中的補語都是由介賓短語構成的，一般都在中心語之後。例如，作册豐鼎（2711）：王逘<u>于作册般新宗</u>。

2. 補語的意義類型

補語的意義類型有三種，即表示物件、處所和時間。甲骨刻辭所見補語的意義類型與此全同。

（1）表示物件者，例如，毓祖丁卣（5396）：王在廣，降令曰歸祼<u>于我多高</u>。同見於甲骨刻辭，例如，侑<u>于父乙</u>（合456）。

（2）表示處所者，例如，宰甫卣（5395）：王來獸<u>自豆麓</u>。同見於甲骨刻辭，例如，貞：其有來艱<u>自北</u>（合7118）。

（3）表示時間者，例如，寢𦉢鼎（2710）：王令寢𦉢省北田四品，<u>在二月</u>。同見於甲骨刻辭，例如，甲辰貞：其禱禾<u>于丁未</u>（合33331）。

3. 補語的中心語

補語的中心語類型以動詞爲最常見，也有動賓短語、兼語短語。與甲骨刻辭中補語的中心語相類。

二、單句

商代青銅器銘文中的單句可分爲主謂句和非主謂句兩大類。

（一）主謂句。主謂句是由主語和謂語兩個部分構成的單句。

1. 商代青銅器銘文中的主謂句僅見動詞謂語句

這類句子由動詞性詞語作謂語。商代青銅器銘文中，這類句子的主語主要由名詞充當。主語是謂語的施事主體。

（1）主+謂式

這類句子只由主語和謂語構成。例如，宰椃角（9105）：王各。同見於甲骨刻辭，例如，王望（合41062）。有時，這類句子中的主語也可省略，僅有謂語部分。例如，四祀邲其卣（5413）：丁未，煮。這也見於甲骨刻辭，例如，出（合28003）。

（2）主+狀+謂式

這類句子在主語和謂語之間出現狀語。主語常省略。例如，邐鼎（2709）：唯各。甲骨刻辭中近同者如：大水不各（合33348）。

（3）主+謂+補式

這類句子在謂語之後出現補語，補語由介賓短語充當。例如，宰甫卣（5395）：王來獸自豆麓。甲骨刻辭中近同者，如，貞：王出于鹿（合8220）。句中的主語也可省略，例如，四祀邲其卣（5413）：宜在召大廳。甲骨刻辭中近同者，如：出于敦（合7940）。

（4）主+謂+賓式

這類句子在主語和謂語之後出現賓語。賓語可由名詞或短語充當。這是青銅器銘文中最常見的句子類型。例如，子作父戊觶（6496）：子作父戊彝。甲骨刻辭中近同者，如，貞：王比望乘（合32）。句中的主語也可省略，例如，邐鼎（2709）：賞貝。甲骨刻辭中近同者，如：侑羌（合41462）。

這類句子的謂語由數詞充當，其主語一般爲名詞。例如，䢒作父乙簋（4144）：唯王曰祀，劦日，遘于妣戊武乙奭。豕一。甲骨刻辭中近同者，如：白牛叀二（合29504）。

在甲骨刻辭中，主謂句中還見有形容詞謂語句、名詞謂語句及主謂謂語句，這不見於商代青銅器銘文。

2. 根據謂語與其所帶賓語的情況，主謂謂語句還可作如下區分。

(1) 雙賓語句

雙賓語句即一個句子中有兩個賓語，一爲直接賓語，一爲間接賓語。謂語動詞多爲"賜"、"賞"。這類名式也是金文所常見的。例如，戍嗣子鼎（2708）：王賞戍嗣子貝廿朋。或省主語，如，宰椃角（9105）：賜貝五朋。甲骨刻辭中近同者，如，貞：勿賜黃兵（合9468）。但甲骨刻辭中雙賓語及三賓語多出現在祭祀性動詞之後，這與金文中雙賓語（金文中尚不見三賓語句）多出現在賞賜性動詞之後明顯有別。在這一點上，明顯體現出金文之銘功烈與甲骨刻辭之卜祭兩者功能上的差異。

(2) 連謂句

連謂句由不止一個謂語成分連用，共用一個主語。例如，小子䍐簋（4138）：唯䍐令伐人方。甲骨刻辭中近同者，如，乙卯卜，爭貞：沚𢆶稱册，王比伐土方，受有祐（合6087）。

(3) 兼語句

兼語句就是含有兼語成分的句子。兼語成分是其前面動詞的賓語，又兼爲其後詞語的主語。兼語句也是商代金文中常見的一類句式。例如，小子𩰬卣（5417）：子令小子𩰬先以人于堇。這些與甲骨刻辭中的兼語句一致，都是使令式的兼語句。例如，辛丑貞：王令吳以子方奠于並（合32107）。

除使令式兼語句之外，其他類型的兼語句均不見於甲骨刻辭和商代金文。甲骨刻辭中兼語句的兼語成分有時也會省略，例如，丙戌卜，在箕：今日王令逐兕，擒？允（屯南664）。這種情形就類似於連謂句了。如，小子䍐簋（4138）：唯䍐令伐人方。

(4) 被動句

商代金文中的被動句與甲骨刻辭中的被動句一樣可分爲兩類：其一爲用介詞"于"作標誌的被動句；其二爲只有語義上表示被動而沒有介詞標誌的被動句。

A. 于字被動句。例如，麋婦觚（7312）：甲午，麋婦賜貝于䍐，用作辟日乙尊彝。甲骨刻辭中近同者，如，己未〔卜〕，囗貞：旨千若于帝，右（合14199）。

B. 語義被動句。例如，四祀邲其卣（5413）：邲其賜貝。這句子形式上是主動句,但根據銘文文義,可以推知"鄰其"是被賜貝者。甲骨刻辭中近同者也不鮮見,例如,貞:王若(合2002)。

(二) 非主謂句

1. 動詞性謂語非主謂句。例如,二祀鄰其卣(5412):遘于妣丙肜日大乙奭。
2. 名詞性謂語非主謂句。例如,小臣俞尊(5990):唯王來征人方,唯王十祀又五肜日。甲骨刻辭中近同者,如,癸酉卜,在攸,永貞:王旬亡禍。王來征人方(合36492)。由上舉甲骨刻辭與金文對比可知,這類名詞性謂語非主謂句多用作記時之詞語,意均爲"在某某之時"。

甲骨刻辭中還見有形容詞性謂語非主謂句及嘆詞性謂語非主謂句,均不見於商代金文。

下面再來看看商代金文中的省略句和變式句。

(三) 省略句

商代青銅器銘文中的省略句極爲常見。例如:黽作父辛瓿(845):黽作父辛。黽父丁鼎(1584):黽父丁。這樣的句式是金文的大宗。前一例中,父辛後省略了所作的器名。後一例中,器名與動詞"作"都被省略了。

再如:宰椃角(9105):宰椃從,賜貝五朋。邐鼎(2709):唯各,賞貝。用作父丁彝。作父己簋(3861):己亥,王賜貝,在闌。用作父己尊彝。上揭諸例中,均省略了主語。宰椃角銘文中,施賜者或受賜者均沒有出現,但根據上文可知施賜者爲"王",而受賜者爲"宰椃";邐鼎銘文中"各"與"賞"的主語"王"均被省略;作父己簋銘文中作器者名竟被完全省略,從銘文中我們無從知道誰是受賜者和作器者。但縱觀這些被省略者,都是器主或是最高層人物。對器的擁有者來說這是不言自明的,這可能便是之所以作出省略的原因。相比較而言,省略這樣的語言現象在甲骨刻辭中更爲常見。在成套刻辭中,主語、謂語動詞、賓語、狀語和補語都有被省略的情況。相較而言,商代金文省略的成分主要是作器者名,也就是省略的主要是主語和賓語。

(四) 變式句

變式句指句法有異、語序顛倒的句子。在商代金文中,變式句主要有賓語前置句、定語後置句。

1. 賓語前置句。例如,黿父乙爵(9050):貝唯賜,黿父乙。這種賓語前置句用"唯"作標誌以示對前置賓語的強調。甲骨刻辭中近同者,如,戊戌卜,爭貞：林方丐射，唯我禍（合6647）。

2. 定語後置句。在商代金文中，定語一般出現在中心語之前，但置於其後者也不鮮見。例如，宰椃角（9105）：宰椃從，賜貝五朋。後置的定語一般都是數量短語。甲骨刻辭中近同者，如，甲辰卜，㱿貞：奚來白馬五。王占曰：吉。其來（合9177）。

甲骨刻辭中變式句還有主謂倒置句、兼語前置句等。

三、複句和句類

複句由兩個或兩個以上意義相關、結構上無關的分句組成。商代金文中的複句主要是並列複句和順承複句。

（一）並列複句。指各分句之間的關係是並列的或對比的關係。例如，宰椃角（9105）：庚申，王在闌，王格，宰椃從，賜貝五朋。

（二）順承複句。指前後分句有先後順承關係，有時間或事理上的順序。例如，四祀邲其卣（5413）：丙午，魯；丁未，煑；己酉，王在梌。這類複句應該説是商代金文的主體，主要體現在作器者説明作器因由，如上舉第二、三例。

商代青銅器銘文主要是記事性銘文，受其內容的限制，商代青銅器銘文的句類只有陳述句一類。甲骨刻辭中另有疑問句、祈使句、感歎句，均不見於商代青銅器銘文。

以上是對商代青銅器銘文語法構造的初步分析，是一種描寫語法，主要包括詞法和句法兩大部分。句法包括單句和複句，重點是單句。

與商代青銅器銘文最相近的文字材料是甲骨文，本文對商代青銅器銘文與甲骨文作了共時比較。經過分析比較，青銅器銘文與甲骨文大部分詞法與句法的構造都相同，有些句法只見於青銅器銘文，如關於"來"，青銅器銘文有表示強調語氣之用，這種用法不見於甲骨刻辭，但在西周時期青銅器銘文中卻很常見。有些則只見於甲骨文。當然只見於青銅器銘文的是少數，而僅見於甲骨文的較多。如：1. 商代青銅器銘文中不見能帶三個賓語的四價動詞。2. 商代金文中不見甲骨刻辭中常見的那種主語倒置於謂語之後的句式。3. 商代金文不見甲骨刻辭中所見的描繪性謂語和判斷性謂語。4. 商代金文不見甲骨刻辭中所見之代詞構成賓語、動詞構成賓語、形容詞構成賓語者。5. 商代金文中不見賓語作施事賓語者。6. 商代金文中定語的位置與甲骨刻辭中的定語出現位置基本相同。但甲骨刻辭中的定語在中心語之後,又被別的詞語所隔開的情況暫還不見於金文中。7. 甲骨刻辭中,中心語還可由名詞性聯合短語充當,這不見於商代金文。8. 商代金文不見出現於甲骨刻辭中的由形容詞或名詞構成的描寫性狀語。9. 商代金文不見甲骨刻辭中的主謂句中的形容詞謂語句、名詞謂語句及主謂謂語句。10. 商代金文不見甲骨刻辭中有的形容詞性謂語非主謂句及嘆詞性謂語非主謂句。

青銅器銘文與甲骨文在語法構造上的差異,究其原因,可能是青銅器銘文資料有限,有些當時有的語法格式沒能反映出來。另外,因爲青銅器銘文與甲骨文都是一種特殊的文獻材料,都有其特殊的服務目的,從而影響了語法格式。如:1. 甲骨刻辭中的副詞有"叀"、"不"、"弜"、"鼎"、"並"、"大"、"亦"、"永"等,這些詞也見於商代青銅器銘文,但它們在青銅器銘文中只用作族氏名或人名,並不用作副詞。2. 甲骨刻辭中所見的介詞"及"、"若"等雖也見於商代青銅器銘文,但它們在青銅器銘文中只作爲族氏名,不用作介詞。3. 甲骨刻辭中雙賓語及三賓語多出現在祭祀性動詞之後,這與青銅器銘文中雙賓語多出現在賞賜性動詞之後明顯有別。在這一點上,明顯體現出青銅器銘文之銘功烈與甲骨刻辭之卜祭功能上的差異。4. 商代青銅器銘文主要是記事性銘文,受其內容的限制,商代青銅器銘文的句類只有陳述句一類。甲骨刻辭中另有疑問句、祈使句、感歎句,均不見於商代青銅器銘文。

過去對古文字的研究,主要表現在字形字義的考證和文句的注釋上,從語言學角度進行研究的並不太多。以上對商代青銅器銘文語法的分析,對青銅器銘文的語法規律進行探究,可以有助於讀解這批商代文字資料,確切理解句意。對青銅器銘文的語法研究猶如架一座橋樑,把古文字研究和語言研究這兩個不同的學術領域連接起來,使之利用彼此的研究成果,從而相互促進。

我國上古漢語語法研究一直比較薄弱,雖然對甲骨文、西周青銅器銘文的語法研究近年也取得不少成果,但對周代青銅器銘文之直接源頭和甲骨文之同時代的商代青銅器銘文的語法研究卻被忽視了。這種狀況無疑不利於漢語語法史的進展。本文對商代青銅器銘文語法的分析,庶幾能對漢語語法史的上溯工作提供直接的論據。而青銅器銘文更具有書面創作性的特徵,在中國文學史上,青銅器銘文是書面文學的源頭。

第五章

商代青銅器銘文中的職官

對於商代職官及官制的研究工作，比較集中和系統的是陳夢家先生的《殷虛卜辭綜述》[1]一書。書中第十五章《百官》，分臣正、武官、史官三個部分，羅列了大約24種職官，爲商代職官系統的研究奠定了基礎。日本學者島邦男在其《殷墟卜辭研究》[2]第四章《殷的官僚》中，也彙集了20種商代職官資料，其中部分是對《殷墟卜辭綜述》的補充。其後，張亞初先生又作《商代職官研究》[3]一文。同年，王貴民先生發表《商代官制及其歷史特點》[4]，對商代職官的種類、職官的基本特點進行論述，並探討了商代的官制，對商、周兩代職官進行了比較研究。而近年出版的《甲骨學一百年》[5]第十一章第二節《殷正百辟與殷邊侯甸》則是對多年來商代職官研究成果較系統的總結。這是迄今爲止所見學界對商代職官系統研究的大概。

以上諸書（文）的研究所依據的主要是甲骨文，也兼及一些同代的青銅器銘文材料。下文從商代青銅器銘文出發，對商代青銅器銘文中所見職官稍作探討，以期能對商代職官的研究有所益助。

第一節　"亞"形問題

對於青銅器銘文中的"亞"的含義，學界對其進行了長期的討論，但衆説紛

---

[1] 陳夢家：《殷虛卜辭綜述》，科學出版社，1956年。
[2] ［日］島邦男：《殷墟卜辭研究》，温天河、李壽林譯，（臺北）鼎文書局，1975年。
[3] 張亞初：《商代職官研究》，《古文字研究》第十三輯，中華書局，1986年，第82—116頁。
[4] 王貴民：《商代官制及其歷史特點》，《歷史研究》1986年第4期，第107—119頁。
[5] 王宇信、楊升南主編：《甲骨學一百年》，社會科學文獻出版社，1999年，第453—469頁。

紜,概括起來大體有如下幾種説法。

1. 宗廟之形

這一認識由北宋的《博古圖》肇始,其卷一釋"亞虎父丁鼎"時説:"銘四字,亞形内著虎象。凡如此者皆爲亞室,而亞室者,廟室也。廟之有室,如左氏所謂宗祐,而杜預以謂宗廟中藏主石室是也。"① 把青銅器銘文中的亞形作爲廟器標誌。其後,吴榮光、徐同柏、高田忠周、林義光、羅振玉、張鳳等對亞形宗廟説也進行闡釋②。近人于省吾"以麽些文字的'方隅或角落作田'爲依據,與亞字相印證,則亞字象隅角之形,昭然若揭"③。朱鳳瀚先生指出在甲骨卜辭中也有稱廟室爲亞的例子,而取象於廟堂之形的殷代墓、槨室多作亞形,故也贊成將亞形釋爲廟室之形説,認爲亞形所表示的廟室與族氏之間有着内在的密切關係。宗廟是一個族氏存立於世的象徵,商周青銅器銘中往往將族氏名號填於亞形中,或冠以亞形,正是以表示廟室的亞形標誌此名號是族氏名號④。張光直則充分運用安陽殷墟西北岡1001號大墓的亞形墓坑與木室、陝西鳳翔馬家莊春秋時期秦人宗廟、湖南長沙子彈庫戰國楚繒書以及漢代的日晷與規矩鏡,並參照美洲墨西哥奥爾美克文化卡爾卡金哥遺址第9號獸形石刻的亞形大口等考古資料,對青銅器銘中"亞形爲廟室之形"一説著文申論⑤。艾蘭以爲"亞形"在考古中的出現主要有:(1)青銅器圈足上的"亞"形穿孔;(2)把氏族的族徽和其他一些祖先名姓包含在内的"亞"形符號;(3)殷墟陵墓中的"亞"形墓室營造。"亞"形在甲骨文和青銅器銘文中是被當作一個字,但應該區分它作爲字與符號的不同。這個"亞"形,也可寫作"亞"或"亞"。"亞"看上去像是一個大的方塊被拿掉了四個角。"亞"像是一個中央的小方,四面粘合了四個小方。這個形式是傳統廟宇的佈局,一個太室(中堂)或是一個中庭連着四廂。"亞"形曾用作宇宙中心的象徵⑥。

2. 職官

斯維至認爲卜辭中的"多亞猶言多臣多射,知必是職官也",郭沫若也認

---

① (宋)王黼等編:《博古圖録》卷一第十八,乾隆十七年(1752年)刻本。
② 説見周法高主編:《金文詁林》第14册,香港中文大學,1974年,第7849—7865頁。
③ 于省吾:《甲骨文字釋林·釋亞》,中華書局,1979年,第339頁。
④ 朱鳳瀚:《商周金文中的複合氏名》,《南開學報(哲學社會科學版)》1983年第3期,第55—56頁。
⑤ 張光直:《説殷代的"亞形"》,《中國青銅時代》,三聯書店(北京),1999年,第305—317頁。
⑥ [英]艾蘭:《龜之謎——商代神話、祭祀、藝術和宇宙觀研究》,汪濤譯,四川人民出版社,1992年,第99—102頁。

爲"亞"是職官,"此言'大亞',知亞職亦有大有小"①。陳夢家鑒於卜辭中亞與馬、多亞與多馬並舉,認爲亞、馬都是官名,並歸入武官類。而銅器上所鑄簡單銘文大都是族邦之名而以亞形爲其匡廓,此等作爲匡廓的"亞形"實爲一種稱號的圖案化②。曹定雲先生將甲骨卜辭中的"亞某"與銅器銘文中帶"亞"的族氏銘文相對比,也認爲"亞"是一種武官名,擔任這一職官的通常是諸侯;凡擔任這一職官的諸侯,往往在其國名或其私名前加"亞"字或匡以亞形;此等諸侯之地位似在一般諸侯之上③。何景成也認爲族氏銘文中的"亞"應該是一種職官性的稱謂,其地位頗高,應該屬於高級貴族,可能相當於諸侯一級。但商周時代文武官的劃分並沒有後世那麽嚴格,有的官員是文武兼任,"亞"這種職官不一定就是"武官"④。

3. 內服諸侯的標誌

丁山認爲"亞與侯名異而實相近",甲骨刻辭中的"多田亞任"即《尚書》所常見的"侯甸男",將亞釋爲內服的諸侯⑤。

4. 爵稱

唐蘭在《武英殿彝器考釋》中曾考證亞與諸侯之稱相似,青銅器銘文亞形,是作者自署爵稱。李孝定也認爲卜辭用爲爵名與侯義相近⑥。李雪山先生則以亞與田、任並稱,也認爲亞爲爵稱⑦。

5. 低級身份者

王獻唐認爲把亞用在族徽上,可能是一種特殊身份的標記。認爲"所謂亞與旅,當時並沒有高貴的身份,乃一般低級服役者而已。人數既多,又無正式名義,只能類比而稱爲亞、稱爲旅"⑧。

6. 異性方國的標誌

李伯謙先生根據其對亞形族徽的統計,認爲多數是與商王有密切聯繫的國

---

① 郭沫若:《兩周金文辭大系圖錄考釋》下冊,上海書店出版社,1999年,第119頁。
② 陳夢家:《殷虛卜辭綜述》,科學出版社,1956年,第508—511頁。
③ 曹定雲:《"亞其"考——殷墟"婦好"墓器物銘文探討》,《文物集刊》2,文物出版社,1980年;又收入《殷墟婦好墓銘文研究》,(臺北)文津出版社,1993年,第4頁。
④ 何景成:《商周青銅器族氏銘文研究》,吉林大學博士學位論文,2005年,第34頁。
⑤ 丁山:《甲骨文所見氏族及其制度》,中華書局,1988年,第45—48頁。
⑥ 見李孝定:《甲骨文字集釋》,中研院歷史語言研究所專刊之五十,1965年,第4172頁。
⑦ 李雪山:《商代分封制度研究》,中國社會科學出版社,2004年,第52—53頁。
⑧ 王獻唐:《黃縣曩器》,山東人民出版社,1960年,第90頁。

族,其中有的可確指爲商之異姓,迄今尚未發現與商同姓者。因此不能排除亞形族徽乃是受商王節制、與商王朝有着貢納關係的異姓方國的標誌的可能①。

7. 表示宗族或婚姻關係

劉節認爲,甲骨刻辭中的"亞宗"是指氏族中的"宗氏"所在,"亞旅"是行師,"亞"如果是"氏族","旅"會是"部族"。又,亞之中有"大亞",原先的"亞"是"胞族","大亞"才是"部族"。張亞初認爲亞是婚亞之亞,凡與殷王朝有婚亞(婭)關係的國族,都可以用亞字表示。其中主要的姻親大族(大國),就稱爲大亞②。李零認爲在商代族氏銘文中,凡帶"亞"的族氏大抵都是表示該國與商王間的一種宗法關係。這種關係可能兼有胞族和姻親,既可指血緣的分支或旁出,又可與婚姻有關。另外,"亞"還演變爲職服,亦兼內、外服而有之,一種是所謂"亞旅"一類軍官,即《書·酒誥》所說的內服之"亞";另一種是與"侯"相似的"亞",則屬於外服之"亞"③。

8. 界畫符號

王國維在《國朝金文著錄表·略例》中認爲亞是用來作爲族氏銘文的界畫的,或說是用來抑印銘文的商璽的璽面邊框的樣式④。

9. 新氏族或小宗的標誌

牛濟普認爲"亞"即"侯亞",爲殷商時代以血親分封的爵稱,也可看作是商族的擴大和發展——出現新的氏族或氏名。"亞"字訓"醜"(仇、友)、訓"次第",皆源於此⑤。馮時以爲"亞"具有"次"意,殷周之亞乃宗法中的小宗。小宗於銘文中可省去亞稱,但稱亞而不省者則必爲小宗⑥。

整理以上諸說,主要的就是宗廟說、職官說、符號說三種,前兩種影響最爲廣泛。下文對商代青銅器銘文中的亞試作分析。

甲骨文是與商周青銅器銘文同時代的語言記錄,兩者是共同的,青銅器銘文中亞形的含義的理解有賴於甲骨文中亞字含義的解釋。陳夢家認爲亞爲武

---

① 李伯謙:《羋族族系考》,《考古與文物》1987年第1期;又收入《中國青銅文化結構體系研究》,科學出版社,1998年,第106頁。
② 張亞初:《從古文字談胡、胡國與東胡》,《文博》1992年第1期,第17頁。
③ 李零:《蘇埠屯的"亞齊"銅器》,《文物天地》1992年第6期,第42—45頁。
④ 王廷洽:《中國印章史》,華東師範大學出版社,1996年,第19頁。
⑤ 牛濟普:《商代兩銅璽芻議》,《中原文物》1993年第3期,第91頁。
⑥ 馮時:《殷代史氏考》,《黃盛璋先生八秩華誕紀念文集》,中國教育文化出版社,2005年,第20—22頁。

官,亦爲先王先妣的宗廟,亞還有"次"(第二)意①。張秉權認爲亞地的首領就叫亞或亞侯,亞是一個共名(氏或姓)②。孫亞冰對甲骨卜辭中的亞進行了整理分析,認爲甲骨中的"亞"有七種意思:祖先之廟、軍隊、亞官、亞祭、亞國、亞國首領、次③。但筆者以爲,其中的軍隊一説與亞官似不必分開,如果亞是武官,當有其下屬兵員。又,甲骨文中多有人地同名之例,亞國與亞國首領也可以合而爲一。關於亞祭,卜辭的内容過於簡單,有待進一步分析。下面試將青銅器銘文中的亞與甲骨刻辭的亞作一對比。

1. 祖先之廟

（1）甲午卜:王馬尋駁其禦于父甲亞。(合30297)

（2）丁丑卜:其祝,王入于多亞。(合30296)

2. 次

（1）㞢于亞妣反毇。(合974正)

（2）惟亞祖乙盅王。(合1663)

3. 官職

（1）貞:其令馬、亞射麋。(合26899)

（2）壬戌卜,狄貞:惟馬、亞呼執。

（3）……酒呼歸衛、射、亞。(合27941)

（4）……以多田、亞、任……(合32992)

另外,還有一些亞某之稱,論者多以爲是亞官:亞雀(合22029)、亞皋(合33114)、亞旁(合26953)、告亞(合22246)、亞束(合22130)、亞𢽬(合32012)、亞奠(花東28)、亞旗(合28011)、亞其(合36346)。

4. 亞國

（1）其㞢于室,……亞方。(合27148)

（2）乙酉貞:王令𢀛途亞侯,右。(合32911)

（3）甲午卜,禽貞:亞受年。(合9788正)

（4）……婦亞來……(合2813反)

---

① 陳夢家:《殷虚卜辭綜述》,科學出版社,1956年,第471、474、508—511頁。
② 張秉權:《殷虚文字丙編考釋》,中研院歷史語言研究所,1992年,第25—26頁。
③ 孫亞冰:《卜辭中所見"亞"字釋義》,載《紀念殷墟甲骨文發現一百周年國際學術研討會論文集》,社會科學文獻出版社,2003年,第228頁。

在商代青銅器銘文中，有一類這樣的帶亞銘文：

亞妣辛尊（5612）：亞妣辛　　　亞祖丁爵（8323）：亞祖丁
亞父乙卣（4933）：亞父乙　　　亞父己觚（7126）：亞父己
亞父辛鼎（1631）：亞父辛　　　亞辛爵（7844）：亞辛
亞乙丁鼎（1703）：亞乙丁　　　亞母斝（9177）：亞母

周代青銅器銘文中恒見"亞祖"一詞，如南宮乎鐘的"亞祖公仲"、牆盤的"亞祖祖辛"、佐盤的"亞祖懿仲"。朱鳳瀚先生認爲由牆盤與佐盤這兩件器中亞祖在先祖中的位次關係，似可認爲"亞祖"是指作器者的上二代男性先人，即現在所謂的祖父①。馮時先生認爲"亞祖"之謂，本即爲別子而立新宗者②。如果從形式上看，這樣的銘文形式與甲骨刻辭中的具有"次"意的亞妣、亞妣己、亞祖乙最相近。商代銘文中的"亞祖丁"之"亞祖"是否也當作如此解，限於材料，還難以確定。但商代青銅器銘文中有曾祖、祖、父三代男性先人稱謂共出的例子，如祖丁父癸卣（5265）銘："盉，示己、祖丁、父癸。"銘中的二代先人自稱爲"祖"。所以此"亞祖"不能連讀，可能不是指祖父。鑒於甲骨刻辭中的"亞"同時還有"方國"之意，如果將其與族氏銘文對比，如與"戈父乙"對比，這裏的"亞"也可能與"戈"的性質相同，是一個族氏銘文。

青銅器銘文中銘文的相對位置並不十分固定，亞父乙卣中"父乙"在"亞"内，亞父乙爵中"父乙"在"亞"下。這種銘文讀法，李學勤先生認爲應先讀"亞"如"亞某"，不能讀爲"某亞"③。多數學者均以此模式進行釋讀。但那是針對亞形與所謂族氏銘文說的，對這種不見族氏銘文的讀法是否也當如此？甲骨刻辭中的"祖先之廟"含義所舉例子中有"父甲亞"一稱。上舉商代青銅器銘文是否也當按這樣的順序釋讀？即將亞妣辛尊銘讀"妣辛亞"；亞祖丁爵銘讀"祖丁亞"；亞父乙爵銘讀作"父乙亞"。意爲妣辛、祖丁、父乙之亞（廟）所用之器。因爲銘文本身過於簡短，所以就以上所舉商代銘文中的"亞"而論，似乎族氏名、職官、與宗廟三說都是可能成立的。

上舉諸家對青銅器銘文中亞的說解中，馮時的小宗說是近年提出的新說，頗有新意。筆者下面試對此說稍作分析。馮時以殷墟西區1713號墓所出六件

---

① 朱鳳瀚：《商周家族形態研究》增訂本，天津古籍出版社，2004年，第663頁。
② 馮時：《殷代史氏考》，《黃盛璋先生八秩華誕紀念文集》，中國教育文化出版社，2005年，第22頁。
③ 李學勤：《考古發現與古代姓氏制度》，《考古》1987年第3期，第256頁。

有銘銅器進行分析，認爲："寢魚簋、爵與亞魚鼎銘文的對讀結果顯示，魚實以寢爲官，在魚爲其父——父丁——所作的祭器上，器主魚稱其官——寢魚，而在爲其兄——兄癸——所作的祭器上，魚則稱爲亞——亞魚。很明顯，亞的含義當指魚相對其兄在宗族中的地位而言，準確地説，即魚在宗法中比其兄爲低的位次，其兄顯爲嫡長，爲大宗，而魚則爲小宗，故稱亞。"又舉亞登觚（即7271）銘"亞登兄日庚"爲例，認爲"登對於兄庚稱亞，其非嫡長，顯爲小宗"[①]。下表是部分表明爲兄所作祭器的青銅器銘文：

7271	亞登兄日庚觚	亞登。兄日庚。
2335	亞醜季作兄己鼎	亞醜。季作兄己尊彝。
J339	亞魚鼎	壬申，王賜亞魚貝，用作兄癸尊。在六月，唯王七祀翌日。
5338	剌作兄日辛卣	剌作兄日辛尊彝。亞旟。
3665	戈厚作兄日辛簋	戈厚作兄日辛寶彝。
5339	何作兄日壬卣	何作兄日壬寶尊彝。□。
5683	倗兄丁尊	倗兄丁。
6353	齒兄丁觶	齒兄丁。
6354	奞兄丁觶	奞兄丁。
6355	☖兄辛觶	☖兄辛。
2019	糞兄戊父癸鼎	糞兄戊父癸。
6485	子達觶	子達作兄日辛彝。
8742	虜兄癸爵	虜兄癸。
9507	糞兄辛壺	糞兄辛。
J849	兄册爵	册兄。
5397	寓卣	丁巳，王賜寓俞貝，在寒，用作兄癸彝，在九月，唯王九祀㚔日。丙。
6429	何兄日壬觶	何兄日壬。

其中前4例中族氏名皆加"亞"，後13例則没有"亞"。對於不見"亞"者，馮時先生是這樣論述的："根據亞魚諸器可知，魚在宗法中的位置既定，當然並不影

---

① 馮時：《殷代史氏考》，《黄盛璋先生八秩華誕紀念文集》，中國教育文化出版社，2005年，第20—21頁。

響他在爲其父所作的祭器上也稱亞，表明小宗之魚爲其父作器的身份。儘管小宗爲大宗作器有時可以省卻表示宗法關係的亞稱，但這並不意味着上述這些明確指爲小宗的亞可以不具有宗法的意義。換句話説，小宗於銘文中可以省去亞稱，但稱亞而不省者則必爲小宗。"①如果"亞"的出現是爲了區分大小宗之宗法等次，出現於爲父作器時確可省卻，因父對於子而言，皆是大宗，關係不言自明，可以省卻。但若要表明作器者乃是相對於"兄"這一大宗的小宗，似不能將"亞"省卻，同爲子輩，光從文字字面上（僅言"兄"）是表現不出來這種大小宗之區別的。一族氏中，兄往往有多位，如大兄日乙戈（11392）銘："兄日丙、兄日癸、兄日癸、兄日壬、兄日戊、大兄日乙"，其中出現了6位兄，這6位兄中只有大兄日乙是嫡長子，其餘5位都是小宗。如此，如上文馮時先生所舉的亞魚諸器以及亞登觚中的"兄"，是否即是嫡長子，其實也是不能證明的。如果這器銘中的"兄"不是嫡長子，即將繼承大宗的宗法地位者，若有爲這樣的非嫡長子的"兄"作器而自稱爲亞某者，也無法推定"亞"即小宗。表中所舉17器，均是爲兄所作的祭器，有13例没有出現"亞"，所占比例遠比有亞稱者爲多，這用"省稱"來解釋似也成問題。

　　筆者也曾對商代部分帶亞形的複合氏名作過這樣的設想：其中的"亞"可能確有"次"意，如果複合氏名A、B中，亞形框着族氏名B，則此B有可能是族氏A的分支族氏，在這個意義上也可説，族氏B是族氏A的小宗。筆者檢視，商代銅器銘文中有如下幾例：

　　亞薛父己史鼎（2014）：亞薛，父己。史。

　　亞次驕斝（9234）：亞次，驕。

　　亞壴衔斝（9225）：亞壴，衔。

　　冀亞⟦⟧爵（8772）：冀，亞⟦⟧。

　　祖辛禹鼎（2112）：冀，祖辛禹，亞⟦⟧（⟦⟧與⟦⟧爲同字異形）。

　　冀亞次觚（7180）：冀，亞次。

　　窚蠱作父癸卣（5360）：亞⟦⟧，窚蠱作父癸寶尊彝，冀。

　　亞木守觚（J749）：亞木，守。

---

① 馮時：《殷代史氏考》，《黃盛璋先生八秩華誕紀念文集》，中國教育文化出版社，2005年，第22—23頁。

亞豕馬觚（J748）：亞豕，馬。

亞賣鼎（2427）亞賣，宣父癸宅于丨丨册吹。

亞賣🧍爵（8777）：亞賣，🧍。

亞賣宣父丁觚（7293）：亞賣，宣父丁孤竹。

孤竹父丁罍（9810）：父丁，孤竹，亞髟。

亞禾䀇爵（8781）：亞禾，䀇。

亞𠂤乂爵（8786）：亞𠂤，乂。

亞若癸觶（6430）：亞若癸，冉（器蓋不同銘）。

亞矣妣辛觶（6464）：亞𦥑侯妣辛，矣。

亢父癸尊（5808）：亞䍃，亢父癸。

亞向父戊爵（9010）：亞向，丮父戊。

亞宫丮爵（安陽劉家莊M1046∶15）：亞宫，丮。

亞夫畏爵（J895）：亞夫，畏。

亞卩犬觚（7179）：亞卩，犬。

林亞俞卣（5013）：林，亞俞。

敚父丁罍（9807）：亞髙，敚父丁。

亞其戈父辛卣（5168）：亞其，戈父辛。

這25組中，分别出現兩個族氏名，其中一個處在亞形之中。像亞薛、史這一組，馮時即認爲是"'亞薛'之'亞'當指史氏之薛本爲與嫡相對的小宗"[1]。而亞賣、孤竹組中，亞賣爲孤竹之小宗[2]；如亞𦥑侯—矣；䍃—亞𠂤等，將前者視作後者的分支族氏，似可以接受的。如䍃有分支亞𠂤（亞𠂤）、亞次、亞禾等小宗；丮族有分支亞向、亞宫等小宗。但如果整體考慮，這些族氏之間的關係並不是這麽簡單。有多個亞族氏出現在不同的大宗族氏名下：亞次。亞次驫斝中亞次可以認定爲是驫族氏之分支（即小宗）。但亞次又出現於䍃亞次觚中，是䍃的分支族氏。對於亞次，似不能單以不同族氏内的重名現象解釋。它們與不同的族名出現，族氏分支的小宗説似不能解釋這一現象。還有，亞薛父己史鼎（2014）中，擁有亞薛小宗族氏的史族氏，也有與亞共出之例，如亞史觚（6976），

---

[1] 馮時：《殷代史氏考》，《黄盛璋先生八秩華誕紀念文集》，中國教育文化出版社，2005年，第20頁。

[2] 馮時：《殷代史氏考》，《黄盛璋先生八秩華誕紀念文集》，中國教育文化出版社，2005年，第30頁。

此觚的年代可到殷墟二期。但已不能追溯這一"亞史"的大宗了。

另外,商代青銅器銘文中有一些族氏名,在多數情況下,只與亞並出,如:

弜。亞弜25例,弜5例。祭祀對象均爲父。

馘。亞馘104例,馘1例。祭祀對象以父爲多。

上舉二族中,不帶亞的爲極少數,應該是省略了亞的形式。弜、其、矣三者皆早在武丁時期已見於銅器銘,是比較早的族氏名,可延到商末。弜、其、矣三族之銘中目前尚不見爲兄(嫡長子)作器的記録,祭祀物件以父爲多,没能體現出亞與小宗的對應關係。甲骨刻辭中類似的稱謂,如亞雀、亞若等,從辭意看,則當是人名。另外,青銅器銘文中"小子"一稱多數學者都認爲是從屬於大宗的小宗之長的稱謂①。"小子"的材料應該對"小宗"之説有説明作用。商代青銅器銘文中的諸"小子"如下:

著録	器 名	銘 文
1874	小子父己鼎	小子父己。
2015	小子作父己鼎	小子作父己。
2016	小子作父己鼎	小子作父己。
2648	小子𩁹鼎	乙亥,子賜小子𩁹王賞貝,在𠂤,𩁹用作父己寶尊。冀。
3904	小子𠭯簋	乙未,卿事賜小子𠭯貝二百,用作父丁尊簋。冀。
4138	小子𧧎簋	癸巳,𧥜賞小子𧧎貝十朋,在上魯,唯𧥜令伐人方,𧧎賓貝,用作文父丁尊彝,在十月四。冀。
5175	小子作母己卣	小子作母己。
5176	小子作母己卣	小子作母己。
5394	小子省卣	甲寅,子賞小子省貝五朋,省揚君賞,用作父己寶彝。冀。
5417	小子䚄卣	乙巳,子令小子䚄先以人于堇,子光賞䚄貝二朋。子曰:貝唯丁蔑汝曆,䚄用作母辛彝,在十月二,唯子曰令望人方𧧎。冀母辛。
5967	小子夫父己尊	𧥜賞小子夫貝二朋,用作父己尊彝。

表中銘文中綴有族氏銘文的5件冀族器、1件族器,作器者的身份均是"小

---

① 如朱鳳瀚:《論卜辭與金文中的"后"》,《古文字研究》第十九輯,中華書局,1992年,第422—444頁。

子",但族氏名皆沒有出現附加"亞"形的情況。考慮到這些情況與難解之處,筆者暫不以小宗説爲解。商代青銅器銘文中亞作爲職官講的主要如下:

耶簋(3975):辛巳,王飲多亞,耶言京遷(列),賜貝二朋用作大子丁。耶䉛。

銘中的多亞與甲骨刻辭中的多亞同,而且明言是宴飲多亞,故而這個"多亞"也不會是祖先之廟。這個"多亞"應該就是職官。河南安陽殷墟西區M1713出有亞魚父丁爵兩件(8888、8889),亞魚鼎(J339)、寢魚簋(J454)各一件。

亞魚鼎:壬申,王賜亞魚貝,用作兄癸尊。在六月,唯王七祀翌日。

寢魚簋:辛卯,王賜寢魚貝,用作父丁彝。

兩相對比,可知"亞魚"與"寢魚"相當,"寢"爲職官,"亞"也是職官名。"亞魚"的結構與上舉甲骨刻辭中的諸多"亞某"相同,這種與族氏銘文聯綴出現的亞,解釋爲職官名應該是可取的。現將商代青銅器銘文中所見"亞某"列如下:

編號	青銅器銘文			甲骨對應身份職官
	亞 某	時 代	其他身份職官地點	
1	亞古 3861	四期		古 子(合5906)、婦 古(合6325反)
2	亞僕 8852	四期		子僕(合3194)
3	亞朕 8853			
4	亞鼙 8854	四期		
5	亞醜 5561	三、四期		小臣醜(合36419)
6	亞聿 8858	三、四期	婦聿(5099)	
7	亞舟 7823	二～四期	婦舟(1713)	舟婦(合21659)
8	亞魚 8888	四期	寢魚(J454)	
9	亞址 J648	三、四期		
10	亞龟 5565	二期		
11	亞若 3713	三、四期		亞若(合27935)
12	亞自 3713	三、四期		
13	亞受 2594	二～四期		受男(合3455)

編號	青銅器銘文			甲骨對應身份職官
	亞某	時代	其他身份職官地點	
14	亞守5566	二~四期	守婦(3082)、子守(8085)	
15	亞𠂤5567	三、四期	在𠂤(9088)	
16	亞趯5568	三、四期	寢趯(5203)	
17	亞此5569			
18	亞𣂑11873			
19	亞𡨄7794	三、四期		
20	亞屰7796	二~四期		成屰(合26879)
21	亞鳥1817	二~四期	婦鳥(6870)	
22	亞朋1816	四期	史朋(9235)	
23	亞豕7802	二~四期		子豕(合20692)
24	亞敉7801	二、三期	左敉(1372)、右敉(1739)	
25	亞盥7800	三期		
26	亞㱿7799			婦㱿(英173正)
27	亞㐬1758	二期		
28	亞徙7792	四期		
29	亞矣4653	二~四期		
30	亞弜3338	二~四期	弜師(4144)、婦弜(6346)、冊弜(9064)	弜侯(東京559)
31	亞龏3330	四期	子龏(1306)	
32	亞𡴂3326	二~四期		子𡴂(合20544)
33	亞大6375	三、四期		
34	亞壴9326	三、四期		
35	亞束3308	四期		束子(合335)
36	亞矢3298	二期		矢方(續5.9.3)
37	亞薛2014	四期		
38	亞覃8890	三、四期		

第五章　商代青銅器銘文中的職官　　169

（續表）

編號	青銅器銘文			甲骨對應身份職官
	亞某	時　代	其他身份職官地點	
39	亞獲8894	四期		
40	亞盉5571	三、四期		
41	亞奚5572	三、四期		
42	亞子7788		子侯（4847）	子伯（合3409）
43	亞凸3339	二~四期		婦凸（合13962）
44	亞牧6158	二~四期		牧子（合4849）
45	亞🐎7806	二、三期	🐎射（8215）	
46	亞佣7789	二~四期		射佣（合13）
47	亞☘7829			
48	亞告7828	二~四期	册告（4872）、告田（1482）	告子（合4735）、侯告（合401）、告亞（合22246）、射告（花東264）
49	亞戈7827	二~四期	册戈（7253）	戈方（合8397）、子戈（合32779）
50	亞禽9238	二、三期		
51	亞次9234	三、四期		
52	亞敢1909	四期		亞敢（合32012）
53	亞得1880	二~四期		戍得（合28094）
54	亞明J241	四期		
55	亞🜚（🜚、🜚）8772	三、四期		
56	亞雉J727	二~四期		
57	亞西J730	二~四期		
58	亞過7815	四期		
59	亞黽7814	二期		
60	亞隻7813	二期	婦隻（5083）	自隻（合24345）

（續表）

編號	青銅器銘文			甲骨對應身份職官
	亞某	時代	其他身份職官地點	
61	亞馬7807	二~四期		戍馬（合27966）
62	亞干J750	二期		
63	亞木J749	二~四期	册木（2328）	師木（合24271）
64	亞❍8775	三、四期		
65	亞畀8776	四期		
66	亞夭8781			
67	亞❍8786	二~四期		
68	亞㫃403	三、四期		
69	亞殼9161	二期		
70	亞夫3103	三、四期	册夫（392）、小子夫（5967）	
71	亞執6404	二~四期		
72	亞羌9544	四期		羌方（合36528）、子羌（合747）
73	亞羊5836	二~四期	婦羊（1710）、子羊（1850）	婦羊（合6479）
74	亞㫃5926	四期		
75	亞天5751	二~四期	册天（7240）、子天（9798）	
76	亞❍5808			
77	亞摯9379	四期	寢摯（古研16輯）	
78	亞䍙9415	三期		
79	亞❍10844	三期		
80	亞果10837	三、四期		婦果（合14018）
81	亞其7834	二~四期	其侯（10559）	亞其（合36346）
82	亞犬10840	二~四期	史犬（8188）、子犬（838）	犬侯（合6813）、犬師（屯南2618）
83	亞厷1409	四期		
84	亞卯1413	四期		

（續表）

編號	青銅器銘文			甲骨對應身份職官
	亞　某	時　代	其他身份職官地點	
85	亞斎1416			
86	亞廠1418	四期		
87	亞向9010	四期		
88	亞隓1422	三、四期		
89	亞夰1446			
90	亞帝9015			
91	亞丏6395	四期		
92	亞衡1425			
93	亞尹11749	二期		子尹（屯南341）
94	亞聚6983			
95	亞弔6988	二～四期		
96	亞耳6987	二～四期		
97	亞旻6984	四期		
98	亞史6976	二～四期	史册（10875）、史犬（8188）	婦史（合21975）
99	亞矣6985	四期		
100	亞羍J921	二、三期		
101	亞冀1868			
102	亞麂1870			
103	亞義9852	四期		
104	亞葡9102	二～四期	葡册（5169）	
105	亞又9853	三、四期		又尹（合23683）
106	亞爾7178	三期		
107	亞朶6975			
108	亞念968	二期		
109	亞卂7182	四期	册卂（6955）	
110	亞卩7179	二期		

（續表）

編號	青銅器銘文 亞某	青銅器銘文 時代	青銅器銘文 其他身份職官地點	甲骨對應身份職官
111	亞竟6971	四期		
112	亞卬J829	三、四期		
113	亞䰞1866			
114	亞印2694	二、四期	寢印（J853）	印方（合811）、侯印（合797）、婦印（合802）
115	亞重6162	二～四期		
116	亞井6163		井方（2709）	井方（合6796）、婦井（合130）
117	亞㠯6157	四期	子㠯（6907）	
118	亞車9958	二～四期	車犬（J864）	
119	亞戉505	二～四期		子戉（合3186）
120	亞從539	四期		
121	亞戈9064	三、四期		亞戈（合28021）
122	亞伐4805	三期		
123	亞長（考古04/1）	二期		長子（合27641）
124	亞萬411	三、四期		
125	亞旟（遺珠圖26）	三、四期		
126	亞保2364	四期	子保（6909）	
127	亞止9769	四期		
128	亞次J1090	三、四期		
129	亞俞2245	四期	小臣俞（5990）	
130	亞束5360			亞束（合22130）、子束（合13726）、束尹（合5452）
131	亞高9807			小臣高（合5576正）
132	亞登7271	四期		

第五章　商代青銅器銘文中的職官　173

（續表）

編號	青銅器銘文			甲骨對應身份職官
	亞　某	時　代	其他身份職官地點	
133	亞髟7264	四期		髟伯（合6987）
134	亞宁7248	二～四期	宁尹（1367）	
135	亞廎7228	二～四期	廎册（1355）	婦庚（合21794）、子庚（合20543）
136	亞旎7309	三、四期		
137	亞丙7825	二～四期		婦丙（合18911反）
138	亞啟9847	二～四期	子啟5965	啟侯（合33979）、子啟（合22277）
139	亞雀5162			亞雀（合22029）
140	亞或7302	四期		

　　有學者對比甲骨刻辭與青銅器銘文中族氏銘文的啟侯與亞啟、犬侯與亞犬、曇侯與亞曇之稱，認爲"亞"是和"侯"性質相似的稱號，亞的地位相當於諸侯一級[①]。由上表可知，所謂亞某者，又見有子某、婦某、某侯、某伯、某尹、小臣某、某子、某方、某史、某册、某犬、寢某、某師、戍某、射某等。如果説亞某之亞也是職官名，筆者認爲那只能説明"某"這一族氏的人在不同時期可能擔任過亞、侯、伯、尹、小臣、史、册、犬、寢、師、戍、射等職官，如亞魚鼎與寢魚簋同出，表明魚曾任亞職，亦爲寢官。但這也並不能表明魚所擔任的亞與寢兩職相當。再如：亞弜—弜師—册弜—弜侯；亞子—子侯—子伯；亞告—册告—告子—侯告—射告；亞木—册木—師木；亞犬—史犬—犬侯—犬師；亞史—史册—史犬；亞印—寢印—侯印；亞雀—雀自—雀男—雀任—侯雀。如此，"亞"官相當於哪一級職官這是難以以此推定的。

　　上表所舉這140位亞某就是𠭯簋銘中王飲多亞與甲骨刻辭合5677中的令多亞釿犬之"多亞"。當然這多亞一稱應當是共時的亞，不能將二期的亞某與四期的亞某牽扯在一起。

　　對於"亞某"的身份，考古出土材料可能對此會有所益助。

[①] 何景成：《商周青銅器族氏銘文研究》，吉林大學博士學位論文，2005年，第32—34頁。

1. 郭M160[①]：鼎6、甗1、簋1、斝3、尊3、觚10、角10、盉1、卣1、盤1、罍1、斗1、斗1、鉞3、戈119、矛97、刀2、鏃906、弓形器1。墓口大小：4.5×3.04米。

2. 劉北M1046[②]：鼎6、甗1、簋2、斝1、尊3、觚3、爵5、角2、盉1、卣3、盤1、罍1、斗2、彝1、斗1、戈28、矛27、刀1、鏃183、弓形器1。墓口大小：4.25×2.16米。

3. 蘇M1[③]：鉞2、戈6、矛2、刀2、鏃41。墓口大小：15×10.7米。（被盜）

4. 花東M54[④]：鼎6、甗1、簋2、斝1、尊2、觚9、爵9、鉞7、戈71、矛76、刀3、鏃、弓形器6。另外有彝、罍、盉、觥、斗等。墓口大小：5.04×3.3米。

5. 西區1713[⑤]：鼎4、甗1、簋2、斝1、尊1、觚2、爵3、盉1、卣1、盤1、鉞2、戈30、矛30、刀3。墓口大小：3×1.56米。

6. 蘇M7[⑥]：鼎1、簋1、觚3、爵3、戈7。墓口大小：3.65×2.6米。

7. 西區M93[⑦]：尊2、戈9、矛5、鏃13。墓口大小：5.4×4.1米。（被盜）

8. 郭M53[⑧]：鼎1、觚2、爵2、簋1、甗1、卣1、觥1、斝1、尊1、斗1、戈4、矛2、鏃10。墓口大小：2.4×1.2米。

以上是比較集中地出有亞某銅器的商代墓葬，例不贅舉。由以上例子可以看出，有的墓規格較高，如蘇M1，此墓雖已被盜，但傳世的亞醜銅器數量眾多，許多學者認爲即出自此墓；而且此墓墓口長15米，且有四條墓道，就商代墓葬而言，已達到王一級墓的級別。郭M160、劉北M1046、花東M54墓葬大小、隨葬銅器數量基本相同，其級別當接近，但當遜於蘇M1。西區M1713、蘇M7、郭M53等顯然又要遜於上舉三墓，説明這些"多亞"内部其實是有等級區分的。據學

[①] 中國社會科學院考古研究所：《安陽殷墟郭家莊商代墓葬》，中國大百科全書出版社，1998年，第70—126頁。

[②] 中國社會科學院考古研究所安陽工作隊：《安陽殷墟劉家莊北1046號墓》，《考古學集刊》第15集，文物出版社，2004年，第359—391頁。

[③] 山東省博物館：《山東益都蘇埠屯第一號奴隸殉葬墓》，《文物》1972年第8期，第17—29頁。

[④] 中國社會科學院考古研究所安陽工作隊：《河南安陽市花園莊54號商代墓葬》，《考古》2004年第1期，第7—19頁。

[⑤] 中國社會科學院考古研究所安陽工作隊：《安陽殷墟一七一三號墓的發掘》，《考古》1986年第8期，第703—712頁。

[⑥] 山東省文物考古研究所、青州市博物館：《青州市蘇埠屯商代墓發掘報告》，《海岱考古》第一輯，山東大學出版社，1989年，第256—260頁。

[⑦] 中國社會科學院考古研究所安陽工作隊：《1969—1977年殷墟西區墓葬發掘報告》，《考古學報》1979年第1期，第142頁。

[⑧] 中國社會科學院考古研究所：《安陽殷墟郭家莊商代墓葬》，中國大百科全書出版社，1998年，第162頁。

者研究,墓中隨葬青銅鉞的多少和大小,直接反映了墓主人生前的政治地位的高低和軍事統帥權的大小[①],而銅大刀的件數、大小、質地與銅鉞的件數、大小、質地是成正比的。銅大刀與銅鉞一樣,既是貴族身份的標誌,亦是軍事統帥權的象徵[②]。由墓葬資料可以看出,有的伴出銅鉞與銅刀,有的則沒有,所以説"亞"必是武官似乎也嫌絶對。而且如蘇M1與蘇M7、郭M160與郭M53雖出有同樣的銘文,但墓葬規格則不能相提並論,表明其墓主的身份是不同等級的,這只能是同一族氏中不同個體的不同等級的反映。但這也表明,同爲"亞"職者,其實它們的級别並不完全等同,是否與"侯"一級相稱,應該分别而論,而不能一以概之。

　　銘有亞某的銅器有明確出土地點的,多數集中在河南安陽一帶。另外還有河北豐寧、靈壽、河南洛陽、上蔡、陝西岐山、鳳翔、長安、渭南、淳化、山東青州、長清、山西靈石,江西遂州,甘肅涇川。分佈呈現以安陽爲一個中心,而以四周爲邊緣的水波紋一樣的分佈格局,如⊙所示。從商文化的分佈來考慮,商文化的中心區一帶,卻沒有太多亞某的分佈。在受商文化影響的地區卻有較多的分佈,而且多在距安陽較遠的位置。這種分佈的形式,説明亞的職司與軍事有很密切的關係。參照甲骨刻辭中亞與馬、射等往往並列同出,將"亞"歸入武官一類應該是可取的。以上所舉諸墓中所隨葬的銅器中多數有武器,也反映了這方面的情況。而山東蘇埠屯發現的亞字形墓室與四條墓道的大墓(M1),時代爲殷墟四期(有的器物或早到三期偏晚),它在山東青州的存在,當與帝乙、帝辛時期與東方的人(夷)方常年累月頻繁的戰事相關聯的。對於蘇埠屯墓地的性質,有學者以爲是薄姑氏[③]的墓地。但蘇埠屯墓地的葬俗如二層臺、腰坑、殉人等與殷墟十分相似;青銅器的種類、形制、組合、紋飾都與殷墟銅器相似;陶器也與殷墟的近同。這個墓地呈現出的文化面貌都反映了商文化的典型特點,其實應該就是商文化在當地的存在。有學者也曾指出蘇埠屯大墓可能是商王朝派往該地的最高官史[④],這是正確的。而亞醜也見於大銅鉞,實在是軍權很直接的體現。而蘇M1能使用如此高規格的墓,大概也與此有關。

---

① 楊錫璋、楊寶成:《商代的青銅鉞》,《中國考古學研究》,文物出版社,1986年,第128—138頁。
② 劉一曼:《論安陽殷墟墓葬青銅武器的組合》,《考古》2002年第3期,第68頁。
③ 殷之彝:《山東益都蘇埠屯墓地和"亞醜"銅器》,《考古學報》1977年第2期,第32頁。
④ 郭妍利:《中國商代青銅兵器研究》,中國社會科學院研究生院博士學位論文,2004年,第113頁。

第二節　職　官

下文對商代青銅器銘文中的19種職官略作分析。

一、師

商代青銅器銘文中所見稱某師者有如下幾例：

緋作父乙簋（4144）：戊辰，弜師賜緋丵户、賣貝，用作父乙寶彝。在十月一，唯王廿祀劦日，遘于妣戊武乙奭豕一。奉旅（四期）

戲霝卣（5373）：子賜戲霝玕（璧）一，戲霝用作丁師彝。（四期）

銘文中的"弜師"、"丁師"，張亞初先生以爲"師"字前面所冠的"弜"、"丁"都是國邑地名，這些師應是地方軍事長官之稱。這種情况與西周銘文中的"周師"、"吳師"、"同師"是相類似的①。"弜"在青銅器銘文中最早見於殷墟二期晚段，即武丁後期。"弜"多與亞形相配，是一個族氏名。根據商代的族名、地名、人名往往三位一體的原則，"弜師"一名指弜地之師或弜國族之師。

在商代青銅器銘文中有關弜族的材料有30件，時代多屬二期，銘文內容有以下幾類：弜、亞弜、弜父乙、册弜祖乙、典弜父丁、亞弜父丁、亞弜父癸、亞弜婦。其銅器器類有鼎8；爵6；觚3；罍、簋、斝、角、刀各2；斚、壺、雜器各1件。器物組合還是以禮樂器爲主，但也有武器類的刀，所以弜族與武事關係還是密切的。

丁師之稱中的"丁"是否也是族氏名或地名，現還缺少資料證明。

在殷墟卜辭中，有師般（合4216）、師奘（合24249）、師攸（合24260）、師木（合24271）、師虎（合21386）、犬師（屯南2618）等名稱，青銅器銘文所見"師"名與卜辭中所出現的稍異。但卜辭中諸師名中"師"後一字是其私名，也可能是族氏名或方國名。如攸、木、虎、犬等都是見於卜辭的方國名。如此，弜師、丁師的性質與師虎、犬師等應該是一致的。

二、寢

商代青銅器銘文中所見"寢某"計有寢至、寢魚、寢出、寢玄、寢趨、寢孜、寢

---

① 張亞初：《商代職官研究》，《古文字研究》第十三輯，中華書局，1986年，第83頁。

蘘、寑印、鼓寑、寑摯、寑馗。見於以下諸器：

寑夆盤（10029）：寑夆。

亞宄父乙卣（5203）：亞寑趕宄父乙。

鼓寑盤（10031）：鼓寑。（二期晚段，同銘二件）

寑印爵（J853）：寑印。（二期晚段，同銘四件）

寑玄爵（8296）：寑玄。

寑出爵（8295）：寑出。（二期晚段，同銘二件）

寑魚簋（J454）：辛卯，王賜寑魚貝，用作父丁彝。（四期）

寑敄簋（3941）：辛亥，王在寑，賞寑敄□貝二朋，用作祖癸寶尊。（四期）

寑蘘鼎（2710）：庚午，王令寑蘘省北田四品，在二月。作册友史賜賣貝，用作父乙尊。羊册。（四期）

寑摯方鼎（《古文字研究》16輯）：甲子，王賜寑摯，賞，用作父辛尊彝。在十月又二，遘祖甲劦日，唯王廿祀。盾佣。（四期）

作册般銅黿（《中國歷史文物》2005年第1期）：丙申，王迓于洹，隻。王射，般射三，率亡廢矢。王令寑馗兄（貺）于作册般，曰：奏于庸，作女寶。（四期）

卜辭中寑是一種建築物，爲居住之所①。其實就是宮室名，如王寑（合32980、懷1595）、東寑（合34067、13569、13570）、西寑（合34067）、新寑（合13571、24950、24951）、祖乙寑（屯南1050、2865）。出於河南安陽西北岡M1400的寑小室盂（10302）銘"寑小室盂"，表明其爲寑之小室中所用之器。

刻辭中，還有"寑"可能是當職官講的，如：

（1）乙丑，寑弘易殳……在寊□……（合35673）

在殷墟末期的肋骨刻辭中，也出現了職官"寑小䇂"：

（2）壬午，王田于麥錄（麓），隻商戠兕，易（賜）宰豐，寑小䇂兄（貺）。在五月，唯王六祀肜日。（《甲骨文合集補編》11299）

張亞初以爲寑是主管官寑之官，大概相當於後世的寑尹②。如《左傳·襄公十八年》："柏舉之役，寑尹由于以背受戈。"在商代青銅器銘文中，寑也應是

---

① 趙誠：《甲骨文簡明詞典——卜辭分類讀本》"寑"字條，中華書局，1988年。
② 張亞初：《商代職官研究》，《古文字研究》第十三輯，中華書局，1986年，第91頁。

職官名。李學勤先生認爲寢孳之寢係官名,當爲管理宮寢者,類似《周禮》的宮伯[1]。常玉芝先生也認爲商代寢官的職能大約與後世周代的"宮人"一樣,是"掌王之六寢之修,爲其井匽,除其不蠲,去其惡臭,共王之沐浴,凡寢中之事,埽除、執燭、共爐炭,凡勞事,四方之舍事,亦如之",並認爲殷墟西區1713號墓中所出的勞動工具與武器,分別是爲王寢之修,爲王巡守、征伐時所用的[2]。寢孜簋中説,在辛亥日,商王在寢,並賞賜給寢孜貝二朋。這一條青銅器銘文資料爲上説也提供了佐證。

如果"寢"這一職官確是王的管理宮寢之官,"寢"這一職官可能是王的近臣,即宮庭内職官。寢官可能由去勢的閹人充任[3],所以常侍於商王左右,除管理王的寢這一本職之外,並參與商王的行政事務,如寢䢅就有"省北田"之事。卜辭還有這樣一條:

(3) 貞,多寢[4]得……(合17503正)

辭中見有"多寢"之稱。青銅器銘文中同屬二期晚段的寢出、鼓寢、寢印;同屬四期的寢魚、寢䢅、寢孜、寢孳、寢馗、寢小㞢,應該就是"多寢"了。

目前所知銘"寢"某之銅器多出土於河南安陽。如1980年出於河南安陽大司空村M539的寢出爵、鼓寢盤[5],1984年出於安陽西區M1713的寢魚簋[6],1986年出於大司空村M25的寢印爵[7];而從作册般銅黿銘文可知,王、作册般、寢馗的活動就在安陽殷墟。如是,寢官自己的生活區域大概就在安陽大司空一帶。與王室生活區較近。這樣也便於出入王命,侍奉商王。

而卜辭還有"婦寢"之稱:

---

[1] 李學勤:《寢孳方鼎和䚄簋》,載於《夏商周年代學札記》,遼寧大學出版社,1999年,第49頁。
[2] 常玉芝:《"寢孳方鼎"銘文及相關問題》,載於《殷商文明暨紀念三星堆遺址發現七十周年國際學術研討會論文集》,社會科學文獻出版社,2003年,第202頁。
[3] 王宇信、楊升南主編:《甲骨學一百年》,社會科學文獻出版社,1999年,第462頁。
[4] 此辭中"多"與"寢"分列兩行,"多"字下已殘,也可能並不能構成"多寢"一詞。
[5] 中國社會科學院考古研究所安陽工作隊:《1980年河南安陽大司空村M539發掘簡報》,《考古》1992年第6期,第509—517頁。
[6] 中國社會科學院考古研究所安陽工作隊:《安陽殷墟西區一七一三號墓的發掘》,《考古》1986年第8期,第703—712頁。
[7] 中國社會科學院考古研究所安陽工作隊:《1986年河南安陽大司空村南地的兩座殷墓》,《考古》1989年第7期,第591—597頁。

（4）己卯卜，大貞：婦寢娩嘉。

貞：婦寢不其……（懷1262）

按婦某的稱名規律，婦後之某多是族氏名。如：婦息（合2355）、婦壴（合2797反）、婦周（合2816）、婦杞（合8995臼）、婦井（合17506臼）等，其婦後之息、壴、周、杞、井等都是國族名。如此，則此辭中的寢也就可能是一族名。婦寢就是嫁於商朝的寢族之女。但這裏的"寢"族，其來源當係來於官名"寢"。卜辭中與此相類似的婦名也並不鮮見。如：婦史（合21975）、婦尹（續5.22.2）。所以婦寢一稱是累官爲氏的又一例證。

商代青銅器銘文中的寢埊、寢魚、寢出、寢趡、寢敄、寢萈、寢印、鼓寢、寢孳、寢馗之寢某，此寢後之某多數也是族氏名號。陳絜先生就認爲埊、魚、出、趡、印、鼓、孳都是族名①。筆者同意這一觀點，並補充論說如下：

關於"埊"，卜辭有"婦埊"（乙6161），可證。

關於"魚"，同爲M1713出土的亞魚鼎與亞魚爵。

關於"出"，青銅器銘文中還有出鼎（1050）與出觚爵（8204）。

關於"趡"，青銅器銘文中還有相關銅器。如亞趡鼎（1419、1420）、亞趡尊（5568）。

關於"印"，青銅器銘文中還有印觶（6039）、出土於陝西綏得縣後王家溝墓的印爵（7361）、印觚（J688）。

關於"鼓"，青銅器銘文中還有鼓觶（6044）、出土於河南洛陽北窰龐家溝的鼓母罍（9780）。

關於"孳"，青銅器銘文中還有亞孳父辛盉（9379），另外3334與6414也是同組之器。

所以這些寢官都是在外有其族氏而在商王朝內爲官者，也可能是各族氏之長。但觀這些族氏，在商代的歷史舞臺上也不是望族（魚族勢力可能比較大），反映在職官上也並不十分顯赫。

但如寢萈銘末有"羊册"。如此，寢萈之"萈"也可能是私名。寢敄之"敄"、寢馗之"馗"出現頻率極低，也可能是私名。

---

① 陳絜：《從商金文的"寢某"稱名形式看殷人的稱名習俗》，《華夏考古》2001年第1期，第87—93頁。

三、宰

商代青銅器銘文所見宰有宰甫、宰椃。見於以下諸器：

宰甫卣（5395）：王來獸自豆麓，在禚師，王饗酒，王光宰甫貝五朋，用作寶鷺。（四期）

宰椃角（9105）：庚申，王在闌，王格，宰椃從。賜貝五朋，用作父丁尊彝。在六月，唯王廿祀翌又五。屙冊。（四期）

甲骨卜辭中，有關宰的記載也比較零星：

(1) ……宰小……十……（合1229反）
(2) 其粟氽在宰。（合31136）
(3) 王曰：即大乙，馭于白麓，盾宰豐。（合35501）

另外還有一條肋骨刻辭中也有宰豐。

由甲骨卜辭與青銅器銘文難以推斷宰的職掌與具體官秩，大體也是王的近衛之官，負責王的生活為主，為宮廷內職官[1]。下面就其族屬略作討論。

宰椃，從銘文可知其為屙冊族人。屙是商代的望族[2]。我們從中可以看出，屙這一族也曾作過作冊一職，並將其作為其族徽的一部分。而宰椃則表明這一族中又有人擔任"宰"一職，也許此宰與作冊一職有一定的關聯。

以宰椃之名的構成例之，"宰甫"之"甫"可能是私名，即如"宰椃"之"椃"當是私名一樣。但"甫"在卜辭中也曾是地名與族氏名[3]。所以筆者還是傾向於此"甫"也是族名。"宰甫"之名表明此人來自甫族而在商王朝任"宰"職。

"宰豐"之"豐"，也可能是族名。商代青銅器銘文中有丁豐卣（4825）、豐父甲卣（4905）、豐父癸爵（8710）、豐爵（《安陽殷墟青銅器》第105頁）。說明這也是豐族人在商王朝任職者。

四、作冊

商代青銅器銘文所見作冊有作冊𢀛、作冊般、作冊豐、作冊兄、作冊友史。見於如下諸器：

---

[1] 王宇信、楊升南主編：《甲骨學一百年》，社會科學文獻出版社，1999年，第461頁。
[2] 曹淑琴：《庚國(族)銅器初探》，《中原文物》1994年第3期，第29—41頁。
[3] 王蘊智：《商代甫族、甫地考》，《鄭州大學學報(社會科學版)》2000年第2期，第100—104頁。

第五章　商代青銅器銘文中的職官　181

六祀邲其卣(5414):乙亥,邲其賜作册睪圼一、珏一,用作祖癸尊彝,在六月,唯王六祀翌日。亞獏。(四期)

作册豐鼎(2711):癸亥,王迻于作册般新宗,王賞作册豐貝,大子賜束大貝,用作父己寶鬻。(四期)

作册般甗(944):王宜人方,無牧。咸。王賞作册般貝,用作父己尊。來册。(四期)

作册兄鼎(J253):作册兄。(四期)

另還有作册般銅黿、寢辰鼎兩器,銘文已如上文所舉。

"作册"一詞常見於《尚書》等古籍中。《尚書·雒誥》:"王命作册逸祝册。"又:"作册逸誥。"逸是人名,"祝册"和"誥"表明所行的職務是掌策命之事。《尚書·顧命》亦有"作册"官名:"丁卯,命作册度。"舊注將"作册"之"作"視爲動詞,孔傳:"命史爲策書法度。"並沒有將其作爲職官名。直至孫詒讓才將"作册"定爲官名,曰:"內史掌策命之事,或即稱爲'作册'。《書·雒誥》云'王命作册,逸祝册'……"[①]認爲作册與內史職責相同,管理册命之事。

銅器銘文出現最多的"作册"一官是作册般,共有三件。因同屬殷墟四期時器,故這三器中的作册般應該就是同一人。在甲骨卜辭中武丁時期有一著名將領"師般",關於這個師般,于省吾推斷其爲《尚書·君奭》中的甘盤[②],是武丁時期的重臣。如果般在殷晚期被作族氏名,則作册般可能就是師般的後裔,與師般屬同一國族。"作册般"之"般"爲人名亦爲國族名[③],但這也還有待於進一步證明。在作册豐(或釋作豐)鼎銘中,作册豐因受賜貝而爲父己作器,而在作册般甗中,作册般也因受賜有貝而爲父己作器。從器銘內容與字體風格而論,兩器均爲殷末帝辛時期之器,基本同時。朱鳳瀚以爲作册般與作册豐(筆者按:即作册豐)可能是兄弟行[④]。但作册豐鼎中所言作册般新宗,是指生人作册般還是已故作册般尚難以肯定,有學者以爲後者的可能性爲大[⑤]。

甲骨卜辭中的作册官名還有兩例:一爲"作册西"(合5658反),另一例爲"作册□"(京703反),殘去人名。另外,出土於甘肅慶陽的一件玉戈上亦有作册

---

① 孫詒讓:《古籀拾遺》卷下,《古籀拾遺　古籀餘論》,中華書局影印,1989年,第35頁上。
② 于省吾:《雙劍誃殷契駢枝續編》,第13頁。
③ 齊文心:《慶陽玉戈銘"作册吾"淺釋》,《出土文獻研究(三)》,中華書局,1998年,第32頁。
④ 朱鳳瀚:《作册般黿探析》,《中國歷史文物》2005年第1期,第9頁。
⑤ 朱鳳瀚:《作册般黿探析》,《中國歷史文物》2005年第1期,第9頁。

官名"作册吾"①。關於這些任作册職的"西"與"吾",齊文心以爲"西"是人名又是國族名。卜辭有"王往省西"、"王省比西"(乙7308)。"西"在此爲具體的地名而非指方向。"作册吾"中的"吾"也是國族名。作册吾表明"吾"國的要人在商朝擔任史官之職。由此,齊文心總結認爲商朝官史的稱謂結構一般由官名和國族名組成。表明商朝存在貢職制度,除任用子姓王室貴族之外,還有相當數量異姓國族的君長或貴族在王朝擔任要職。這是商朝任官制度的重要特點之一②。但如上文所論,作册般與作册豐可能是兄弟,筆者以爲作册豐爲作册般之弟,在作册般新故以後繼任作册一職。果如是,這裏就出現一個情況,那就是"作册般"之"般"與"作册豐"之"豐"是否也是標示其出身的族氏名?作册般亡故後是設有"宗"(作册般新宗)的,當然是一位宗子,即爲其族長,自然有其族號,可能即是"般"。但在作册般甗中,銘末有族徽"來册",因此以"般"爲其族名的可能性不大。作爲其弟的作册豐,可能是另開宗立派,由此也另設族名,可能就是"豐"。西周早期銅器小臣豐卣(5352)中還見有小臣豐,也許與作册豐是同一族氏的。這樣當然也還不能排除其爲族名的可能性。商代銘文中還有作册擎、作册兄。這裏的"擎"、"兄"是否是族名也還不能説明。因此,職官名後一字,是族名還是私名,還應該根據材料詳作分析,而不能簡單化。

西周青銅器銘文中的作册之官,如作册睘(5407、5989)、作册麥(6015)、作册令(6016、9901)、作册紳(5400、5991)、作册嗌(5427)、作册折(6002、9303、9895)、作册瘽(2504)、作册微(2501)、作册寓(2756)、作册吳(9898)、作册魃(5432)、作册矢令(4300、4301)、作册大(2758—2761)。其中作册職官名後一字有很多就是私名。

作册的司掌,按其字面來説,就是起草文書政令。就西周時期作册的職事,學者曾概括爲:獻胙、鑄造禮器、册告、代王出使、管理旗幟③。商代青銅器銘文所示作册的職事,是伐人方,或侍於商王左右迄行。其具體司掌難作推斷,估計也可能兼有軍事事務。寢䘏鼎銘中有"作册友史",則是作册的僚屬④。西周時期的作册內史(4277、10161)可能與之有淵源關係。而西周青銅器銘文中常見的作

---

① 許俊臣:《甘肅慶陽發現商代玉戈》,《文物》1979年第2期,第93頁。
② 齊文心:《慶陽玉戈銘"作册吾"淺釋》,《出土文獻研究(三)》,中華書局,1998年,第32、33頁。
③ 張亞初、劉雨:《西周金文官制研究》,中華書局,1986年,第35頁。
④ 張亞初:《商代職官研究》,《古文字研究》第十三輯,中華書局,1986年,第94頁。

册尹（2805、2817、4244、4279—4282、4286、9723、9724、10170）在商代還沒有出現。

商代或西周青銅器銘文中很多還與族氏名聯綴的"册"字，學者或以爲這一"册"字表示某族氏曾擔任過作册這一官職，綴上册字以示其出身[1]。筆者以爲此說可從。

五、尹

商代青銅器銘文所見尹見於如下諸器：

宁尹鼎（1367）：宁尹。

亞尹鉞（11747、11748、11749）：亞尹。

妣辛鐃（412）：沫秋尹妣辛。

尹簋（J1054）：尹。（四期）

遱鼎（2709）：乙亥，王餗，在鼻帥，王鄉酉（酒），尹光遱，唯各，賞貝，用作父丁彝。唯王征井方。丙。

甲骨卜辭以尹爲官名者很多。如右尹（合23683）、束尹（5425）、族尹（5622）、小尹（屯南601）、纽尹（合34256）。另外還有多尹（合5611）、三尹（合32895）之稱。尹有正、長之義，是某一部門的首長。尹有高低之別，而族尹則不能納入國家職官系統之列[2]。甲骨卜辭中尹的職司爲作大田、作寢、饗，都是國內之事，但亦有出使於外的[3]。尹不但有王室之尹，各地方的國族也有自己的尹[4]。所論至確。

上舉諸銅器銘文中，宁尹鼎、亞父庚祖辛鼎及簋、妣辛鐃、尹簋之尹，可能就屬於地方國族的尹，可能也就是族尹之尹，即族長。河南羅山縣是商代息國的墓地所在，出自河南羅山縣天湖村 M1 中的尹簋，應該就是息國族的尹，而宁尹鼎之宁尹則是宁族之長。

遱鼎中的尹，則還當是王朝行政職官中的尹，代王行賞賜之事。

三件亞尹鉞中的亞尹，它與甲骨卜辭中有亞侯一樣，其性質取決於對亞的解釋。但也可能就是與尹簋之尹一樣，是"亞"族氏之長的用器。

---

[1] 張懋鎔：《試論商周青銅器族徽文字獨特的表現形式》，《文物》2000年第2期，第48頁。
[2] 王宇信、楊升南主編：《甲骨學一百年》，社會科學文獻出版社，1999年，第456頁。
[3] 陳夢家：《殷虛卜辭綜述》，科學出版社，1956年，第517頁。
[4] 陳夢家：《殷虛卜辭綜述》，科學出版社，1956年，第517頁。陳氏以爲："族邦亦有尹，有业族尹。"張亞初、劉雨：《西周金文官制研究》，中華書局，1986年，第55頁。

六、小臣

商代青銅器銘文所見小臣有小臣邑、小臣䜌、小臣俞、小臣缶、小臣兒。見於如下諸器：

小臣邑斝（9249）：癸巳，王賜小臣邑貝十朋，用作母癸尊彝。唯王六祀肜日，在四月。亞矣。

小臣䜌卣（5378、5379）：王賜小臣䜌，賜在寢，用作祖乙尊，爻敢。

小臣俞尊（5990）：丁巳，王省夔宜，王賜小臣俞夔貝。唯王來征人方，唯王十祀又五肜日。

小臣缶鼎（2653）：王賜小臣缶渪積五年，缶用作享大子乙家祀尊。巤，父乙。

小臣兒卣（5351）：汝子小臣兒作己尊彝。

甲骨卜辭中小臣很常見，如：小臣㚔（合5571反、5572反、5573）、小臣中（合5574、5575、16559反）、小臣高（合5576正）、小臣鬼（合5577）、小臣妥（合5578、27890）、小臣從（合5579反）、小臣牆（合5600、36481正）、小臣詠（合27878、27879）、小臣口（合27884、27889）、小臣剌（合27884、27885正）、小臣稟（合27888）、小臣歔（合27889）、小臣𦎫（合28011）、小臣臨（合36418）、小臣醓（合36419）、小臣囚（合27875、27876）、小臣缶（前4·27·3）。

關於甲骨卜辭與記事刻辭中的這些小臣，學界研究較多，也比較充分。據張永山研究，小臣的主要活動情況爲：一、管理農業生産；二、參加祭祀有關活動，如整治甲骨；三、參加征伐；四、執行商王的其他使命；朝見和納貢；五、侍奉商王的日常生活[1]。而卜辭中小臣的工作職别和來源有不同，社會身份也有高低之分，既不能籠統地稱爲官史，也不能簡單地定爲奴隷。如畢、妥這類小臣，是貴族子弟在商王左右充當小臣，也是朝廷的重要人物。如中、缶、口等，是商王國境内某地或某族之人入朝爲小臣者。如醓、歔等，則是方國派至大邑商的代表，有質子的性質[2]。所論允當。商代青銅器銘文中的諸小臣，其職司與來源（性質）也不出張永山所歸納的範疇。如：

---

[1] 張永山：《殷契小臣辨正》，載《甲骨文與殷商史》，上海古籍出版社，1983年，第60—64頁。
[2] 張永山：《殷契小臣辨正》，載《甲骨文與殷商史》，上海古籍出版社，1983年，第66—69頁。

小臣邑："邑"還見於以下諸器,爲一族名。河南安陽殷墟西區M874出土的邑祖辛父辛觶(6463)和邑云祖辛父辛鼎；邑爵(7588、7589)；亞車邑瓿(9958)以及山西靈石縣㫋介村M1出土的邑鼎(J170)。殷墟四期時的邑族銅器同時出現在安陽殷墟與山西靈石,此小臣邑可能就像張先生所論的有質子類的性質。但小臣邑斝銘末還綴有亞矣,是一族名。這表明小臣邑又是出自亞矣族的。亞矣族在殷墟二期時就已出現,邑族當是亞矣族的一個分支小族。

小臣㽙：20世紀30年代於安陽侯家莊西北岡王陵區HPKM1003墓道擾土中出土一件殘石簋,在簋耳外壁刻有兩行13字："辛丑,小臣㽙入㠯,宜,才(在)噩,以簋。"①此簋與上舉二件銅卣皆乙、辛時器,當屬同一人之物。另外,戈涉㽙爵(8809)、㽙戈(10686)表明㽙可能也是族氏名。小臣㽙卣表明小臣㽙與夊敢族有淵源關係。

小臣俞：見有"俞"的銅器還有：亞俞曆作祖己鼎(2245)、亞父庚祖辛鼎(2363)與亞父庚祖辛簋(3683)、林亞俞卣(5013)、俞舌盤(10035)。此"俞"也當是族氏名。

小臣缶：據小臣缶鼎銘文可知小臣缶屬於嬰族。而"缶"本身也可能是一族名。如：偶缶作祖癸簋(3601)。缶族與嬰族的關係當是支族與母族的關係。

小臣兒：西周早期銅器銘文中"兒"也有出現。中甗(949)銘中就有"史兒",代宣王命。1974年陝西寶雞市茹家莊M1中出兒鼎3件(1037—1039)、兒簋3件(2938—2940),表明寶雞市茹家莊一帶是西周早期兒族的居地。

以上所舉諸小臣銅器,均爲殷末期之器,而小臣的族系相對來說都比較枝蔓,多是二級支族中的人物。說明這一階段人口增長較速,族群分化的加劇。

七、史

商代青銅器銘文中所見銘有"史"的青銅器91件,其中大量的單銘"史"字,有72件。其他的則多與日名共出。有幾件器銘文則比較特殊,列之如下：

亞史觚(6976)：亞史。

史犬爵(8188)：史犬。

---

① 梁思永、高去尋：《侯家莊第四本·1003號大墓》,中研院歷史語言研究所,1967年,圖版貳柒。

史甪作彝斝(9235)：史甪作彝。

史放壺(9490)：史放。

史册戈(10875)：史册。

亞薛父己史鼎(2014)：亞薛父己史。

史官在我國歷史上極爲常見，《周禮·天官·冢宰》中説："史掌官書以贊治。"説明史是掌管記事之官。許慎在《説文》中將"史"解釋爲："史，記事者也，从又持中，中，正也。"但甲骨卜辭中的史還常參與祭祀和征伐活動。而胡厚宣甚而認爲商代的史爲武官，在甲骨文卜辭中常擔任征伐之事。史官擔任征伐，常駐在外，散居東南西北四方：東史、西史、北史、立史於南。因史官常駐在外地，所以又稱在某地之史：沚史、戉史。而對史官的任命，還有一種儀式稱"立史"。稱作"立某史"、"某立史"。史官之名，有"大史"，有"小史"，合稱"二史"①。其實在商代，職官的司掌與事務許多是重合的，職司尚未徹底分化，"史"常參與征伐之事，但並不能以此就論定"史"就爲武官。

我們承認"史"在商代爲一職官名。但從青銅器銘文中"史"的出現情況來看，青銅器銘文中的"史"，很可能是被用作族氏名的。但"史"族之族名的起源顯是來自官名。概此族人累世爲史官，遂以"史"爲其族氏名。那些單銘"史"的銅器，則既有"史"官之意，也有"史"族之意。

八、牧

商代青銅器銘文中"牧"作兩形，一爲"牧"，二爲"敉"。兩者或有區别，但其性質可能是近同的，所以放在一起討論。

作"牧"形者較少，僅出現5件。其形式有二。

1. 亞牧：456、502、6158。

2. 牧：6226、8016。

作"敉"者則甚衆，達34件。其出現形式有六。

1. 敉（以下諸稱中都有加日名的情況，下略）：444、4753、4906、4931、6344、6662、6663、7087、7104。

---

① 胡厚宣：《殷代的史爲武官説》，載《全國商史學術討論會論文集》，《殷都學刊》增刊，1985年，第183—197頁。

2. 左敉：1372、1738。

3. 右敉：1739、1875、1939、5077、5174、5740、7303、8195、8196、8197、9084、9085、9772、9955。

4. 亞敉：6973、7801。

5. 亞高敉：9807。

6. 亞右敉：10946—10951（器形均爲戈）。

"牧"曾是一地域性的概念。《爾雅·釋地》曰："邑外謂之郊，郊外謂之牧。"《周禮·地官·載師》中也有"以牧田任遠郊之地"。宋鎮豪以爲牧是邑與邑、國與國之間草萊未闢的隙地，凡經濟實力雄厚、政治勢力強大者，常得而據爲田獵地，或闢而成爲牧場①。

祭祀與生產生活及戰事都需大量的牲畜，設置牧場的同時自然也需設立管理人員，其主管就是牧。所以在甲骨文、青銅器銘文中，"牧"既有牧場之意，也有牧官之意。"牧"授與職位謂稱"册"：

（1）……卜，賓貞：牧稱册……登人敦……（合7343）

關於牧的稱謂，則分三種情形：

其一，就某地所在而稱之爲"某牧"，如：丂牧（合32616）、𠦪牧（合36969）、易牧（遺758）、兖牧（屯南2191）、商牧（合5597）。

其二，以方位詞統稱某一地域内的諸牧，如：南牧、北牧（合28351）、左牧、右牧（合28769）、中牧（合32982）。𠦪牧屬於右牧。右牧之首私名爲墨。

其三，前冠以數字，如：二牧（甲1131）、三牧（合1309）、九牧（天理510）。

張亞初以爲左牧、中牧、右牧合稱爲"三牧"②。而宋鎮豪則認爲這是商王朝利用周圍隙地開闢爲牧場、據點或田獵地，用數目加以編次③。其實，所謂三敉（牧）就是三個牧的統稱，具體有可能指任何一個牧，可能就是指在山西南部與愛、兹等族位置接近的三個牧。牧前的二、三或九等數字可能没有序數的含義。《逸周書·度邑解》云："維王克殷，國君諸侯，乃厥獻民征主九牧之師，見王于殷郊。"也説明九牧之九是爲概數。

---

① 宋鎮豪：《論商代的政治地理架構》，載《中國社會科學院歷史研究所學刊》第一輯，社會科學文獻出版社，2001年，第26頁。
② 張亞初：《商代職官研究》，《古文字研究》第十三輯，中華書局，1986年，第86頁。
③ 宋鎮豪：《論商代的政治地理架構》，載《中國社會科學院歷史研究所學刊》第一輯，社會科學文獻出版社，2001年10月，第26頁。

關於這些牧的所在，丂地在晉南一帶，易地在山西太谷縣一帶，南、北牧在山西汾水流域，右牧與中牧均在攸侯的邊緣地帶，其地在河南南部或安徽北部，其地均與商王都較遠①。就銘有牧字之銅器的出土地而言，1962年河北豐寧出土一件亞牧鬲（456）。銘攸者有出土地者有5件，其中出土於或傳説出於河南安陽的有四件（1738、7801、1875、5740），還有一件出土於陝西西安袁家崖村墓葬（8197）。出土地似乎没有明顯的地域性。就河北與西安兩件及下文中的四川與陝西兩件而論，牧（攸）的活動地域確實與商王都有較大的空間距離。

牧的設置多在邊鄙地區，是作爲一種控制外服國族的政策而被實施的。牧除負擔貢納牲畜之責任外（甲骨卜辭中作此解的例子卻很少），還要從事征伐與戍守。在對羌與人方的戰事中發揮作用。

（2）牧入十，在漁。（合14149反）
（3）牧隻羌。（英598）

商末周初時，銅器銘文中又出現有"牧正"的稱謂。如1979年出土於陝西隴縣韋家莊墓的牧正尊（5575）；同年出土於四川彭縣竹瓦街的牧正父已觶（6406）。對於此"牧正"，宋鎮豪認爲是與商王朝曾有過結盟交好關係的邊地族落之長②，是有道理的。《禮記·曲禮下》："九州之長，入天子之國，曰牧。天子同姓，謂之叔父。異姓，謂之叔舅。于外，曰侯。于其國，曰君。"説明在殷末至周代，牧的職權有不斷上升的過程。

關於牧與攸，其作爲職官的性質是一樣的，但具體而言似乎還應該有所區別。正如甲骨卜辭中牢與宰是有區別的一樣。也許牧者側重於畜牧牛而攸則側重於畜牧羊。另外，就甲骨卜辭中有關材料來看，多用"牧"字（或从彳，偶从辵），而"攸"則少見；而在青銅器銘文中，則"攸"卻遠遠多於"牧"，這種明顯的不均衡性是否會有其内在的背景，可作進一步探究。

另外，從青銅器銘文與甲骨卜辭也可看出，在諸牧之中，右攸的出現頻率是最高的。與"牧"器及"左攸"器比較，只有"右攸"銅器中出現了兵器——戈。所以，右攸一系當是所有商代諸牧中實力與權勢最爲强大的。同史官一

---

① 林歡：《甲骨文諸"牧"考》，載《殷商文明暨紀念三星堆遺址發現七十周年國際學術研討會論文集》，社會科學文獻出版社，2003年，第250—254頁。
② 宋鎮豪：《論商代的政治地理架構》，載《中國社會科學院歷史研究所學刊》第一輯，社會科學文獻出版社，2001年，第26頁。

樣,亞牧、亞㱿與亞右㱿表明牧官也有被轉用作族氏名號的。而"亞高㱿"表明,㱿族還新分化出一支名"高"的亞族氏。此㱿高族可能即是從右㱿一系中分出的。

九、戍

商代青銅器銘文所見"戍"有戍嗣、戍鈴、戍㝵、戍甬。

戍嗣鼎(2708):丙午,王賞戍嗣貝廿朋,在闌宗,用作父癸寶鼒。唯王饗闌大室,在九月。犬魚。

戍鈴方彝(9894):己酉,戍鈴尊宜于召康鹿,𧵥九律,𧵥賞貝十朋、丏狀,用宝丁宗彝。在九月,隹王十祀劦日,五,隹來束。

無壽觚(J757):戍㝵無壽作祖戊彝。

戍甬鼎(2694):亞印。丁卯,王令宜子逘(會)西方于眚(省),唯返,王賞戍甬貝二朋,用作父乙。

甲骨刻辭中常見"戍某"之稱,就筆者所見,甲骨刻辭中的"戍某"有:戍朱(合6)、戍囗、戍屰、戍何、戍逐、戍𧵥(合26879)、戍𩰲(合26883)、戍衛(合26888)、戍㑚(合26892)、戍辟(合26895)、戍㘡(合26898)、戍馬(合27966)、戍冒(合27968)、戍失(合27975)、戍盾(合27975)、戍𢦏(合27987)、戍舎(合27997)、戍官(合28033)、戍𤰔(合28038)、戍吝(合28038)、戍永(屯南1008)、戍禹(合28044)、戍爯(合28043)、戍武(合28047)、戍㪇(合28052)、戍值(合28058)、戍得(合28094)、戍允(合28029)、戍𦓐(屯南942)、戍岳(屯南3107)、戍甲(合27995)。

關於這些"戍某",陳夢家以爲"戍"當是官名,"戍某"之"某"乃是族邦之名[1]。上舉31個"戍某"之"某",部分又在甲骨刻辭中用作地名、族名、人名,部分也出現在商代青銅器銘文中,多用作族氏名。戍甬鼎中的"戍甬"之"甬",也有學者認爲是族氏名[2]。有學者認爲"有些戍卒隊伍很可能由被征服族組成的,戍官就是被征服的族長"[3],大體可信。但有些地方的戍官所屬戍族,也不一定是被征服之族,如"戍舎"之"舎",就甲骨刻辭所見,從武丁至帝辛基

---

[1] 陳夢家:《殷虛卜辭綜述》,科學出版社,1956年,第516頁。
[2] 張亞初:《兩周銘文所見某生考》,《考古與文物》1983年第5期,第89頁。
[3] 趙佩馨:《安陽後崗圓形葬坑性質的討論》,《考古》1960年第6期,第35—36頁。

本都與商王朝保持友好的關係，未見有戰事與商王朝發生。而一些商代的貴族首領也常被商王派遣去執行戍守任務，如：

（1）貞：勿呼雀戍。（合3227）

雀是商王朝的高層人物。這也許是戰事吃緊的權宜之舉。但由此也可推論，以上所舉31例戍某中，不能排除有留守一方的商人本族力量。商王對去戍守時經過路線的安全也很關心：

（2）戍叀䜌行……

　　　　叀向行用，戈羌方。（合27978）

"行"指道路①。辭中的䜌行、向行即是選擇戍守行軍路線。以上兩辭卜問經由䜌行、向行時是否會遭遇羌方。義地一帶也是羌方常出沒之地，卜辭又有：

（3）其呼戍禦羌方于義，即戈羌方，不喪眾。

　　　　戍其歸呼駦，王弗每。

　　　　戍其遲，毋歸，于之若，戈羌方。（合27972）

即是讓戍在義地抗擊羌方，並且長時間留守而不得返回。這也表明戍的主要職責是守衛，並且駐防時間較長。估計義地處在商與羌方的邊界地帶。戍長時間在外戍守，其戍守之地就有一定的防衛與居住設施②。

（4）方其至于戍𠂤。（屯728）

"𠂤"或讀爲"次"，爲軍隊的駐留地。"戍𠂤"即是戍卒行軍駐留戍守的軍營。

戍官的卒眾是以族爲單位組成的，有時也以聯軍的形式增強軍事力量共同對付敵患。卜辭中有"五族戍"，即是部署於同一地域內的五個戍的統稱。

（5）王叀次令五族戍羌方。（合28053）

此五族戍之五族，由合26879辭可知，即是戍囗、戍屰、戍何、戍逐、戍𣴎五個戍的集合。但戍不止五族，由甲骨刻辭及商代青銅器銘文可知，有商一代至少有36個戍某。戍某多數當部署在邊界地區，但也有的戍某可能也在王畿附近，如河南安陽後崗殉葬坑出土的戍嗣鼎中的戍嗣，可能是商之貴族，而居留於"闌宗"。

戍作爲一種軍事編制，又有右、中、左之分。如：

---

① 連劭名：《殷墟卜辭中的戍和奠》，《殷都學刊》1997年第2期，第3頁。
② 王宇信：《山東桓臺史家"戍寧觚"的再認識及其啟示》，載《夏商周文明研究——'97山東桓臺中國殷商文明國際學術研討會論文集》，中國文聯出版社，1999年，第21頁。文中釋"戍𠂤"爲"戍阜"。

(6) 右戍不雉眾。
中戍不雉眾。
左戍不雉眾。
癸酉卜，戍伐右牧𢀛啟人方，戍有𢦏。（屯2320）

但這一分法是基於同一戍之內部區分還是不同戍某之間的統一規劃，目前尚難區分。如果參照右牧、中牧、左牧的情況，估計還是以後者的可能性爲大，右戍、中戍、左戍之稱與五族戍一樣，可能也是一種軍事調度上與作戰單位上的統稱。

戍的職責除戍守與征伐之外，還有管理眾與王眾之職，如上引第（6）辭。"雉眾"與"雉王眾"即是將"眾"編入戍隊中[①]。由此可知，戍的構成人員身份是"眾"。雉眾其實也就是戍的兵員補充的重要環節，其實也還是戍的軍事職能的組成部分。

戍事除此之外，還有一項內容似乎與戰事無關，那就是進行祭祀活動"霝"（舞雩）以及"射"（田獵）[②]。

(7) 王其呼戍霝盂有雨。（合28180）

進行求雨之祭與田獵，筆者推測這都與戍眾的生業有關。戍守一地時間較長，必須生活自給，除進行狩獵外，戍自之地可能還有農業生產活動，故時而進行求雨之祭，以求軍糧之用。戍鈴方彝銘中的"戍鈴"也要"尊宜于召康庚"，即在宗廟中進行宜祭。《爾雅·釋天》："起大事，動大眾，必先有事乎社而後出，謂之宜。"可知戍鈴進行宜祭當與進行軍事行動有關。

十、侯

商代青銅器銘文中所見"某侯"者也不多，除一器單銘"侯"外，"某侯"僅如下四例：正侯、子侯、冒侯、甌侯妊。

正侯簋（3127）：正侯。（出於河南安陽小屯村M18，二期）

侯瓿（9943）：侯。（二期）

子侯卣（4847）：子侯。

孝卣（5377）：丁亥，虮賜孝貝，用作祖丁彝。亞吳冒侯。

[①] 王宇信、楊升南：《甲骨學一百年》，社會科學文獻出版社，1999年，第494頁。
[②] 陳夢家：《殷虛卜辭綜述》，科學出版社，1956年，第516頁。

亞矣妣辛觶（6464）：亞矣曩侯。妣辛。（四期或周早）

其侯亞矣父己器（10559）：其侯亞矣父己。

𣪘侯妊尊（《保續》79頁）：𣪘侯妊。（四期）

學者多以爲"侯"是爵稱，是商代的外服職官①。據統計，見於甲骨文的"侯某"有18位；稱"某侯"的有31位，共49位②。與甲骨刻辭中的"某侯"與"侯某"相對比，只有"曩侯"一"侯"見於甲骨刻辭，如合集36416。"正侯"、"子侯"、"𣪘侯妊"目前僅出現在青銅器銘文中。

"正侯"之"正"在青銅器銘文中多用作族氏名，"正侯"則説明青銅器銘文中的"正"族氏當是商代的一個侯國。

"子侯"之名則有些特別。青銅器銘文中的"子"或單出，或以"子某"或"某子"的形式出現。"子"是一種身份，即宗族族長。所以這裏的"子侯"也可能與"子漁"、"子央"一樣屬於"子某"的範疇。但甲骨刻辭中還有這樣的侯稱：侯任（合6963）、侯侯（合20650）、侯田（合36528反），其中的"任"、"侯"、"田"可能爲爵名或私名。從青銅器銘文中的子父辛（1661）、子祖辛（7082）等銘來看，"子"也不能完全排除是族氏名的可能性。故還是將"子侯"一稱附於此。

"𣪘侯妊"一稱爲青銅器銘文首見。但"𣪘"則早已爲人所知。屬於殷墟三、四期的文暊父丁卣（5155）銘作："文暊父丁。文暊父丁。𣪘。"此又出現"𣪘侯"，説明"𣪘"是一個國族。"𣪘侯妊"之"妊"，有學者認爲是"母壬"二字的合文，這件器是"𣪘侯"爲"母壬"所作的一件祭器③。楊升南認爲從"𫵥侯虎"可稱爲"𫵥侯"、"侯虎"，"攸侯喜"可稱爲"攸侯"、"侯喜"得知，"侯"前的"𫵥"、"攸"是國名，"侯"之後的"虎"、"喜"是私名④。筆者以爲"𣪘侯妊"之"妊"還是作"𣪘侯"之私名解比較合適。殷墟婦好墓中出土的一件石磬，其上刻有"妊竹入石"，表明此物是妊竹所貢獻的。就此石磬之"妊竹"名而言，也

---

① 董作賓：《五等爵在殷商》，《中研院歷史語言研究所集刊》第6本第3分，1936年，第413—430頁。陳夢家：《殷虚卜辭綜述》，科學出版社，1956年，第325—332頁。楊升南：《卜辭中所見諸侯對商王室的臣屬關係》，載《甲骨文與殷商史》，上海古籍出版社，1983年。

② 王宇信、楊升南：《甲骨學一百年》，社會科學文獻出版社，1999年，第463頁。

③ 李零、董珊：《𣪘侯尊》，載《保利藏金續》，嶺南美術出版社，2001年，第77—79頁。

④ 楊升南：《卜辭中所見諸侯對商王室的臣屬關係》，載《甲骨文與殷商史》，上海古籍出版社，1983年，第129頁。

第五章 商代青銅器銘文中的職官

不能判定"妊竹"是女性或男性。

十一、射

商代青銅器銘文中所見"射"也不多。出現在三類銘文中：一爲"桑婦射"（1377、1378、1379、6878、10286），一爲"🦌射"與"射🦌"（8215、8904），一爲"射"（7634）。

在甲内刻辭中，"射"有三意：

其一，動詞。如：呼射鹿，隻。（合10276）

其二，地名。如：癸巳卜，在長貞：王迻于射，往來亡𢦔。（合36775）

其三，職官或人物。

（1）……廼呼歸衛、射、亞。（合27941）

（2）射伐羌。（合6618）

（3）失以射先。一月。（合5767）賓

（1）辭中"射"與"衛"、"亞"並列，當是職官無疑。（3）"射"作爲"失"的先頭部隊。（2）辭中"射"征伐羌人。這些都表明"射"是武官①。就商代青銅器銘文而言，尚難以對銘文中"射"的來源或歸屬進行定性分析，青銅器銘文中的"射"有可能是一地名性的族氏銘文，也可能是職官名（或來源於職官的族氏名）。甲骨刻辭中作職官身份的"射"很常見：射告（花東264）、射戓（合5792）、射佣（合13）。如果青銅器銘文中的"射"也是武官意義上的"射"，則"🦌射"與"射🦌"當與上舉射何、射告、射俞、射戓、射佣性質是一致的。"射"後一字爲族氏名或方國名。這些射🦌、射何、射告、射俞、射戓、射佣應該就是甲骨刻辭中所稱的"多射"：

（4）乙酉卜，爭貞：今夕令失以多射先陟……（合5738）

射的組成人員是射手，常以三百作爲其組織編制：

（5）戊辰卜，内貞：肇旁射。（合5776正）

（6）癸巳卜，𣪊貞：令𣪠盖三百射。（合5771）

甲骨刻辭中有旁方（合6666），（5）辭中的"旁射"當即旁方之射手，而（6）

---

① 陳夢家：《殷虛卜辭綜述》，科學出版社，1956年，第511—514頁。

辭中的"盖"有教導之意①,"羑"是人名,也是族氏名,此辭説明"羑"需負責對射手的訓練。由此二辭可知,部分族氏或方國都有自己的射手等武裝。射手戰時用於戰事,平時多參加狩獵活動。射箭應是當時男子的一項基本技能。近年新出的作册般銅黿②銘曰:"丙申,王迩于洹,隻。王射,般射三,率無廢矢。王令寢馗既于作册般,曰:奏于庸,作女寳。"銅黿身上細緻地表現了四枚矢尾,正是時人好射的寫照。甲骨文中還有這樣的刻辭:

(7)丁未卜,象來涉,其呼麟射……(屯南2539)

辭中説有象過河而叫射手去射殺它,其中的"麟"可能是某一類射手的專稱,從字形看,似乎是專業於射鹿的,應該是一種經過專門特别訓練的射手,因爲大象畢竟是大型動物,所以占卜是否呼"麟"來射殺。如此看來,射手之中還有一定的專門技能上的區分。不過,這也提示我們,青銅器銘文中的"射"或"射"是否也有可能是一個字,即可能是某一類射手的專稱?留此待考。

十二、葡

商代青銅器銘文中"葡"出現的模式有三種。

其一,單銘"葡",此多見於殷墟二、三期,出土地點在河南安陽。鼎(1215、1216、1217)、卣(4780、4781)、尊(5464)、觶(6052)、爵(7635、7636)、斝(9142)、盤(10012)、戈(10728)。

其二,"葡"加日名,此多見於殷墟三、四期。箙父乙鼎(1539)、箙父庚鼎(1625)、箙父乙簋(3157)、箙戊爵(J859)。

其三,"葡"加族氏名加日名,此見於殷墟二、三、四期,出土地點在河南安陽。◇睪葡(3302、7188、8814)、葡(846、5101)、葡貝(4882)、戈葡(5047、J654、安陽戚家莊東M235③)、葡册戊(5169)、眔子弓葡(5142)、衛葡(5748)、葡(6386)、辛葡(7249、8242)、葡(8140)、五葡(8240)、葡失(8241、J947)、葡(8929)、葡參(9370)、葡(J596)、絴葡(J219)、寧葡(安陽戚家莊東M63④)、葡亞

---

① 陳夢家:《殷虚卜辭綜述》,科學出版社,1956年,第513頁。
② 朱鳳瀚:《作册般黿探析》,《中國歷史文物》2005年第1期,封面。
③ 見安陽市文物工作隊、安陽市博物館:《安陽殷墟青銅器》,中州古籍出版社,1993年,第80、81頁,共2件。
④ 見安陽市文物工作隊、安陽市博物館:《安陽殷墟青銅器》,中州古籍出版社,1993年,第75—79頁,共7件。

唬奊(9102)。

在甲骨刻辭中，"葡"的含義有四：

其一，祭名。

（1）丙午卜，貞：㚔尊歲羌卅卯三宰葡一牛于宗，用。八月。（合320）

其二，人名或族氏名。

（2）癸丑卜，葡貞：……（合3902）

（3）戊申，邑示一屯。葡。（英427）

其三，地名。

（4）葡受年。（合9741正）

其四，職官①。

（5）……多葡……（合5804）

青銅器銘文中的"葡"與甲骨文中的"葡"比較，都有甲文第二至第四種含義的可能。集成9102的葡亞作父癸角銘曰："丙申王賜葡亞唬奊貝，在彙，用作父癸彝。"其中"唬"的出現頻率很低，可能是一人的私名，而"葡亞"並稱，"葡"在這裏可能是職官名。而上舉青銅器銘文第三類的"葡某"與甲文中的"葡旋"與"葡ƒ"形式一致，其性質可能也是一樣的，這些"葡某"可能就是甲文中的"多葡"。與箙共出的多是族氏名，如旋（1051）、亞䍙（9415）、ᕯ（6224）、戉（1213）、牵（6626）、失（5443）等。筆者傾向於認爲這些青銅器銘文中的"葡某"是一種職官名加族氏名（不排除其中有的是私名）的稱名方式，在青銅器銘文中用作族氏名號。至於"葡"的權屬，限於資料，尚難説明。

十三、田

商代青銅器銘文中的"田"有兩類，一是作"田畝"之"田"用，如寢蘎鼎（2710）之"北田四品"；二祀邲其卣（5412）之"夆田"；另一類是源於職事的族氏銘文"田"或"田某"。後者在青銅器銘文中出現模式有三種。

其一，單銘"田"，有出土地點者皆爲河南安陽。能定時代者爲殷墟三期。

田爵（7700）、田戈（10738、10739、10740）、田鉞（11735）。

其二，"田"加日名，有出土地點者皆爲山東長清。能定時代者爲殷墟

---

① 陳夢家：《殷虛卜辭綜述》，科學出版社，1956年，第508頁。文中將"葡（箙）"列於武官。

四期。

田父辛（1642）、田父甲（3142、4903、8368、9205、9785）。

其三,"田"加族氏名。有出土地點者皆在河南安陽。能定時代者爲三、四期。

其中以"告田"最常見:

鼎（1482、1483）、卣（5056、5347）、斝（6191）、觚（7013）、爵（8903）、觥（9257）、不明器（10536）。

另還見有:毛田舌（5019）、㐬田（7012、9190）、田干（9227）、𢍰田（J741、J894）。

甲骨刻辭中"田"的含義有三:

其一,畋獵地。

（1）庚申卜,王其省戈田,于辛,屯日亡〔𢦏〕。（屯1013）

其二,畋獵。

（2）戊午王卜,貞:田寖,往來亡𢦏。王固曰:吉。（合37746）

其三,職官。

（3）貞:犬比田。（懷1344）

（4）……以多田、亞、任……（合32992）

裘錫圭將甲骨刻辭中的"在某田"與"在某犬"相對比,認爲兩者辭例相同,"田"與"犬"都是職官名。這種"田"官是被商王派駐在商都以外某地從事墾田的職官。這些"田"官,因長期固定在一個地方墾田,後來就發展成爲諸侯那樣的人物。商代晚期卜辭常見的"多田"就是由墾田發展成的諸侯[①]。由甲骨刻辭可知,"田"與"犬"在軍事上相互配合行動、在宗教性活動中與"戍"共舞,並與"亞"、"任"並列,就說明"田"官的地位與性質可能是接近的。

商代青銅器銘文中的告田、毛田舌、㐬田、田干、𢍰田當屬甲骨刻辭"多田"的行列。"田"銘青銅器集中出土於河南安陽與山東長清兩地。安陽作爲商代晚期的政治權力中心,有很多職官集中於附近。但山東長清一地無疑當是商代晚期"田"官或其累世爲"田"官而得以"田"爲氏族群的重要分佈地。"田"的

---

① 裘錫圭:《甲骨卜辭中所見的"田""牧""衛"等職官的研究》,《文史》第十九輯,中華書局,1983年。

職司也可能不光是墾田，還可能負責管理一定的田獵區，據鍾柏生研究，甲骨刻辭中地望可考的136個田獵地地名中，位於殷東及東北的有59地，殷南及殷東南的50地，殷西的27地①。而"田"所作之器有象徵軍事權的戈、鉞等，也表明此"田"的存在，當有軍事上的意義。商代晚期東方戰事頻仍，山東長清的田官，庶幾與此有關。

青銅器銘文中"多田"之一的"告田"，是所有"田"中作器最多的，地位顯赫。就商代甲、金文所見，告族的整體地位都極爲顯赫，此族還有告子（合4735）、侯告（合401）、射告（花東264）、冊告（4872）、亞告（7828）、告宁（1368）。

十四、犬

商代青銅器銘文中"犬"的出現形式有三。

其一，"子犬"，屬子某系列。僅一見：子父乙甗（838，三、四期）：子犬父乙。

其二，單銘"犬"或"犬"加日名：觚（考古88年3期、6647）、爵（7524、7525、7526）、鼎（1565）、卣（4826）。

其三，"犬"加職官名或族氏名：亞犬（7803、7804、10840，四期）、亞犬冉（6356，三、四期）、亞𠂤犬（7179，二期）、史犬（8188）、犬山，（6496）、犬山（8866）、𠆢犬犬魚（2117）、犬魚（2708，四期）、𠚣犬（8867）、天犬（9489）、車犬（J864，三期）、犬𠂤（2113）。

甲骨刻辭中"犬"的含義有三。

其一，動物（犧牲）。

所謂燎犬、屮犬、來犬，都是用犬作爲犧牲用於祭祀或方國向商王朝進獻犬牲。

其二，方國、人物。

（1）己卯卜，㱿貞：令多子族比犬侯𡚤周，由王事。五月。（合6812正）

（2）……二十屯。𡆥示。犬。（合17599反）

其三，犬官。

甲骨刻辭中恒見犬報告獸情。楊樹達以爲"犬職官司狩獵，而《周禮》犬

---

① 鍾柏生：《殷商卜辭地理論叢·卜辭中所見殷王田獵地名考》，藝文印書館，1989年，第84—166頁。

人職掌犬牲,與狩獵無涉,知名偶同而實則異也。余謂殷人犬職蓋與《周禮》地官之跡人相當,跡人職云:'掌邦田之地政,爲之屬禁而守之。凡田獵者受令焉。禁麛卵者與毒矢射者。'據此知跡人與犬名號雖異,職掌實同"①。當然在報告獸情之外,也可報告相關地域的其他情況:

(3)……卜,犬來告有希。(合33359)

凡商王田獵之地多設有犬官,以伺察獸情②:盂犬(合27907);牢犬(合27921);狽犬(合27900);盖犬、極犬(屯南4584);香犬(合27911);成犬(合27914);祝犬(屯南106)。以上的盂、牢、狽、盖、極、香、成、祝爲地名,當是該地的犬官。犬所在還有一定的建築設施"俹":

(4)辛卯卜,王其田至于犬俹東,湄日亡戈。徣王。(合9388)
甲骨刻辭中還有"盂俹"、"牢俹"等,裘錫圭認爲"俹似是性質跟後世的行宮相類的一種建築"③。

甲骨刻辭中還有"犬某"之稱:犬㝬(合36424)、犬𤔲(合37386)、犬𠬝(合29247)、犬口(合28343)、犬虎(合28323)、犬辰(合27917)、犬失(合27905)、犬中(合27902)、犬自(屯南2618)、犬𠂤(合27909)、犬茲(合5667)、犬延(合4630)、犬言(屯南2329)、犬壬(屯南625)。"犬"後一字多是族氏名或方國名,可能是各族或方國之任"犬"職者。這些"犬某"除部分行爲性質不明外,多數也是參與獵狩之事,其實與上舉所列之"某犬"性質當是一致的。青銅器銘文中的犬山、犬魚、𩵋犬、天犬、車犬、犬言,其性質當與此同。這些"犬某"與"某犬",當屬甲骨刻辭中出現的"多犬"行列,而這些"多犬"也多與狩獵有關:

(5)壬戌卜,㱿貞:呼多犬網鹿于𠼢,八月。(合10976正)

在與其他職官的關係方面。"犬"似乎和"田"的關係最爲密切:

(6)貞:犬比田。(懷1344)

"犬某"與"田某"在實際行動中的相互配合,說明兩者的職司或所管轄的地域有相關之處。

青銅器銘文中還有"亞犬"、"史犬",但尚不見於甲骨刻辭。如前文所

---

① 楊樹達:《積微居甲文說·釋犬》,中國科學院,1954年,第18頁。
② 李學勤:《殷代地理簡論》,科學出版社,1959年,第6頁。
③ 裘錫圭:《古文字論集》,中華書局,1992年,第1頁。

敘，"亞"、"史"可能是職官名，也可能是族氏名，而"犬"也有族氏、方國名與職官名幾種情況，綜合起來，則"亞犬"與"史犬"或是亞與史兩族中任"犬"職者，或犬族中任"亞"、"史"職者。但限於材料，具體屬於哪種情況，尚不能分清。

十五、衛

商代青銅器銘文中的"衛"出現形式主要有三種。

其一，"子衛"（三期）。

鼎（1311、1312、殷虛青銅器圖版六四）、斛（6420）、觚（6902、6903、6904、6905）、爵（8087、8088、8089、8090）、不知名器（10515）。

其二，單銘"衛"或"衛"加日名（一、二、三、四期）。

鼎（1052、1594、92、花園莊南M115:1）、簋（2944）、尊（5631、5646）、觚（6638、6639）、爵（7490、7491、8063、8458）、戈（10690）、鉞（11727）。

其三，"衛"加族氏名或職官名（有的有日名，三、四期）。

衛典（1358、4873、5010、5051）、衛典歔（10046、10395）、衛册（9072、J734）、衛辰（5580、6400、7242、8930）、衛葡（5748）、弓衛（7068、8843）。

青銅器銘文中的"衛"作"蠱"，甲骨刻辭則作"衛"，形體上不同，但構形本意則是一致的。

甲骨刻辭中屢有"多犬衛"（合5665）、"多射衛"（合9575）、"多馬衛"（合5711）之語，陳夢家以爲"卜辭'多射、衛'似當讀作多射與衛，都是官名。……凡此衛與戍、射、亞、北禦史等官名並列。它可能是'侯、甸、男、衛'之衛，乃界於邊域上的小諸侯"[1]。而王貴民則說是"衛隊"[2]。王宇信則以爲這些"衛"應當是守衛之意[3]。筆者以爲卜辭中見有"多犬"、"多射"、"多馬"之稱，但尚不見有"多衛"之稱，而第（3）辭中是命多馬去守衛北方，所以這些"衛"的含義當是守衛之意。

甲骨刻辭中有衛與職官並稱的例子：

---

[1] 陳夢家：《殷虛卜辭綜述》，科學出版社，1956年，第512頁。
[2] 王貴民：《"衛服"的起源和古代社會的守衛制度》，《中華文化論叢》第三輯，1982年。
[3] 王宇信：《甲骨文"馬""射"的再考察——兼駁馬、射與戰車相配置》，《第三屆國際中國古文字學討論會論文集》，香港中文大學，1997年。

（1）……廼呼歸衛、射、亞。（合27941）

以此説"衛"是職官名當是有據的。甲骨卜辭中還屢言"在某衛"與"某衛"：

（2）……巳卜，在尋衛……（合28060）

（3）己酉令𢦏衛從。（合32999）

另外還有䩵、𢦏、穆、𣫏、般等地。裘錫圭認爲卜辭中"在某衛"與"在某犬"、"在某田"一樣，"犬"與"田"爲官名，"衛"也是職官，是商王派駐在商都以外某地以保衛商王國的武官，因世官制度而後來演變成諸侯[1]。卜辭中的䩵、尋、𢦏、穆、𣫏、𢦏、般當是地名或族氏名。甲骨刻辭中的"衛"還有作地名或族氏名者：

（4）貞：衛婦……（合18700）

（5）壬寅卜，王令征伐……于衛……（合19937正）

這樣，"衛"在卜辭中有職官與族名、地名之意，對照商代青銅器銘文中的"衛"，也不能排除這兩種可能。"衛"和族氏名或職官名同時出現的情況，筆者傾向於認爲"衛辰"、"弓衛"之"辰"、"弓"，當是與"穆"、"𣫏"、"𢦏"、"般"等同類，是族氏名（在此意義上，族氏名與地名同），而衛典册（典册的含義近同）、衛葡等，其中的"衛"則可能也是族氏名。青銅器銘文中的"衛"早在殷墟一期就已出現，而"子衛"一稱出現在殷墟三期，"衛"來源於"子衛"的可能性不大。

十六、馬

商代青銅器銘文中的"馬"出現模式有三。

其一，單銘"馬"或加日名。

尊（5651，三、四期）、簋（J374，四期）、鼎（1112，殷末周初）。

其二，亞馬。

爵（7807）。

其三，"馬"加族氏銘（有的還有日名），有出土地點的均爲河南安陽。

馬羊失（2000）、庚豕馬（3418、7263，四期）、馬𢦏（5749，三、四期）、馬何

---

[1] 裘錫圭：《甲骨文所見"田""牧""衛"等職官的研究》，《文史》第十九輯，中華書局，1983年。

（6997、6998，二期）、戈馬（10857、10858）、亞豕馬（J748，二期）。

甲骨刻辭中，"馬"在絕大多數情況下都是指動物的馬。甲骨刻辭中見有"多馬"之稱，如：

貞：令多馬衛于北。（合5711）

陳夢家將甲骨刻辭中的"馬"、"多馬"列入武官之中[1]，有的學者認爲"多馬"指作爲武裝力量的馬隊，"馬"、"多馬"爲武官還需證明[2]。筆者以爲"多馬"與"多射"的性質可能接近，"射"當有三層含義，一方面指射手這樣的一種武裝力量，也指組成"射"的射手，同時也指"射"這一組織的直接管理者。"馬"與"多馬"也當是如此。從甲骨刻辭看，"多馬"的職能有狩獵與護衛邊土兩方面的內容，與"射"（多射）一類職官是相同的。

甲骨刻辭中還有"馬亞"（合26899）、"多馬亞"（合564正）之稱。有學者將"多馬亞"分開讀作"多馬、亞"，認爲是兩種職官[3]，或將"馬亞"與"多馬亞"分爲兩種職官，似不很妥當。"多馬亞"是多個馬亞官史的集合稱，而馬亞是主馬隊的武官[4]。商代青銅器銘文中有"亞馬"，如果考慮青銅器銘文中語序的不穩定性，此"亞馬"是否就是"馬亞"而相當於甲骨刻辭中的"馬亞"呢？當然現在限於材料還難以說清。

甲骨刻辭中還有"馬方"（合6），是一方國名。商代青銅器銘文中所見單銘"馬"者，將其考慮爲這一意義上的銘文，也許還是合適的。而如上文所列青銅器銘文中第三類的"馬"的性質，筆者傾向於認爲是職官一類的標記的可能性更大一些。

十七、旅

商代青銅器銘文中的"旅"出現形式有二。

其一，單銘旅或加日名，時代可定者俱爲殷墟二期。

觚（6535、6536、J683）、爵（7426、7427、J765、考古與文物2000年第4期）。

其二，旅加族氏名（或日名）。

---

[1] 陳夢家：《殷虛卜辭綜述》，科學出版社，1956年，第521頁。
[2] 王宇信、楊升南主編：《甲骨學一百年》，社會科學出版社，1999年，第459頁。
[3] 張亞初：《商代職官研究》，《古文字研究》第十三輯，中華書局，1986年，第88頁。
[4] 王宇信、楊升南主編：《甲骨學一百年》，社會科學出版社，1999年，第459頁。

夲旅（1370、1371、4144、J389、5578、5579、7000、7001、7002、7424、7425、8450、8839、8931、8932、8969、9259、10033、10343、J92，晚期）、亞䰲旅（5926，四期）、𠂤旅（8179）。

甲骨刻辭中"旅"的含義有二。

其一，族氏名或地名：

（1）王其作偯于旅邑……其受祐。（合30267）

其二，軍隊編制：

（2）翌日王其令右旅眾左旅舀視方，戈，不雉眾。（屯南2328）

"旅"又可分爲右旅、左旅、王旅，"師"也可分稱右、中、左三師；"戍"也有右、中、左之分，"旅"的性質也當與"師"、"戍"近同。張亞初認爲這裏的"旅"是指職官名，"旅"的首領當可稱"旅"或"旅某"[①]。

參照甲骨刻辭，商代青銅器銘文中的"旅"也不外乎族氏名與職官名兩種可能。"夲旅"之"夲"在青銅器銘文中多被用作族氏名，並和其他職官名同出，如夲葡（7249）。亞䰲旅、𠂤旅之䰲、𠂤也是作爲族氏名出現的，因此筆者傾向於認爲這些某旅之"旅"表明其族氏與"旅"這一職事有關。辪作父乙簋（4144）銘曰："戊辰，弜師賜辪𩰫戶、賣貝，用作父乙寶彝。……夲旅。"表明"師"與"旅"可能有隸屬關係。

十八、宁

商代青銅器銘文中"宁"的出現形式有二。

其一，單銘"宁"或加日名。時代爲三、四期。出土地點多在河南安陽，亦見於河南羅山。

1166、1851、6625、10716、11806、J708、J793、J870。

其二，"宁"加族氏或職官名。時代爲一至四期。地點除河南安陽外，還見於內蒙古昭烏達盟翁牛特旗、陝西岐山、山東章丘。

宁✦（792）、宁鳥（496、539、9403）、美宁（1361、7010）、宁劦（1365）、宁酉（1366）、宁尹（1367）、宁告（1368、6398、7005、7006、8264、8265）、宁矢（1453、1825、7007、7008、8243、8244、9258、J224）、宁戈（7009、8914、9376）、宁朋（7011）、齊宁

---

① 張亞初：《商代職官研究》，《古文字研究》第十三輯，中華書局，1986年，第89頁。

（7070）、㞢宁（8210）、亞宁（7248）、弞亞宁（8787）、宁未口（8801）、啟宁工（9014）、宁月（J593）、宁□（J1043）、宁萄①。

甲骨刻辭中"宁"的含義至少有二。

其一，爲人名、族氏名或地名：

（1）宁入。（合6647反）

其二，可能用爲職官名：

（2）乙亥卜，其呼多宁見丁。永。（花東275）

張亞初認爲卜辭中的"多宁"、"宁壴"之"宁"有可能是職官名②。關於卜辭中的"宁壴"，有學者也認爲"宁"是官名，"壴"是國名或人名。"宁壴"即擔任"宁"官之"壴"國諸侯③。卜辭中"多宁"與"禦正"對貞，説明"多宁"確當是職官"宁"的集合稱謂。而辭中的"失宁"、"㚔宁"等可能就是"多宁"之一。上舉青銅器銘文中的宁✤、宁鳥、美宁、宁𠬝、宁酉、宁告、宁矢、宁戈、宁朋、㞢宁、㞢宁、宁未口、啟宁工、宁月、宁□等"宁"之前、後一字多是族氏名，其"宁"可能是職官名。宁尹、亞宁、弞亞宁、宁萄的情況則又需作具體分析。如果這裏的"宁"作族氏名解，則是"宁"族之任尹、亞、萄之職者（弞亞宁則是弞族之任宁與亞者，或者表示曾任此職）；或者當是尹、亞、萄族之任"宁"職者，但現在尚無法區分。

青銅器銘文中常見"鄉宁"（1362、1363、1364、1699、1700、1701、1824、2362、3111、3337、5577、6382、7003、7004、7162、7163、8175、8176、8177、8797、9195、9481、9482、9856、9857、9858、10502、10503、J1089）一詞。其中的"鄉"也曾單獨銘於器上，如鄉斝（9121）；也曾作爲作器者出現在銘文中，如鄉爵（J906），銘曰：鄉作祖壬彝。如此，此"鄉"也可能是族氏名。"鄉宁"就是"鄉"族中曾任職官"宁"者。但西周時期"鄉宁"仍很常見。從頄彝（9892）銘文中的"頄肇鄉宁百生"來看，它所表示的含義很可能是一種事死如事生的享禮，與族氏銘文無涉④。"鄉宁百生"當與"鱻鄶百生"（203）、"侃喜百生"（4137）、"慈愛百民"（9734）近似，是一種吉語或嘏詞。商代青銅器銘文中的"鄉宁"可能也是

---

① 安陽市文物工作隊、安陽市博物館：《安陽殷墟青銅器》，中州古籍出版社，1993年，第75—78頁。出於安陽戚家莊東M63，共7件。
② 張亞初：《商代職官研究》，《古文字研究》第十三輯，中華書局，1986年，第91頁。
③ 中國社會科學院考古研究所：《殷墟花園莊東地甲骨》，雲南人民出版社，2003年，第1668頁。
④ 陳絜：《從商金文的"寢某"稱名形式看殷人的稱名習俗》，《華夏考古》2001年第1期，第109頁。

此意。

　　商代青銅器銘文中所見職官名，如上所述，僅有師、寢、宰、作册、尹、小臣、史、牧（敦）、戍、侯、射、葡、犬、田、衛、馬、旅、宁、亞等少數幾例。還有一些見於甲骨刻辭的職官名，尚不見於青銅器銘文。還有一些也見於青銅器銘文，但尚不能證明是否是職官，如"伯"。當然這一方面是受材料本身數量的限制，另一方面，受其内容的限制，青銅器銘文的性質多以記述祖先日名和族氏名號爲主。

　　商代官制，存在内、外兩服制的職官系統，如《尚書・酒誥》中所言："自成湯咸至于帝乙……越在外服，侯、甸、男、衛、邦伯；越在内服，百僚庶尹惟亞惟服宗工，越百姓里居（君），罔敢湎于酒。"而西周時期的大盂鼎中也提到："殷邊侯田（甸）與殷正百辟，率肆于酒，故喪師。"這兩服職官在甲骨刻辭中皆有反映。商代青銅器銘文中的職官，屬内服官系統的有師、寢、宰、作册、尹、小臣、卿事、史、牧（敦）、戍、射、葡、犬、馬、旅、亞；屬於外服職官系統的有侯、田、衛。

　　如果從職司而論，商代青銅器銘文中的職官似沒有十分明確的司掌，即多數職官的職司都有重合之處，如牧、戍、射、犬、馬、亞、田、衛的職司就很接近，而且還常見其相互之間配合行動。就目前所見材料，幾乎所有職官都有從事戰事之責。當時的職司只有相對性，而無專一性。

　　而同一職官的内部級别也不一致，如"亞"，有的是權勢近於商王，有的只相當於普通的貴族。而且同一職官同一時期往往設置多位，如多射、多亞、多犬、多馬、多田、多衛等，這一類職官在某種程度上也可説是一種身份。

　　商代職官的世官制也是十分明顯的。青銅器銘文中的有些職官名其實已經轉變成其族氏名的組成部分，可充分説明這一點。但因爲一些大族始終占居統治權，並非一族僅任一種職官，同一族氏也可能擔任不同的職官，如告族就先後有其族人擔任子（合4735）、侯（合401）、射（花東264）、册（4872）、亞（7828）、宁（1368）等職官。

第六章
商代青銅器銘文中的諸子與諸婦

作爲商代社會結構中的重要組成階層,在甲骨刻辭中大量出現的"子"與"婦"也常出現在商代青銅器銘文中。

第一節 諸　　子

考古發現,商代存在大量的"子某"。董作賓、胡厚宣、島邦男、孟世凱、張秉權、饒宗頤、宋鎮豪等都對商代甲骨刻辭或青銅器銘文中的"子某"作過統計分析。晚出的《甲骨學一百年》統計:甲骨文中有稱"子某"者124位,稱"某子"者31位,稱"某子某"者5位。共160位[1]。這大體上反映了甲骨文中"子某"的大概狀況。筆者核對甲骨,發現還可補充的有子帘(合454正)、子羌(合747)。而《甲骨學一百年》中的"姝子"一名似有問題,原甲已殘,文曰:

(1)……姝子囚,一月。(合7153正)

參以下辭:

(2)壬午卜,婦姝子不囚。(合2812)

與此相類的如:

(3)貞:婦鼠子不囚。(合14119)

(1)辭與(2)辭所卜當是同一件事,即卜婦姝之子是否會"囚",所以(1)辭中的"姝子"當是"婦姝之子"之意。

---

[1] 諸家之説均見於王宇信、楊升南主編:《甲骨學一百年》,社會科學文獻出版社,1999年,第451—452頁。

所謂稱"某子"者，其中有一部分可能與稱"子某"者的性質是相同的：

束子（合335）—子束（合672）　　　牧子（合4849）—子牧（合27790）
孑子（合17995）—子孑（合17999）　丁子（合21878）—子丁（合21885）
皋子（合補4231反）—子皋（合3226）　歸子（合19091）—子歸（英366）
邑子（合3280）—子邑（合17577反）

在新出的花東甲骨中還見有子具（花6）、子而（花3）、子興（花28）。如此，在甲骨刻辭中可能有"子某"126位，"某子"30位（其中7位可能與"子某"重），"某子某"5位（其中4位可能與"子某"或"某子"重）。所以甲骨中"子某"（包括"某子"與"某子某"）最小個體數可達150位。

據筆者統計，商代青銅器銘文中見"子某"（包括"某子"）共78位，其中青銅器銘文與甲骨刻辭互見的有20位。如此，商代的"子某"（包括"某子"與"某子某"）共208位。

商代青銅器銘文中的"子某"見下表：

編號	子某	出處	時代	甲骨文人、族、地名	金文族、地名
1	子天	9798			天（991）
2	子佣	保續60頁①	二期		盾佣（8842）
3	子川	9799＝J983	三、四期	川（合21657）	愛川（6936）
4	子義	J843	二、三期		
5	子戉	10855			戉（1213）
6	子㫃	10513		㫃（合20743）	
7	子夒	9088	四期		
8	子🕱	8961			
9	子翌	8954、9049			翌（4985）
10	子畐	8768			
11	子♠	8756、8757、8758、8759	二期		♠旅（9480）
12	子🕱	8118			

---

① 保利藝術博物館：《保利藏金（續）》，嶺南美術出版社，2001年，第60頁。

(續表）

編號	子某	出處	時代	甲骨文人、族、地名	金文族、地名
13	子左	8086	殷或周早	左（合28901）	左（J881）
14	子禾	8108、8109		子禾（天252）	禾（4749）
15	子𤔔	8102			
16	子𣪘	8101			
17	子守	8085	殷或周早	守（林2.2.8）	守（6590）
18	子𠭯	8074			
19	子𠭯	8073			
20	子𠂤	8072			
21	子娥	7270	四期		
22	子啓	5965	四期	子啓（合22277）、啓（合975正）	啓（5730）
23	子光	6912		光（合182）	光（1024）
24	子𢀛	6911	四期		
25	子保	6909	四期		保（1002）
26	子何	8075	殷或周早	子何（12311）、何（合113）	何（1010）
27	子蝠	6908、8091—8097、9172、9865、J213	三、四期		
28	子不	8110		子不（合586）、不（合6834）	
29	子𢀛	6907			𢀛（6157）
30	子嬴	6906、8100	二期		
31	子𠂤	6900、6901	二期	子𠂤（英2412）、𠂤（合5112反）	𠂤（11913）
32	子達	6485	殷或周早		
33	子𠂤	6399			

（續表）

編號	子某	出處	時代	甲骨文人、族、地名	金文族、地名
34	子彙	6137、6138、6894、6895、8115	二期	子彙（合41495）、彙（合7239）	彙（2709）
35	子步	5716、5726	四期		步（6632）
36	子漁	5542、9174	二期	子漁（合169）	漁（1125）
37	子橐	5540、5541、6891—6893、9224	二期		橐（6773）
38	子弓	6140	三、四期		弓（9473）
39	子臭	4849	殷或周早	臭（合10093）	
40	子工	4848、6410、6910、8111、8112、10853、10854、11752、J844	晚期		
41	子侯	4847			侯（9943）
42	子孤	3077			
43	子㚸	3076	三期		
44	子斐	3073、3074、10514		子斐（合3030）、斐（合9811）	斐（8968）
45	子南	3072	二、三期	南（屯2426）	
46	子克	2017		子克（合18002）	克（7378）
47	子鼻	1910	四期	鼻（屯1008）	鼻（4928）
48	子昇	1891			
49	子羊	1850		羊（屯2161）	羊（1627）
50	子鼎	1828、8103、8104	四期		鼎（1546）
51	子雨	6913、8113、8114	二期	雨（合29359）	雨（9254）

第六章　商代青銅器銘文中的諸子與諸婦　209

（續表）

編　號	子　某	出　　處	時　　代	甲骨文人、族、地名	金文族、地名
52	子脊	1715、1716、6897、8098、8099	三、四期		脊（7568）
53	子疕	1319、4850、5057	三、四期		疕（10680）
54	子系	8105、8106、8107			系保（6996）
55	子刀	1826、1882、6139、7229、8116、8861	四期	刀（屯2341）	刀（7609）
56	子亳	1313、1314、8767	二、四期	子亳（合13732）、亳（合5491）	
57	子衛	1311、1312、6420、6902、6904、6905、6903、8087、8088—8090、10515	三期	衛（合19852）	衛（1594）
58	子廟	1310、5070、5544	殷或周早		廟（1829）
59	子媚	1309、6136、6898、6899、8076—8083	三、四期	子媚（合14035）	媚（7413）
60	子龍	9485		龍（合9076）	龍（1119）
61	子龏	1306—1308、3074、5543、6349、6914、9914、11751、J732、J1093	二、四期		龏（3330）

(續表)

編號	子某	出處	時代	甲骨文人、族、地名	金文族、地名
62	子妥	1301—1305、3075、6896、8752	二期	子妥（合3175）、妥（合22135）	妥（1068）
63	子商	866、10852		子商（合371）、商（安2127）、侯商（屯南1059）	
64	子犬	838	三、四期	犬（合9793）、犬侯（合32966）	犬（2113）
65	子眉	9173		子眉（合11689）、眉（合7693）	眉（J1072）
66	子八	8443		子八（合3225）、八（合25572）	
67	子女	8084		子女（合21890）	
68	子乙	1315			乙（首師38①）
69	子戊	1316		子戊（合22047）	
70	子庚	8049		子庚（合22088）、庚（花東362）	
71	子癸	1317、3071、8071、J731		子癸（合27610）	
72	子辛𢀩	5004		𢀩（屯2551）	𢀩（9823）（私名）
73	唐子	6367、8834—8836		唐子（合456）、唐（合892）	
74	𡧛子	8119			
75	析子	8120			析（4936）
76	子◇	9387			◇（J387）
77	子爰	8766		爰（合19238）	爰（824）

---

① 首都師範大學歷史系:《首都師範大學歷史博物館藏品圖錄》,科學出版社,2004年,第52頁,圖版38"乙父丁"銅提梁卣文字説明:"器蓋内側有銘文'乙父丁'三字。"

(續表)

編號	子某	出處	時代	甲骨文人、族、地名	金文族、地名
78	王子耶	J259	四期		耶（3975）（私名）
79	屰子干	1718		屰（合10961）	屰（4815）
80	子■	E736	四期		
81	子由	E735	二期		

甲骨刻辭中常見對"子某"是否有禍（囚）的占卜：

（1）貞：子汰惟囚。（合3063）

（2）子商亡囚。（合371正）

（3）丙戌卜，賓貞：子商其㝢有囚，七月。（合2954）

（4）壬寅貞：子漁亡囚。（合32780）

（5）貞：子漁囚，惟母庚蚩。（英122）

（6）辛亥……貞：子效亡囚。（英138）

（7）己卯貞：子侜亡囚。（合32777）

（8）壬子貞：子戈亡囚。（合32779）

（9）癸亥貞：子黃囗亡囚。（合32783）

（10）丁丑卜，子啟囗亡囚。（合22277、22278）

（11）貞：告子其有囚。
　　　貞：告子亡囚。（合4735）

（12）癸巳卜，子壴亡囚。（合22249）

或占卜母庚、父乙、萑、娥等是否會對"子某"有所禍害（蚩）：

（1）惟母庚蚩子姸。（合454正）

（2）貞：子姸有蚩。
　　　己未卜，亘貞：子姸亡蚩。（合905正）

（3）子⺈有蚩。
　　　子⺈亡蚩。（合975正）

（4）惟萑蚩子⺈。（合454正）

（5）惟娥蚩子⺈。
　　　不惟娥蚩子⺈。（合14787）

(6) 辛酉卜,……父乙蚩子爷。(合1076甲正)

(7) 貞:子漁有蚩。

貞:子漁亡蚩。(合14536正)

(8) 貞:子商蚩有由。

貞:子商蚩亡由。(合2953正)

或占卜"子某"是否受到祟即災禍(希):

(1) 貞:子㝛……弗希子㝛。(合3163正)

(2) ……子漁有希。(合2993)

(3) 子鬧希。

子鬧不希。(合3259)

(4) 其屮子妛有希。(合3032反)

(5) 貞:唐子亡……希。(合3281)

(6) 丁巳卜,賓貞:子廦其有災……(合3222正)

還常貞問"子某"是否身患疾病:

(1) ……子廦骨凡有〔疾〕。(合13875)

(2) 子希弗其凡。(合811正)

(3) 貞:子妛疾。(合3033正)

(4) 貞:子妛骨凡有〔疾〕。(英131)

(5) 子禀有疾。(合13732)

(6) 子妥骨凡。(合10936正、屯南4514)

(7) 貞:翌乙巳子漁骨凡,窟屮祖戊。(合13871)

(8) 癸巳卜,殼貞:子漁疾目,祼告于父乙。(合13619)

(9) ……甲,禦子漁齒……(英123)

(10) 貞,子 亡疾。(合3224)

(11) 貞:子狄骨凡有疾。(合13874甲正)

(12) 癸亥卜,出貞:子弜弗疾。

丁卯,子弜疾。(合23532)

(13) 子弜弗其凡。(合811正)

(14) 己酉卜,賓貞:姤骨凡有疾。(合13868)

(15) 辛丑卜,自貞:子辟霙……臣不其骨凡目印。骨凡目三月。(合21036)

（16）乙卯卜，貞：子啟亡疾。（合22282、22283、22284）

（17）庚寅卜，爭貞：子不骨凡有疾。（合223）

對以上諸辭中的"骨凡有疾"的理解學界還有爭論，但其與人身的某種不良狀況有關，則爲多數學者所認同。以上諸辭中，還見有具體的疾病，如疾目、疾齒等。

甲骨刻辭中還常見有對"子某"是否"囚"的貞問：

（1）癸未卜，㱿貞：旬無囚。王固曰：往乃茲有祟。六日戊子，子彈囚，一月。（合10405正）

（2）癸亥卜，㱿貞：旬無囚。王固曰：……其亦有來媸。五日丁卯，子㛸殪不囚。（合10405反）

（3）子㵸其囚。

貞：子㵸不囚。（合17079正）

（4）貞：子辇不囚。（合17070）

（5）辛卯卜，賓貞：以子徉往不囚，六月。（合6）

（6）癸丑卜，永貞：旬……五日丁巳，子麇囚。（合7363正）

（7）貞：子䇞不囚。（合17071）

對於其中的"囚"，學界或以爲是"死"字，如丁山以爲"死本作囚，象人在棺槨之中"①。張政烺則釋其爲"蘊"，義爲"埋"②。上述卜辭是關注子某是否有生命危險。

爲了免除"子某"的災禍，商人常爲"子某"舉行祓除災禍的禦祭：

（1）禦子昌。（合3199反）

（2）癸卯卜，屮禦子汰……父……

癸卯卜，屮禦子汰于……乙……月。（合20028）

（3）……禦子麇……（合3220）

（4）……禦子衛于父乙。（合3207）

（5）貞：禦子央豕于娥。（合3006）

（6）貞：禦子央于羸甲。（合3007）

（7）……戌卜，……禦子央于母己三小宰。（合3009）

---

① 丁山：《釋疒》，《中研院歷史語言研究所集刊》第1本第2分，1929年，第243—245頁。
② 張政烺：《釋因蘊》，《古文字研究》第十二輯，中華書局，1985年，第73—78頁。

(8) 貞：禦子央于母庚。（合3010）

(9) 貞：禦子商小宰，用。（合2941）

(10) 貞：禦子漁。（合2984）

(11) 丁巳卜，賓，禦子㹜于父乙。（合3186）

(12) 貞：禦子㹜于父乙。（合6032正）

(13) 貞：于妣己禦子㝛。
　　　貞：勿于妣己禦子㝛。（合905正）

(14) 戊午卜，王勿禦子辟。（合20024）

(15) 于司禦子辟。（英1768）

(16) ……寅卜，韋貞：禦子不。
　　　……禦子不。（合586）

(17) 貞：禦子䈞于……皀……（合730正）

(18) 貞：禦子漁于父乙㞢羊酚皀。（合713）

(19) 貞：禦子漁于父乙㞢一伐卯宰。（合729）

由上舉諸辭可知，商王或"子"對"子某"是極爲關切的，注意點主要是在"子某"的身體健康等有關生存狀況方面。

甲骨文中的"子"之稱有已故與在世之別，以十干爲名的"子"是已故者，他們以受祭的神出現在卜辭中[1]。

(1) 叀用子戌，不叀父丁父戊。（合22047）

(2) 丁未，其侑子丁牛。（合21885）

(3) 癸未卜，叀羊于子庚。（合22088）合20543

(4) 其侑兄丙㲋子癸。（合27610）合23538

(5) 子癸歲王賓祭。（合27583）

但也有學者認爲其是生稱[2]。是生稱還是死後之稱，還有待繼續研究。但還有一些"子某"，也受到商人的祭祀：

(1) 癸酉卜，侑子䵼。（合22296）

(2) 甲午卜，有伐于子戠十犬卯牛一。（合32775）

---

[1] 王宇信、楊升南主編：《甲骨學一百年》，社會科學文獻出版社，1999年，第451頁。
[2] 中國社會科學院考古研究所：《殷墟花園莊東地甲骨》，雲南人民出版社，2003年，第294、420片釋文說明。

（3）乙丑卜，王勿酯侑子戠。（合20037）

（4）……戌卜，貞：不束餘奠子戠，十月。（合20036）

（5）……祐子宋。（合20035）

（6）乙巳卜，王侑子宋。（合20034）

（7）戊午卜，王于母庚祐子辟。（合19964）

（8）己未卜，西子凡酯。（合22294）

（9）……歲于子𠂤。（合3121）

（10）翌乙卯，酌子束𢎥。（合672正）

（11）乙巳……酌子漁禦。（合2987）

（12）其侑長子叀🦕至王受祐。（合27641）

（13）壬寅卜，勿酯酌子商禦二宰。（合2943）

（14）貞：酌子央禦于父乙。（合3013）

（15）貞：來乙巳酌子央。（合3015）

（16）……卜，旅……屮子妻……（合23529）

侑、屮、彡、奠、祐、酌、歲皆是祭名，是對"子某"的神靈舉行祭祀。

另外，"子某"也常參與祭祀：

（1）……卜，爭，子狀于母𡭗䕃小宰屮䢍女一。（合728）

（2）貞：來辛亥子昌其以羌眾歲牜……于妣……（合269）

（3）貞：翌丁未子昌其屮于丁三羌……宰……（合381）

（4）貞：翌……子牟其束子十羌十牢。（合335）

（5）……酉……貞：子漁屮䢍于娥酌。（合14780）

（6）貞：叀子漁登于大示。（合14831）

（7）貞：叀邑子呼饗酒。（合3280）

（8）……卜，……貞：子初牪。（合23539）

（9）丙申卜，貞：翌丁酉，用子央歲于丁。（合3018）

（10）……子美見以歲于丁。（合3100）

（11）丙寅卜，貞：丁亥，子美見致歲于示于丁于母庚丁婦。（合3101）

（12）……子豪䢍牡……（合3139）

商王也常命令"子某"對其祖先進行祭祀活動：

（1）壬戌卜，貞：呼子狀屮于𠀠，犬。

……殻……呼子狄屮于㞢,叀犬屮羊。(合3190)

(2) 丁卯卜,爭貞:令子效……宰于……(合3090)

(3) ……午卜,殻貞:翌乙未,呼子漁屮于父乙,宰。(合2975正)

(4) 貞:呼子漁屮于祖乙。(合2972)

(5) 翌乙酉,呼子商酯伐于父乙。(合939)

(6) 貞:呼子汏祝一牛侑大甲。

翌乙卯子汏酯。(合672正)

(7) 貞:來乙丑勿呼子𩰫侑于父乙。(合3111)

商代甲骨的徵集、貢納工作多由"婦某"來完成,但"子某"有時也參與其中:

(1) 壬戌,子央示二屯。岳。(合11171臼)

(2) 庚申……子商二屯……(合819)

(3) ……巳卜,其刵四封舌盧……叀邑子示。(屯南2510)

除參與祭祀活動之外,"子某"也常進行狩獵活動:

(1) 癸酉貞:子汏……逐鹿。(合7075反)

(2) 呼子汏逐鹿,隻。(合10314)

(3) 貞:子叟弗其隻兕。(合10426正)

(4) 貞:子商隻鹿。

(5) ……卜,殻貞:……子商陷。(合10670)

(6) 呼子商從漢有鹿。(合10948正)

在這種狩獵活動中,商王與"子某"可能是一起行動的:

癸巳卜,殻貞:旬無𡆥。王固曰:乃兹亦有祟,若偁。甲午王往逐兕,小臣屮車馬硪,𩦧王車,子央亦墜。(合10405)

"子某"不光參與狩獵活動,也還要在軍事上發揮作用。商王常命令"子某"采取某種軍事行動:

(1) 叀子效令西。(合6928)

(2) 癸巳貞:子效先步,在尤,一月。

己丑貞:子效先戈,在尤,一月。(合32782)

(3) 令子徛涉。

(4) 庚子卜,殻貞:令子商先涉羌于河。

庚子卜,㱿貞:勿令子商先涉羌于河。(合536)

(5) 丁丑卜,爭貞:令翌以子商臣于盉。(合637)

(6) 貞:呼子妻以失新射。(合5785)

(7) 貞:惟子妻呼伐。(合6209)

(8) 呼子妻涉。

勿呼子妻涉。(合6477反)

(9) 乙丑貞:王令子妻,惟丁卯。(合32774)

(10) 癸未貞:王令子妻舍。(屯南243)

(11) 丙……貞:翌丁卯令子妻步。

丁卯卜,貞:翌庚午令子妻,五月。

貞:于辛未令子妻步。(英130)

而在軍事行動中,"子某"常有繳獲:

(1) 丙寅卜,子效臣田隻羌。

丙寅卜,子效臣田不其隻羌。(合195正)

(2) 乙丑卜,㱿貞:子商弗其隻先。(合6834)

繳獲的主要是俘虜,如羌人、先人。這類軍事活動主要是與敵對方國的戰爭:

(1) 乙酉卜,内貞:子商殺基方,四月。(合6570)

(2) 甲戌卜,㱿貞:雀及子商徒基方,克。(合6573)

有些"子某"當戍守在邊界地區,遇到敵對方國的襲擾,"子某"有義務向商王報告:

……四日庚申,亦有來嬉自北,子娀告曰:昔甲辰方征于収,俘人十又五人;五日戊申,方亦征,俘人十又六人。六月,在……(合137反)

有時商王也讓戍守一方的"子某"回到王畿:

癸巳卜,貞:令聶㠯子弓歸,六月。(合3076)

甲骨刻辭中有大量的貞娩卜辭,貞卜對象多數是"婦某",有時也對"子某"的配偶進行貞卜:

……寅卜,賓……子商妾……盉……娩……(英125正)

甲骨文中還見有貞問"子某"娩的記載:

(1) 庚午卜,賓貞:子目娩,嘉。

貞:子目娩,不其嘉,王固曰:惟兹……嘉。(合14034正)

（2）貞：子孑㞢娩。（合17999）
　　（3）……卜，㱿貞：子目娩，嘉。
　　　　……卜，㱿貞：子目娩，不其嘉。（合14032）
　　（4）貞：子媚娩，不其嘉。（合14035正甲）
關於這其中的子目以及子孑㞢、子目、子媚，高明認爲其爲男性，不可能懷孕分娩，並以此爲一條理由，認爲辭中的"娩"字當是"冥"字，是一種疾患，而非"分娩"之"娩"①。但"娩"字原篆爲𡥄，作以雙手接生之形，確是"娩"之原始會意字，釋"娩"應該是可信的。而這四個"子某"（子目、子孑㞢、子目、子媚）應該是女性。子的身份性別不僅只限於男性，子的初始意義應是王之子，而不論男女。四女子中的子媚還有相當的經濟地位，如銘有子媚的商代青銅器有鼎1、觶1、觚2、爵8；子目也見有1爵。這些青銅器有出土地點者皆出於安陽。

　　甲骨刻辭中見有爲子命名的例子：
　　（1）辛亥卜，貞：婦妥子曰㞢，若。（合21793）
　　（2）壬辰，子卜貞：婦䎽子曰𢦏。（合21727）
甲骨刻辭中的"子𢦏"可能就是婦䎽之子，而由主卜者"子"來看，此"子𢦏"是某一"子"之子，而非在世商王（即時王）之子。學者多認爲"子某"包括時王之子與非時王之子，這條材料也可作爲佐證。

　　"子某"銅器出土地點多在商文化分佈範圍之內，以河南爲多，尤安陽爲最密集之地。如子妥、子𩰲、子媚、子衛、子㚔、子南、子工、子𡩡、子漁、子魯、子♠、析子、子Ⅲ。其時代分屬二、三、四期。以山東爲次，如子眉工、子保、子義，以三、四期爲多。陝西、河北、四川也有"子某"器出土，時代皆爲三、四期。其分佈還是以殷墟王畿爲中心，空間由殷都愈向外推移，時代也愈晚。

　　甲骨刻辭中常見"多子"一詞。從卜辭可知，商王常卜問多子是否有災禍：
　　（1）貞：王夢多子囚。（合17383）
　　（2）……卜，王貞：不其于多子囚。（合8988）
商王也常饗食多子：
　　（3）惟王饗，受有侑。惟多子饗。（合27644）
　　（4）惟多生饗。惟多子。（合27650）

---

① 高明：《武丁時代"貞𡥄卜辭"之再研究》，《古文字研究》第九輯，中華書局，1984年，第44頁。

(5)貞：惟多子饗于庭。(合27647)

(6)……食多子……(英153)

(7)甲寅卜,彭貞：其饗多子。(合27649)

還對多子進行培養教育：

(8)貞：多子其延學,不遇大雨。(合3250)

又讓多子參與狩獵活動：

(9)勿呼多子逐鹿。(合10136)

(10)癸未卜,㱿貞：多子獲隻。(合10501)

(11)……卜,貞：……今二月多子步……畫(合3246)

(12)呼茲多子……(合11006)

(13)壬戌卜,爭貞：惟王自往陷。

貞：惟多子呼往。(乙7750)

多子也會受到商王的賞賜：

(14)賜多子女。(合677)

在學習、狩獵活動之外,多子也可以參與祭祀等神職活動：

(15)多子卜。(屯南1132)

(16)貞：呼黃多子出牛侑于黃尹。(合3255正)

多子死後也可以升格爲神祇,成爲商人禳除災禍的祭祀對象：

(17)□辰卜,王貞：旬于多子。

癸未卜……翌丁亥酒兄丁一牛,六月用。(合20055)

(18)禦小箕于多子。(合3239)

根據如上分析,商人對多子的態度以及多子的性質與上文所舉的"子某"基本接近。對於這些多子,李學勤以爲是對大臣或諸侯一類人物的稱呼[1]。裘錫圭認爲多子指商代統治階級各族的宗子[2]。朱鳳瀚以爲"子"在卜辭中有兩種用法,即表示時王之子和族長之子。多子是多位子某即諸王子。"黃多子"即黃族中的多位"子某",稱"黃多子"是將他們與王卜辭中常見的表示多位王子

---

[1] 李學勤:《釋多子、多君》,《甲骨文與殷商史》,上海古籍出版社,1983年,第16頁。
[2] 裘錫圭:《關於商代的宗族組織與貴族和平民兩個階級的初步研究》,《文史》第十七輯,中華書局,1983年,第13頁。

的"多子"相區別①。宋鎮豪認爲多子是與商王有血親關係的後嗣分族之長的群稱②。王貴民先生以爲多子是"子"的集合稱謂。其有兩種含義：一指多個"子"族之長；一是宗族内部的兄弟們，凡甲骨文中一些未見族邑的"子某"當歸於此類③。經過以上諸家的研究，多子是青銅器銘文與甲骨文中的"子某"或"某子"的一種集合稱謂，當是商代諸宗族之子，包括諸王子。

商代的諸子，其在社會政治生活中的地位是有層次區别的，由上表所列諸子之器的數量差别也可看出這些"子某"的經濟力的不平等（當然，目前出現銅器的多少是有偶然性的，但無論如何，這一數量上的差異也有其概率上的可比性，所以並不影響一般性的討論）。多數"子某"之器不超過3件，這類"子某"約占金文中"子某"總數的72%。子♠、子蝠、子憂、子寉、子漁、子工、子麦、子刀、子豪、子衛、子媚、子𩰤、子妥、子商、子脊、子步、唐子等諸子的銅器數量則較多，如子衛器有12件之巨，這類"子某"約占金文"子某"的22%。所以，商代金文中的"子某"明顯可以區分這兩個層次。一是具有"子"這樣的貴族身份，但在社會政治生活中的地位並不很突顯。就甲骨材料來看，這類"子某"也沒有太多的作爲，商代諸子的大部分是這類"子某"。二是如上舉17個諸子這類，擁有大量銅器，即擁有較大的祭祀權。由此反映出其較強的經濟實力，以及與祭祀、經濟力相對應的社會政治權力與地位。這些"子某"在甲骨材料中也有較多的影子，是當時政治、社會活動的重要參與者，具有較高的地位。這一類"子某"中，如子憂、子寉、子漁、子豪、子衛、子妥、子商可能都是武丁的子輩，乃是時王之親子，與時王關係親近。商代金文中出現與"子某"之"某"相同的族氏銘文者約占58%，即可能有半數以上的"子某"都開宗立氏。其中，第二類"子某"中，約88%都有族氏名可能取自"子某"之"某"，立氏的比例遠遠高於一般水準。在這17個"子某"之中，也存在地位層次上的差别，如子漁，就是一個出入王命，部分代替商王行事的重量級人物④。從甲骨刻辭來看，子商也是類似這樣的人物。聯繫近年新出的花東甲骨中身份顯赫的"子"，我們甚至可以考慮，商代的"子某"可以劃分爲三個層次。第一個層次者如子漁、子商等，可能是時王

---

① 朱鳳瀚：《商周家族形態研究》，天津古籍出版社，1990年，第60頁。
② 宋鎮豪：《夏商社會生活史》，中國社會科學出版社，1994年，第319頁。
③ 王貴民：《兩周貴族子弟群體的研究》，載《夏商文明研究》，中州古籍出版社，1995年，第362—367頁。
④ 王宇信：《試論子漁其人》，《考古與文物》1982年第4期，第81—85頁。

之子而受王特別垂青者；第二層次如子𪚻、子𡧢、子麦、子𦎖、子衛、子𦥑、子妥、子步等,可能也是時王之子,與王關係密切者；這兩者是諸子某中的高層。第三層次爲其他"子某",有時王之子,也有非時王之子,是一般的貴族。

董作賓在《甲骨文斷代研究例》中,曾舉出武丁的二十個兒子的名字,其後胡厚宣增加到53個①。按他們的意見,則金文中的子啟、子麦、子弓、子羊、子漁、子𦎖、子商、子不、子妥當是兄弟行。但甲骨金文中没有直接證據説明其互爲兄弟,不過筆者發現商代青銅器銘文中有幾個"子某"之間的關係非常密切,以下略作討論。

第一組：子蝠組

子蝠	（子蝠罪,集成9172）
子𤔲	（子𤔲爵,集成8075）
子不	（子不爵,集成8110）
子蝠𤔲	（子蝠𤔲觚,集成7173）
子蝠𤔲不	（子蝠𤔲不祖癸觚,近出756）

子蝠器共12件,計鼎1、爵7、觚1、罪1、方彝1、盉1②。子蝠方鼎（近出213）,1973年出於四川銅梁縣土橋鄉八村十組明代墓,通高25.6、口横20、口縱16.5釐米。長方槽形,平折沿,腹壁向下略收,平底柱足,四角和四壁中部各有一道扉棱。口沿下飾夔紋,腹飾雙夔組成的獸面紋,均以雲雷紋填地,足飾變形蟬紋。這種方鼎在殷墟三、四期常見。子蝠爵（集成8096）,原藏美國紐約魏格氏,通高22.7、口徑16.2×8.2釐米。卵形腹,窄流槽,尾上翹,獸首扁環鋬,柱呈收束的傘形,三棱錐足,通體有三道棱脊。口下飾三角紋,腹飾獸面紋。其時代當在殷墟三、四期。子蝠爵（集成8091）,現藏上海博物館。曲口寬流槽,尖尾上翹,直腹圜底,内側有獸首鋬,三棱錐足,口沿近流折處有一對菌狀柱,腹上有三道扉棱。柱帽飾渦紋,口下飾三角紋,腹飾獸面紋。其時代當屬殷墟四期。子蝠方彝（集成9865）,現藏美國哈佛大學福格美術館。通高29.7、口横17.1、口縱14.6釐米。長

---

① 胡厚宣：《殷代婚姻家族宗法生育制度考》,《甲骨學商史論叢初集》,河北教育出版社,2002年,第98—100頁。

② 近出213、集成8091、8092—8097、6908、9172、9865、9332。

方體,蓋作四坡屋頂形,上有屋頂形方鈕,深腹平底,腹壁向下漸收,方圈足的正背面各有一個缺口,通體四角和壁的中線均有扉棱。蓋上飾倒獸面紋,口沿和圈足飾形象不同的夔紋,腹飾外卷角獸面紋,雲雷紋填底。此方彝蓋面四坡較直,圈足略外撇,缺口窄而方,時代當屬殷墟四期。子蝠盉(集成9332),原藏清宮,後歸美國紐約羅比爾,通高21.2釐米。侈口長頸,鼓腹分襠,四條柱足,管狀流獸首鋬,球面形蓋,正中有一個半環鈕,近沿處有小鈕,與鋬連接。蓋上、流管和頸飾目雷紋,腹飾獸面紋。四足盉出現在殷墟四期,西周早期多見。此盉與出自安陽劉家莊北1046號墓的盉(M1046:2)近似,時代爲殷墟四期。另外,不見器形而只有拓片的子蝠爵諸器,腹部多飾分解式獸面紋,這種紋飾多見於殷墟三、四期。

子𪊏器1件。子𪊏爵(集成8075),不見器影,從銘文拓片看,其腹飾雲雷紋填地的四瓣花和夔紋。

子不器1件。子不爵(集成8110),高6.6、口徑3.4、流至尾長7寸。長流槽,尖尾上翹,流折處有一對傘狀立柱,內側有一獸首鋬,腹壁較直,圜底三錐足,腹壁有三條扉棱。流尾下飾三角紋,腹飾獸面紋,均以雲雷紋填地。器形當屬殷墟四期器。

子蝠𪊏器2件,均爲觚,器形近同。子蝠𪊏觚(集成7174),高9.7、口徑5.4寸。鼓腹長頸,高圈足外侈,下有邊圈,腹和圈足有四道扉棱。頸飾蕉葉紋和四瓣花,腹飾獸面紋,圈足飾獸面紋和夔紋,均以雲雷紋填地。這種觚器體較高,腹部以上有一段柱形頸後才弧形打開爲口,年代定爲殷墟四期比較合宜。

子蝠𪊏不器1件。子蝠𪊏不祖癸觚(近出756),通高32、口徑17.5釐米。喇叭口,長頸,腹壁較直,圈足沿下折成較高的邊圈,腹和圈足各有四道扉棱。頸飾一周變形目紋,其上飾蕉葉紋,蕉葉內填以獸面,腹飾獸面紋,圈足上部飾夔紋,下部飾獸面紋。銘文爲"子蝠𪊏不祖癸"。形制與子蝠𪊏觚近同,爲同時之器。

子蝠䍙銘文　　　　　　　　　　　子𪊏爵銘文

子不爵銘文　　　　　子蝠何瓾銘文　　　子蝠何不祖癸瓾銘文

以上所舉17件子蝠組銅器,年代大體都可歸入殷墟四期,爲同時之器。
"何",或認爲與"何"爲同字。甲骨刻辭中有"子何"（合12311）,其中"何"作一人肩扛戈之形,"何"字形體則強調人回首張嘴之形,肩上所扛者亦非戈,與"何"形體有異,所以筆者以爲"子何"與"子何"並不是同一人。子蝠一稱目前尚不見於甲骨刻辭。而"子蝠何"雖也有可能是"子"之名"蝠何"者。但就目前所見,商代"子某"之"某"絕大多數是由一個字組成,在目前所見的商代217位"子某"（包括"某子"與"某子某"）中,"子某"與"某子"兩者就有199例,占92％（其他的"子某某"的稱名分析詳後）,所以這個"子蝠何"可能是由"子蝠"與"子何"複合而成,是二者的合署形式;"子蝠何不"則可能是由"子蝠"、"子何"、"子不"三子的合署形式。因三者皆有"子"的身份,在同一銘文中出現,便以一"子"統領三子,這一方面是節省銘文空間,同時也可避免重複。類似的情況在甲骨刻辭中也有出現,如曆組卜辭合33327:"辛卯卜:侑妣壬、癸小宰。"裘錫圭認爲辭中的"妣壬、癸"就是"妣壬、妣癸"[①],也是以一"妣"統領二妣。子蝠何不祖癸瓾銘中還有祖先名"祖癸",筆者推測這是"子蝠"、"子何"、"子不"三子共同爲祭祀其祖名爲癸者所作之器,"祖癸"是"子蝠"、"子何"、"子不"三子的共祖（或共祖之一）,"子蝠"、"子何"、"子不"三子可能也是兄弟行。但是,如果按胡厚宣等的見解,"子不"是武丁的兒子之一。商代的王室世系之中,日名爲癸者只有示癸一人,那此銘中的祖癸也就只能是示癸了。但示癸與武丁的子輩隔有12代,

---

① 裘錫圭:《甲骨文中重文和合文重複偏旁的省略》,收入氏著《古文字論集》,中華書局,1992年,第141—143頁。此材料承劉一曼老師提示。

按金文的通例,所銘祖先最高也僅達三代的曾祖①。所以這裏的祖癸還可能是旁系的一個祖先。

這組銅器銘文中,"子不"一稱見於賓組甲骨刻辭:

(1) 庚寅卜,爭貞:子不骨凡有疾。(合223)

(2) ……寅卜,韋貞:禦子不。

　　……禦子不。(合586)

(3) 貞:子不其有疾。(合14007)

(4) 叀子不呼阱。

　　勿子不呼。(合7352)

子不在武丁時期(殷墟二期)就已出現在歷史舞臺上了,而子不爵的形制卻説明其時代當屬殷墟四期,如此,子不爵銘中的子不,如果不是異代同名現象,就是到這一階段,子不一稱已經成爲其家族的族氏名號了。"不"在甲骨刻辭中還是一地名(或族名):

(5) 庚申卜,王貞:余伐不。

　　庚申卜,王貞:余勿伐不。(合6834)

商代"子某"之名常見有與地名或族名相同者,據宋鎮豪統計,其中人地同名者有90例,約占總數185名的49%。筆者擬再補充20例(部分爲金文中出現的族氏名):

子甫(合9526)—甫(合10022甲)　　子徫(合6477反)—徫(集成1692)

子朿(合13726)—朿(集成1245)　　子克(合18002)—克(集成7378)

子並(合20544)—並(合10959)　　子彈(合10405)—彈(集成2118)

子兄(合20543)—兄(近出930)　　子肇(合3228)—肇(合8548)

子入(合8251)—入(花東178)　　子邑(合17577反)—邑(集成6463)

子竹(合22045)—竹(集成6471)　　告子(合4735)—告(集成6972)

子興(花28)—興(合33564)　　子禾(天252)—禾(集成4749)

子光(集成6912)—光(合182)　　子𠔁(集成6900)—𠔁(合5112反)

子克(合18002)—克(集成7378)　　子犬(集成838)—犬(合9793)

子𥭣(集成5004)—𥭣(屯南2551)　　子瓤(合23536)—瓤(集成11737)

---

① 譚步雲:《盉氏諸器▼字考釋——兼説"曾祖"原委》,《容庚先生百年誕辰紀念文集》,廣東人民出版社,1998年,第438—443頁。

如此，人地同名者110例，約占總數217位的51%。對於如此大量的子名與地名相應的情況，宋鎮豪曾有精闢論述，他認爲這些地名出現的場合，都屬於商王朝政區結構中基層地區性單位。這些"子某"或"某子"，作爲商代社會生活組成的一方，已相繼在特定的社會條件和社會政治經濟關係中，與一定的地域相結合，受有一塊土地爲其生存之本。子名與地名的同一，有其內在的自然屬性和社會屬性，而後者是人地同名的本質所在。這批子已成家立業，以其受封的各自土田相命名，由此構成分宗立族的家族標誌。他們在受封土田過程中，屬地的普通平民家族當亦歸之名下，形成以"子某"貴族核心家族爲主幹，包括若干異姓或不同族系在內的非單一血緣群體相組合的政治區域族群集團社會組織。這些子名，因受土分宗立族和世功官邑，在許多場合已與族氏名號難分難解。將殷代銅器中部分子名視爲族氏名號會更貼切一些[1]。子不爵與子蝠𪓑不祖癸觚銘中的"子不"當理解爲族氏名號爲妥。

如此，子蝠組銅器銘文中的子蝠、子不、子𪓑可能都應理解成族氏名號。而子蝠𪓑不祖癸觚銘文所反映的則是子蝠、子不、子𪓑三族共同作器祭祀其祖——祖癸。子蝠、子不、子𪓑三族則是同一姓族之下所分衍的分支家族。子不名下有其土田族邑，至於子蝠與子𪓑，因甲骨刻辭中未見有以"蝠"、"𪓑"稱名的地名，則不能肯定。但子蝠銅器有12件，器類有鼎、爵、觚、斝、方彝、盉，相比之下，子不銅器才發現1件爵，想來子蝠所擁有的財富與權勢當在子不之上，是子蝠組銅器的骨幹。可以肯定的是子蝠應擁有其土田族邑。商代的諸子之稱，是爲顯示其身份係出自時王之子或時王父祖兄弟之後裔。而子蝠、子不、子𪓑共同作器共祀其祖，其所共祀的是祖癸，是祖輩而非父輩，從殷墟二期時的子不（人名）到殷墟四期的子不（族名），表明這三族也許只是從兄弟的族氏關係，但它們之間還維繫着濃厚的血緣親族關係。

第二組：子工組

子工	（子工觚，集成6910）
子目	（合3201）
子眉	（合3198）

---

[1] 宋鎮豪：《夏商社會生活史（上）》，中國社會科學出版社，2005年，第264—266頁。

子刀　　　　　（子刀簋,集成3079）
子糸　　　　　（子糸爵,集成8105）
子單　　　　　（合3271正,原作單子合文）
子天　　　　　（子天父丁甗,集成9798）
子工目　　　　（子工目爵,集成8762）
子工眉　　　　（子工眉鬲,集成487）
子工刀糸　　　（子工刀糸觚,集成7255）
子工單　　　　（子工單爵,集成8761）
子工單天　　　（子工單天勺①）

　　子工器共11件,計爵3、觚1、卣1、觶2、戈3、鉞1。有器形者有如下6件:子工爵（集成8111）,1983年11月出於河南安陽市郭家莊商代墓葬（M1:19）,通高20.3、流至尾長17.5釐米。長流長尾,流折處有一對菌狀柱,腹壁較直,卵形底,三條錐足外撇。腹飾雲雷紋填地的獸面紋,柱頂飾渦紋。同墓所出的子工乙觶（M1:20,近出665）,通高18.1、口徑6.9釐米。圓形,侈口長頸,鼓腹,高圈足沿外侈,蓋作球面形,有子口與器套合,頂上有菌狀鈕。蓋飾目雷紋,口下飾雷紋二周,中間飾夔紋組成的獸面紋帶,圈足飾夔紋組成的獸面紋帶,均以雲雷紋填地。爲殷墟四期器。子工父辛觶（集成6410）,現藏上海博物館。通高16.4、口徑7.5×9.2釐米。器呈橢圓形,蓋頂設半環形鈕。侈口,束頸垂腹,下有圈足。蓋和頸部各飾雷紋,圈足飾兩道弦紋。爲殷墟四期器。子工卣（集成4848）,原藏端方。通蓋高12.5、口徑6.5×5.1寸。體呈橢圓形,子母口,頸兩側有一對小鈕,套接提梁。鼓腹,矮圈足下沿有邊圈。蓋隆起,沿下折,上有花苞狀捉手。蓋上、器頸和圈足均飾連珠紋鑲邊的夔紋帶,以雲雷紋填地,頸的前後增飾浮雕犧首。爲殷墟三、四期常見的器形。子工戈（集成10853）,出於河南安陽。直內戈,援平伸,有闌。內上飾四瓣花紋。爲殷墟二、三期時期的器物形制,另一件子工戈（集成10854）長條形援,鋒呈圭形。內相對位于援中部,內寬小於援寬。闌側有穿。爲殷墟四期器。

　　子刀器共9件,計鼎4、簋1、爵1、觚1、觶1、盤1。有器形者有如下5件:子

---

① 楊波:《山東省博物館銅器藏品選介》,《故宮文物月刊》2001年總第215期,第133頁,圖21。

刀父己鼎（集成1879），通高5.1、口徑5寸。窄沿方唇，口沿上有一對立耳，圜底三柱足，柱足上粗下細。時代當屬殷墟晚期。子刀簋（集成3079），原藏清宮，現藏故宮博物院。高3.2、口徑3.9寸。侈口束頸，鼓腹，圈足外侈，下有邊圈，獸首雙耳，下有方垂珥。頸飾夔紋和浮雕犧首。時代爲殷墟四期。子刀爵（集成8116），傳河北正定縣新城鎮城崗出土，現藏正定縣文物保管所。通高18、流至尾長15.7釐米。窄長流，尖尾，口沿上一對菌狀柱，卵圓形腹，有三條扉棱，內側有獸首鋬，三條錐足。腹飾獸面紋。時代爲殷墟四期。子刀父丁觚（集成7229），通高6.8、口徑4.2寸。喇叭口，長頸鼓腹，圈足沿外侈，下有邊圈。腹飾雲雷紋組成的獸面紋。時代爲殷墟四期。子刀盤（集成10027），現藏故宮博物院。高3、口徑10.1寸。敞口平沿，收腹圜底，三個花瓣形足。通體光素。此式盤較少見，年代也當在殷墟晚期。

　　子糸器共3件，均爲爵。因器形未見公佈，其時代從拓片所示紋飾來看，當是殷墟晚期。

　　子天器1件。子天父丁罍（集成9798），現藏上海博物館。

　　子工目器1件。子工目爵（集成8762），1982年出土於河南安陽市苗圃北地54號墓（M54∶4），長流翹尾，口沿上流折處立一對菌狀柱，卵圓形腹，內側有牛首形鋬，三棱形錐足。腹飾圓圈紋、勾雲紋和獸面紋。器高16.5、柱高3.1、流至尾長16.3釐米。時代爲殷墟三期。

　　子工眉器4件。子工眉鬲（集成487），1964年11月出於山東滕縣姜屯公社種寨村，現藏山東省博物館。通高18.8釐米。侈口束頸，口沿上一對立耳，分襠，三足下段呈圓柱狀。頸飾雲雷紋組成的羽脊獸面紋。時代爲殷墟四期或西周早期。子眉工父乙簋（集成3420），1927年出土於陝西寶雞市金台區陳倉鄉，高3.3、口徑5.5寸。侈口束頸，鼓腹，圈足沿外侈，一對獸首環耳。頸的前後飾浮雕獸頭，通體光素[1]。時代爲殷墟四期或周初。另一件子工眉觚（集成07175），不見器形。

　　子工刀糸器4件。子工刀糸父癸鼎（集成2136），現藏故宮博物院。通高20.1、腹深9.5、口徑15×15.2釐米。口沿上一對立耳，鼓腹分襠，三條柱足。

---

[1] 王光永：《陝西寶雞戴家灣出土商周青銅器調查報告》，《考古與文物》1991年第1期，第1頁，圖三∶5。

腹飾雲雷紋填地的外卷角獸面紋。子工刀糸簋①，現藏山東省博物館。通高12、口徑17.5釐米。侈口寬沿，腹部下收，高圈足。通體光素。此二器的時代可定爲殷墟四期。子工刀糸父己爵（集成9055），現藏加拿大多倫多安大略博物館，腹飾雲雷紋填地的獸面紋。另一件子工刀糸觚（集成07255），不見器形。

　　子工單器5件，子工單爵（集成8760），現藏河南新鄉市博物館。通高18.2、流至尾長16.4釐米。長流尖尾，口沿上有一對菌狀柱，卵圓形腹，腹內側有獸首鋬，三棱錐足外撇。器形爲殷墟二、三期常見式樣。另一件子工單爵（集成8761），現藏故宮博物院，腹飾雲雷紋填地的獸面紋，頸飾三角紋，流和尾下飾蕉葉紋。子工單箕②，現藏山東省博物館。通高8、通長30.5釐米。平底，三邊有擋板，後擋板有柄，上平下圜，中空，可裝木柄。這種箕與婦好墓所出婦好箕（M5∶869）及河南羅山后李村所出的尹箕（M1∶16）近同，時代可定爲殷墟二、三期。1975年北京房山縣琉璃河黃土坡251號墓出土2件子工單器，現藏首都博物館。子工單父戊尊（M251∶7，集成5800），通高30、口徑23釐米。深腹圜底，圈足沿下折。通體有四道扉棱。頸飾蛇紋帶，上飾由倒獸面組成的蕉葉紋，腹及圈足飾外卷角獸面紋，兩側填以夔紋。子工單父戊卣（M251∶6，集成5195），通高31.2、口徑15.2釐米。斂口鼓腹，圈足外侈，頸兩側有半環鈕，套接獸頭扁提梁，蓋隆起，沿折下，鈕作花苞狀。提梁飾獸目紋，蓋及器頸飾象鼻獸紋，圈足飾連珠紋鑲邊的卷曲夔紋，通體以雲雷紋填底。此二器時代的下限爲西周初期。

　　子工單天器1件。子工單天勺，現藏山東省博物館。通高8.5、通長19釐米。勺體如斗，薄壁圜底，一側有柄，前粗後細，上平下圜，中空，前部有對穿銷釘孔。

　　縱觀子工組銅器，其年代早的可到殷墟二期，晚的則到了西周初期。顯然，子工也是一個族氏名號。但多數銅器的年代都落在殷墟四期這個時間段中，說明子工組銅器基本還是同時之器。

---

① 楊波：《山東省博物館銅器藏品選介》，《故宮文物月刊》2001年總第215期，第130頁，圖18。
② 楊波：《山東省博物館銅器藏品選介》，《故宮文物月刊》2001年總第215期，第132頁，圖20。

第六章　商代青銅器銘文中的諸子與諸婦　229

子工觚銘文 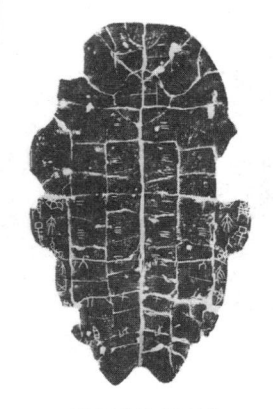　　　　　　子目（合3201） 　　　　　子工目爵銘文

子工眉鬲銘文 　　　　　子眉（合3198） 　　　　　子刀簋銘文

子糸爵銘文 　　　　　　　　子工刀糸觚銘文

單子（合3271正）

子天父丁罍銘文

子工單爵銘文

子工單天勺銘文

子眉與子目見於賓組甲骨刻辭：
(1) ……貞：子眉……（合3197）
(2) ……子卜，㱿……子眉……（合3198）
(3) 叀今……子眉……（合11689）
(4) ……貞：子目……（合3200）
(5) 貞：子目亦毓唯臣。（合3201正）
(6) 子目嘉。（合10982反）
(7) 庚午卜，賓貞：子目娩，嘉。
　　貞：子目娩，不其嘉。王占曰：唯兹……嘉。（合14034正）

子眉與子目尚沒發現以其名義單獨所作的銅器。子工目器也僅發現1件。子目的身份比較特別。從卜辭看，子目與子㠱、子眉、子媚等皆有分娩之事，則子目顯係女性。

上舉子工組中出現的子工、子目、子眉、子刀、子糸、單子、子天，原當皆是時王之子與非時王之子，相互間是兄弟或堂兄弟甚或是表兄弟的關係，其互相聯合同作器以祀先人正是表明它們之間存在着特定的血緣聯繫。如果這些"子某"都分宗立族，成爲各自家族的族氏名號（子工、子目、子眉、子刀、子糸、單子、子天在銅器銘文中又有單稱工、目、眉、刀、糸、單、天之例，顯係族氏名），則它們之間也是血親族群。而甲骨刻辭中所謂的"子族"一稱，其所指也許就是這些"子某"所構成的族群，如子工族、子刀族。但"子族"與"多子"一樣，只是一種泛指泛稱。從更大的範圍來說，這些相互間有特定血緣關係的"子某"族氏還是屬於同一個族氏群體的。這也是會出現多個子族共同作器的根本原因。子目一稱終於成爲一個族氏名，則作爲這一族氏名之來源的子目，當初很可能還是其家族族長。子媚銅器也表明商代可能存在女族長。

子工組銅器中，子工分別與子目、子眉、單子、子刀及子糸、子天與單子等"子某"複合，所祭物件均爲父，但也不一致，子工、子眉與子刀都是爲父乙作器（集成1826、3420），子刀、子天各自爲父丁作器（集成7229、9798），子工、單子爲父戊作器（集成5800、5195），子工、子糸、子刀爲父己作器（集成1879、9055），子工與子刀爲父辛作器（集成1881、1882、6410），子工與子刀爲父癸作器（集成2136）。如果單從子工一方來說，其所祀的就有父乙、父戊、父己、父辛、父癸諸父。而這些銅器的年代基本上都在殷墟四期，則這些父只能理解爲子工族中的多父。子工乙辛爵（集成8987）銘"子工乙辛"，其中的日名"乙辛"很可能就是省卻了父名的父乙、父辛的合稱。同樣的，那些父也是子眉、子目、子糸、子刀、單子、子天的諸父。他們這種多父的情況，在青銅器銘文中也有例子，如著名的商三句兵之一，祖日乙戈（集成11403）銘曰："祖日乙、大父日癸、大父日癸、仲父日癸、父日癸、父日辛、父日己。"此戈爲殷墟四期形制，其所反映的家族形態是相同的。

青銅器銘文中有如下內容：
子工止（集成3234）
子工萬（集成8763）

子工卯（集成8765）

子工木（集成9022）

屰子單（集成1718）

銅器銘文與甲骨刻辭中還有止（集成9769）、萬（集成1134、合8353）、木（集成6742）、屰（集成1035、花東20）等族名與地名，參照上舉子工組銅器銘文，這些銘文中的止、萬、卯、木、屰也有可能是子止、子萬、子卯、子木、子屰，只是目前在銅器銘文與甲骨刻辭中尚未見到這些"子某"。這種子名的簡省在銅器銘文中常見，如"子媚"（集成8076）也可簡省爲"媚"（集成7413）、"子妥"（集成1301）也可簡省爲"妥"（集成1068）、"子塞"（集成6892）也可簡省作"塞"（集成6777）、"子鼎"（集成01828）也可簡省作"鼎"（集成01546）。

青銅器銘文中還有如下内容：

工萬（集成3117、8868、青研[①]172）

工天（集成8146）

糸刀（集成7613、7614）

與上舉銘文對比，即可明瞭這些銘文當是子工萬、子工天、子糸刀的省略了"子"的簡省形式。工萬器與工天器的簡省過程擬定如下：

子工（集成8111）

　　　　──→子工萬（集成8763）──→工萬（集成3117）

子萬（缺）

子工（集成8112）

　　　　──→子工天（缺）──→工天（集成8146）

子天（集成9798）

子糸（集成8105）

　　　　──→子糸刀（缺）──→糸刀（集成7613）

子刀（集成3079）

---

① "青研"指《夏商周青銅器研究》，陳佩芬著，上海古籍出版社，2004年。

其中"子萬"之稱尚不見於甲骨金文材料，但金文中"萬"是一族氏名，萬族銅器有34件，時代屬殷墟三、四期。"子工天"一稱也暫不見於甲骨金文，但有"子工單天"之稱，筆者以爲以上構擬還是能夠成立的。以此思路重核銅器銘文，發現還有以下四種器銘：

　　工屰（集成8147、8148）

　　工啟（集成8274）

　　工甗（集成7021）

　　屰目（集成8964—8966）

屰，因前舉銅器銘文中出現過屰子單，子屰可能是存在的。啟，在銅器銘文常作爲族氏出現，器共約20件。在甲骨刻辭中有"子啟"之稱（合22277、22278、22282—22284），其活動時期在殷墟二期。甗，也是一族氏名，以其名義所作的銅器有11件。在甲骨刻辭中也有"子甗"之稱（合3086、23536、23537，英136、137），其活動時期在殷墟二、三期。參照前文所論，這四種銘文可能是子工與子屰、子啟、子甗；子屰與子目所合署並省略了子稱而成的，也是諸子族共鑄之器。

　　如果以上推論能夠成立，則爲我們理解這類兩個或兩個以上的族氏名構成的複合氏名的性質提供了一個視角。對於複合氏名的含義，主要有兩説：一是認爲複合氏名的多數是表示兩個或兩個以上的族的結合，是由幾個族氏結合而成的標識；二是認爲複合氏名表示一個族的分支，將其氏名附于其自身所從出的族名下以別之。前一説因爲缺少證據，又不見專門的論證而從者寥寥。後一説則爲多數學者所接受。工屰、工啟、工甗、屰目以及上文提到的工萬、工天顯然就是學界習稱的複合氏名。按通行的理解，因爲工屰、工啟、工甗、工萬、工天中皆出現"工"這一族氏名，則"工"族自然爲母族，而屰、啟、甗、萬、天則是"工"族的分支族氏。但經過上文的分析，工屰、工啟、工甗、工萬、工天更可能是子工（族）與子屰、子啟、子甗、子萬、子天共同鑄器而造成的一種合署簡稱現象。雖然因其銅器較多，説明子工擁有較高的地位與權勢，但是子啟、子甗的權位也照樣如日中天，甲骨刻辭中有較多的活動，還擁有大量的青銅器，其相互之間並不見得有隸屬關係，而是一種平輩之間的平等的合夥關係。只是從更高一級宗法關係上來説，這些子族都共同隸屬於一個宗族，而這個宗族有可能是王族，也可能是王族以外的族系。

　　除此以外，上文提到"子蝠蚵不"、"子工刀糸"、"子工單天"，則是三子

(族)共同鑄作銅器。蝠、砢、不；工、刀、糸；工、單、天三者之間也是相同等次的關係。

上文提到，金文中還有一些作"子某某"之稱者，如：

子◇✧ （子◇✧父甲盉，集成9387）
子🝈爰 （子🝈爰爵，集成8766）
子㢴圖 （子㢴圖方彝，集成9870）
毌子弓葡 （毌子弓葡卣，集成5142）

這些"子某某"很可能也是兩個或多個"子某"的合署省略形式。其中見有子弓（觶，集成6140），子㢴（鼎，集成1310）。

與此類似的情況，筆者以爲還有如下兩組銅器：

第三組：覃受🝮組

亞。🝮覃父甲。 （亞🝮覃父甲鼎，集成1998）
亞。🝮覃父乙。 （亞🝮覃父乙簋，集成3419）
亞。🝮辛、覃乙。 （亞🝮辛柶①，集成10476）
亞。覃日乙、受辛、🝮甲。 （亞覃尊，集成5911）
亞。覃日乙、受日辛、🝮日甲。 （亞覃尊，集成5949）

這些銅器銘文中出現的🝮、受、覃都是族氏名。據筆者統計，受族銅器共有29件，其存世時間爲商代晚期至西周早期，在甲骨刻辭中，"受"是人名，也是地名。🝮族銅器共有15件，存世時間爲殷墟二期到西周早期。覃族銅器共有8件。以上5件銅器銘文中皆有兩個或兩個以上的族氏。其中亞覃尊（集成5949）銘文形式相對最完整，銘中覃對應日名乙、受對應日名辛、🝮對應日名甲。在這裏，覃、受、🝮同出，且各自有對應的日名，這樣的情況是很難用分宗族氏說來解釋的。筆者認爲，這也是覃、受、🝮三族共鑄之器②。與此相關的銅器銘文還有：

亞覃父乙卣（集成5053）：亞。覃父乙。

---

① 原稱其爲銅片，但這種薄銅片上飾花紋，兩端稍曲，其實當是挹取器——柶。
② 對此，李學勤曾有文指出是共同作器，見其《考古發現與古代姓氏制度》，《考古》1987年第3期，第257頁。

第六章　商代青銅器銘文中的諸子與諸婦　235

亞覃父丁爵（集成8890）：亞。覃父丁。
亞𓏃祖乙父己卣（集成5199）：亞。𓏃,祖乙、父己。
亞𓏃祖辛父乙鼎①：亞。𓏃,祖辛、父乙。
亞𓏃父癸簋（集成3339）：亞。𓏃父癸。
亞𓏃父丁角（集成9008）：亞。𓏃父丁。叙。
𓏃父乙簋（集成3149）：𓏃父乙。
𓏃日辛爵（集成8800）：𓏃日辛。

亞覃尊銘文

"覃受𓏃"組銅器中,公佈有器形圖像者有如下諸器：

鼎：亞𓏃祖辛父乙鼎,1998年出土於陝西長安縣五星鄉西周墓葬,通高25、口橫18.5、口縱15.5釐米。窄平沿,口沿上一對立耳,四壁中部和四隅各有一道扉棱,平底,四柱足。四壁均飾雲雷紋填地的獸面紋,足飾蟬紋。

簋：亞𓏃覃父乙簋（集成3419）,現藏臺北故宮博物院。通高14.4、口徑19.8釐米。侈口鼓腹,一對獸首耳,下有鉤狀垂珥,圈足。頸部飾雲雷紋填地的長鳥紋,前後增飾浮雕獸頭,圈足飾雲雷紋填地的獸面紋。𓏃父乙簋（集成3149）,出土於陝西渭南縣陽郭公社南堡村商代墓葬,通高19、口徑26釐米。平折沿,深腹,高圈足,頸部飾浮雕獸頭和雲雷紋,腹飾斜方格乳釘紋,圈足上有三個方孔,飾雲雷紋。

爵：覃父己爵（集成8577）,原藏羅振玉,寬流,尖尾上翹,直腹圜底,內側有獸首鋬,三棱錐足,口沿近流折處有一對菌狀柱。腹飾三道弦紋。亞覃父丁爵

---

① 見商周金文資料通鑒課題組（吳鎮烽）：《商周金文資料通鑒》（光碟版）,2005年光碟1.0版01975號。

(集成8890），原藏清宫，形制與前器近同。高6.5、流至尾長6寸。❏日辛爵（集成8800），出於河南安陽市殷墟西區孝民屯商代墓葬（M907.2）。通高22.8、流至尾長20.2釐米。窄流，尖尾上翹，流折處有菌狀雙柱，卵圓形腹較淺，有三條扉棱，三棱錐足，牛首扁環鋬。頸飾雲雷紋組成的三角紋，腹飾獸面紋。

尊：亞❏尊（集成5949），出土於河南安陽市殷墟西區孝民屯商代墓葬（M93∶4），通高34.5、口徑23釐米。侈口長頸，腹微鼓，圈足外侈。頸和圈足近腹處各飾弦紋兩道，腹飾四瓣花紋，中填目紋。另一尊（集成5911）與其成對同出，形體相同。

角：亞❏父丁角（集成9008），現藏美國三藩市亞洲藝術博物館，從拓片可知兩翼上翹，腹飾獸面紋，翼下飾蕉葉紋。

上舉這些覃受❏組銅器的時代皆爲殷墟四期（有的可能到周初），爲同時之器。如此，則可對器銘中的父稱進行探討。筆者對覃受❏組銅器銘文中的諸父日名排比後，可得下表：

覃之父：甲、乙、丁、

❏之父：甲、乙、丁、己、辛、癸

受之父：　乙、丁、己、辛①

表明覃受❏組銅器中覃、受、❏三族的父名多相同。如果具體到銅器上，亞覃父乙卣銘説明亞覃尊（集成5949）銘中"覃日乙"就是"覃父乙"，則"❏日甲"也就是"❏父甲"，"受日辛"就是"受父辛"。如此，亞❏覃父甲鼎與亞❏覃父乙簋中的父甲就是"❏日甲"之甲、父乙就是"覃日乙"之乙，如此，亞❏覃父甲鼎與亞❏覃父乙簋中的父甲、父乙則爲覃與❏族所共祀之父，也就是説，❏之父甲便是覃與❏共同的父甲，而覃之父乙便是覃與❏共同的父乙。同樣的，亞覃尊中"受日辛"的受之父辛，在❏日辛爵銘中，又成爲❏之父辛。如果對比亞❏辛柶（集成10476）與亞覃尊兩器銘，"覃乙"與亞覃尊銘相同，但❏所祀之日名卻换成了"辛"，顯然❏、受與父辛的關係是一致的。不光如此，❏父乙簋銘中❏同出覃的父乙；亞覃父丁爵與亞❏父丁角又表明覃與❏都祀父丁。這説明，父甲、父乙、父丁、父己、父辛、父癸均是覃、受、❏三族的父輩，是其多父。據此，覃、受、❏三族也是兄弟族氏，它們共屬一宗族集團。

---

① 參照受父己卣（集成4958）、齒受祖丁尊（集成5714）、受父乙觶（集成6229）。

第四組：受旌若自組

亞。受丁、旌乙、若癸、自乙。　　亞若癸器組（鼎：集成2400—2402，簋：集成3713，尊：集成5937、5938，觚：集成7308、7309，方彝：集成9886、9887，杯形觶[①]）

亞。旌乙。亞。若癸。　　亞若癸戈（集成11114）

亞若癸簋銘文

這組銅器中出現的受、旌、若、自四者當是族氏名。受族，前文已提及。自族器13件，時代集中在殷墟四期。若族銅器19件，時代爲殷墟四期（或稍早）至西周早期。旌族之旌，目前只見於亞若癸器組中。1995年河南安陽市郭家莊M26所出5件銅器銘皆有"旌"[②]，比"旌"多出"冉（㞋）"形。另外，上海博物館藏一戈銘"旌"（集成10646），而旌與旌者出現在賓組刻辭中：

（1）辛卯卜，貞：旌其先薄戈，五月。（英593）

（2）……允貞：令旌比冒侯璞周。（合6816）

《殷墟甲骨刻辭類纂》將這二辭同列於"旌"字條下（第1168頁），筆者以爲是可取的。旌、旌、旌應該是一字繁簡不同的寫法。如此，旌族銅器19件，時代爲殷墟二期到四期。另有一件亞若癸觶（集成6430），蓋內有銘文3字"亞若癸"，器內底銘文1字"㞋"。如果此觶的器與蓋爲原配，則此"㞋"可能是"旌"的省

[①] 周世榮：《湖南出土戰國以前青銅器銘文考》，《古文字研究》第十輯，中華書局，1983年，第262頁，圖7。

[②] 中國社會科學院考古研究所安陽工作隊：《河南安陽市郭家莊東南26號墓》，《考古》1998年第10期。

形。不過,這僅是一個推測。

受旋若自組銅器中公佈有器形圖像的有9件。

鼎：亞若癸鼎（集成2400），原藏清宮，高6.6、口徑6寸。平沿方唇,立耳外撇,深腹圜底,三條柱足較高。頸部飾雲雷紋填地的蛇紋間浮雕圓渦紋,足飾蟬紋。時代爲殷墟四期。另二件亞若癸鼎（集成2401、2402）爲分襠鼎,形態相近,以現藏上海博物館的亞若癸鼎爲例,其身高9.3、口徑7.3寸。方唇,鼓腹分襠,三條柱足。頸部飾雲雷紋,腹飾外卷角獸面紋,兩旁填以倒立的夔紋,以雲雷紋填地。此二鼎立耳外撇,腹較淺,足較高,是殷墟四期分襠鼎的流行式樣。

簋：亞若癸簋（集成3713），現藏美國米里阿波里斯美術館,通高17.8、口徑25.4釐米。窄沿方唇,圈足較高,通體有六道扉棱。飾夔紋與雲雷紋填地的獸面紋。時代當在殷墟三、四期範圍內。

觚：亞若癸方觚（集成7309），原藏清宮,高9.5寸。直腹長頸,高圈足外侈,四角和四壁中有扉棱,扉棱伸出口沿。頸飾獸面紋,其上有蕉葉紋,腹飾和圈足均飾獸面紋,以雲雷紋填地。此觚形態與安陽郭家莊160號墓所出的方觚近同,只是其扉棱外伸幅度更大,腹部近平直,其時代爲殷墟三、四期。

觶：亞若癸觶,現藏湖南省博物館,圓筒形,或可稱爲杯,上部略粗,向下漸細,直口平底。口下飾三道弦紋,下部飾兩道弦紋。這類器極少見,同類器見有一件□觶（集成6051），現藏故宮博物院。

方彝：亞若癸方彝（集成9887），現藏美國三藩市亞洲藝術博物館,通高28.5、口橫15.6、口縱13釐米。長方體,蓋作四坡屋頂形,坡面陡直,深腹平底,腹壁向下直收,方圈足的正背面各有一缺口,通體四角和壁的中線均有扉棱。蓋上飾獸面紋,口沿和圈足飾夔紋,腹飾外卷角獸面紋,均以雲雷紋填底。另一件亞若癸方彝（集成9886），現藏瑞士蘇黎世瑞列堡博物館,形制近同。爲殷墟四期時器。

戈：亞若癸戈（集成11114），通長26.2、援長18.5釐米。鑾內戈,援部略弧,內部似有缺損。

這些銅器,考慮到銘文內容一致,當是同時所作之器,其鑄造時間落在殷墟四期是比較合適的。其中,亞若癸戈內部的兩面分別鑄亞旋乙和亞若癸。而其他的鼎、簋、尊、觚、彝器銘皆同,當是銘中都是受、旋、若、自四族氏共存,且各自都有對應的日名,與罩受□組器性質相同,也是受、旋、若、自族共鑄之器的情況。而不能解釋爲受、旋、若、自之間爲大宗與小宗之間的關係。

以上銅器，都是兄弟族氏等有親緣關係的族氏爲某一共同的祖先或各自的直系祖先共同鑄器。只是第四組是不同的族氏爲其各自的祖先共同鑄器，它們之間是否有血緣關係尚不是十分明顯。但受旋若自組銅器中出現四個祖先日名：丁、乙、癸、乙，筆者以爲受、旋、若、自可能也是有血緣關係的族群。若族人所作的我鼎（集成2763）或可作此推論的説明。我鼎，現器藏臺北故宮博物院，蓋藏臺北中研院歷史語言研究所，出於河南洛陽。器高23.2、口橫19.3、口縱14.5釐米。蓋高6.5釐米。橫截面呈橢方形，長子口，深腹下部向外傾垂，四條柱足。無耳。口下飾雲雷紋填地的的獸面紋，足飾蟬紋。蓋作平頂，沿下折，四角有曲尺形的扉。蓋沿飾雲紋填地的獸面紋帶。形制與安陽郭家莊M160所出帶蓋提梁鼎（M160∶32）近似，從紋飾看則稍晚，當是商末期器。銘文爲："唯十月又一月丁亥，我作禦恤祖乙、妣乙、祖己、妣癸，征祐䌛二女，咸斝，遣褅二𣏗，貝五朋，用作父己寶尊彝。亞若。"同樣的，器主"我"所祀之祖即有祖乙、祖己二人，妣也有妣乙、妣癸二人。對"我"來説，顯然也是存在多祖多父現象的。如此，受旋若自組銅器中的多個祖先日名也就有了着落。

下二組也是族氏間共同作器的結果。

第五組：艅𦎫保組

父庚祖辛鼎（集成02363）：亞。艅父丁、𦎫父庚、保祖辛。
父庚祖辛鼎（集成02364）：亞。艅父、𦎫父庚、保祖辛。
父庚祖辛簋（集成03683）：亞。艅父、𦎫父庚、保祖辛。

父庚祖辛鼎銘文

銅器中的這種共同作器現象還能給我們對於銅器銘文常見的"亞"形內涵提供一個有益的思考空間。對於青銅器銘文中的"亞"的含義,學界對其進行了長期的討論,但衆説紛紜。詳見第五章第一節。朱鳳瀚指出在甲骨卜辭中也有稱廟室爲亞的例子,而取象於廟堂之形的殷代墓、椁室多作亞形,故也贊成將亞形釋爲廟室之形説,認爲亞形所表示的廟室與族氏之間有着內在的密切的關係。宗廟是一個族氏存立於世的象徵,商周青銅器銘中往往將族氏名號填於亞形中,或冠以亞形,正是以表示廟室的亞形標誌此名號是族氏名號[①]。覃受🗌組銅器與受旒若自組銅器銘文,這些族氏與祖先日名皆被框在一個"亞"形之中,在這些銘文中,將"亞"視作宗廟的象形或象徵顯然要更合適。之所以如此,是因爲表示廟室的亞形與代表族氏組織的族氏名號之間的關係實際上就相當於宗廟與族氏之間的關係。同親族的人有共同的宗廟,《呂氏春秋·知化》:"殘其國,絶其世,來其社稷,夷其宗廟。"可知宗廟也是一個族氏存立於世的象徵。銘文中將族氏名號與祖先日名置於亞形之內,實際上就等同於將這些族氏的先輩之主供奉於宗廟之中。上文所舉的不同族氏共同鑄作祭祀先祖的宗廟之器,原因也正在於此,而這些共同作器的族氏,雖然都已有各自家業和族人,但它們還有同宗同祖的認同,體現出明顯的親族關係。覃受🗌組銅器與受旒若自組銅器則讓我們第一次看到了分支族氏之上宗族一級的族群組織的存在。

第二節 諸 婦

商代的諸婦是殷商史研究中的老問題,因爲它關涉商代的婚姻制度、家族形態、社會結構等課題,所以一直就頗受學界的關注。對商代甲骨刻辭中諸婦刻辭的研究,學者們已做了大量的工作,並取得了豐碩成果。經過研究與爭論,甲骨刻辭中的"婦"是指商代具有一定身份地位的婦女的稱號與標誌,這一説基本上已成爲學術界的共識。這就奠定了對商代有關"婦"的材料進行進一步分析和研究的基礎。但對於青銅器銘文中所見"婦"的研究,就相對寂寥了。筆者在翻檢青銅器銘文的過程中,覺得青銅器銘文中的婦名與當時的婚姻關係有更爲直接的聯繫。分析和探索商代青銅器銘文中的婦名,對於瞭解晚商階段

[①] 朱鳳瀚:《商周金文中的複合氏名》,《南開學報(哲學社會科學版)》1983年第3期,第55—56頁。

第六章　商代青銅器銘文中的諸子與諸婦　241

的社會族群間的關係狀況以及相關制度當會有所裨益。

甲骨刻辭中的婦名，最近據徐義華統計有157位。同時，據其統計，商代青銅器銘文中見到的婦名也有55位，扣除重現者，商代諸婦的總數就達到了204位[①]。但徐文主要是對甲骨文中的婦名進行研究，而沒有對銅器銘文中的婦名展開討論。據筆者的統計，商代青銅器銘文中所見婦名共有43個，有關"婦"的青銅器銘文有173條。見下表：

編號	婦名	同銘族名	出處（《殷周金文集成》號；J指《近出殷周金文集錄》）
1	婦㜣		463、1341—1343、4845、4846、6868、6869
2	婦闌	龏	922、2403、5349、5350、9092、9093、9246、9247、9820、J910
3	婦㚔	聑冥	1904、5098、5760、7254、8982、8983、8984
4	婦冬		6142
5	婦亞弜		6346
6	婦鳥		6870
7	婦姝	庎册	6428
8	婦聿	征庎	5099
9	婦囧		6871
10	婦㛗		7171、7172
11	婦鵑	亞䙲	7287
12	婦甘		8132
13	婦竹		8755
14	婦好	正	793、794、1320—1339、5535—5537、6141、6847—6856、6859—6865、6867、8122—8131、9178—9181、9260、9261、9333—9335、9486、9487、9509、9781、9782、9861—9864、9916—9923、9952、9953、9985、10028、10394、11739、11740
15	婦旋		1340、3228、J653
16	婦羊	告	1710

---

① 徐義華：《甲骨刻辭諸婦考》，《殷商文明暨紀念三星堆遺址發現七十周年國際學術研討會論文集》，社會科學文獻出版社，2003年，第292—293頁。

（續表）

編號	婦名	同銘族名	出處（《殷周金文集成》號；J指《近出殷周金文集錄》）
17	婦姑	黿	891、2137、2138
18	婦未	黿	1905
19	婦己		10562
20	婦娅	冉	1709
21	婦士	子脊	1715
22	婦戠	爻	2139
23	婦妑		3081
24	婦娸	文？	3502
25	婦隻		5083
26	婦酌	咸	3229
27	婦㷼	黿	1711
28	商婦	冀	867、6143
29	冀婦		795、4844、8135
30	齊婦	冀	486
31	杞婦	亞醜	5097
32	山婦		6144
33	守婦		3082、6145、6146
34	米婦		6147
35	甲婦		8136
36	鴹婦	亞矣	9794
37	屰婦		9873
38	盉婦		1344、2368
39	舟婦	冊	1713
40	麋婦	臤	7312
41	姦婦		6148、9783

（續表）

編號	婦名	同銘族名	出處（《殷周金文集成》號；J指《近出殷周金文集錄》）
42	桑婦	射	1377、1378、1379、6878、10286
43	歲婦	冀	2140

　　這43個婦名，明顯可以分成兩類：一類是"婦+某"的形式，如：婦娥、婦闌、婦䗥、婦冬、婦亞弜、婦鳥、婦姝、婦聿、婦⊞、婦燃、婦鴰、婦曰、婦竹、婦好、婦旋、婦羊、婦姑、婦未、婦己、婦延、婦士、婦戟、婦妠、婦娸、婦隻、婦卿、婦㜏。另一類是"某+婦"的形式，如：商婦、冀婦、齊婦、杞婦、山婦、守婦、氷婦、甲婦、鴰婦、屮婦、盩婦、舟婦、麇婦、姦婦、桑婦、歲婦。

　　這種情況在甲骨刻辭中也存在，兩者是一致的。如婦史（合21975）、婦丙（合18911反）、婦鼠（合12804）、婦妥（合21793）、婦龍（合17544）、婦周（合2816）等爲"婦某"形式；王婦（合1800）、中婦（合2857）、雷婦（合21796）、河婦（合9576）、角婦（合5495）等爲"某婦"形式。

　　"婦+某"與"某+婦"的稱名形式是否具有不同的含義，學界還有分歧。過去學界往往將其視爲同類而不加區分。近年來，開始有學者對商代甲骨刻辭中的諸婦進行區分。如有的學者認爲"這些'生婦'有的是王妃，有的是時王諸兄弟輩即'多父'之妻，有的爲各宗族大小宗子即'多子'之妻，至於明言'亞侯婦'、'師般婦'、'婦亞弜'、'婦汜戈'、'婦屮伯'、'収妻妠'、'婦伯紉'、'五束午婦'、'冀婦'者，大抵是臣正、諸侯或方伯之貴婦"[1]。實即認爲所謂"婦某"與"某婦"者有性質上的一些區別。在此基礎上，另有學者以爲"婦某"類中之婦以王婦或王之兄弟、子輩之婦爲主；而"某婦"之婦應是臣正、諸侯或方伯之貴婦。這些女子來自該國，她們往嫁於商，顯然帶有政治聯姻的性質[2]。有學者也認爲甲骨刻辭中的"婦某"絕大多數是王妃，有的可能是王室貴族的配偶。"婦某"之"某"代表國名，她們來自封國的聯姻或服國的進獻[3]。還有學者進行了更細緻的劃分，認爲商代多婦的身份分爲四種：一是商王及其兄弟的

---

[1] 宋鎮豪：《夏商社會生活史》，中國社會科學出版社，1994年，第151頁。
[2] 王宇信、楊升南主編：《甲骨學一百年》，社會科學文獻出版社，1999年，第449頁。
[3] 齊文心："婦"字本義試探》，《紀念殷墟甲骨文發現一百周年國際學術研討會論文集》，社會科學文獻出版社，2003年，第150頁。

妻妾;二是大臣、諸侯、方伯的妻妾;三是子輩的妻妾;四是商王已婚的姐妹①。但此説中的第四種身份中所舉的婦鼠、婦姪可能還是商王的配偶。另有學者着重指出卜辭中的"某婦"與"婦某"之稱其各自所代表的含義並不相同,前者指某人之婦或某族之婦,而"婦某"之"某"所表示的是該女子所出之國名或族氏名號,即父家之族名②。但甲骨刻辭中的"婦某"與"某婦"之稱的形式並不固定,兩者經常有倒置現象。如:

婦妌(合13950)——妌婦(合14010)　婦壴(合2797反)——壴婦(合13943)
婦先(合6349)——先婦(合21870)　婦奏(合13517)——奏婦(合16022)
婦姪(合14067)——至婦(合2226)　婦禾(合40889)——禾婦(合17297)

對於這些婦名,學界基本上都認爲其所指相同,即同一個人。這種倒置稱謂並不是個别的現象。如果認定"婦某"與"某婦"的指稱不同,必得解釋以上所舉甲骨刻辭中出現的倒置稱謂的原因,而且似乎不能單以誤刻一説來解釋。這種婦名稱謂的倒置現象説明,"婦某"與"某婦"之稱的區别並不十分嚴格。在青銅器銘文中,由於銘文之間的相對位置分佈比甲骨刻辭更加隨意,有時爲了美化考慮,常常采取重複對稱、拆分、借筆或共用部首等方法組織和安排銘文。這就使得青銅器銘文認讀語序不可避免地有一定的不確定性。

曹兆蘭女士對青銅器銘文中的婦名形式進行了分類,一爲單稱"婦";二爲"婦+私名";三爲"婦"字前後標明氏族徽號;四爲"婦"字前標明夫方其他資訊;五爲"婦"字前後標明廟號;六爲綜合式③。在甲骨刻辭中,地名、族名(或國名)、人名經常重合。"婦某"之"某",也往往和國(族)名或地名一致,同時有的也與"子某"之"某"相同。"婦某"之"某"常與"女"旁結合以作性别在文字上的區分,如青銅器銘文中的子、竹、旋、羊、聿等都是有"女"旁的。關於"婦某",沈長雲認爲卜辭中的"婦某"之"某"雖不好徑解作女姓,但至少是與女姓性質相近的氏族名稱,它表明商人的婚姻也要辨明女方出身的氏族④。"婦某"的稱名形式,與小臣醜、小臣禽、小臣中、小臣㕣;射侖、射夏、射串、射佣;犬中、犬㘇;戍允、戍義、戍詠、戍㕣、戍何、戍夙等稱名形式近同。關於後者,皆是職官

---

① 曹兆蘭:《金文與殷周女性文化》,北京大學出版社,2004年,第26—27頁。
② 陳絜:《關於商代婦名研究中的兩個問題》,《2004年安陽商文明國際學術研討會論文集》,社會科學文獻出版社,2004年,第244頁。
③ 曹兆蘭:《金文與殷周女性文化》,北京大學出版社,2004年,第22—23頁。
④ 沈長雲:《論殷周之際的社會變遷》,《歷史研究》1997年第6期,第5—22頁。

（身份）+族名的稱名形式。"婦某"之"某"大多也是族（國）名。這一觀點已被大多數學者所認同。

青銅器銘文中的族氏名，即族徽問題，一直以來都是個讓人頗費躊躇的老大難問題。關於如何判斷及檢驗族氏名（族徽），張懋鎔在着重與私名的區別上規定出六條標準[①]。就商代青銅器銘文而言，這一階段私名的出現頻率還很低，在銅器銘文中標示私名在商代尚未成爲主流。

筆者統計的商代青銅器銘文中的43個婦名中，婦冬、婦鳥、婦聿、婦未、婦姑、婦妊、婦竹、婦羊、龏婦、齊婦、商婦、杞婦、山婦、守婦、舟婦、婦亞弜、婦旋、婦隻、✻婦、盨婦等婦名中的冬、鳥、聿、未、姑、妊、竹、羊、龏、齊、商、杞、山、守、舟、亞弜、旋、隻、✻、盨等文在其他銅器銘文中都不止一見；或在銘文中單獨出現；或框以亞形；或字體經藝術化處理；或與甲骨刻辭中的人名、地名、國名相合，它們都是銅器銘文中常見的族氏名。準此，商代青銅器銘文中的"婦某"與"某婦"之"某"的性質當與甲骨刻辭中的"婦某"之"某"相同，也是族氏名。

兩周青銅器銘文中的婦女稱謂一直以來都是探討當時諸國之家婚姻關係的一把鑰匙。研究表明，兩周時期的父爲女、夫爲妻、子爲母作器時，婦女稱謂中往往有父國與夫國的名號。根據這樣的婦名，即可理清當時互通婚姻的兩國。上舉曹兆蘭文中婦名之第三、四與第六條的部分是夫家的氏族徽號[②]，已提及婦名與婚姻的關係。當然，兩周青銅器銘文的婦名中也常有女姓的成分，而商代青銅器銘文婦名中"婦某"之"某"的性質則是族氏名，這更利於我們從青銅器銘文中的婦名稱謂這一角度討論商代晚期的婚姻關係。

在43個商代青銅器銘文婦名中，有22個婦名與其他族氏名（或人名）在同一銅器銘文中出現，我們稱之爲"同銘"關係，這樣我們也就得到了22組族氏之間的關係。因爲婦名之稱是根據其所出之族即父族或所嫁之族即夫族而定的，所以婦名中的族名與和它"同銘"之族兩者間的關係，可能性最大的就是婚姻關係。陳絜根據《婦闌罍蓋》的銘文"婦闌作文姑日癸尊彝，龏"，指出此器當是婦闌爲祭祀其文姑而鑄，器當列於夫家宗廟，所以銘文後所綴之族氏

---

① 張懋鎔：《試論商周青銅器族徽文字獨特的表現形式》，《文物》2000年第2期，第50頁。
② 曹兆蘭：《金文與殷周女性文化》，北京大學出版社，2004年，第22—23頁。

銘文"冀"應該是代表夫家之族名①。如此,"闌"就是婦闌之父家族氏名,這與"婦某"這種稱名形式中之"某"爲父家族名説倒是契合的。但我們也注意到,與"冀"同銘的還有"歲婦"、"商婦"、"齊婦"三婦,如果按上引文中學者對"婦某"與"某婦"的區分,這三個婦名中的"歲"、"商"、"齊"應視爲其夫家之族氏名,而"冀"則是其三人共同的父家之族氏名了。商婦甗銘文爲"商婦作彝。冀",説明此甗可能是商婦自作之器,如果"冀"是其父家族氏名,而身在"商"族的女子所作之器上卻署其父家之族氏名,這於情於理都較難説通。與此類似的還有婦鴗觚(7287),銘文爲"婦鴗作彝。亞醜"。另外,麋婦觚(7312)其銘文曰:"甲午,麋婦賜貝于臤,用作辟曰乙尊彝。臤。"是説麋婦受到臤的賞賜,因此作器用來祭祀"辟曰乙"。這裏的"辟"指的就是其死去了的丈夫。《爾雅·釋詁一》:"辟,君也。"《禮記·曲禮》:"夫曰皇辟。"鄭玄注:"更設稱號,尊神異於人也。"麋婦爲其亡夫作器以爲祭祀,斷無又專署其父家族氏名於夫家宗廟彝器上之理。此銘中的"臤",還當解釋爲夫家即麋婦所適之族的族名,"麋"才是麋婦之父家族名。由此可推知,商代青銅器銘文中的婦名除了由於文字排序上的隨意性而不能確定"婦"字在婦名中的位置外,"婦某"與"某婦"的稱名形式與甲骨刻辭中的情形一樣,也可能存在倒置稱謂的現象。

由商代青銅器銘文中的婦名所推定出來的具有婚姻關係的族氏有:冀——商、齊、闌、歲;醜——杞、鴗;黽——未、姑、𤰔;庸——聿、㚸;麋——臤;冉——妌;羊——告;戠——夊;酉——咸、好——正、婞——聑𡩡。

商代青銅器銘文中習見兩個或多個族氏名號合署於同一篇銘文中或同一器之不同部位的情況,這種現象學界往往稱其爲複合族徽。關於複合族徽的形成原因與含義,學者們也作了較多的探討。主流意見是複合族徽表示族之分支,有學者撰文對此提出過一些疑問,作者以西周青銅器銘文中的婦名稱謂中有夫國與父國之名的例子來説明商代複合族徽可能還體現婚姻關係②。現在通過對商代青銅器銘文中的婦名問題的探討,使我們認識到商代青銅器銘文中的一些婦名同樣也體現婚姻關係。這説明商、周兩代對貴族已婚婦女的稱謂在形式上雖然不盡相同(如西周婦名中多有其父家姓及其排行),但其稱名的用意

---

① 陳絜:《關於商代婦名研究中的兩個問題》,《2004年安陽殷商文明國際學術研討會論文集》,社會科學文獻出版社,2004年,第244頁。
② 嚴志斌:《複合氏名層級説之思考》,《中原文物》2002年第3期,第34—47頁。

還是具有一致性的，可以説，西周婦名的某些原則是商代婦名的繼續。西周早期的銅器銘文中也還能見到婦某的稱名形式，如中婦（1714）、陸婦（3621）、󰀀婦（3687）、婦姎（5375）、󰀁婦（6347）、婦󰀂（5388）、黽婦（9029、9030）。這種稱名方式，也可能只是商人的習俗，西周早期青銅器銘文中出現的婦名，或許是商遺民之物。婦名的這種稱名方式，一方面讓我們可以推知當時互通婚姻的諸族（國）（如冀族與商、齊、闌、歲諸族通婚），以此勾勒出商代晚期社會更豐富的生活圖景；另一方面，也能在理解複合族徽的形成機制方面給予我們一個新的視角，即：商代的複合族徽，至少其中一部分可能是當時族群之間因婚姻關係而締結成的一種徽記形式。筆者不敢以爲必，唯希以作討論。

第七章

商代青銅器銘文中的族氏

商代青銅器銘文中常有一種象形程度較高的銘文，據劉雨統計，在已著錄的13 000餘件先秦有銘青銅器中，這種象形性較強的銘文約占半數左右[1]。這類銘文，學界常以圖形文字、族徽、族氏銘文等稱之，本章所討論的正是這類銘文。本文使用族氏銘文一語指稱這類銘文，理由詳見下文。

第一節 族氏銘文研究回顧

目前，學界對族氏銘文的研究涉及面已較廣泛，包括對族氏銘文的考釋，相關族氏銘文材料的收集整理、斷代，聯繫甲骨刻辭、傳世文獻與考古材料進行綜合分析等方面。本節主要是對族氏銘文整體研究的一個粗略回顧。

一、族氏銘文的性質

1. 族氏銘文是否爲文字？

商代青銅器銘文文字簡短，多數僅銘一文或數文，這類銘文具有較強的象形性，數量多達4 000多條。最初學界多不認爲是文字，或曰難以釋讀。容庚的《金文編》將其列入未釋字的《附錄上》。最初接觸到這類銘文並有著述的吳大澂在其《説文古籀補》的凡例中説：“古器中象形字如犧形、兕形、雞形、立戈形、立旂形、子執刀形、子荷貝形之類。”[2]即將這類銘文稱爲“象形字”。王國維在

---

[1] 劉雨：《殷周青銅器上的特殊銘刻》，《故宫博物院院刊》1999年第4期，第13頁。
[2] （清）吳大澂：《説文古籀補》，中華書局，1988年。

其《國朝金文著録表》的略例①中也使用了這樣的稱謂。與此相類似的,還有容庚的"圖像文字"、"圖形文字"②。而沈兼士則又稱爲"畫文字"、"文字畫",認爲"六書文字時期之前,應尚有一階段,爲六書文字之導源,今姑定名爲'文字畫時期'"③。隨後,他又進一步闡述這一觀點,認爲:"以文字畫爲原始象形體,以初期意符字爲文字畫與六書象形中間之過程。余意以爲不但《説文》之初文非原始象形字,即甲骨金文亦不儘然。文字畫爲摹寫事物之圖像,而非代表語言之符號。雖爲象形字之母型,而不得徑目爲六書象形指事之文。由文字畫蜕化爲六書文字,中間應有一過渡時期,逐漸將各直接表示事物之圖形,變爲間接代表言語之符號。"④即認爲這類銘文還算不上是文字。姜亮夫認爲"這些族徽,在古史的姓氏名號傳説中,雖大多是可以尋得的,但絶不能認爲是'文字',而是'繪畫'與文字間的過渡體"⑤。孫常敘從文字學理論角度出發,認爲早期銅器銘文是圖畫文字(文字畫)殘餘⑥。汪寧生也將族氏銘文視作圖畫記事的孑遺,與大汶口文化乙類符號一樣,還屬於圖畫記事的範疇,不是真正的文字⑦。

郭沫若則反對"文字畫"的提法,認爲"文字畫"是文字形成之前階段,即野蠻或原始民族在未有文字將有文字時所用以爲意思表現之符徵。而族氏銘文出現在文字成熟、文化程度較高的殷周時期,將其視作"文字畫"是極爲不合理的⑧。唐蘭用"圖形文字"一詞來指稱這類銘文,認爲這類銘文是文字,反對將其看作圖形:"比較古老的文字,往往是一種圖形。在學者間常有一種成見,以爲圖形不是文字,這是錯誤的,因爲假如文字不是從圖畫裹直接演變出來,那就得在這兩者間有一道明顯的溝畛,而事實是絶對找不出來的。……我以爲銅器裏的氏族名稱,往往是圖形文字,和其他銘文不同,這是因當時人對氏族名稱,尚視爲神聖,所以普通文字,雖隨時代演進,獨對於這一部分,總保留最古的

---

① 王國維:《國朝金文著録表·略例》,文海出版社,1974年。
② 容庚:《金文編》附録上,1925年版、1959年版。
③ 前者見於沈兼士爲《金文編》所作序五,1925年。後者見於氏著《從古器款識上推尋六書以前之文字畫》,《沈兼士學術論文集》,中華書局,1986年,第68—69頁。
④ 沈兼士:《初期意符字之特性》,《沈兼士學術論文集》,中華書局,1986年,第207頁。
⑤ 姜亮夫:《古初的繪畫文字》,《杭州大學學報(人文科學版)》1962年第2期。
⑥ 孫常敘:《從圖畫文字的性質和發展試論漢字體系的起源和建立——兼評唐蘭、梁東漢、高本漢三先生的"圖畫文字"》,《吉林師大學報》1959年第4期。
⑦ 汪寧生:《從原始記事到文字發明》,《考古學報》1981年第1期,第33頁。
⑧ 郭沫若:《殷彝中圖形文字之一解》,《殷周青銅器銘文研究》,科學出版社,1961年,第12—20頁。

形式。至於把文字和花紋相雜,只不過藝術上的一派作風而已。"①林澐師認爲是圖案化了的記録族氏的文字②,也反對將這類銘文視作"文字畫"或"圖畫文字",認爲不能根據這類銘文"象形性强"、"不可識"或"文辭特别簡略而次序又常常任意顛倒"等現象就認定其不是文字。有些象形性强的符號中許多都是真正的文字。有的銘文不可識,那是因爲我們現在還不認識,而非因爲其本身不是文字而根本不可識。文辭簡略是因爲這類銘文常用"略辭"的表現手法,是文字成熟以後,用少量文字簡括地表示一定意思的特殊手法③。針對汪寧生的"圖畫記事"説,裘錫圭撰文以爲:"商周銅器上象形程度較高的族徽,至少只會有小的一部分還不是文字。它們的絶大部分是没有理由不當作文字看待的。由于族徽具有保守性、裝飾性,同一個字在銅器上用作族徽時的寫法,往往要比一般使用時更接近圖形。這種區别是文字的古體和今體之别,而不是圖形與文字之别。事實上銅器上的族徽的寫法也不是一成不變的。同一個族徽往往有時寫得比較象形,有時則寫得跟一般金文比較接近。有些圖繪性比較濃厚的、現在還無法確釋的族徽,在殷墟甲骨文中有作爲族名或人名使用的例子。它們作爲文字的性質是不容懷疑的。"④

姚孝遂從文字學理論角度認爲早期銅器銘文與文字雖有聯繫,但還不能説是嚴格意義上的文字,它們當屬於文字的前期階段——表意文字階段⑤。張振林則認爲族氏符號的性質比較複雜:有氏族圖騰意義;有象形化美術字化的表族氏的文字;有通用文字;另外還有一些是抽象的氏族或家族的標記,則不屬於文字。他認爲:"有的是早期指代特定族氏的圖畫或記號,有的永遠不演進爲文字,有的可能演變爲文字,可作'文字萌芽'、'先文字'理解,有的則是不折不扣的文字或美術字。"⑥這一論述是比較符合實際的。

經過多年的討論,族氏銘文屬於文字的性質已經基本得到確認。但誠如部

---

① 唐蘭:《古文字學導論》,齊魯書社,1981年,第202—206頁。
② 林澐:《對早期銅器銘文的幾點看法》,《古文字研究》第五輯,中華書局,1981年,第35—48頁;又收入《林澐學術文集》,中國大百科全書出版社,1998年,第60—68頁。
③ 林澐:《對早期銅器銘文的幾點看法》,《古文字研究》第五輯,中華書局,1981年,第35—48頁;又收入《林澐學術文集》,中國大百科全書出版社,1998年,第60—68頁。
④ 裘錫圭:《文字學概要》,(臺灣)萬卷樓圖書有限公司,2001年,第37—38頁。
⑤ 姚孝遂:《古漢字的形體結構及其發展階段》,《古文字研究》第四輯,中華書局,1980年,第10頁。
⑥ 張振林:《試論銅器銘文形式上的時代標記》,《古文字研究》第五輯,中華書局,1981年,第64頁;《對族氏符號和短銘的理解》,《中山大學學報(社會科學版)》1996年第3期,第67—74頁。

分學者所指出的那樣,所謂族氏銘文中的一部分符號,也不能完全排除有圖案或爲美化而增加的符號的可能。

2. 族氏銘文的社會學含義。

對於族氏銘文的內含,宋人的早期著作中也有了涉及。呂大臨在《考古圖》曾言及這類銘文可能就是族氏名,如卷四之五十五中即云:"云木者,恐氏族也。"[①]此説儘管還是猜測性質,沒有充分論證,但現在看來,這種洞察力還是難能可貴的。延及清代,對這類銘文的研究並沒有取得大的進展。20世紀30年代,郭沫若提出了作爲圖騰孑遺的"族徽"説,他認爲:"此等圖形文字,乃古代國族之名號,蓋所謂'圖騰'之孑遺或轉變也。……准諸一般社會進展之公例及我國自來器物款識之性質,凡圖形文字之作鳥獸蟲魚之形者必係古代民族之圖騰或其孑遺,其非鳥獸蟲魚之形者乃圖騰之轉變,蓋已有相當進展之文化,而脱去原始畛域者之族徽也。"[②]這是對族氏銘文認識上的一次飛躍,"族徽"説遂爲學界所廣泛接受。此後,結合銘文實際,學者也對此陸續有所修正。容庚以爲"其説誠是而未盡然"[③]。林澐師認爲"這種'族徽'與歐洲中世紀的貴族紋章顯然有本質的不同"。並指出"即使是單字的銘文,也並不一定都是'族徽'。……輕率地用'族徽'去解釋一切早期銅器銘文是靠不住的"。在行文中,使用"早期銅器銘文"一詞來指稱這類銘文[④]。高明在其編著《古文字類編》中專收此類銘文形體的第三編使用"徽號文字"[⑤]一詞。裘錫圭曾用"族名金文"[⑥]指用作族名的銅器銘文。胡平生則建議用"記名金文",認爲:"近年來發現有些'圖形文字'可能並非'族名',而是'私名'。因此本文把這類銘文稱爲'記名金文'。……族名、私名皆作器者'自命',以表示銅器所屬,叫'記名金文'比較恰當。"[⑦]此説得到裘錫圭的認同[⑧]。張亞初、劉雨在對商周族氏銘文進行分類整理

---

① (宋)呂大臨、趙九成:《考古圖、續考古圖、考古圖釋文》,中華書局,1987年,第92頁。
② 郭沫若:《殷彝中圖形文字之一解》,《殷周青銅器銘文研究》,科學出版社,1961年,第12、20頁。
③ 容庚:《商周彝器通考》,哈佛燕京學社,1941年,第69頁。
④ 林澐:《對早期銅器銘文的幾點看法》,《古文字研究》第五輯,中華書局,1981年,第35—48頁;又收入《林澐學術文集》,中國大百科全書出版社,1998年,第60—68頁。
⑤ 高明:《古文字類編》,中華書局,1980年。
⑥ 裘錫圭:《文字學概要》,商務印書館,1988年,第24頁。
⑦ 胡平生:《對部分殷商"記名金文"銅器時代的考察》,《古文字論集(一)》,《考古與文物叢刊》第2號,1983年,第88頁。
⑧ 裘錫圭:《文字學概要》,(臺灣)萬卷樓圖書有限公司,2001年,第38頁。

時則運用了"族氏銘文"[①]一詞,爲學界較普遍地接受。李學勤在《古文字學初階》中也稱呼這類銘文爲"族氏銘文"[②],稍晚,李零認爲以"族徽"指稱這類銘文並不妥當,族徽純屬圖案,並非文字,中國並沒有西方式的族徽(coast of arms),因之當改稱"族氏銘文",其功能是用以標識作器者的國族或家族名[③]。張振林則同時使用"族氏符號"與"族氏文字"的提法,認爲是一種家族標記[④]。此後洪家義又認爲這類銘文的絕大多數應該是職徽,包括文武職官徽號和專業職司徽號[⑤]。但這類銘文與甲骨刻辭中的許多人名、地名和族名相同,如果都認爲是職官與專業職司顯然是不對的。所以此說並未得到學界的贊同。

經過多年的研究與討論學界已達成基本共識:族徽文字是一種表現形式不同於一般商周古文字的特殊的古文字,它與古代的族氏有關。

青銅器銘文與考古資料都已證明族氏銘文代表古代的一種社會組織,至於是具體哪一層級的社會組織,林澐師以爲族氏銘文和文獻及周代金文中所見到的"姓"尚找不出關係,族氏銘文不是由"姓"構成的,而是表示氏(族)名[⑥]。李學勤認爲"井"或"奠井"這樣的氏名常綴於銘文尾,這一現象與族氏銘文也常綴於銘末一樣,認爲族氏銘文其實是氏[⑦]。李伯謙也認爲:"族徽應是當時社會上存在的各父系氏族(或其分支)的標誌,即'氏名',而非'姓'名。……族徽並非姓徽,彝器所見族徽均應爲'胙之土而命之氏'的氏徽。"[⑧]研究表明,族氏銘文一大部分相當於周代的氏,朱鳳瀚在其《商周家族形態研究》一文中,對"族氏"一詞進行說明時論及:"作爲姓族分支存在的'氏',按照'姓'稱'姓族'之例,當然可以稱爲'氏族',但采用這種名稱很容易與我國學者著作中經常提到的原始社會之氏族相混淆,故在本書中有時即按照現在爲多數學者所采用的提法,將此種'氏族'稱爲'族氏'。"[⑨]

---

① 張亞初、劉雨:《商周族氏銘文考釋舉例》,《古文字研究》第七輯,中華書局,1982年,第31—42頁。
② 李學勤:《古文字學初階》,中華書局,1985年,第84頁。
③ 李零:《蘇埠屯的"亞齊"銅器》,《文物天地》1992年第6期,第42—45頁,注2。
④ 張振林:《試論銅器銘文形式上的時代標記》,《古文字研究》第五輯,中華書局,1981年,第64頁;《對族氏符號和短銘的理解》,《中山大學學報(社會科學版)》1996年第3期,第67—74頁。
⑤ 洪家義:《從古代職業世襲看青銅器中的徽號》,《東南文化》1992年第Z1期,第93—97頁。
⑥ 林澐:《對早期銅器銘文的幾點看法》,《古文字研究》第五輯,中華書局,1981年,第35—48頁;又收入《林澐學術文集》,中國大百科全書出版社,1998年,第60—68頁。
⑦ 李學勤:《考古發現與古代姓氏制度》,《考古》1987年第3期,第256頁。
⑧ 李伯謙:《冀族族系考》,《考古與文物》1987年第1期,第62頁。
⑨ 朱鳳瀚:《商周家族形態研究》,天津古籍出版社,1990年,第24頁。

本書也是在這一意義上使用"族氏銘文"這一稱呼。但研究表明一些族氏銘文是與古代的方國名一致,如須句、孤竹、無終,所以銘文中的族氏概念,其實還應包括方國一級的組織。殷商時代族名與國名相同是很常見的現象,就筆者所知,有相當多的族徽與甲骨文中的方國名是相同的。族徽是氏名,方國名與氏名是不同層次的兩個概念。族徽所代表的族氏,當是父權制大家族,這是基於婚姻和血緣關係而形成的宗族集團。對於商代這些宗族集團的內部組織結構,林澐師對"非王卜辭"中"子卜辭"所反映出的家族形態進行了系統研究,指出家族中的成員有"子"的弟輩、子輩,子的妻妾、弟媳以及兒媳,子的子侄或孫輩,以及奴隸。在經濟上有自己的土地、牲畜和住宅[①]。朱鳳瀚認爲這些宗族組織有自己的宗廟,主持祭祀的宗族長在族內擁有絕對的權力。宗族內還有職官和武裝[②]。方國是一個政治概念,強調的是它的地緣性,這是與族氏名不同的。但作爲一個方國,它們應當也是擁有自己特定的疆域的,其首領在方國內部擁有至上的權力,有特定的經濟來源,有用來管理全國人力和物力資源的官僚系統以及維持內政外交的軍隊。如果說"這些宗族就是以族長爲首腦的具體而微的小王國"[③],那麼反過來也可以說方國是宗族的放大和進一步的複雜化。一個家(宗)族的進一步發展,隨著成員的增多、經濟力的增長、政治權勢的加強,很可能就成爲了方國。這也許可以解釋殷商時代族名與方國名相同這一現象。《左傳·定公四年》記載周初分邦建國時的情況,其中分給魯國"殷民六族",分給衛國"殷民七族",分給晉國"隗姓九宗"。其中魯國除周人之外,還有殷人的六個宗族。周初體制對殷商頗有承續,推而想之,殷商之時一個方國可能只由一個大宗族構成,也可能包含多個宗族。

在對所謂族氏銘文性質認定的基礎上,學界還對族氏銘文的具體歷史狀況進行了多方位的研究。這大體可分兩個大的方面:其一是對具體族族氏的考查與研究;其二是對族氏銘文的面貌與社會歷史背景進行總體上的概括和研究,如"複合氏名"現象。對這一部分研究歷史的回顧,筆者擬在後文對具體族氏的討論中論及,此不贅述。

[①] 林澐:《從武丁時代的幾種"子卜辭"試論商代的家族形態》,《古文字研究》第一輯,中華書局,1979年;又收入《林澐學術文集》,中國大百科全書出版社,1998年,第52—54頁。
[②] 朱鳳瀚:《商周家族形態研究》,天津古籍出版社,1990年,第153—218頁。
[③] 王宇信、楊升南主編:《甲骨學一百年》,社會科學文獻出版社,1999年,第474頁。

二、族氏銘文的特點

族氏銘文的特點,當在將一銘文判斷爲屬於代表族氏的銘文之後才能進行概括,而對族氏銘文的特點進行必要的歸納與整理則無疑對族氏銘文的判定有相當的推動作用。對族氏銘文的研究學界已積累多年,已有不少學者對此進行過專門論述,或在著作中論及。

這一方面的論述,多是從銘文字形字體的角度展開的。

清人吳大澂在其《説文古籀補》的凡例中説:"古器中象形字如犧形、兕形、雞形、立戈形、立旂形、子執刀形、子荷貝形之類。"[1]即已指出族氏銘文的一個顯著特點就是銘文的象形性。

林澐認爲:"早期銅器銘文大多只有一個字或幾個字,文字的象形性則特别強。……'族徽'又有不同於一般文字的特點。第一,構成'族徽'的諸部分符號,雖本身均可考訂爲文字符號,但往往不按文字的排列方式而以特殊方式結合。……第二,'族徽'和其他部分銘文的結合,有時違反文字排列的常規。……構成'族徽'的諸符號,雖已是文字符號,但在作爲構成'族徽'的成分時,在使用方式上是有特色的。如要勉強作比方的話,近似於我們今天用文字符號加以圖案化而構成商標、廠徽等的做法。"[2]另有如下近似的説法,高明認爲"多是由一個或幾個單字組合而成,字形比較古老,僅出現在商代和西周"[3]。李學勤先生認爲是美術化了的漢字[4]。裘錫圭認爲族氏銘文跟後世的花押差不多[5]。

張亞初、劉雨在對商周族氏銘文進行分類整理時提到:"族氏銘文有時爲了追求美觀、對稱,經常采取一字重複對稱出現的寫法,最常見的就是'冊冊','冊冊'或作'冊',實際上應看作一個字的繁文。……這種對稱裝飾,在金文、甲骨文中都不乏其例。特別是在族氏名的銘文中,爲數更多,甚至可以説是這類銘文字體的重要特點之一。"[6]後來,張亞初在其《殷周金文集成引得》的序言

---

[1] (清)吳大澂:《説文古籀補》,中華書局,1988年。
[2] 林澐:《對早期銅器銘文的幾點看法》,《古文字研究》第五輯,中華書局,1981年,第35—48頁;又收入《林澐學術文集》,1998年,第60—68頁,中國大百科全書出版社。
[3] 高明:《古文字類編》序,中華書局,1980年。
[4] 李學勤:《古文字學初階》,中華書局,1985年,第34頁。
[5] 裘錫圭:《文字學概要》,商務印書館,1988年,第24頁。
[6] 張亞初、劉雨:《商周族氏銘文考釋舉例》,《古文字研究》第七輯,中華書局,1982年,第36—37頁。

中,對其考釋金文方法進行論述時也提及族氏銘文的一些特點,如:"金文作爲子孫永寶用的青銅器藝術品的一個組成部分,具有很强的裝飾意識。例如,族氏銘文經常采用對稱、合書、陰陽文交錯等書寫方式。……金文,特別是族氏銘文,更原始、更象形,構形比同時代的文字要更繁複些。"①

早期銅器銘文中,也存在不少私名。張懋鎔根據族徽文字在銅器上出現的形式,規定出六條區分族徽與私名的標準:一、作爲族徽文字,一般多屬殷代;如果遇到西周時期才出現的新的族徽文字,應要特別注意甄別。因爲自西周早期開始,隨着族徽文字的減少,私名大量出現在銅器上。原本是族徽文字與私名聯綴出現,但有時往往省略族名,只存私名,且私名都是銘首第一字,很容易被當作族名看待。二、族徽文字出現的次數一般來説要多於私名出現的次數。如果一個所謂的族徽文字只出現過一次,就要特別注意,因爲不少私名就只出現一次。三、出現時間比較早的族徽,文字形體相對顯得更加象形,與西周早期才出現的許多私名寫法有明顯的區別。四、早期族徽文字常常以單獨形式出現,當然單獨出現的也未必就是族徽。五、由於族徽文字的獨立性較强,因此,當它與其他銘文一同出現時,兩者之間有時會保持一定距離,或分鑄兩處。六、當族徽文字與其他銘文聯綴時,除在銘首外,還可能在銘末或銘中。而私名一般都在銘首②。稍後,張懋鎔又在《試論商周青銅器族徽文字的結構特點》一文中對族氏銘文的結構特點進行了分析:一、簡化,又細分爲單筆簡化、複筆簡化、濃縮形體、删簡偏旁、删簡同形;二、位置變易,又細分正反互作、正倒互作、正側互作、左右互作、上下互作、内外互作、四周互作;三、勾勒與填實;四、裝飾圖案,這不是族徽文字的有機組成部分③。

最近,何景成也撰文對族氏銘文的字形特點進行了歸納:一、象形性較一般文字强。二、對稱裝飾。三、簡化。可細分爲筆劃的簡省、删簡偏旁。四、位置變異。五、勾勒與填實。六、裝飾圖案。即指銘文周圍的紋飾,有夔紋、幾何紋④。

對族氏銘文形體與表現手法的研究,有助於對族氏銘文的辨識與研究。但有些族氏銘文所表現出的特別形態,則還要考慮到銅器鑄造的特殊性,這則是

---

① 張亞初:《殷周金文集成引得》序言,中華書局,2001年,第4頁。
② 張懋鎔:《試論商周青銅器族徽文字獨特的表現形式》,《文物》2000年第2期,第50頁。
③ 張懋鎔:《試論商周青銅器族徽文字的結構特點》,《古文字研究》第二十五輯,中華書局,2004年,第228—235頁。
④ 何景成:《商周青銅器族氏銘文研究》,吉林大學博士學位論文,2005年,第24—26頁。

已往學者少指出的。

如美國舊金山亞洲藝術博物館所藏商代晚期的旅壺,或稱爲自旅壺(集成09480),當是"旅"字,可能是鑄造時銅液將字模衝開所致。類似的還有故宫博物院所藏商代晚期的車鼎(集成01150),內壁鑄銘文"車"字,花紋、銘文皆填漆,銘文中一輪偏離右上角,爲錯範所致。

旅壺銘文 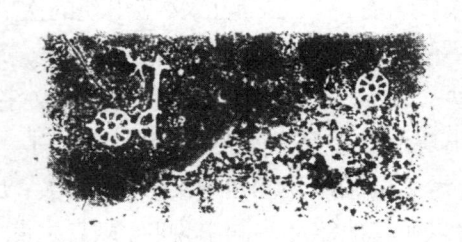　　　　　　　　　　車鼎銘文

另外,銅器與銘文畢竟是作爲一個整體器物展現在觀者面前的,所以有的銘文與器形整體的設計匠心獨具。如商代晚期的正鉞(集成11728),銘文"正"字上部方框借用鉞身圓形穿孔邊框。而商代晚期的冀父己鼎(集成01604)銘文"冀父己"之冀下之人並不在銘文裏出現,而出現在這個銘文的背後、鼎的外邊獸面紋眉心正中。如此巧思,讓人驚歎。

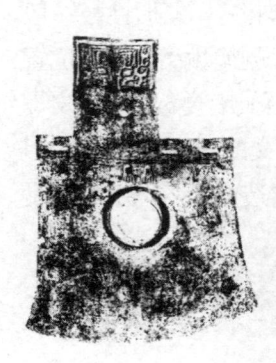

正鉞　　　　　　　　　　冀父己鼎

還有,因爲在銅器上製作銘文,而一些器物由於製作習慣,銘文所在位置比較狹窄,所以才會出現銘文變異結構的現象,如進行上下或左右拆分的情況。不唯如此,有時甚而會出現截取銘文部分的情況,如河南安陽市劉家莊商代墓葬M9出土的兴父癸爵(M9:54)(見《華夏考古》1997年2期17頁圖9.5、近出887、新收237),同墓所出有巤父癸觶(M9:36)(見《華夏考古》1997年2期17頁圖9.7、近出663、新收236)。同墓所出兩器對照,可以明確"兴父癸爵"當是"巤父癸","兴"當是"巤"之簡省,更可能是鑄字於爵鋬內空間受限制之故。如此,金文中的"兴"之一部分也可能是"巤"簡省後的異體。當然這不能擴大化,但看到"兴"而想到"巤"的可能則是需要注意的。

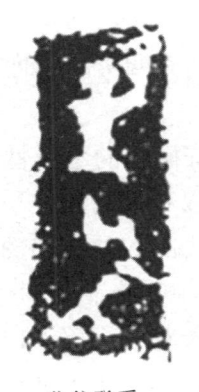

兴父癸爵　　　　　　　巤父癸觶

基於上述,筆者對族氏文字的表現形式也作了初步的歸納,約略有以下六方面。

一、時代性。
族氏文字多出現在商代與西周早期。
二、獨立性。
族氏文字常單獨出現;或以其形體上的藝術性特徵而與其他銘文有別;有的族徽文字在銘文中也以稍大的形體或框以亞形來分別。
三、複現性。
一方面,族氏文字會在多件器中出現,或一件器的蓋、器上都出現。或以對稱等方式使族徽銘文或銘文的部分重複出現，這是族徽常采用的裝飾手法之一，也是族徽銘文區別於其他文字的一處顯著特點。最常見的就是"册"字，它雖然不是族徽銘文，但卻是族徽的一個組成部分，常以"册册"這樣的形式連綴在族氏銘文之中。但殷墟青銅器銘文中尚未出現這種情況。下面舉幾個例子：現藏美國華盛頓弗利爾美術博物館的舟鼎，銘文中亞兩側重複安排"舟"字。現藏中國國家博物館的丩盤，"丩"字左右對稱，重複出現。傳出安陽的埶父己觶，族徽"埶"是"藝"的原形，也被安排成重複對稱的樣子。1982年苗圃北地M54商代墓葬出土的弓衛觚，銘文中"弓"左右對稱佈置在"衛"的兩側。還有的族徽，則將構成字的部分加以重複對稱佈置，是族徽文字的一種很獨特的現象。如卩戈，商代晚期，傳出於大司空村南地。銘文"卩戈"之"卩"作左右對稱佈置，是部分重複對稱之例。另如光父辛爵，族徽"光"的"人"也是左右背向重複對稱。

另一方面，族氏銘文的延續時間比較長，往往跨幾個考古分期時段。

四、裝飾性。

一方面，作爲族徽使用的一些動物形文字有極強的象形性。族徽鑄於銅器上，作爲一種鄭重其事的表現，往往將一些以具體物象作爲族徽銘號的族氏銘文細緻刻畫，充分表現出它的象形細節。如：1943年出於安陽的黿爵之族徽"黿"，就細緻地表現了黿的頭、四肢、尾。1983年薛家莊M3出土的象觚，以"象"爲族徽，表現的就是一頭大腹便便的長鼻子大象。1940年出土的魚母卣中的族徽"魚"也表現出了魚的魚鰭。1939年出土的萬父己爵族徽"萬"，原形是一種類似蠍子的動物。一些器用類的物件也表現出細節，如箙鼎的"箙"，就是在箭箙中放置着箭的樣子。戈簋的"戈"也是象形，戈柲下有圓形的鐓，戈內上垂下長緌。出土於婦好墓的其斝，族徽"其"是兩手持的竹編器物。1950年武官村商代大墓出土的舟戈之族徽"舟"，表現爲早期的板船。

不唯如此，一些會意性表現的族徽也是如此，如1935年侯家莊西北岡1435號商代大墓出的浴鼎，就是一人臥於盤器中洗浴之形，人形上下四點代表水。傳出於郭家灣北地的何簋，族徽"何"作一人肩扛戈之形。伐甗戈銘文中的"伐"，則是以手持戈擊殺人首，戈部橫穿人的頸部，以示殺伐之意。1976年12月小屯村殷墟M18墓葬出的戒觚，雙戈相對，以示警戒之意。

1984年秋殷墟苗圃北地M123商代墓葬出土的飲示鼎中的族徽"飲",作一人低頭伸長舌頭從器皿中汲取的形象。1976年12月小屯殷墟17號商代墓葬出的衛觚,銘文中間的圓形表示城邑,四周有順時針方向的四止,表示此城邑周邊有人圍繞,這個字既有保衛意,又有圍困意。後世的"衛"與"圍"就是從這裏分化來的。就像"受"字,本也有"受"與"授"兩義,後來也分化開來。

另一方面,族氏銘文還有較強的原始性。這些族氏銘文較強的象形性,就保存了較爲明顯的文字的古義,即造字的原始意義。族徽對於我們瞭解文字起源、文字分化等文字發生學問題具有不可替換的重要作用,這也是一個可以不斷深入挖掘的研究領域。1982年小屯西區M1墓葬出土的重父壬鼎中族徽"重",爲一人背負橐囊的形象,即可明瞭"重"字的造字本義。1982年殷墟西區M875墓葬出的爰爾爵與卣銘文中的"爰",表現的是一人手持一棍爰引另一人之象形。西區M1573商代墓葬出的戎父乙鼎之族徽"戎",中間之人一手持戈、一手持盾,表現的就是一個戎裝的武士。

這些族氏文字常采取重複對稱等方法對文字進行繁化或改變原字的結構進行重組,或者同期甲骨刻辭中已用該文的簡化了的書寫形體,而族氏文字的字體卻更加注意細節的體現。

五、多變性。

指族氏銘文常有簡化、位置變易、勾勒與填實等種種變化,此種變化較一般銅器銘文出現頻率爲高。

六、多源性。

多源性指族氏名號的性質是多種多樣的,有的族氏名來源於人名,如子妥、子媚、子衛、子南、子糸、子工等子名;有的族氏名則來源於地名,諸多族氏名在甲骨文中都是地名;有的族氏名來源於職事名,如史、敖。有的是族氏分化形成的,有的則是族氏之間聯合形成的。

以上所述都是銘文本身形體上的一些特徵,而對族徽的確定若要符合實際則還需結合青銅器銘文、器物本身的年代與成組銅器的相互關係和甲骨刻辭的相關材料進行分析。在這一點上,與甲骨刻辭中的地名、方國名、職官(或爵稱)名以及部分人名相互對照來確定族氏名,是學界基本都認同的方法。

第二節　複合族氏問題

　　商代與西周早中期的青銅器銘文中，部分族氏銘文是由兩個乃至兩個以上的族氏名號組合而成的，而其組合形式又有不同的情況，其位置、次序可變更，對於這一類族氏銘文，學界習稱之爲"複合氏名"。對其含義，主要有兩説：一是認爲複合氏名多數是表示兩個或兩個以上的族的結合，是由幾個族氏結合而成的標識；二是認爲複合氏名表示一個族的分支，將氏名附於其自身所從出的族名下以别之，長期以來兩説難分高下。朱鳳瀚作《商周青銅器銘文中的複合氏名》[①]一文贊成第二種意見，並以"戈組複合氏名"作爲研究複合氏名的典型資料，通過族氏銘文間的複合共存關係進行分析排比，得出其間的關係，並以此作了進一步論證。朱先生以爲："這些'戈'的複合氏名（按：指B組）表示的是從戈氏中分衍形成的諸分支，由此推之，與'戈'有複合關係的諸氏名的其他複合氏名（按：指C組）表示從戈氏的各個分支中再分衍而形成的更小分支……在'戈'的複合氏名中，A級的'戈'可能是宗氏一級族氏的名號，則B、C相當於分族及分族的更小分支（例如一個家族）的名號。"朱先生同文又指出類似於戈組複合氏名這樣情況的還有"戌"、"冀"、"🅰"、"中"、"眲"、"天"等幾組。

　　朱先生文章發表後，學界對複合氏名的認識似乎都傾向於上文所引的第二種觀點，對其所作的討論漸少，而一些學者作相關研究時也往往視其爲立論的依據。如果複合氏名確能作如此解，則一些原本表面上看來毫無關係的銘文就能相互聯繫起來，並可利用爲研究當時社會組織結構的絶好材料。但在運用這種通過族氏銘文的共存關係繫聯戈族器銘的過程中，還有些不易講通的地方。有學者通過對戈組複合氏名相互之間共存關係的繫聯，得出19組有關聯的族氏，其中有19個族氏名在不同的組中出現，這種情況似不能簡單地解釋爲族氏分衍過程中產生的同名現象。如果將其進一步繫聯同組，那麼它們之間的層級關係也就混亂難辨了。如"盾"與"耳"有共存關係，"酉"亦與"耳"有共存關係，而"酉"又與"宁"有共存關係。從朱先生文中的表一中可以看出，"盾"、"耳"、"酉"當是同一級别的族

---

① 朱鳳瀚：《商周青銅器銘文中的複合氏名》，《南開學報》1983年第3期，第54—65頁。

氏,它們之間在銘文中不應有共存關係。如果也將其分列不同的級別,通過繫聯,勢必將推導出是戈族的小分支的結論。朱先生認爲"天"、"𠂤"等族是相當於戈族的大宗族,與戈族也是平級關係,但通過繫聯,它們卻都成了戈族之下的一個小支族,這顯然是不合適的。而通過繫聯聯繫起來的"耳""臣"等戈族的小支族,也可能早在二里岡時期就已出現,其年代並不比戈族晚。從邏輯上說,戈族也可以排在其下作爲它們的分支存在。當然,如果這樣的話,"耳"、"酉"、"臣"、"天"、"中"諸族之下都將有"戈"族,其情形與前文將戈族作爲大宗族排序所得相同。而在表一中,"耳"、"酉"等族被置於戈族之下,實無充分的依據。對這種情況,複合族氏理論是難以解釋的。這樣的例子很多,對這種情況,複合族氏理論只能先驗地認定其中某個族是大宗族,並由此做出進一步的推衍,從而排出所謂族的序列。但在運用這種通過族氏銘文的共存關係繫聯戈族器銘的過程中,還有些不易講通的地方。例如如何確定複合氏名中的哪一個族氏名爲母族,哪一個爲其分支族氏? 對此,分支族氏理論只能以族氏出現的數量多寡作爲區分母族與分支的標準,並由此推衍出族的序列。但因發現數量的或然性,這其實不能成爲充分的論據。如果說在戈組複合氏名中之所以將戈族視爲各族之宗族,是因"戈"銘之器最多之故,這實難成爲充分的論據,因爲今日少見者明日爲最多見者亦未可知。朱先生還以爲戈氏屬於商族,且是商王的同姓親族。果如此,作爲戈族分支的諸分族亦當是商之親族。但"黽"、"龍"、"失"、"啟"等族氏就甲骨卜辭所見,卻經常被商王所"伐"、"殺"、"執",與商族處於敵對狀態,當非商族。但"龏"、"竹"等族卻又與商族通好,關係密切。就19組中諸族氏與商族的關係總不能一致,將其都視爲同一宗族所屬,看來並不切實際[①]。

張光直認爲,假如族徽的確是殷商與周初家族、宗族或族氏的徽號,則族徽與族徽之間的關係應該與族之間的關係相呼應。換言之,不同族徽彼此之間的關係是不相等的:有的較近,有的較遠;有的相通婚姻,有的相禁婚姻;有的有主從關係或大包小的關係,有的完全彼此獨立平等;有的結軍事聯盟或貿易同盟,有的不相往來甚至彼此仇視。王族的宗法比較複雜,支族分支可能較多,徽號也就更多,較遠而低的宗族也許就比較單純。假如這個說法有幾分道理的話,則青銅器族徽這筆資料應該包括若干在商周社會上頗有意義的材料與線索

---

① 拙作《複合氏名層級説之思考》,《中原文物》2002年第3期,第34—44頁。

在內。族徽與族徽之間的關係如何判定？很顯然的一個方法是看不同的族徽在同一件器物上如何結合。先不談族徽在銘文中起什麼樣的作用——也許是佔有的徽號，也許是作器者的姓氏，也許是宗廟的代表，我們應該可以做這樣的一個假定：結合在一器上的不同族徽之間的關係，比不在同一器上結合的不同族徽之間的關係要來得密切[①]。

　　另有學者也認爲用族分支或族氏聯合的理論來解釋都是不合適的，並贊同有的複合氏名也可能是不可分的單一族氏名。譬如何景成認爲複合族氏在本質上還是代表一個族的族氏[②]。這種情況肯定是存在的，如無終、孤竹等，就是不能再拆分的國族名，我們可以將這類族名稱爲"複氏族氏名"。如何將二字以上的"複氏族氏名"與"複合氏名"區分出來，以及恢復部分由於族氏銘文構形的隨意性導致我們在研究中將一字拆分爲二字的"單體族氏名"（如戎、戠），這也是複合氏名研究中必須注意的一個關鍵問題。但這種情況與複合族氏的性質並不是同一理論層次的問題，此處不作討論。同樣，區分職事性的複合與地名性的複合關係，是在對複合族氏進行研究工作之前必須做的甄別工作。

　　本文將討論複合氏名的兩種情況，其實也就是對複合氏名上述兩種解釋模式的一個實例性說明。

　　第五章第一節中，筆者曾論及亞𡧍、孤竹組中，亞𡧍爲孤竹之小宗；如亞𦉢侯—矣，冀—亞󰀀等，將前者視作後者的分支族氏，似可接受。如冀有分支亞󰀀（亞󰀀）、亞次、亞󰀀等小宗；𠂤族有分支亞向、亞宮等小宗。但如果整體考慮，這些族氏之間的關係並不是這麼簡單。有多個亞族氏出現在不同的大宗族氏名下：如亞次。亞次󰀀󰀀中亞次可以認定是󰀀族氏之分支（即小宗）。但亞次又出現於冀亞次觚中，是冀的分支族氏。對於亞次，似不能單以不同族氏內的重名現象解釋。它們與不同的族名出現，族氏分支的小宗說似不能解釋這一現象。另有，亞薛父己史鼎中，擁有亞薛小宗族氏的史族氏。以上例子，可以說明部分複合氏名中確實存在母族與分支族氏這樣的分級關係。相對的，這種情況雖然也參照族氏出現的數量比率問題，但相對來說，銘文本身還是有內證的，重要的

[①] 張光直：《商周青銅器器形裝飾花紋與銘文綜合研究初步報告》，《中研院民族學研究所集刊》第三十期，第266頁。

[②] 何景成：《商周青銅器族氏銘文研究》，吉林大學博士學位論文，2005年，第106—107頁。

是對"亞"的認識,筆者並不認同將銅器銘文中所有的"亞"都視作有"次"義的小宗。上舉諸器的年代都在殷墟三、四期或殷末周初,"亞"之"次"義肯定是後起之義。其初始之義,筆者更傾向於"宗廟之形"說,但"亞"確也還有身份、職官一類的用法,這需要具體的區分。

同樣,筆者認爲複合氏名中還存在共同作器的現象,即複合氏名中有族間聯合現象,詳見第六章第一節。另外,筆者曾對商代青銅器銘文中的婦名問題進行探討,使我們認識到商周青銅器銘文中的一些婦名同樣也體現婚姻關係(見第六章第二節)。婦名的這種稱名方式,一方面讓我們可以從而推知當時互通婚姻的諸族(國)(如冀族與商、齊、闌、歲諸族通婚);另一方面,也能在理解複合族徽的形成機制方面給予我們一個新的視角。

若以單個族氏來説明複合氏名的性質,筆者以爲冀族是一個極好的例子。與冀有複合關係的族氏有:八、舍、次、朱、或、𠂤(字又作𠂤、𠂤、𠂤形),其中八、舍爲與冀族平等的合署族名,而次、朱、或、𠂤則是冀族的分支族氏。筆者以前曾提出,對複合氏名的解釋需要結合分支説與聯合説兩説,才能彌合兩種解釋各自存在的不足,也才能符合族内部與族外部之間的多層面的關係[①],冀族的情況正是體現出了這種歷史實際。

第三節　主要族氏探討

族氏銘文是商代青銅器銘文的主要内容,作爲當時族氏的名號,族氏銘文的研究對探討商代家族的組織、構成,族與族之間的關係,族與商王朝的關係等商代史的研究具有重要作用。族氏銘文的出現頻率是不一樣的,有的材料比較豐富,並且在同時代的甲骨刻辭中也有反映,對探討這樣的族氏的歷史狀況就具備了一定的條件;而有些族氏則或較少見,或缺乏其他相關材料而不具備進一步討論的條件。鑒於此,本文僅選若干材料較豐富的族氏,對其歷史狀況進行梳理分析。爲方便行文,下面按族氏分佈位置的方位分別敘述。中心點選在河南安陽殷墟。但需説明的是,這些方位都是很粗略的,比如有的族氏實在殷墟西北一帶,也可能歸入西方族氏中。

[①] 拙作《複合氏名層級説之思考》,《中原文物》2002年第3期,第44頁。

一、北方族氏

(一) 啟

"啟"字形舉例如下：

| 11742 |  9014 |  5347 |

商代啟器有17件，計鼎1、簋2、卣1、尊1、觚3、爵5、方彝1、戈2、鉞1。時代爲殷墟二期到四期。甲骨刻辭中，啟是族氏名：

(1) 乙卯卜，爭貞：今日酌伐啟。(合975正)

(2) 戊寅卜，賓貞：令訊途啟于並，八月。(合6056)

啟與商王朝的關係大體來說以友好爲主。武丁配偶婦好之墓中即出有啟族銅器，如亞啟鉞，或是賄贈之器，或是(1)辭中伐啟所得①。(2)辭表明啟地與並地接近，並在殷都燕部山東一帶。青銅器中啟器出土地點有二：一是河南安陽婦好墓；二是河北磁縣下七垣墓，共出2觚1爵②。啟地當在河北磁縣一帶。

殷墟四期時有"子啟"之器，見子啟父辛尊(5965)，但器銘説明是冀族之物。不知這一"子啟"與啟族有無關係。

啟恒見"啟"與"亞啟"兩種形式，"亞"或爲其所得任的職官，另見"宁"(9014)、"工"(8274)。與"啟"複合的族氏有 ✦ (11010)。商代 ✦ 器共有39件，目前所見只有戈一種器類，僅與"啟"複合，銘鑄於戈内兩面。✦ 在甲骨刻辭中是一地名：

(3) 癸巳王□，貞：旬亡□，在 ✦ 帥。

癸卯王卜，貞：旬亡猒，在齊帥。(合36821)

(4) 乙巳王貞：啟呼祝曰：盂方共人……其出，伐 ✦ 自高，其令東造于……高，弗悔咎不弋。王囚曰……(合36518)

---

① 商代的鉞是軍事統轄權的一種體現，如果説是賄贈之器，似不太合理。
② 羅平：《河北磁縣下七垣出土殷代青銅器》，《文物》1974年第11期，第90頁。

甲骨刻辭中的"✦"或釋爲"屯",葛英會認爲即銅器銘文中的"✦","✦"是族氏名①,今從之。從(3)辭的"齊帥"與(4)辭中的"令束䢜"說明✦地也在殷都東部。

(二)龍

"龍"字形舉例如下：

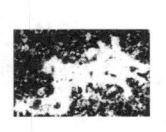

| 1119 | 1048 | 4784 | 7532 | 8223 | 9485 |

頭上有角,尾部反轉,這是"龍"字的特徵。甲骨刻辭中也屢見這樣構形的"龍"字,是商代一重要的方國。武丁時期,龍方曾是商王朝的敵對方國,商王與其進行征戰：

(1) 王勿呼婦妌伐龍方。(合6585)

經過征戰,龍方臣服：

(2) 甲午卜,龍㞢貝,二月。(合22391)

(3) 貞:呼龍以羌。(合272反)

(4) ……龍田于宮。(合10985)

(5) 婦龍示……㞢。(合17544)

此時,龍方受命征伐羌、貝,並參與王的畋獵行動,聽從殷的命令會同其他部族。婦龍則是龍方之女嫁與商王朝者,並承擔整治甲骨之責。商王也關心龍是否有好收成、是否有災禍。但稍晚的曆組卜辭中,龍方似又與商王反目：

(6) 己卯貞:令㕣以眾伐龍,戈。(合31972)

甲骨刻辭中還有：

(7) 貞:㝬戈羌、龍,十三月。(合6631)

(8) 貞:勿令自般取□于事彭、龍。(合8283)

(9) 甲子卜,亞戈耳、龍。每啟,其啟。弗每,有雨。(合28021)

對於其中的羌、龍,有學者以爲是羌方之人與龍方之人的一部分相互結合而成

---

① 葛英會:《"晏即匽"質疑》,《北京文博》1995年第1期,第29頁。

的一個特殊群體之專稱。"彭龍"、"耳龍"的關係也是如此[①]。但事際上是否如此，還需證明。筆者還是比較贊同將"羌龍"、"彭龍"、"耳龍"分讀，表示羌、彭、耳、龍四個方國較合適，而四者位置當相距不遠，均在殷西北[②]。龍方地望，陳夢家以爲與匈奴有關，即《匈奴傳》中的"龍城"[③]。島邦男以爲龍方有二：一在西北，鄰近羌方；一在東北[④]。張秉權以爲龍在泰安府西南，《水經注》："汶水西南逕龍鄉故城東。"[⑤] 鍾柏生認爲龍方與羌地接近，推測龍方當在山西中部[⑥]。鄭傑祥認爲商代龍方可能就是文獻中的豢龍氏，後世又稱爲董氏。位於今山西聞喜縣東北[⑦]。蔡運章以爲"夏代末年龍方活動的地域在今山西西南永濟縣境，後來大抵受商族的壓迫，西渡黃河，居於陝西東部的涇、洛之間。直到漢代，龍方的後裔龍國，仍處在今山西、河北的北部[⑧]。彭邦炯以爲商代龍族之人主要有兩大部分：其一在山西汾水下游今新絳、聞喜至黃河東西兩岸，即卜辭所謂龍方，他們和虞夏時代的豢龍、禦龍氏有關；另一部分，則是劉累之後居河南魯山者[⑨]。筆者以爲商代的龍方與豢龍氏似非同族，龍族銅器目前明確有出土地點者僅1件，即1971年山西保德林遮峪村出的龍卣[⑩]（4784），位於殷都安陽之西北，這一地帶正是商文化與羌、𠫤等敵對方國勢力的交錯地帶。

（三）其、癸、畐

因這三者在銘文出現形式上多有並出現象，所以一並討論。

其：共38件。"其"的字形明顯分成兩類。

第一類："其"兩側有手，無手的"其"內有繁雜的箴紋。這類"其"皆在亞形外，年代爲殷墟二期，主要出於婦好墓。共26件。此類出現形式有二：其中25件爲"亞其"；1件爲"其"。

---

① 彭邦炯：《卜辭所見龍人及相關國族研究》，《殷都學刊》1996年第4期；又收入《甲骨文獻集成》第28冊，四川大學出版社，2001年，第332—333頁。
② 孫亞冰：《殷墟甲骨文所見方國研究》，中國社會科學院研究生院碩士學位論文，2001年，第16頁。
③ 陳夢家：《殷虛卜辭綜述》，科學出版社，1956年，第283頁。
④ ［日］島邦男：《殷墟卜辭研究》，溫天河、李壽林譯，（臺北）鼎文書局，1975年，第403頁。
⑤ 張秉權：《殷虛文字丙編考釋》，中研院歷史語言研究所，1992年。
⑥ 鍾柏生：《殷商卜辭地理論叢》，藝文印書館，1989年，第198頁。
⑦ 鄭傑祥：《商代地理概論》，中州古籍出版社，1994年，第316—317頁。
⑧ 蔡運章：《卜辭中的龍方》，《夏商文明研究》，中州古籍出版社，1995年；又收入《甲骨文獻集成》第28冊，四川大學出版社，2001年，第304頁。
⑨ 彭邦炯：《再説甲骨文的"𠫤"和"𠫤方"——附説首人及其地望》，《殷商文明暨紀念三星堆遺址發現七十周年國際學術研究會論文集》，社會科學文獻出版社，2003年，第243頁。
⑩ 吳振錄：《保德縣新發現的殷代青銅器》，《文物》1972年第4期，第63頁。

第二類:"其"兩側無手,"其"内箴紋簡單。這類"其"多在亞形内,年代以殷墟四期多見,出土地點不詳,共7件。此類出現形式爲:亞口其,1件;亞其矣4件;其侯亞矣1件;亞其戈1件。

第一類: 4817 　6949　　第二類:  5294

由以上分析,筆者傾向於認爲這兩類"其"的具體所指可能會有所區别。第一類"其"與矣、異並無關係,而第二類"其"與矣、異有關。

矣:96件。時代爲殷墟二期到四期。出土地點明確者皆在河南安陽。出現形式只有二種:一、亞矣,93件,占97%。其中"亞異矣"7件(1組)、"亞異侯矣"3件、"其侯亞矣"1件。二、矣,3件,占3%。

異:9件。年代爲殷墟四期或西周早期。亞異矣7件(1組),亞異侯矣2件。

以下先列出有關矣的出現形式:

1432 　6298 　5292 　10559 　2262 　9439

從後四例來看,亞形中出現了其、其侯、異、異侯,有學者指出"異亞矣"乃"異侯亞矣"之省①,其說可從。

關於"其"與"異",學界則還有爭論:

王獻唐認爲"其"即"異":"古文字有一慣例,某一字音在某一時間或空間有了變化,新音和舊音交混,一些讀舊音的要標明本讀,就在字的一方,加注一個與舊音相同的字,使人一看知爲何音,略等於近代的注音;但是讀新音的也可以如法標注與新音相同的字,異字从己,就是一個注音字,不讀爲今音若奇的其。"並認爲亞矣爲人名,乃祖庚祖甲時代的貞人矣,他在武丁時代爲異國侯爵。

---

① 曹淑琴、殷瑋璋:《亞矣銅器及其相關問題》,《中國考古學研究——夏鼐先生考古五十年紀念文集》,文物出版社,1986年,第196頁。

春秋時曩國位於今山東莒縣北部的箕山、東莞鎮、峋場一帶。"王婦曩孟姜作旅匜,其萬年眉壽用之"表明曩國姜姓①。

曹定雲認爲"其"與"曩"有別,其侯(亞其)是武丁時代的重要諸侯,祖庚祖甲時代貞人"矣"爲其侯,"矣"在晚年或死後又新封於曩。其侯與曩侯爲同一家族的不同分支,此外,此家族中不繼承侯爵爵位者也可采用"亞矣"族徽②。

葛英會認爲小臣缶(缶)鼎的"𡇒"是"亞矣"衆多支族中的一個;亞矣是燕的國族徽號,而曩是典籍中的"薊",是"亞矣"國族下"以字爲謚(氏)"分衍派生出來的分族之一,曩爲亞矣分支③。

彭邦炯認爲金文中"其"與"曩"通用,矣爲曩侯國族中的一支,位於今北京附近④。

李學勤認爲金文的"其"應讀爲"箕","曩"則與之相通假,"曩侯"也就是"箕侯"。箕在山西榆社縣南箕城鎮,距沙河上游不過百餘里⑤。

孫亞冰認爲武丁時代已有"曩"字,"其"與"曩"實爲一字,並認爲曩國也在殷北。周初曩國位於今北京、河北東北至遼寧西部一帶,殷代曩國的位置也應在這個範圍內⑥。

何景成也以爲"其"是"曩"的另一寫法,認爲亞矣可能是這一族的共同祖先,又叫亞其(帶手之其),其後分爲兩大支,一支爲亞矣、矣,所代表的家族從商代晚期一直到周初還存在。另一支亞曩矣、亞曩侯矣、亞曩,多分佈於西周燕國附近,其中帶"侯"字者應該是封侯於"其(曩)"地的亞矣族的一支⑦。

筆者以爲亞矣與亞其(有手者)均出現於殷墟二期,到目前爲止尚不見二者有直接的聯繫。鑒於"其"字早晚不同的字形結構,殷墟二期的亞矣與亞其當是各自獨立的兩個族氏。在出組的甲骨刻辭中,有矣活動的事蹟:

(1)……辰卜,旅貞:翌丁巳……矣至……在自。(合24317)

---

① 王獻唐:《黃縣曩器》,山東人民出版社,1960年,第23、24、64頁。
② 曹定雲:《"亞其"考》,《文物集刊》2,文物出版社,1980年;又收入《殷墟婦好墓銘文研究》,臺北文津出版社,1993年,第5—13頁。
③ 葛英會:《燕國的部族及部族聯合》,《北京文物與考古》第1輯,1983年,第1—18頁。
④ 彭邦炯:《從商的竹國論及商代北疆諸氏》,《甲骨文與殷商史》第三輯,上海古籍出版社,1991年8月;又收入《甲骨文獻集成》第28冊,四川大學出版社,2001年,第246頁。
⑤ 李學勤:《小臣缶方鼎》,《李學勤學術文化隨筆》,中國青年出版社,1999年,第262頁。
⑥ 孫亞冰:《殷墟甲骨文所見方國研究》,中國社會科學院研究生院碩士學位論文,2001年,第37頁。
⑦ 何景成:《"亞矣"族銅器研究》,《古文字研究》第二十五輯,中華書局,2004年,第150—151頁。

第七章　商代青銅器銘文中的族氏　269

在出組與黃組甲骨刻辭中,始出現其的記録:
（2）甲子卜,允貞:于翌乙丑屖其。乙丑允屖其,不……（合9570）
（3）……貞,翌日乙酉小臣……其……又考其侯……以商庚……王弗悔。（合36416）

有學者認爲甲骨刻辭中"戍𣂪其侯"的"其侯"一稱可與金文中的"其侯"相對應[①]。此辭即宁1508＝合28035,然而其辭當是:
（4）戍𣂪其雉……（合28035）[②]

"雉"字以下已殘,雉字左从"矢",右邊尚存鳥眼。與此類似的辭例還有:
（5）戍𣂪弗雉王眾。（合26879）

在甲骨刻辭中,雖有"亞其"同出之例,但不能肯定就是金文中的"亞其",故而不便討論。

由上舉金文中其、其侯、其、其侯的出現模式來看,它們在銘文中的位置相同,性質接近。而"其侯"一稱僅一見（10559）,可能即其侯的簡寫。由此,筆者同意"其(不帶手)"與"其"所指相同的見解,其與其之間的不同僅是簡繁之別。其與其侯出現時間明顯晚於亞矣,當是矣族的分支族氏。

商代金文中還有一器:亞其戈父辛卣（5168）銘中"亞其"與"戈"共出,時代爲殷墟四期。對此,筆者傾向於這是亞其與戈的短時期的聯合。此外,亞其族人還有毫（9075）,亞矣族與鳴（9794）有婚姻關係。

關於矣、其的地望,商代矣、其器記有出土者皆在河南安陽,對地望的探討意義不大,而上文所引諸家之説中均有推論。筆者也同意其國（族）之地在今北京、河北東北到遼西一帶。但其是否是箕,仍嫌證據不足[③]。而春秋時期的姜姓其國則在山東,因有成批銅器出土,殆無問題。

（四）丙

"丙"字形舉例如下:

　　　1158　　　　　8144

---

① 曹定雲:《"亞其"考——殷墟"婦好"墓器物銘文探討》,《文物集刊》2,文物出版社,1980年;又收入《殷墟婦好墓銘文研究》,(臺北)文津出版社,1993年,第5頁。
② 此條《殷墟甲骨刻辭類纂》等工具書均釋作"雉"。
③ 任偉:《西周封國考疑》,社會科學文獻出版社,2004年,第220頁。文中以爲"其"與"箕"無關。

有的兩旁有兩點，有的則無，對此，如果作族氏名來講，學者已論證兩類當是相通的①。筆者也認同這一點。

商代丙族之器共111件，計鼎20、簋12、鬲1、甗1、爵31、卣21、尊10、觚5、觶4、觥1、壺1、盤1、矛1、罍1、不知名器1。時代爲殷墟二期到四期。

武丁時期的甲骨刻辭中見有丙族的一些事跡：

（1）……呼……丙邑。（合4475）

（2）庚申卜，古貞：王令丙。（合2478）

（3）貞：勿禦婦好于丙。（合2626）

（4）婦丙來。（合18911反）

丙邑可能爲丙國之都②。婦丙之稱表明丙族與商王朝有婚姻關係，安陽殷都出土的殷墟二期時期的丙族銅器（1161）或與此有關。花園莊東地甲骨中還見有"子丙"：

（5）壬子卜，子丙其乍丁㠯于狄。（花東294）

對此，有學者認爲子丙當是一活着的人物③，果如此，則該子丙或許可能與丙族的設立及存世有關。但也有學者提出反對意見，認爲"子丙"不能連讀爲人名，"丙"只能解釋爲"丙日"④，筆者以爲此說還有待於進一步證實。

丙族器出土地點有記錄者中河南安陽4件⑤（1161、4717、7658、8353），傳出河南洛陽1件（5396），陝西長安縣灃西鄉馬王村⑥、岐山縣賀家村⑦各1件（J202、4718）。但主要的還是集中出土於山西靈石縣旌介村商墓，其中有丙字銘的共34件⑧，時代爲殷墟三、四期。論者多以爲山西靈石一帶當是商晚期丙族的居地。

---

① 殷瑋璋、曹淑琴：《靈石商墓與丙國銅器》，《考古》1990年第7期，第621—622頁。
② 宋鎮豪：《夏商社會生活史》，中國社會科學出版社，1994年，第39頁。
③ 中國社會科學院考古研究所：《殷墟花園莊東地甲骨》，雲南人民出版社，2003年，第1683頁。
④ 陳劍：《說花園莊東地甲骨卜辭的"丁"》，《故宮博物院院刊》2004年第4期，第57頁。
⑤ 中國社會科學院考古研究所安陽工作隊：《安陽小屯村北的兩座殷代墓》，《考古學報》1981年第4期；中國社會科學院考古研究所安陽工作隊：《1969—1977年殷墟西區墓葬發掘報告》，《考古學報》1979年第1期，第83頁。
⑥ 王長啓：《西安市文物中心收藏的青銅器》，《考古與文物》1990年第5期，第26—43頁。
⑦ 陝西省考古研究所、陝西省文物管理委員會、陝西省博物館編：《陝西出土商周青銅器》（一），1979年，圖24。
⑧ 戴尊德：《山西靈石縣旌介村商代墓和青銅器》，《文物資料叢刊》3，文物出版社，1980年；山西省考古研究所、靈石縣文化局：《山西靈石旌介村商墓》，《文物》1986年第11期，第1—18頁。

靈石旌介村發現的三座丙族墓,均爲長方形豎穴土坑墓。用棺槨作爲葬具,死者葬式爲仰身直肢。隨葬品多置於棺槨間。墓中用二層臺,其上置人殉;墓底設腰坑,內置繫鈴的狗。銅器形制及組合與殷墟者基本相同,體現出與殷墟商文化禮制、習俗方面的相通性。但也有一些差別,如男女合葬比較流行,四觚十爵的配置,矛多戈少的武備,還有一些獸首刀等具有北方文化特點的器物。有學者認爲,以靈石旌介銅器群爲代表的青銅文化系統是商文化發展過程中在當地形成的一個地域類型的一個分支,是與商王朝有着較爲穩定的臣屬關係包括居住於靈石一帶的丙族在內的諸友好方國的遺存[1]。丙國的青銅文明受到殷商文明的強烈影響,但又保存了不少當地文化的固有特色,丙國應是商王室的諸侯國之一[2]。

除了靈石商墓所見晚期器外,還有如下殷墟四期諸器也是丙族人所作:

尹光鼎(2709):乙亥,王餗,在𣌭師,王鄉酉(酒),尹光邐(列),唯各,賞貝,用作父丁彝。唯王征井方。丙。

毓祖丁卣(5396):辛亥,王在廣,降令曰歸祼于我多高,咎山賜㲎(鼇),用作毓祖丁尊。丙。

巂卣(5397):丁巳,王賜巂𠬝貝,在寒,用作兄癸彝,在九月,唯王九祀叠日,丙。

以上三器銘表明商晚期,丙族與商王朝關係還相當緊密。金文中有"亞丙"(7825),年代爲殷墟二、三期,丙族人在此擔任"亞"職。另還曾任"作册"職(5166)。

與丙族有複合關係的有:

1. 木。丙木父辛卣(5166)。商代木族器共30件,時代爲殷墟二期到四期。與丙複合者僅1件。

2. 天。丙天爵(8144)。商代天族器共53件,時代爲殷墟一期到四期。與丙複合者僅1件。

3. 矢。丙矢爵(8245)。商代矢族器共25件,時代爲殷墟二期到四期。與丙複合者僅1件。

丙天爵與丙矢爵之丙也可能是"日丙"的簡略形式,但因其形體與一般作

---

[1] 李伯謙:《從靈石旌介商墓的發現看晉陝高原青銅文化的歸屬》,《北京大學學報(哲學社會學版)》1988年第2期;又收入《中國青銅文化結構體系研究》,科學出版社,1998年,第167頁。

[2] 殷瑋璋、曹淑琴:《靈石商墓與丙國銅器》,《考古》1990年第7期,第630—631頁。

爲日名之丙有異，故認定爲族氏名之丙。上舉三族氏中的木、矢，在甲骨刻辭中有矢方（合31981）、木方（合24270），木、矢、天三族與丙族之間不應有分支族氏的關係。

（五）矢

"矢"字形舉例如下：

| 1453 | 1825 | 7632 | 9258 | 8245 | 8810 | 10773 |

商代矢器共23件，計鼎4、簋1、觶1、瓿2、爵12、觥1、盉1、戈1。時代爲殷墟二期到四期。甲骨刻辭中，矢是一方國名，出現在賓、曆、出組卜辭中：

（1）乙亥貞：睪令章以衆佋矢，受右。（合31981）

（2）丁丑卜，叀矢往黍禾于河，受禾（年）。（合22001正）

（3）辛卯卜，行貞：王賓……歲一牛，亡尤。在十月，在自矢。（合24279）

武丁時期，矢方似與商王朝爲敵，所以睪、章等人去征伐矢方。稍後，矢方似臣服，商王也關心其福祉，貞問其地豐收與否等等。

矢器出土地點有四，河南安陽殷都出土3件（7007、7008、7633），另外，陝西岐山縣禮村①出1件（1825）、河南偃師縣山化鄉忠義村出1件（J778）、河北武安縣趙窰村M10（J194、J779）出鼎1爵1②。考慮到武安趙窰是墓葬出土，河北武安一帶可能是矢族所在地。

矢族在商王朝有任"亞"職者（亞矢父乙簋3298），時代爲殷墟二期；還有任"宁"職者，共有8件（如宁矢鼎1453），時代爲殷墟三、四期。

與矢族有複合關係的族氏有：

戎（父己觶6401）。商代戎族銅器銘共25件，時代爲殷墟三、四期。與矢複合者僅1件。

---

① 陝西省考古研究所、陝西省文物管理委員會、陝西省博物館編：《陝西出土商周青銅器》（一），文物出版社，1979年，圖15。
② 河北省文物研究所、河北文化學院：《武安趙窰遺址發掘報告》，《考古學報》1992年第3期，第354—356頁。

㢟(矢祖㢟爵8810)。商代㢟族銅器銘共8件，時代爲殷墟二、三期。與矢複合者3件（1組）。另有1件與戈複合，餘皆單出。

矢族與戎、㢟族似無分支族氏之間的關係。

（六）竹

"竹"字形舉例如下：

| 3137 | 5006 | 6932 | 9793 |

商代竹器共20件，計鼎2、簋1、卣3、觚3、爵7、罍2、方彝2。時代爲殷墟三、四期。在甲骨刻辭中，武丁時期多見竹的活動，廩、康時期偶見。竹爲商之屬國，兩者關係緊密。

武丁時期（或稍後），竹即受册命爲侯：

（1）己酉卜，竹有𦉲，允。（英1822）

（2）……竹侯。（合3324）

竹國還爲商王朝提供職事服務：

（3）辛卯卜，㱿貞：隹冤呼竹㱿㢟。（合1108正）

（4）己亥卜，貞：竹來以召方于大乙束。（屯南1116）

（5）王固曰：㞢祟，其㞢來艱。乞至九日辛卯允來艱自北，㞢妻笒告曰：土方侵我田十人。（合6057反）

其中（3）、（4）兩辭表明竹還參與對㢟、召方的戰事。並以召方之人爲犧牲祭祀。（5）辭中笒當是竹方之女，"㞢妻笒"表明竹國與㞢有婚姻關係，"㞢"爲殷北方邊地[1]。商代金文中有婦竹爵（8755），是竹國外嫁之女，只是不知此女與何族聯姻。

竹國還要向商王朝貢納龜甲等物：

（6）竹入十。（合902反）

另，安陽婦好墓中出土的石磬（M5：315）上刻有"妊竹入石"，表明此石磬是竹國所貢。

商王對竹國也較爲關注，貞問其禍患：

---

[1] 孫亞冰：《殷墟甲骨文所見方國研究》，中國社會科學院研究生院碩士學位論文，2001年，第38頁。

(7) 庚寅卜,竹亡災。(合31884)

甲骨刻辭中僅有"竹"之稱,文獻中則有"孤竹"之稱。金文中有"孤竹",雖然學界對字的考釋上還有一些分歧,但也都肯定"孤竹"的存在[1],竹與孤竹有承接關係。關於孤竹的地望,《括地志》云:"孤竹故城在平州盧龍縣南十二里。殷時諸侯國也,姓墨胎氏。"唐蘭提出遼寧喀左一帶是古之孤竹[2]。李學勤先生認爲孤竹城在今河北盧龍縣境是沒有疑問的。"墨胎氏"亦寫作"墨台氏"、"墨夷氏"、"默夷氏"或"目夷氏"。《史記·殷本記》稱:"契爲子姓,其後分封,以國爲姓,有殷氏、來氏、宋氏、空桐氏、稚氏、北殷氏、目夷氏。"所以目夷也可能是子姓的古國。孤竹君既然是墨胎氏,孤竹便是子姓國[3]。曹定雲先生認爲古之"竹"的活動範圍在今河北北部和遼寧南部[4]。彭邦炯先生認爲竹地望"在今日河北東北部到長城外的遼西部、內蒙古東南一隅的範圍內;而盧龍則是該國族的中心區或首邑所在,喀左等地則可能是當時竹國範圍內的重要城邑了"[5]。這種見解已被學界廣泛接受。

與竹有複合關係的族氏有:

1. 亞𡘇(2033、2362、5271、7293、9793)。關於𡘇,張亞初從孫詒讓說釋爲胡字[6]。曹定雲先生認爲相當於"孤",𡘇竹即文獻中的孤竹[7]。金文中有如下諸例:亞𡘇𠆢(8777)、亞𡘇址(J924),在這些銘文中,𡘇是否爲孤竹之孤,是有疑問的。而且𡘇都與亞形同出,唯不見𡘇竹二字同在亞形之中的例子,而"亞𡘇"常單獨出現,𡘇與竹是否連讀也還需探討。亞𡘇父丁卣(5271)銘文爲"亞𡘇𡨄孤(按:曹定雲先生釋此字爲"智")竹父丁","𡘇"與"竹"之間有"𡨄"字,表明"𡘇"與"竹"並不能連讀。馮時先生以爲"亞𡘇"是孤竹的

---

[1] 晏琬:《北京、遼寧出土銅器與周初的燕》,《考古》1975年第5期,第276頁;曹定雲:《殷代的"竹"和"孤竹"》,《殷墟婦好墓銘文研究》,(臺北)文津出版社,1993年,第48—52頁。
[2] 唐蘭:《從河南鄭州出土的商代前期青銅器談起》,《文物》1973年第7期,第11頁。
[3] 李學勤:《試論孤竹》,《社會科學戰線》1983年2期;又收入《新出青銅器研究》,文物出版社,1990年,第56、57頁。
[4] 曹定雲:《殷代的"竹"和"孤竹"》,《殷墟婦好墓銘文研究》,(臺北)文津出版社,1993年,第55頁。
[5] 彭邦炯:《從商的竹國論及商代北疆諸氏》,《甲骨文與殷商史》第三輯,上海古籍出版社,1991年;又收入《甲骨文獻集成》第28冊,四川大學出版社,2001年,第246頁。
[6] 張亞初:《從古文字談胡、胡國與東胡》,《文博》1992年第1期,第9頁。
[7] 曹定雲:《殷代的"竹"和"孤竹"》,《殷墟婦好墓銘文研究》,(臺北)文津出版社,1993年,第52頁。

小宗①，即竃爲竹之分支族氏。按照這樣的解釋，則需將亞竃聞🅇（1944）、亞竃皇祈（5100）、亞竃止中（J114）之聞🅇、皇祈、中以及上舉三器中的🅇、𧾷（"止"是其簡略形式）都認定爲私名才妥當。筆者認爲聞🅇、皇祈作私名解是可行的（但"祈"在甲骨刻辭中是作爲一地名出現的，也有族名的可能性②）。商代"中"器有17件，時代爲殷墟三、四期。還有別的一些族氏與"中"複合。筆者傾向於"中"是族氏名的可能性更大。"𧾷"（包括"止"者）器共45件，時代爲殷墟三、四期。出現形式有二：一是亞𧾷，共35件；一是亞竃𧾷，共10件，𧾷是族名③。由此，筆者還是傾向於認爲亞竃與竹兩者之間的複合關係不是分支族氏關係。

2. 亞𢒫（9810）。此罍1973年出於遼寧喀左縣北洞村的商末周初青銅器窖藏④，銘"父丁，孤竹，亞𢒫"。林澐先生據此認爲孤竹國乃是𢒫人所建方國之一⑤，似可商。商代𢒫族之器還見於父乙𦉢觚（7264），爲殷墟四期器，銘"亞父乙𢒫𦉢"。"亞𢒫"之與"孤竹"的關係和"亞竃"之與"孤竹"的關係相同。亞𢒫或是與孤竹爲平等聯繫的關係，或是如馮時先生所説是小宗分支的關係。對此，筆者有一假設：竹與孤竹是一既有聯繫又有區別的名稱。竹原是一族氏，到商代晚期，成立了孤竹國，亞竃與亞𢒫則是孤竹國內的兩個族氏，與竹氏或有婚姻關係，但不一定就是竹族的分支小宗。孤竹與亞竃、亞𢒫是國與族之間的關係。

3. 斿（4852）。商代"斿"器共16件，時代爲殷墟二期到四期。其中與竹複合者僅1件。另見與5個族氏複合。

4. 㽁册（5006）。商代"㽁"器共9件，與竹複合者1件。另與兩族氏複合。

5. 耳（8269、J861），聑（6932、8205、8206）。

---

① 馮時：《殷代史氏考》，《黄盛璋先生八秩華誕紀念文集》，中國教育文化出版社，2005年，第30頁。
② 祈用作地名之例如：
(1) 辛未貞：冓以新射於祈。（南明498）
(2) 乙亥卜，賓貞：燎於祈，三豕。（合7919）
③ 中國社會科學院考古研究所：《安陽殷墟郭家莊商代墓葬》，中國大百科全書出版社，1998年，第125頁。
④ 喀左縣文化館、朝陽地區博物館、遼寧省博物館：《遼寧喀左縣北洞村出土的殷周青銅器》，《考古》1974年第6期，第364—372頁。
⑤ 林澐：《釋史牆盤銘中的"逖虘𢒫"》，《陝西歷史博物館館刊》第1輯，三秦出版社，1994年；又收入《林澐學術文集》，中國大百科全書出版社，1998年，第180頁。

6. ㇄(8270)。僅1件。

7. ㇇(8271)。僅1件。

綜上,筆者傾向於亞實、亞髟、旗、茘、耳與竹之間並非分支族氏關係;㇄、㇇二者可能是竹族的分支,亦或是竹族人私名。

(七) 井

商代金文中有"亞井",見亞井觶(6163)。此"井"即井方,賓組甲骨刻辭中,井方與商王朝關係親近,井方到商之宗廟獻祭:

(1) 癸卯卜,賓貞:井方于唐宗,歲。(合1339)

井方還與商王朝有婚姻關係,甲骨中常見"婦井"、"婦妌"之稱:

(2) 婦井示百。(合2530反)

曆組的戰爭卜辭表明,井方與羌方、沚等位置比較接近:

(3) 貞:㓝在井,羌方弗找。(屯南2907)

這時期,井方又見"井伯"之稱:

(4) 勿呼從井伯①。

殷墟四期金文中,商王曾征伐井方:

尹光鼎(2709):乙亥,王誎,在驀師,王鄉酉(酒),尹光遷(列),唯各,賞貝,用作父丁彞。唯王征井方。丙。

但這裏的"唯王征井方"是時間屬辭,只作紀年之用,與銘文內容本身並無關係。但以此也可推定,這次與井方的戰事規模應該比較大,是當時政治生活中的大事件。

井方所在,郭沫若認爲"井方當在散關之東,岐山之南,渭水南岸地矣"②,這一説也得到部分學者的認同,認爲"地處商王朝之西的井方是一個十分重要的方國。……西周初年,井方受到周王的封建,立國於今鳳翔雍水北部地方,爲井伯"③。陳夢家以爲井方在今山西河津縣④,胡厚宣以爲在陝西地區⑤。但近

---

① 此片爲劉體智善齋藏拓,引自陳夢家《殷虛卜辭綜述》,科學出版社,1956年,第288頁。
② 郭沫若:《卜辭通纂》第354片,科學出版社,1983年。
③ 陳全方、尚志儒:《陝西商代方國考》,《殷墟博物苑刊》(創刊號),中國社會科學出版社,1989年,第89頁。
④ 陳夢家:《殷虛卜辭綜述》,科學出版社,1956年,第288頁。
⑤ 胡厚宣:《殷代封建制度考》,《甲骨學商史論叢初集》,河北教育出版社,2000年。

年來，學者如李學勤①、楊文山②、李民③、孟世凱④等均以爲在河北邢臺，這爲多數學者所認同。

（八）髟

"髟"字形如下：

7264　　　9810

此字學界有多種釋讀，本文從陳世輝⑤、林澐⑥說釋爲"髟"。商代髟器出現2件，時代爲殷墟四期，如下：

父乙莫觚（7264）：亞父乙髟莫。

孤竹父丁罍（9810）：父丁，孤竹，亞髟。

甲骨刻辭中，髟是一方國名或族名：

（1）貞：呼取髟伯。（合6987）

（2）丁卯卜，戍允出，弗伐髟。（合28029）

（3）己亥卜，在髟貞：（合36346）

賓組卜辭中，髟族首領稱"髟伯"，當臣服於商王朝。同爲賓組的卜辭與無名組卜辭中，髟又受到征伐，髟是和商王國既有和平交往又互相攻伐的一個方國或部族⑦。髟族在西周仍存在，見於克罍、克盉、史牆盤。關於髟地，商末周初的髟人主要活動於遼西的大凌河流域和河北唐山地區的灤河流域⑧。

與髟族氏有複合關係的有"莫"和"孤竹"。"莫"，商代金文僅一見，可能

---

① 李學勤：《殷代地理簡論》，科學出版社，1959年。
② 楊文山：《商代的"井方"與"祖乙遷于邢"考》，《河北學刊》1985年第3期。
③ 李民、朱楨：《商代祖乙遷都考辨》，《邢臺歷史文化論叢》，河北人民出版社，1990年。
④ 孟世凱：《甲骨文中井方新考》，《邢臺歷史文化論叢》，河北人民出版社，1990年。
⑤ 陳世輝：《牆盤銘文解說》，《考古》1980年第5期，第433頁。
⑥ 林澐：《釋史牆盤銘中的"逖虘髟"》，《陝西歷史博物館館刊》第1輯，三秦出版社，1994年，第22—30頁。
⑦ 林澐：《釋史牆盤銘中的"逖虘髟"》，《陝西歷史博物館館刊》第1輯，三秦出版社，1994年；又收入《林澐學術文集》，中國大百科全書出版社，1998年，第178頁。
⑧ 林澐：《釋史牆盤銘中的"逖虘髟"》，《陝西歷史博物館館刊》第1輯，三秦出版社，1994年；又收入《林澐學術文集》，中國大百科全書出版社，1998年，第180—181頁。

是私名或髟族的分支。關於"孤竹",參見本書關於"竹"的論述。"亞髟"似有可能是孤竹國的一個族氏。

二、西方族氏

(一) 倗

"倗"字形舉例如下:

| 1006 |  1459 |  8840 |  9478 |

商代倗器有35件,計鼎8、簋2、爵11、觚5、卣2、尊1、觶1、盉1、壺1、盤1、戈1、矛1。時代爲殷墟二期到四期。在甲骨刻辭中,有"射倗"之稱:

(1) 己丑卜,賓貞:令射倗衛,一月。(合13)

倗器中,以"倗舟"的出現頻率最高,計12件。另外,"亞倗"出現3件。還有一件與"聑"(8840)複合。

倗族在西周時還存在,有倗伯(3847)、倗仲(2462)。

倗器記有出土地者少,辛倗簋(3068)出於陝西武功縣浮沱村①。另有兩件兵器(10838、11449)傳出於河南安陽。但近年在山西南部的絳縣橫水一帶,發現了周代的倗伯墓地,表明倗地當在這一帶。

(二) 庚

金文中有族氏名"庚","庚"下往往有一"丙"字形附加,因之也有學者隸釋該字爲"庚丙"。金文中也有族氏名"庚",甲骨刻辭中用作族名或人名者皆作"庚"。本文視"庚"與"庚"爲一字之異,下文皆用"庚"字。

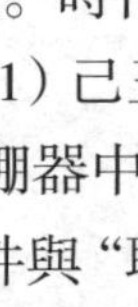

| 5099 | 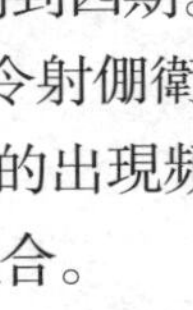 1855 | 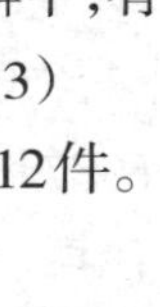 6722 | 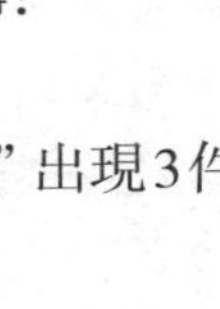 7669 |

---

① 段紹嘉:《介紹陝西省博物館的幾件青銅器》,《文物》1963年第3期,第43—45頁。

庚族的銅器發現較多，就商代而言，現傳世者就有43件，據學者研究，如果加上延至西周昭穆之際的有銘庚族銅器可達69件[①]。

庚族銅器中單銘"庚"者（有的有日名）有15件。

"庚"與"册"常複合出現，"册"常以"庚"爲軸心對稱安排在兩側，這樣的銅器有18件，可達商代庚銘銅器的近半數，作册一職是庚族的世職。另外，與"亞"共出者1件（7228），表明庚族曾任亞官。但宰椃角（9105）表明，宰椃也屬於庚族，並任"宰"職。

屬於庚族之分支族氏的有豖，共6件；還見有馬。此6件同出於河南安陽殷墟西地M1中[②]。另外還有㪙（8915）、⿸（8972），前者出於山東鄒縣小西韋村。

庚族外嫁之女爲婦庚：

（1）貞：婦庚有子今六月。（合21794）

商代甲骨刻辭中有關庚族的記述表明庚族常向商進獻龜甲：

（2）庚入十。（乙931）

另外，庚還受商王的統領，受王命行事：

（3）乙卯卜，翌丁巳，令庚步。（合21863）

與庚族有婚姻關係的族氏有：

1. 聿，婦聿庚卣（5099）：婦聿征庚。
2. 妹，婦庚册觶（6428）：婦妹庚册。

庚族器的出土地點有四處：河南安陽殷墟出土7件（時代爲殷墟四期）。河北正定縣新城鋪村出土觚、爵各1件（三、四期），銘文相同。陝西岐山縣賀家村M1出土一件瓿（二期），陝西扶風縣楊家堡出甗1件（三、四期）。庚族器分佈較分散，河南安陽雖出土量較多，但因其是王畿地區，多數族徽或多或少都在安陽出現過，所以我們尚不能以此來論定該族氏的地望，因而也就難以據此推斷庚族的聚居地。但鑒於西周時期庚族銅器有近三分之一者出於陝西[③]，而目前有器形可供斷代者表明在陝西者的年代也較早，西周時期庚族居地很可能就在陝西一帶。河北正定出土銘"庚册"的觚、爵各1件，是商代銅器的基本組合，此地可能是商代庚族分佈的一個據點。

---

① 曹淑琴：《庚國（族）銅器初探》，《中原文物》1994年第3期，第32頁。
② 中國社會科學院考古研究所：《殷虛青銅器》，文物出版社，1985年，第480—481頁。
③ 曹淑琴：《庚國（族）銅器初探》，《中原文物》1994年第3期，第40頁。

(三) 戈

古文獻中多謂戈族是夏族的後裔。《左傳·襄公四年》："少康滅澆于過，后杼滅豷于戈。"杜預注："戈在宋、鄭之間。"鍾柏生以爲戈地在今河南嵩縣西南[①]。鄭傑祥則認爲卜辭戈地當即春秋時期的戈地，在今河南杞縣東北[②]。甲骨刻辭中，戈是一方國，出現於自、賓、曆、出等組刻辭中：

(1) 貞：叀黃令戈方……二月。(合8397)

(2) 貞：戈䇂羌，得。(合504)

(3) ……戌卜，賓貞：戈䇂亘。(合6951反)

(4) 雀受右。戈有囚。戈弗殺𢎨。(屯南3706)

戈方之人稱戈人，戈被商王呼、令，受商王差遣。戈族當還有封地，常有"受年"之貞。戈與亘、羌、舌、𢎨等方國屢有戰事，與這些位於殷西晉南附近的方國位置當相對較近。

商代戈族之器有184件，計鼎27、簋21、甗4、爵48、觚27、卣11、尊5、觶10、斝2、盉2、壺2、罍3、方彝3、瓿2、盤2、盂1、不知名器2、戈9、鉞1、磬1。時代爲殷墟二期到四期。有出土地點者如下：

河南安陽7件，另有傳出安陽者4件。以二、三期多見。河南安陽郭家莊M1：25屬殷墟四期[③]。

河南上蔡縣田莊村1件[④]。殷墟三、四期。

河南輝縣褚邱村1件。殷墟四期。

河南羅山縣後李村[⑤]、天湖村各1件[⑥]。殷墟三、四期。

湖北武漢新洲縣陽邏鎮架子山1件[⑦]。殷墟四期或西周早期。

---

① 鍾柏生：《殷商卜辭地理論叢》，(臺北)藝文印書館，1989年，第208頁。

② 鄭傑祥：《商代地理概論》，中州古籍出版社，1994年，第250頁。

③ 郭寶鈞：《一九五〇年春殷墟發掘報告》，《中國考古學報》第五冊，1951年，第1頁。中國社會科學院考古研究所安陽工作隊：《1987年安陽郭家莊東南殷墓的發掘》，《考古》1988年第10期，第875頁。

④ 河南省文化局文物工作隊第一隊：《河南上蔡出土的一批銅器》，《文物參考資料》1957年第11期，第66頁。

⑤ 信陽地區文管會、羅山縣文管會：《羅山蟒張後李商周墓地第三次發報簡報》，《中原文物》1988年第1期，第14頁。

⑥ 河南省信陽地區文管會、河南省羅山縣文化館：《羅山天湖商周墓地》，《考古學報》1986年第2期，第153頁。

⑦ 羅宏斌、黃傳馨：《新洲縣陽邏鎮架子山銅器》，《江漢考古》1998年第3期，第92頁。

湖南寧鄉王家墳1件①。殷墟四期或西周早期。

山西靈石縣旌介村1件②。

山東長清縣興復河1件③。

陝西岐山賀家村1件④、陝西武功縣柴家嘴1件⑤,殷墟四期或西周早期。

除安陽外,似乎沒有集中出土戈器的地點。而這些出土地點多數顯然不是"戈"族的居地,如河南羅山的後李村、天湖村是"息"族的地盤,山西靈石是"丙"族墓地所在。安陽雖然出土較多,但因其是商都之故,其實有很多族氏的銅器在安陽都有發現,所以"戈"族器出現於安陽,只能表明"戈"族有人在安陽殷都服事而已。但河南安陽的"戈"族銅器年代較早,而距離安陽越遠者其年代越晚,如安陽戈器為二、三期,向南則河南上蔡、羅山戈器為三、四期;而湖北、湖南者皆四期,似有由安陽向外擴展之勢。甲骨刻辭中還有這樣的記錄:

（5）甲子卜,王從東戈,呼侯戈。

乙丑卜,王從南戈,呼侯戈。

丙寅卜,王從西戈,呼侯戈。

丁丑卜,王從北戈,呼侯戈。(合33208)

（6）丙寅卜,棄于四戈。(合8396)

對于此四戈,陳夢家以為是"四或"、"四國",戈當指邊境之地⑥。但從"呼侯戈"來看,這邊境之地與"戈"族當不無關係。由上文所述,戈族銅器分佈極為散漫,說明戈族人分化嚴重,或常處邊境之地,故有東、南、西、北之分,且均以"侯"爵。但1971年和1991年兩次發掘的陝西涇陽高家堡西周早期墓地發掘出6座墓,所出銅器多數都銘有"戈"字。報告指出:"從出有成組青銅禮器的M1—4相互距離很近,排列有序,方向一致,形制、深淺和葬具葬式基本相同,以及銘文一樣的幾件銅器出於幾個不同的墓中可知……高家堡這處商末至西周

---

① 湖南省博物館:《湖南省工農兵群眾熱愛祖國文化遺產》,《文物》1972年第1期,第6頁;又見《無產階級文化大革命期間出土文物展覽簡介》,《文物》1972年第1期,第72頁。

② 戴尊德:《山西靈石縣旌介村商代墓和青銅器》,《文物資料叢刊》3,文物出版社,1980年,第46頁。

③ 山東省博物館:《山東長清出土的青銅器》,《文物》1964年第4期,第41頁。

④ 陝西省考古研究所等:《陝西出土商周青銅器》(一),文物出版社,1979年。

⑤ 段紹嘉:《介紹陝西省博物館的幾件青銅器》,《文物》1963年第3期,第43頁。

⑥ 陳夢家:《殷虛卜辭綜述》,科學出版社,1956年,第321頁。

早期墓葬，乃是一個家族墓地。"①這批材料表明陝西涇陽高家堡一帶當是西周早期戈族的一處集居地，這可能就是甲骨文中"西戈"的後裔。1989年在江西新干發現一個器物坑，出有大量銅器與玉石器。同坑出土的硬陶及原始瓷器上發現多種刻劃字符，其中"戈"字最多，有23件，占了半數以上②。江西樟樹吳城遺址發現刻"戈"陶器6件③。江西德安陳家墩遺址的商代水井中也出土了1件"戈"字小口折肩罐④。鷹潭角山商代晚期窰址出土的3件陶器肩部也刻有"戈"⑤，有學者認爲這當是"南戈"⑥。因吳城與大洋洲出有39件刻有"戈"符的陶器，有學者認爲吳城是戈人在江西境内的中心聚居點，戈人是吳城文化的創造者之一⑦。但是令人不解的是，這一區域内卻不見銘"戈"的青銅器，而此區域之外則只見戈銘青銅器，不見陶器上有刻戈字者。但這也許只是考古發現的偶然性所致。

商代金文中所見與戈複合的族氏有：

1. 其（5168），商代其器共37件，與戈複合1件。
2. 馬（10857），商代馬器共23件，與戈複合2件。
3. ᛜ（9950），商代ᛜ器共8件，與戈複合1件，其餘單銘或與矢複合。
4. 執（8901），商代執器共12件，與戈複合1件，其餘單銘或與冂、聑複合。
5. 守（8236），商代守器共30件，與戈複合1件，其餘單銘或與木等複合。
6. 家（8235），商代家器共7件，與戈複合2件，其餘單銘。
7. ⊢（8233），商代⊢器共7件，與戈複合2件，其餘單銘或與龍、龏、爵複合。
8. 亩（8232），商代亩器共5件，與戈複合1件，其餘單銘或與庚複合，並有任"册"職者。
9. 天（8142），商代天器共53件，與戈複合1件，其餘單銘或與其他族氏複合。

---

① 陝西省考古研究所：《高家堡戈國墓》，三秦出版社，1995年，第113頁。
② 江西省文物考古研究所、江西省博物館、新干縣博物館：《新干商代大墓》，文物出版社，1997年，第198頁。
③ 江西省博物館、清江縣博物館：《江西清江吳城商代遺址發掘簡報》，《文物》1975年第7期，第51—60頁。
④ 江西省文物考古研究所、德安縣博物館：《江西德安縣陳家墩遺址發掘簡報》，《南方文物》1995年第2期，第30—49頁。
⑤ 彭明瀚：《商代贛境戈人考》，《南方文物》1996年第4期，第63頁。
⑥ 魏峻：《戈族考略》，《青年考古學家》總第13期，第35頁。
⑦ 彭明瀚：《商代贛境戈人考》，《南方文物》1996年第4期，第63頁。

10. 酉(7034)，商代酉器共25件，與戈複合2件，其餘單銘或與凸複合，並有任"亞"、"宁"职者。

對於這些複合族氏，曹定雲認爲"殷周銅器銘文中凡帶'戈'之族徽，其所代表的氏族均可視爲夏部落內氏族之後裔，或夏部落聯盟內其他氏族之後裔"①。朱鳳瀚認爲它們多數是從戈氏中分衍形成的分支族氏②。這些族氏與"戈"有複合情況者數量都不是很多，一般只是一、二件而已，似乎並不是一種長時期和經常性的行爲，如果將其認定是戈族的分支族氏就有些不合情理了。筆者傾向於認爲這反映的是兩族氏之間某種特別的、短期的聯繫。

以下幾例可能是戈族人之分支族氏或私名：

1. 亳(7262)，商代銘亳者共5件，與戈複合4件。
2. ⊚⊚(7033)，商代銘⊚⊚者共1件。
3. ㄩ(4869)，商代銘ㄩ者共1件。
4. 五(797)，商代銘五者共1件。

西周早期的戈礽父丁罍(9240)："戈礽作父丁彝。""礽"當是私名。以此參照，以下器中的"昝"、"厚"也應是私名：

戈昝作妣簋(3394)：戈昝作妣。

戈厚作兄日辛簋(3665)：戈厚作兄日辛寶彝。

與戈複合的還有北單戈(1747)，商代金文中"北單"共22件，有其複合關係的僅是戈、戠。甲骨刻辭與金文中常見北單、南單、西單等，當是一地名。"北單戈"可能是"北單"之地的"戈"，屬於一種地名性複合的情形。

戈族之任職有：亞(7827)、宁(9376)、册(7262)、告(10859)。

(四) 舟

"舟"字形舉例如下：

| 1298 | 1407 | 1458 |

---

① 曹定雲：《殷代族徽"戈"與夏人後裔氏族——從婦好墓器物銘文"戈臼"談起》，《考古與文物》1989年第1期；又收入《殷墟婦好墓銘文研究》，(臺北)文津出版社，1993年，第72頁。
② 朱鳳瀚：《商周青銅器銘文中的複合氏名》，《南開學報》1983年第3期，第60頁。

商代金文中的舟器共48件,計鼎9、簋4、爵14、觚5、卣3、尊2、觶3、勺1、方彝1、盤1、戈2、矛1、胄1、不知名器1。時代從殷墟二期到四期。

　　舟族曾任職:亞(1407)、册(1713)、尹(3106)。其中亞册舟爵(8780)"亞"、"册"共見。金文中有"舟册婦"(1713),有可能是"舟"族與"册"族聯姻的表現,但考慮到甲骨刻辭中也有"舟婦"一稱,此也許僅是舟族外嫁之女。

　　與舟族有複合關係者:倗(1459)、丏(5073)、天(5205)、工(8254)、黽(8782)。

　　屬舟族内私名者:雀(3940)、屮(5205)、效(6474)、龐(花東255)。

　　甲骨刻辭中,舟曾受到商王的征伐:

　　(1)伐舟。(合2653)

　　其後,舟族臣服於商:

　　(2)……卯卜,賓貞:舟稱册,商若,十一月。(合7415正)

　　"稱册"一詞甲骨刻辭中習見,胡厚宣以爲稱册即稱册受命也[①],舟稱册即舟族接受商王的册命成爲商朝之臣屬,其後,舟人聽命於商王,承擔貢納之責,而商王也可到舟地巡視:

　　(3)貞:勿令舟比母裴。(合4924)

　　(4)……舟入……(合17012反)

　　(5)貞:呼往于舟。(英749)

　　關於舟族的地望,《荀子·君道》:"禿姓,舟人。"韋昭注:"舟人,國名。"有學者據此認爲甲骨刻辭中作國族講的舟,原本是黃帝之後——陸終第三子彭祖的一個支系,即文獻上的禿姓舟人。商代舟人故地,春秋時爲鄭國所有,其地大致在今河南新鄭、密縣、長葛、禹縣間[②]。就舟族銅器而言,出土地點明確的除河南安陽外,只有陝西長安縣灃西鄉馬王村[③](J846)一處。因與上述地望不能密合,商代甲、金文中的舟是否與文獻中的舟名、實相同,似都還可繼續討論。

(五)壴

　　商代金文"壴"字作如下形:

---

① 胡厚宣:《殷代封建制度考》,《甲骨學商史論叢初集》,河北教育出版社,2002年,第36頁。
② 彭邦炯:《甲骨文所見舟人及相關國族研究》,《殷都學刊》1995年第3期;又收入《甲骨文獻集成》第28册,四川大學出版社,2001年,第306頁。
③ 王長啟:《西安市文物中心收藏的青銅器》,《考古與文物》1990年第5期,第25—38頁。

1175

商代金文中壴器僅1件：壴鼎（1175）。時代爲殷墟二期。在甲骨刻辭中，壴族的記録比較多，見於賓、曆、出組等。

武丁時期，壴與商王朝曾有過戰事，🙰侯與雀都征伐過壴：

（1）癸亥卜，賓貞：令🙰侯祟征壴。（合6）

（2）辛巳卜，㱿貞：呼雀韋壴。（合6959）

同期及稍後的多數甲骨刻辭中，壴常向商王進貢甲骨，數量較多。並任貞人整治甲骨：

（3）庚……壴入五十。（合419反）

壴唯王命是從，從事行政或戰事：

（4）貞：叀壴令視于🙰。（合8092）

（5）……壴伐河……（屯南4587）

"壴"又有"宁壴"之稱，有學者認爲"宁"爲官名，"宁壴"即爲擔任"宁"官之"壴"國諸侯①。商王對壴似也眷顧有加，關注壴的健康禍患。並娶婦于壴：

（6）己未卜，貞：宁壴又疾亡〔徙〕。（花東264）

（7）婦壴……（合2797反）

商王還曾在壴地舉行祭祀武丁的活動：

（8）己亥卜，行貞：王賓父丁，歲宰亡尤，在壴。（合24343）

關於壴的地望與沚似當接近。

（9）庚子貞：王步自壴。（屯南2100）

從王可步自壴來看，壴與殷都也不會太遠。有學者以爲"壴"即"鼓"，而"鼓"即文獻中的顧國，夏商時期的顧國，地在今河南省原武縣一帶②。但金文中有鼓族，如鼓觶（6044），雖然"壴"是"鼓"的象形，但兩者當有區別，似不宜

---

① 中國社會科學院考古研究所：《殷墟花園莊東地甲骨》，雲南人民出版社，2003年，第1668頁。
② 蔡運章：《顧國史跡考略》，《甲骨金文與古史研究》，中州古籍出版社，1995年；又收入《甲骨文獻集成》第28册，四川大學出版社，2001年，第287頁。

將兩者混同。

（六）⿱大豕

“⿱大豕”字形舉例如下：

1113

1582

3223

商代金文中⿱大豕銘銅器共31件，計鼎6、簋2、尊5、觚3、爵4、斝2、觥1、罍2、方彝1、卣1、戈1、刀1、鐘1、不知名器1。時代爲殷墟二期到四期。甲骨刻辭中，“⿱大豕”主要出現在武丁時期，是人名或族氏名：

（1）乙未卜，貞：⿱大豕隻⿱兔灬，十二月允隻十六，以羌六。（合258）

（2）丁酉卜，令⿱大豕征㸚，殺。（合6561）

（3）癸卯卜，⿱大豕隻魚其萬不……（合10471）

⿱大豕主要與㸚、肖發生戰事，（1）、（3）辭中的“⿱兔灬”、“魚”不知是族氏名還是某種動物。⿱大豕族的地望當與這些族氏有一定的相關性。銅器中有明確出土地點的僅有一件⿱大豕乙爵，出於河南羅山縣後李村M44。但羅山後李一帶是息國族墓地所在，不會是⿱大豕族所居之地。（1）辭中有用羌的記録，⿱大豕可能在殷都西部。

（七）光

“光”字形舉例如下：

1024

7018

1025

2001

商代金文中光族器有16件，計鼎3、簋1、爵4、觚3、卣2、觶2、斝1。時代從殷墟二期到四期。甲骨刻辭中“光”是人名或國族名，多見於武丁時期：

（1）王固曰：有希，㲋光其㞢來嬄，迄至六日戊戌允㞢。……㞢⿵冂以在𡆥宰在……農亦焚廩三。十一月。（合583反）

（2）……品婦光。（合2811）

(3)乙未卜,今日王狩光,毕?允隻兕二、兕一、鹿二十一、豕二、麐百二十七、虎二、兔二十三、雉二十。十一月。(合10197)

(4)丙寅卜,王貞:侯光若……往⿱來嘉……侯光。(合20057)

(5)丁未卜,貞:令𠂤,光有隻羌芻五十。(合22043)

(6)王其比望禹(稱)册光及伐望,王弗每(悔)有戈。(合28089正)

由上引可看出,光是商的屬國,商王可以呼光,光國要向商王朝貢納羌人、芻。(4)辭的侯光與(6)辭表明光接受册命而爲侯爵之國。而商王也對光國比較關注,如(1)辭中貞問光的吉凶災禍。(3)辭表明光地也是商王的狩獵地。(2)辭中的婦光表明光族與商王朝還有婚姻關係。

光國族的地望,有學者認爲是夏商時代一個古老的方國,係黄帝族系十二姓的姞姓之一支,分佈於河南東部,後南遷於光山,約春秋初年已在中原地區消失,其國土併入楚國[1]。曹淑琴、殷瑋璋兩位以爲光國不在王畿附近,其地當與羌方鄰近,並指出很可能在河南洛陽與孟縣一帶[2]。商代光族銅器有明確出土地點者皆在河南安陽殷都[3],有一件子光觚(6912),因未見器形,不知其年代可否到殷墟二期。但光族與子光很可能是有關係的。上列甲骨刻辭中,光屢與羌發生聯繫,兩者較爲接近。(5)辭中𠂤、光並出隻羌,表明兩者也相互鄰近。𠂤也是一國族,常與𠮷方、土方發生戰事,地望當在殷都之西。由此,筆者推論光似也當在殷都之西。金文中與光複合者有西單、單、册。前者可能是地名,册可能是職官名:

西單光父乙鼎(2001):西單光。(三期)

單光觚(7018):單光。

册光簋(3109):册光。

甲骨刻辭中也有"西單":

(7)庚辰貞:翌癸未⿰西單田,受有年,十三月。(合9572)

"單"有南單、北單、西單之分,西單當在殷西。西單光即光族在西單者,也在殷西。

---

[1] 何光嶽:《光國與光國甲金文——兼論光國的來源和遷徙》,《中原文物》1991年第4期,第1頁。
[2] 曹淑琴、殷瑋璋:《光國(族)銅器群初探》,《考古》1990年第5期,第457—458頁。
[3] 中國社會科學院考古研究所安陽工作隊:《1987年秋安陽梅園莊南地殷墓的發掘》,《考古》1991年第2期,第132—134頁。

(八) 戉

字形舉例如下：

846　　　　5101

商代金文中戉族器有5件，甗、卣、尊、觶、瓿各1。時代爲殷墟二期到四期。甲骨刻辭中作戉形，多見於武丁時期。

戉與商王朝有過敵對狀態：

（1）癸巳卜，㱿貞：呼雀伐望戉。（合6983）

以後戉聽命於商王朝，商王對其也較爲關注：

（2）貞：戉亡娸。（合7184）

刻辭所見多爲戉與其他方國的戰事。

（3）壬辰卜，㱿貞：戉戋甾方。（合6566正）

（4）囗丑卜，㱿貞：令戉來……爰伐舌方……七月。（合6371）

（5）……卜，㱿貞：戉隻羌。（合171）

（6）甲寅卜，……貞：其隻，征土方。（合6452）

戉還與其他族氏聯合進行軍事活動：

（7）丙子卜，㱿貞：勿呼鳴比戉狩品，三月。（合1110正）

（8）丁未卜，貞：令戉、光有隻羌芻五十。（合22043）

（9）壬子卜，賓貞：令戉比侖。（合586）

廩辛時期的甲骨中，戉稱方：

（10）……巳卜，……戉方……更小宰。（合29648）

（11）癸亥卜，爭貞：戉友隻，在西，呼不……，月。（合10914正）

以往多將戉釋作戊，但李孝定在《甲骨文字集釋》中對釋戉爲戊予以駁正。葉文憲也認爲"戉和戊是兩個不同的字，雖皆象形但並非一字之異形。戉字在卜辭中作國名或人名，並不釋作鉞；後起的越字从戊不从戉"①。鄭傑祥以爲"戉"是"越"字初文，卜辭中的越地後世可能已音變爲零地，位於今山西翼城縣西南、

---

① 葉文憲：《戉非戊、鉞、越、越族、越國考》，《東南文化》1990年第4期，第115頁。

絳縣東北①。彭適凡認爲卜辭所見的"🈐"就是江南創造了幾何印紋陶的越族②。筆者以爲"🈐"即"戉"的象形,釋"戉"是可取的,但此"戉"與"越"並無直接的關係。關於戉的地望,由其與舌方、土方、羌方的頻繁戰事可知,當與這些方國鄰近。又與鳴、沚、光、侖等族氏曾有過聯合,由此可確定戉當在殷西一帶。葉文憲認爲🈐(按:即戉)的地望當在晉南地區③,可從。

與🈐複合者有㐬辰(5101)、彳(7216)兩族氏:

1. 㐬。共見2件,與🈐複合1件。時代爲殷墟三、四期。辰共8件,與🈐複合者1件。時代爲殷墟二期到四期。

2. 彳。共見4件,與🈐複合的僅1件。時代爲殷墟二、三期。此二族氏與🈐是否是分支關係尚難論定。

（九）甫

商代甫器共2件:

4880　　　　　5395

金文中有關甫的內容不多,但在甲骨刻辭中,甫卻是一個望族,事多見於武丁時期,與商王朝的關係融洽。

甫向商王進貢龜甲,而商王也關心其疾患:

（1）甫入。（合9369）

（2）貞:甫其有疾。（合13762）

商王對甫地收成極爲關注:

（3）丙子卜,賓貞:桼年于甫。（合10104）

（4）甲辰卜,……貞:甫弗其受來年。（合10023）

（5）甲戌卜,賓貞:甫受黍年。（合10022甲）

甫地設有社（合846）。並着重說明"來年"、"黍年",甫地可能是商王朝一個重要的糧食產區。甫還參加狩獵活動:

---

① 鄭傑祥:《商代地理概論》,中州古籍出版社,1994年,第295頁。
② 彭適凡:《中國南方古代印紋陶》,文物出版社,1987年。
③ 葉文憲:《🈐非戉、鉞、越、越族、越國考》,《東南文化》1990年第4期,第112、115頁。

(6) 丁巳卜,……甫狩,獲鹿十、虎十。(合20752)

同時,甫還有與一些敵對方國舌、羌、凫、沚的戰事:

(7) 貞:甫弗其遘舌方。(合6196)

(8) 癸卯卜,賓貞:叀甫呼令沚䖒羌方。七月。(合6623)

(9) 丁酉卜,賓貞:令甫取凫伯叟及。(合6)

(10) 乙酉卜,甫允幸沚。(合5857)

甫族地望,有學者以爲當即後世的蒲地,位於今山西垣曲縣西南①。另有學者認爲殷卜辭中的甫地,應和文獻所記載的圃田澤及其偏南的廣大地區相印合。其地望大致在今鄭州市所轄的中牟縣圃田鄉以南至許昌地區之間,卜辭中的甫地與敖、奠(鄭)、曼、娟等地相鄰近。周武王滅商後,封甫族人於今許昌市東南一帶,建立了許國②。從上舉甲骨刻辭中與甫族發生戰事的舌、羌、沚等方國來看,甫當在殷西偏北位置。

金文中與甫相複合者有毌(4880):毌族銅器共7件,時代多爲殷墟四期,與甫複合者僅1件。與其他族氏複合者2例,並有任史、亞職者。甫、毌之間似沒有族氏分支一類的關係。

甫族中還人一擔任"宰"職者,見宰甫卣(5395)。

(十) 失

"失"字形舉例如下:

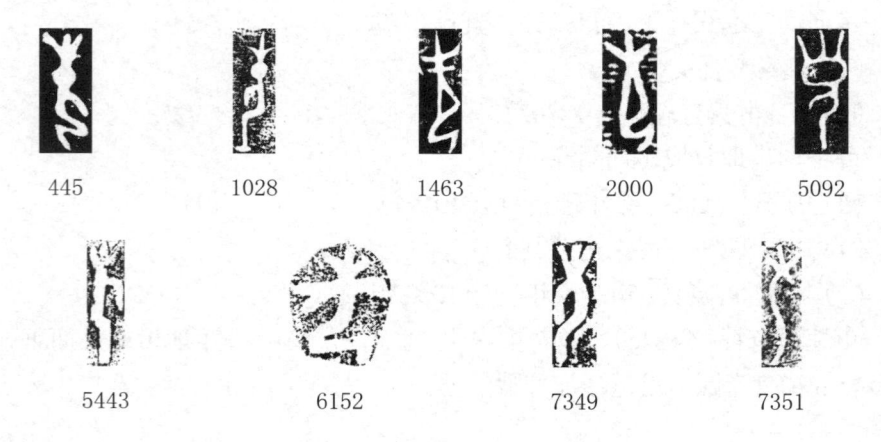

| 445 | 1028 | 1463 | 2000 | 5092 |

| 5443 | 6152 | 7349 | 7351 |

---

① 鄭傑祥:《商代地理概論》,中州古籍出版社,1994年,第235頁。
② 王蘊智:《商代甫族、甫地考》,《鄭州大學學報(社會科學版)》2000年第2期,第104頁。

第七章　商代青銅器銘文中的族氏　291

　　關於此字的釋讀,歷年來有"先"、"光"、"子"、"兇"等①,以釋"先"影響最廣,後三者則鮮有人從。但金文與甲骨刻辭中皆有"先"字,字從止從人,與上舉字形分別甚明,姚孝遂先生已指出其間的區分②。或釋此字形爲"敫"字初形③,對此也有學者提出了反對意見④。

　　西周的諫簋中有"✳",作人名。強運開先生釋爲"失"⑤。何琳儀《戰國古文字典》釋臣辰卣中此字爲"失"⑥,但無具體論説。其後,趙平安從古隸中的失字着手,通過字形變化論述此字當釋作"失",並認爲甲骨刻辭中的"失侯"即《逸周書》中的"佚侯",而河南洛陽馬坡一帶當是佚侯故地⑦。稍後,劉桓也撰文論證"✳"即"失"字。"失",古多讀爲"佚"或"逸"。失應即"佚侯"。佚侯與霍艾相近。甲骨卜辭的"失侯",正是佚侯。殷武丁南征時失(佚)約在河南南部與湖北交界附近。被征服後,則被遷往别處,卜辭卜失(佚)是否獲羌則似乎説明已遷西,可能距山西的霍不太遠⑧。筆者從"失"釋。

　　商代失族銅器共32件,計鼎4、鬲1、爵10、尊4、觚3、卣1、觶1、斝1、盃2、壺2、戈2、不知名器1。時代爲殷墟二期到四期。

　　甲骨刻辭中,失主要見於武丁到廪辛時期,是商代一個重要的方國。在武丁時期,失曾與商王朝爲敵,商王朝曾征伐失國:

　　(1) 己卯卜,王咸戈失,余曰叶雀人伐面。(合7020)

　　(2) 丁巳卜,貞:王令望伐于東失。(合33068)

　　參與伐失國的有我、雀、弜、✳、望、零。雀與望都是武丁時的重要將領,如此多的人被投入到對失國的戰爭中,可見失國的勢力較强。經過征戰,失國臣服於商,並向商王進貢羌人與龜甲:

----

① 李孝定、周法高等編著:《金文詁林附録》,香港中文大學,1977年,第912、1082—1087頁。
② 姚孝遂:《商代的俘虜》,《古文字研究》第一輯,中華書局,1979年,第347頁。
③ 劉釗:《釋甲骨文糕、羲、蟺、敫、栽諸字》,《吉林大學學報(哲學社會科學版)》1990年第2期;又見《談新發現的敫伯匜》,《中原文物》1993年第1期,第36頁。
④ 趙平安:《從失字的釋讀談到商代的佚侯》,《中國社會科學院歷史研究所學刊》第一輯,社會科學文獻出版社,2001年,第30頁。
⑤ 強運開編:《説文古籀三補》第十二第三葉A,武漢古籍書店,1985年。
⑥ 何琳儀:《戰國古文字典》,中華書局,1998年,第1090頁。
⑦ 趙平安:《從失字的釋讀談到商代的佚侯》,《中國社會科學院歷史研究所》第一輯,社會科學文獻出版社,2001年,第30、33頁。
⑧ 劉桓:《説卜辭囧字的幾個詞語及失、賓兩字》,《紀念殷墟甲骨文發現一百周年國際學術研討會論文集》,社會科學文獻出版社,2003年,第186頁。

（3）辛亥卜，貞：先來七羌，翌甲寅㞢用于夫甲。十三月。（合227）
（4）先以五十。（合1779反）
先國也參與軍事活動，還可參與祭祀活動：
（5）乙酉卜，爭貞：今夕令先以多射先陟……（合5738）
（6）叀先呼人侑祖若。（屯南2311）
"先"還是一地名，供弜師駐紮：
（7）丙戌卜，貞：弜自在先，不水。（合5810）
先族人在商王朝任職：犬、戍、宁、侯：
（8）叀兒犬先比田夋，亡戈。中。（合27905）
（9）叀戍先往，有戈。（合27975）
（10）庚午卜，出貞：王𢦏曰：以先宁齊以。（英1994）
（11）壬戌卜，爭貞：乞令愛田于先侯。十月。（合10923）

　　金文中，先族人還有任"葡"職者（8241）。最後一辭中的"先侯"是愛所"田"的物件或所在，概以"先侯"之名指代"先"之地。先國的地望，島邦男以為近於羌方①。孫亞冰以為應在殷東偏南處②。上舉多位學者皆以為"先侯"即文獻中的"佚侯"。"先"與"佚"可通，殆無問題，《逸周書·世俘解》："乙巳，陳本、新荒蜀磨至，告禽霍侯、艾侯，俘佚侯，小臣四十有六，禽禦八百有三十兩，告以馘俘。"孔注："霍侯都磨，艾侯都蜀，佚侯蓋附近小國來助霍艾者。"佚侯在周初被周王攻伐，與"先"在商代較晚階段作為商王朝屬國的情況相合，鑒此，"佚侯"說可備一說。近年山西臨汾曾破獲盜墓案，繳獲7件"先"（即本文所謂"先"字）族銅器③。其中有成套的青銅瓿，這些器出於浮山橋北村，發掘表明墓葬的規格較高，有5座帶墓道的大型墓④。山西浮山當是商代晚期先族的領地⑤，位於殷都之西，地近羌方。西周後，先族可能遷至河南洛陽馬坡一帶。

---

① ［日］島邦男：《殷墟卜辭研究》，溫天河、李壽林譯，（臺北）鼎文書局，1975年，第425頁。
② 孫亞冰：《殷墟甲骨文中所見方國研究》，中國社會科學院研究生院碩士學位論文，2001年，第50頁。
③ （作者不詳）《山西臨汾破獲文物案繳獲商晚期"先"族青銅器》，見《中國文物報》2001年6月3日。
④ 橋北考古隊：《山西浮山橋北商周墓》，《2004中國重要考古發現》，文物出版社，2005年，第61—64頁。
⑤ 自從臨汾銅器公佈以後，論者基本都認為山西臨汾為先（或稱為先）族之地。如林歡《甲骨文諸"牧"考》，《殷商文明暨三星堆遺址發現七十周年國際學術研討會論文集》，社會科學文獻出版社，2003年，第252頁；韓炳華：《先族考》，《中國歷史文物》2005年第4期，第34頁。

與"失"族有複合關係的族氏有:

1. 羊(1463)、馬羊(2000)。羊器共39件,時代爲殷墟二期到四期,與失複合者2件。還與其他族氏複合。

2. ⿱(1765)。僅1件。

3. ⿰(5721)。⿰器共5件,其中3件與失複合,其餘單銘。

4. 龏(6152)。有11件爲子龏。另10件中,龏與失複合者1件。

5. 冉(8793)。冉器共184件,時代爲殷墟二期到四期,與失合者2件(1套)。另還與大量族氏複合。

綜上,筆者以爲羊、馬羊、龏、冉等族氏與失的複合關係並不是分支族氏之間的關係。⿱、⿰因器少,而且目前只見與失族複合,且年代較失族爲晚,有可能是失族的分支族氏。

(十一) 埶

"埶"字形舉例如下:

2919　　　　3196　　　　4977　　　　8045

商代埶器共11件,計簋2、爵5、卣2、觶1、瓠1。時代爲殷墟三、四期。甲骨刻辭中,埶首先是以商王朝敵對勢力出現的,武丁時期對埶的征戰:

(1) 丁卯卜,爭貞:呼雀叀⿰埶。(合6946正)

同在武丁時期,埶則已臣服於商,並參與征伐沚方的戰爭:

(2) 癸卯卜,貞:埶其⿰沚。(合6992)

在花東子卜辭中,埶還參與商王朝的祭祀活動:

(3) 己亥卜,子于狀宿,埶改牢〔于〕妣庚。用。(花東267)

武丁後,埶似又有一時與商爲敵反目:

(4) 庚申卜,……貞:翌辛……禦伐埶……(合22615)

廩、康時期,埶地成爲商王的重要田獵地:

(5) 王其田埶,湄日亡災。(合28566)

執器出土地點有河南安陽①（6282、8199）、陝西寶雞峪泉村②（4977）兩處。關於執地所在，鄭傑祥認爲"執"讀"彌"，即春秋時代的"彌作"，《左傳》哀公十二年："宋、鄭之間有隙地焉，曰彌作。"地在今河南杞縣③。似不確。

與執族有複合關係的族氏有：

1. 聑（聑執爵8172）。聑即耳的繁構。與執複合者僅1件。

2. 𠂤（𠂤執爵8199）。商代𠂤族器共16件，年代爲殷墟二期到四期，地點集中于安陽殷都。與執複合者僅1件，另與3個族氏有複合關係。

3. 戈（戈執父丁爵8901）。與執複合者僅1件。

綜合來看，執族與耳、𠂤、戈三族氏不會是分支族氏之間的關係。

（十二）舌

舌字形舉例如下：

6604 　　　　　7222 　　　　　2020

商代舌器共12件，計鼎1、卣1、觚2、爵2、戈2、鏃2、車飾1、弓形器1。時代可斷者爲殷墟二期。

甲骨刻辭中，武丁至乙辛時皆可見到舌的活動。舌是商王朝的重要屬國，常參與征伐龍方、舌方、召方、亘方、𢀛的戰事：

（1）己卯貞：令舌以衆伐龍，𢦏。（合31972）

（2）……自徵友唐，舌方征……𢦏舌、示、易。戊申亦有來……自西，告牛家……（合6063反）

（3）丁丑貞：王令𦘔以衆舌伐召方，受祐。（合31973）

（4）甲申卜，貞：舌及亘方。（《殷虛卜辭綜述》圖22：4）

（5）丁巳貞：並舌伐𢀛，受祐。（合33043）

舌還常與商王或其他族氏聯合成軍事組織進行軍事活動：

---

① 中國社會科學院考古研究所安陽工作隊：《1969—1977年殷墟西區墓葬發掘報告》，《考古學報》1979年第1期，圖59。

② 寶雞市博物館（王光永）：《陝西省寶雞市峪泉生產隊發現西周早期墓葬》，《文物》1975年第3期，第73頁。

③ 鄭傑祥：《商代地理概論》，中州古籍出版社，1994年，第231頁。

（6）庚辰卜，令王族比囬。（屯南190）

（7）癸卯卜，戊，王其比犬囬……（合27909）

囬還向商王朝奉獻馬、龜甲等，以盡貢納義務。羌人是囬供納的主要内容，用作祭祀的人牲：

（8）……辰卜，古貞：呼取馬于囬，以三月。（合8797正）

（9）囬入三。（合9279）

（10）癸卯卜，囬來羌，其……（合32017）

關於囬的地望，鍾柏生先生推測囬地在山西西南角平原區①。鄭傑祥釋"囬"爲"舀"，認爲與"鏖"相通，即後世之鏖臺，位於今山西榆次縣西②。從以上所列甲骨刻辭來看，囬地必在殷都之西，與龍、吉、飌、亘等方接壤，當在山西中部一帶。囬地的物産除馬之外，還有龜甲，表明囬地當有較豐富的地表水資源。金文中還有雟卣（5397），銘曰："丁巳，王賜雟囬貝，在寒，用作兄癸彝，在九月，唯王九祀叙日，丙。"表明囬地還產貝，名叫"囬貝"。雟所在的族氏名爲"丙"，在山西靈石一帶，可能與囬地也接近。

商代，與囬複合的族氏有"弓"，如弓囬戈（10878）。商代弓族器共14件，時代爲殷墟二期到四期，與囬複合者1件。另見與其他族氏複合者。兩者屬於分支族氏關係的可能不大。

囬族中有任作册之職者，見册囬父甲觚（7222）。由甲骨刻辭可知，囬族中還有任戍、射、犬之職者。

囬族器中有羹父癸囬母卣（5172）與羹父癸囬母鼎（2020），銘皆爲"羹父癸囬母"，表明羹與囬兩族有婚姻關係。

（十三）馬

"馬"字形舉例如下：

2000　　　　　　　　　　6997

---

① 鍾柏生：《殷商卜辭地理論叢》，藝文印書館，1989年，第198頁。
② 鄭傑祥：《商代地理概論》，中州古籍出版社，1994年，第298頁。

金文中常采取重複對稱的形式佈置銘文，如上舉2000號中的雙馬當是6997號單馬的對稱性佈局；1889號器中的雙馬也是馬的重複對稱繁構，爲了美化的目的。有學者認爲銘文中的雙馬表現的是吐火羅神祇——雙馬神的形象[①]，是不合適的。因爲多數雙馬神的形象都是兩馬雙腿相向，並且表現出馬的生殖器，這與金文中的馬有別。馬器共22件，計鼎3、簋3、尊4、觚4、爵1、斝1、罍2、方彝1、卣1、戈2。時代爲殷墟二期到四期。

武丁時期甲骨刻辭中，馬方似與商王朝爲敵對方國：

（1）甲辰卜，爭貞：我伐馬方，帝受我右。一月。（合6664）

（2）乙酉卜，王貞：余夸聯老工延我堇。貞：允獲，余受馬方右。……弗夸，其受方右。二月。（合20613）

但馬方最終還是臣服於商王朝：

（3）王往馬。（合14735）

（4）貞：告，在馬。（合11031）

部分馬族銅器也出於殷都安陽，如庚豕馬父乙簋（3418，河南安陽M1:21）、馬何觚（6998、河南安陽大司空村M267:2）。這些青銅器當由服事於王都者所製。

鄭傑祥以爲馬地所在當在後世的馬陵，今河北大名縣東北10公里[②]。島邦男先生以爲"馬方侵河東"之"河東"即後世安邑，在今山西夏縣西北[③]。鍾柏生先生以爲馬方在山西石樓縣[④]。

與馬族有複合關係的有：羊失（2000）、何（6998）、庚豕（7263）、戈（10857）、豕（J748）。與馬複合者還有：𰀀（5749），商代𰀀器共6件，與馬複合者1件，亦有與其他族氏複合者，餘多單銘。這些族氏與馬族當無分支族氏之關係。

（十四）犬

商代銅器中銘"犬"者22件。時代爲中商到殷墟四期。有"子犬"，見子犬父乙甗（838），此器的年代爲殷墟三、四期，故作爲族氏名的"犬"得名於"子犬"的可能性不大。

---

① 林梅村：《古道西風——考古新發現所見中西文化交流》，三聯書店，2000年，第22頁。
② 鄭傑祥：《商代地理概論》，中州古籍出版社，1994年，第207頁。
③ ［日］島邦男：《殷墟卜辭研究》，溫天河、李壽林譯，（臺北）鼎文書局，1975年，第405頁。
④ 鍾柏生：《殷商卜辭地理論叢》，藝文印書館，1989年，第201頁。

第七章　商代青銅器銘文中的族氏　297

筆者在職官一節中曾對甲骨刻辭中的"犬"有過分類。但因爲青銅器銘文的簡短,目前還不易區分金文中的"犬"何爲職官名,何爲族氏名。現初步根據與其複合者的性質粗作推定標準,如複合者爲職官名,則定其爲族氏名,如亞犬（7803、7804、10840,四期）、亞犬冉（6356,三、四期）、亞卩犬（7179,二期）、史犬（8188）。如複合者爲族氏名,則暫定爲職官名,如犬山取（6496）、犬山（8866）、亼犬犬魚（2117）、犬魚（2708,四期）、𢍔犬（8867）、天犬（9489）、車犬（J864,三期）、犬喜（2113）。如果將這些"犬"皆視爲族氏之犬,則與犬族複合的族氏有冉、卩、山、魚、𢍔、天、車、喜。

賓、曆組甲骨刻辭中有"犬"族的記錄,最初犬受到雀的征伐。其後,犬作爲商之屬國,首領爲"犬侯",參與商王朝對敵對方國的戰事:

（1）己酉卜,貞:雀往征犬,弗其毕𤕯。十月。（合6979）
（2）己卯卜,㲋貞:令多子族比犬侯𪊾周,𢀭王事。五月。（合6812正）
（3）貞:犬追亘,有及。（合6946正）

商王也關心犬地的收成,犬族亦有人在王廷充當貞卜,擔任檢視甲骨之責,並向商貢納人牲:

（4）辛酉貞:犬受年。十一月。（合9793）
（5）……二十屯。㠭示。犬。（合17599反）
（6）辛巳貞:犬侯以羌其用自……（屯南2293反）

犬地所在,胡厚宣以爲周的犬邱爲犬之故地,位於長安岐陽[①]。陳夢家認爲"犬可能是周人所謂的畎夷、昆夷、犬戎。……《左傳》僖十六'狄侵晉……涉汾及昆都',今臨汾縣南有昆都聚,可能是昆夷之都"。丁山認爲犬侯與犬戎無關,而相當於犬夷,居地即後世之犬邱[②]。陳全方等認爲"犬方接受商王的命令與多子族一起征伐周族,故其地距興一定不遠。今興平縣東南有槐里村,亦即古代犬丘所在地。商代甲骨文中的犬方之居當包括今興平、武功一帶",又認爲"甲骨文中的犬方應即古文獻中的畎夷,屬九夷之一,其最早的居地在我國東部沿海附近的山東半島及山東省與河南省、江蘇省交界的徐州一帶,夏末商初開始向西遷徙,渡過黃河西進入涇渭平原,他們是嬴秦的重要來

---

① 此説見［日］島邦男:《殷墟卜辭研究》,温天河、李壽林譯,（臺北）鼎文書局,1979年,第424頁。
② 丁山:《甲骨文所見氏族及其制度》,中華書局,1988年,第117頁。

源"①。鄭傑祥認爲卜辭犬地當即春秋時代的犬丘,又稱垂地,位於今山東菏澤縣北②。余太山也認爲"犬人的故地近魯,故有'犬夷'之稱,後來西遷者始被稱爲'犬戎',卜辭中所見犬方即犬戎之一部"③。甲骨刻辭中,犬有"㘷周"、"追亘"之事,周與亘皆在殷西,表明犬族當在殷西一帶。

(十五)羞

"羞"字形舉例如下:

1071　　　　1072

商代羞器共6件,計鼎3、觶1、爵1、鉞1。時代爲殷墟二、三期(或到四期)。金文中羞族關係簡單,多數僅銘"羞"字,尚不見與其他族氏有關係。甲骨刻辭中,羞是一重要方國,延續時間從武丁時期到乙辛時期:

(1)貞:呼取羞芻。(合111正)

(2)乙丑卜,貞:禽巫九禽,余乍尊遣告侯田册戲方、羌方、羞方、譻方,余其從侯田甾伐四邦方。(合36528)

(3)丁卯卜,在去貞:俞告曰:㞢來羞,王叀今日塑,亡災。㞢。(合37392)

羞方作爲殷西四邦方之一,地近羌方等方國,(1)辭中表明羞地的畜牧業是比較發達的,而"羞"字構形即以手及羊,本義當與畜牧有關。

(十六)唐

"唐"字形舉例如下:

6367

唐在甲內刻辭中是一方國,多見於武丁時期。以下卜辭中,唐是商的征伐

---

① 陳全方、尚志儒:《陝西商代方國考》,《殷墟博物苑苑刊》(創刊號),中國社會科學出版社,1989年,第89—90頁。
② 鄭傑祥:《商代地理概論》,中州古籍出版社,1994年,第190—191頁。
③ 余太山:《古族新考》,中華書局,2000年,第79—80頁。

對象：

(1) 呼征唐。(明 2072)

多數情況下，唐都是商王朝的順臣。商王可以到唐地狩獵，派遣使者出入於唐，並在唐地舉行祭祀活動，而唐也不斷向商貢納：

(2) ……卜，㱿貞：王狩唐，若。(合 10998 反)

(3) ……卜，古貞：發(？)在唐麓。(合 8015)

(4) 貞：使人往于唐。(合 5544)

(5) 唐來四十。(合 5776 反)

同在武丁時期，還在唐地進行大規模的城邑建造：

(6) 貞：作大邑于唐土。(合 40353)

宋鎮豪總結商代的邑，將其分爲四大類：商王都；方國之都；諸侯或臣屬貴顯鄰地；王朝下轄者，或諸侯臣屬邑下領的小邑聚，或方國下轄之邑。"唐邑"則是諸侯"侯唐"的領邑[①]。唐的首領多稱"唐子"，或稱侯：

(7) 貞：唐子伐。(合 973 正)

(8) ……亥卜，王……唐不惟侯唐。(英 186)

商代金文中，有一套四件"唐子祖乙"器，計觶1(6367)、爵3(8834—8836)。銘文中的"唐子"可能就是甲骨刻辭中的"唐子"。唐國在周初還存世，《史記·晉世家》："武王崩，成王立，唐有亂，周公誅滅唐。"此後成王"遂封叔虞於唐。唐在河、汾之東，方百里，故曰唐叔虞"。唐之地望，陳夢家認爲在安邑一帶[②]，鍾柏生定在山西翼城、夏縣附近[③]，鄭傑祥指爲山西翼城縣南[④]，沈建華概之爲晉南[⑤]。

(十七) 爰

"爰"字形如下：

1101　　　6936

---

① 宋鎮豪：《夏商社會生活史》，中國社會科學出版社，1994年，第39—48頁。
② 陳夢家：《殷虛卜辭綜述》，科學出版社，1956年，第272頁。
③ 鍾柏生：《殷商卜辭地理論叢》，藝文印書館，1989年，第272頁。
④ 鄭傑祥：《商代地理概論》，中州古籍出版社，1994年，第293頁。
⑤ 沈建華：《甲骨文所見晉南方國考》，《揖芬集——張政烺先生九十華誕紀念文集》，社會科學文獻出版社，2002年，第206頁。

商代愛器共4件,計鼎3、瓠1。時代爲殷墟二期和殷墟四期。甲骨刻辭中,"愛"是一地名,也是人名[①]與族氏名,與商王朝關係協合。商王室成員有時也到愛地:

(1) 辛卯卜,王在愛自卜。(文225)

(2) 戊卜,子其往愛。曰:有希□樵。(花東249)

愛地之人又稱"愛人":

(3) 貞:勿呼以愛人。(合1031)

曆組卜辭中還有"子愛"之稱,愛族的存世可能與其有關。

(4) 癸卯……子愛……(懷1607)

愛受商王差遣,參加塑田等活動:

(5) 甲子卜,㱿貞:令愛坚田于……(合22)

關於愛地所在,朱德熙認爲"《古泉匯》元3·16與《續泉匯》元1·12有鄂氏布,鄂氏疑當讀作端氏。《史記·趙世家》:'成侯十六年,與韓魏分晉,封晉君以端氏。'端氏漢屬河東郡,故地在今山西沁水縣東北"[②]。而鄭傑祥認爲卜辭愛地當即春秋時期的鄭國鄾地,在今河南滎陽縣汜水鎮南[③]。愛族銅器有出土地點記錄者在河南安陽郭家莊東南M26[④](J179),但因爲是王都,所以也不一定是愛的居地。卜辭中,愛田於失侯(合10923),表明愛與失地比較近,而失地位於山西浮山一帶。卜辭中虢與愛地臨近,卜辭中的"虢"(合4531),原形作虎上兩手形。如果此字可以釋作"虢",則有可能即西周虢國的前身,而虢國所在地是明確的,因河南三門峽上村嶺發現了虢國墓地[⑤]。如此,愛地當在晉南一帶。

(十八) 盾

"盾"字形舉例如下:

---

① 姚孝遂、肖丁:《小屯南地甲骨考釋》,中華書局,1985年,第114頁。文中認爲愛爲武丁時人。
② 朱德熙:《古文字考釋四篇》,《古文字研究》第八輯,中華書局,1983年,第16頁。
③ 鄭傑祥:《商代地理概論》,中州古籍出版社,1994年,第244頁。
④ 中國社會科學院考古研究所安陽工作隊:《河南安陽市郭家莊東南26號墓》,《考古》1998年第10期,第38—40頁。
⑤ 中國科學院考古研究所:《上村嶺虢國墓地》,科學出版社,1959年;河南省文物考古研究所、三門峽市文物工作隊:《三門峽虢國墓地》(第一卷),文物出版社,1999年。

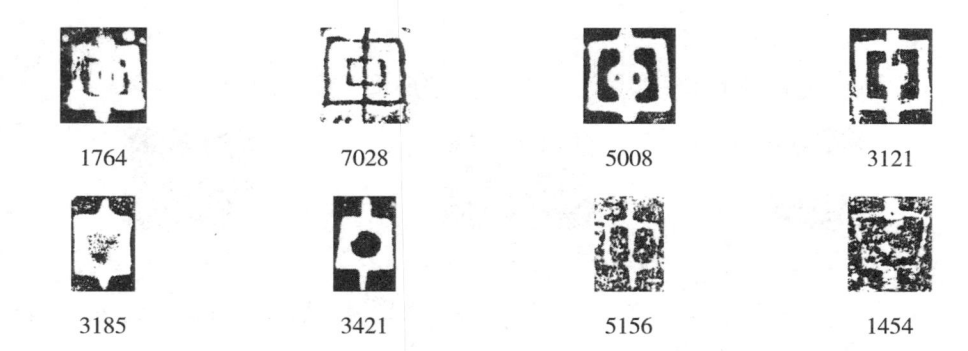

第七章　商代青銅器銘文中的族氏　301

1764	7028	5008	3121
3185	3421	5156	1454

此字以往多釋作"冊",林澐認爲是"盾"字象形①,筆者從之。商代金文盾器共53件,計鼎5、簋3、爵14、觚11、卣6、尊4、觶1、角1、斝1、罍1、瓿1、盉1、戈3、鐏1。時代爲殷墟三、四期,也可能早到殷墟二期。

甲骨刻辭中,盾是一方國名,出現於武丁到廩、康時期。武丁時期,盾似與商王朝爲敵:

（1）丁巳……貞:盾弗戈雀……五月。（合6971）

盾還對周、疋等方國發動過戰事:

（2）……盾弗戈周,十二月。（合6825）

（3）……盾其戈疋（疋字倒書）。（合6974）

但同在武丁時期,盾歸順於商王朝,商王對盾進行冊命。其後,盾稱"侯盾":

（4）貞:盾稱冊,禦……（合7427正）

（5）……卜,王比侯盾……（合32813）

盾作爲商之臣屬,爲商盡戍守疆土等義務:

（6）三日乙酉,虫來自東,麦呼盾告井方戈。（合6665正）

（7）叀戍盾往,有戈。（合27975）

（8）己未……貞:盾尹歸。（合21659）

其中"盾尹"也當是盾族之長官。由甲骨刻辭中盾曾殺伐周,並與井方有關,可知盾地之所在可能在殷之西或西偏北一帶。

與盾族有複合關係的有:

---

① 林澐:《説干、盾》,《古文字研究》第二十二輯,中華書局,2000年,第93—95頁。

1. 丩（2011）

"丩盾"之稱共16件，"丩"多作左右對稱形佈置在盾兩旁。如：

3185　　　　　　　5059　　　　　　　5060

"丩盾"器中銘有父名者有二：其中爲"父戊"作器者9件；爲"父乙"作器者5件。當是二組器。饒有興味的是這二父名一爲奇數日干，一爲偶數日干。商代銘有"丩"的銅器共19件，僅1件單銘"丩"字（10014），另有2件（1組）與"矢望"同出於亞形中（5206、9565）。在甲骨刻辭中，"丩"是人名：

（9）丙午卜，丩貞：翌丁未歲，易？丁未王步，允易。二告。（屯南2113）

鑒於銅器銘文中有"丩"之稱，且時代從殷墟二期到四期，"丩"可能還是一族氏名。但與盾結成的複合氏名作器甚夥，似有成爲固定組合之勢。

2. 秉（1764）

商代有"秉"字的銘文銅器共13件，其中2件單銘"秉"字，其餘皆與"盾"複合並存。在耴秉盾鼎銘中，"秉"與"盾"、"耴"三者複合（1763）。這些銅器的時代爲殷墟三、四期，或可早到殷墟二期。在武丁時期的甲骨刻辭中，"秉"曾作爲地名出現：

（10）……得四羌，在秉，十二月。（合519）

所以"秉盾"可能是地名性複合①的情況。

3. 來（7027）

商代來器共6件，時代爲殷墟二期和殷墟四期。"來盾"3件，另有"來册"（944）、"來束"（9894）、"屮來"（2026）之複合稱謂。在武丁時甲骨刻辭中，"來"是一地名。同時，"來"還是一族氏或方國名：

（11）己未卜，今日不雨，在來。（合20907）

（12）辛丑卜，㱿呼比來取屮兄以。（合14198正）

曆組刻辭中，"來"是一個被執的物件：

---

① 林澐：《對早期銅器銘文的幾點看法》，《古文字研究》第五輯，中華書局，1981年；又收入《林澐學術文集》，大百科全書出版社，1998年，第66頁。

（13）……執來……（屯南1150）

武丁之後，"來"成爲商王田獵地：

（14）……未卜，旅貞：王其田于來，亡災。在二月。（英2041）

但"來"與"盾"的複合關係具體是何種性質，尚不能區分。

4. 得（7025）

商代得器共23件，時代爲殷墟二期到四期。"亞得"、"盾得"爲其出現的主要形式。另有一例"得"與"亞弜"同出於一刀的兩面（11811）。在廩辛、康丁時期的甲骨刻辭中，有"戍得"一稱：

（15）叀戍得令……（合28094）

"盾得"器共7件，多爲殷墟四期時器，銘中皆不見祖先日名，有可能是同時所作同組之器。如此，筆者以爲"盾得"一名是"盾"與"得"兩族短期聯繫的結果。

5. 𠂤（752）

商代金文中有"子𠂤"（8443）之稱，又見於甲骨刻辭（合3225）。馭卣（5380）銘曰："戈酉。辛巳，王賜馭𠂤貝一具，用作父己尊彝。"其中的"𠂤貝"當指"𠂤"地之貝。另外，"𠂤"也有單出者（11899）及與其他族氏複合者（1941）。在甲骨刻辭中，"𠂤"是一地名，也是族氏名：

（16）戊午卜，旅貞：王其步自𠂤……亡……十二月。（合25572）

（17）婦𠂤十……屯又一……（合935臼）

婦𠂤表明𠂤族與商王朝有婚姻關係。

6. 俤（8973）

商代金文中有"子俤"[①]之稱，時代爲殷墟二期，共有4件。另外"盾俤"之稱共4件。武丁時期的甲骨刻辭中，有"亞俤"之稱：

（18）……酉卜，亞俤其惟臣。（合22301）

廩、康時期又有"戍俤"之稱：

（19）……戍俤其……（合28042）

"俤"可能是族氏名。但在青銅器銘文中，"盾俤"都是固定出現。寢孳方鼎[②]內壁銘："甲子，王賜寢孳，賞，用作父辛尊彝。在十月又二，遘祖甲劦日，唯

[①]　保利藝術博物館編：《保利藏金（續）》，嶺南美術出版社，2001年，第57—60頁。
[②]　張頷：《寢孳方鼎銘文考釋》，《古文字研究》第十六輯，中華書局，1989年，第207—210頁。

王廿祀。"在該鼎內壁有另一側銘"盾俑"。按通例,此器的"寢孳"當是"盾俑"族人,但"寢孳"若是職名加族名的稱名形式,而不將"孳"解爲私名的話,這就出現了兩種族稱。對此陳絜認爲"一種可能的解釋就是'盾倗(按,本文隸作"俑")'與'孳'兩個族氏名號是可以複合的,也就是說二者是母族與分族的關係,其中'盾倗'代表的是類似周代宗族一級的社會組織,而'孳'則是前者的分支,當寢孳爲'宗子'鑄造祭器時則署母族之名號,又以職官名加分族族名指稱自己以示與'大宗'有別,而於自己的支族作器時則僅署分族名號'孳'"[①]。這本質上又是複合族氏的性質問題,仍待進一步討論。

7. 亶(1454)

商代金文中亶器共18件,時代爲殷墟二期和殷墟四期,共與6種族氏複合。與盾複合者僅1件。

8. 庸(8875)

參見"庚"條。與盾複合者僅1件。

9. 單(8937)

參見"單"條。與盾複合者僅1件。

10. 西單(5156)

"西單盾"可能就是"單盾",詳見"單"條。與盾複合者僅1件。

11. 珥(10871)

參見"耳"條。與盾複合者僅1件,在珥秉盾鼎(1763)中則"珥、秉、盾"三者複合。

12. 㺨(5744)

僅1件。時代爲殷墟四期。

13. 䇞(8202)

僅1件。時代爲殷墟四期或西周早期。

據上述,與盾複合者有13種,其中㺨、䇞二者因僅見一例,不能排除是私名的可能性。其他11種族氏與盾的複合關係,並不能明確說明它們是盾族氏的分支,筆者傾向於是族群之間的短期聯繫關係。

[①] 陳絜:《從商金文的"寢某"稱名形式看殷人的稱名習俗》,《華夏考古》2001年第1期,第92頁。

三、南方族氏

（一）息

"息"字形舉例如下：

　　　1227　　　　　　1226　　　　　　5595

息族銅器集中發現於河南羅山縣蟒張鄉竹竿河邊天湖村的晚商墓地，該墓地主要進行了三次發掘。1979年基建時曾發現5件銅器，同年的第一次發掘清理了6座商墓[①]。1980年第二次發掘了11座商墓[②]。1985年又在後李發掘了3座墓葬[③]。發掘表明這些墓葬的墓壙均作長方形豎穴土坑木槨，大部分墓都設有腰坑並殉狗，棺槨之間或填土中還有殉人現象。隨葬銅器的組合以鼎、觚、爵爲基本組合，有的還有卣、尊、斝以及戈、矛、鉞、刀等兵器和工具，多數墓葬中的觚與爵都是成套的。各類銅器的形制與出於殷墟者近同，少數銅器的一些裝飾風格也有自己的特色，如在花紋中填漆的作風。陶器組合中常見的是鬲、簋、罐，或者單用鬲或罐。大部分陶器與出於殷墟者相似，但還有一些陶器器形尚不見於殷墟。天湖墓地也不見用陶觚、陶爵相配隨葬的習俗，這是與殷墟不同之處。比較特別的還有墓中喜用漆木豆隨葬，一般都成對出現，這些都是天湖墓地的特點。羅山天湖墓地還存在等級區別：最高一級爲隨葬3鼎和5套銅觚爵者（M6、M28）；其次是隨葬2鼎和2套觚爵者（M41）；再次是隨葬1鼎和1套觚爵者（M43）；最低一級則僅隨葬陶器[④]。另外，在河南南陽十里廟采集到一件戈[⑤]，戈

[①] 信陽地區文管會、羅山縣文化館：《河南羅山縣蟒張商代墓地第一次發掘簡報》，《考古》1981年第2期，第111—118頁。

[②] 信陽地區文管會、羅山縣文化館：《羅山縣蟒張後李商周墓地第二次發掘簡報》，《中原文物》1981年第4期，第4—13頁；河南省信陽地區文管會、河南省羅山縣文化館：《羅山天湖商周墓地》，《考古學報》1986年第2期，第153—198頁。

[③] 信陽地區文管會、羅山縣文管會：《羅山蟒張後李商周墓地第三次發掘簡報》，《中原文物》1988年第1期，第14—20頁。

[④] 中國社會科學院考古研究所主編，楊錫璋、高煒著：《中國考古學·夏商卷》，中國社會科學出版社，2003年，第319頁。

[⑤] 南陽市博物館：《南陽市博物館館藏的商代青銅器》，《中原文物》1984年第1期，第95頁。

上銘"息"。在河南安陽劉家莊南 M63 中也出有 2 件息銘銅器①。

據報告，天湖墓地出土有銘文的銅器共 40 件，其中有"息"字銘文者共 26 件，占全部有銘文銅器的 65%。出"息"字銘文銅器墓有 9 座，占全部商代墓的 41%，特別是 10 座中型墓中有 8 座出土"息"銘銅器，占 80%②。學者多認爲天湖墓地爲息族墓地③，殆無疑義。上表所列，息族銅器的年代多相當於殷墟三、四期。其中河南羅山縣天湖村 M28:7 的息母觚有較早期的特徵，但因出於屬殷墟四期的 M28，尚難推定此息母觚是早期遺物還是晚期所製，但武丁時期的甲骨刻辭中就見有"息"：

（1）戊申，婦息示二屯。永。（合 2354 曰）

（2）……子……何……息……白……（合 3449）

（3）乙亥卜，㱿息伯乡，十一月。（合 20086）

所以，息族主要存佈於殷墟二期到四期之說可從。婦息的存在，表明息與商王朝存在婚姻關係。而劉家莊南 M63 出土的"息"銅器表明，息族人有在商王都爲官者。

西周銅器中還有"息"的活動，如西周早期的息伯卣（5385、5386）銘："惟王八月，息伯賜貝于姜，用作父乙寶尊彝。"此"息伯"與甲骨刻辭中的"息伯"可能有一定的繼承關係。周代的息國可能位於今河南息縣境內④，春秋時期息國爲侯爵，與鄭國有過戰爭："息侯伐鄭，鄭伯與戰于竟，息師大敗而歸。"（《左傳·隱公十一年》），並於魯莊公十四年被楚滅國。

（二）古

"古"字形如下：

7239

---

① 安陽市文物工作隊、安陽市博物館：《安陽殷墟青銅器》，中州古籍出版社，1993 年，第 90、91 頁。
② 河南省信陽地區文管會、河南省羅山縣文化館：《羅山天湖商周墓地》，《考古學報》1986 年第 2 期，第 193 頁。
③ 李伯謙、鄭傑祥：《後李商代墓葬族屬試析》，《中原文物》1981 年第 4 期，第 33—35 頁。
④ 李伯謙、鄭傑祥：《後李商代墓葬族屬試析》，《中原文物》1981 年第 4 期，第 33—35 頁。

商代的"古"族見於作父己簋（3861）與亞古父已諸器（7239、8927、9378），或單銘"古"（7703）。前者傳説出於河南洛陽，銘曰："己亥，王賜貝，在闌，用作父己尊彝。亞古。"亞古父己觚傳出安陽，時代屬殷墟四期。

甲骨刻辭中也屢見作人名或地名的"古"：

（1）古示十屯又一丿。殼。（合17579）

（2）癸丑卜，貞：執古子。（合5906）

（3）……婦古。（合6325反）

（4）己巳王卜，在古貞：今日步于攸，亡𢦔。在十月又二。（合36825）

"古"曾任貞人之職，並常檢視甲骨的整治情況，其生活年代與殼、賓爲同一時期。"古"爲子爵，"執古子"表明有一段時期"古"與商王交惡，又古族常向商王朝貢獻。由"婦古"可知，"古"與商王朝有婚姻關係。古族中所任職官還有"亞"與"葡"。銅器作父己簋銘文中的"闌"地，金文習見，晚商的戍嗣子鼎（2708）銘中有"闌宗、闌大室"；西周初的利簋（4131）銘"王在闌師"。學者多釋其爲"管"。周初分封諸侯，設三監以控制殷遺民，管地即其中之一。《史記·管蔡世家》："武王已克殷紂，平天下，封功臣昆弟。於是封叔鮮於管，封叔度於蔡：二人相紂子武庚祿父，治殷遺民。"關於管地地望，《集解》曰："管在滎陽京縣東北。"《括地志》卷三云："鄭州管城縣外城，古管國城也，周武王弟叔鮮所封。"其地望在今鄭州市區，但據近出的斆方鼎銘可知闌地距帝乙宗廟不遠，闌地並不在鄭州①，地與殷都較爲接近。由（4）辭可知，古地與攸地應該接近，攸爲攸侯之地，陳夢家以爲攸當在河南永城之南部，宿縣之西北②。古族人在管地附近受到商王賞賜，又傳其器曾於洛陽一帶出土，以此推測，古族屬地也可能在這一區域。

（三）麋

麋族銅器僅一見，時代爲殷墟四期，字形作：

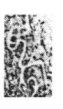

麋婦觚（7312）：甲午，麋婦賜貝于𣪘，用作辟日乙尊彝。臤。

麋是商朝重要的封國之一，在甲骨刻辭中，麋常與"由"國有戰事：

---

① 李學勤：《試論新發現的斆方鼎和榮仲方鼎》，《文物》2005年第9期，第62頁；又見《保利藝術博物館收藏的兩件管方鼎筆談》之黃天樹、彭裕商二先生意見，載《文物》2005年第10期，第73頁。

② 陳夢家：《殷虛卜辭綜述》，科學出版社，1956年，第306頁。

（1）乙酉卜，爭貞：麇告曰：方由今春凡，受有祐。（合4597）
（2）……以麇帥……三。（合4601）

有學者認爲，甲骨文所講的商代麇人，有可能即春秋時尚存的麇子國之先人；商之麇氏地望應在今湖北西北房縣至陝西漢中白河一帶[①]。傳出土於河南開封的西周早期的亳鼎（2654）銘中有"公侯賜亳杞土、麇土"，説明杞地與麇地應該毗鄰或接近，杞地如上文所論在河南杞縣，麇地也當在附近。

麇國國祚延至東周。《左傳》文公十年："厥貉之會，麇子逃歸。"《左傳》文公十一年春："楚子伐麇，成大心敗麇師于防渚。"江永《春秋地理考實》：防渚是麇地，位於今湖北省房縣。同年，楚"潘崇複伐麇，至于錫穴"。錫穴是麇國的都城，位於今陝西省白河縣東。《左傳》文公十六年："庸人率群蠻以叛楚，麇人率百濮聚于選，將伐楚。"春秋時期麇是活躍在今湖北省西北部漢水一帶的小國[②]。筆者推測，商代時期的麇國可能在河南杞縣附近，後期遷封至漢水流域一帶。

（四）虎

"虎"字形舉例如下：

| 2978 |  7035 |  7223 |

商代金文中所見虎族之器有5件，計簋1、觚2、爵1、鏟1。除鏟出於河南安陽大司空村（11783）外，餘不知所出。"虎"器時代屬殷墟四期。西周早期仍見虎族，如虎簋（2975），字形與商代的虎字稍有不類，作下形：

[①] 彭邦炯：《從甲骨文呂、𤇸二字論及商周麇氏地望》，《南方文物》1994年第2期，第95頁。
[②] 齊文心：《探尋商代古麇國》，《殷商文明暨紀念三星堆遺址發現七十周年國際學術研究會論文集》，社會科學文獻出版社，2003年，第237頁。

甲骨刻辭中有關於虎方的記録,多見於武丁時期:
(1)……貞:令望乘眔與其途虎方。十一月。(合6667)
(2)虎入百。(合9273反)
(3)戊午卜,賓貞:令犬延族塑田于虎。(京都281)
(4)己亥卜,嗀貞:王曰:侯虎,余其得女……受。(合3301)

從甲骨刻辭來看,虎方當是商王朝的臣屬。商王可以命令虎,並在虎地畋獵、塑田;而虎也爲商王畋獵時先導(省),向商王進貢龜甲;並擁有侯爲爵位。唯(1)辭中的"途虎方"之"途",于省吾以爲讀作"屠",有屠戮伐滅之義①。但也有學者以爲是灑水除道之意②,或説是"途經、經過的意思"③。但似都有不妥之處。不管如何,此辭中的與地爲探求虎方地望起到很好的作用:

(5)乙未……,貞:立事于南,右比□(我),中比與,左比曾。(合5504)

辭中明言"立事于南","與"與"曾"協同,而"曾"當與周代的曾有關,位於河南南部、湖北北部之漢水流域一帶。西周早期的中方鼎(2751、2752)銘有"惟王令南宮伐反虎方之年,王令中先省南國貫行";中甗(949)銘有"王令中先省南國貫行,埶位于曾"。也表明西周時期虎方位於南方,地近於"曾"。1986年陝西安康王家壩出土的史密簋(J489)也有虎方的蹤跡,屬南夷系統。因之,學界基本上都認爲虎方當在江漢一帶,如郭沫若④、李學勤⑤、張懋鎔⑥。彭明瀚撰文認爲把虎方的地望定在長江以南、南嶺以北、鄱陽湖—贛江流域以西、洞庭湖—湘江流域以東的古三苗聚居地區比較公允。並將其與考古學文化對應,認爲吳城文化和費家河類型就屬於虎方文化,而吳城是虎方的中心⑦。筆者以爲這還是缺少證據的,除了時間與地域方面的考慮之外,虎方能提供給人的文化上的特徵基本沒有,而只有其方國名爲"虎"。而如上文所述,吳城遺址發掘所見的遺存中見有刻於陶器類器物的肩部"戈"字刻符,而不見"虎"字刻符。説吳城爲戈人的一支應該是可行的。自然,"戈"人不會是"虎"人,現在

---

① 于省吾:《釋夲》,《雙劍誃殷契駢枝》三編,第22頁。
② 彭明瀚:《商代虎方文化初探》,《中國史研究》1995年第3期,第101—108頁。
③ 孫亞冰:《殷墟甲骨文所見方國研究》,中國社會科學院研究生院碩士學位論文,2001年,第52頁。
④ 郭沫若:《兩周金文辭大系圖録考釋》下,上海書店出版社,1999年,第17頁。
⑤ 李學勤:《殷代地理簡論》,科學出版社,1959年。
⑥ 張懋鎔:《盧方、虎方考》,《文博》1992年第2期,第21—22頁。
⑦ 彭明瀚:《商代虎方文化初探》,《中國史研究》1995年第3期;又收入《甲骨文獻集成》第28册,四川大學出版社,2001年,第299頁。

也沒證據表明兩者有族源上的關係。與"虎"有複合關係者有：戎（7035、7223、11783）。戎族在商代金文中亦常見，時代爲殷墟三、四期，出土地點以河南安陽與山東蒼山兩地爲多。因"虎"目前只見與"戎"相複合的情況，尚難推定與"戎"的關係爲何。

（五）魚

"魚"字形舉例如下：

| 1127 | 1741 | 8888 | 4740 |

商代魚族銅器共45件，計鼎8、簋2、鬲1、爵15、觚5、卣7、尊2、觶1、斝1、鐃3。時代爲殷墟四期。

甲骨刻辭中用作人名、地名或族氏名的"魚"不是很多，有如下幾例：

（1）……申……王貞：……豕魚羌。（合19759）

（2）……卜，㱿貞：啟魚人。（合21693）

（3）乙亥貞：魚亡囚。（屯南1054）

以上爲武丁時期（或稍晚）的刻辭，"魚"用作人名或族氏名。（1）辭中的"魚羌"也見於金文魚羌鼎（1464）。綜合甲骨刻辭與金文，説明"魚"族氏從殷墟二期時已出現在歷史舞臺上，到殷墟四期時魚族氏得到了極大的壯大，西周早期此族氏還存在。關於魚族的地望，青銅器出土地點有：河南安陽殷墟西區M1713①出土4件、河南安陽後岡殉葬坑出土的戍嗣子鼎（2708）、遼寧喀左縣山灣子村窖藏的魚乙尊（5589）、陝西岐山縣禮村的魚父癸觶（6343）、陝西鳳翔縣董家莊的魚爵（7538）。出土地點過於分散，難作推斷。

與魚族複合的族氏有：

1. 正（408）。正族器共55件，其中與"魚"複合者3件（1套）。並有正侯（3127）、亞正（10570）之稱，年代以殷墟二期多見，到殷墟四期仍有出現。

2. 羌（1464）。羌族器共7件，與"魚"複合者1件。時代爲殷墟四期。有

---

① 中國社會科學院考古研究所安陽工作隊：《安陽殷墟西區一七一三號墓的發掘》，《考古》1986年第8期，第703—112頁。

亞羌之名，還見與其他族氏複合者。

3. 鳥（1741）。鳥族器共39件，與"魚"複合者1件。時代從中商到殷墟四期。

4. 仐（2117）。僅與"魚"複合。

由此可以認爲與魚複合的族氏正、羌、鳥皆非魚族的分支族氏，魚族也非這些族氏的分支。止目前所見"仐"只與"魚"複合，可能是魚族分支。

魚族在商代晚期勢力較強，常隨侍商王（帝辛）左右，而商王也屢屢賜貝褒獎。目前發現幾件商代重器都與其有關：

亞魚鼎（J891）：壬申，王賜亞魚貝，用作兄癸尊。在六月，唯王七祀翌日。

寢魚簋（J454）：辛卯，王賜寢魚貝，用作父丁彝。

戍嗣鼎（2708）：丙午，王賞戍嗣貝廿朋，在闌宗，用作父癸寶䵼。唯王饗闌太室，在九月。犬魚。

𠭯方鼎[①]：乙未，王賓文武帝乙肜日，自闌佣，王返入闌，王商（賞）𠭯貝，用作父丁寶尊彝，在五月，唯王廿祀又二。魚。

由這些青銅器銘文可以看出，魚族與商王的關係密切，有擔任"寢"職者，當是商王的近臣。另外，魚族中還有任"亞"、"犬"、"戍"者。闌地在商代末期有着重要意義，戍嗣鼎和𠭯方鼎中，魚族之人都與闌地有關，説明魚族可能就在闌地附近。闌有太室，帝辛常在此地舉行對帝乙的祭祀大典，估計距殷都安陽不遠。而安陽殷墟西區的M1713，與此當不無關係。

（六）𦉢

商代𦉢器2件，字形如下：

4782 卣 　　　　　　7765 爵

甲骨刻辭中有"中"，與"𦉢"當是一字，爲虛廓與填實之別。"中"在甲骨刻辭中以方國的性質出現，見於武丁時期：

（1）甲辰卜，賓貞：中方其再，唯中。十一月。（合補1981）

（2）壬寅卜，爭貞：今㠯王伐中方，受有右。十三月。（合6543）

---

① 李學勤：《試論新發現的𠭯方鼎和榮伯方鼎》，《文物》2005年第9期，第62頁。

（3）……卜，賓貞：王虫于曾，迺呼🙰中……（合6536）

中方是商王朝的敵對方國，甲骨刻辭所見皆是商王征伐中方的占卜記錄。合6541辭中提及是否需要徵兵五千參與戰爭，也是一條比較多的徵兵記錄，說明中方的勢力不弱。（3）辭中商王曾次於曾地，以伐中方，説明中方的地望當在殷都之南。孫亞冰以爲中與曾地相鄰，曾位於漢淮之間，故中方也在這個範圍内。武丁後的卜辭不見中方，很可能已被武丁徹底消滅[①]。

（七）䖒

"䖒"字形舉例如下：

J787　　　　　　　䖒觚7035　　　　　　　　䖒父乙觚7223

甲骨刻辭中有从"虎"从"戈"之字，裘錫圭將其釋爲"䖒"字[②]。此字《近出殷周金文集録》隸作"戱"，當是"䖒"字。商代䖒器共5件，其中3件爲方爵，皆1991年出於河南安陽後岡M9[③]。此墓是南北二墓道的中字形墓，有亞形槨室。因已被盜，器物組合難見全貌，但還有隨葬品96件，其中青銅器52件，比較突出的有方形器，如方爵。從這樣一些零星的資料，也可説明此墓墓主的身份等級比較高。中字形的墓道，應該是僅次於四墓道者，比甲字形墓等級要高；亞形槨室或墓坑，一般都出現在較高等級的墓中，商代的如安陽後岡大墓，西北岡1001、1003、1004、1500、1400號大墓[④]，青州蘇埠屯的M1[⑤]；周代的如河南鹿邑太清宫長子口墓[⑥]，河南新蔡平夜君成墓[⑦]。方形器的出現也是等級較高的一個標

[①] 孫亞冰：《殷墟甲骨文所見方國研究》，中國社會科學院研究生院碩士學位論文，2001年，第53頁。
[②] 裘錫圭：《説"玄衣朱襮裣"——兼釋甲骨文"䖒"字》，《文物》1976年第12期；又收入《裘錫圭自選集》，大象出版社，1994年，第74—75頁。
[③] 中國社會科學院考古研究所安陽隊：《1991年安陽後岡殷墓的發掘》，《考古》1993年第10期，第880—903頁。
[④] 高去尋：《殷代大墓的木室及其涵義之推測》，《中研院歷史語言研究所集刊》第39本（下），1969年，第175—188頁。
[⑤] 山東省博物館：《山東益都蘇埠屯第一號奴隸殉葬墓》，《文物》1972年第8期，第17—30頁。
[⑥] 河南省文物考古研究所、周口地區文化局：《河南鹿邑太清宫西周墓的發掘》，《考古》2000年第9期，第9—23頁。
[⑦] 河南省文物考古研究所、河南省駐馬店市文化局、新蔡縣文物保護管理所：《河南新蔡平夜君成墓的發掘》，《文物》2002年第8期，第4—19頁。

誌,如蘇埠屯墓出土的亞醜諸器,很多都是方形器;安陽郭家莊M160出土較多的方形器;太清宮長子口墓中出有方觚方爵。由此三方面的特徵可知,後岡M9墓主的身份等級較高。

甲骨刻辭中有方國名虤,其首領稱虤侯,爲武丁時期:

貞:呼比虤侯。(合697正)

辭中商王呼令與虤侯組成某種形式的軍事力量,表明虤侯與商王朝是同盟性質的關係。安陽後岡M9墓主當與方國"虤"有關。裘錫圭認爲此虤即古代的暴國,暴國之地後來爲鄭國所有,其故地在今河南原陽縣一帶①。其説可從。

(八) 羣

"羣"字形舉例如下:

1141　　1289

商代羣器共12件,時代爲殷墟二期至四期。在甲骨刻辭中,"羣"是一地名,商王也到羣地視查牲畜,或田獵,或進行農事活動,祈求羣有好的收成:

(1) 乙卯卜,爭貞:今日王往于羣。(合17075)

(2) 丙寅卜,㱿貞:王往省牛于羣。(合11171)

(3) 田于羣。(合11011)

(4) ……賓貞:呼黍于羣,宜,受……(合9537)

最重要的,商王等王室成員還常在羣地舉行祭祀:

(5) 庚卜,在羣,叀牛妣庚。(花東139)

羣地是商的一處重要田獵地:

(6) 戊午王卜,貞:田羣,往來亡災。王固曰:吉。

辛酉王卜,貞:田曹,往來亡災。王固曰:吉。

---

① 裘錫圭:《説"玄衣朱襮裣"——兼釋甲骨文"虤"字》,《文物》1976年第12期;又收入《裘錫圭自選集》,大象出版社,1994年,第75頁。

壬戌王卜,貞:田㫃,往來亡𡆥。王固曰:吉。
丁亥王卜,貞:田盂,往來亡𡆥。王固曰:吉。
戊子王卜,貞:田喪,往來亡𡆥。王固曰:吉。
辛卯王卜,貞:田𦣞,往來亡𡆥。王固曰:吉。(合37746)

㫃地所在當與宫、𦣞、𥻆、䕃、盂、喪接近。陳夢家以爲這些地名皆在河南沁陽附近①。李學勤認爲㫃是沁西最重要的地點之一,不僅是獵區,而且是重要的居住地②。鄭傑祥從林泰輔所釋以爲㫃當爲後世的頓地,即《詩·衛風·氓》"送子涉淇,至于頓丘"之"頓丘"。頓丘當在今河南浚縣西北約10公里一帶③。甲骨刻辭中有在㫃地執羌之事:

(7) 癸亥卜,爭貞:旬亡𡆥。王固曰:有祟。五日丁未,在㫃䣛羌。(合139)

表明㫃地似較偏西,筆者以爲沁陽一帶説更爲合理。"㫃"是地名,又有見商王爲其是否受年之貞,加之商代銅器銘文中習見"㫃","㫃"可能還是一居於㫃地的族氏名。鍾柏生認爲商代㫃地有兩處:一在殷都的北方或西方;一在商邱之東南方④。筆者以爲從卜辭中並不能看出㫃地的這種分別,故還是作一處地點處理。

與㫃有複合關係的族氏名有:車(7046、7047)。商代車族器共54件,時代爲殷墟二期到四期。與"㫃"複合者2件,餘見有與約12個族氏複合之例。此車族與㫃族之間不一定是族氏分支關係。

(九) 我

"我"字形舉例如下:

5467　　　　6205　　　　10735

商代我器共5件,計尊1、觶1、戈3。甲骨刻辭中,"我"是一地名與方國名,臣服於商王朝,關係親近。我向商王朝貢納龜甲,商王也派使者往于我;或在我

---

① 陳夢家:《殷虚卜辭綜述》,科學出版社,1956年,第259—260頁。
② 李學勤:《殷代地理簡論》,科學出版社,1959年,第20頁。
③ 鄭傑祥:《商代地理概論》,中州古籍出版社,1994年,第84頁。
④ 鍾柏生:《殷商卜辭地理論叢》,藝文印書館,1989年,第72頁。

第七章　商代青銅器銘文中的族氏　315

地進行祭祀：

（1）我來三十。（合9200）

（2）丁丑卜，韋貞：使人于我。（合5525）

（3）己卯卜，子用我妾若，弜屯妥用，永舞商。（花東130）

（3）辭中"用我妾"即用我地妾族人作爲人牲①。

我與敢聯合進行軍事活動，我地有自的設置，我地或我族之人稱爲"我人"：

（4）貞：勿令敢比我禹冊，十月。（合7418）

（5）……于我自。（合8309）

（6）癸卜，其舟𢼊我人。（花東183）

丁山認爲，我孳乳爲儀，而夷儀即商代我氏所居②。鄭傑祥從之，認爲卜辭我地可能就是後世的儀地，今河南蘭考縣東儀封鎮③。（6）辭中舟與我地當比較接近，舟有可能在河南新鄭一帶，因此我地在蘭考一帶是有可能的。

四、東方族氏

（一）史

"史"字形舉例如下：

| 372 | 1076 | 6976 |

商代史器共91件，計鐃2、鼎20、簋6、卣7、尊8、觶6（觶蓋1）、觚20、爵15、斝2、戈2、箕1、壺1、方彝1。時代爲殷墟二期到四期。

武丁時期的甲骨刻辭中，"史"除了作爲職官名出現以外，還有可能作爲人名或族氏名出現：

（1）……寅卜，王逆入史，五月。（合20064）

（2）史入。（花東133）

---

① 中國社會科學院考古研究所：《殷墟花園莊東地甲骨》，雲南人民出版社，2003年，第1611頁。
② 丁山：《甲骨文所見氏族及其制度》，中華書局，1988年，第103頁。
③ 鄭傑祥：《商代地理概論》，中州古籍出版社，1994年，第190頁。

(3) 癸卯,婦史。(合21975)

"婦史"之稱説明史這一族氏與商王朝有婚姻關係。金文中還有一件宋婦觚,出於山東滕州市前掌大村的M110,其銘曰:"宋婦彝。史。"① 這説明宋與史兩族氏亦有婚姻關係。

金文中還有如下器:亞史觚(6976)、史犬爵(8188)、史册戈(10875)、史毌作彝斝(9235)、史放壺(9490)、亞薛父己史鼎(2014)。我們承認"史"在商代爲一職官名。但從金文中"史"的出現情況來看,金文中的"史",很可能是被用作族氏名的。近年,在山東境内陸續出土了一批銘有"史"的銅器。如1957年泗水縣東南的張莊鄉出土5件銅器,其中一觚就銘有"史母癸"②。1990年又於鄒城市北宿鎮西丁村M1出土一件史爵③,而滕州市西南的前掌大村則是"史"銅器的集中出土地。從1981年至1999年,共發掘墓葬120多座,時代爲商末周初,所出有銘文的銅器中以"史"字最常見。前掌大西側約一公里爲薛國故城,學者多認爲前掌大墓與薛國有關④。前掌大出土的"史"器表明這一"史"應該是作爲族氏名而被使用的,而前掌大墓地是"史"族(方國)的墓地。出土於陝西岐山縣北寨子的亞薛父己史鼎⑤是商末周初銅器,其銘曰"亞薛父己。史",正可説明史與薛的淵源:薛是史的支族。但"史"族之族名的起源顯是來自官名,概此族人累世爲史官,遂以"史"爲其族氏名。那些單銘"史"的銅器,則既有"史"官之意,也有"史"族之意。上舉器中,若釋"史"爲族氏名,則此族可能有任"亞、犬、册"之職官者。若釋"史"爲職官名,則毌、放二族氏中有任"史"官者。若史與毌、放皆作族氏名解,則是複合關係。

1. 毌。商代毌器共7件,時代爲殷墟四期。其中3件與其他族氏複合。與史複合者1件。毌器錄有出土地點者爲一件毌觚,出於山東鄒城市北宿鎮西丁

---

① 馮時:《殷代史氏考》,《黃盛璋先生八秩華誕紀念文集》,中國教育文化出版社,2005年,第28頁。
② 解華英:《山東泗水發現一批商代銅器》,《考古》1986年第12期,第1139頁。
③ 王軍:《山東鄒城市西丁村發現一座商代墓葬》,《考古》2004年第1期,第94—96頁。
④ 中國社會科學院考古研究所山東工作隊:《滕州前掌大商代墓葬》,《考古學報》1992年第3期,第365—392頁;中國社會科學院考古研究所山東工作隊:《山東滕州前掌大商周墓地1998年發掘簡報》,《考古》2000年第7期,第13—28頁。
⑤ 岐山縣博物圖書館(祁建業):《岐山縣北郭公社出土的西周青銅器》,《考古與文物》1982年第2期,第7頁。

村M1①，與史爵同出。説明兩族氏關係甚爲親密。

2. 斿。商代斿器共2件，其中一件與鳶複合。商代的鳶也是個大族，出土銅器共有19件。時代以殷墟二、三期多見，四期亦有發現。僅與斿有複合關係。

（二）冀

"冀"字形有下揭諸形，雖有繁簡之異，當是一字：

| 2111 | 486 | 7140 | 6301 | 7418 | 1604 |

冀族是商代赫赫有名的望族，銘有"冀"的商代青銅器達160件，計鼎23、簋14、鬲2、觶13、甗4、罍4、盂1、觥4、卣27、壺1、豆2、瓿12、斝5、爵24、尊8、角6、鐃5、戈2、鉞1、矛1、不知名器1。幾乎涵蓋了所有的青銅器器型，時代從殷墟二期到四期，其中二期5件、三期6件、四期74件。出土地點有記録者如下：

1. 山東費縣②（此地點多爲傳出者），15件：甗1、鼎1、簋1、卣3、尊1、觶1、瓿2、爵2、角1、盂1、罍1。時代爲殷墟四期。

2. 山東長清縣興復河③，9件：鼎2、卣2、爵4、罍1。時代爲殷墟三、四期。

3. 河南安陽④，9件：簋3、鼎1、尊1、觶1、爵1、戈1、鉞1。時代爲殷墟三、四期。

4. 陝西⑤，2件：鼎1、豆1。時代爲殷墟四期。

關於"冀"的地望，學界已有較多討論，但目前還没有取得較爲一致的意見。甲骨刻辭中也有"冀"，字形或作"夌"。

（1）……貞：夌及賓徵。（合5455）

---

① 王軍：《山東鄒城市西丁村發現一座商代墓葬》，《考古》2004年第1期，第94—96頁。
② 程長新、曲得龍、姜東方：《北京揀選一組二十八件商代帶銘銅器》，《文物》1982年第9期，第34—43頁。
③ 山東博物館：《山東長清出土的青銅器》，《文物》1964年第4期，第41—47頁。
④ 安陽市文物工作隊：《1983—1986年安陽劉家莊殷代墓葬發掘報告》，《華夏考古》1997年第2期，第8—27頁。
⑤ 王長啟：《西安市文物中心收藏的商周青銅器》，《考古與文物》1990年第5期，第25頁；麟游縣博物館：《陝西省麟游縣出土商周青銅器》，《考古》1990年第10期，第879—881頁。

（2）癸丑卜，爭貞：龏及舌方。（合6341）

從龏及寅與舌方兩條卜辭看，龏還參與過征伐寅與舌方的戰事，寅地何在，尚不得而知；而舌方的地望，論者或有分歧，但大方位定在殷之西北，則是爲學界所接受的。學者以此推論"龏"也應在殷西、殷北或殷西北一帶①。但據青銅器的出土情況來説，這種意見也有問題。有明確出土地點的"龏"器不多，山東長清縣興復河北岸與河南安陽是出土較爲集中的兩個地點。另外傳説出於山東費縣者也有一批。此外，陝西麟游縣九成宫鎮後坪村和西安老牛坡也出過，而洛陽也傳出過。殷都安陽出土者情況特殊，商代多數族徽在安陽多有出土，不能表明其爲"龏"族聚居之地。這樣，山東長清和費縣一帶就是非常值得重視的地區。我們再從銅器銘文的相關内容來試着討論。

小子𧊒鼎（2648）銘文爲："乙亥，子賜小子𧊒王賞貝，在𠂢（襄）師（次）。𧊒用作父己寶尊。龏。"關於𠂢，甲骨刻辭中也是一地名，字形或作𠂢、𠂢、𠂢、𠂢諸形。甲骨刻辭中還常見有"𠂢"，與"𠂢"等可能是一字之異。于省吾釋"𠂢"爲"襄"字初文②。準此，小子𧊒鼎銘中的"𠂢師"就是"襄次"。

（3）王其田襄𪴲于河。（合30431）
（4）辛巳卜，□貞：王步自丹……災。
　　乙酉卜，行貞：王步自薄于大，亡災。在十二月。
　　庚寅卜，行貞：王其步自……襄，亡災。（合24238）

論者或説𠂢在山西西面，與河北南部交界之黃河南岸一帶③。"𠂢"在商代銅器上也以族徽銘文形式出現，共六見。其中河南安陽侯家莊西北岡M1400出土一件斝單銘"𠂢"（9110），鄭傑祥以爲卜辭中的襄地應即後世稱作的襄丘④。《水經·濟水注》二："濮渠又北逕襄丘亭南，《竹書紀年》曰'襄王七年，韓明率師伐襄丘；十年，楚庶章率師來會我，次于襄丘'者也。"熊會貞疏："當在今東明縣西。"則古襄丘當在今山東東明縣西。與襄地接近的"大"地，甲骨刻辭中也多次出現：

---
① "龏"爲"冀"字説者多持此説。持西北説者如李伯謙：《龏族族系考》，《考古與文物》1987年第1期；又收入《中國青銅文化結構體系研究》，科學出版社，1998年，第109頁。
② 于省吾：《甲骨文字釋林·釋𠂢》，中華書局，1979年，第132—134頁。
③ 黃然偉：《殷周史料論集》，三聯書店（香港）有限公司，1995年，第325頁。
④ 鄭傑祥：《商代地理概論》，中州古籍出版社，1994年，第200頁。

（5）令先取大氏，呼取大。（合11018）

此"大"地當即春秋時代的大城，又稱作大鄉城，位於今山東菏澤西北[①]。東明縣與菏澤相距直線距離不過35公里，與甲骨刻辭所反映的情況吻合。

小臣缶鼎（2653）其銘爲："王賜小臣缶渦積五年，缶用作亯大子乙家祀尊。嬛，父乙。"小臣缶出身於嬛族，"渦積五年"，"年"爲"積"的計量單位。"積"指貯積、糧草委積之類。此銘文謂商王賜給小臣缶渦地五季的貯積。這裏的"渦"地，也見於甲骨刻辭：

（6）□子卜，在𠂤帥，貞：……〔步〕于渦，往來〔亡災〕……王來征三邦方〔暨〕夷……（合36531）

宋鎮豪以爲"渦"當即《堯典》的"嵎夷"，位於東方，很可能在山東境內，《尚書·禹貢》有云："海岱惟青州，嵎夷既略。"嵎又寫作堣，《説文》云："堣夷在冀州陽谷，立春日，日值之而出。"渦、嵎、堣，是同地異寫[②]。

子啓父辛尊（5965）銘曰："子光賞子嬛啓貝，用作文父辛尊彝。""嬛"位於器主名"子啓"之間。商代金文中以"啓"爲族徽的青銅器有16件，其中銘有"亞啓"者7件，單銘"啓"或"启"加日名者7件。這批銅器中，有明確出土地點者在河北磁縣下七垣和安陽殷墟，各有3件。子啓也當出自嬛族，説明嬛族的一支分佈到安陽之北。

小子𠭰卣（5417）蓋銘曰："乙巳，子令小子𠭰先以人于堇，子光賞𠭰貝二朋，子曰：貝唯丁蔑汝曆，𠭰用作母辛彝。在十月，唯子曰：令望人方䙴。"器銘："嬛，母辛。"小子𣂁簋（4138）銘曰："癸巳，𣂁賞小子𣂁貝十朋，在上魯，唯𣂁今伐人方，𣂁賓貝，用作文父丁尊彝，在十月四，嬛。"兩器銘中的"人方"即指夷方，是商人在東方的勁敵，商王曾親自出征，也派婦好、侯告等去征伐，帝辛時期對人方的戰事尤盛。人方的位置，郭沫若認爲"殷代之尸方乃合山東之島夷與淮夷而言"[③]，陳夢家認爲人方是淮夷諸邦之一[④]，李學勤定人方在魯北地

---

① 鄭傑祥：《商代地理概論》，中州古籍出版社，1994年，第201頁。
② 宋鎮豪：《甲骨文中反映的農業禮俗》，《紀念殷墟甲骨文發現一百周年國際學術研討會論文集》，社會科學文獻出版社，2003年，第364頁。
③ 郭沫若：《卜辭通纂》，科學出版社，1983年，第569片。
④ 陳夢家：《殷虛卜辭綜述》，科學出版社，1956年，第305頁。

區①，王恩田認爲人方在魯南費縣境內②，孫亞冰推定人方在晚商早期階段所控制的範圍達到了皖北至魯南一帶③，人方在今天的山東西部這一帶，已逐漸成爲學界的共識。㠱族的小子䞷和小子𡥈的主要任務是監視與征伐人方，其居住地必得在人方附近。如此，㠱族的聚居區當與人方毗鄰。

小子𡥈簋中提到一處地名"上魯"，該地名也見於甲骨刻辭，"上魯"又作"王魯"，或單稱"魯"。

（7）癸巳卜，在反貞：王旬亡𡆥。在五月，王迻于魯。（合36537）

（8）癸亥王卜，貞：旬亡𡆥。王固曰：吉。在王魯。（合36841）

李學勤認爲上魯近於莒，商王且涉沫而至莒，其地應在沭水以東一帶地區④。

綜上，筆者傾向於認爲㠱地當在山東西部一帶，長清等地及以西地區可能就是商代㠱族所居之地。

㠱族銅器銘文中，見有如下諸名：㠱姢（393）、㠱𢍰（796）、㠱徹（1490）、㠱通（3113）、㠱𠭰（3114）、㠱肄（5167）、㠱每（8134）、㠱朱（8799）、㠱逐（8977）、㠱𠂤（9175）。其中除𢍰、𠂤兩例在商代甲骨刻辭或金文中較常見，餘皆極少見，推測可能是㠱族作器者的私名。屬於㠱族的個人私名還有"窺𧈧"（5360）、"懋"（5362）、"其㫃"（7302）。"𠂤"在商代金文中也作爲族氏名出現，但此銘常單獨出現，與其他族氏名複合者很少，也是一個見於殷墟二期到四期的古老族氏，與㠱族不會存在母族與支族的派生關係。"㠱𠂤"一稱，可能還是表現㠱族與𠂤族特定的相互聯繫（筆者以爲最有可能的是婚姻關係）。關於"𢍰"，在甲骨刻辭中，"𢍰"、"虘"兩字或從"又"，或不從"又"，當爲一字之異構。"𢍰"還是一個多數時間都與商王朝處於敵對狀態的方國：

（9）𢆶方⦾虘方乍𠮷。（合27997）

（10）乙丑卜，貞：禽巫九㐬，余乍尊遣告侯田册𢍰方、羌方、羞方、䲹方，余其從侯田凵伐四邦方。（合36528反）

---

① 李學勤：《重論夷方》，《走出疑古時代》，遼寧大學出版社，1997年，第331—335頁。
② 王恩田：《山東商代考古與商史諸問題》，《中原文物》2000年第4期，第10—14頁。
③ 孫亞冰：《殷墟甲骨文中所見方國研究》，中國社會科學院研究生院碩士學位論文，2001年，第45頁。
④ 李學勤：《論商王廿祀在上魯》，《夏商周年代學札記》，遼寧大學出版社，1999年，第59—60頁。

西周青銅器銘文中,如史牆盤、克罍、克盉,其中也出現獻(盧)國族。

關於獻(盧)方的地望,陳夢家定在殷西①,島邦男以爲位於殷東②,林澐以爲:"殷墟卜辭中的這個方國名是無名組中才出現的,即始見於廩辛、康丁時代。或加又旁作獻。在黃組卜辭中又增加草旁,而且和商王朝似乎始終處於敵對狀態……《墨子·非攻中》:'雖北者且、不著何,其所以亡於燕、代、胡、貊之間者,亦以攻戰也。'……如果把《非攻中》和'不著何'並舉的'且'考慮爲殷墟卜辭中已出現的'盧方',並設想盧方也在周初燕國的北面,似乎更爲合理。"③從甲骨刻辭來看,盧方與羌方、羞方、轡方、畐方、絴方鄰近。當位於殷都西北一帶。商代金文中,獻基本僅與冀族複合,獻與冀族的關係有三種可能:聯合之族、分支族氏、私名。而這裏的"獻"也有學者認爲是作器者名④。但目前材料有限,似尚難斷定。

但冀族確實存在分支族氏。同出於山東長清縣興復河的有以下諸器:

冀亞𧾷爵(8774):冀。亞𧾷。

冀𧾷卣(5011):冀。亞𧾷。

冀祖辛方罍(9806):冀。祖辛禹。𧾷。

祖辛禹鼎(2111):冀。祖辛禹。亞𧾷。

銘中的𧾷、𧾷、𧾷、𧾷作如下之形:

| 8774 |  5011 |  9806 |  2111 |

由各器銘文之間的相互聯繫可以説明,這四個形體當是一字之異⑤。同一

---

① 陳夢家:《殷虛卜辭綜述》,科學出版社,1956年,第298頁。
② [日]島邦男:《殷墟卜辭研究》,温天河、李壽林譯,(臺北)鼎文書局,1975年,第416頁。
③ 林澐:《釋史牆盤銘中的"迖盧髟"》,《陝西歷史博物館館刊》第1輯,三秦出版社,1994年;又收入《林澐學術文集》,中國大百科全書出版社,1998年,第179、181頁。
④ 程長新、曲得龍、姜東方:《北京揀選一組二十八件商代帶銘銅器》,《文物》1982年第9期,第34頁。
⑤ 何景成:《商周青銅器族氏銘文研究》第44頁已指出後三者當是同一字,吉林大學博士學位論文,2005年。

名號的形體變異如此之大,確實讓人頗感意外,但如上所列,其相互之間的遞變關係還是比較清楚的。

另外,還有:

窺叟作父癸卣(5360):亞秉。窺叟作父癸寶尊彝。冀。

冀亞次觚(7180):冀。亞次。

亞或父己觚(7302):亞或。其說作父己彝。冀。

這四個亞某(亞㕠、亞秉、亞次、亞或)當是冀族的分支族氏,而不應該是作器者的私名,因爲如窺叟作父癸卣、亞或父己觚中已有作器者名"窺叟"、"其說"。這四個亞某之亞,可能是冀族中曾任"亞"職者所分宗立祀的結果。但也還有一種可能性,那就是這裏的"亞"表示的是"次"這樣的含義,支族名框以"亞"形,是強調其作爲冀族分支的性質。

冀族外嫁之女曰"冀婦"(795)。商代同姓不婚,婚姻的締結當是與外族之間進行。與冀族有婚姻關係的族氏[①]有:

1. 齊。齊婦鬲(486):齊婦。冀。
2. 商。商婦甗(867):商婦作彝。冀。
3. 闌。婦闌甗(922):婦闌作文姑日癸尊彝。冀。
4. 㕠。冀父癸母㕠鼎(2020):冀父癸,母㕠。

冀族在四期時存在多個"小子":小子𡧚(2648)、小子𤔲(3904)、小子𤔲(4138)、小子省(5394)、小子蠱(5417)。另也有子啓(5965)。子與小子的存在,也説明當時確有分支族氏的存在。而上舉冀族小子銅器銘中,多是記述對小子的賞賜之事,説明宗族内部的合諧與利益的一致性,同時也説明各小支族之間還有各自的利益分配。

有這樣一件冀族銅器:文嫘己觚(9301):"冀。丙寅子賜□貝,用作文嫘己寶彝。在十月又三。"銘中出現"文嫘己"一稱。按照銘文通例,這當是某位祖先,如"文姑日癸"(922)、"文父日丁"(5362),銘中的"嫘"當與"姑"、"父"同屬祖先之名。但具體指誰,還不清楚,據其字形也从女,估計還是女性先人。

(三)齊

商代金文中有關"齊"的材料不是很多,共有3件:

---

① 論説見"諸婦"一節。

齊婦鬲（486）：齊婦。嬯。（四期）
齊作父乙卣（5202）：齊作父乙尊彝。
🝈齊婞尊（5686）：🝈齊婞。

銘文中的"齊"作"✦"形，爲"齊"字初文。

| 486 | 5202（蓋） | 5202（器） |

商代金文中即有"齊"這一族氏，在甲骨刻辭中，也有"齊"地：
（1）癸巳卜，貞：王旬亡䄏，在二月，在齊師。王來征人方。（合36493）
（2）癸巳……在齊……（合36803）

對於此刻辭中的齊地，鄭傑祥以爲其地在今河南開封市北[1]，可疑。(1)辭是記帝辛征人方之事，其中的"齊"地無疑就是山東之齊。郭沫若以爲："齊，當即齊國之前身，蓋殷時舊國，周人滅之，別立新國而仍其舊稱也。春秋時，齊地頗廣大。殷代之'齊'當指齊之首都營丘附近，今山東臨淄縣也。"[2]商代可能本來就有以"齊"爲國氏的一族，周人封齊，只是因襲舊名[3]。只是有商一代，齊族勢力較弱，在政治舞臺上還未能彰顯而矣。

由齊婦鬲知，齊族與嬯族有婚姻關係。兩族皆位於山東，地域當比較接近。

（四）䰩

"䰩"字形舉例如下：

| 1433 | 1435 | 1438 | 5564 |

---

[1] 鄭傑祥：《商代地理概論》，中州古籍出版社，1994年，第219頁。
[2] 郭沫若：《卜辭通纂》，科學出版社，1983年，第463頁。
[3] 李衡梅：《周初主要封國名稱由來初探》，《齊魯學刊》1987年第2期；又收入《甲骨文獻集成》第28冊，四川大學出版社，2001年，第189頁。

�族是商代赫赫有名的望族，蘇埠屯M1是考古所見在商王陵之外唯一一座四墓道的大墓。銘有"�"的商代青銅器達105件，其年代約爲殷墟三、四期。計有鼎21、尊14、簋9、卣9、罍8、觚8、爵8、盉4、方彝3、觶2、觥2、甗1、斝1、鐃3、戈1、鉞1、矛6、鏃3、不知名器1等，有禮器、武器、工具，幾乎涵蓋了所有的青銅器器型。在銘文中，"�"一般都與"亞"形配合出現，僅有�父丁簋（3178）一例不見"亞"形。"�"器的出土地除幾件器傳說出於河南之外，餘皆出於山東青州蘇埠屯。鑒於此，蘇埠屯一帶是亞�一族（國）的領域基本是可以認定的。

關於�族的性質，學界則還有一些不同意見，論爭主要集中在對"�"字的隸釋及與文獻上所載古族（國）的對應上。如殷之彝認爲蘇埠屯這一帶在殷末周初爲薄姑氏所居，"亞�"族文化應該就是薄姑氏的文化遺存①。王樹明釋"�"爲"斟"，贊成杜在忠的"亞醜墓地爲斟灌氏的墓地"說並進一步論證②。李零認爲"�"字當釋"齊"，亞�族可能是商代本來就以齊爲國氏的一族③。但上文已提到商代金文中就有"齊"這一族氏名，所以此說的可信度並不大。從墓葬的出土物以及墓葬制度等方面來看，蘇埠屯的亞�族文化與以安陽殷墟爲代表的商人文化有高度的一致性。如銅器的形制、花紋等風格乃至一些細節都極爲一致。器物組合也相同，皆重酒、食器，隨葬三件一組的樂器銅鐃，陶器也是安陽殷墓的常見器。墓葬有的有四條墓道，墓室中安排亞字形槨室，墓底有腰坑，並用人殉和車馬坑隨葬。由此，學者多認爲亞�族的考古學文化是屬於商文化系統的，而蘇埠屯M1的墓主人就是商王分封於殷都東部的重要軍事長官④。有的學者也認爲以蘇埠屯爲代表的亞�族文化和殷代晚期文化的很多方面完全一致，但無論從政治上或是地域上說它都不同於殷王國⑤，而孫華則認爲蘇埠屯大墓是反叛商王朝的東夷首領之墓⑥。筆者覺得，蘇埠屯亞�墓所體現出來的不光是其文化系統上屬於商文化系統，其實就是商人文化本身在當地的存在。這是商文化在東方地域內契入的一個點，是商人在東方的殖民，亞�族是商人氏族。西周早期的塱方鼎（2739）銘曰："惟周公于征伐東夷、豐伯、薄

---

① 殷之彝：《山東益都蘇埠屯墓地和"亞醜"銅器》，《考古學報》1977年第2期，第32頁。
② 王樹明：《"亞醜"推論》，《華夏考古》，1989年第1期，第53—71頁。
③ 李零：《蘇埠屯的"亞齊"銅器》，《文物天地》1992年第6期，第44—45頁。
④ 李海榮：《"亞䚍"銘銅器研究》，《遼海文物學刊》1995年第1期，第40—41頁。
⑤ 殷之彝：《山東益都蘇埠屯墓地和"亞醜"銅器》，《考古學報》1977年第2期，第32頁。
⑥ 孫華：《匽侯克器銘文淺見——兼談召公建燕及其相關問題》，《文物春秋》1992年第3期，第35頁。

姑,咸殺。公歸禜于周廟。戊辰,飲秦飲,公賞塑貝百朋,用作尊彝。"亞醜諸器很多都是殷墟四期晚段之器,器形與西周早期者近同,即亞醜器與塑方鼎時間上不會相隔太遠,塑方鼎銘中明明白白有薄姑之名,而此銘亞醜,筆者以爲亞醜族也不會是薄姑氏。

從青銅器來看,醜族是一强勢族氏,但甲骨刻辭中所記醜族之事則甚少,僅見於黃組:

(1)辛卯,王……小臣醜……其作圄……于東對,王固曰:吉。(合36419)
(2)醜其遷至于攸,若,王固曰:大吉。(合36824)

(1)辭中的"圄",《說文》謂:"圄,囹圄所以拘罪人。"學者多以此認爲這是商代表示監獄之字。齊文心以爲"殷代在東對、敦、冰、灷……等地都設有監獄。而其中的敦、昌、疛、旁方等監獄設在靠近邊塞的地區"①。帝乙帝辛時期主要是對東方用兵,而醜族駐守在山東青州一帶,是商王朝對付東方諸夷的重要力量。"小臣醜"一稱表明醜族還有在王朝任"小臣"之職者。而"亞"則是醜族的世職。

醜族不見其分支族氏,以下這些當是醜族貴族之私名:
1. 嬶。亞醜嬶鐃(399):亞醜。嬶。
2. 季。亞醜季作兄己鼎(2335):亞醜。季作兄己尊彝。
3. 酓。亞醜父乙尊(5894):亞醜。酓作父乙尊彝。
4. 冓。亞醜尊(臺北故宮圖91):亞醜。冓作尊彝。

與醜族有婚姻關係的族氏有:
1. 杞。亞醜杞婦卣(5097):亞醜。杞婦。
2. 鴞。婦鴞瓶(7287):婦鴞作彝。亞醜。

杞婦是嫁於亞醜族的杞族(國)女子②。關於杞,《大戴禮·少間篇》:"成湯卒受天命……乃放夏桀,敬亡其佐,乃遷姒始於杞。"《路史》:"湯封少康之後於杞,以郊禹。"《路史·國名記》亦云:杞"定姒國,商封之,今汴之雍丘,有古杞城,武德初爲杞州"。則杞爲夏人後裔。商代的杞,《史記·陳杞世家》記杞國在"殷時或封或絕"。甲骨刻辭中所見爲侯爵之國,也曾是商代的一處田

---

① 齊文心:《殷代的奴隸監獄和奴隸暴動——兼甲骨文"圄"、"戎"二字用法的分析》,《中國史研究》1979年第1期。
② 李零:《蘇埠屯的"亞齊"銅器》,《文物天地》1992年第6期,第44頁。

獵地。

(1) 丁酉卜,㱿貞:杞侯☒弗其囧凡㞢疾。(合13890)
(2) 庚寅卜,在㚔貞:王步于杞,亡災。
　　　壬辰卜,在杞貞:今日王步于☒,亡災。(合36751)

關於杞國地望,王國維以爲:"杞,《續漢書·陳留群》:'雍丘本杞國。'今河南開封府杞縣。"王國維《觀堂集林·殷墟卜辭中所見地名考》認爲"杞"即河南之杞。王獻唐《山東古國考》也認爲"商代杞國,確在杞縣一帶"。此説學界基本無異議。

杞、䰩聯姻,這是夏遺民與商人通婚之例。兩族(國)所在地爲河南杞縣與山東青州市,兩地直線距離有四百多公里。東周時,杞國從河南遷往山東。在春秋初受鄭國逼迫,曾從雍丘遷至牟婁一帶;公元前719年莒人伐杞,奪取牟婁,杞國又遷至魯國東北方的淄水、洙水流域;公元前681年宋人伐杞,杞國再遷至緣陵一帶;公元前543年,晉國率諸侯城淳于,杞國遷至淳于一帶,直至公元前444年被楚滅亡[①]。清末道光年間在新泰市出土的一批杞伯銅器(2494等),説明這一階段杞人確在該區域居留,並與郳國等聯姻。

(五) 告

告族銅器發現有31件,計鼎6、簋1、爵7、觚6、卣4、觶2、方彝2、觥1、戈1、不知名器1,時代爲殷墟二期到四期,有出土地點者皆出於河南安陽。

甲骨刻辭中,"告"是商代一重要方國:

(1) 己未卜,在☒,子其呼射告眾我南正,隹仄若。(花東264)
(2) 貞:告子其㞢囧。(合4735正)
(3) 侯告伐人方。(合33039)

甲文中有射告、侯告、告子。金文所見,告族則有亞告6件,告田10件,告宁6件,册告1件。表明告族人地位頗高,相繼有族人任射、亞、田、宁、册、侯等職。從侯告也參與征伐人方之事來説,告族(國)應位於殷之東方。作爲西周時期的姬姓封國之一的郜國,其故地在今山東成武縣東南,準此,商代的告族(國)之地望很可能也在這一帶。

與告族有複合關係的有:☐(8266)、戈(10859)、永(9878)。與告族(國)有

---

① 程有爲:《杞國史蠡測》,《鄭州大學學報(哲學社會科學版)》1988年第1期,第65頁。

婚姻關係的有：

1. 羊。婦羊告鼎（1710）："婦羊。告。"銘文顯示羊族婦女嫁於告族。
2. 鳥。父乙告田卣（5347）蓋、器均有銘文。蓋銘：亞啟父乙；器銘：鳥父乙，母告田。"父乙"表明此器中啟與鳥可能有分支關係。而器銘"鳥父乙"與"母告田"中間還有界劃，表明告（告田）族與鳥族之間也有婚姻關係。

父乙告田卣器銘 　　　　父乙告田卣蓋銘

（六）戎

"戎"字形舉例如下：

1533 　　　3222 　　　1287

如上舉前兩形，張亞初根據其總結的整體會意與局部會意字的形體變化的規律，認爲當釋"戎"字[1]。其後，學者也有論證，范毓周説此字正像兩手各持干、戈以從事兵戎之事之形，當爲"戎"之初文，故可釋之爲"戎"[2]。本文從之。

商代戎族銅器銘共25件，計鼎5、簋1、甗1、觚7、爵5、觶2、卣1、尊1、錛1、不知名器1。時代爲殷墟三、四期。

甲骨刻辭中"戎"有用爲方國或部族名者，例如：

（1）辛未卜：亞禽邁戎。（合33115）
（2）貞：在 ，王其先邁戎。五月。（合593）

戎族地望，有學者以爲此戎即西方強族之一[3]。（2）辭中的" "，可能是" "

---

[1] 張亞初：《古文字分類考釋論稿》，《古文字研究》第十七輯，中華書局，1989年，第234頁。
[2] 范毓周：《甲骨文"戎"字通釋》，《紀念殷墟甲骨文發現一百周年國際學術研討會論文集》，社會科學文獻出版社，2003年，第190頁。
[3] 范毓周：《甲骨文"戎"字通釋》，《紀念殷墟甲骨文發現一百周年國際學術研討會論文集》，社會科學文獻出版社，2003年，第193頁。

(襄)字異體,古襄地位於今山東東明縣,如此,這一戎族當也在山東一帶。25件戎族銅器銘中,出土地點有記錄者9件,見於河南安陽殷墟西區①者除外,有4件(甗1、觚2、爵1)皆出於山東蒼山縣東高堯村②,表明蒼山一帶可能是戎族故地。另有3件傳出於河南彰德(1287)、河南洛陽(10510)、河北新樂縣中同村(J262)。雖然不能説明具體所在,但也能表明似與西方泛稱的戎並無關係。

與戎有複合關係者有:

1. 鼎(5731)。商代鼎器共21件,時代爲殷墟二期到四期。與戎複合者僅1件。

2. 矢(6401)。商代矢族器共23件,時代爲殷墟二期到四期。與戎複合者僅1件。

3. 虎(7035)。商代虎器共5件。時代爲殷墟三、四期。與戎複合者3件。

4. 甲(8239)。共2件。與戎複合者1件。

5. 夕(J262)。共5件。時代爲殷墟三、四期。出土地點還有安徽潁上縣趙集王拐村(8031、8032)與安陽劉家莊南。與戎複合者1件。

6. ⊕(5145)。僅1件。

從這些族氏的狀況可以看出,鼎、矢族與戎族之間似無分支族氏的關係;後三者與戎之間的關係尚不能斷定。

(七)攸

"攸"字形如下:

6576　　　　　7390

此字或釋"伊",但6576中的"丨"上端向右稍彎,更可能是从"攴"的,《殷周金文集成》釋其爲"役"。此字或看作从"人"从"攴",正如甲骨刻辭中的"攸"字。商代攸器2件,一觚一爵。觚的年代爲殷墟二期。

---

① 中國社會科學院考古研究所安陽工作隊:《1969—1977年殷墟西區墓葬發掘報告》,《考古學報》1979年第1期。M284、M1573、M1125皆出有"戎"器。

② 臨沂文物收集組:《山東蒼山縣出土青銅器》,《文物》1965年第7期,第27頁。

甲骨刻辭中，攸是商王朝一個重要的地名：

（1）壬申卜，在攸貞：右牧㠯告啟。王其呼戍，從宜伐弗利。（合35345）

（2）覿其迋至于攸，若。王固曰：大吉。（合36824）

（3）己巳王卜，在古貞：今日步于攸，亡𢍂。在十月又二。（合36825）

甲骨刻辭中又有"攸侯"之稱，表明"攸"當是方國名。

（4）甲戌卜，賓貞：攸侯令其㕞舌曰：𦥯，若之。五月。（合5760正）

（5）貞：舌攸侯。（英188）

（6）告攸侯耤。（合9511）

（7）癸卯卜，黃貞：王旬亡囚，在正月，王來征人方，在攸，侯喜啚永。（合36484）

"舌"是一祭名，而"耤"當是農事活動，殷墟四期的王方疊（9821）銘"王由攸田協作父丁尊。瀼"，似也説明"攸"與農事的關係。除祭祀與農事外，攸侯還參與戰事活動，修築邊鄙。關於攸的所在，(3)辭在古貞卜，當日要步行到攸，兩地當是接近的，古地似與鄭州較近。(7)辭表明，攸地是商王往東征伐人方路過的一處地名。陳夢家以爲攸即《左傳》定公四年"分魯公以殷民七族"之條，其地在今河南永城南部，安徽宿州西北一帶[①]，應是可取的。

（八）並

"並"字形舉例如下：

| 3326 | 4733 | 8900 | 10851 |

此字或隸爲"竝"、"並"，實爲一字。商代並器共20件（僅以公佈銘文圖片者計數），計鼎3、簋1、爵10、觚2、卣1、斝1、疊1、方彝1。時代爲殷墟二期到四期。

甲骨刻辭中，並是地名，也是族氏名。服事於商王朝，關係緊密。武丁時期，並即向商王朝納貢，進奉龜甲，並檢示龜甲，以盡臣下之宜；還參與祭祀活動，商王或在並地舉行祭祀：

（1）……並示五十。（合12522反）

---

① 陳夢家：《殷虛卜辭綜述》，科學出版社，1956年，第306頁。

（2）戊卜，習妣庚，在並。（花東11）
（3）……禼王遣並，十月。……吉，王永于並。（合4387）

"王永于並"，"永"字可能當如裘錫圭説釋讀爲"侃"，意爲"喜樂"[①]，意即王因"並"的作爲而高興。同在武丁刻辭中，"並"還是一重要的地點，"並"有其族眾，且受命參與軍事行動：

（4）唯般呼田于並。（合10959）
（5）貞：並其喪眾人，三月。（合51）
（6）己亥卜，貞：唯並令省在南𠂤。（合9639）

曆組卜辭中，多見"並"與它族組成軍事組織：

（7）……並其比⋯……（合32808）
（8）庚申卜，貞：王叀乙令𠭯眔並。（屯南4048）
（9）辛未貞：叀𢆉令即並。
　　　癸酉貞：其令射𠭯即並。（合32886）
（10）辛未貞：王令即並。（合32890）

"並"所參與征伐的對象主要有𫠜方、商：

（11）己巳貞：並、𠭯伐𫠜方，受祐。（合33042）
（12）丁巳卜，貞：王令並伐商。（合33065）

關於並地所在，丁山認爲"竝自可讀爲邢。……《水經·汳水注》：'汳水又東，逕陳留縣之鉼鄉亭北。《陳留風俗傳》所謂縣有鉼鄉亭，即斯亭也。'……鉼鄉命名之由，史跡莫考，以意測之，鉼當爲竝，即殷竝氏故地矣"[②]。彭邦炯以爲商代竝氏故地在今山西省中部一帶，或許就在今太原、石樓一帶地方[③]。但此説主要是據山西石樓城關公社肖家塌所出土銘有並的一件銅戈爲説，證據似嫌薄弱。鄭傑祥也認爲卜辭竝地應即後世的並地，並引《水經·淇水注》之"淇水又東北逕並陽城……即《郡國志》所謂內黃縣有並陽聚者也"爲説，認爲古並

---

　　① 裘錫圭：《釋"衍""侃"》，臺灣師大國文系·中國文字學學會：《魯實先生學術討論會論文集》，（臺灣）萬卷樓圖書有限公司，1993年，第9頁。類似的表述又見其"花東子卜辭"和"子組卜辭"中指稱武丁的"丁"可能應該讀爲"帝"》，《黃盛璋先生八秩華誕紀念文集》，中國教育文化出版社，2005年，第1—6頁。
　　② 丁山：《甲骨文所見氏族及其制度》，中華書局，1988年，第115頁。
　　③ 彭邦炯：《竝器、竝氏與並州》，《考古與文物》1981年第2期，第52頁。

陽城當在今河南內黃縣南,它就是卜辭中的並地①。宋鎮豪認爲並邑爲並方之都,並亦爲方國。並國可能就在今山西中部一帶②。甲骨刻辭中,並所征伐的有"商",甲骨卜辭中的"商"性質駁雜,有方國名"商方",也有人名"子商",還有地名"商"。商代金文還有"商婦"(867)之稱。但不太可能指商王朝之商。關於"商"地,除了安陽之外,帝辛十祀征人方的過程中就數次往返"商"地,這一"商"地近於"亳"、"杞"等地,"商"應在山東曹縣與河南杞縣之間。關於"商方",據孫亞冰研究,商方出現在自、何、曆組卜辭中,它與商王朝的關係爲時友時敵、時服時叛,並推定其地望在殷西北地方③。從情理上推測,與夒族有婚姻關係的商族④更可能是地理上接近魯西豫東一帶的商地之商族。並器的出土地點傳出河南安陽的有2件爵⑤(8182、8898),一件爵出於陝西岐山縣蔡家坡⑥(J893)。1983年,在山東省壽光縣故城發現一批22件銅器,其中15件有銘文"己並",另有1件刀和2件鋬銘"己"。報告認爲,此"己"即"紀",這批銅器只有"己"而無"侯",是封爵之前的紀國之器⑦。有學者認爲此"己並"爲春秋紀國之邢⑧,另有學者以爲"己竝"可能是"竝"族的一支在商末被封爲"紀侯"而新立的族氏⑨,似不確。"己竝"是複合族氏名,可能即後來的紀、邢,壽光縣是春秋時期紀國國都所在,《春秋》莊公元年:"齊師遷紀、邢、鄑、郚。"杜注:"邢在東莞臨朐縣東南。"而"己竝"器在山東壽光的出土,也說明並(竝)族的所在地在山東壽光附近一帶⑩。這與上文分析的"並"與其征伐過的"商"的相對位置相合。近有學者以《包山楚簡》153簡中出現"竝邑"一詞推定竝的地望在河南固始附近⑪,可備一說。但其文中沒有涉及"己竝"的問題,筆者不取其說。

　　除與"己"複合外,與"並"有複合關係的族氏還有:

---

① 鄭傑祥:《商代地理概論》,中州古籍出版社,1994年,第346—347頁。
② 宋鎮豪:《夏商社會生活史》,中國社會科學出版社,1994年,第39—48頁。
③ 孫亞冰:《殷墟甲骨文中所見方國研究》,中國社會科學院研究生院碩士學位論文,2001年,第43頁。
④ 商婦甗(867):"商婦作彝,夒。"
⑤ 朱愛芹:《安陽市博物館藏商代有銘銅器》,《文物》1986年第8期,第73—75頁。
⑥ 龐文龍:《岐山縣博物館藏商周青銅器錄遺》,《考古與文物》1994年第3期,第38頁。
⑦ 壽光縣博物館:《山東壽光縣新發現一批紀國銅器》,《文物》1985年第3期,第1—11頁。
⑧ 杜在忠:《壽光紀器新發現及幾個紀史問題的再認識》,《東夷古國史研究》第一輯,三秦出版社,1988年。
⑨ 何景成:《商周青銅器族氏銘文研究》,吉林大學研究生院博士學位論文,2005年,第111頁。
⑩ 王永波:《並氏探略——兼論殷比干族屬》,《考古與文物》1992年第1期,第52頁。
⑪ 王長豐:《竝方國族氏考》,《中原文物》2006年第1期,第65—68頁。

1. 單(8180)。單在甲、金文中還有西單、北單、南單之稱。單稱單者還有與光、盾等族氏複合者。與並複合者1件。

2. ◇(8181)。商代"◇"器共15件,時代爲殷墟二期到四期,另見與🐍(1487)、葡𤉨(7188)、佣舟(8165)、大中(8166)、⌐(8278)、爻(10032)等複合。與並複合者1件。

3. 木(8182)。商代"木"器共29件,時代爲殷墟二期到四期。與木複合者有刀(1135)、丙(5166)、守(7181)、⿱(8273)等。與並複合者1件。

此三者與"並"的關係似不當是分支族氏關係,山西石樓的並𢆶戈(10851)中的"𢆶",目前僅1見,其性質尚不明確。

並還有任"亞"職者,見亞並父己簋(3326)。

(九) 向

"向"字形舉例如下：

9010　　　　　J199

商代向器共2件,時代爲殷墟四期。另有一件羌向觚(7306),其中"向"可能是私名,暫不計入內。

在甲骨刻辭中,"向"是一地名,也是商王田獵地：

(1) 辛酉卜,貞：王其田向,亡𢦏。
　　壬戌卜,貞：王其田喪。(合33541)
(2) 翌日乙,王其迍于向,亡𢦏。(合28949)
(3) 癸亥卜,在向貞：王旬亡憂。在六月,王迍于上魯。(合36537)

向地所在,前輩學者說法甚多,據鍾柏生總結,有河南濟源縣說,即《詩·小雅·十月之交》中"作都于向"之"向",如林泰輔、郭沫若等；有河南開封府尉氏縣南說,即《左傳·襄公十一年》中"諸侯伐鄭,會于北林,師于向"之"向",如林泰輔；有泰山西南說,如島邦男[①]。濟源說似得到大部分學者的

---

① 說見鍾柏生：《殷商卜辭地理論叢》,藝文印書館,1989年,第60頁。

認同。近年，鄭傑祥認爲可能在河南滑縣向固城①。上舉(3)辭中，向地與上魯相聯繫，表明向地在商王去往上魯的路線上。關於上魯的所在，鄭傑祥認爲"上魯"又作"王魯"，或單稱"魯"。卜辭魯地可能是後世的五地，五地又稱作五鹿。古代有兩個五鹿城：一在今河南濮陽市南，一在今河北大名市東。卜辭中的上魯可能就在大名市東20里②。(1)辭中向地與喪地皆在貞卜之列，是商王進行田獵的備選地點，兩者位置當比較接近。喪地所在，鄭傑祥以爲在安陽東南的河南濮陽境內桑村一帶③。商代金文中也出現有"上魯"，如小子𠭰簋(4138)，銘曰："癸巳，釩賞小子𠭰貝十朋，在上魯，唯令伐人方，𠭰賓貝，用作文父丁尊彝，在十月四，𩰫。"表明上魯所在當接近人方，位置當偏於殷都之東，濟源一說似不可取。李學勤認爲上魯近於莒，商王且涉沫而至莒，其地應在沫水以東一帶地區④，然恐失於偏遠。鍾柏生以爲上魯當在山東泗水縣附近，而與之接近的向地在臨沂西南一百二十里⑤，比較接近實際。

向鼎(J199)出於河南安陽梅園莊M1⑥。亞向父戊爵(9010)銘中"向"與"　"共存。"　"可能即"卂"的重複對稱性繁構。"卂"是一個常見族氏名，時代爲殷墟四期，共見25件。亞向少見，目前僅與"卂"複合，有可能是卂族的分支族氏。

（十）卂

"卂"字形舉例如下：

| 6995 | 7182 | 9010 | 亞㠯卂方彝 |

"卂"在銘文中多采用重複對稱的繁構手法，上舉諸文筆者以爲是同一族氏之名。商代"卂"器共25件，計鼎6、簋2、甗1、尊3、觚3、爵2、卣2、方彝1、斝1、罍1、盤1、戈2。時代爲殷墟四期。較集中出土於河南安陽劉家莊M1046⑦。

---

① 鄭傑祥：《商代地理概論》，中州古籍出版社，1994年，第279頁。
② 鄭傑祥：《商代地理概論》，中州古籍出版社，1994年，第279—280頁。
③ 鄭傑祥：《商代地理概論》，中州古籍出版社，1994年，第124頁。
④ 李學勤：《論商王廿祀在上魯》，《夏商周年代學札記》，遼寧大學出版社，1999年，第59、60頁。
⑤ 鍾柏生：《殷商卜辭地理論叢》，藝文印書館，1989年，第60—62頁。
⑥ 中國社會科學院考古研究安陽工作隊：《河南安陽梅園莊西的一座殷墓》，《考古》1992年第2期，第187頁。
⑦ 中國社會科學院考古研究安陽工作隊：《安陽殷墟劉家莊北1046號墓》，《考古學集刊》第15集，文物出版社，2004年。

甲骨刻辭中，丮族在武丁時期即已出現：

（1）貞：丮不☒。（合734正）

（2）丮入五。（合11006反）

（3）貞：幸丮生。（合13924）

商王也關心丮的福祉，而丮則向商王貢納龜甲，關係親近。但（3）辭表明商王與丮族也有過不合諧的情況。

與丮族有複合關係的族氏有：

亞向（9010）。

亞宮（安陽劉家莊M1046：1）。

亞□①（7182）。商代□族共4件，時代可早到殷墟二期。與丮複合者1件，另與冤複合者1件。

觮（10849）。2件。

天（10850）。

這些族氏名中，"天"是一大族，與"丮"複合者僅1例，兩者不會是族氏分支的關係。亞□與丮之間的關係尚不明朗。亞向、亞宮、觮等都極少見，目前僅與"丮"複合，有可能是丮族的分支族氏。如果亞向是"丮"的分支，則"丮"族地望也可在安陽東南一帶探尋。

（十一）🕴

商代金文中"🕴"，或加"女"旁作"嫥"，器共3件。字形舉例如下：

7054　　　　7196

甲骨刻辭中有"米"字，筆者以爲與"🕴"爲一字。在甲骨刻辭中，"米"多作爲田獵地名出現：

（1）乙卯貞：呼田于米，受年。一月。（合9556）

（2）雀步于米。（合13514甲正）

---

① 此"□"字，《殷周金文集成》釋"丁"，似有可能。但此字中空，而以"丁"作爲族氏名屬僅見，筆者暫將其釋爲"□"。

第七章　商代青銅器銘文中的族氏　335

(3) 丙辰卜,行貞:王其步自……于良,亡戋。
……卜,行貞:……其步……良于⽶。(24472)
(4) 丁卜,在⽶,其東狩。
不其狩,入商。在⽶。
丁卜,其涉河,狩。
丁卜,不狩。(花東36)

(3) 辭中的"良地",郭沫若以爲即《左傳·昭公十六年》"晉侯會吳子于良"之"良",在今江蘇邳縣北六十里①。(4)辭中表明安陽殷都到⽶要涉河,入"商"。商地在征人方的綫路中,在殷都東偏南的位置。郭説似可取。

⽶族之女稱"⽶",甲骨刻辭中也有此稱:
(5) 丙子卜,害,婦⽶嘉。(合14068)

辭中的"⽶"當是"⽶"的異體,⽶與商王室當有婚姻關係。如此,金文中的"⽶"當不單是地名,還應是族氏名。與⽶有複合關係的有目,如目⽶觚(7054)。商代目族器共6件,時代可定者爲殷墟三期。冉串⽶觚(7196、7197)的内容表明⽶與冉或串等族氏有婚姻關係。

(十二) 爻

"爻"字形舉例如下:

　　3164　　　　　　1212

對於如3164這類形體,曹定雲、蔡運章等釋爲"五五五"。並認爲"五五五"當譯爲《周易》的乾卦②。乾卦之説,似也不無可能。但金文中的爻字,有作三叉者,也有作二叉者。這當是同一字的兩種不同寫法。而作爲卦畫的"五"多作"㐅"形,與此形體不類。筆者在本文中還是從"爻"字説解。商代爻器共26件,計鼎4、簋1、爵6、卣4、觚3、尊1、觶1、斝1、角1、壺1、盉1、盤1、勺1。時代爲殷墟二期到四期。

---

① 郭沫若:《卜辭通纂》,科學出版社,1983年,第708片。
② 曹定雲:《新發現的殷周"易卦"及其意義》,《考古與文物》1994年第1期,第47頁;蔡運章:《商周筮數易卦釋例》,《考古學報》2004年第2期,第135頁。

甲骨刻辭中，爻是一地名與族氏名，承擔貢納義務。
(1) 爻入……(合9268反)
(2) 丙……多丏……入爻若。(英1999)
(3) 庚寅卜，貞：翌辛卯，王盦爻，不雨，八月。(合6)

爻器的出土地點有二。河南安陽殷墟西區M354①出有爻爵(7764)。山東滕縣井亭出有卣(4948)、尊(5506)、觶(6263)、瓠(6798)。如此，爻地可能在山東滕縣一帶。

與爻有複合關係的族氏有：

1. 敢(8857)。商代敢器共4件，計鼎1、角1、卣2。均與爻複合。

2. ✤(1833)。銘文爲摹本，日名爲父乙，又有爻，筆者推測此✤是敢字誤摹。附記於此。

3. 見(6922)。商代見器共12件，其中單銘見者4件，時代爲殷墟二期；7件爲"嗇見册"，時代爲殷墟三、四期。與爻複合者1件。

4. ◇(10032)。商代"◇"器共15件，時代爲殷墟二期到四期，另見與囧、葡罕、佣舟、大中、⌐、並等複合。與爻複合者1件。

見、◇與爻的關係當是短期暫時性的關係。

爻癸婦鼎(2139)銘："爻癸婦戠作彝。"出現"婦戠"之稱。按照通例，這當是戠族之女嫁與爻族者。

另有一些族氏的方位尚難推定，限於篇幅在此暫不討論。

綜觀這些族氏，與商王朝的關係往往是又戰又和，但商王朝在大多數時期內對大多數的族氏方國都具有控制力，體現出商王朝的獨尊地位。商王朝當是商文化被及範圍內的宗主國。各方國族氏之間，也是有戰有和(聯姻)，相互之間當是一種較爲平等的關係。如果說有聯合，也是一種基於短期目的的暫時的聯合行動，尚看不出有某種形式的聯盟存在。

甲骨金文中的商代方國族氏，以西(北)方與東方數量爲多，按諸甲骨刻辭，殷墟早期的商王朝邊患主要集中在西北一帶，而晚期經略重點似轉向了東方。

---

① 中國社會科學院考古研究所安陽工作隊：《1969—1977年殷墟西區墓葬發掘報告》，《考古學報》1979年第1期，第83頁。

第八章

商代青銅器銘文中的記事金文

商代末期銘文字數漸次增加,記事性金文也逐漸流行起來。商代青銅器銘文中最常見的內容有族氏銘文、族氏銘文加祖先稱謂、單純的銘"某作某器"等。本文所謂記事性銘文,是指上舉三類之外的記載有明確事件的銘文。這類記事性銘文,字數多在10字以上。

這些記事銘文,以賞賜爲內容核心,附帶的一些相關記事性內容則多是説明賞賜的因果。下文分賞賜動詞、賞賜物、賞賜地點、賜者與受賜者、賞賜緣由幾個方面對這類銘文稍作分析。

一、賞賜動詞

有學者指出,殷代青銅器銘文用以表達賞賜意義之文字有四:(1)易(即錫或賜),(2)商,(3)賓,(4)商易[1]。筆者統計年代在殷墟四期的賞賜類銘文約有51條,賞賜動詞出現8種,其中頻率最高的是"賜",共30例;其次爲"賞",有14例。另外還有"賓"、"睍"各2例;"光"1例。還見有"賞賜"2例,"賜賞"1例,"光賞"2例。這些賞賜動詞中,"賞賜"與"賜賞"出現於同一組銘文中(龏似器2433、2434、7311),它們的含義當是一致的。對於"光",學界多將其通作"睍"解,似無不可,但青銅器銘文中自有"睍"(原篆作"兄"),似也不一定要將"光"通作"睍"。如"光賞"詞中,"光"則更無必要解作"睍"。所有賞賜動詞中,睍的賞賜意味是比較低的,多數情況下似只是"給予"一類的含義,如在作

---

[1] 黃然偉:《殷周史料論集》,三聯書店(香港)公司,1995年,第70—71頁。

册般銅黿銘中,"王令寢馗既于作册般"①,以及二祀邲其卣中"王令邲其既䶂于夆田"都是下一級官員聽從王命進行賞賜交接。在殷代的甲骨刻辭中,用作賞賜動詞的只有"賜",如:

(1) ……賜多子女(合677)

其他尚不見用作賞賜動詞。西周青銅器銘文中的賞賜動詞較多,據研究有如下諸例: 賜、賞、賓、令、益、歸、休(宔)、畮、舍、儕②。相比而言,周代金文中的賞賜動詞少見"賞賜"等複合性的賞賜動詞,而賞賜動詞之間的區分可能更趨於細化。

二、賞賜物

商代記事銘文中出現的賞賜物的類別不是很多,有如下諸項:

1. 貝

這是商代賞賜銘文中最常見的賞賜物,共出現41例,占賞賜類銘文總數的80%。商代青銅器銘文中記賞賜貝者,多數情況下並不記明所賜數量,而僅言"賜貝"或"賞貝"。有具體數量者皆以"朋"作爲計量單位:貝朋(5367)、貝二朋(3941、5417、5967、3975、2694)、貝五朋(5394、5395、5412、9105)、貝十朋(4138、9249、9894)、貝廿朋(2708)。另還見不以朋作單位者,如貝二百(3904)、貝一具(5380)者。關於以多少貝爲一朋,自來就異説紛陳,二、五、十之數皆有學者所認同。但據考古發現情況而言,數量不等,難以認定。但就目前所見,貝廿朋或二百,則是最大賞賜了。西周金文所見最巨者則可達百朋。馭卣一器銘中記"王賜馭八貝一具",有學者以爲當讀作"王賜馭八貝,一具","八"及"一"並爲"貝"與"具"之數詞。"具"可能是"鼎"的異體③。筆者以爲銘中的"八"(原篆作ᐱ)並非數詞"八",而是一地名,這在甲骨刻辭中即有反映:

(2) 婦八十……屯又一……(合935臼)

(3) 戊午卜,旅貞:王其步自八……亡……十二月。(合25572)

另外,商末賞賜銘文中,所賜之貝往往在貝前加注地名以説明貝的來源或

---

① 裘錫圭先生認爲作册般銅黿銘中此字其義近於"告"。見其《商銅黿銘補釋》,《中國歷史文物》2005年第6期,第5頁。本文以爲釋"既"字也無不可,暫仍用舊説。
② 黄然偉:《殷周史料論集》,三聯書店(香港)公司,1995年,第71頁。
③ 黄然偉:《殷周史料論集》,三聯書店(香港)公司,1995年,第135頁。

產地：賣貝(2710、4144)、□貝(3941)、夒貝(5990)、奊貝(9102)、㕣貝(5397)。賣貝見於兩器，賣當是產貝的地名；夒有高建築，應也是地名；奊、㕣在商代是族氏名，也是地名。據學者研究，商代的貢納制度中，向商王貢獻的物品種類有臣、僕等奴隸；牛、羊、馬、豕、犬等牲畜；黍、秝、麥等農產品；鹿、兕、虎等野獸；貝、玉等寶貨；以及邑、龜甲和手工業品①。賞賜銘文中要對貝的產地特別加以説明，一方面可能是各地所產的貝是不同的（生物學意義上的），另一方面，也可能只是標明這些貝是一種方國族氏的貢獻（政治性的）。小子䍙鼎(2648)銘中甚而説明所賜之乃是商王賞賜的，稱之爲"王賞貝"，特別説明貝的來源以增榮寵。這種將王所賜之物又另賜他人者在西周金文中也有出現。作爲貝的限定性修飾詞，還有"東大貝"一語，見於作册豊鼎(2711)。

在甲骨刻辭中，也有賜貝的記録：

（4）庚戌貞：賜多女又貝朋。(合11438)

2. 玉

商代賞賜銘文中的玉有玉、璋(3940)、玗(5373)、㺿、珷(5414)等類。因銘文簡略，這些玉器的形體如何則難以推定。5373之"玗"，《説文》以爲："玗，石之似玉者。"《爾雅》："東方之美者，有醫無閭之珣玗琪焉。"但從銘文中此字形體看，也有釋作"璧"的可能。5414之"珷"，又見於西周早期的亢鼎②，馬承源認爲亢鼎中的"大珷"爲《詩·商頌·長發》中"受大球小球"之"大球"③；黃錫全則認爲是"大珠"，即大珍珠④；朱鳳瀚以爲"珷"當讀爲"琮"，《玉篇》"琮，美玉。""琮"亦作"荼"，《禮記·玉藻》："天子搢珽，方正於天下也；諸侯荼，前詘後直，遜於天子也。"據鄭玄對此段話所做注，珽（亦謂大圭）、荼皆屬於笏，只是因佩者身份不同，而又有更細的形制差別⑤。劉雨則釋其爲珷，即《説文》"珷，石之似玉者"⑥。"珷"的釋讀目前還有問題，但此字從"玉"，當是玉器

---

① 楊升南：《甲骨文中所見商代的貢納制度》，《殷都學刊》1999年第2期，第27—32頁。
② 馬承源：《亢鼎銘文——西周早期用貝幣交換玉器的記録》，《上海博物館集刊》第八期，上海書畫出版社，2000年，第120頁。
③ 馬承源：《亢鼎銘文——西周早期用貝幣交換玉器的記録》，《上海博物館集刊》第八期，上海書畫出版社，2000年，第120—123頁。
④ 黃錫全：《西周貨幣史料的重要發現——亢鼎銘文的再研究》，《中國錢幣論文集》第四輯，中國金融出版社，2002年，第49—60頁。
⑤ 朱鳳瀚：《記中村不折舊藏的一片甲骨刻辭》，《揖芬集——張政烺先生九十華誕紀念文集》，社會科學文獻出版社，2002年，第217頁。
⑥ 劉雨：《商和西周金文中的玉》，《故宫學刊》總第一輯，紫禁城出版社，2005年，第174頁。

之屬則是可以肯定的。而亢鼎銘文表明,"大琡"的價值高達"五十朋",說明是一種貴重之物。

3. 積

"積"指貯積,指糧草委積之類。甲骨刻辭中有類似的記載:

(5) 癸巳卜,令供積。(合22214)

小臣缶鼎(2653)銘曰"王賜小臣缶湡積五年",謂商王賜給小臣缶湡地五季的貯積。湡地亦見於甲骨文:

(6) □子卜,在𠄟祁,貞:……于湡,往來……王來征三邦方……夷……(合36531)

宋鎮豪以爲:"湡當即《堯典》的'嵎夷',位於東方,很可能在山東境内,《尚書·禹貢》有云:'海岱惟青州,嵎夷既略。'嵎又寫作堣,《説文》云:'堣夷在冀州陽谷,立春日,日值之而出。'湡、嵎、堣,是同地異寫。"[①]甲骨刻辭中,還見有這樣一種賞賜物:

(7) 己酉卜,亘貞:賜𦍋。

其中的"𦍋"是某種植物,有可能就是"禾"字,當可歸入"積"一類。

4. 豝

"豝"當是一種母豬。戍鈴方彝中的"丏豝"(9894)當指丏地之豝。商代賞賜銘文中所見賞賜動物者僅此一例,但在甲骨刻辭中,還見有牛、羊等類,如:

(8) 貞:賜牛。(合9465)

(9) ……于南賜羊。(合9466反)

(10) ……丑……勿令賜𦍋。(合9467)

西周賞賜銘文中所賜動物有牛、羊、鳳、鹿、魚等,最常見的則是馬,而馬又常隨着車、馬器等作爲册命禮儀一同賜與。近年新出現的作册般銅黿,銘文雖未明言商王所賞賜(貺)的物品是什麽,但根據文意與器形,可知商王讓寢馗貺於作册般的當是射獲的大黿。在殷墟末期的肋骨刻辭中,有與作册般銅黿銘近同者:

(11) 壬午,王田于麥麓,隻商戠兕,賜宰豐,寢小𣃔貺。在五月,唯王六祀肜

[①] 宋鎮豪:《甲骨文中反映的農業禮俗》,《紀念殷墟甲骨文發現一百周年國際學術研討會論文集》,社會科學文獻出版社,2003年,第364頁。

日。(《甲骨文合集補編》11299)

這些黿、兕都是商王游獵時所獲者,狐也有可能是行獵所獲。商王行獵,西周時期周王也常舉行射魚之禮,如井鼎、靜簋、遹簋。所獲則作爲薦品貢獻於宗廟,或賜於參與者,如公姞齊鼎、井鼎。文獻中的記載則將其與季節相聯繫:《禮記·月令》:"季春之月,天子始乘舟,薦鮪於寢廟。"《說苑·脩文篇》:"夏,薦麥、魚。"《周禮·鱉人》:"秋,獻龜魚。"《淮南子·時則》:"季冬之月,天子親往射魚,先薦寢廟。"作册般銅黿銘中所獲黿,是否也是一次禮儀活動的收穫,亦未可知。

5. 戶

辥簋(4144)"弭師賜辥曺戶賣貝",關於其中的"曺戶",黃然偉釋作"凶廿卣"①,似不確。李學勤以爲"曺"是地名,"賣"是"橐"的異構,"戶"訓爲"大"。因此,弭師賞賜辥的是曺地的一大袋貝②。在甲骨卜辭中,"戶"多用作本義,即單扇的門,如西戶(合27555)、南戶(屯南2044)、宗戶(屯南3185)。筆者以爲"曺戶賣貝"當分讀作"曺戶、賣貝","曺"戶即曺地之人家住戶。《易·訟》:"人三百戶,無眚。"西周銅器銘文中常見有臣僕之賜,如井侯簋:"賜臣三品:州人、重人、庸人。"令簋:"臣十家,鬲百人。"大盂鼎:"賜汝邦司四伯,人鬲自馭至于庶人六百又五十九夫,賜尸司王臣十又三伯,人鬲千又五十夫。"賞賜人戶之事,在商代也可能是存在的。有學者以爲殷代雖有以大量奴隸爲犧牲之記載,但在賞賜記録中,則無以人爲賞賜物者③。似有必要重新加以考慮。

6. 胙

見於毓祖丁卣(5396):"辛亥,王在廙,降令曰:歸祼于我多高。咎山賜㲋(胙),用作毓祖丁尊。"亦爲殷墟四期器。這種在祭祀過程中的"㲋",當是"胙",是祭祀用過的肉。《史記·屈原賈生列傳》:"孝文帝方受釐不相稱,坐宣室。"裴駰集解引徐廣曰:"祭祀福胙也。"司馬貞索隱引應劭曰:"釐,祭餘肉也。"周代常見賜祭肉者,稱胙。《説文·肉部》:"胙,祭福肉也。"《集韻·鐸韻》:"胙,祭餘肉。"《左傳·僖公九年》:"王使宰孔賜齊侯胙。"這種分祭肉的儀俗,可上溯至商末。

---

① 黃然偉:《殷周史料論集》,三聯書店(香港)公司,1995年,第169頁。
② 李學勤:《論商王廿祀在上魯》,《夏商周年代學札記》,遼寧大學出版社,1999年,第59頁。
③ 黃然偉:《殷周史料論集》,三聯書店(香港)公司,1995年,第185頁。

甲骨刻辭中還見有兵戎之賜：

（12）貞：勿賜黃兵。（合9468）

西周銅器銘文中賜兵者多見，品類有鉞、戈、弓、矢、甲、冑等。商代賞賜，也當在此範圍之內。另外，如西周金文，商代也存在賞賜臣妾的情況，如上引（1）、（4）辭之"女"與"多女"，都是説明"女"這種賞賜物的情況[①]。

綜上，商代賞賜物有貝玉等貨賄，有牛、豕等牲畜，有地產（積）、臣民、祭肉、兵器。西周賞賜內容則較繁雜，有祭酒、服飾、旂幟、車馬、車馬飾、貝、玉、金、土地、臣僕、彝器、兵器、牲畜動物等[②]。或略爲九類：秬鬯及圭瓚、命服、車馬、車馬飾、旂旗、兵器、土田、臣民、其他[③]。兩相比較，唯西周恒見的與册命制度相關爲賞賜物不見於商代賞賜銘文。蓋商代稱册之事，尚未及于彝器上耳。

三、賞賜地點

記載賞賜地點者有22條，占總數的43%，近半數都記明賞賜發生地，也是商代賞賜銘文的特色之處。另外，商代青銅器銘文中的賞賜地點並不固定，不像西周金文中册命銘文，發生地多固定在太廟一類建築之中庭，但這也只是一個方面，事實上，商代銅器銘文中的賞賜地點還是有一定的規律性的。這些地點約略可分成以下幾類：

1. 宗廟等禮儀性建築。如：闌宗（2708）、作册般新宗（2711）、圍葊京（9890）、召康庹（9894）、夒飤（5990）。"宗"、"京"作爲建築物名稱，習見於甲骨刻辭。"庹"、"飤"也是一種高臺建築，也歸入此類。作册豐鼎銘的"新宗"當是新近竣工的宗廟。這類賞賜地點與西周賞賜銘文發生地之太室一類近同。唯商代在這些地點進行的賞賜事件多與祭祀活動有關，而與册命無涉。

2. 寢。賞賜發生在商王寢宮的例子較多，見有四器：3941、5378、5379、9098。受賜的有寢孜、小臣茲、婋瓦。

3. 帥（次）。是爲軍旅駐紮之所，是軍舍、軍營[④]。"某帥"習見於甲骨刻辭，

[①] 張永山：《試析"錫多女𡉚貝朋"》，《古文字研究》第十六輯，中華書局，1989年，第29—35頁。

[②] 黃然偉：《殷周史料論集》，三聯書店（香港）公司，1995年，第169頁。

[③] 汪中文：《西周册命金文所見官制研究》，"國立"編譯館，1999年，第263頁。

[④] 劉釗：《卜辭所見殷代的軍事活動》，《古文字研究》第十六輯，中華書局，1989年，第131、132頁。

商代金文中則見有襄次(2648)、彙次(2709)、禰次(5395)諸例。根據尹光鼎、宰甫卣銘文可知，這些賞賜發生於商王在田獵行程中舉行宴饗時，可能有一定的偶然性。

4. 王都外某地。如：闌(3861、9105、瓶方鼎)、上魯(4138)、廣(5396)、夆田(5412)、桒(5413)、彙(9102)、寒(5397)、洹(作册般銅黿)。"闌"地所在可能是安陽殷都附近。上魯當在山東一帶。桒是農業地，如合28935。"洹"即安陽洹水。

這四類賞賜地點，以前三類爲常，若與西周時期的情形相較，則第一、二類較爲接近。而王寢也可歸入禮儀建築範疇。但於軍隊旅次進行賞賜者，西周時期則較少見。

四、賜者與受賜者

商代賞賜銘文中的賜者可分爲四類：

1. 商王。這是最常見的賞賜主體，共27例，占總數的53%。還有一些賞賜也是出自商王的指示進行的，實際上這個比重還要高一些。受到商王賞賜的受賜者官職有小臣(缶、茲、俞、邑)、作册(豐、般)、戍(嗣、甬)、寢(孜、魚、孳)、尹(光)、宰(甫、梡)、葡(亞嘵)。另外還有一些徑稱私名者，如：寯、宓、馭、郊其、婀瓦、殷、卲、瓶、甕。其中有人地位較高，其中卲可能就是同爲殷墟四期器的王子卲鼎(J259)中的"王子卲"。而郊其還能賞賜作册，也是一地位顯赫的人物。

2. 子(大子)。這是僅次於商王的賞賜主體，共9例，占總數的17%。甲骨刻辭中的"子"大致有以下四個含義：王之子；大臣、諸侯等貴族之子；商同姓的子姓；爵稱的子爵[①]。甲、金文之單言"子"，則是對男性貴族所通用的尊稱[②]。小子省卣銘："子賞小子省貝五朋，省揚君賞。"小子省稱子爲君，兩者之間的關係近於君、臣。受到"子"賞賜的受賜者以小子多見，有小子畜、小子省、小子畜。甲金文中常見"小子"一詞，對其含義，筆者認同小子爲小宗的見解。"小子"與"子"相對，子啓父辛尊(5965)中的"子啓"受到"子"的賞賜，也可能是"小子"。受"子"之賜者多稱小子，或單稱私名，如寯、叡棗、瓶。從這一現

[①] 王宇信、楊升南：《甲骨學一百年》，社會科學文獻出版社，1999年，第451頁。
[②] 林澐：《從子卜辭試論商代家族形態》，《古文字研究》第一輯，中華書局，1979年；又收入《林澐學術文集》，中國大百科全書出版社，1998年，第51頁。

象可以看出子與小子之間的宗族關係要比行政官制關係更明顯。只在作册豊鼎（2711）中，在商王出現的情況下，才有作册官職的出現。

3. 職司。泛稱的有：司、卿事；特指的有：作册友史、弜師、戍鈴。其中有的只是按王命進行賞賜，這種賞賜是一種職事性行爲。

4. 私人。凡三人：咎山、鄰其、䂿。其中有的只是按王命進行賞賜。

商代銅器銘文中的賜者與受賜者是一種較明顯的上下關係，與西周時期的同類銘文不同的是，商代的大宗宗子表現出較大的支配性權勢，這可從子賜小子類銘文的盛行看出來。而這種權勢與行政權力似有一定程度的游離，兩者是並行的兩線。

賞賜物的品類、數量與受賜者身份高低似無明顯的對應關係。

五、賞賜緣由

商代賞賜銘文中説明賞賜原因的較少，僅有數例能推知原因。小子𠂤卣（5417）："子令小子𠂤先以人于堇，子光賞𠂤貝二朋，子曰：貝唯丁蔑汝曆，𠂤用作母辛彝。"説明小子𠂤因"先以人于堇"的功烈而獲賜貝。寢𦥑鼎（2710）因寢𦥑"省北田四品"而受賜。而這些賞賜銘文似都可歸入"蔑曆"的因由之中。

與賞賜相表裏的，這類記事銘文中還有祭祀、行獵、巡視、戰爭等方面的内容。祭祀所反映的還是商代週祭方面的内容；行獵與黃組卜辭的相關記録也是一致的；商末與井方、人（夷）方的戰爭，是當時政治生活中的大事件，在金文中戰爭則多作爲紀年而被使用，其性質與用週祭祀譜紀年是一致的。

記事金文是商代金文中最特殊的一類銘文，史料價值也相對重要，這類銘文還需與甲骨卜辭、西周金文進行對照研究，以充分挖掘其學術價值。

第九章

餘　　論

商代青銅器銘文多較簡略，前文對銘文的年代、字體、語法、職官、諸婦、諸子及部分族氏的相關情況進行了探討。但還有諸多領域，限於時間與筆力，筆者尚未能詳細論及，約略有如下幾個方面：

一、日名問題

筆者曾對商代青銅器銘文中出現的日名進行統計，得出十天干名的出現頻率也是如前輩學者所指出的那樣，奇數天干占少數而偶數天干占絕大多數。其中，乙、丁等幾個日名出現的幾率最高。如下表：

	祖	父	兄	妣	母
甲	5	38			3
乙	32	303	1	2	7
丙	4	24	1	1	2
丁	45	260	3	1	1
戊	16	61	1		5
己	28	197	1		8
庚	5	42	1		
辛	31	177	5	5	15
壬	6	14	3		
癸	29	205	4	4	14

以單一族氏進行統計，結果也基本如此，例如下表：

族氏	祖先	甲	乙	丙	丁	戊	己	庚	辛	壬	癸
冀	父	1	21	0	15	2	8	2	8	0	17
	祖	0	0	0	0	0	1	0	4	0	2
	母	0	0	1	0	0	2	0	3	0	1
	兄	0	0	0	0	1	0	0	1	0	0
	姑	0	0	0	0	0	0	0	0	0	9
奄	父	0	17	0	0	5	1	0	1	0	8
	祖	0	1	0	1	0	0	0	0	0	0
庚	父	0	7	0	6	0	1	4	0	0	2
	兄	0	0	0	0	0	0	0	0	0	1
舟	父	0	1	0	5	0	3	0	0	0	3
	祖	0	0	0	1	0	0	0	0	0	0
戈	父	2	9	1	11	0	7	2	5	0	5
	祖	0	0	0	2	1	1	0	3	0	0
冉	父	0	12	2	10	2	9	0	8	0	8
	祖	0	2	1	1	0	0	0	0	0	1

關於商人日名的啟用機制，是學界長期討論的一個問題，雖然眾說紛紜，但此問題到目前還不能說已解決，仍有待繼續研究。

二、銘文中所見名物研究

商代青銅器銘文中出現的一些器物專名，尚不能全部通曉。而一些器物的自名，對於考查青銅器的功能，探討商人對青銅禮器的分類模式是很重要的材料。這也有助於理解商人的認識模式。

三、紀年曆法研究

如對商末乙辛時期的銅器銘文中出現的"曰祀"與"廿祀"的討論與商末祀譜的研究，也是學界近年來所關注的問題。

四、族氏銘文研究

商代族氏眾多，除了進行單個族氏的研究之外，還當進行族氏的分域研究，以瞭解某一區域内族氏之間、族氏與商王朝之間的地緣關係。這是進行商代政治地理架構時必需的工作。

另外，日人林巳奈夫曾將族氏銘文與青銅器上的花紋進行對比研究[①]，所得結論頗具啟發性。其實，這項工作也可擴展到青銅器花紋以外的器物上。如筆者發現，ᛥ父己簋（3195），爲殷墟二期時器，銘中的族氏銘文"ᛥ"與婦好墓出土的玉人（M5∶373）形體很相近，特别是兩者的髮式（或冠飾）。"ᛥ"作爲族氏銘文，應該表現ᛥ族人的典型特徵，也就是説，"ᛥ"表現的就是ᛥ族人的形象。婦好墓玉人與這件簋的年代均爲殷墟二期，爲同時之物。筆者推測，婦好墓的這件玉人也就是ᛥ族人。婦好以象徵ᛥ族人的玉人隨葬，這對於我們理解商王朝與族氏之間的關係又提供了一個很好的角度。同時，這也有助於我們重新理解商墓中出現的一些人形玉器的性質。

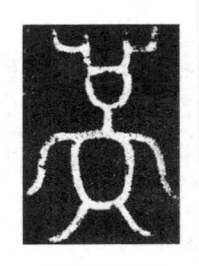

ᛥ父己簋銘 　　　　　　婦好墓玉人

---

① ［日］林巳奈夫：《所謂饕餮紋表現的是什麽——根據同時代資料之論證》，《日本考古學研究者中國考古學研究論文集》，日本東方書店，1990年，第143—150頁。

主要參考文獻

A

［英］艾蘭:《龜之謎——商代神話、祭祀、藝術和宇宙觀研究》,汪濤譯,四川人民出版社,1992年。

安陽市文物工作隊、安陽市博物館:《安陽殷墟青銅器》,中州古籍出版社,1993年。(簡稱《安陽》)

安陽市文物工作隊:《1983—1986年安陽劉家莊殷代墓葬發掘報告》,《華夏考古》1997年第2期。

安陽市文物工作隊:《河南安陽郭家莊村北發現一座殷墓》,《考古》1991年第10期。

安陽市文物工作隊:《殷墟戚家莊東269號墓》,《考古學報》1991年第3期。

B

保利藏金編輯委員會:《保利藏金》,嶺南美術出版社,1999年。(簡稱《保利》)

保利藝術博物館:《保利藏金(續)——保利藝術博物館精品選》,嶺南美術出版社,2001年。(簡稱《保續》)

寶雞市博物館:《陝西省寶雞市峪泉生產隊發現西周早期墓葬》,《文物》1975年第3期。

北京大學考古系:《燕園聚珍——北京大學賽克勒考古與藝術博物館展品選粹》,文物出版社,1992年。

北京市文物管理處:《北京市平谷縣發現商代墓葬》,《文物》1977年第11期。

北京圖書館金石組:《北京圖書館藏青銅器銘文拓本選編》,文物出版社,1985年。

C

蔡運章:《卜辭中的龍方》,《夏商文明研究》,中州古籍出版社,1995年。

蔡運章:《顧國史跡考略》,《甲骨金文與古史研究》,中州古籍出版社,1995年。

蔡運章:《商周筮數易卦釋例》,《考古學報》2004年第2期。

曹定雲:《"亞其"考——殷墟"婦好"墓器物銘文探討》,《文物集刊》2,文物出版社,1980年。

曹定雲:《論商人廟號及其相關問題》,《新世紀的中國考古學》,科學出版社,2005年。

曹定雲:《新發現的殷周"易卦"及其意義》,《考古與文物》1994年第1期。

曹定雲:《殷代族徽"戈"與夏人後裔氏族——從婦好墓器物銘文"戈自"談起》,《考古與文物》1989年第1期。

曹定雲:《殷墟婦好墓銘文研究》,(臺北)文津出版社,1993年。

曹淑琴、殷瑋璋:《光國(族)銅器群初探》,《考古》1990年第5期。

曹淑琴、殷瑋璋:《天黽銅器群初探》,《中國考古學論叢》,文物出版社,1986年。

曹淑琴、殷瑋璋:《亞吳銅器及其相關問題》,《中國考古學研究——夏鼐先生考古五十年紀念文集》,文物出版社,1986年。

曹淑琴:《庚國(族)銅器初探》,《中原文物》1994年第3期。

曹淑琴:《商代中期有銘銅器初探》,《考古》1988年第3期。

曹瑋:《周原出土青銅器》,巴蜀書社,2005年。

曹載奎:《懷米山房吉金圖》,道光十九年(1839年)刻本。

曹兆蘭:《金文與殷周女性文化》,北京大學出版社,2004年。

長治市博物館(王進先):《山西長治市揀選、徵集的商代青銅器》,《文物》1982年第9期。

常玉芝:《"寢孳方鼎"銘文及相關問題》,《殷商文明暨紀念三星堆遺址發現七十周年國際學術研討會論文集》,社會科學文獻出版社,2003年。

陳芳妹:《故宮商代青銅禮器圖錄》,臺北故宮博物院,1998年。

陳公柔、張長壽:《殷周青銅容器上鳥紋的斷代研究》,《考古學報》1984年第3期。

陳公柔、張長壽:《殷周青銅容器上獸面紋的斷代研究》,《考古學報》1990年第2期。

陳劍:《説花園莊東地甲骨卜辭的"丁"——附:釋"速"》,《故宫博物院院刊》2004年第4期。

陳絜:《從商金文的"寝某"稱名形式看殷人的稱名習俗》,《華夏考古》2001年第1期。

陳絜:《關於商代婦名研究中的兩個問題》,《2004年安陽殷商文明國際學術研討會論文集》,社會科學文獻出版社,2004年。

陳夢家:《殷虚卜辭綜述》,科學出版社,1956年。

陳佩芬:《夏商周青銅器研究》,上海古籍出版社,2004年。

陳全方、尚志儒:《陝西商代方國考》,《殷墟博物苑苑刊》(創刊號),中國社會科學出版社,1989年。

陳世輝:《牆盤銘文解説》,《考古》1980年第5期。

程長新、曲得龍、姜東方:《北京揀選一組二十八件商代帶銘銅器》,《文物》1982年第9期。

程有爲:《杞國史蠡測》,《鄭州大學學報(哲學社會科學版)》,1988年第1期。

[日]出光美術館:《出光美術館藏品圖録——中國的工藝》,平凡社,1989年。

[日]出光美術館:《開館十五周年紀念展圖録》,1981年。

D

戴尊德:《山西靈石縣旌介村商代墓和青銅器》,《文物資料叢刊》3,文物出版社,1980年。

[日]島邦男:《殷墟卜辭研究》,溫天河、李壽林譯,(臺北)鼎文書局,1975年。

丁麟年:《栘林館吉金圖識》,孫海波東雅堂重印本,1941年。

丁山:《甲骨文所見氏族及其制度》,中華書局,1988年。

丁山:《商周史料考證》,龍門書局,1960年。

丁山:《釋广》,《中研院歷史語言研究所集刊》第1本第2分,1929年。

[日]東京國立博物館:《大草原の騎馬民族——中國北方の青銅器》,1997年。

董作賓:《董作賓先生全集》,(臺北)藝文印書館,1978年。

董作賓:《五等爵在殷商》,《中研院歷史語言研究所集刊》第6本第3分,

1936年。

杜迺松:《邶其三卣銘文考及相關問題的研究》,《故宮博物院院刊》1985年第4期。

杜在忠:《壽光紀器新發現及幾個紀史問題的再認識》,《東夷古國史研究》第一輯,三秦出版社,1988年。

端方:《陶齋吉金錄》,光緒三十四年(1908年)石印本。

端方:《陶齋吉金續錄》,宣統元年(1909年)石印本。

段紹嘉:《介紹陝西省博物館的幾件青銅器》,《文物》1963年第3期。

F

范毓周:《甲骨文"戎"字通釋》,《紀念殷墟甲骨文發現一百周年國際學術研討會論文集》,社會科學文獻出版社,2003年。

方輝:《記兩件流失海外的大辛莊出土商代青銅器》,《黃盛璋先生八秩華誕紀念文集》,中國教育文化出版社,2005年。

馮時:《殷代史氏考》,《黃盛璋先生八秩華誕紀念文集》,中國教育文化出版社,2005年。

G

高明:《古文字類編》,中華書局,1980年。

高明:《武丁時代"貞㝱卜辭"之再研究》,《古文字研究》第九輯,中華書局,1984年。

高去尋:《殷代大墓的木室及其涵義之推測》,《中研院歷史語言研究所集刊》第39本(下),1969年。

葛英會:《"晏即匽"質疑》,《北京文博》1995年第1期。

葛英會:《古代典籍與出土資料中的匋、陶、窰字——兼論商周金文徽幟字𠂤及相關問題》,《考古學研究(四)》,科學出版社,2000年。

葛英會:《金文氏族徽號所反映的我國氏族制度的痕跡》,《北京文物與考古》第2輯,北京燕山出版社,1991年。

葛英會:《燕國的部族及部族聯合》,《北京文物與考古》第1輯,1983年。

故宮博物院:《故宮博物院50年入藏文物精品集》,紫禁城出版社,1999年。

(臺北)故宮、中央博物院聯合管理處:《故宮銅器圖錄》,中華叢書委員會,1958年。
故宮博物院:《故宮青銅器》,紫禁城出版社,1999年。(簡稱《故宮》)
管燮初:《西周金文語法研究》,商務印書館,1981年。
管燮初:《殷墟甲骨刻辭的語法研究》,科學出版社,1953年。
郭寶鈞:《商周銅器群綜合研究》,文物出版社,1981年。
郭寶鈞:《一九五〇年春殷墟發掘報告》,《中國考古學報》第五册,1951年。
郭寶鈞:《殷周的青銅武器》,《考古》1961年第2期。
郭沫若:《卜辭通纂》,科學出版社,1983年。
郭沫若:《兩周金文辭大系圖錄考釋》,上海書店出版社,1999年。
郭沫若:《殷彝中圖形文字之一解》,載於《殷周青銅器銘文研究》,科學出版社,1961年。
郭沫若主編、胡厚宣總編輯:《甲骨文合集》,中華書局,1979—1982年。(簡稱《合》)
郭鵬:《殷墟青銅兵器研究》,《考古學集刊》第15集,文物出版社,2004年。
郭妍利:《中國商代青銅兵器研究》,中國社會科學院研究生院博士學位論文,2004年。

H

韓炳華:《先族考》,《中國歷史文物》2005年第4期。
韓明祥:《山東長清、桓臺發現商代青銅器》,《文物》1982年第1期。
何光嶽:《光國與光國甲金文——兼論光國的來源和遷徙》,《中原文物》1991年4期。
何洪源、李晶:《"祖戊"瓿及相關問題的再認識與探討》,《故宮文物月刊》總第186期,1998年。
何景成:《"亞矣"族銅器研究》,《古文字研究》第二十五輯,中華書局,2004年。
何景成:《商周青銅器族氏銘文研究》,吉林大學博士學位論文,2005年。
何琳儀:《聽簋小箋》,《古文字研究》第二十五輯,中華書局,2004年。
何琳儀:《戰國古文字典》,中華書局,1998年。
河北省博物館、文物管理處:《河北省出土文物選集》,文物出版社,1980年。
河北省文物研究所、河北文化學院:《武安趙窰遺址發掘報告》,《考古學報》

1992年第3期。

河北省文物研究所:《藁城臺西商代遺址》,文物出版社,1985年。

河南出土商周青銅器編輯組:《河南出土商周青銅器(一)》,文物出版社,1981年。(簡稱《河南》)

河南省文化局文物工作隊:《1958年春河南安陽大司空村殷代墓葬發掘簡報》,《考古通訊》1958年第10期。

河南省文化局文物工作隊第一隊:《河南上蔡出土的一批銅器》,《文物參考資料》1957年第11期。

河南省文物考古研究所、河南省駐馬店市文化局、新蔡縣文物保護管理所:《河南新蔡平夜君成墓的發掘》,《文物》2002年第8期。

河南省文物考古研究所、三門峽市文物工作隊:《三門峽虢國墓地》(第一卷),文物出版社,1999年。

河南省文物考古研究所、周口地區文化局:《河南鹿邑太清宮西周墓的發掘》,《考古》2000年第9期。

河南省信陽地區文管會、河南省羅山縣文化館:《羅山天湖商周墓地》,《考古學報》1986年第2期。

[日]黑川古文化研究所:《中國古代青銅器展覽》,1979年。

洪家義:《從古代職業世襲看青銅器中的徽號》,《東南文化》1992年第Z1期。

洪銀興、蔣贊初:《南京大學文物珍品圖錄》,科學出版社,2002年。

胡厚宣:《殷代的史爲武官說》,《全國商史學術討論會論文集》,《殷都學刊》增刊,1985年。

胡厚宣:《殷代封建制度考》,《甲骨學商史論叢初集》,河北教育出版社,2000年。

胡厚宣:《殷代婚姻家族宗法生育制度考》,《甲骨學商史論叢初集》,河北教育出版社,2002年。

胡厚宣:《殷代農作施肥說補證》,《文物》1963年第5期。

胡平生:《對部分殷商"記名金文"銅器時代的考察》,《古文字論集(一)》,《考古與文物叢刊》第2號,1983年。

胡雲鳳:《殷商金文動詞研究》,《2004年安陽殷商文明國際學術研討會論文集》,社會科學文獻出版社,2004年。

湖南省博物館:《湖南省博物館》,文物出版社,1983年。
湖南省博物館:《湖南省工農兵群眾熱愛祖國文化遺產》,《文物》1972年第1期。
湖南省文物管理委員會:《衡陽苗圃蔣家山古墓清理簡報》,《文物參考資料》1954年第6期。
黃然偉:《殷周史料論集·殷周青銅器賞賜銘文研究》,三聯書店(香港)有限公司,1995年。
黃天樹:《保利藝術博物館收藏的兩件銅方鼎筆談》,《文物》2005年第10期。
黃錫全:《西周貨幣史料的重要發現——亢鼎銘文的再研究》,《中國錢幣論文集》第四輯,中國金融出版社,2002年。
黃濬:《鄴中片羽初集》,1935年。
黃濬:《鄴中片羽二集》,1937年。
黃濬:《鄴中片羽三集》,1942年。
黃濬:《尊古齋所見吉金圖》,1936年。

J

江西省博物館、清江縣博物館:《江西清江吳城商代遺址發掘簡報》,《文物》1975年第7期。
江西省文物管理委員會:《江西南昌老福山西漢木槨墓》,《考古》1965年6期。
江西省文物考古研究所、德安縣博物館:《江西德安縣陳家墩遺址發掘簡報》,《南方文物》1995年第2期。
江西省文物考古研究所、江西省博物館、新干縣博物館:《新干商代大墓》,文物出版社,1997年。
姜亮夫:《古初的繪畫文字》,《杭州大學學報(人文科學版)》1962年第2期。

K

喀左縣文化館、朝陽地區博物館、遼寧省博物館:《遼寧喀左縣北洞村出土的殷周青銅器》,《考古》1974年第6期。

L

李伯謙、鄭傑祥:《後李商代墓葬族屬試析》,《中原文物》1981年第4期。

李伯謙：《䜌族族系考》，《考古與文物》1987年第1期。
李伯謙：《從靈石旌介商墓的發現看晉陝高原青銅文化的歸屬》，《北京大學學報（哲學社會科學版）》1988年第2期。
李伯謙：《中國青銅文化結構體系研究》，科學出版社，1998年。
李海榮：《"亞䡇"銘銅器研究》，《遼海文物學刊》1995年第1期。
李衡梅：《周初主要封國名稱由來初探》，《齊魯學刊》1987年第2期。
李濟：《記小屯出土之青銅器》（上篇），《中國考古學報》第三冊，1948年；《記小屯出土之青銅器》（中篇），《中國考古學報》第四冊，1949年。
李建偉、牛瑞紅：《中國青銅器圖錄》，中國商業出版社，2000年。（簡稱《中國》）
李零、董珊：《𣪘侯尊》，載《保利藏金續》，嶺南美術出版社，2001年。
李零：《蘇埠屯的"亞齊"銅器》，《文物天地》1992年第6期。
李民、朱楨：《商代祖乙遷都考辨》，《邢臺歷史文化論叢》，河北人民出版社，1990年。
李孝定、周法高等編著：《金文詁林附錄》，香港中文大學，1977年。
李孝定：《甲骨文字集釋》，中研院歷史語言研究所專刊之五十，1965年。
李學勤、［英］艾蘭：《歐洲所藏中國青銅器遺珠》，文物出版社，1995年。（簡稱《遺珠》）
李學勤、齊文心、［英］艾蘭：《英國所藏甲骨集》，中華書局，1985年。（簡稱《英》）
李學勤：《古文字學初階》，中華書局，1985年。
李學勤：《考古發現與古代姓氏制度》，《考古》1987年第3期。
李學勤：《鳥紋三戈的再研究》，《比較考古學隨筆》，廣西師範大學出版社，1997年。
李學勤：《評陳夢家殷虛卜辭綜述》，《考古學報》1957年第3期。
李學勤：《試論孤竹》，《社會科學戰線》1983年第2期。
李學勤：《試論新發現的䚄方鼎和榮仲方鼎》，《文物》2005年第9期。
李學勤：《釋多子、多君》，《甲骨文與殷商史》，上海古籍出版社，1983年。
李學勤：《夏商周年代學札記》，遼寧大學出版社，1999年。
李學勤：《小臣缶方鼎》，《李學勤學術文化隨筆》，中國青年出版社，1999年。
李學勤：《殷代地理簡論》，科學出版社，1959年。

李學勤:《重論夷方》,《走出疑古時代》,遼寧大學出版社,1997年。
李雪山:《商代分封制度研究》,中國社會科學出版社,2004年。
連劭名:《殷墟卜辭中的戍和奠》,《殷都學刊》1997年第2期。
梁上椿:《岩窟吉金圖錄》,1943年。
梁詩正:《寧壽鑒古》,1913年。
梁詩正等:《西清古鑒》,1755年。(簡稱《西清》)
梁思永、高去尋:《侯家莊第四本·1003號大墓》,歷史語言研究所,1967年。
遼寧省博物館:《遼寧省博物館》,文物出版社,1983年。
林歡:《甲骨文諸"牧"考》,載《殷商文明暨紀念三星堆遺址發現七十周年國際學術研討會論文集》,社會科學文獻出版社,2003年。
林梅村:《古道西風——考古新發現所見中西文化交流》,三聯書店,2000年。
［日］林巳奈夫:《所謂饕餮紋表現的是什麼——根據同時代資料之論證》,《日本考古學研究者 中國考古學研究論文集》,日本東方書店,1990年。
［日］林巳奈夫:《殷周時代青銅器の研究——殷周青銅器綜覽一》,日本吉川弘文館,1984年。(簡稱《綜覽》)
［日］林巳奈夫:《中國殷周時代の武器》,京都大學人文科學研究所,1972年。
林澐:《從武丁時代的幾種"子卜辭"試論商代的家族形態》,《古文字研究》第一輯,中華書局,1979年。
林澐:《對早期銅器銘文的幾點看法》,《古文字研究》第五輯,中華書局,1981年。
林澐:《林澐學術文集》,中國大百科全書出版社,1998年。
林澐:《釋史牆盤銘中的"逖虘髟"》,《陝西歷史博物館館刊》第1輯,三秦出版社,1994年。
林澐:《說干、盾》,《古文字研究》第二十二輯,中華書局,2000年。
臨沂文物收集組:《山東蒼山縣出土青銅器》,《文物》1965年第7期。
麟游縣博物館:《陝西省麟游縣出土商周青銅器》,《考古》1990年第10期。
劉桓:《說卜辭田字的幾個詞語及失、賓兩字》,《紀念殷墟甲骨文發現一百周年國際學術研討會論文集》,社會科學文獻出版社,2003年。
劉體智:《善齋吉金錄》,1934年原印本。

劉喜海：《長安獲古編》，光緒三十一年（1905年）劉鶚補刻標題本。
劉一曼：《論安陽殷墟墓葬青銅武器的組合》，《考古》2002年第3期。
劉一曼：《殷墟車子遺跡及甲骨金文中的車字》，《中原文物》2000年第2期。
劉雨、盧岩：《近出殷周金文集錄》，中華書局，2002年。（簡稱J）
劉雨、嚴志斌：《近出殷周金文集錄二編》，中華書局，2010年。
劉雨：《商和西周金文中的玉》，《故宫學刊》總第1輯，紫禁城出版社，2005年。
劉雨：《殷周青銅器上的特殊銘刻》，《故宫博物院院刊》1999年第4期。
劉釗：《卜辭所見殷代的軍事活動》，《古文字研究》第十六輯，中華書局，1989年。
劉釗：《釋甲骨文耤、羲、蟺、敖、栽諸字》，《吉林大學學報（哲學社會科學版）》1990年第2期。
劉釗：《談甲骨文中的倒書》，《于省吾教授百年誕辰紀念文集》，吉林大學出版社，1996年。
劉釗：《談新發現的敖伯匜》，《中原文物》1993年第1期。
羅福頤：《商代青銅器銘文確徵例證》，《古文字研究》第十一輯，中華書局，1985年。
羅宏斌、黄傳馨：《新洲縣陽邏鎮架子山銅器》，《江漢考古》1998年第3期。
羅琨：《殷商時期的羌和羌方》，《甲骨文與殷商史》第三輯，上海古籍出版社，1991年。
羅平：《河北磁縣下七垣出土殷代青銅器》，《文物》1974年第11期。
羅振玉：《夢郼草堂吉金圖　附續編》，民國上虞羅氏珂羅版印行，1917年。
羅振玉：《貞松堂吉金圖》，孟冬墨緣堂印本，1935年。
（宋）吕大臨、趙九成：《考古圖、續考古圖、考古圖釋文》，中華書局，1987年。

M

馬承源：《亢鼎銘文——西周早期用貝幣交換玉器的記錄》，《上海博物館集刊》第八期，上海書畫出版社，2000年。
馬承源：《商代勾兵中的瑰寶》，《遼海文物學刊》1987年第2期。
馬衡：《中國之銅器時代》，上海古籍出版社，1982年。
[日]梅原末治：《日本蒐儲支那古銅精華》，1959—1962年。
孟世凱：《甲骨文中井方新考》，《邢臺歷史文化論叢》，河北人民出版社，1990年。

N

南陽市博物館：《南陽市博物館館藏的商代青銅器》，《中原文物》1984年第1期。

牛濟普：《商代兩銅璽芻議》，《中原文物》1993年第3期。

P

龐文龍：《岐山縣博物館藏商周青銅器錄遺》，《考古與文物》1994年第3期。

彭邦炯、謝濟、馬季凡：《甲骨文合集補編》，語文出版社，1999年。

彭邦炯：《竝器、竝氏與並州》，《考古與文物》1981年第2期。

彭邦炯：《卜辭所見龍人及相關國族研究》，《殷都學刊》1996年第4期。

彭邦炯：《從甲骨文𢒠、豢二字論及商周麋氏地望》，《南方文物》1994年第2期。

彭邦炯：《從商的竹國論及商代北疆諸氏》，《甲骨文與殷商史》第三輯，上海古籍出版社，1991年。

彭邦炯：《甲骨文所見舟人及相關國族研究》，《殷都學刊》1995年第3期。

彭邦炯：《再說甲骨文的"㣇"和"㣇方"——附說首人及其地望》《殷商文明暨紀念三星堆遺址發現七十周年國際學術研究會論文集》，社會科學文獻出版社，2003年。

彭明翰：《商代贛境戈人考》，《南方文物》1996年第4期。

彭明瀚：《商代虎方文化初探》，《中國史研究》1995年第3期。

彭適凡：《中國南方古代印紋陶》，文物出版社，1987年。

彭裕商：《保利藝術博物館收藏的兩件銅方鼎筆談》，《文物》2005年第10期。

Q

岐山縣博物圖書館：《岐山縣北郭公社出土的西周青銅器》，《考古與文物》1982年第2期。

齊文心：《"婦"字本義試探》，《紀念殷墟甲骨文發現一百周年國際學術研討會論文集》，社會科學文獻出版社，2003年。

齊文心：《慶陽玉戈銘"作册吾"淺釋》，《出土文獻研究（三）》，中華書局，1998年。

齊文心：《探尋商代古麋國》，《殷商文明暨紀念三星堆遺址發現七十周年國際學術研究會論文集》,社會科學文獻出版社,2003年。
齊文心:《殷代的奴隸監獄和奴隸暴動——兼甲骨文"圉"、"戎"二字用法的分析》,《中國史研究》1979年第1期。
齊亞珍、劉素華:《錦縣水手營子早期青銅時代墓葬及銅柄戈》,《遼海文物學刊》1991年第1期。
錢坫:《十六長樂堂古器款識考》,嘉慶九年(1804年)刻本。
橋北考古隊:《山西浮山橋北商周墓》,《2004中國重要考古發現》,文物出版社,2005年。
慶陽地區博物館(許俊臣):《甘肅慶陽發現商代玉戈》,《文物》1979年第2期。
裘錫圭:《"花東子卜辭"和"子組卜辭"中指稱武丁的"丁"可能應該讀爲"帝"》,《黃盛璋先生八秩華誕紀念文集》,中國教育文化出版社,2005年。
裘錫圭:《古文字論集》,中華書局,1992年。
裘錫圭:《關於商代的宗族組織與貴族和平民兩個階級的初步研究》,《文史》第十七輯,中華書局,1983年。
裘錫圭:《甲骨卜辭中所見的"田""牧""衛"等職官的研究》,《文史》第十九輯,中華書局,1983年。
裘錫圭:《商銅黿銘補釋》,《中國歷史文物》,2005年第6期。
裘錫圭:《釋"無終"》,《裘錫圭學術文化隨筆》,中國青年出版社,1999年。
裘錫圭:《釋"衍""侃"》,臺灣師大國文系·中國文字學學會:《魯實先生學術討論會論文集》,(臺灣)萬卷樓圖書有限公司,1993年。
裘錫圭:《説"玄衣朱襮裣"——兼釋甲骨文"虣"字》,《文物》1976年第12期。
裘錫圭:《文字學概要》,(北京)商務印書館,1988年。
裘錫圭:《文字學概要》,(臺灣)萬卷樓圖書有限公司,2001年。
[日]泉屋博古館:《泉屋博古——中國古銅器編》,汗中書店,2002年。

R

饒宗頤:《殷代貞卜人物通考》,香港大學出版社,1959年。
任偉:《西周封國考疑》,社會科學文獻出版社,2004年。
容庚、張維持:《殷周青銅器通論》,文物出版社,1984年。
容庚:《寶蘊樓彝器圖録》,哈佛燕京學社,1929年本。(簡稱《寶蘊》)

容庚:《海外吉金圖録》,北平燕京大學,1935年。(簡稱《海外》)
容庚:《金文編》,中華書局,1925年版、1959年版。
容庚:《善齋彝器圖録》,哈佛燕京學社,1936年。(簡稱《善齋》)
容庚:《商周彝器通考》,哈佛燕京學社,1941年。
容庚:《頌齋吉金圖録》,考古學社,1933年。(簡稱《頌齋》)
容庚:《頌齋吉金續録》,考古學社,1938年。(簡稱《頌續》)
容庚:《武英殿彝器圖録》,哈佛燕京學社,1934年。(簡稱《武英》)
容庚:《西清彝器拾遺》,考古學社,1940年。

S

山東省博物館:《山東長清出土的青銅器》,《文物》1964年第4期。
山東省博物館:《山東益都蘇埠屯第一號奴隸殉葬墓》,《文物》1972年第8期。
山東省文物考古研究所、青州市博物館:《青州市蘇埠屯商代墓發掘報告》,《海岱考古》第一輯,山東大學出版社,1989年。
山西省考古研究所、靈石縣文化局:《山西靈石旌介村商墓》,《文物》1986年第11期。
山西省考古研究所:《靈石旌介商墓》,科學出版社,2006年。
陝西省博物館、陝西省文物管理委員會:《青銅器圖釋》,文物出版社,1960年。
陝西省考古研究所、陝西省文物管理委員會、陝西省博物館:《陝西出土商周青銅器(一)》,文物出版社,1979年。
陝西省考古研究所:《高家堡戈國墓》,三秦出版社,1995年。
商承祚:《十二家吉金圖録》,1935年。
商周金文資料通鑒課題組(吳鎮烽):《商周金文資料通鑒》(光碟版),2005年。
上海博物館:《上海博物館藏青銅器》,上海人民美術出版社,1964年。
上海博物館青銅器研究組:《商周青銅器紋飾》,文物出版社,1984年。
沈長雲:《論殷周之際的社會變遷》,《歷史研究》1997年第6期。
沈兼士:《初期意符字之特性》,收入《沈兼士學術論文集》,中華書局,1986年。
沈兼士:《沈兼士學術論文集》,中華書局,1986年。
沈建華:《甲骨文所見晉南方國考》,《揖芬集——張政烺先生九十華誕紀念文集》,社會科學文獻出版社,2002年。

石樓縣文化館(楊紹舜):《山西石樓新徵集到的幾件商代青銅器》,《文物》1976年第2期。

石璋如:《小屯第一本·遺址的發現與發掘·丙編·殷墟墓葬之三·南組墓葬附北組墓補遺》,歷史語言研究所,1973年。

石璋如:《小屯第一本·遺址的發現與發掘·丙編·殷墟墓葬之五·丙區墓葬上》,歷史語言研究所,1980年。

石璋如:《小屯第一本·遺址的發現與發掘·丙編·殷墟墓葬之一·北組墓葬》上册,歷史語言研究所,1972年。

石志廉:《商戈鬲》,《文物》1961年第1期。

首都師範大學歷史系:《首都師範大學歷史博物館藏品圖錄》,科學出版社,2004年。

壽光縣博物館:《山東壽光縣新發現一批紀國銅器》,《文物》1985年第3期。

宋國定:《鄭州小雙橋遺址出土陶器上的朱書》,《文物》2003年第5期。

宋鎮豪:《甲骨文中反映的農業禮俗》,《紀念殷墟甲骨文發現一百周年國際學術研討會論文集》,社會科學文獻出版社,2003年。

宋鎮豪:《論商代的政治地理架構》,《中國社會科學院歷史研究所學刊》第一輯,社會科學文獻出版社,2001年。

宋鎮豪:《商周干國考》,《東南文化》1993年第5期。

宋鎮豪:《夏商社會生活史》,中國社會科學出版社,1994年。

蘇赫:《從昭盟發現的大型青銅器試論北方的早期青銅文明》,《內蒙古文物考古》第2期,1982年。

孫常敘:《從圖畫文字的性質和發展試論漢字體系的起源和建立——兼評唐蘭、梁東漢、高本漢三先生的"圖畫文字"》,《吉林師大學報》1959年第4期。

孫海波:《河南吉金圖志賸稿》,1939年影印本。

孫華:《三牛首獸面紋尊》,載保利藝術博物館:《保利藏金(續)》,嶺南美術出版社,2001年。

孫華:《匽侯克器銘文淺見——兼談召公建燕及其相關問題》,《文物春秋》1992年第3期。

孫亞冰:《卜辭中所見"亞"字釋義》,《紀念殷墟甲骨文發現一百周年國際學術研討會論文集》,社會科學文獻出版社,2003年。

孫亞冰:《殷墟甲骨文所見方國研究》,中國社會科學院研究生院碩士學位論文,2001年。
孫壯:《澂秋館吉金圖》,1931年。

T

譚步雲:《盨氏諸器▼字考釋——兼説"曾祖"原委》,《容庚先生百年誕辰紀念文集》,廣東人民出版社,1998年。
唐際根、汪濤:《殷墟第四期文化年代辨微》,《考古學集刊》第15集,文物出版社,2004年。
唐蘭:《從河南鄭州出土的商代前期青銅器談起》,《文物》1973年第7期。
唐蘭:《古文字學導論》,齊魯書社,1981年。

W

汪寧生:《從原始記事到文字發明》,《考古學報》1981年第1期。
汪中文:《西周册命金文所見官制研究》,"國立"編譯館,1999年。
王長啟:《西安市文物中心收藏的商周青銅器》,《考古與文物》1990年第5期。
王恩田:《山東商代考古與商史諸問題》,《中原文物》2000年第4期。
王恩田:《釋冉、再、冓、爯、偁》,《紀念殷墟甲骨文發現一百周年國際學術研討會論文集》,社會科學文獻出版社,2003年。
(宋)王黼等:《博古圖録》,乾隆十七年(1752年)刻本。
王貴民:《"衛服"的起源和古代社會的守衛制度》,《中華文化論叢》第三輯,1982年。
王貴民:《兩周貴族子弟群體的研究》,《夏商文明研究》,中州古籍出版社,1995年。
王貴民:《商代官制及其歷史特點》,《歷史研究》1986年第4期。
王國維:《國朝金文著録表·略例》,文海出版社,1974年。
王軍:《山東鄒城市西丁村發現一座商代墓葬》,《考古》2004年第1期。
王慎行:《卜辭所見羌人考》,《古文字與殷周文明》,陝西人民教育出版社,1992年。
王慎行:《瓚的形制與稱名考》,《考古與文物》1986年第3期。
王世民、張亞初:《殷代乙辛時期青銅容器的形制》,《考古與文物》1986年第

4期。

王樹明:《"亞醜"推論》,《華夏考古》1989年第1期。

王廷洽:《中國印章史》,華東師範大學出版社,1996年。

王獻唐:《黃縣嘉器》,山東人民出版社,1960年。

王永波:《並氏探略——兼論殷比干族屬》,《考古與文物》1992年第1期。

王宇信、楊升南主編:《甲骨學一百年》,社會科學文獻出版社,1999年。

王宇信:《甲骨文"馬""射"的再考察——兼駁馬、射與戰車相配置》,《第三屆國際中國古文字學討論會論文集》,香港中文大學,1997年。

王宇信:《山東桓臺史家"戍寧觚"的再認識及其啟示》,《夏商周文明研究——'97山東桓臺中國殷商文明國際學術研討會論文集》,中國文聯出版社,1999年。

王蘊智:《商代甫族、甫地考》,《鄭州大學學報(社會科學版)》2000年第2期。

渭南縣圖書館(左忠誠):《渭南縣南堡村發現三件商代銅器》,《考古與文物》1980年第2期。

魏峻:《戈族考略》,《青年考古學家》總第13期。

吳大澂:《恒軒所見所藏吉金錄》,清光緒十一年(1885年)刻本。

吳大澂:《說文古籀補》,中華書局,1988年。

吳雲:《兩罍軒彝器圖釋》,同治十一年(1872年)吳氏刻本。

吳振錄:《保德縣新發現的殷代青銅器》,《文物》1972年第4期。

X

解華英:《山東泗水發現一批商代銅器》,《考古》1986年第12期。

新鄉市博物館:《介紹七件商代晚期青銅器》,《文物》1978年第5期。

信陽地區文管會、羅山縣文管會:《羅山蟒張後李商周墓地第三次發報簡報》,《中原文物》1988年第1期。

信陽地區文管會、羅山縣文化館:《河南羅山縣蟒張商代墓地第一次發掘簡報》,《考古》1981年第2期。

信陽地區文管會、羅山縣文化館:《羅山縣蟒張後李商周墓地第二次發掘簡報》,《中原文物》1981年第4期。

徐義華:《甲骨刻辭諸婦考》,《殷商文明暨紀念三星堆遺址發現七十周年國際學術研討會論文集》,社會科學文獻出版社,2003年。

Y

嚴志斌:《複合氏名層級説之思考》,《中原文物》2002年第3期。
晏琬:《北京、遼寧出土銅器與周初的燕》,《考古》1975年第5期。
楊伯峻:《春秋左傳注》,中華書局,1986年。
楊升南:《卜辭中所見諸侯對商王室的臣屬關係》,載《甲骨文與殷商史》,上海古籍出版社,1983年。
楊升南:《甲骨文中所見商代的貢納制度》,《殷都學刊》1999年第2期。
楊樹達:《積微居甲文説》,中國科學院,1954年。
楊文山:《商代的"井方"與"祖乙遷于邢"考》,《河北學刊》1985年第3期。
楊錫璋、楊寶成:《商代的青銅鉞》,《中國考古學研究》,文物出版社,1986年。
楊錫璋、楊寶成:《殷代青銅禮器的分期與組合》,載中國社會科學院考古研究所編:《殷虛青銅器》,文物出版社,1985年。
楊錫璋:《殷墟青銅容器的分期》,《中原文物》1983年第3期。
楊曉能:《早期有銘青銅器的新資料》,《考古》2004年第7期。
楊新平、陳旭:《試論商代青銅武器的分期》,《中原文物》1983年特刊。
姚孝遂、肖丁:《小屯南地甲骨考釋》,中華書局,1985年。
姚孝遂:《古漢字的形體結構及其發展階段》,《古文字研究》第四輯,1980年。
姚孝遂:《商代的俘虜》,《古文字研究》第一輯,中華書局,1979年。
姚孝遂主編:《殷墟甲骨刻辭類纂》,中華書局,1989年。
葉文憲:《𢧢非戉、鉞、越、越族、越國考》,《東南文化》1990年第4期。
殷瑋璋、曹淑琴:《靈石商墓與丙國銅器》,《考古》1990年第7期。
殷之彝:《山東益都蘇埠屯墓地和"亞醜"銅器》,《考古學報》1977年第2期。
于省吾:《甲骨文字釋林》,中華書局,1979年。
于省吾:《釋羹》,《考古》1979年第4期。
于省吾:《雙劍誃吉金圖錄》,北平琉璃廠來薰閣,1934年。
余太山:《古族新考》,中華書局,2000年。
俞偉超:《中國古代公社組織的考察——論先秦兩漢的單、僤、彈》,文物出版社,1988年。

岳洪彬：《殷墟青銅容器分期研究》，《考古學集刊》第15集，文物出版社，2004年。

Z

張秉權：《殷虛文字丙編考釋》，中研院歷史語言研究所，1992年。

張長壽：《殷商時代的青銅容器》，《考古學報》1979年第3期。

張光裕：《偽作先秦彝器銘文疏要》，香港書局，1974年。

張光遠：《論商代金文在中國文字史的地位》，《中國考古學與歷史學之整合研究》，中研院歷史語言研究所會議論文集之四，1997年。

張光遠：《商代早期酒器上的金文——兼論周官"龜人"的族徽》，載《"中華民國建國八十年"中國藝術文物討論會論文集·器物（上）》，臺北故宮博物院，1992年。

張光直：《說殷代的"亞形"》，《中國青銅時代》，（北京）三聯書店，1999年。

張光直：《中國青銅時代》，（北京）三聯書店，1999年。

張頷：《宰椃方鼎銘文考釋》，《古文字研究》第十六輯，中華書局，1989年。

張懋鎔：《盧方、虎方考》，《文博》1992年第2期。

張懋鎔：《試論商周青銅器族徽文字的結構特點》，《古文字研究》第二十五輯，中華書局，2004年。

張懋鎔：《試論商周青銅器族徽文字獨特的表現形式》，《文物》2000年第2期。

張懋鎔：《周人不用族徽說》，《考古》1995年第9期。

張希舜主編：《山西文物館藏珍品·青銅器》，山西人民出版社（出版年不明）。

張亞初、劉雨：《商周族氏銘文考釋舉例》，《古文字研究》第七輯，中華書局，1982年。

張亞初、劉雨：《西周金文官制研究》，中華書局，1986年。

張亞初：《從古文字談胡、胡國與東胡》，《文博》1992年第1期。

張亞初：《古文字分類考釋論稿》，《古文字研究》第十七輯，中華書局，1989年。

張亞初：《兩周銘文所見某生考》，《考古與文物》1983年第5期。

張亞初：《商代職官研究》，《古文字研究》第十三輯，中華書局，1986年。

張亞初：《殷周金文集成引得》，中華書局，2001年。

張永山：《試析"錫多女㞢貝朋"》，《古文字研究》第十六輯，中華書局，

1989年。

張永山:《殷契小臣辨正》,《甲骨文與殷商史》,上海古籍出版社,1983年。

張玉金:《甲骨文語法學》,學林出版社,2001年。

張振林:《對族氏符號和短銘的理解》,《中山大學學報(社會科學版)》1996年第3期。

張振林:《試論銅器銘文形式上的時代標記》,《古文字研究》第五輯,中華書局,1981年。

趙誠:《二十世紀金文研究述要》,書海出版社,2003年。

趙誠:《甲骨文簡明詞典》,中華書局,1988年。

趙佩馨:《安陽後崗圓形葬坑性質的討論》,《考古》1960年第6期。

趙平安:《從失字的釋讀談到商代的佚侯》,《中國社會科學院歷史研究所學刊》第一輯,社會科學文獻出版社,2001年。

趙新來:《中牟縣黃店、大莊發現商代銅器》,《文物》1980年第12期。

鄭傑祥:《商代地理概論》,中州古籍出版社,1994年。

鄭振香、陳志達:《殷墟青銅器的分期與年代》,載中國社會科學院考古研究所編著:《殷虛青銅器》,文物出版社,1985年。

中國科學院考古研究所(陳夢家):《美帝國主義劫掠的我國殷周銅器集錄》,科學出版社,1962年。

中國科學院考古研究所:《灃西發掘報告——1955—1957年陝西長安縣灃西鄉考古發掘資料》,文物出版社,1962年。

中國科學院考古研究所:《上村嶺虢國墓地》,科學出版社,1959年。

中國科學院考古研究所:《殷墟婦好墓》,文物出版社,1980年。(簡稱《婦好墓》)

中國青銅器全集編輯委員會:《中國青銅器全集》,文物出版社,1997年。(簡稱《全集》)

中國社會科學院考古研究安陽工作隊:《河南安陽梅園莊西的一座殷墓》,《考古》1992年第2期。

中國社會科學院考古研究所:《安陽殷墟郭家莊商代墓葬》,中國大百科全書出版社,1998年8月。

中國社會科學院考古研究所:《安陽殷墟郭家莊商代墓葬——1982～1992年考

古發掘報告》，中國大百科全書出版社，1998年。

中國社會科學院考古研究所：《小屯南地甲骨》，中華書局，1980年。（簡稱《屯南》）

中國社會科學院考古研究所：《殷虛青銅器》，文物出版社，1985年。

中國社會科學院考古研究所：《殷墟花園莊東地甲骨》，雲南人民出版社，2003年。（簡稱《花東》）

中國社會科學院考古研究所：《殷周金文集成》，中華書局，1984—1994年。（文中僅出器號者皆出自該書）

中國社會科學院考古研究所：《殷周金文集成釋文》，香港中文大學出版社，2001年。

中國社會科學院考古研究所安陽隊：《1991年安陽後岡殷墓的發掘》，《考古》1993年第10期。

中國社會科學院考古研究所安陽工作隊：《1969—1977年殷墟西區墓葬發掘報告》，《考古學報》1979年第1期。

中國社會科學院考古研究所安陽工作隊：《1980年河南安陽大司空村M539發掘簡報》，《考古》1992年第6期。

中國社會科學院考古研究所安陽工作隊：《1986年河南安陽大司空村南地的兩座殷墓》，《考古》1989年第7期。

中國社會科學院考古研究所安陽工作隊：《1987年秋安陽梅園莊南地殷墓的發掘》，《考古》1991年第2期。

中國社會科學院考古研究所安陽工作隊：《1987年夏安陽郭家莊東南殷墓的發掘》，《考古》1988年第10期。

中國社會科學院考古研究所安陽工作隊：《1998年~1999年安陽洹北花園莊東地發掘報告》，《考古學集刊》第15集，文物出版社，2004年。

中國社會科學院考古研究所安陽工作隊：《安陽武官村北的一座商墓》，《考古》1979年第3期。

中國社會科學院考古研究所安陽工作隊：《安陽小屯村北的兩座殷代墓》，《考古學報》，1981年第4期。

中國社會科學院考古研究所安陽工作隊：《安陽殷墟劉家莊北1046號墓》，《考古學集刊》第15集，文物出版社，2004年。

中國社會科學院考古研究所安陽工作隊:《安陽殷墟三家莊東的發掘》,《考古》1983年第2期。

中國社會科學院考古研究所安陽工作隊:《安陽殷墟西區一七一三號墓的發掘》,《考古》1986年第8期。

中國社會科學院考古研究所安陽工作隊:《河南安陽市郭家莊東南26號墓》,《考古》1998年第10期。

中國社會科學院考古研究所安陽工作隊:《河南安陽市花園莊54號商代墓葬》,《考古》2004年第1期。

中國社會科學院考古研究所安陽工作隊:《河南安陽市梅園莊東南的殷代車馬坑》,《考古》1998年第10期。

中國社會科學院考古研究所山東工作隊:《山東滕州前掌大商周墓地1998年發掘簡報》,《考古》2000年第7期。

中國社會科學院考古研究所山東工作隊:《滕州前掌大商代墓葬》,《考古學報》1992第3期。

中國社會科學院考古研究所主編,楊錫璋、高煒著:《中國考古學·夏商卷》,中國社會科學出版社,2003年。

鍾柏生:《殷商卜辭地理論叢》,(臺北)藝文印書館,1989年。

周法高等:《金文詁林》,香港中文大學,1975年。

周世榮:《湖南出土戰國以前青銅器銘文考》,《古文字研究》第十輯,中華書局,1983年。

朱愛芹:《安陽市博物館藏商代有銘銅器》,《文物》1986年第8期。

朱德熙:《古文字考釋四篇》,《古文字研究》第八輯,中華書局,1983年。

朱鳳瀚:《古代中國青銅器》,南開大學出版社,1995年6月。

朱鳳瀚:《記中村不折舊藏的一片甲骨刻辭》,《揖芬集——張政烺先生九十華誕紀念文集》,社會科學文獻出版社,2002年。

朱鳳瀚:《論卜辭與金文中的"后"》,《古文字研究》第十九輯,中華書局,1992年。

朱鳳瀚:《商周家族形態研究》(增訂本),天津古籍出版社,2004年。

朱鳳瀚:《商周家族形態研究》,天津古籍出版社,1990年。

朱鳳瀚:《商周金文中的複合氏名》,《南開學報(哲學社會科學版)》1983年第

3期。

朱鳳瀚:《作册般黿探析》,《中國歷史文物》2005年第1期。

鄒衡:《試論殷墟文化分期》,《北京大學學報》1964年第4—5期。

附

(作者不詳)《山西臨汾破獲文物案繳獲商晚期"先"族青銅器》,《中國文物報》
　　2001年6月3日。

商代青銅器銘文總表

編號	著錄號	器名	出土地	型式	期別	銘　文
0001	359	鳶鐃		ＡⅠ	二期	鳶
0002	360	〇鐃	安陽（傳）	ＡⅠ	二期	〇
0003	361	躩鐃				躩
0004	362	專鐃	安陽（傳）	ＢⅠ	二期	專
0005	363	專鐃	安陽（傳）	ＢⅠ	二期	專
0006	364	專鐃	安陽（傳）	ＢⅠ	二期	專
0007	365	匿鐃	安陽（傳）			匿
0008	366	匿鐃	安陽（傳）			匿
0009	367	中鐃	安陽西區M699	ＡⅡ	四期	中
0010	368	中鐃	安陽西區M699	ＡⅡ	四期	中
0011	369	中鐃	安陽西區M699	ＡⅡ	四期	中
0012	370	中鐃		ＡⅡ	四期	中
0013	371	中鐃		ＡⅡ	四期	中
0014	372	史鐃				史
0015	373	史鐃		ＡⅡ	三期	史
0016	374	受鐃				受
0017	375	賈鐃		ＢⅠ	二期	賈
0018	376	舌鐃				舌
0019	377	箕鐃		ＢⅠ	二期	箕
0020	378	箕鐃		ＢⅠ	二期	箕

（續表）

編號	著録號	器名	出土地	型式	期別	銘文
0021	379	冀鐃		BⅠ	二期	冀
0022	404	擒鐃	安陽（傳）	AⅢ	四期	擒
0023	J110	由鐃	安陽大司空村 M663	AⅠ	二期	由
0024	J111	爰鐃	安陽戚家莊東 M269	AⅡ	三期	爰
0025	J112	爰鐃	安陽戚家莊東 M269	AⅡ	三期	爰
0026	J113	爰鐃	安陽戚家莊東 M269	AⅡ	三期	爰
0027	E51	巳鐃		BⅡ	三期	巳
0028	E52	巳鐃		BⅡ	三期	巳
0029	E53	巳鐃		BⅡ	三期	巳
0030	380	亞矣鐃	安陽（傳）	BⅠ	二期	亞矣
0031	381	亞矣鐃	安陽（傳）	BⅠ	二期	亞矣
0032	382	亞矣鐃		BⅠ	二期	亞矣
0033	383	亞弜鐃	安陽婦好墓	BⅠ	二期	亞弜
0034	384	亞弜鐃	安陽婦好墓	BⅠ	二期	亞弜
0035	385	亞夫鐃	安陽（傳）	AⅢ	四期	亞夫
0036	386	亞寅鐃		AⅡ	三期	亞寅
0037	387	亞勧鐃	安陽（傳）	AⅡ	三、四期	亞勧
0038	398	亞醜鐃				亞醜
0039		亞長鐃	安陽花園莊 M54：119	AⅠ	二期	亞長
0040		亞長鐃	安陽花園莊 M54：108	AⅠ	二期	亞長
0041		亞長鐃	安陽花園莊 M54：199	AⅠ	二期	亞長
0042	388	北單鐃				北單
0043	389	北單鐃				北單
0044	390	北單鐃				北單
0045	391	犳申鐃		BⅠ	二期	犳申
0046	392	亢册鐃				亢册
0047	395	㒼合鐃	安陽（傳）	BⅠ	二期	㒼合

（續表）

編號	著錄號	器名	出土地	型式	期別	銘文
0048	396	䍦鐃	安陽（傳）	BⅠ	二期	䍦
0049	397	䍦鐃	安陽（傳）	BⅠ	二期	䍦
0050	399	亞醜嫋鐃		AⅡ	四期	亞醜嫋
0051	403	亞畎左鐃		AⅡ	三、四期	亞畎左
0052	405	亞凡姍鐃	安陽大司空M312	AⅡ	三期	亞凡姍
0053	406	亞凡姍鐃	安陽大司空M312	AⅡ	三期	亞凡姍
0054	407	亞凡姍鐃	安陽大司空M312	AⅡ	三期	亞凡姍
0055	400	畬見冊鐃		AⅡ	三、四期	畬見冊
0056	401	畬見冊鐃		AⅡ	三、四期	畬見冊
0057	402	畬見冊鐃		AⅡ	三、四期	畬見冊
0058	408	魚正乙鐃			四期或周早	魚正乙
0059	409	魚正乙鐃			四期或周早	魚正乙
0060	410	魚正乙鐃		BⅢ	四期或周早	魚正乙
0061	411	亞萬父己鐃		AⅡ	三、四期	亞萬父己
0062	J114	亞𡪤止鐃	安陽郭家莊M160：22	AⅡ	三期	亞𡪤止，中。
0063	J115	亞𡪤止鐃	安陽郭家莊M160：23	AⅡ	三期	亞𡪤止，中。
0064	J116	亞𡪤止鐃	安陽郭家莊M160：41	AⅡ	三期	亞𡪤止，中。
0065	412	妣辛鐃	安陽（傳）	AⅡ	三、四期	沫秋尹妣辛
0066	413	亞矣鈴	安陽大司空南地（傳）			亞矣
0067	414	亞矣鈴	安陽大司空南地（傳）			亞矣
0068	415	亞矣鈴	安陽（傳）			亞矣
0069	985	父鼎		甲AbⅢ	三期	父
0070	986	丁鼎	安陽	甲AbⅣ	四期	丁
0071	987	廌鼎				廌

商代青銅器銘文總表　373

（續表）

編號	著錄號	器名	出土地	型式	期別	銘文
0072	988	廗鼎		甲 Ab Ⅳ	四期	廗
0073	990	辥鼎				辥
0074	991	天鼎		甲 Ab Ⅱ	二期	天
0075	992	天鼎	陝西綏德墕頭村窖藏	甲 Ab Ⅰ	一期	天
0076	993	卩鼎		甲 Ab Ⅱ	二期	卩
0077	994	見鼎	安陽（傳）	甲 Ba Ⅰ	二期	見
0078	996	吳鼎				吳
0079	997	吳鼎				吳
0080	998	婍鼎				婍
0081	999	好鼎	安陽殷墟 M5:819	甲 Ab Ⅱ	二期	好
0082	1000	竟鼎				竟
0083	1001	保鼎				保
0084	1002	保鼎		甲 C Ⅲ	四期	保
0085	1003	重鼎		甲 Ab Ⅱ	二期	重
0086	1004	重鼎		甲 C Ⅰ	二期	重
0087	1005	佣鼎				佣
0088	1006	佣鼎				佣
0089	1007	佣鼎				佣
0090	E150	佣鼎				佣
0091	1008	狄鼎				狄
0092	1009	狄鼎				狄
0093	J166	狄鼎		甲 Ab Ⅳ	四期	狄
0094	1010	何鼎	安陽郭家灣北地			何
0095	1011	伐鼎				伐
0096	1012	🕱鼎				🕱
0097	1013	🐚鼎	安陽西區 M355	甲 Ab Ⅲ	三期	🐚
0098	1014	化鼎				化

(續表)

編號	著錄號	器名	出土地	型式	期別	銘文
0099	1015	文鼎				文
0100	E156	文鼎				文
0101	1016	付鼎				付
0102	1017	卷鼎		甲AcⅢ	四期	卷
0103	1018	卷鼎	山東濟南劉家莊			卷
0104	E133	卷鼎		甲AcⅡ	三期	卷
0105	1019	鼎				
0106	1020	堯鼎				堯
0107	1021	堯鼎		甲AbⅡ	二期	堯
0108	1022	堯鼎				堯
0109	1023	堯鼎		甲AbⅢ	三期	堯
0110	E136	堯鼎		甲AbⅢ	三期	堯
0111	1024	光鼎				光
0112	1025	光鼎		甲BaⅠ	二期	光
0113	1027	以鼎				以
0114	1028	失鼎				失？
0115	1029	徙鼎				徙
0116	1030	先鼎	安陽	甲AbⅡ	二期	先
0117	1031	鼎		甲AbⅢ	三期	
0118	1033	䚄鼎				䚄
0119	1034	鼎		甲AbⅣ	四期	
0120	1035	屰鼎		甲CⅢ	四期	屰
0121	1036	屰鼎				屰
0122	1041	襄鼎		甲AbⅡ	二期	襄
0123	1042	子鼎		甲AbⅢ	三期	子
0124	1043	子鼎		甲AbⅣ	四期	子
0125	1044	子鼎	安陽			子

(續表)

編號	著錄號	器名	出土地	型式	期別	銘文
0126	1045	子鼎				子
0127	J185	子鼎		甲 Ab Ⅲ	三期	子
0128	J186	子鼎		甲 Ab Ⅳ	四期	子
0129	1047	囝鼎				囝
0130	1048	囝鼎				囝
0131	1050	出鼎				出
0132	1051	旋鼎		甲 C Ⅰ	二期	旋
0133	1052	壴鼎				壴
0134	1053	䞣鼎				䞣
0135	1054	䞣鼎				䞣
0136	1055	䞣鼎				䞣
0137	1056	䞣鼎				䞣
0138	J183	䞣鼎		甲 Ba Ⅰ	二期	䞣
0139	1058	正鼎		甲 Ad Ⅲ	三期	正
0140	1059	正鼎				正
0141	1060	正鼎	安陽侯家莊西北岡 HPKM1133∶3	甲 Ab Ⅲ	三期	正
0142	1061	正鼎		甲 C Ⅱ	三期	正
0143	1057	正鼎	安陽			正
0144	1062	徙鼎				徙
0145	1063	徙鼎	河南溫縣小南張村	乙 Aa Ⅰ	二期	徙
0146	1064	囗鼎				囗
0147	1065	○鼎	安陽(傳)			○
0148	1066	得鼎		甲 C Ⅰ	二期	得
0149	1067	得鼎				得
0150	1068	妥鼎				妥
0151	1069	奴鼎				奴

（續表）

編號	著錄號	器名	出土地	型式	期別	銘文
0152	1070	羞鼎				羞
0153	1071	羞鼎				羞
0154	1072	羞鼎		乙Aa Ⅱ	三期	羞
0155	1073	史鼎				史
0156	1074	史鼎				史
0157	1075	史鼎		甲Ab Ⅱ	二期	史
0158	1076	史鼎				史
0159	1077	史鼎		甲Ab Ⅱ	二期	史
0160	1078	史鼎	安陽			史
0161	1079	史鼎		甲Ab Ⅱ	二期	史
0162	1080	史鼎				史
0163	1081	史鼎				史
0164	1082	史鼎				史
0165	1083	史鼎				史
0166	1084	史鼎		甲C Ⅱ	三期	史
0167	1085	史鼎		甲Ab Ⅱ	二期	史
0168	1086	史鼎				史
0169	1087	史鼎				史
0170	1088	史鼎		甲Ba Ⅲ	四期	史
0171	E137	史鼎		乙Aa Ⅲ	四期	史
0172	E138	史鼎		乙Aa Ⅲ	四期	史
0173	E139	史鼎		乙Aa Ⅲ	四期	史
0174	E140	史鼎		甲Ab Ⅱ	二期	史
0175	E141	史鼎		甲Ac Ⅲ	四期	史
0176	E142	史鼎		甲Ab Ⅳ	四期	史
0177	E143	史鼎		甲Ab Ⅱ	四期	史
0178	E144	史鼎		甲C Ⅲ	四期	史

（續表）

編號	著錄號	器名	出土地	型式	期別	銘文
0179	E145	史鼎		甲CⅢ	四期	史
0180	E146	史鼎		甲AdⅣ	商末周初	史
0181	E147	史鼎		甲AdⅣ	商末周初	史
0182	1089	擒鼎		甲CⅠ	二期	擒
0183	1090	叉鼎				叉
0184	1091	廾鼎		甲AdⅢ	四期	廾
0185	1092	執鼎		乙AaⅡ	三期	執
0186	1093	叟鼎		甲AbⅡ	二期	叟
0187	1094	叟鼎		甲AbⅢ	三期	叟
0188	1095	叟鼎		甲AdⅢ	三期	叟
0189	1096	守鼎	河北藁城前西關	甲AbⅡ	二期	守
0190	1097	左鼎				左
0191	1098	門鼎	安陽西區M907：3	甲AbⅢ	三期	門
0192	1099	聿鼎				聿
0193	1100	專鼎				專
0194	1101	受鼎				受
0195	J179	受鼎	安陽郭家莊東南M26：29	甲CⅠ	二期	受
0196	E155	受鼎		甲AbⅣ	四期	受
0197	1103	牛鼎				牛
0198	1105	羊鼎				羊
0199	1106	羊鼎				羊
0200	1107	羍鼎		甲BaⅡ	三期	羍
0201	1108	羍鼎				羍
0202	1109	羍鼎				羍
0203	1112	馬鼎				馬？
0204	1113	豕鼎				豕

(續表)

編號	著錄號	器名	出土地	型式	期別	銘文
0205	1114	豙鼎				豙
0206	1115	豙鼎				豙
0207	1116	豙鼎		甲AbⅡ	二期	豙
0208	1117	夔鼎	安陽			夔
0209	1118	夔鼎	安陽（傳）			夔
0210	1120	鳥鼎		甲AbⅣ	四期	鳥
0211	1121	鳥鼎		甲AbⅡ	四期	鳥
0212	1122	隻鼎				隻
0213	1123	鳶鼎		甲AbⅡ	二期	鳶
0214	1124	鳶鼎		甲AbⅡ	二期	鳶
0215	1125	彝鼎				彝
0216	1126	魚鼎				魚
0217	1127	魚鼎				魚
0218	1128	鯀鼎				鯀
0219	1129	鼎		甲BaⅠ	二期	
0220	1131	黽鼎				黽
0221	1132	黽鼎		甲CⅢ	四期	黽
0222	1133	萅鼎				萅
0223	1134	萬鼎		甲AbⅣ	四期	萬
0224	1135	栩鼎	安陽西北岡M2020	甲CⅡ	三期	栩
0225	1136	鼎				
0226	1137	鬥鼎	安陽（傳）	甲AbⅢ	三期	鬥
0227	1138	鼎				
0228	1140	鼎	山東長青縣興復河	甲AbⅡ	二期	
0229	E134	鼎	安陽孝民屯北 M2065∶1	甲CⅢ	四期	
0230	E135	鼎	河南安陽市孝民屯商代墓葬M17∶11	甲BaⅢ	四期	

商代青銅器銘文總表　379

（續表）

編號	著錄號	器名	出土地	型式	期別	銘文
0231	1141	辜鼎		甲CⅠ	二期	辜
0232	1142	倉鼎				倉
0233	1143	鼎				
0234	1145	亞鼎		甲AdⅢ	四期	亞
0235	1147	亞鼎		甲CⅢ	四期	亞
0236	1148	舟鼎	安陽武官村WKGM8	甲CⅠ	二期	舟
0237	1150	車鼎				車
0238	1151	⊕鼎				⊕
0239	1152	⊕鼎				⊕
0240	1153	鼎				
0241	1155	鼎				
0242	1157	鼎				
0243	1158	鼎		甲AbⅢ	三期	
0244	1159	鼎				
0245	1160	鼎		甲CⅡ	三期	
0246	1161	鼎	安陽M17：4	甲AbⅡ	二期	
0247	1162	鼎	山西靈石縣旌介村M1：2	乙AaⅢ	四期	
0248	J200	鼎		甲BaⅢ	四期	
0249	J201	鼎	山西靈石縣旌介村M2：38	甲AbⅣ	四期	
0250	J202	鼎	陝西長安縣灃西鄉馬王村	甲CⅢ	四期	
0251	1163	鼎		乙AaⅡ	三期	
0252	1164	鼎		乙B	三期	
0253	1165	鼎	安陽（傳）	甲AdⅢ	三、四期	
0254	1166	宁鼎		甲BaⅢ	四期	宁
0255	1167	賈鼎		甲AbⅢ	三期	賈

(續表)

編號	著錄號	器名	出 土 地	型式	期別	銘 文
0256	1168	買鼎				買
0257	1169	罒鼎				罒
0258	1170	罒鼎				罒
0259	1171	罒鼎		甲 Ab Ⅱ	二期	罒
0260	1172	罒鼎				罒
0261	1173	罒鼎		甲 Ab Ⅱ	二期	罒
0262	1174	盌鼎				盌
0263	1175	壴鼎		甲 Ab Ⅱ	二期	壴
0264	1176	夨鼎	安陽西北岡M1550	甲 Ab Ⅳ	四期	夨
0265	1177	夨鼎		甲 Ab Ⅳ	四期	夨
0266	1178	夨鼎		甲 Ac Ⅲ	四期	夨
0267	1179	夨鼎		甲 C Ⅱ	三期	夨
0268	1180	夨鼎				夨
0269	1181	夨鼎		甲 Ab Ⅳ	四期	夨
0270	1182	夨鼎				夨
0271	J203	夨鼎		甲 Ab Ⅲ	三期	夨
0272	E132	夨鼎		甲 Ac Ⅱ	三期	夨
0273	1188	鼎鼎				鼎
0274	1189	鼎鼎				鼎
0275	1190	鼎鼎	陝西鳳翔縣南指揮西村79M42∶5	甲 C Ⅲ	四期	鼎
0276	1191	𢆶鼎				𢆶
0277	1192	串鼎				串
0278	1193	勺鼎		乙 Aa Ⅱ	三期	勺
0279	1195	戈鼎		甲 Ab Ⅲ	三期	戈
0280	1196	戈鼎				戈
0281	1197	戈鼎		甲 Ba Ⅲ	四期	戈

（續表）

編號	著錄號	器名	出土地	型式	期別	銘文
0282	1199	戈鼎		甲 Ab Ⅳ	四期	戈
0283	1200	戈鼎				戈
0284	1201	戈鼎			三、四期	戈
0285	1202	戈鼎			三、四期	戈
0286	1203	戈鼎		甲 Ab Ⅲ	三期	戈
0287	1204	戈鼎		甲 Ab Ⅳ	四期	戈
0288	1206	戈鼎			三、四期	戈
0289	1207	戈鼎				戈
0290	E148	戈鼎		甲 Ab Ⅲ	三期	戈
0291	E149	戈鼎		甲 Ba Ⅰ	二期	戈
0292	1208	聝鼎		甲 Ab Ⅱ	二期	聝
0293	1209	聝鼎		甲 C Ⅱ	三期	聝
0294	1210	聝鼎		甲 Ab Ⅱ	二期	聝
0295	1211	聝鼎	安陽殷墟 M5：1173	甲 Ad Ⅱ	二期	聝
0296	1212	爻鼎				爻
0297	1213	戉鼎		甲 Ab Ⅲ	三期	戉
0298	1215	葡鼎				葡
0299	1216	葡鼎	安陽（傳）	甲 Ad Ⅲ	三期	葡
0300	1217	葡鼎	安陽（傳）	甲 Ab Ⅱ	二期	葡
0301	E154	葡鼎		甲 Ab Ⅱ	二期	葡
0302	1218	𠂤鼎		甲 Ab Ⅳ	商末周初	𠂤
0303	1220	舌鼎	安陽	乙 Aa Ⅱ	三期	舌
0304	1221	舌鼎	安陽（傳）	甲 Ad Ⅲ	四期	舌
0305	J176	舌鼎		甲 Ab Ⅱ	二期	舌
0306	E131	舌鼎		甲 Ba Ⅱ	三、四期	舌
0307	1222	耳鼎	安陽	甲 Ba Ⅲ	四期	耳
0308	1223	聑鼎				聑

（續表）

編號	著錄號	器名	出土地	型式	期別	銘文
0309	1224	吕鼎	安陽（傳）	甲AbⅡ	二期	吕
0310	1225	息鼎	河南羅山蟒張M28：10		四期	息
0311	1226	息鼎	河南羅山蟒張M5：1	甲AbⅣ	四期	息
0312	1227	息鼎	河南羅山蟒張M28：12		四期	息
0313	1228	霝鼎				霝
0314	1229	霝鼎		甲AbⅢ	三期	霝
0315	1230	温鼎	安陽侯家莊西北岡M1435	甲Bb	二期	温
0316	1237	夆鼎	鄴郡漳河之濱	甲AbⅣ	四期	夆
0317	1238	乂鼎		乙AaⅢ	四期	乂
0318	1244	㫃鼎				㫃
0319	1245	束鼎				束
0320	1246	束鼎	"得於京師"	甲AbⅡ	二期	束
0321	1247	束鼎				束
0322	1248	冬鼎				冬
0323	J165	戎鼎		乙AaⅡ	三期	戎
0324	J168	益鼎		甲AbⅣ	四期	益
0325	J169	飲鼎	安陽苗圃0北地M123:01(盜坑內)	甲AbⅣ	四期	飲
0326	J170	邑鼎	山西靈石縣旌介村M1：36	甲BaⅢ	四期	邑
0327	J171	免鼎		甲AbⅡ	二期	免
0328	J172	𢆶鼎		甲AbⅢ	三期	𢆶
0329	J177	向鼎		甲AbⅡ	二期	向
0330	J178	共鼎	河北薊縣張家園M2：1	甲AbⅣ	四期	共？
0331	J187	己鼎	河南武陟縣宁郭村	甲AcⅠ	二期	己
0332	J188	亞鼎	安陽郭家莊M1：19	乙AaⅢ	四期	亞

（續表）

編號	著錄號	器名	出土地	型式	期別	銘　文
0333	J192	兕鼎		甲 Ab Ⅱ	二期	兕
0334	J193	融鼎	山東青州市蘇埠屯 M8：13	乙 Aa Ⅲ	四期	融
0335	J194	矢鼎	河北武安縣趙窰村 M10：7	甲 Ab Ⅱ	二期	矢
0336	J197	卜鼎	河北遷安縣夏官營鎮馬哨村	甲 Ba Ⅱ	三、四期	卜
0337	J199	向鼎	安陽梅園莊 M1：5	甲 Ab Ⅳ	四期	向
0338	J180	爰鼎	安陽戚家莊東 M269	甲 Ab Ⅲ	三期	爰
0339	J181	爰鼎	安陽戚家莊東 M269	甲 Ab Ⅲ	三期	爰
0340	J182	爰鼎	安陽戚家莊東 M269：41	乙 Aa Ⅱ	三期	爰
0341	J184	隻鼎		甲 Ab Ⅲ	三期	隻
0342	E127	眉鼎		甲 Aa Ⅱ	一期	眉
0343	E128	冃鼎		甲 Aa Ⅰ	中商	冃
0344	E129	◆鼎		甲 Ab Ⅱ	二期	◆
0345	E130	冂鼎		甲 Ab Ⅳ	四期	冂
0346	E151	旅鼎		甲 Ab Ⅳ	四期	旅
0347	E152	旅鼎		甲 Ab Ⅳ	四期	旅
0348	E153	酉鼎	湖南望城縣高塘嶺鎮高砂脊 AM1：18	甲 Ab Ⅱ	二期	酉
0349	1449	弴鼎		乙 Aa Ⅲ	四期	弴
0350	1458	𦘒鼎		甲 Ab Ⅱ	二期	𦘒
0351	1459	儞鼎		甲 Ab Ⅱ	二期	儞
0352	J189	攏鼎	湖北蘄春縣達城鄉新屋灣	乙 Aa Ⅱ	三期	攏
0353	J190	攏鼎	湖北蘄春縣達城鄉新屋灣	乙 Aa Ⅱ	三期	攏

(續表)

編號	著錄號	器名	出土地	型式	期別	銘文
0354	J198	酉鼎	湖北蘄春縣達城鄉新屋灣	乙AaⅡ	三期	酉
0355	1251	祖乙鼎				祖乙
0356	1252	祖乙鼎				祖乙
0357	1253	祖戊鼎				祖戊
0358	1254	祖辛鼎				祖辛
0359	1255	父丁鼎				父丁
0360	1257	父戊鼎				父戊
0361	1258	父戊鼎				父戊
0362	1259	父戊鼎		乙AaⅡ	三期	父戊
0363	1260	父己鼎		甲CⅢ	四期	父己
0364	1263	父己鼎		甲AbⅣ	四期	父己
0365	1264	父己鼎	安陽(傳)	甲AbⅡ	二期	父己
0366	1265	父己鼎	安陽	乙AaⅡ	三期	父己
0367	1266	父己鼎				父己
0368	1267	父辛鼎				父辛
0369	1268	父辛鼎	安陽(傳)	甲AbⅢ	二、三期	父辛
0370	1269	父辛鼎				父辛
0371	1275	父癸鼎				父癸
0372	1276	父癸鼎	安陽	甲AbⅣ	四期	父癸
0373	1277	父癸鼎				父癸
0374	1280	文父鼎				文父
0375	1281	母乙鼎				母乙
0376	1282	母癸鼎				母癸
0377	1284	乇乙鼎		甲BaⅢ	四期	乙乇
0378	1285	酉乙鼎		甲AbⅡ	二期	酉乙
0379	1286	酉乙鼎		甲CⅡ	三期	酉乙

（續表）

編號	著錄號	器名	出土地	型式	期別	銘文
0380	1287	戎乙鼎	河南彰德（傳）		二三期	乙戎
0381	1288	兴丁鼎				丁兴
0382	1289	臺丁鼎		甲 Ab Ⅲ	三期	丁臺
0383	1290	弔丁鼎	安陽（傳）			弔丁
0384	1291	句戊鼎				句戊
0385	1292	臺己鼎		甲 Ab Ⅳ	四期	臺己
0386	1296	臺辛鼎		甲 Ab Ⅱ	二期	臺辛
0387	1297	臺南鼎		甲 Ab Ⅳ	四期	臺南
0388	1293	戈己鼎				戈己
0389	E187	戈己鼎		甲 Ab Ⅳ	四期	戈己
0390	1294	賊己鼎		甲 C Ⅱ	三期	賊己
0391	1295	賊己鼎				賊己
0392	1298	舟辛鼎		乙 Aa Ⅲ	四期	舟辛
0393	1300	正癸鼎				正癸
0394	1301	子妥鼎	安陽	甲 Ba Ⅰ	二期	子妥
0395	1302	子妥鼎				子妥
0396	1303	子妥鼎				子妥
0397	1304	子妥鼎				子妥
0398	1305	子妥鼎				子妥
0399	1306	子龏鼎				子龏
0400	1307	子龏鼎				子龏
0401	1308	子龏鼎	河南輝縣			子龏
0402	E165	子龍鼎		甲 Ac Ⅲ	四期	子龍
0403	1309	子媚鼎	安陽	甲 Ad Ⅲ	三、四期	子媚
0404	1310	子廟鼎				子廟
0405	1311	子蠱鼎		甲 C Ⅱ	三期	子蠱
0406	1312	子蠱鼎				子蠱

（續表）

編號	著錄號	器名	出 土 地	型式	期別	銘　文
0407	E177	子蠱鼎	安陽殷墟西區 M2508:1	乙 Aa Ⅱ	三期	子蠱
0408	1313	子韋鼎		甲 Ab Ⅱ	二期	子韋
0409	1314	子韋鼎	陝西寶雞市竹園溝 M13：19	乙 Aa Ⅲ	四期	子韋
0410	1319	子妣鼎	河南洛陽（傳）	甲 Ac Ⅲ	四期	子妣
0411	J213	子蝠鼎	四川銅梁縣土橋鄉八村墓	乙 Aa Ⅱ	三期	子蝠
0412	1315	子乙鼎		甲 Ab Ⅲ	三期	子乙
0413	1316	子戊鼎				子戊
0414	1317	子癸鼎				子癸
0415	1320	婦好鼎	安陽殷墟 M5：754	甲 Ab Ⅱ	二期	婦好
0416	1321	婦好鼎	安陽殷墟 M5：755	甲 Ab Ⅱ	二期	婦好
0417	1322	婦好鼎	安陽殷墟 M5：756	甲 Ab Ⅱ	二期	婦好
0418	1323	婦好鼎	安陽殷墟 M5：758			婦好
0419	1324	婦好鼎	安陽殷墟 M5：760	甲 Ab Ⅱ	二期	婦好
0420	1325	婦好鼎	安陽殷墟 M5：761	甲 Ab Ⅱ	二期	婦好
0421	1326	婦好鼎	安陽殷墟 M5：762	甲 Ab Ⅱ	二期	婦好
0422	1327	婦好鼎	安陽殷墟 M5：814	甲 Ab Ⅱ	二期	婦好
0423	1328	婦好鼎	安陽殷墟 M5：815	甲 Ab Ⅱ	二期	婦好
0424	1329	婦好鼎	安陽殷墟 M5：821	甲 Ab Ⅱ	二期	婦好
0425	1330	婦好鼎	安陽殷墟 M5：816	甲 Ab Ⅱ	二期	婦好
0426	1331	婦好鼎	安陽殷墟 M5：831	甲 Ab Ⅱ	二期	婦好
0427	1332	婦好鼎	安陽殷墟 M5：775	甲 Ab Ⅱ	二期	婦好
0428	1333	婦好鼎	安陽殷墟 M5：835	甲 Ba Ⅰ	二期	婦好
0429	1334	婦好鼎	安陽殷墟 M5：776	甲 Ad Ⅱ	二期	婦好
0430	1335	婦好鼎	安陽殷墟 M5：817		二期	婦好
0431	1336	婦好鼎	安陽殷墟 M5：1150	甲 Ad Ⅱ	二期	婦好
0432	1337	婦好鼎	安陽殷墟 M5：813	乙 Ab Ⅰ	二期	婦好

商代青銅器銘文總表　387

（續表）

編號	著錄號	器名	出　土　地	型式	期別	銘　文
0433	1338	婦好鼎	安陽殷墟M5：834	乙AaⅠ	二期	婦好
0434	E174	婦好鼎	安陽殷墟M5：812		二期	婦好
0435	1340	婦旋鼎				婦旋
0436	1341	婦㛗鼎			商末周初	婦㛗
0437	1342	婦㛗鼎			商末周初	婦㛗
0438	1343	婦㛗鼎		甲AbⅣ	商末周初	婦㛗
0439	1344	盩婦鼎				盩婦
0440	1350	保𠕋鼎				保𠕋
0441	E183	保𠕋鼎		甲AbⅣ	四期	𠕋保
0442	1355	腐册鼎				腐册
0443	1356	𠂤册鼎				册𠂤
0444	1357	妞册鼎		甲BaⅠ	二期	妞册
0445	1358	蟲典鼎				蟲典
0446	1359	陸册鼎		甲AbⅣ	商末周初	陸册
0447	1360	更册鼎				更册
0448	1361	美宁鼎		甲AbⅡ	二期	美宁
0449	1362	鄉宁鼎	安陽	甲AbⅡ	二期	鄉宁
0450	1363	鄉宁鼎				鄉宁
0451	1364	鄉宁鼎				鄉宁
0452	1365	𠭯宁鼎			四期	宁𠭯
0453	1366	西宁鼎	安陽	甲AbⅢ	三期	宁西
0454	1367	尹宁鼎				宁尹
0455	1368	告宁鼎	安陽西區M1118：1	甲AbⅣ	四期	告宁
0456	1370	旅鼎				旅
0457	1371	旅鼎				旅
0458	1372	又敉鼎				又敉
0459	1032	敉鼎		甲AbⅢ	三期	敉

(續表)

編號	著錄號	器名	出土地	型式	期別	銘文
0460	1381	㚔䇂鼎		甲AbⅡ	二期	㚔䇂
0461	1382	㚔䇂鼎		甲AbⅡ	二期	㚔䇂
0462	1383	㚔䇂鼎	安陽（傳）	甲CⅠ	二期	㚔䇂
0463	1384	㚔䇂鼎				㚔䇂
0464	1385	㚔乙鼎				乙㚔
0465	1386	㚔丁鼎				丁㚔
0466	1388	㚔己鼎	湖南寧鄉張家坳	甲CⅢ	四期	己㚔
0467	1389	㚔辛鼎		甲AcⅡ	三期	㚔辛
0468	1390	㚔辛鼎		甲CⅡ	三期	㚔辛
0469	J211	㚔辛鼎		甲AbⅣ	四期	㚔辛
0470	1391	㚔癸鼎				癸㚔
0471	1392	㚔癸鼎		乙AaⅡ	三期	癸㚔
0472	1393	亞弜鼎		甲AbⅡ	二期	亞弜
0473	1394	亞弜鼎				亞弜
0474	1395	亞弜鼎				亞弜
0475	1396	亞弜鼎				亞弜
0476	1397	亞弜鼎				亞弜
0477	1398	亞弜鼎		甲AbⅡ	二期	亞弜
0478	1399	亞弜鼎				亞弜
0479	1400	亞弜鼎	安陽殷墟M5：808	甲AcⅠ	二期	亞弜
0480	1401	亞豕鼎		甲AbⅡ	二期	亞豕
0481	1402	亞守鼎	安陽侯家莊西北岡 HPKM1133：4殉葬坑			亞守
0482	1403	亞囗鼎				亞囗
0483	1404	亞㐬鼎				㐬亞
0484	1405	亞羌鼎				亞羌
0485	1406	亞舟鼎				亞舟

（續表）

編號	著錄號	器名	出　土　地	型式	期別	銘　文
0486	1407	亞舟鼎	安陽（傳）	甲 Ab Ⅱ	二期	亞舟
0487	E186	亞舟鼎		甲 Ab Ⅱ	二期	亞舟
0488	1408	亞天鼎				亞天
0489	1409	亞厷鼎				亞厷
0490	1410	亞告鼎				亞告
0491	1411	亞告鼎		甲 Ab Ⅲ	三期	亞告
0492	1412	亞果鼎				亞果
0493	1413	亞卯鼎		乙 Aa Ⅲ	四期	亞卯
0494	1416	亞矞鼎				亞矞
0495	1417	亞矞鼎				亞矞
0496	1418	亞斁鼎		甲 Ba Ⅲ	四期	亞斁
0497	1419	亞瑅鼎				亞瑅
0498	1420	亞瑅鼎		甲 Ab Ⅲ	三期	亞瑅
0499	1421	亞隓鼎				亞隓
0500	1422	亞隓鼎		甲 C Ⅱ	三期	亞隓
0501	1423	亞霣鼎		甲 Ab Ⅲ	三期	亞霣
0502	J214	亞址鼎	安陽郭家莊 M160∶32	乙 B	三期	亞址
0503	J215	亞址鼎	安陽郭家莊 M160∶134	乙 Aa Ⅱ	三期	亞址
0504	J216	亞址鼎	安陽郭家莊 M160∶62	甲 Ac Ⅱ	三期	亞址
0505	1425	亞衡鼎				亞衡
0506	1426	亞矣鼎		甲 Ab Ⅲ	三期	亞矣
0507	1427	亞矣鼎				亞矣
0508	1428	亞矣鼎				亞矣
0509	1429	亞矣鼎		甲 C Ⅲ	四期	亞矣
0510	1430	亞矣鼎		甲 Ab Ⅱ	二期	亞矣
0511	1431	亞矣鼎				亞矣
0512	1432	亞矣鼎	改入"1416亞矣卣"			

（續表）

編號	著錄號	器名	出土地	型式	期別	銘文
0513	1433	亞䚄鼎		甲CⅢ	四期	亞䚄
0514	1434	亞䚄鼎		甲CⅢ	四期	亞䚄
0515	1435	亞䚄鼎		甲AdⅢ	四期	亞䚄
0516	1436	亞䚄鼎		甲CⅢ	四期	亞䚄
0517	1437	亞䚄鼎				亞䚄
0518	1438	亞䚄鼎		乙AaⅢ	四期	亞䚄
0519	1439	亞䚄鼎		乙AaⅢ	四期	亞䚄
0520	1440	亞䚄鼎		甲CⅢ	四期	亞䚄
0521	1441	亞䚄鼎		乙AaⅢ	四期	亞䚄
0522	1442	亞䚄鼎		乙AaⅢ	四期	亞䚄
0523	1443	亞䚄鼎	安陽（傳）	乙AaⅢ	四期	亞䚄
0524	1444	亞䚄鼎		乙AaⅢ	四期	亞䚄
0525	1445	亞䚄鼎				亞䚄
0526	1446	亞𠂤鼎	陝西長安縣灃西M1.1			亞𠂤
0527	1447	亞戈鼎				亞戈
0528	E181	亞敕鼎		甲BaⅢ	四期	亞敕
0529	E180	亞鼎鼎		甲CⅡ	三期	亞鼎
0530	E176	亞盥鼎	安陽苗圃北地M172：5	甲AbⅢ	三期	亞盥
0531	E169	亞𠂤鼎	安陽劉家莊M1046：3	甲AbⅣ	四期	亞𠂤
0532	E170	亞𠂤鼎	安陽劉家莊M1046：71	甲AbⅣ	四期	亞𠂤
0533	E171	亞𠂤鼎	安陽劉家莊M1046：27	甲CⅢ	四期	亞𠂤
0534	E172	亞𠂤鼎	安陽劉家莊M1046：17	乙AaⅢ	四期	亞𠂤
0535	E173	亞𠂤鼎	安陽劉家莊M1046：16	乙AaⅢ	四期	亞𠂤
0536	E166	亞長鼎	M54：167	甲CⅠ	二期	亞長
0537	E168	亞長鼎	安陽花園莊M54：240	甲AcⅠ	二期	亞長
0538	E185	亞建鼎		甲CⅠ	二期	亞建
0539	1450	亡終鼎	安陽（傳）	甲AbⅢ	三期	亡終

（續表）

編號	著錄號	器名	出土地	型式	期別	銘文
0540	1451	亡終鼎		甲AbⅢ	三期	亡終
0541	1452	亡終鼎	安陽（傳）	甲BaⅢ	四期	亡終
0542	1453	宁矢鼎	鄴下出土	甲BaⅢ	四期	宁矢
0543	J224	宁矢鼎		甲AbⅣ	四期	宁矢
0544	1455	車㐅鼎		甲BaⅡ	三期	車㐅
0545	1456	車㐅鼎				車㐅
0546	1460	倗母鼎		甲AcⅢ	商末周初	倗母
0547	1461	倗母鼎				倗母
0548	1462	耳䲷鼎				耳䲷
0549	1463	羊失鼎	安陽（傳）	甲AbⅡ	二期	羊失
0550	1464	魚羌鼎				魚羌
0551	1466	❀亼鼎				❀亼
0552	1467	❀亼鼎	安陽大司空村M51∶3			❀亼
0553	1468	弔黽鼎	安陽	甲BaⅡ	三期	弔黽
0554	1469	弔黽鼎	安陽	甲AbⅡ	二期	弔黽
0555	1470	𠀠戠鼎				𠀠戠
0556	1471	𧊒己鼎				己𧊒
0557	1472	大禾鼎	湖南寧鄉黃材	乙AaⅡ	三期	大禾
0558	1474	丂婦鼎	河南輝縣褚邱村	甲AbⅡ	二期	丂婦？
0559	1475	守雾鼎				守雾
0560	1477	叉宂鼎				叉宂
0561	1478	叉宂鼎				叉宂
0562	1479	盥丿鼎				盥丿
0563	1480	盥丿鼎				盥丿
0564	1481	交鼎鼎				交鼎
0565	1482	告田鼎				告田
0566	1483	告田鼎				告田

（續表）

編號	著錄號	器名	出土地	型式	期別	銘文
0567	1487	齊囧鼎				齊囧
0568	1488	齒㜮鼎				齒㜮
0569	1380	冀戲鼎	山東費縣（傳）	甲CⅢ	四期	冀戲
0570	E182	冀戲鼎	山東費縣（傳）	甲CⅢ	四期	冀戲
0571	1490	冀徽鼎		乙AaⅢ	商末周初	冀徽
0572	1491	冀登鼎				冀登
0573	1498	襃奸鼎	安陽（傳）			襃奸
0574	1501	▦刀鼎				▦刀
0575	1765	爾失鼎				爾失
0576	J206	戈乙鼎	湖北武漢新洲縣陽邏鎮架子山	甲AbⅣ	四期	戈乙
0577	J206	戈乙鼎	湖北武漢新洲縣陽邏鎮架子山	甲AbⅣ	四期	戈乙
0578	J207	己竝鼎	山東壽光縣"益都侯城"	甲AbⅢ	三期	己竝
0579	J208	己竝鼎	山東壽光縣"益都侯城"	甲AbⅢ	三期	己竝
0580	J209	己竝鼎	山東壽光縣"益都侯城"	甲CⅡ	三期	己竝
0581	J210	秉己鼎		甲AbⅢ	三期	秉己
0582	J212	守辛鼎		甲AbⅡ	二期	守辛
0583	J218	疋未鼎	安陽戚家莊東M269	甲AdⅢ	三期	疋未
0584	J219	絴葡鼎	安陽梯家口村M3：5	甲AbⅢ	三期	絴葡
0585	J220	敎象鼎	安陽薛家莊M3：25	甲AbⅡ	二期	敎象
0586	J221	融册鼎	山東青州市蘇埠屯 M8：17	甲AdⅢ	四期	册融
0587	J222	融册鼎	山東青州市蘇埠屯 M8：15	乙AbⅡ	四期	册融
0588	J223	⿱豐鼎	傳出安陽	乙AaⅢ	四期	⿱豐
0589	J223	⿱豐鼎	傳出安陽	乙AaⅢ	四期	⿱豐
0590	1454	宣盾鼎				宣盾

（續表）

編號	著錄號	器名	出土地	型式	期別	銘文
0591	J226	心母鼎		甲 Ab Ⅳ	四期	母心
0592	J227	▣癸鼎	河南正陽縣傅寨鄉伍莊村窖藏	甲 Ab Ⅲ	三期	癸▣
0593	E179	冊弓鼎	安陽戚家莊東 M63：11	甲 Ab Ⅳ	四期	冊弓
0594	E178	几己鼎	安陽苗圃南地 M47：1	甲 Ac Ⅱ	三期	几己
0595	E188	酉己鼎	安陽徐家橋村北 M23：1	甲 Ab Ⅲ	三期	酉己
0596	E175	五己鼎		甲 Ba Ⅲ	四期	五己
0597	E184	□柬鼎		甲 Ab Ⅳ	四期	□柬
0598	1373	聚册鼎		甲 Ab Ⅳ	四期	聚册
0599	1374	聚册鼎				聚册
0600	1375	聚册鼎				聚册
0601	1376	聚册鼎				聚册
0602	1377	射婦桑鼎		甲 Ba Ⅱ	二期	射婦桑
0603	1378	射婦桑鼎		甲 Ab Ⅱ	二期	射婦桑
0604	1379	射婦桑鼎		甲 Ab Ⅱ	二期	射婦桑
0605	1510	佣祖丁鼎				佣祖丁
0606	1511	戈祖辛鼎		甲 C Ⅲ	四期	戈祖辛
0607	1513	戈祖癸鼎		甲 C Ⅲ	四期	戈祖癸
0608	1515	戈妣辛鼎		甲 C Ⅲ	四期	戈妣辛
0609	1517	戈父甲鼎		甲 C Ⅱ	三期	戈父甲
0610	1599	戈父丁鼎				戈父丁
0611	1676	戈父癸鼎			三、四期	戈父癸
0612	1698	戈父庚鼎		甲 Ac Ⅲ	四期	戈父庚
0613	1512	象祖辛鼎				象祖辛
0614	1522	▲父甲鼎				▲父甲
0615	1523	冀父乙鼎		乙 Aa Ⅲ	商末周初	冀父乙

(續表)

編號	著錄號	器名	出土地	型式	期別	銘　文
0616	1524	冀父乙鼎		乙AaⅢ	四期	冀父乙
0617	1525	冀父乙鼎				冀父乙
0618	1527	冀父乙鼎				冀父乙
0619	1570	冀父丁鼎				冀父丁
0620	1571	冀父丁鼎				冀父丁
0621	1572	冀父丁鼎				冀父丁
0622	1573	冀父丁鼎				冀父丁
0623	1603	冀父己鼎		甲CⅢ	四期	冀父己
0624	1604	冀父己鼎		甲CⅢ	四期	冀父己
0625	1670	冀父癸鼎		乙AaⅢ	四期	冀父癸
0626	J236	冀父癸鼎	安陽劉家莊M9∶70	甲AbⅣ	四期	冀父癸
0627	J237	冀父癸鼎	陝西麟游縣九成官鎮後坪村	甲AbⅣ	四期	冀父癸
0628	E198	冀父□鼎	河南鹿邑縣太清宮長子口墓（M1∶46）	乙AaⅢ	四期	冀父□
0629	1533	戎父乙鼎	安陽西區M284∶1	甲AcⅢ	四期	戎父乙
0630	1535	息父乙鼎	河南羅山縣莽張M6	甲CⅢ	四期	息父乙
0631	1536	堯父乙鼎				堯父乙
0632	1605	堯父己鼎		甲CⅡ	三、四期	堯父己
0633	1669	堯父癸鼎				堯父癸
0634	1537	賊父乙鼎				賊父乙
0635	1695	賊父癸鼎		甲CⅠ	二期	賊父癸
0636	1539	葡父乙鼎		甲CⅡ	三期	葡父乙
0637	1625	葡父庚鼎		甲AbⅣ	四期	葡父庚
0638	1541	卒父乙鼎				卒父乙
0639	1576	卒父丁鼎		甲AbⅡ	二期	卒父丁
0640	1607	卒父己鼎	"得於鄁城"	甲CⅠ	二期	卒父己

（續表）

編號	著錄號	器名	出土地	型式	期別	銘文
0641	1608	📿父己鼎		甲 C Ⅲ	商末周初	📿父己
0642	1610	📿父己鼎		乙 Aa Ⅱ	三期	📿父己
0643	1611	📿父己鼎				📿父己
0644	1647	📿父辛鼎				📿父辛
0645	1673	📿父癸鼎		甲 Ab Ⅳ	四期	📿父癸
0646	J239	📿父癸鼎		甲 C Ⅲ	四期	📿父癸
0647	1545	㚔父乙鼎				㚔父乙
0648	1566	㚔父丙鼎		甲 C Ⅱ	三、四期	㚔父丙
0649	1575	㚔父丁鼎		甲 C Ⅲ	四期	㚔父丁
0650	1651	㚔父辛鼎	遼寧喀左縣北洞村2號窖藏	甲 Ac Ⅲ	商末周初	㚔父辛
0651	1652	㚔父辛鼎		甲 Ac Ⅱ	三、四期	㚔父辛
0652	1546	鼏父乙鼎				父乙鼏
0653	1547	鼏父乙鼎				父乙鼏
0654	1548	仌父乙鼎				仌父乙
0655	1614	仌父己鼎				仌父己
0656	1615	仌父己鼎		甲 Ab Ⅳ	商末周初	仌父己
0657	1555	黽父乙鼎				黽父乙
0658	1556	黽父乙鼎				黽父乙
0659	1557	黽父乙鼎				黽父乙
0660	1558	黽父乙鼎				黽父乙
0661	1565	犬父丙鼎				犬父丙
0662	1569	龜父丙鼎				龜父丙
0663	1578	🝁父丁鼎				🝁父丁
0664	1579	🝁父丁鼎		乙 Aa Ⅱ	三期	🝁父丁
0665	1580	🝁父丁鼎				🝁父丁
0666	1680	🝁父癸鼎				🝁父癸

（續表）

編號	著錄號	器名	出 土 地	型式	期別	銘　文
0667	1581	㠱父丁鼎		乙 Aa Ⅲ	四期	㠱父丁
0668	1681	㠱父癸鼎		甲 Ad Ⅱ	二期	㠱父癸
0669	1582	豕父丁鼎		甲 C Ⅲ	四期	豕父丁
0670	1584	黽父丁鼎				黽父丁
0671	1586	鼻父丁鼎	安陽（傳）	甲 Ba Ⅲ	四期	鼻父丁
0672	1590	天父丁鼎				天父丁
0673	1602	天父己鼎		甲 Ad Ⅳ	四期	天父己
0674	1667	天父癸鼎				天父癸
0675	1591	何父丁鼎				何父丁
0676	1594	蟲父丁鼎		甲 C Ⅱ	三、四期	蟲父丁
0677	1595	此父丁鼎				此父丁
0678	1596	子父丁鼎				子父丁
0679	1621	子父己鼎				子父己
0680	1661	子父辛鼎				子父辛
0681	1697	子父癸鼎		甲 Ad Ⅲ	四期	子父癸
0682	1716	子脊主鼎		甲 Ab Ⅲ	三期	子脊主
0683	1717	子雨己鼎		甲 Ad Ⅲ	三、四期	子雨己
0684	1718	屰子干鼎				屰子干
0685	1597	句父丁鼎		甲 Ad Ⅳ	商末周初	句父丁
0686	1658	句父辛鼎				句父辛
0687	1600	聚父丁鼎				聚父丁
0688	1612	叩父己鼎		甲 C Ⅲ	四期	叩父己
0689	1613	佥父己鼎		甲 Ab Ⅱ	二期	佥父己
0690	1616	舌父己鼎				舌父己
0691	1617	守父己鼎		甲 C Ⅲ	四期	守父己
0692	1622	車父己鼎		乙 Aa Ⅲ	四期	車父己
0693	1623	史父庚鼎				史父庚

（續表）

編號	著錄號	器名	出土地	型式	期別	銘　文
0694	1626	牵父庚鼎		甲 Ba Ⅰ	二期	牵父庚
0695	1627	羊父庚鼎		甲 C Ⅲ	商末周初	羊父庚
0696	1628	父庚叟鼎		甲 C Ⅲ	商末周初	父庚叟
0697	1632	旗父辛鼎				旗父辛
0698	1634	❈父辛鼎		甲 Ab Ⅲ	三期	❈父辛
0699	1635	需父辛鼎				需父辛
0700	1636	需父辛鼎				需父辛
0701	1640	獸父辛鼎				獸父辛
0702	1641	獸父辛鼎		甲 C Ⅲ	商末周初	獸父辛
0703	1642	田父辛鼎	山東長清縣1918			田父辛
0704	1644	剢父辛鼎				剢父辛
0705	1645	豹父辛鼎		乙 Aa Ⅲ	四期	豹父辛
0706	1654	木父辛鼎				木父辛
0707	1665	木父壬鼎				木父壬
0708	1656	⚘父辛鼎		甲 C Ⅱ	三、四期	⚘父辛
0709	1657	聑父辛鼎		甲 C Ⅲ	四期	聑父辛
0710	1662	聲父辛鼎				聲父辛
0711	1664	□父辛鼎		甲 Ab Ⅳ	四期	□父辛
0712	1666	重父壬鼎	安陽西地M1	甲 Ab Ⅳ	四期	重父壬
0713	1668	❈父癸鼎		甲 Ab Ⅳ	四期	❈父癸
0714	1672	⌒父癸鼎				⌒父癸
0715	1677	狄父癸鼎				狄父癸
0716	1679	酉父癸鼎		甲 Ab Ⅳ	四期	酉父癸
0717	1682	黽父癸鼎				黽父癸
0718	1683	黽父癸鼎		甲 Ab Ⅱ	二期	黽父癸
0719	1685	鳥父癸鼎		甲 Ab Ⅳ	四期	鳥父癸
0720	1687	⌒⌒父癸鼎		甲 C Ⅲ	四期	⌒⌒父癸

（續表）

編號	著錄號	器名	出 土 地	型式	期別	銘　文
0721	E195	叟父乙鼎	河北定州市北莊子商代墓葬（M95∶1）	甲CⅢ	四期	叟父乙
0722	1688	叟父癸鼎		甲CⅢ	四期	叟父癸
0723	1689	叟父癸鼎		甲CⅢ	四期	叟父癸
0724	1692	衝父癸鼎		甲CⅢ	商末周初	衝父癸
0725	1693	串父癸鼎		甲CⅢ	四期	串父癸
0726	1694	𢼸父癸鼎	湖北江陵縣五三農場			𢼸父癸
0727	1699	鄉宁乙鼎				鄉宁乙
0728	1700	鄉宁癸鼎				鄉宁癸
0729	1701	鄉宁癸鼎				鄉宁癸
0730	1702	車乙丁鼎		乙AaⅡ	三期	乙丁車
0731	1703	亞乙丁鼎				亞乙丁
0732	1740	亞受鼎		乙AaⅡ	三期	亞受旗
0733	1741	亞魚鼎			四期	亞鳥魚
0734	1758	亞亢丁鼎		甲AbⅡ	二期	亞亢丁
0735	J241	亞明乙鼎		甲AbⅣ	四期	亞明乙
0736	1424	亞𡎐止鼎		甲CⅡ	三期	亞𡎐止
0737	J245	亞𡎐址鼎	安陽郭家莊M160∶21	乙AaⅡ	三期	亞𡎐址
0738	J246	亞𡎐止鼎	安陽郭家莊M160∶135	甲CⅡ	三期	亞𡎐止
0739	J247	亞𡎐止鼎	安陽郭家莊M160∶123	甲CⅡ	三期	亞𡎐止
0740	1706	姁戊鼎	安陽武官村1939	乙AaⅠ	三期	姁戊
0741	1707	姁辛鼎	安陽殷墟M5∶789	乙AaⅠ	二期	姁辛
0742	1708	姁辛鼎	安陽殷墟M5∶809	乙AaⅠ	二期	姁辛
0743	1709	兌婦娗鼎		甲AbⅣ	四期	兌婦娗
0744	1710	婦羊告鼎	安陽	甲AbⅡ	二期	婦羊告
0745	1711	奄婦妌鼎		乙AaⅡ	三期	奄婦妌
0746	1713	舟婦册鼎				舟婦册

（續表）

編號	著錄號	器名	出土地	型式	期別	銘　文
0747	1736	□史己鼎				□史己
0748	1737	冊𠂤宅鼎				冊𠂤宅
0749	1738	又敔癸鼎	安陽	甲 C Ⅱ	三期	又敔癸
0750	1739	又敔癸鼎				又敔癸
0751	1747	北單戈鼎				北單戈
0752	1748	北單戈鼎				北單戈
0753	1749	北單戈鼎				北單戈
0754	1750	北單戈鼎				北單戈
0755	1752	聑🈯鼎		甲 Ab Ⅱ	二期	聑🈯
0756	1760	力鼎	安陽（傳）	甲 Ab Ⅱ	二期	🈯力
0757	1762	奮見册鼎				奮見册
0758	1763	聑秉盾鼎		甲 C Ⅲ	四期	聑秉盾
0759	1764	秉盾戊鼎			二期	秉盾戊
0760	1823	🈯父乙鼎				🈯父乙
0761	1857	舿父丁鼎				舿父丁
0762	1859	㝬父丁鼎	"見於長安"	乙 Aa Ⅱ	三期	㝬父丁
0763	1876	㝬父己鼎				㝬父己
0764	1896	衡父癸鼎		甲 Ab Ⅳ	商末周初	衡父癸
0765	1959	䜌其🈯鼎				䜌其🈯
0766	J229	貴祖□鼎		甲 Ba Ⅲ	四期	貴祖□
0767	J233	⌒父丁鼎		甲 C Ⅰ	二期	⌒父丁
0768	J234	芧父庚鼎		乙 Aa Ⅲ	四期	芧父庚
0769	J235	息父辛鼎	河南羅山縣天湖村 M28：10	甲 Ab Ⅳ	四期	息父辛
0770	J240	得父癸鼎		乙 Aa Ⅱ	三期	得父癸
0771	E196	戎父乙鼎	安陽殷墟西區 M1573：1	甲 Ad Ⅳ	四期	戎父乙
0772	E197	吳父癸鼎		甲 Ac Ⅲ	四期	吳父癸

(續表)

編號	著錄號	器名	出土地	型式	期別	銘文
0773	1838	嚮父丁鼎		甲 Ab Ⅲ	三期	嚮父丁
0774	J262	夕戎祖丁鼎	征集於河北新樂縣中同村	甲 Ab Ⅳ	四期	夕戎祖丁
0775	2002	耳衡父乙鼎				耳衡父乙
0776	1834	耳衡父乙鼎		甲 C Ⅲ	商末周初	耳衡父乙
0777	1835	耳衡父乙鼎		甲 C Ⅲ	商末周初	耳衡父乙
0778	1853	耳衡父丁鼎				耳衡父丁
0779	1567	南門父丙鼎				父丙南門
0780	1715	子脊鼎				子脊婦士
0781	1826	子刀父乙鼎				子刀父乙
0782	1882	子刀父辛鼎				子刀父辛
0783	1850	子羊父丁鼎				子羊父丁
0784	1828	子鼎父乙鼎		甲 Ad Ⅳ	四期	子鼎父乙
0785	1891	子彝父癸鼎				子彝父癸
0786	1910	子鼉君盡鼎		甲 Ab Ⅳ	四期	子鼉君盡
0787	J265	子父戊子鼎		甲 C Ⅱ	三期	子父戊子
0788	1813	𢀜祖丁癸鼎				𢀜祖丁癸

（續表）

編號	著錄號	器名	出土地	型式	期別	銘 文
0789	1815	祖己父癸鼎				祖己父癸
0790	1816	亞䀇祖癸鼎		甲CⅢ	商末周初	亞䀇祖癸
0791	1817	亞鳥父甲鼎			三、四期	亞鳥父甲
0792	1846	亞旎父丁鼎		甲CⅡ	三期	亞旎父丁
0793	1871	亞旎父己鼎				亞旎父己
0794	1820	亞廠父乙鼎				亞廠父乙
0795	1819	亞醜父乙鼎		甲AbⅣ	四期	亞醜父乙
0796	1837	亞醜父丙鼎		乙AaⅢ	四期	亞醜父丙
0797	1839	亞醜父丁鼎		乙AaⅢ	四期	亞醜父丁
0798	1840	亞醜父丁鼎		乙AaⅢ	商末周初	亞醜父丁
0799	1867	亞醜父己鼎		乙AaⅢ	四期	亞醜父己
0800	1883	亞醜父辛鼎		甲CⅢ	商末周初	亞醜父辛
0801	1884	亞醜父辛鼎				亞醜父辛
0802	1841	亞獲父丁鼎				亞獲父丁
0803	1842	亞獲父丁鼎				亞獲父丁

(續表)

編號	著錄號	器名	出土地	型式	期別	銘文
0804	1843	亞獿父丁鼎	安陽（傳）			亞獿父丁
0805	1844	亞獿父丁鼎	安陽（傳）			亞獿父丁
0806	1845	亞獿父丁鼎		乙AaⅢ	四期	亞獿父丁
0807	1847	亞酉父丁鼎				亞酉父丁
0808	1863	亞徙父戊鼎		甲AcⅢ	四期	亞徙父戊
0809	1865	亞󰀀父己鼎				亞󰀀父己
0810	1866	亞󰀀父己鼎				亞󰀀父己
0811	1868	亞冀父己鼎				亞冀父己
0812	1869	亞戈父己鼎		甲AdⅣ	四期	亞戈父己
0813	1870	亞麂父己鼎	陝西渭南縣南堡村M	甲AbⅣ	四期	亞麂父己
0814	1880	亞得父庚鼎		甲AdⅠ	三期	亞得父庚
0815	E219	亞得父庚鼎			三期	亞得父庚
0816	1944	亞𠤎聞󰀀鼎				亞𠤎聞󰀀
0817	1909	亞敢汝子鼎				亞敢汝子
0818	1833	爻敢父乙鼎		甲CⅢ	商末周初	父乙爻󰀀（敢）

（續表）

編號	著録號	器名	出土地	型式	期別	銘文
0819	1821	扶册父乙鼎		乙Aa Ⅲ	四期	扶册父乙
0820	1822	天册父乙鼎				天册父乙
0821	1824	鄉宁父乙鼎	安陽（傳）	乙Aa Ⅲ	四期	鄉宁父乙
0822	1825	矢宁父乙鼎	陝西岐山縣禮村	乙Aa Ⅱ	三期	矢宁父乙
0823	1830	𠬝𦮼父乙鼎				𠬝𦮼父乙
0824	1829	廎父乙鼎				廎父乙
0825	J276	鳥母䢔鼎	安陽郭家莊M1:24	甲Ab Ⅳ	四期	鳥母䢔彝
0826	1851	嬋父丁鼎				嬋父丁
0827	1855	庚豭父丁鼎	安陽殷墟西地M1:44	乙Aa Ⅲ	四期	庚豭父丁
0828	1856	聚册父丁鼎				聚册父丁
0829	1858	呆册父丁鼎		乙Aa Ⅲ	四期	呆父丁册
0830	1862	季父戊子鼎				季父戊子
0831	1864	角字父戊鼎				角戊父字
0832	1874	小子父己鼎	安陽（傳）	乙Aa Ⅰ	二期	小子父己
0833	1875	又敎父己鼎	安陽（傳）	甲Ab Ⅳ	四期	又敎父己
0834	1939	又敎父癸鼎				又敎父癸
0835	1889	騽父辛鼎		甲Ab Ⅳ	四期	騽父辛

（續表）

編號	著錄號	器名	出土地	型式	期別	銘　文
0836	1893	何疾父癸鼎		甲CⅢ	四期	何疾父癸
0837	1894	何疾父癸鼎		甲CⅢ	四期	何疾父癸
0838	J264	庸冊父丁鼎		甲CⅡ	三期	庸冊父丁
0839	1897	庸冊父癸鼎				庸冊父癸
0840	1898	S2冊父癸鼎		甲AbⅣ	四期	S2冊父癸
0841	1900	疋冊父癸鼎				父癸疋冊
0842	1941	劦冊八辛鼎				劦冊八辛
0843	1904	聑𨟠婦𠭯鼎	河南輝縣褚邱	甲AbⅣ	四期	聑𨟠婦𠭯
0844	1905	婦未于黽鼎				婦未于黽
0845	1996	盉祖庚父辛鼎				盉祖庚父辛
0846	1998	亞𠨍覃父甲鼎				亞𠨍覃父甲
0847	2033	亞賽孤竹逈鼎		乙AaⅢ	四期	亞賽孤竹逈
0848	2000	馬羊失父乙鼎				馬羊失父乙
0849	2001	西單光父乙鼎		乙AaⅡ	三期	西單光父乙
0850	2008	作父乙鼎	安陽（傳）			作父乙口籩
0851	2011	丩盾作父戊鼎				丩盾作父戊

（續表）

編號	著錄號	器名	出土地	型式	期別	銘文
0852	2013	黿作父戊鼎				黿作父戊彝
0853	2015	小子作父己鼎		甲BaⅢ	四期	小子作父己
0854	2016	小子作父己鼎			四期	小子作父己
0855	2017	子克册父辛鼎				子克册父辛
0856	2018	子作鼎盟彝鼎			西周?	子作鼎盟彝
0857	2019	冀兄戊父癸鼎				冀兄戊父癸
0858	2020	冀母爰父癸鼎				冀母爰父癸
0859	2026	𠁗母鼎		甲AbⅡ	二期	𠁗母作山□
0860	J285	句父丁鼎	河南羅山縣後李村 M44:2	甲CⅢ	四期	句父丁作彝
0861	2111	祖辛禹鼎	山東長清縣興復河北岸	乙B	四期	冀祖辛禹亞𠭯
0862	2112	祖辛禹鼎	山東長清縣興復河北岸	乙B	四期	冀祖辛禹亞𠭯
0863	E229	亞醜父丁鼎		甲AbⅣ	四期	亞醜父丁𡨦歸
0864	E245	亞共方鼎		乙AaⅢ	四期	亞共祖辛父乙
0865	2113	犬祖辛祖癸鼎				犬祖辛祖癸𦥑
0866	2117	龠犬犬魚父乙鼎		甲AbⅣ	四期	龠犬犬魚父乙
0867	2114	般作父乙鼎		乙AaⅢ	四期	呂册般作父乙
0868	2118	龠作父丙鼎				定彈龠作父丙

(續表)

編號	著錄號	器名	出土地	型式	期別	銘文
0869	2124	夨日戊鼎				夨㕁日戊作彝
0870	2125	束册作父己鼎				束册作父己彝
0871	2136	子父癸鼎		甲CⅢ	四期	子刀▲糸父癸
0872	2137	黿婦姑鼎				黿作婦姑齍彝
0873	2138	黿婦姑鼎				黿作婦姑齍彝
0874	2139	爻癸婦鼎		甲AbⅣ	四期	爻癸婦戠作彝
0875	E243	祖辛父辛鼎	安陽殷墟西區M874：9	甲BaⅢ	四期	祖辛邑父辛云
0876	E244	膚册父庚鼎		乙AaⅡ	三期	膚册。父庚 卪吾。
0877	2578	嬶鼎		甲AcⅢ	四期	嬶作父庚鼐，膚册。
0878	E259	豆作父丁鼎		甲CⅢ	四期	串䚄豆作父丁彝
0879	2245	曆作祖己鼎		甲AbⅣ	四期	亞俞曆作祖己彝
0880	2262	亳作母癸鼎	安陽（傳）			亞異吳亳作母癸
0881	2311	咸媣子作祖丁鼎				咸媣子作祖丁尊彝
0882	2318	引作父丁鼎		甲AcⅢ	四期	引作文父丁鬹。臥钁。
0883	2328	木▲册作母辛鼎				木▲册作母辛尊彝
0884	2335	季作兄己鼎				亞醜季作兄己尊彝
0885	J306	盂鼎	湖北蘄春縣達城鄉新屋塆	乙AaⅢ	四期	盂鼑文帝母日辛尊

(續表)

編號	著錄號	器名	出土地	型式	期別	銘文
0886	J307	孟鼎	湖北蘄春縣達城鄉新屋灣	乙AaⅢ	四期	孟鬻文帝母日辛尊
0887	2362	亞矣鄉宁鼎		甲CⅢ	四期	鄉宁亞矣竹壺智光䤾
0888	2363	亞父庚祖辛鼎		甲CⅢ	商末周初	亞保祖辛俞父旆父庚
0889	2400	亞若癸鼎		甲AbⅣ	四期	亞若癸自乙受丁旆乙
0890	2401	亞若癸鼎		甲CⅢ	四期	亞若癸受丁父甲旆乙
0891	2402	亞若癸鼎		甲CⅡ	四期	亞若癸自乙受丁旆乙
0892	2403	婦闌鼎				婦闌作文姑日癸尊彝。冀。
0893	2425	乙未鼎				乙未,王賞姒□帛,在寢,用作□彝。
0894	2427	亞矣鼎		乙AaⅢ	四期	亞矣帝父癸宅于‖册吹
0895	2431	乃孫作祖己鼎		甲AcⅢ	商末周初	乃孫作祖己宗寶蕭鬻匚賓
0896	2433	舁姒鼎	安陽(傳)		商末周初	舁姒賞賜貝于司作父乙彝
0897	2434	舁姒鼎	安陽(傳)	乙AaⅢ	商末周初	舁姒賞賜貝于司作父乙彝
0898	2594	亞受鼎				戊寅,王曰嗀隱馬酓賜貝,用作父丁尊彝。亞受。

（續表）

編號	著錄號	器名	出土地	型式	期別	銘文
0899	2648	小子䍩鼎				乙亥子賜小子䍩王賞貝，在襄𦎫（次），䍩用作父己寶尊。𤉲。
0900	J339	亞魚鼎	安陽殷墟西區 M1713：27	甲CⅢ	四期	壬申，王賜亞魚貝，用作兄癸尊。在六月，唯王七祀翌日。
0901	2653	小臣缶鼎		乙AaⅢ	四期	王賜小臣缶湡積五年，缶用作䇂大子乙家祀尊。𤉲父乙。
0902	2694	戍甬鼎		甲AbⅡ	四期	亞𢦏，丁卯，王令宜子迨西方于省，唯返，王賞戍甬貝二朋，用作父乙齍。
0903	2708	戍嗣鼎	安陽後崗殉葬坑	甲AcⅢ	四期	丙午，王賞戍嗣貝廿朋，在闌宗，用作父癸寶鬵。唯王饗闌大室，在九月。犬魚。
0904	2709	尹光鼎		乙AaⅢ	四期	乙亥，王諫，在㠱𦎫，王鄉酉（酒），尹光邐（列），唯各，賞貝，用作父丁彝。唯王征井方。𠁢。
0905	2710	寑䕅鼎		甲CⅢ	四期	庚午，王令寑䕅省北田四品，在二月。作册友史賜賣貝，用作父乙尊。羊册。

（续表）

编号	著录号	器名	出土地	型式	期别	铭　文
0906	2711	作册豊鼎		甲 Ac Ⅲ	四期	癸亥,王祀于作册般新宗,王赏作册豊贝,大子赐東大贝,用作父己宝䵼。
0907	E311	寝孳方鼎		乙 Aa Ⅲ	四期	甲子,王赐寝孳,赏,用作父辛尊彝。在十月又二,遘祖甲劦日,唯王曰祀。盾佣。
0908	E314	𩰰方鼎		乙 Aa Ⅲ	四期	乙未,王賓文武帝乙肜日自闌佣,王返入闌,王商（赏）𩰰贝,用作父丁宝尊彝,在五月,唯王廿祀又二。魚。
0909	441	魚鬲		Ab Ⅱ	四期	魚
0910	442	東鬲		Aa Ⅱ	四期	東
0911	443	皇鬲				皇
0912	444	敉鬲				敉
0913	445	失鬲		Ab Ⅰ	四期	失
0914	446	⿰鬲				⿰
0915	447	耳鬲		Aa Ⅰ	中商	耳
0916	449	奴鬲				奴
0917	456	亞牧鬲	河北丰宁	Ab Ⅰ	四期	亞牧
0918	461	嬰母鬲		Aa Ⅱ	四期	嬰母
0919	463	婦𨟻鬲				婦𨟻
0920	467	𠂤癸鬲				𠂤癸
0921	472	亞□其鬲			四期	亞□其

（續表）

編號	著錄號	器名	出土地	型式	期別	銘文
0922	485	亞㠱母鬲	甘肅涇川莊底墓	B	三、四期	亞㠱母
0923	473	亯祖癸鬲		AaⅡ	四期	亯祖癸
0924	476	鳥父乙鬲		AbⅡ	四期	鳥父乙
0925	478	重父丙鬲				重父丙
0926	481	齒父己鬲	陝西寶雞（傳）	AaⅡ	四期	齒父己
0927	482	冘父己鬲				冘父己
0928	483	夋父癸鬲				夋父癸
0929	484	凸母辛鬲				凸母辛
0930	486	齊婦鬲		AbⅠ	四期	齊婦嬰
0931	487	子眉鬲	山東滕縣種寨村	AbⅡ	四期或周早	眉▲子
0932	J253	作册祝鬲	安陽郭家莊M50：6	AbⅡ	四期	作册祝
0933	496	鳥宁祖癸鬲			四期	宁鳥祖癸
0934	499	丮丙父丁鬲	安陽西區M1102：1	AaⅡ	四期	丮丙父丁
0935	502	亞牧父戊鬲				亞牧父戊
0936	503	亞獲父己鬲				亞獲父己
0937	505	亞狄母乙鬲		AaⅡ	四期	亞狄母乙
0938	538	祖辛父甲鬲				正父甲束祖辛
0939	539	亞从父丁鬲			四期	亞从父丁鳥宁
0940	761	好甗	安陽殷墟M5：870	AⅢ	二期	好
0941	762	好甗	安陽殷墟M5：767、864	Ba	二期	好
0942	763	好甗	安陽殷墟M5：764		二期	好

(續表)

編號	著錄號	器名	出土地	型式	期別	銘文
0943	765	戈甗				戈
0944	766	戈甗		AⅣ	四期	戈
0945	767	戈甗	陝西岐山賀家村	AⅣ	四期	戈
0946	769	叹甗				叹
0947	774	負甗				負
0948	776	正甗	安陽殷墟 M18	AⅢ	二期	正
0949	777	宋甗				宋
0950	778	双甗		AⅣ	三、四期	双
0951	779	戉甗				戉
0952	780	工甗		AⅣ	四期	工
0953	781	木甗		AⅣ	三、四期	木
0954	782	弔甗		AⅣ	三、四期	弔
0955	784	戎甗	山東蒼山東高堯村	AⅣ	三、四期	戎
0956	785	彐甗	甘肅靈臺白草坡 M1	AⅣ	四期	彐
0957	786	⊕甗	山西長子北郊	AⅠ	中商	⊕
0958	790	李甗				李
0959	791	李甗				李
0960	J148	妻甗	山東壽光縣"益都侯城"故址	AⅣ	四期	妻?
0961	789	亞矣甗				亞矣
0962	E102	亞長甗	安陽花園莊 M54：154	AⅢ	二期	亞長
0963	792	宁章甗	内蒙古昭烏達盟翁牛特旗敖包村	AⅡ	一期	宁章
0964	793	婦好三聯甗	安陽殷墟 M5	Bb	二期	婦好
0965	794	婦好甗	安陽殷墟 M5	Ba	二期	婦好
0966	E101	婦好甗	婦好 M5：865	AⅢ	二期	婦好
0967	795	龔婦甗				龔婦

(續表)

編號	著錄號	器名	出土地	型式	期別	銘文
0968	796	箕戲瓿	山東費縣(傳)	AV	四期	箕戲
0969	797	戈五瓿		AV	四期	戈五
0970	798	祖丁瓿		AIV	三、四期	祖丁
0971	800	父乙瓿				父乙
0972	801	父己瓿		AIV	四期	父己
0973	804	＊繭瓿		AIV	四期	＊繭
0974	813	守父丁瓿		AIV	三、四期	守父丁
0975	815	令父己瓿				令父己
0976	824	爰父癸瓿		AIV	三、四期	爰父癸
0977	E106	出父辛瓿		AIV	四期	出父辛
0978	825	司娉瓿				司娉
0979	838	子犬父乙瓿		AIV	三、四期	子犬父乙
0980	844	亞得父己瓿				亞得父己
0981	845	黽作父辛瓿		AIV	四期	黽作父辛
0982	846	葡?父癸瓿		AIV	三、四期	葡?父癸
0983	E111	南單母癸瓿		AIV	四期	南單母癸
0984	856	彭母瓿		AIV	四期	彭母彝。?。
0985	866	子商瓿				子商亞羌乙
0986	867	商婦瓿		AIV	四期	商婦作彝，箕。
0987	J155	郯瓿		AIV	四期	郯作祖癸彝
0988	886	亞醜作季尊彝瓿		AIV	四期	亞醜作季尊彝
0989	891	黿作婦姑瓿		AIV	四期	黿作婦姑鼒彝

(續表)

編號	著録號	器名	出 土 地	型式	期別	銘　文
0990	922	婦闌甗			四期	婦闌作文姑日癸尊彝，黽。
0991	944	作册般甗		AⅣ	四期	王宜人方無攷。咸。王賞作册般貝，用作父己尊。來册。
0992	2912	天簋		BaⅡ	三期	天
0993	2913	天簋				天
0994	2914	天簋	陝西長武縣劉主河村 1969	BaⅢ	四期	天
0995	J365	天簋	河北薊縣張家園M4∶2	BaⅢ	四期	天
0996	2916	弋簋		AbⅢ	四期	弋
0997	2917	弋簋		BaⅣ	四期	弋
0998	2918	專簋		AbⅤ	三期	專
0999	2919	執簋				執
1000	2922	婦簋		AaⅡ	二期	婦
1001	2923	好簋	安陽殷墟M5∶823	AaⅠ	二期	好
1002	2924	媍簋				媍
1003	2925	㚤簋		AbⅢ	二、三期	㚤
1004	2927	重簋	安陽（傳）	AbⅢ	二期	重
1005	2928	何簋	安陽郭家灣北地（傳）			何
1006	2929	𠂤簋	安陽西區M355∶6	AbⅤ	三期	𠂤
1007	2931	卷簋	山東濟南劉家莊	AaⅡ	二、三期	卷
1008	2936	竟簋		BaⅣ	四期	竟
1009	2937	㑴簋				㑴
1010	2941	冀簋	安陽（傳）	AaⅢ	三期	冀
1011	2942	冀簋	安陽（傳）			冀
1012	2944	蠱簋		AbⅠ	一期	蠱

（續表）

編號	著錄號	器名	出土地	型式	期別	銘文
1013	2945	䵼簋		AbⅡ	四期	䵼
1014	2946	䵼簋		AbⅢ	三期	䵼
1015	2947	䵼簋		AbⅡ	二期	䵼
1016	2948	正簋		AaⅠ	二期	正
1017	2949	正簋		AaⅠ	二期	正
1018	2950	徙簋	河南溫縣小南張村	AbⅡ	二期	徙
1019	2951	口簋		AaⅢ	三期	口
1020	2953	中簋		BaⅢ	四期	中
1021	2956	玅簋		AbⅢ	二期	玅
1022	2957	史簋		BaⅢ	四期	史
1023	2958	史簋		BaⅢ	四期	史
1024	2959	史簋		BaⅡ	三期	史
1025	2960	史簋				史
1026	2961	史簋				史
1027	2962	史簋				史
1028	E342	史簋		AbⅢ	二、三期	史
1029	2964	執簋		AbⅢ	三期	執
1030	2965	執簋		BaⅢ	四期	執
1031	2966	執簋		BaⅡ	三期	執
1032	2967	守簋				守
1033	2968	守簋				守
1034	2969	耒簋		BaⅡ	三期	耒
1035	2970	剢簋				剢
1036	J375	融簋	山東青州市益都蘇埠屯M8∶12	AbⅢ	四期	融
1037	2973	牛簋		Bb	商末周初	牛
1038	2978	虎簋				虎

（續表）

編號	著錄號	器名	出土地	型式	期別	銘　文
1039	2981	鳶簋		AbⅢ	二期	鳶
1040	2986	言簋				言
1041	2987	言簋				言
1042	2988	車簋			三、四期	車
1043	2990	冂簋		AbⅣ	三期	冂
1044	2991	冂簋	安陽（傳）	AaⅢ	三期	冂
1045	2992	冂簋	陝西武功縣游鳳鄉黃南窰村M	BaⅡ	三期	冂
1046	2994	宀簋				宀
1047	2995	宀簋				宀
1048	2996	宀簋				宀
1049	2997	宀簋		BaⅣ	四期	宀
1050	2998	宀簋		AbⅡ	三期	宀
1051	2999	宀簋				宀
1052	3000	宀簋		BaⅢ	四期	宀
1053	J378	宀簋		AaⅡ	三期	宀
1054	J377	宀簋	山西靈石縣旌介村M2∶39	BaⅡ	四期	宀
1055	E340	宀簋		BaⅢ	三、四期	宀
1056	E341	宀簋		AaⅢ	二、三期	宀
1057	3001	簋				
1058	3007	簋		BaⅡ	三期	
1059	3008	簋				
1060	3009	簋		AaⅢ	二、三期	
1061	3010	簋		AbⅢ	二、三期	
1062	3011	簋				
1063	J379	簋	河北遷安縣夏官營鎮馬哨村	BaⅢ	四期	

(續表)

編號	著錄號	器名	出土地	型式	期別	銘文
1064	3016	▢簋		BaⅣ	四期	▢
1065	3017	▢簋	陝西武功縣游鳳鎮滹沱村	AbⅢ	四期	▢
1066	3018, J383	戈簋		AaⅠ	二期	戈
1067	3019	戈簋				戈
1068	3021	戈簋		BaⅣ	商末周初	戈
1069	3022	戈簋		BaⅣ	四期	戈
1070	3023	戈簋		AbⅢ	商末周初	戈
1071	3025	酰簋				酰
1072	3030	受簋	河北磁縣下七垣村M	AaⅢ	三期	受
1073	3031	受簋		AaⅠ	二期	受
1074	3033	▢簋		AaⅢ	二期	▢
1075	3026	五簋				五
1076	3035	九簋				九
1077	3040	九簋		BaⅣ	四期	九?
1078	3037	爵簋		AbⅡ	二期	爵
1079	3038	▢簋				▢
1080	3039	肉簋		AbⅡ	二期	肉
1081	3041	啓簋		AaⅡ	二、三期	啓
1082	3042	▢簋		BaⅣ	商末周初	▢
1083	3044	▢簋		BaⅣ	四期	▢
1084	3045	黃簋		AaⅢ	二、三期	黃
1085	3106	舟簋		AbⅡ	二期	舟
1086	3107	舟簋		BaⅣ	四期	舟
1087	J366	▢簋		AbⅣ	三期	▢
1088	J367	見簋	安陽大司空村 M663∶38	AaⅠ	二期晚段	見

（續表）

編號	著錄號	器名	出土地	型式	期別	銘文
1089	J368	爰簋	安陽戚家莊東 M269∶40	BaⅡ	三期早段	爰
1090	J369	伊簋		AbⅣ	三期	伊
1091	J370	敲簋		AaⅠ	二期	敲
1092	2971	敲簋	安陽（傳）	AaⅢ	二期	敲
1093	J376	⊗簋		AaⅢ	三期	⊗
1094	J382	亞簋		AaⅠ	二期	亞
1095	J387	◇簋	安陽梅園莊M1∶6	BaⅡ	四期	◇
1096	3118	宍簋				宍
1097	E345	弔簋		AbⅤ	四期	弔
1098	3049	祖乙簋				祖乙
1099	3050	祖戊簋				祖戊
1100	3057	父己簋	河南鶴壁市龐村	BaⅣ	四期	父己
1101	3058	父己簋				父己
1102	3059	父辛簋				父辛
1103	3061	戊乙簋	安陽西區M764∶4	AaⅢ	三期	戊乙
1104	3062	戈乙簋		BaⅡ	三期	戈乙
1105	3066	戈己簋			三、四期	戈己
1106	3063	魚乙簋				魚乙
1107	3064	卷丁簋		BaⅡ	三期	卷丁
1108	3065	何戊簋	陝西岐山（傳）			何戊
1109	3067	天己簋				天己
1110	3068	㑀辛簋	陝西武功浮沱村	AaⅢ	三期	㑀辛
1111	3069	𠦪辛簋		AbⅢ	三、四期	𠦪辛
1112	3071	子癸簋		BaⅢ	四期	子癸
1113	3072	子南簋	安陽	AaⅡ	二、三期	子南
1114	3073	子夌簋				子夌

（續表）

編號	著錄號	器名	出土地	型式	期別	銘　文
1115	3074	子夌簋				子夌
1116	3075	子妥簋				子妥
1117	E346	子妥簋		AaⅡ	二期	子妥
1118	3076	子員簋		AaⅡ	三期	子員
1119	3077	子孤簋				子孤?
1120	3078	子𩰫簋				子𩰫
1121	3081	婦㚸簋		AaⅡ	三期	婦㚸
1122	3082	守婦簋		AaⅡ	三期	守婦
1123	3228	婦旋簋		AaⅠ	二期	婦旋
1124	3083	𩰫母簋				𩰫母
1125	3084	襄母簋		BaⅡ	三期	襄母
1126	3086	矢乙簋		BaⅢ	四期	矢乙
1127	3087	矢丁簋		AbⅣ	四期	矢丁
1128	3088	矢己簋		BaⅡ	三期	矢己
1129	3089	矢癸簋	安陽（傳）	AaⅠ	二期	矢癸
1130	3090	亞矣簋		AaⅠ	二期	亞矣
1131	3091	亞矣簋				亞矣
1132	3093	亞奚簋	安陽（傳）	AaⅡ	三期	亞奚
1133	3094	亞告簋	安陽	AaⅢ	三期	亞告
1134	3096	亞醜簋		BaⅣ	四期	亞醜
1135	3097	亞醜簋				亞醜
1136	3098	亞醜簋		Bc	四期	亞醜，諸婦以太子尊彝。
1137	3099	亞醜簋		BaⅢ	四期	亞醜
1138	3095	亞醜簋		BaⅡ	四期	亞醜
1139	3100	亞盥簋	安陽苗圃M172∶1	AaⅡ	三期	亞盥
1140	3101	亞𫟹簋				亞𫟹

商代青銅器銘文總表　419

（續表）

編號	著錄號	器名	出土地	型式	期別	銘文
1141	3102	亞獏簋				亞獏
1142	3103	亞夫簋		Ab Ⅲ	三期	亞夫
1143	3104	亞光簋	陝西鳳翔縣田家莊公社河北村周墓	Ba Ⅱ	四期	亞光
1144	3105	亞登簋				亞登
1145	E348	亞孔簋	安陽劉家莊 M1046：61	Ba Ⅳ	四期	亞孔
1146	E347	酉己簋	安陽徐家橋村北 M23：4	Aa Ⅲ	三期	酉己
1147	3108	𦕅册簋				𦕅册
1148	3109	光册簋	安陽（傳）			光册
1149	3110	允册簋		Ba Ⅲ	四期	允册
1150	3111	鄉宁簋		Ab Ⅱ	二期	鄉宁
1151	E349	宁葡簋	安陽戚家莊東 M63：17	Ba Ⅱ	四期	宁葡
1152	3112	冀戲簋	山東費縣（傳）	Ba Ⅱ	四期	冀戲
1153	3113	冀遹簋		Ba Ⅳ	商末周初	冀遹
1154	3114	冀🌀簋	安陽西北岡 M1601	Ba Ⅱ	三、四期	冀🌀
1155	3116	弔黽簋				弔黽
1156	3117	▲萬簋				▲萬
1157	3119	🔣簋	安陽郭家灣北地（傳）	Aa Ⅱ	二、三期	🔣
1158	3120	北單簋				北單
1159	3121	秉盾簋				秉盾
1160	3122	禾休簋				禾休
1161	3123	瓢🌀簋				瓢🌀
1162	2920	珥🌀簋		Ab Ⅳ	三期	珥🌀？
1163	3124	珥喟簋				珥喟
1164	2989	亦車簋		Aa Ⅰ	二期	亦車
1165	3126	車徙簋	安陽（傳）	Aa Ⅱ	三期	車徙

(續表)

編號	著錄號	器名	出土地	型式	期別	銘文
1166	3127	正侯簋	安陽小屯村M18∶5	AaⅠ	二期	正侯
1167	3241	𰀀豊簋				𰀀豊
1168	J389	旅簋		AaⅢ	三期	旅
1169	3135	冗祖丁簋				冗祖丁
1170	3199	冗父辛簋				冗父辛
1171	3136	門祖丁簋		AbⅢ	二、三期	門祖丁
1172	3137	竹祖丁簋		BaⅣ	四期	竹祖丁
1173	3139	戈祖己簋				戈祖丁
1174	3143	戈父甲簋		BaⅢ	四期	戈父甲
1175	3156	戈父乙簋				戈父乙
1176	3172	戈父丁簋		BaⅠ	二期	戈父丁
1177	3173	戈父丁簋				戈父丁
1178	3221	戈母丁簋	陝西武功柴家嘴	BaⅣ	商末周初	戈母丁
1179	3237	戈亳册簋		AbⅤ	三期	戈亳册
1180	3141	⌐祖辛簋				⌐祖辛
1181	3142	田父甲簋		BaⅣ	商末周初	田父甲
1182	3145	冀父乙簋				冀父乙
1183	3146	冀父乙簋				冀父乙
1184	3147	冀父乙簋		BaⅢ	四期	冀父乙
1185	3148	冀父乙簋				冀父乙
1186	3169	冀父丁簋				冀父丁
1187	3170	冀父丁簋		BaⅢ	四期	冀父丁
1188	3224	冀母辛簋				冀母辛
1189	3149	🝢父乙簋	陝西渭南南堡村	AbⅣ	四期	🝢父乙
1190	3150	咸父乙簋				咸父乙
1191	3175	囟父丁簋				囟父丁
1192	3153	矗父乙簋		BaⅣ	四期	矗父乙

商代青銅器銘文總表　421

（續表）

編號	著錄號	器名	出 土 地	型式	期別	銘　文
1193	3154	𠂤父乙簋				𠂤父乙
1194	3191	𠂤父己簋				𠂤父己
1195	3192	𠂤父己簋	安陽	BaⅡ	四期	𠂤父己
1196	3155	奄父乙簋				奄父乙
1197	3179	奄父丁簋				奄父丁
1198	3187	奄父戊簋				奄父戊
1199	3157	葡父乙簋				葡父乙
1200	3163	爻父乙簋		BaⅡ	三期	爻父乙
1201	3152	宂父乙簋				宂父乙
1202	3174	宂父丁簋		BaⅢ	四期	宂父丁
1203	3177	𠬝父丁簋		BaⅢ	四期	𠬝父丁
1204	3178	黿父丁簋				黿父丁
1205	J394	子父丁簋		BaⅣ	四期	子父丁
1206	3186	子父戊簋		BaⅣ	四期	子父戊
1207	3188	舊父戊簋				舊父戊
1208	3189	叔父戊簋		AbⅡ	四期	叔父戊
1209	3193	京父己簋				京父己
1210	3194	車父己簋		BaⅡ	三、四期	車父己
1211	3195	𤔲父己簋	安陽	BaⅠ	二期	𤔲父己
1212	3196	埶父己簋				埶父己
1213	3201	鳶父辛簋				鳶父辛
1214	3202	枚父辛簋		BaⅢ	四期	枚父辛
1215	3203	串父辛簋		BaⅣ	四期	串父辛
1216	3204	串父辛簋		BaⅣ	四期	串父辛
1217	3210	酉父癸簋		BaⅢ	四期	酉父癸
1218	3211	𠃉父癸簋				𠃉父癸
1219	3212	獸父癸簋				獸父癸

（續表）

編號	著錄號	器名	出土地	型式	期別	銘文
1220	3213	臤父癸簋				臤父癸
1221	3222	戎母己簋	安陽西區 M1573：2	BaⅢ	四期	戎母己
1222	3223	豙妣辛簋		BaⅣ	四期	豙妣辛
1223	3227	㪥母鳶簋				㪥母鳶
1224	3229	婦酓咸簋		BaⅣ	商末周初	婦酓咸
1225	J407	亞賣止簋	安陽郭家莊 M160：33	AbⅤ	三期晚段	亞賣止
1226	3232	㕣乙簋				㕣乙
1227	3233	天己丁簋	"麟游"（傳）	Bb	商末周初	天己丁
1228	3234	子▲止簋				子▲止
1229	3238	辰寢出簋	安陽大司空村 M539：30	AbⅡ	二期晚段	辰？寢出
1230	3239	北單戠簋	安陽武官村北地 M1	AaⅠ	二期	北單戠
1231	3243	西單隻簋		AbⅢ	三、四期	西單隻
1232	3325	尹父己簋				尹父己
1233	3240	作母皿簋				作母皿
1234	3297	亞啓父乙簋				亞啓父乙
1235	3298	亞矢父乙簋		BaⅠ	二期	亞矢父乙
1236	3308	亞束父丁簋		BaⅣ	商末周初	亞束父丁
1237	3309	亞壴父丁簋				亞壴父丁
1238	3310	亞醜父丁簋		Bb	四期	亞醜父丁
1239	3331	亞醜父辛簋				亞醜父辛
1240	3332	亞醜父辛簋				亞醜父辛

(續表)

編號	著錄號	器名	出土地	型式	期別	銘　文
1241	3333	亞醜父辛簋				亞醜父辛
1242	3326	亞竝父己簋		BaⅣ	商末周初	亞竝父己
1243	3330	亞龏父辛簋				亞龏父辛
1244	3338	亞弜父癸簋		BaⅠ	二期	亞弜父癸
1245	3339	亞門父癸簋				亞門父癸
1246	3393	亞尤黽□簋				亞尤黽□
1247	J412	亞獏母辛簋		BaⅢ	四期	亞獏母辛
1248	3185	丩盾父戊簋				丩盾父戊
1249	3303	⚘册父乙簋				⚘册父乙
1250	3311	驕父丁簋				驕父丁
1251	3312	文啺父丁簋		BaⅣ	商末周初	文啺父丁
1252	3313	⚘羊父丁簋				⚘羊父丁
1253	3314	⚘羊父丁簋		BaⅣ	商末周初	⚘羊父丁
1254	3316	臼丵父丁簋				臼丵父丁
1255	3321	□□父丁簋		BaⅢ	四期	□□父丁
1256	3324	北覃父己簋				北覃父己

(續表)

編號	著錄號	器名	出土地	型式	期別	銘　文
1257	3340	耳衡父癸簋				耳衡父癸
1258	3337	鄉宁父癸簋		BaⅢ	四期	鄉宁父癸
1259	3343	彭母簋				彭母彝🈳
1260	J410	子鼎父乙簋				子鼎父乙
1261	J411	玄冊父癸簋		BaⅡ	三期	玄冊父癸
1262	J413	鳥䗤簋	安陽郭家莊M1∶16	BaⅡ	四期	鳥䗤弄彝
1263	3345	珥䦆婦䥯簋	河南輝縣褚邱	BaⅢ	四期	珥䦆婦䥯
1264	E366	子糸■刀簋		AbⅤ	四期	子糸■刀
1265	E367	母嬉日辛簋		AbⅤ	四期	母嬉日辛
1266	E369	北單父乙簋		BaⅢ	四期	北單父乙
1267	3302	◇晕葡父乙簋				◇晕葡父乙
1268	3417	西單豆祖己簋		BaⅣ	四期	西單豆祖己
1269	3418	庚豕馬父乙簋	安陽M1∶21	BaⅡ	四期	庚豕馬父乙
1270	3419	亞🈳覃父乙簋		BaⅢ	四期	亞🈳覃父乙
1271	3420	子眉■父乙簋	陝西鳳翔			子眉■父乙
1272	3421	秉盾冊父乙簋		BaⅣ	四期	秉盾冊父乙

(續表)

編號	著錄號	器名	出 土 地	型式	期別	銘　文
1273	3428	戈亳册父丁簋				戈亳册父丁
1274	3429	◆㇇父丁簋		Bb	商末周初	作父丁◆㇇
1275	J417	亞盤父丁簋		AbⅣ	三、四期	亞盤父丁,隻。
1276	3457	大丏簋	安陽殷墟西區	Bb	四期	大丏作母彝
1277	E376	受祖己父辛簋		BaⅠ	二期	受祖己父辛
1278	3502	文父乙簋				文父乙卯婦娸
1279	3601	偶缶作祖癸簋		BaⅣ	商末周初	偶缶作祖癸尊彝
1280	3604	㝮册簋	"洛陽"			㝮父丁尊彝㝮册
1281	3602	𠂤𦱤作父乙簋				作父乙寶彝𠂤𦱤
1282	3665	戈厚作兄日辛簋		Bb	商末周初	戈厚作兄日辛寶彝
1283	3713	亞若癸簋		AbⅢ	三、四期	亞,若癸,自乙,受丁,旋乙。
1284	E398	子戀簋		BaⅣ	四期	子戀在𢕪,作文父乙彝。
1285	3717	奴作父辛簋		BaⅣ	商末周初	戠北單册。奴作父辛尊彝。
1286	J454	寢魚簋	安陽西區 M1713	BaⅡ	四期	辛卯,王賜寢魚貝,用作父丁彝。
1287	3861	亞古作父己簋	河南洛陽(傳)	BaⅢ	四期	己亥,王賜貝,在蘭,用作父己尊彝,亞古。
1288	3904	小子𣄰簋				(偽銘)

(續表)

編號	著録號	器名	出土地	型式	期别	銘文
1289	3940	犅𣪊簋				亞舟,乙亥,王賜犅𣪊玉十珏、璋,用作祖丁彝。
1290	3941	寢敄簋				辛亥,王在寢,賞寢敄□貝二朋,用作祖癸寶尊。
1291	3975	耶簋		BaⅢ	四期	辛巳,王酓(飲)多亞,即臺邐(列),賜貝二朋用作大子丁。耶鼃。
1292	4138	小子𡰥簋			四期	癸巳,𠁁賞小子𡰥貝十朋,在上𥈽,唯𠁁令伐人(夷)方,𡰥賓貝,用作文父丁尊彝,在十月四。𡨄。
1293	4144	肄作父乙簋		BaⅣ	四期	戊辰,弜師賜肄𠧟户賣貝,用作父乙寶彝,在十月一,唯王日祀劦日,遘于妣戊武乙奭𧰼一。旅。
1294	4651	𢦏豆			四期	𢦏
1295	4652	𡭴戲豆			四期	𡭴戲
1296	4653	亞矣豆				亞矣
1297	J540	𡭴父癸豆	陝西西安市東郊老牛坡		四期	𡭴父癸
1298	4658	串𢍆父丁豆				串𢍆父丁

商代青銅器銘文總表　427

（續表）

編號	著錄號	器名	出 土 地	型式	期別	銘　文
1299	966	▧匕				▧
1300	968	亞念匕				亞念
1301	10476	亞𠙹匕	安陽西區 M907∶15		三期	亞,𠙹辛覃乙。
1302	4701	戈卣		E	二、三期	戈
1303	4702	戈卣				戈
1304	4703	戈卣			三、四期	戈
1305	4707	戈卣	湖南寧鄉王家坟	Ab	四期	戈
1306	4711	戩卣		E	二、三期	戩
1307	4712	冄卣				冄
1308	4713	冄卣				冄
1309	4714	冄卣		AaⅢ	四期	冄
1310	4715	冄卣		AaⅢ	四期	冄
1311	4716	冄卣				冄
1312	4717	冄卣	安陽殷墟	E	二、三期	冄
1313	4718	冄卣	陝西岐山賀家村	Ab	四期	冄
1314	4719	冄卣				冄
1315	4720	冄卣	山西靈石旌介村 M1∶8	AaⅢ	四期	冄
1316	J553	冄卣	山西靈石縣旌介村 M1∶13	AaⅢ	四期	冄
1317	J554	冄卣		AaⅢ	三、四期	冄
1318	4721	史卣	安陽殷墟西區 M2575∶23	AaⅠ	二期	史
1319	4722	史卣				史
1320	4723	史卣		AaⅢ	三、四期	史
1321	4724	史卣				史
1322	4725	史卣				史
1323	4726	史卣		AaⅢ	三、四期	史

(續表)

編號	著録號	器名	出土地	型式	期別	銘文
1324	E490	史卣	山東省滕州市前掌大村商周墓地（M38：66）	AaⅢ	商末周初	史
1325	E491	史卣	山東省滕州市前掌大村商周墓地（M38：61）	AaⅢ	商末周初	史
1326	4727	亞卣				亞
1327	4728	亞卣				亞
1328	4729	亞卣		AaⅣ	四期	亞
1329	4730	亞卣		AaⅡ	二、三期	亞
1330	4731	亞卣		AaⅣ	四期	亞
1331	4732	子卣		AaⅣ	四期	子
1332	4733	竝卣		AaⅢ	三、四期	竝
1333	4734	奚卣		Ab	三期	奚
1334	4735	執卣				執
1335	4736	厥卣		E	二、三期	厥
1336	4737	受卣	河北磁縣下七垣	AaⅢ	三、四期	受
1337	4738	爰卣		AaⅢ	三期	爰
1338	4739	守卣				守
1339	4740	魚卣				魚
1340	4741	彔卣				彔
1341	4742	鞞卣				鞞
1342	4743	爕卣				爕
1343	4744	㐭卣				㐭
1344	4747	叄卣		C	四期	叄
1345	4748	叄卣				叄
1346	4749	禾卣		Ab	三期	禾
1347	4750	禾卣				禾
1348	4751	夨卣				夨

（續表）

編號	著錄號	器名	出土地	型式	期別	銘文
1349	4753	敉卣				敉
1350	4754	嫊卣				嫊
1351	4755	嫊卣				嫊
1352	4756	酋卣				酋
1353	4757	酋卣				酋
1354	4758	辜卣				辜
1355	J546	衡卣		AaⅠ	二期	衡
1356	4760	奄卣		AaⅢ	三、四期	奄
1357	4761	奄卣				奄
1358	4764	几卣	陝西岐山賀家村	BⅡ	四期	几
1359	4767	舌卣		Ab	三期	舌
1360	4768	舌卣	安陽			舌
1361	4769	天卣	河南羅山蟒張M1：24	AaⅢ	四期	天
1362	4771	天卣				天
1363	4770	穴卣	廣西武鳴勉嶺山	Ab	四期	穴
1364	4773	夋卣		AaⅠ	二期	夋
1365	4774	卂卣				卂
1366	4775	伐卣		AaⅢ	三、四期	伐
1367	4776	卷卣	山東濟南劉家莊	AaⅢ	三、四期	卷
1368	4777	靰卣				靰
1369	4778	徣卣				徣
1370	4779	衢卣	安陽武官村E9	BⅠ	二期	衢
1371	4780	葡卣				葡
1372	4781	葡卣		BⅠ	二期	葡
1373	4782	凵卣				凵
1374	4783	丙卣	安陽殷墟西區M907		三期	丙
1375	4784	龍卣	山西保德林遮峪村	AaⅢ	三期	龍？

（續表）

編號	著錄號	器名	出 土 地	型式	期別	銘　文
1376	4785	吏卣	山東濱縣藍家村	AaⅡ	二、三期	吏
1377	4786	弔卣		AaⅢ	三、四期	弔
1378	4787	鳶卣		Ab	三、四期	鳶
1379	4788	隻卣				隻
1380	4789	彔卣		AaⅢ	三、四期	彔
1381	4790	牛卣		E	二、三期	牛
1382	E488	牛卣		Ab	二、三期	牛
1383	4791	叉卣		E	二、三期	叉
1384	4792	臤卣		AaⅣ	四期	臤
1385	4794	徙卣		E	二、三期	徙
1386	4795	得卣				得
1387	4796	東卣				東
1388	4797	示卣				示？
1389	4798	霝卣	安陽			霝
1390	4799	齒卣		BⅡ	四期	齒
1391	4800	齒卣		D	三、四期	齒
1392	4801	齒卣				齒
1393	4802	爻卣		AaⅣ	四期	爻
1394	9461	耳卣				耳
1395	4842	儞卣				儞
1396	4843	𩽀卣		Ab	三期	𩽀
1397	4759	糞卣		AaⅢ	三、四期	糞
1398	J545	糞卣		AaⅢ	三期	糞
1399	J547	羊卣	安陽郭家莊M6∶29	AaⅢ	四期	羊
1400	J549	融卣	山東青州市蘇埠屯M8∶11	C	四期	融
1401	J550	明卣	山西靈石縣旌介村M2∶40	AaⅢ	四期	明？

（續表）

編號	著錄號	器名	出土地	型式	期別	銘文
1402	J551	○卣	陝西麟游縣九成官鎮後坪村	BⅡ	四期	○
1403	J552	丹卣	安陽豫北紡織廠	AaⅢ	三期	丹
1404	E489	車卣		E	二、三期	車
1405	4805	亞伐卣	河北靈壽西木佛村	Ab	三期	亞伐
1406	4806	亞醜卣				亞醜
1407	4807	亞醜卣				亞醜
1408	4808	亞醜卣		AaⅣ	四期	亞醜
1409	4809	亞醜卣		AaⅢ	三期	亞醜
1410	4810	亞醜卣		BⅡ	四期	亞醜
1411	J560	亞醜卣		AaⅢ	三、四期	亞醜
1412	J561	亞址卣	安陽郭家莊M160:172	Ab	三期晚段	亞址
1413	4811	亞⿰卣				亞⿰
1414	4812	亞奚卣				亞奚
1415	4813	亞矣卣	安陽侯家莊	D	二期	亞矣
1416	1432	亞矣卣		G	二期	亞矣
1417	4814	亞丏卣				亞丏
1418	4815	亞屰卣				亞屰
1419	4816	亞屰卣				亞屰
1420	4817	亞昂卣	安陽		二期	亞昂
1421	4818	亞母卣	河南上蔡田莊村	AaⅢ	三、四期	亞母?
1422	4819	亞盥卣	安陽苗圃北地M172:3	AaⅢ	三期	亞盥
1423	4820	亞告卣		C	四期	告亞
1424	集刊	亞孔卣	安陽劉家莊M1046:10	AaⅢ	四期	亞孔
1425	E495	亞奠卣		AaⅢ	四期	亞奠
1426	4821	祖辛卣	河南輝縣褚邱	Ab	三期	祖辛
1427	4822	父乙卣				父乙

432　商代青銅器銘文研究

（續表）

編號	著錄號	器名	出 土 地	型式	期別	銘　文
1428	E502	父乙卣	山東省滕州市前掌大村商周墓地 M21：40	Aa Ⅲ		父乙
1429	4835	父辛卣				父辛
1430	4837	父癸卣		Aa Ⅲ	三、四期	父癸
1431	4823	㱿乙卣		Aa Ⅲ	三、四期	㱿乙
1432	4824	㱿丙卣				㱿丙
1433	4827	㱿丁卣				丁㱿
1434	4833	㱿己卣				㱿己
1435	4834	㱿辛卣				辛㱿
1436	4838	㱿癸卣	湖南寧鄉黃村	Ab	三、四期	癸㱿
1437	4855	㱿蠿卣				㱿蠿
1438	4856	㱿𡗞卣		Aa Ⅳ	四期	㱿𡗞
1439	4857	㱿𡗞卣				㱿𡗞
1440	4825	丰丁卣		Ab	三、四期	丁丰
1441	4826	犬丁卣				丁犬
1442	4828	囟丁卣				丁囟
1443	4829	賊己卣				己賊
1444	4830	賊己卣				己賊
1445	4831	賊己卣		Aa Ⅲ	三、四期	賊己
1446	4832	㺇己卣		Aa Ⅲ	三、四期	㺇己
1447	E499	聑丁卣		Ab	三、四期	聑丁
1448	4839	飲癸卣				癸飲？
1449	4840	飲癸卣				癸飲？
1450	4841	豕癸卣				豕癸
1451	4845	婦𨟻卣				婦𨟻
1452	4846	婦𨟻卣		Aa Ⅳ	四期	婦𨟻
1453	4847	子侯卣				子侯

商代青銅器銘文總表　433

（續表）

編號	著錄號	器名	出土地	型式	期別	銘　文
1454	4848	子■卣		AaⅢ	三、四期	子■
1455	4849	子臭卣				子臭
1456	4850	子夗卣				子夗
1457	J562	鼻子卣			四期	鼻子
1458	4851	魚母卣	安陽			母魚
1459	4852	竹旗卣		Ab	三期	竹旗
1460	4860	口音卣				口音
1461	4861	口音卣				口音
1462	4862	口音卣		Ab	四期	口音
1463	4863	甡卣		AaⅣ	四期	甡
1464	4864	木戊卣		Ab	三、四期	戊木
1465	4865	甾刀卣				甾刀
1466	4866	祱卣				祱
1467	4867	危耳卣		AaⅢ	三、四期	危耳
1468	4869	屰戈卣				屰戈
1469	4870	徝册卣				册徝
1470	4871	聚册卣				聚册
1471	4872	告册卣		BⅠ	二期	册告
1472	4874	買車卣	安陽		三、四期	買車
1473	4875	臾卣			或周早	臾
1474	4844	糞婦卣				糞婦
1475	4876	糞徹卣				糞徹
1476	4877	糞戲卣	山東費縣	AaⅢ	四期	戲糞
1477	4878	糞戲卣	山東費縣	D	四期	糞戲
1478	4879	糞戲卣	山東費縣	BⅡ	四期	糞戲
1479	4880	明甫卣				明甫
1480	4881	穴安卣				穴安

（續表）

編號	著錄號	器名	出土地	型式	期別	銘文
1481	4882	葡貝卣		E	二、三期	葡貝
1482	E497	戉葡卣	安陽戚家莊東M235：5	AaⅢ	四期	戉葡
1483	5016	⿰乎卣				⿰乎
1484	E496	爰爾卣	安陽殷墟西區M875：6	AaⅢ	三期	爰爾
1485	4889	鳥祖甲卣				鳥祖甲
1486	4902	鳥父甲卣				鳥父甲
1487	4890	⿵祖乙卣		Ab	三、四期	⿵祖乙
1488	4891	子祖丁卣		AaⅣ	四期	子祖丁
1489	4894	子祖己卣				子祖己
1490	4901	子祖癸卣				子祖癸
1491	9500	子父乙卣		BⅡ	四期	子父乙
1492	4943	子父丁卣				子父丁
1493	4969	子父庚卣				子父庚
1494	5004	子辛智卣				子辛智
1495	4892	豺祖戊卣				豺祖戊
1496	4893	俞祖戊卣			四期	俞祖戊
1497	4897	鳶祖辛卣		BⅡ	四期	鳶祖辛
1498	4899	宁祖癸卣				宁祖癸
1499	4904	宁父甲卣				宁父甲
1500	4920	宁父乙卣				宁父乙
1501	4965	宁父己卣				宁父己
1502	4966	宁父己卣		AaⅢ	三、四期	宁父己
1503	4973	宁父辛卣				宁父辛
1504	4900	巽祖癸卣				巽祖癸
1505	4926	巽父乙卣		BⅡ	四期	巽父乙
1506	4938	巽父丁卣				巽父丁
1507	4960	巽父己卣		AaⅣ	四期	巽父己

(續表)

編號	著錄號	器名	出 土 地	型式	期別	銘 文
1508	4961	戠父己卣		Aa Ⅳ	四期	戠父己
1509	4980	戠父辛卣		B Ⅱ	四期	戠父辛
1510	4998	戠父癸卣				戠父癸
1511	5000	戠母己卣				戠母己
1512	5011	戠󰀀卣	山東長清興復河			戠亞󰀀
1513	4903	田父甲卣	山東長清崮山驛			田父甲
1514	4905	丰父甲卣		Aa Ⅲ	三、四期	丰父甲
1515	4906	敄父甲卣				敄父甲
1516	4931	敄父乙卣				敄父乙
1517	4908	天父乙卣				天父乙
1518	4909	天父乙卣		Ab	商末周初	天父乙
1519	4976	天父辛卣		Aa Ⅳ	四期	天父辛
1520	4910	何父乙卣		Aa Ⅲ	三、四期	何父乙
1521	4913	册父乙卣				册父乙
1522	4914	魚父乙卣				魚父乙
1523	4915	魚父乙卣		Aa Ⅲ	三、四期	魚父乙
1524	4916	魚父乙卣				魚父乙
1525	4917	魚父乙卣		Aa Ⅲ	三、四期	魚父乙
1526	4997	魚父癸卣				魚父癸
1527	4918	卷父乙卣				卷父乙
1528	4919	󰀀父乙卣	山西洪趙	B Ⅱ	四期	󰀀父乙
1529	4922	黿父乙卣				黿父乙
1530	4923	黿父乙卣		Aa Ⅳ	四期	黿父乙
1531	4924	黿父乙卣				黿父乙
1532	4950	黿父戊卣		Aa Ⅲ	三、四期	黿父戊
1533	4978	黿父辛卣				黿父辛
1534	4993	黿父癸卣				黿父癸

436　商代青銅器銘文研究

（續表）

編號	著錄號	器名	出土地	型式	期別	銘　文
1535	4925	䦈父乙卣		AaⅢ	三、四期	䦈父乙
1536	J565	光祖乙卣	安陽梅園莊南地 M92：3	AaⅢ	四期	光祖乙
1537	4927	光父乙卣	安陽			光父乙
1538	4928	鼻父乙卣				鼻父乙
1539	4929	史父乙卣				史父乙
1540	4930	䍙父乙卣				䍙父乙
1541	4932	𠦪父乙卣				𠦪父乙
1542	4933	亞父乙卣		BⅡ	四期	亞父乙
1543	4934	亼父乙卣				亼父乙
1544	4936	析父丙卣		BⅡ	四期	析父丙
1545	E506	析父丁卣		AaⅡ	四期	析父丁
1546	4944	束父丁卣				束父丁
1547	4945	耒父丁卣				耒父丁
1548	4946	耒父丁卣		AaⅢ	三、四期	耒父丁
1549	4947	酉父丁卣				酉父丁
1550	4952	酉父己卣				酉父己
1551	4987	酉父辛卣		AaⅢ	四期	酉父辛
1552	4948	爻父丁卣	山東滕縣井亭煤礦			爻父丁
1553	4949	🐦父丁卣		AaⅢ	三、四期	🐦父丁
1554	4953	🔺父己卣				🔺父己
1555	4954	戈父己卣			三、四期	戈父己
1556	4955	戈父己卣	"龍游"	AaⅢ	三、四期	戈父己
1557	4956	倗父己卣				倗父己
1558	4957	🛏父己卣				🛏父己
1559	4958	受父己卣				受父己
1560	4968	弓父庚卣		BⅡ	四期	弓父庚

商代青銅器銘文總表　437

（續表）

編號	著錄號	器名	出土地	型式	期別	銘　文
1561	4977	埶父辛卣	陝西寶雞峪泉村	AaⅢ	四期	埶父辛
1562	4975	▲父辛卣				▲父辛
1563	4972	▲父辛卣				▲父辛
1564	4979	黽父辛卣		AaⅣ	四期	黽父辛
1565	4981	弔父辛卣		AaⅢ	三、四期	弔父辛
1566	4983	穴父辛卣		AaⅢ	三、四期	穴父辛
1567	4985	翌父辛卣		BⅡ	四期	翌父辛
1568	4986	▲父辛卣		AaⅣ	四期	▲父辛
1569	4989	冋父癸卣		AaⅢ	三、四期	冋父癸
1570	4994	取父癸卣		AaⅢ	三、四期	取父癸
1571	4995	▲父癸卣		BⅡ	四期	▲父癸
1572	5048	▲祖己卣				▲祖己
1573	J567	▲父乙卣	陝西麟游縣九成宮鎮後坪村	AaⅢ	四期	▲父乙
1574	E504	未祖壬卣		AaⅢ	三、四期	未祖壬
1575	E507	眀父丁卣				眀父丁
1576	J575	比丁癸卣		AaⅢ	三、四期	比丁癸
1577	5006	刕册竹卣		AaⅢ	三、四期	刕册竹
1578	5007	西單隻卣				西單隻
1579	5008	秉盾丁卣		Ab	四期	秉盾丁
1580	5009	▲▲丁卣		C	四期	丁▲▲
1581	5010	蠱典癸卣				蠱典癸
1582	5012	䇄其▲卣				䇄其▲
1583	5013	林亞俞卣				林亞俞
1584	5014	亞壴衙卣	、	BⅡ	四期	亞壴衙
1585	5015	亞其矣卣			商末周初	亞其矣
1586	E505	亞宫孔卣	河南安陽M1046	AaⅢ	四期	亞宫孔

(續表)

編號	著錄號	器名	出土地	型式	期別	銘　文
1587	5017	鳥?卣	安陽郭家灣(傳)			鳥??
1588	5019	毛田舌卣		AaⅢ	三、四期	毛田舌
1589	5111	?母彝卣				?母彝
1590	5045	聚册祖丁卣		AaⅢ	四期	聚册祖丁
1591	5046	聚册祖丁卣		AaⅢ	四期	聚册祖丁
1592	5047	戉葡祖乙卣		AaⅢ	三、四期	戉葡祖乙
1593	5088	葡貝父辛卣		Ab	四期	葡貝父辛
1594	5053	亞覃父乙卣				亞覃父乙
1595	5054	亞俞父乙卣				亞俞父乙
1596	5055	亞厷父乙卣		BⅡ	四期	亞厷父乙
1597	5079	亞址父己卣		AaⅡ	三期	亞址父己
1598	5085	亞醜父辛卣		AaⅢ	三、四期	亞醜父辛
1599	5097	亞醜杞婦卣		AaⅢ	三、四期	亞醜杞婦
1600	5086	亞獲父辛卣		AaⅣ	四期	亞獲父辛
1601	5094	亞得父癸卣		AaⅢ	三、四期	亞得父癸
1602	5100	亞奭皇祈卣	江西遂川泉江鎮洪門村	Ab	三、四期	亞奭皇祈
1603	5050	陸册父甲卣				陸册父甲

（續表）

編號	著錄號	器名	出　土　地	型式	期別	銘　文
1604	5052	陸册父乙卣				陸册父乙
1605	5081	陸册父庚卣				陸册父庚
1606	5051	蠱典父乙卣				蠱典父乙
1607	5056	田告父乙卣				田告父乙
1608	5057	子疢父乙卣		AaⅢ	三、四期	子疢父乙
1609	5070	子廄父丁卣		AaⅣ	商末周初	子廄父丁
1610	5058	聑日父乙卣				聑日父乙
1611	5059	丩盾父乙卣		Ab	商末周初	丩盾父乙
1612	5060、5076	丩盾父乙父戊卣				丩盾父乙。丩盾父戊。
1613	5068	串䗩父丁卣				串䗩父丁
1614	5069	串䗩父丁卣	遼寧喀左山灣子窖藏	AaⅣ	商末周初	串䗩父丁
1615	5073	舟丏父丁卣				舟丏父丁
1616	5074	埶公父丁卣		BⅡ	四期	埶公父丁
1617	5077	又敎父己卣				又敎父己
1618	5082	家戈父庚卣		AaⅢ	三、四期	家戈父庚

(續表)

編號	著錄號	器名	出土地	型式	期別	銘文
1619	5083	婦隻父庚卣				婦隻父庚
1620	5084	〇牵父辛卣				〇牵父辛
1621	5089	句飲父辛卣				句飲父辛
1622	5091	何疾父癸卣		AaⅢ	三、四期	何父癸疾
1623	5092	失作父癸卣				作父癸失
1624	5093	行天父癸卣		AaⅡ	二、三期	行天父癸
1625	5096	昂SS父癸卣				昂SS父癸
1626	5098	耴瑗婦鈴卣	河南輝縣褚邱	AaⅢ	四期	耴瑗婦鈴
1627	5099	婦聿卣		AaⅢ	三、四期	婦聿征膚
1628	5101	〇葡辰卣		Ab	三、四期	〇葡天辰
1629	5102	王作姤弄卣		AaⅣ	四期	王作姤弄
1630	5110	彭母卣		AaⅣ	商末周初	彭母彝〇
1631	5114	闌卣		AaⅢ	三、四期	闌作尊彝
1632	5142	毌子弓葡卣				毌子弓葡
1633	J579	驕父丁卣		BⅡ	四期	驕父丁
1634	J581	剌册父癸卣	山東兗州縣嶫山區李宮村	BⅡ	四期	剌册父癸
1635	E520	母嬗日辛卣		Ab	四期	母嬗日辛

（續表）

編號	著錄號	器名	出土地	型式	期別	銘 文
1636	5145	⊛祖己父己卣				⊛父己戎。⊛祖己戎。
1637	5146	𛀁祖己父辛卣				𛀁祖己父辛
1638	5147	柩父乙卣				亞虎柩父乙
1639	5165	北子𠂤父辛卣		AaⅢ	四期	北子𠂤父辛
1640	5155	文睸父丁卣		Ab	三、四期	文睸父丁𣪘
1641	5156	西單盾父丁卣		AaⅣ	四期	西單盾父丁
1642	5161	丩盾父戊卣		D	三、四期	丩盾六六六父戊
1643	5163	冀父己母癸卣		AaⅣ	四期	冀父己母癸
1644	5148	冀作父乙卣				冀作父乙彝
1645	5167	冀扶父辛卣				冀扶父辛彝
1646	5172	冀父癸舍母卣				冀父癸舍母
1647	5166	罙木父辛卣				罙木父辛册
1648	5168	亞其戈父辛卣		AaⅢ	三、四期	亞其戈父辛
1649	5169	葡戉册父辛卣				葡戉册父辛
1650	5173	天册父癸卣				天册父癸
1651	5175	小子作母己卣				小子作母己

（續表）

編號	著錄號	器名	出土地	型式	期別	銘文
1652	5176	小子作母己卣		AaⅣ	四期	小子作母己
1653	5186	允册卣				允册作尊彝
1654	J564	ㄨ門卣	山東濰坊子區院上水庫南崖	AaⅢ	三、四期	ㄨ門父辛
1655	5174	又敎癸卣				又敎癸又母延
1656	5199	亞禹祖乙父己卣				亞禹祖乙父己
1657	5201	嚳祖辛卣	山東長清興復河	F	四期	嚳祖辛禹亞㠱
1658	5203	寢㠱卣		Ab	四期	亞寢㠱宰父乙
1659	5206	亞矢望父乙卣				亞矢望丩父乙
1660	5208	父丙卣		AaⅢ	三、四期	弓天兼未父丙
1661	5211	竜作丁揚卣				作丁揚尊彝竜
1662	5238	亞醜作季卣				亞醜作季尊彝
1663	J593	宁月卣	山東章丘縣明水鎮東潤西村M	AaⅢ	三、四期	宁月作父癸彝
1664	E528	作太子丁卣		AaⅢ	三、四期	作太子丁尊彝
1665	5205	采作父乙卣		AaⅢ	三、四期	采作父乙彝，舣。舣作父乙彝。
1666	J596	葡㐫卣		BⅡ	商末周初	葡㐫作父癸尊彝。
1667	5265	盥示己卣		AaⅢ	四期	盥。示己、祖丁、父癸。
1668	5266	韋作妣癸卣				韋作妣癸尊彝。㐫。

(續表)

編號	著錄號	器名	出土地	型式	期別	銘文
1669	5271	亞寭父丁卣		AaⅢ	三、四期	亞寭宁孤竹父丁。
1670	5278	狽元作父戊卣		AaⅣ	商末周初	狽元作父戊尊彝。
1671	5280	尸作父己卣				寍,尸作父己尊彝。
1672	5285	᙭作父辛卣	山東長山			᙭作父辛尊彝。
1673	5286	竟作父辛卣				竟作父辛寶尊彝。
1674	5347	告田父乙卣		AaⅣ	商末周初	亞啓父乙(蓋),鳥父乙母告田(器)。
1675	5349	婦闖卣		AaⅣ	四期	婦闖作文姑日癸尊彝。冀。
1676	5350	婦闖卣		Ab	四期	婦闖作文姑日癸尊彝。冀。
1677	5351	小臣兒卣		BⅡ	四期	汝子小臣兒作己尊彝。
1678	5353	寗卣		AaⅢ	三、四期	辛卯子賜寗貝,用作同彝,廧。
1679	5360	窥䵾作父癸卣				亞朿,窥䵾作父癸寶尊彝。冀。
1680	5362	懋卣		AaⅣ	四期	懋作文父日丁寶尊旅彝。冀。
1681	E540	協卣		Ab	四期	王由攸田協,協作父丁尊。瀼。
1682	E541	協卣			四期	王由攸田協,協作父丁尊。瀼。
1683	E542	協卣			四期	王由攸田協,協作父丁尊。瀼。

(續表)

編號	著錄號	器名	出土地	型式	期別	銘　文
1684	5367	妞作母乙卣		Aa Ⅲ	四期	丙寅,王賜妞貝朋,用作母乙彝。
1685	5373	叡霝卣				子賜叡霝玗(璧)一,叡霝用作丁師彝。
1686	5378	小臣𢆥卣				王賜小臣𢆥,賜在寢,用作祖乙尊,炏敢。
1687	5379	小臣𢆥卣				王賜小臣𢆥,賜在寢,用作祖乙尊,炏敢。
1688	5380	馭卣				酓。辛子(巳),王賜馭八貝一具,用作父己尊彝。
1689	E546	牺伯𦛗卣		Ab	四期	亞,庚寅,牺伯𦛗作丰寶彝。在二月。有祐。)(。
1690	5394	小子省卣		B Ⅱ	四期	甲寅,子賞小子省貝五朋,省揚君賞,用作父己寶彝。異。
1691	5395	宰甫卣		Aa Ⅳ	四期	王來獸自豆麓,在礬師,王饗酒,王光宰甫貝五朋,用作寶䵼。
1692	5397	㩦卣		Aa Ⅳ	四期	丁巳,王賜㩦舲貝,在寒,用作兄癸彝,在九月,唯王九祀劦日。𠂤。

（續表）

編號	著録號	器名	出土地	型式	期别	銘文
1693	5414	六祀邲其卣	安陽	AaⅣ	四期	乙亥,邲其賜作册䚄尝一,琼一,用作祖癸尊彝,在六月,唯王六祀翌日。亞獏。
1694	5412	二祀邲其卣	安陽	AaⅣ	四期	亞獏父丁。丙辰,王令邲其䚽䚷于夆田,（）賓貝五朋。在正月,遘于妣丙肜日大乙奭。唯王二祀,既䚭于上下帝。
1695	5413	四祀邲其卣	安陽	BⅡ	四期	亞獏父丁。乙巳,王曰尊文武帝乙,宜在召大廳,遘乙,翌日丙午,𩰫,丁未,煮,己酉,王在梌,邲其賜貝,在四月,唯王四祀翌日。
1696	5417	小子𩰫卣		AaⅣ	四期	乙巳,子令小子𩰫先以人于堇,子光賞𩰫貝二朋,子曰:貝唯蔑汝曆,𩰫用作母辛彝,在十月二,唯子曰令望人方𩰫。𩰫母辛。
1697	4748	𩰫尊				𩰫
1698	5500	𩰫尊		BbⅠ	四期	𩰫

（續表）

編號	著録號	器名	出土地	型式	期別	銘文
1699	5441	天尊		Ba Ⅰ	商末周初	天
1700	5442	夫尊			或周早	夫
1701	5443	失尊		Bb Ⅱ	四期	失
1702	5444	蜀尊		Bb Ⅰ	二期	蜀
1703	5445	何尊		Bb Ⅰ	二期	何
1704	5446	冀尊	安陽大司空（傳）	AB Ⅱ	二期	冀
1705	5447	冀尊				冀
1706	5448	旗尊				旗
1707	5449	又尊				又
1708	5450	又尊				又
1709	5451	奉尊	安陽（傳）	C	四期	奉
1710	5452	口尊				口
1711	5454	正鴞尊		D	二期	正
1712	5456	史尊				史
1713	5458	史尊		Bb Ⅰ	四期	史
1714	5459	史尊		Bb Ⅰ	四期	史
1715	5460	史尊				史
1716	5461	史尊				史
1717	E550	史尊		Bb Ⅰ	四期	史
1718	5463	册尊		Bb Ⅱ	四期	册
1719	5464	葡尊		AB Ⅱ	二期	葡
1720	5466	？尊				？
1721	5467	我尊		AB Ⅱ	二期	我
1722	5468	戈尊			三、四期	戈
1723	5469	戈尊	安陽（傳）	Ab Ⅰ	四期	戈
1724	5470	戈尊		Ba Ⅱ	四期	戈
1725	5471	戈尊	山西靈石縣旌介村 M1∶5	Ba Ⅲ	四期	戈

(續表)

編號	著錄號	器名	出土地	型式	期別	銘文
1726	5477	虎尊	安陽侯家莊西北岡 M1885	D	二期	虎
1727	5478	虒尊	安陽(傳)	D	二期	虒
1728	5480	嬰尊		Ab I	二期	嬰
1729	5481	嬰尊		Bb I	三期	嬰
1730	5482	嬰尊		Ab I	二期	嬰
1731	5483	穴尊		Bb I	四期	穴
1732	5484	穴尊				穴
1733	5485	穴尊				穴
1734	5486	穴尊		Ab II	二期	穴
1735	5487	穴尊				穴
1736	5488	央尊		Ab I	四期	央
1737	5489	央尊		Ba II	四期	央
1738	5491	尊				
1739	5492	酉尊				酉
1740	5493	八尊		Ab I	四期	八
1741	5494	八尊				八
1742	5495	尊		AB II	二期	
1743	5498	合尊	安陽侯家莊西北岡 M1400			合
1744	5499	合尊				合
1745	5501	宀尊		Ab I	二期	宀
1746	5502	尊				
1747	5503	串尊		AB II	二期	串
1748	5505	李尊				李
1749	5506	爻尊	山東滕縣井亭	Bb I	三期	爻
1750	5507	羊尊		Ab I	二期	羊
1751	5508	尊	山東蒼山縣東高堯村	Bb I	四期	

(續表)

編號	著錄號	器名	出土地	型式	期別	銘文
1752	5509	帝尊		BaⅡ	四期	帝
1753	J606	奴尊		BaⅡ	四期	奴
1754	J607	剡尊	山東泗水縣張莊公社M	BbⅠ	四期	剡
1755	J608	融尊	山東青州市蘇埠屯 M8:8	BaⅡ	四期	融
1756	E551	融尊		BaⅠ	四期	融
1757	E549	膚尊		ABⅡ	二期	膚
1758	5578	旅尊				旅
1759	5579	旅尊				旅
1760	5510	祖戊尊		BaⅡ	四期	祖戊
1761	5516	父乙尊				父乙
1762	5517	父乙尊		BaⅡ	四期	父乙
1763	5518	父乙尊	陝西長安縣張家坡村 M106:5	BaⅢ	商末周初	父乙
1764	5523	父丁尊		BbⅠ	四期	父丁
1765	5526	父己尊	河南(傳)	BbⅠ	二期	父己
1766	5529	父辛尊		BaⅢ	四期	父辛
1767	5530	父辛尊		BbⅠ	四期	父辛
1768	5531	父辛尊		BaⅢ	四期	父辛
1769	5535	婦好尊	安陽殷墟M5:792	AaⅠ	二期	婦好
1770	5536	婦好鴞尊	安陽殷墟M5:784	D	二期	婦好
1771	5537	婦好鴞尊	安陽殷墟M5:785	D	二期	婦好
1772	5540	子䢔尊	安陽殷墟M5:318	ABⅡ	二期	子䢔
1773	5541	子䢔尊	安陽殷墟M5:320	ABⅡ	二期	子䢔
1774	5542	子漁尊	安陽殷墟M18:13	ABⅡ	二期	子漁
1775	5543	子輂尊				子輂
1776	5544	子廎尊		BaⅢ	商末周初	子廎

商代青銅器銘文總表　449

（續表）

編號	著錄號	器名	出 土 地	型式	期別	銘　文
1777	E552	子㲋尊		BaⅢ	四期	子㲋
1778	5514	鳥祖尊				鳥祖
1779	5545	匿乙尊		ABⅡ	二期	匿乙
1780	5547	龹丁尊		AbⅠ	四期	龹丁
1781	5548	龹丁尊				龹丁
1782	5549	龹丁尊		AbⅠ	三、四期	龹丁
1783	5551	龹己尊				龹己
1784	5587	龹蟲尊				龹蟲
1785	5550	㚔丁尊				㚔丁
1786	5555	聿辛尊		BbⅠ	四期	聿辛
1787	5589	魚乙尊	遼寧喀左縣山灣子村窖藏	BbⅡ	四期	魚乙
1788	5559	亞醜尊				亞醜
1789	5560	亞醜尊				亞醜
1790	5561	亞醜尊		BbⅠ	四期	亞醜
1791	5562	亞醜尊		AaⅢ	四期	亞醜
1792	5563	亞醜尊				亞醜
1793	5564	亞醜尊	安陽（傳）	AbⅠ	四期	亞醜（醜）
1794	5565	亞㘝鴉尊		D	二期	亞㘝
1795	5566	亞守尊				亞守
1796	5567	亞卣尊		BaⅢ	四期	亞卣
1797	5568	亞𢍑尊			商末周初	亞𢍑
1798	5570	亞矣尊	安陽西北岡（傳）	AbⅠ	二期	亞矣
1799	5571	亞盤尊				亞盤
1800	5572	亞奚尊				亞奚
1801	J609	亞址尊	安陽郭家莊M160∶118	BaⅠ	三期晚段	亞址
1802	J610	亞址尊	安陽郭家莊M160∶152	AaⅢ	三期晚段	亞址

（續表）

編號	著錄號	器名	出土地	型式	期別	銘文
1803	E553	亞卅尊	安陽劉家莊M1046：45	AaⅢ	四期	亞卅
1804	E554	亞卅尊	安陽劉家莊M1046：7	BaⅡ	四期	亞卅
1805	E557	亞長尊	河南安陽花園莊東地商墓M54：84	AaⅡ	二期	亞長
1806	E589	亞長牛尊	河南安陽花園莊東地商墓M54：475＋146	D	二期	亞長
1807	5556	冀戲尊	山東費縣（傳）	BaⅡ	四期	冀戲
1808	5558	危耳尊		AbⅠ	二期	危耳
1809	5573	聚册尊		BaⅡ	四期	聚册
1810	5577	鄉宁尊	安陽	ABⅡ	二期	鄉宁
1811	5580	蠱辰尊				蠱辰
1812	5583	屮盾尊				屮盾
1813	5584	𣪘刀尊				𣪘刀
1814	5585	羊口尊	河北正定縣新城鋪墓	BaⅠ	四期	羊口
1815	5590	買車尊			三、四期	買車
1816	5595	息尊尊	河南羅山縣蟒張M6	BaⅡ	四期	息尊
1817	J614	息𠂤尊	河南羅山縣天湖村M41：9	BaⅢ	四期	息𠂤
1818	E555	𢀛𢀛尊	安陽戚家莊東M235：6	BaⅡ	四期	𢀛𢀛
1819	5538	司姆尊	安陽殷墟M5：793	ABⅡ	二期	司姆
1820	5539	司姆尊	安陽殷墟M5：867	ABⅡ	二期	司姆
1821	5596	己祖乙尊				己祖乙
1822	5597	己祖乙尊				己祖乙
1823	5598	黽祖乙尊				黽祖乙
1824	5655	黽父辛尊	陝西岐山（傳）	BaⅡ	四期	黽父辛
1825	5678	黽父癸尊				黽父癸
1826	5600	𦰩祖丁尊				𦰩祖丁
1827	5620	𦰩父乙尊		BaⅡ	四期	𦰩父乙

(續表)

編號	著錄號	器名	出土地	型式	期別	銘文
1828	5671	㠯父癸尊				㠯父癸
1829	5610	冀祖癸尊		Ba Ⅲ	四期	冀祖癸
1830	5618	冀父乙尊		Bb Ⅱ	商末周初	冀父乙
1831	5629	冀父丁尊		Ba Ⅱ	四期	冀父丁
1832	5679	冀母己尊		Ba Ⅱ	四期	冀母己
1833	5611	冘祖癸尊				冘祖癸
1834	5641	冘父戊尊		Bb Ⅰ	四期	冘父戊
1835	5658	冘父辛尊		Ba Ⅱ	四期	冘父辛
1836	5673	冘父癸尊				冘父癸
1837	5674	冘父癸尊				冘父癸
1838	5612	亞妣辛尊		Ba Ⅱ	四期	亞妣辛
1839	5613	咸妣癸尊		Ba Ⅱ	四期	咸妣癸
1840	5614	山父乙尊				山父乙
1841	5642	山父戊尊				山父戊
1842	5615	東父乙尊		Bb Ⅰ	二期	東父乙
1843	5617	㐱父乙尊	"河南"	Bb Ⅱ	四期	㐱父乙
1844	5626	休父乙尊				休父乙
1845	5627	母父丁尊		Ba Ⅱ	四期	母父丁
1846	5628	母父丁尊				母父丁
1847	5631	蠱父丁尊		Bb Ⅰ	三、四期	蠱父丁
1848	5632	罒父丁尊				罒父丁
1849	E559	罒婦丁尊		Ba Ⅲ	四期	罒婦丁
1850	5634	罒父丁尊		Bb Ⅰ	二期	罒父丁
1851	5686	罒齊嫊尊				罒齊嫊
1852	5635	魚父丁尊		Bb Ⅱ	四期	魚父丁
1853	5637	豕父丁尊				豕父丁
1854	5638	豕父丁尊		Bb Ⅱ	四期	豕父丁
1855	J616	豕父丁尊		Bb Ⅱ	四期	豕父丁

(續表)

編號	著錄號	器名	出土地	型式	期別	銘文
1856	5729	騽父乙尊				騽父乙
1857	5737	騽父丁尊		BaⅢ	四期	騽父丁
1858	5640	天父戊尊				天父戊
1859	5687	天嘼御尊	湖北漢陽縣東城垸紗帽山遺址	BbⅡ	四期	天嘼御
1860	5643	❋父己尊				❋父己
1861	5648	鼎父己尊		BbⅡ	四期	鼎父己
1862	5649	鼎父己尊		BaⅡ	四期	鼎父己
1863	5650	▲父己尊		BaⅢ	四期	▲父己
1864	5651	馬父己尊		BbⅠ	三、四期	馬父己
1865	5657	盾父辛尊				盾父辛
1866	E560	史父乙尊				史父乙
1867	5662	史父壬尊		BbⅠ	二期	史父壬
1868	5663	舟父壬尊				舟父壬
1869	5664	ⅢⅢ父壬尊				ⅢⅢ父壬
1870	E560	戈父壬尊				戈父壬
1871	5669	戈父癸尊			三、四期	戈父癸
1872	5668	☥父癸尊		BbⅠ	二期	☥父癸
1873	5670	☥父癸尊				☥父癸
1874	5677	鳥父癸尊		BbⅡ	四期	鳥父癸
1875	5741	卿父己尊		BbⅠ	四期	卿父己
1876	5806	☗父壬尊		BaⅡ	四期	☗父壬
1877	J617	卷父己尊	山西靈石縣旌介村 M1∶34	BbⅡ	四期	卷父己
1878	J619	∧父辛尊		BaⅡ	四期	∧父辛
1879	J620	䀠父癸尊	陝西麟游縣九成宮鎮後坪村	BaⅡ	四期	䀠父癸
1880	5683	倗兄丁尊				倗兄丁

商代青銅器銘文總表　453

（續表）

編號	著錄號	器名	出 土 地	型式	期別	銘　文
1881	5682	子庼圖尊		BbⅠ	四期	子庼圖
1882	5689	㭉册亘尊		AaⅢ	四期	㭉册亘
1883	5694	畜見册尊	安陽（傳）	AbⅠ	三期	畜見册
1884	E558	歐侯妊尊		BaⅢ	四期	歐侯妊
1885	5646	辰蠱父己尊	安陽	BaⅡ	四期	辰蠱父己
1886	5680	司媷癸尊	安陽殷墟M5：868	AaⅡ	二期	司媷癸
1887	5681	司媷癸尊	安陽殷墟M5：806	AaⅡ	二期	司媷癸
1888	E569	母嫜日辛尊		AaⅢ	四期	母嫜日辛
1889	E570	母嫜日辛尊		AbⅡ	四期	母嫜日辛
1890	5714	齒受祖丁尊		BaⅢ	商末周初	齒受祖丁
1891	5715	族尊		BaⅢ	商末周初	族作祖丁
1892	5716	子步祖辛尊		BbⅠ	四期	子步祖辛
1893	5726	子步父乙尊		BbⅠ	四期	子步父乙
1894	5721	失𢼎父乙尊				失𢼎父乙
1895	5722	失𢼎父乙尊				失𢼎父乙
1896	5724	㭉册父乙尊		BaⅡ	三、四期	㭉册父乙
1897	5728	亞䚅父乙尊		BbⅠ	四期	亞䚅父乙
1898	5735	亞䚅父丁尊				亞䚅父丁

（續表）

編號	著錄號	器名	出土地	型式	期別	銘　文
1899	5730	亞啓父乙尊		Bb I	四期	亞啓父乙
1900	5736	亞獏父丁尊		Bb I	四期	亞獏父丁
1901	1841	亞獏父丁尊		Bb I	四期	亞獏父丁
1902	5745	亞禺父辛尊		Ba II	三、四期	亞禺父辛
1903	5747	亞龏父辛尊		Bb II	四期	亞龏父辛
1904	5751	亞天父癸尊				亞天父癸
1905	5731	戎鼎父乙尊				戎鼎父乙
1906	5739	丩盾父戊尊				丩盾父戊
1907	5740	又敎父己尊	安陽（傳）	Ba III	四期	又敎父己
1908	5744	㺇盾父庚尊		Ba II	四期	㺇盾父庚
1909	5748	蠱萄父辛尊		Bb II	四期	蠱萄父辛
1910	5749	馬𢒫父辛尊		Ba II	三、四期	馬𢒫父辛
1911	5753	𠦒册父癸尊				𠦒册父癸
1912	5754	𠦒册父癸尊				𠦒册父癸
1913	5756	何父癸疾尊		Bb I	四期	何疾父癸

商代青銅器銘文總表 455

（續表）

編號	著錄號	器名	出　土　地	型式	期別	銘　文
1914	5757	何父癸疾尊		Bb Ⅰ	四期	何疾父癸
1915	5758	弓牽父癸尊				弓牽父癸
1916	5760	耳𢊂婦㚢尊	河南輝縣褚邱	Ba Ⅱ	四期	耳𢊂婦㚢
1917	5794	作祖戊尊		Bb Ⅱ	四期	作祖戊尊彝
1918	5802	𢀓父辛尊				𢀓父辛𢀓
1919	5808	亢父癸尊				亞𢀓亢父癸
1920	J628	臣辰失父乙尊		Ba Ⅱ	四期	臣辰失父乙
1921	5836	亞子父辛尊				亞羊子𢀓父辛
1922	5840	季尊		Ba Ⅱ	四期	亞醜作季尊彝
1923	E576	䧹尊		Ba Ⅱ	四期	亞醜，䧹作尊彝。
1924	5894	酓作父乙尊				亞醜，酓作父乙尊彝。
1925	5893	輦作妣癸尊				輦作妣癸尊彝，𢀓。
1926	5911	亞覃尊	安陽殷墟西區 M93：1	Ba Ⅱ	四期	亞，覃乙，𠂤甲，受日辛。
1927	5949	亞覃尊	安陽殷墟西區 M93	Ba Ⅱ	四期	亞，覃日乙，受日辛，𠂤日甲。
1928	5926	旅芺父辛尊		Bb Ⅱ	周早	亞𢀓，旅芺作父辛彝尊。
1929	5935	者姒方尊		Aa Ⅲ	四期	亞醜，者姒大子尊彝。
1930	5936	者姒方尊		Aa Ⅲ	四期	亞醜，者姒大子尊彝。

(續表)

編號	著錄號	器名	出土地	型式	期別	銘文
1931	5937	亞若癸尊				亞,旋乙,受丁,若癸,自乙。
1932	5938	亞若癸尊				亞,旋乙,受丁,若癸,自乙。
1933	5965	子啓父辛尊		BbⅠ	四期	子光賞子啓貝,用作文父辛尊彝。冀。
1934	5967	小子夫父己尊		BbⅠ	四期	妞賞小子夫貝二朋,用作父己尊彝。
1935	5990	小臣俞尊	山東壽張縣梁山下	D	四期	丁巳王省夒𠵇,王賜小臣俞夒貝,唯王來征人方,唯王十祀又五肜日。
1936	6017	辛觶	山西靈石縣旌介村墓	AⅠ	三期	辛
1937	6018	癸觶		AⅡ	三、四期	癸
1938	6019	癸觶				癸
1939	6020	子觶				子
1940	J640	子觶	安陽戚家莊東 M269:78	AⅢ	三期	子
1941	6022	冀觶				冀
1942	6023	冀觶		AⅢ	三、四期	冀
1943	6024	冀觶				冀
1944	6026	兴觶	山東長清縣興復河墓	AⅣ	商末周初	兴
1945	6025	夫觶				夫
1946	6027	文觶	河南魯山縣倉頭村	AⅣ	商末周初	文
1947	6028	羞觶		AⅡ	三、四期	羞
1948	6030	光觶	安陽	AⅡ	三期	光
1949	6032	太觶	山東蒼山縣東高堯村	AⅣ	商末周初	太

商代青銅器銘文總表　457

（續表）

編號	著錄號	器名	出 土 地	型式	期別	銘　文
1950	6033	舌觶				舌
1951	6034	鳴觶		AⅢ	三、四期	鳴
1952	6035	壓觶	安陽侯家莊西北岡 M1768	AⅡ	三、四期	壓
1953	6036	屃觶蓋				屃
1954	6037	屃觶				屃
1955	6038	徙觶				徙
1956	6039	印觶				印
1957	6040	聿觶				聿
1958	6041	受觶		AⅠ	二期	受
1959	6042	執觶		AⅢ	三、四期	執
1960	6044	鼓觶				鼓
1961	6045	史觶		AⅢ	三、四期	史
1962	6046	史觶				史
1963	6047	史觶		AⅢ	三、四期	史
1964	6048	史觶蓋				史
1965	E594	史觶	山東省滕州市官橋鎮前掌大村商周墓地 M11∶58	AⅡ	四期	史
1966	E595	史觶	山東省滕州市官橋鎮前掌大村商周墓地 M34∶11	AⅡ	四期	史
1967	E596	史觶	山東省滕州市官橋鎮前掌大村商周墓地 M11∶103	AⅡ	四期	史
1968	6050	𘙨觶		AⅢ	三、四期	𘙨
1969	6051	𘙨觶	安陽（傳）	C	晚	𘙨
1970	6052	葡觶		AⅡ	三期	葡
1971	6053	戈觶		AⅢ	三、四期	戈

(續表)

編號	著錄號	器名	出土地	型式	期別	銘文
1972	6054	戈觶			三、四期	戈
1973	6055	戈觶	山東長清縣興復河M25			戈
1974	J641	戈觶	安陽郭家莊M1∶25	AⅡ	四期	戈
1975	J642	戈觶		AⅢ	三、四期	戈
1976	6067	發觶		AⅠ	二期	發
1977	6069	馬觶				馬
1978	6070	萬觶				萬
1979	6072	鳶觶	"洛陽"			鳶
1980	6073	冏觶				冏
1981	6074	冏觶				冏
1982	J647	冏觶		AⅢ	三、四期	冏
1983	6077	夋觶				夋
1984	E597	夋觶	山東省滕州市官橋鎮前掌大村商周墓地M120∶20	AⅣ	四期	夋
1985	6083	旬觶				旬
1986	6085	串觶				串
1987	J639	息觶	河南羅山縣後李村M44∶9		四期	息
1988	J644	融觶	山東青州市蘇埠屯M8∶9	AⅢ	三期	融
1989	E593	舍觶		AⅡ	二、三期	舍
1990	6093	祖丁觶		AⅢ	三期	祖丁
1991	6097	父乙觶	山東長清縣興復河	AⅡ	三、四期	父乙
1992	6098	父乙觶	安陽	AⅢ	三期	父乙
1993	6099	父乙觶				父乙
1994	6103	父丁觶				父丁

（續表）

編號	著錄號	器名	出 土 地	型式	期別	銘　文
1995	6104	父丁觶				父丁
1996	6105	父丁觶				父丁
1997	6106	父丁觶				父丁
1998	6107	父丁觶	陝西長安	AⅢ	三、四期	父丁
1999	6115	父戊觶	山東鄒縣小西韋村	AⅣ	商末周初	父戊
2000	6119	父己觶				父己
2001	6120	父己觶		AⅣ	四期	父己
2002	J649	父癸觶	陝西長安縣引鎮孫巖村墓	AⅣ	四期	父癸
2003	6134	母戊觶		AⅣ	商末周初	母戊
2004	6136	子媚觶	安陽大司空（傳）			子媚
2005	6137	子彙觶				子彙
2006	6138	子彙觶				子彙
2007	6139	子刀觶				子刀
2008	6140	子弓觶		AⅢ	三、四期	子弓
2009	6141	婦好觶	安陽殷墟 M5：810		二期	婦好
2010	6142	婦冬觶				婦冬？
2011	6144	山婦觶		AⅢ	二、三期	山婦′
2012	6148	婦姦觶	安陽（傳）			婦姦
2013	J653	婦旋觶		AⅢ	二三期	婦旋
2014	6145	守婦觶				守婦
2015	6146	守婦觶		AⅡ	二期	守婦
2016	6147	✱婦觶	安陽（傳）	AⅣ	四期	✱婦
2017	6150	堇母觶		AⅡ	三、四期	堇母
2018	6152	龏失觶				龏失
2019	6153	合辛觶				合辛
2020	6155	耴兆觶				耴兆

（續表）

編號	著錄號	器名	出土地	型式	期別	銘文
2021	6157	亞共觶		AⅣ	商末周初	亞共
2022	6158	亞牧觶	安陽（傳）	AⅢ	四期	亞牧
2023	6159	亞䚄觶		AⅡ	三、四期	亞䚄
2024	6160	亞䚄觶	山東益都蘇埠屯	AⅡ	三、四期	亞䚄
2025	6161	亞束觶	陝西鳳翔		商末周初	亞束
2026	6162	亞重觶				亞重
2027	6163	亞井觶				亞井
2028	6164	亞㞢觶		AⅢ	三期	亞㞢
2029	6165	亞隻觶				亞隻
2030	J648	亞址觶	安陽郭家莊 M160∶126	AⅢ	三期	亞址
2031	J652	亞賣觶		AⅡ	三期	亞賣
2032	6170	大丂觶		AⅢ	四期	大丂
2033	6172	册夕觶				册夕
2034	6176	戈丁觶		AⅣ	商末周初	戈丁
2035	6177	戈戊觶	山東	AⅢ	三、四期	戈戊
2036	6178	戈辛觶				戈辛
2037	6179	戈㚔觶				戈㚔
2038	6181	戈蠱觶		AⅣ	商末周初	戈蠱
2039	6180	爰❀觶		AⅡ	三期	爰❀
2040	6182	弔龜觶				弔龜
2041	6183	庚豕觶	安陽殷墟 M1∶26	AⅣ	四期	庚豕
2042	E602	廌册觶		AⅣ	四期	廌册
2043	6190	車豕觶				車豕
2044	6184	羊口觶	河北正定縣新城鋪村墓	AⅢ	三、四期	羊口
2045	6187	馭巽觶	山東費縣（傳）	AⅣ	商末周初	馭巽
2046	6188	北單觶		AⅡ	三、四期	北單

商代青銅器銘文總表　461

（續表）

編號	著錄號	器名	出土地	型式	期別	銘　文
2047	6189	嘼觶		AⅢ	三、四期	嘼
2048	6191	告田觶		AⅡ	四期	告田
2049	J650	虫乙觶		AⅡ	三、四期	虫乙
2050	J654	戚葡觶		AⅢ	三期	戚葡
2051	E603	史乙觶	山東省滕州市官橋鎮前掌大村商周墓地M30∶11	AⅢ	商末周初	史乙
2052	6200	史祖乙觶		AⅢ	三、四期	史祖乙
2053	6272	史父己觶				史父己
2054	6201	封祖乙觶		AⅢ	三、四期	封祖乙
2055	6202	冎祖丙觶				冎祖丙
2056	6233	冎父乙觶				冎父乙
2057	6234	冎父乙觶				冎父乙
2058	6308	冎父辛觶				冎父辛
2059	6205	我祖丁觶				我祖丁
2060	6206	▥祖丁觶				▥祖丁
2061	6207	監祖丁觶				監祖丁
2062	6208	襄祖戊觶				襄祖戊
2063	6256	襄父丁觶	河南洛陽	AⅣ	四期	襄父丁
2064	6271	襄父己觶				襄父己
2065	6209	戈祖己觶			商末周初	戈祖己
2066	6251	戈父丙觶			三、四期	戈父丙
2067	6303	戈父辛觶		AⅡ	三、四期	戈父辛
2068	6304	戈父辛觶				戈父辛
2069	6212	叔祖癸觶	安陽			叔祖癸
2070	6213	祉中祖觶				祉中祖
2071	6218	巽父乙觶			商末周初	巽父乙

(續表)

編號	著錄號	器名	出 土 地	型式	期別	銘 文
2072	6255	冀父丁觶		B	四期	冀父丁
2073	6300	冀父辛觶				冀父辛
2074	6301	冀父辛觶	"洛陽"	AⅣ	商末周初	冀父辛
2075	6326	冀父癸觶		AⅣ	商末周初	冀父癸
2076	6327	冀父癸觶				冀父癸
2077	J663	冀父癸觶	安陽劉家莊M9∶36	AⅣ	四期	冀父癸
2078	6345	冀母辛觶				冀母辛
2079	6224	𢓊父乙觶				𢓊父乙
2080	6226	牧父乙觶		AⅢ	三、四期	牧父乙
2081	6228	𢓊父乙觶		AⅢ	三、四期	𢓊父乙
2082	6229	受父乙觶				受父乙
2083	6231	𤓰父乙觶				𤓰父乙
2084	6237	𠦪父乙觶				𠦪父乙
2085	6238	𠦪父乙觶		AⅢ	三期	𠦪父乙
2086	6240	豪父乙觶				豪父乙
2087	6245	奄父乙觶				奄父乙
2088	6289	奄父己觶				奄父己
2089	E607	文父乙觶		AⅣ	四期	文父乙
2090	6249	重父丙觶				重父丙
2091	6324	重父癸觶		AⅢ	三、四期	重父癸
2092	6325	重父癸觶		AⅣ	商末周初	重父癸
2093	6257	萬父丁觶				萬父丁
2094	E608	萬父丁觶		AⅢ	三、四期	萬父丁
2095	6291	萬父己觶				萬父己
2096	6260	舌父丁觶				舌父丁
2097	6263	㸚父丁觶	山東滕縣井亭村			㸚父丁
2098	6397	𥫩父戊觶				𥫩父戊

（續表）

編號	著錄號	器名	出土地	型式	期別	銘文
2099	6264	𥃝父丁觶				𥃝父丁
2100	6267	𠦪父丁觶				𠦪父丁
2101	6275	𠦪父己觶				𠦪父己
2102	6356	亞㔾𠦪觶		AⅢ	三、四期	亞㔾。𠦪。
2103	6270	字父己觶	安陽	AⅡ	三、四期	字父己
2104	E610	字父己觶				字父己
2105	6274	主父己觶				主父己
2106	6279	燅父己觶		AⅢ	三、四期	燅父己
2107	6280	木父己觶		AⅢ	三、四期	木父己
2108	6282	埶父己觶	安陽	AⅢ	三、四期	埶父己
2109	6283	羊父己觶	河北正定縣新城鋪村墓	AⅢ	三、四期	己父羊
2110	6285	ⓒ父己觶				ⓒ父己
2111	6286	守父己觶		AⅣ	商末周初	守父己
2112	6287	守父己觶	安陽大司空村	AⅢ	三期	守父己
2113	6311	守父辛觶	陝西寶雞鬥雞臺（傳）	AⅢ	三、四期	守父辛
2114	E609	子祖己觶		AⅣ	商末周初	子祖己
2115	6292	子父庚觶		AⅣ	商末周初	子父庚
2116	6296	子父辛觶				子父辛
2117	J661	子父辛觶		AⅢ	四期	子父辛
2118	J665	子▲觶	安陽劉家莊M1：20	AⅢ	四期	子▲。乙。
2119	6349	羴子觶		B	四期	母。羴子。
2120	6351	子癸蠱觶		AⅢ	三、四期	子癸蠱。
2121	6294	𤔲父庚觶				𤔲父庚
2122	6297	立父辛觶				立父辛
2123	6298	矣父辛觶				矣父辛
2124	6306	穴父辛觶				穴父辛
2125	6315	羊父辛觶				羊父辛

（續表）

編號	著錄號	器名	出土地	型式	期別	銘文
2126	6328	戎父癸觶		AⅢ	三、四期	戎父癸
2127	6338	臤父癸觶	安陽殷墟西區M793∶9	AⅡ	四期	臤父癸
2128	6339	爰父癸觶		AⅢ	三期	爰父癸
2129	6343	魚父癸觶	陝西岐山縣禮村	AⅡ	四期	魚父癸
2130	6344	敊父癸觶		AⅢ	三、四期	敊父癸
2131	6422	舺父癸觶				舺父癸
2132	E611	亞父丁觶	山東省滕州市官橋鎮前掌大村商周墓地M21∶3	AⅣ	商末周初	亞父丁
2133	6346	亞弜婦觶		AⅠ	二期	亞婦弜
2134	6353	齒兄丁觶		AⅣ	商末周初	齒兄丁
2135	6354	奞兄丁觶		AⅡ	三、四期	兄丁奞
2136	6355	厽兄辛觶				厽兄辛
2137	6357	秉盾戊觶		AⅢ	二、三期	秉盾戊
2138	6358	𠬝冊宣觶				𠬝冊宣
2139	6359	𨷻皿省觶				𨷻皿省
2140	6360	臼作衡觶				臼作衡
2141	6364	西單疊觶		AⅢ	三、四期	西單疊
2142	6367	唐子祖乙觶				唐子祖乙
2143	6368	徙作祖丁觶		AⅢ	商末周初	徙作祖丁
2144	6370	口厽祖己觶				口厽祖己
2145	6395	亞丏父丁觶				亞丏父丁
2146	6404	亞執父己觶				亞執父己

商代青銅器銘文總表　465

（續表）

編號	著錄號	器名	出　土　地	型式	期別	銘　文
2147	6380	庡册父乙觶				庡册父乙
2148	6381	庚豕父乙觶	安陽殷墟M1			庚豕父乙
2149	J669	榮門父辛觶	山東濰坊市坊子區院上水庫南崖	AⅢ	四期	榮?門父辛
2150	6382	鄉宁父乙觶				鄉宁父乙
2151	6383	󰀀󰀁父乙觶		AⅢ	三、四期	󰀀󰀁父乙
2152	6389	󰀀󰀁父丙觶				󰀀󰀁父丙
2153	6394	󰀀󰀁父丁觶				󰀀󰀁父丁
2154	6430	亞若癸觶				亞若癸󰀀
2155	6384	西單父乙觶	安陽			西單父乙
2156	6396	西單父丁觶				西單父丁
2157	6386	葡󰀀父乙觶				葡󰀀父乙
2158	6385	聑日父乙觶				聑日父乙
2159	6390	聚册父丁觶				聚册父丁
2160	6393	典弜父丁觶				典弜父丁
2161	6398	告宁父戊觶				告宁父戊
2162	6400	蠱辰父己觶	安陽	AⅢ	四期	蠱辰父己

(續表）

編號	著錄號	器名	出　土　地	型式	期別	銘　文
2163	6401	矢戎父己觶				矢戎父己
2164	6399	子🏳父己觶				子🏳父己
2165	6410	子▇父辛觶		AⅢ	四期	子▇父辛
2166	6420	子蟲父癸觶				子蟲父癸
2167	6423	齊豹父癸觶		AⅡ	三、四期	齊豹父癸
2168	6424	何疾父癸觶	安陽（傳）	AⅡ	三、四期	何疾父癸
2169	6426	✳作父癸觶				✳作父癸
2170	6450	✳集母乙觶	安陽大司空村 M53：27	AⅢ	四期	✳集母乙
2171	6427	光作母辛觶				光作母辛
2172	6428	婦妹觶		AⅡ	三、四期	婦妹腐册
2173	6429	何兄日壬觶				何兄日壬
2174	6443	登串父丁觶				▇登串父丁
2175	E618	父乙觶	山東省滕州市官橋鎮前掌大村商周墓地 M128：6	AⅢ	商末周初	亞□□父乙
2176	6463	邑祖辛父辛觶	安陽殷墟 GM874：8	AⅡ	四期	邑祖辛父辛云
2177	6484	亞示作父己觶				亞示作父己尊彝

商代青銅器銘文總表　467

（續表）

編號	著錄號	器名	出土地	型式	期別	銘文
2178	6485	子達觶		AⅣ	商末周初	子達作兄日辛彝
2179	6496	子作父戊觶				子作父戊彝，犬山取。
2180	6505	何作日辛觶		AⅣ	商末周初	何作執日辛尊彝。亞得。
2181	J671	翌鳳觶	安陽高樓莊M1∶4	AⅢ	四期	母戊翌鳳□（器），母戊翌鳳（蓋）。
2182	E621	𦭣保𠭯觶	山東省滕州市官橋鎮前掌大村商周墓地M38∶60	AⅢ	商末周初	𦭣保𠭯。𦭣保友鳥母丁。
2183	6800	示觚	安陽侯家莊西北岡M1550∶3	甲BbⅠ	二期	示
2184	6520	祖觚				祖
2185	6521	母觚				母
2186	6522	婦觚		甲BbⅠ	二期	婦
2187	6523	媓觚		甲BbⅡ	四期	媓
2188	6524	子觚	山西石樓縣義牒村			子
2189	6525	子觚	河南輝縣褚邱村	甲AaⅠ	二期	子
2190	6526	子觚	河南輝縣褚邱村	甲AaⅠ	二期	子
2191	6527	子觚		甲BbⅠ	二期	子
2192	6528	子觚	"長安"			子
2193	6529	子觚				子
2194	J695	子觚		甲AaⅠ	二期	子
2195	6530	字觚				字
2196	6531	囝觚				囝
2197	J696	囝觚		甲AaⅠ	二期	囝
2198	6532	旃觚				旃
2199	6533	旃觚	陝西寶雞			旃

（續表）

編號	著錄號	器名	出土地	型式	期別	銘文
2200	6534	旂觚		甲BbⅠ	四期	旂
2201	6535	旅觚		甲AaⅠ	二期	旅
2202	6536、J683	旅觚		甲BbⅠ	二期	旅
2203	7000	旅觚				旅
2204	7001	旅觚				旅
2205	7002	旅觚				旅
2206	E633	旅觚		甲AaⅠ	二期	旅
2207	6537	盨觚				盨
2208	J744	巔觚	安陽郭家莊東南 M26∶16	甲AaⅠ	二期	巔
2209	6538	冀觚				冀
2210	6539	兴觚	山東長清縣興復河北岸	甲Bc	四期	兴
2211	6540	兴觚				兴
2212	6541	兴觚				兴
2213	6542	亢觚				亢
2214	6543	亢觚				亢
2215	6544	天觚				天
2216	6545	天觚				天
2217	J679	天觚		甲AaⅡ	四期	天
2218	J680	天觚		甲BbⅠ	二期	天
2219	6546	屰觚		甲AaⅠ	二期	屰
2220	6549	失觚				失
2221	6550	失觚				失
2222	6551	失觚				失
2223	6552	襄觚				襄
2224	J704	襄觚		甲AaⅡ	二、三期	襄

商代青銅器銘文總表　469

（續表）

編號	著錄號	器名	出　土　地	型式	期別	銘　文
2225	6553	觚		甲Aa I	二期	
2226	6554	觚				
2227	6555	觚				
2228	6556	觚				
2229	6557	參觚				參
2230	6558	參觚				參
2231	6559	矢觚				矢
2232	6560	觚		甲Ab	四期	
2233	6561	奚觚		甲Aa II	三、四期	奚
2234	6562	觚				
2235	6563	觚				
2236	6564	觚				
2237	E635	觚		甲Aa II	三、四期	
2238	6565	艮觚				艮
2239	6566	飲觚				飲
2240	6567	飲觚				飲
2241	6568	重觚		甲Aa I	二期	重
2242	6569	重觚				重
2243	6570	弔觚		甲Bb I	二期	弔
2244	E625	弔觚		甲Bb I	二期	弔
2245	E627	夷觚		甲Ab	四期	夷
2246	E626	夷觚		甲Bb I	二期	夷
2247	6572	㚔觚				㚔
2248	6573	觚				
2249	6574	觚		甲Bc	四期	
2250	6575	觚		甲Aa I	二期	
2251	6576	攸觚		甲Aa I	二期	攸

(續表)

編號	著錄號	器名	出土地	型式	期別	銘文
2252	6577	何觚	安陽郭家灣北地			何
2253	E623	何觚		甲BbⅠ	二期	何
2254	6578	觚				
2255	6579	竝觚		甲AaⅡ	三、四期	竝
2256	6580	舌觚				舌
2257	6581	舌觚		甲AaⅡ	三、四期	舌
2258	6644	舌觚				舌
2259	6582	朋觚				朋
2260	E650	朋觚	山東鄒城市北宿鎮西丁村M1：4	甲BbⅠ	四期	朋
2261	6583	叟觚				叟
2262	6584	叟觚				叟
2263	6586	耴觚				耴
2264	6597	奉觚	安陽	甲BbⅡ	四期	奉
2265	6587	埶觚				埶
2266	6588	又觚				又
2267	6589	守觚	安陽西北岡M1001			守
2268	6590	守觚	安陽西北岡M1001	甲BbⅠ	二期	守
2269	6591	守觚				守
2270	6592	守觚		甲BbⅠ	二期	守
2271	J687	守觚		甲BbⅡ	四期	守
2272	6593	啓觚	河北磁縣下七垣	甲BbⅡ	四期	啓
2273	6594	啓觚	河北磁縣下七垣	甲AaⅡ	三、四期	啓
2274	6595	臤觚	山西永和縣下辛角村	甲BbⅠ	二、三期	臤
2275	6596	臤觚	山東長清興復河北岸			臤
2276	6598	黃觚		甲AaⅠ	二期	黃
2277	6599	奴觚				奴

（續表）

編號	著錄號	器名	出土地	型式	期別	銘文
2278	6600	共觚				共?
2279	6601	受觚	河北磁縣下七垣	甲Bb Ⅰ	三、四期	受
2280	6602	受觚	安陽（傳）	甲Bb Ⅱ	四期	受
2281	6603	受觚		甲Aa Ⅱ	三、四期	受
2282	6604	㕣觚		甲Aa Ⅰ	二期	㕣
2283	6605	卷觚		甲Aa Ⅱ	四期	卷
2284	6606	秉觚				秉
2285	6607	史觚				史
2286	6608	史觚				史
2287	6609	史觚				史
2288	6610	史觚		甲Bb Ⅰ	二期	史
2289	6611	史觚				史
2290	6612	史觚		甲Bb Ⅱ	四期	史
2291	6613	史觚				史
2292	6614	史觚		甲Bb Ⅱ	四期	史
2293	6615	史觚				史
2294	6616	史觚				史
2295	6617	史觚				史
2296	6618	史觚				史
2297	6619	史觚				史
2298	6620	史觚		甲Bb Ⅱ	四期	史
2299	6621	史觚				史
2300	6622	史觚				史
2301	6623	史觚		甲Aa Ⅱ	四期	史
2302	E643	史觚	安陽劉家莊南M32：1	甲Bb Ⅱ	三期	史
2303	E644	史觚	山東省滕州市官橋鎮前掌大村商周墓地M11：72	甲Bb Ⅱ	四期	史

（續表）

編號	著錄號	器名	出 土 地	型式	期別	銘 文
2304	E645	史觚	山東省滕州市官橋鎮前掌大村商周墓地 M11：73	甲AaⅡ	四期	史
2305	E646	史觚	山東省滕州市官橋鎮前掌大村商周墓地 M21：36	甲AaⅡ	四期	史
2306	E647	史觚	山東省滕州市官橋鎮前掌大村商周墓地 M21：38	甲AaⅡ	四期	史
2307	E648	史觚	山東省滕州市官橋鎮前掌大村商周墓地 M38：67			史
2308	E649	史觚	山東省滕州市官橋鎮前掌大村商周墓地 M13：10	甲Bc	四期	史
2309	6624	册觚				册
2310	6625	宁觚	安陽郭家莊M1：21	甲AaⅡ	四期	宁
2311	J708	宁觚	安陽劉家莊M2:1	甲AaⅡ	四期	宁
2312	6626	牵觚	河北正定縣新城鋪村	甲BbⅠ	二期	牵
2313	6627	牵觚		甲BbⅠ	二期	牵
2314	6628	執觚				執
2315	6629	執觚		甲BbⅠ	二期	執
2316	6630	執觚				執
2317	6631	圉觚	河北趙縣雙廟村	甲BbⅡ	四期	圉
2318	6632	步觚				步
2319	6633	徒觚		甲AaⅡ	四期	徒
2320	J693	徒觚		甲AaⅠ	二期	徒
2321	6634	得觚				得
2322	6635	得觚				得

(續表)

編號	著錄號	器名	出土地	型式	期別	銘文
2323	6636	正觚	安陽（傳）	甲Aa I	二期	正
2324	6637	跫觚				跫
2325	J691	跫觚		甲Bb I	二期	跫
2326	J692	跫觚		甲Bb I	二期	跫
2327	E634	跫觚		甲Aa I	二期	跫
2328	6638	壴觚	安陽殷墟 M17：5	甲Bb I	二期	壴
2329	6639	壴觚				壴
2330	6642	告觚	"安陽"	甲Aa I	二期	告
2331	6643	告觚		甲Bb II	四期	告
2332	6645、J705	由觚	安陽大司空村 M663：50	甲Aa I	二期	由
2333	6646	賈觚				賈
2334	6647	犬觚				犬
2335	考88/3	犬觚		Ba I	中商	犬
2336	6648	豕觚				豕
2337	6649	豕觚				豕
2338	6650	剢觚				剢
2339	6651	豸觚				豸
2340	6652	囡觚				囡
2341	6653	囡觚				囡
2342	6654	毚觚		甲Bb I	二期	毚
2343	6655	豖觚				豖
2344	6656	羊觚				羊
2345	6657	羊觚		甲Bb II	四期	羊
2346	J698	羊觚	安陽郭家莊村北 M6:26	甲Bb II	四期	羊
2347	E637	羊觚		甲Bb I	二、三期	羊
2348	6658	羍觚				羍

(續表)

編號	著錄號	器名	出土地	型式	期別	銘　文
2349	J699	夆觚		甲AaⅡ	三、四期	夆
2350	6659	萧觚				萧
2351	6660	萧觚				萧
2352	6661	萧觚				萧
2353	6662	牧觚				牧
2354	6663	敉觚				敉
2355	6664	🐂觚		甲AaⅡ	四期	🐂
2356	6665	🐎觚				🐎
2357	6666	鹿觚				鹿
2358	6667	象觚	安陽薛家莊M3∶26	甲AaⅠ	二期	象
2359	6668	豕觚				豕
2360	6670	獸觚				獸
2361	6671	獸觚				獸
2362	6672	鳥觚				鳥
2363	6673	鳥觚				鳥
2364	6674	鳥觚				鳥
2365	6675	鳥觚				鳥
2366	6676	鳶觚				鳶
2367	6677	鳶觚		甲AaⅠ	二期	鳶
2368	6678	鳶觚				鳶
2369	6679	進觚	安陽			進
2370	6680	萬觚				萬
2371	6681	黽觚				黽
2372	6682	🌿觚				🌿
2373	6683	魚觚				魚
2374	6684	魚觚				魚
2375	6685	彝觚		甲AaⅠ	二期	彝

商代青銅器銘文總表　475

（續表）

編號	著錄號	器名	出土地	型式	期別	銘文
2376	6686	舁觚				舁
2377	6687	戈觚				戈
2378	6688	戈觚		甲Bb I	二期	戈
2379	6689	戈觚		甲Aa I	二期	戈
2380	6690	戈觚			三、四期	戈
2381	6691	戈觚	汝陽（傳）			戈
2382	6692	戈觚	汝陽（傳）			戈
2383	6693	戈觚				戈
2384	6694	戈觚				戈
2385	6695	戈觚				戈
2386	6696	戈觚				戈
2387	6697	戈觚				戈
2388	J709	戈觚		甲Aa II	四期	戈
2389	J710	戈觚	河南羅山縣後李村M43:1	甲Bb II	四期	戈
2390	J711	戈觚	河南羅山縣天湖村M27:1	甲Bb II	三期	戈
2391	6698	狄觚	陝西寶雞（傳）			狄
2392	6699	狄觚		甲Bb I	二、三期	狄
2393	6700	狄觚	安陽殷墟西區M271:8	甲Bb II	三期	狄
2394	J681	狄觚	安陽郭家莊M220:4	甲Aa II	四期	狄
2395	6702	戒觚	安陽殷墟西區M18:8	甲Aa I	二期	戒
2396	6703	戒觚	安陽殷墟西區M18:18	甲Aa I	二期	戒
2397	6704	戒觚	安陽殷墟西區M18:19		二期	戒
2398	6701	戒觚	安陽殷墟西區M18:7		二期	戒
2399	6705	玑觚	安陽			玑
2400	6706	戎觚		甲Bb I	三期	戎

(續表）

編號	著錄號	器名	出土地	型式	期別	銘文
2401	6707	戎觚	山東蒼山縣東高堯村	甲AaⅡ	三期	戎
2402	6708	戎觚	山東蒼山縣東高堯村	甲AaⅡ	三期	戎
2403	J682	戎觚		甲BbⅠ	三期	戎
2404	6709	烕觚				烕
2405	6710	賊觚		甲AaⅠ	二期	賊
2406	6711	聝觚				聝
2407	6712	聝觚				聝
2408	6713	聝觚		甲AaⅠ	二期	聝
2409	6714	聝觚		甲AaⅠ	二期	聝
2410	6715	聝觚		甲AaⅠ	二期	聝
2411	6716	堯觚				堯
2412	6717	堯觚				堯
2413	E636	堯觚		甲AaⅠ	二期	堯
2414	6718	伐觚				伐
2415	6719	刀觚		甲AaⅡ	四期	刀
2416	6720	ᄋ觚				ᄋ
2417	6721	庹觚		甲AaⅠ	二期	庹
2418	E639	庹觚		甲AaⅡ	三期	庹
2419	6722	庚觚				庚
2420	6724	鼎觚				鼎
2421	6725	▨觚				▨
2422	6726	▨觚				▨
2423	6727	▨觚	安陽（傳）	甲AaⅡ	三、四期	▨
2424	6728	會觚				會
2425	6729	會觚				會
2426	6730	會觚				會
2427	6731	會觚				會

(續表)

編號	著錄號	器名	出土地	型式	期別	銘文
2428	6732	合觚				合
2429	6733	合觚		甲BbⅠ	二期	合
2430	6734	合觚		甲AaⅠ	二期	合
2431	6735	合觚	安陽侯家莊西北岡 M1400：2	甲AaⅠ	二期	合
2432	6736	合觚	安陽侯家莊西北岡 M1400	甲AaⅠ	二期	合
2433	6737	合觚	安陽侯家莊西北岡 M1400：3		二期	合
2434	E622	合觚				合
2435	6738	亩觚				亩
2436	6739	亩觚				亩
2437	6740	羍觚				羍
2438	E632	羍觚		甲AaⅡ	三、四期	羍
2439	6741	竹觚				竹
2440	6742	木觚		甲AaⅡ	四期	木
2441	6743	木觚		甲AaⅠ	二期	木
2442	6744	束觚	安陽殷墟西區 M1116：1	甲AaⅡ	四期	束
2443	6745	畗觚				畗
2444	E638	封觚		甲AaⅡ	二期	封
2445	E642	夕觚	安陽劉家莊南M19：1	甲BbⅠ	四期	夕
2446	6746	臣觚	山東鄒縣南關窰場			臣
2447	6747	串觚		甲Bc	四期	串
2448	6748	串觚		甲AaⅡ	四期	串
2449	6749	車觚	安陽（傳）	甲BbⅡ	四期	車
2450	6750	車觚				車
2451	6751	車觚		甲AaⅠ	二期	車

（續表）

編號	著録號	器名	出土地	型式	期别	銘文
2452	6752	車觚				車
2453	6753	⊕觚				⊕
2454	6754	⊕觚				⊕
2455	6755	羋觚				羋
2456	6756	羋觚				羋
2457	6757	觚		甲AaⅡ	二期	
2458	6758	觚				
2459	J703	觚		甲AaⅠ	二期	
2460	6759	酋觚				酋
2461	6760	苗觚				苗
2462	6761	觚				
2463	6762	觚		甲BbⅡ	四期	
2464	6763	觚				
2465	6764	觚				
2466	J712	觚	山西靈石縣旌介村 M2:30	甲AaⅡ	四期	
2467	J713	觚	山西靈石縣旌介村 M2:29	甲AaⅡ	四期	
2468	6765	觚				
2469	6766	觚				
2470	6767	觚		甲AaⅡ	四期	
2471	E640	觚	安陽苗圃南地M58:4	甲AaⅠ	二期	
2472	6768	觚				
2473	E624	觚		甲AaⅡ	三、四期	
2474	6778	啻觚				啻
2475	6779	祓觚				祓
2476	6937	祓觚				祓

商代青銅器銘文總表　479

（續表）

編號	著錄號	器名	出土地	型式	期別	銘文
2477	6780	㲃觚	安陽（傳）	甲 Aa I	二期	㲃
2478	6781	㲃觚	安陽（傳）	甲 Aa I	二期	㲃
2479	6782	㲃觚		甲 Aa I	二期	㲃
2480	J688	㲃觚		甲 Bb I	二期	㲃
2481	6783	雩觚				雩
2482	6785	亢觚				亢
2483	6786	乘觚	安陽大司空村 M663：53	甲 Aa I	二期	乘
2484	6787	▨觚		甲 Aa II	三、四期	▨
2485	6788	▨觚				▨
2486	6789	柬觚				柬
2487	6790	口觚				口
2488	6791	▨觚				▨
2489	6792	既觚				既
2490	6795	▨觚				▨
2491	6796	▨觚				▨
2492	6797	爻觚		甲 Bb I	二期	爻
2493	6798	爻觚	山東滕縣井亭			爻
2494	6801	王觚				王
2495	6802	｜觚	安陽侯家莊西北岡 M2046：9	甲 Aa II	四期	｜
2496	6803	▨觚		甲 Bc	四期	▨
2497	6804	舡觚				舡
2498	6923	㸽觚				㸽
2499	6941	▨觚		甲 Bb I	二期	▨
2500	6943	嶨觚				嶨
2501	6999	舺觚		甲 Aa II	三、四期	舺

（續表）

編號	著錄號	器名	出土地	型式	期別	銘文
2502	7031	壺觚				壺
2503	7034	馘觚			三、四期	馘
2504	7035	虤觚		甲Bc	四期	虤
2505	7037	爾觚		甲AaⅡ	二期	爾
2506	7038	爾觚				爾
2507	7039	爾觚				爾
2508	J684	佣觚		甲BbⅡ	四期	佣
2509	J685	佣觚		甲BbⅠ	二期	佣
2510	7053	嗇觚				嗇
2511	J686	印觚		甲BbⅠ	二期	印
2512	J691	爰觚	安陽戚家莊東M269∶24	甲AaⅡ	三期	爰
2513	J690	爰觚	安陽戚家莊東M269∶23	甲Bc	三期	爰
2514	J694	念觚		甲AaⅠ	二期	念
2515	J700	集觚		甲BbⅡ	四期	集
2516	J701	融觚	山東青州市蘇埠屯M8∶3	甲BaⅡ	四期	融
2517	J702	融觚	山東青州市蘇埠屯M8∶2	甲BaⅡ	四期	融
2518	J707	弓觚		甲BbⅠ	二期	弓
2519	E628	癸觚		甲AaⅡ	三、四期	癸
2520	E629	至觚		甲AaⅡ	三、四期	至
2521	E630	亞觚	安陽劉家莊M1046∶9	甲Bc	四期	亞
2522	E631	亞觚	安陽劉家莊M1046∶11	甲Bc	四期	亞
2523	E653	示丁觚		甲BbⅠ	二期	示丁
2524	6805	□己觚			商末周初	□己
2525	J714	祖丁觚		甲AaⅠ	二期	祖丁

（續表）

編號	著錄號	器名	出土地	型式	期別	銘　文
2526	6806	祖辛觚		甲BbⅠ	四期	祖辛
2527	6809	祖壬觚		甲BbⅠ	二期	祖壬
2528	6810	父乙觚				父乙
2529	6811	父乙觚				父乙
2530	E658	父乙觚		甲BbⅠ	二期	父乙
2531	6812	父丙觚				父丙
2532	6813	父己觚				父己
2533	6814	父己觚	"西安"	甲AaⅠ	二期	父己
2534	6815	父己觚				父己
2535	6816	父庚觚		甲BbⅠ	二、三期	父庚
2536	E680	父辛觚	河南鹿邑縣太清宮長子口墓M1：101	甲AaⅡ	四期	父辛
2537	6818	戈甲觚		甲BbⅡ	四期	戈甲
2538	6825	戈乙觚			三、四期	戈乙
2539	6826	戈乙觚	安陽			戈乙
2540	6839	戈辛觚				戈辛
2541	7033	◎◎戈觚				◎◎戈
2542	6819	封乙觚		甲AaⅠ	二期	封乙
2543	6820	羊乙觚				羊乙
2544	6836	羊己觚				羊己
2545	6821	正乙觚				正乙
2546	6822	正乙觚				正乙
2547	6823	参乙觚				参乙
2548	J736	息母觚	河南羅山縣天湖村M28：7	甲BaⅠ	二期早	息母
2549	6824	息乙觚	河南羅山縣蟒張天湖M8：4		三期	息乙

(續表）

編號	著錄號	器名	出土地	型式	期別	銘文
2550	J737	息乙觚	河南羅山縣天湖村M8:5	甲AaⅡ	三期	乙息
2551	7071	尊息觚	河南羅山天湖村M6:7		四期	尊息
2552	6827	龠乙觚				龠乙
2553	6828	龠乙觚				龠乙
2554	6830	龠丁觚	安陽（傳）			龠丁
2555	6831	龠丁觚		甲AaⅡ	三、四期	龠丁
2556	E651	龠辛觚		甲AaⅡ	二期	龠辛
2557	6843	龠癸觚		甲Bc	四期	龠癸
2558	7062	龠蟲觚				龠蟲
2559	7063	龠蟲觚				龠蟲
2560	7064	龠𦎫觚				龠𦎫
2561	E675	史午觚		甲Ab	四期	史午
2562	6829	✿乙觚		甲AaⅡ	三、四期	✿乙
2563	6793	ᙠ丙觚				ᙠ丙
2564	E669	ᙠ丁觚		甲AaⅡ	三、四期	ᙠ丁
2565	7051	弔ᙠ觚				弔ᙠ
2566	6833	弔丁觚			商末周初	弔丁
2567	6832	𠓆丁觚	安陽殷墟西區M355:3	甲AaⅡ	三期	𠓆丁
2568	6834	木戊觚				木戊
2569	6835	羊己觚				羊己
2570	6837	聿己觚				聿己
2571	6838	户庚觚				户庚
2572	6844	己囗觚		甲AaⅠ	二期	己囗
2573	6845	叔己觚		甲AaⅠ	二期	叔己
2574	6846	叔己觚		甲AaⅠ	二期	叔己
2575	6840	重癸觚		甲BaⅠ	二期	重癸

（續表）

編號	著錄號	器名	出　土　地	型式	期別	銘　文
2576	6841	▨癸觚		甲AaⅡ	二期	▨癸
2577	6842	▨癸觚		甲AaⅡ	二期	▨癸
2578	E657	屰癸觚		甲AaⅡ	三、四期	屰癸
2579	6847	婦好觚	安陽殷墟M5：601	甲AaⅠ	二期	婦好
2580	6848	婦好觚	安陽殷墟M5：602	甲AaⅠ	二期	婦好
2581	6849	婦好觚	安陽殷墟M5：603	甲AaⅠ	二期	婦好
2582	6850	婦好觚	安陽殷墟M5：604	甲AaⅠ	二期	婦好
2583	6851	婦好觚	安陽殷墟M5：605	甲AaⅠ	二期	婦好
2584	6852	婦好觚	安陽殷墟M5：611	甲AaⅠ	二期	婦好
2585	6853	婦好觚	安陽殷墟M5：621	甲AaⅠ	二期	婦好
2586	6854	婦好觚	安陽殷墟M5：639	甲AaⅠ	二期	婦好
2587	6855	婦好觚	安陽殷墟M5：640	甲AaⅠ	二期	婦好
2588	6856	婦好觚	安陽殷墟M5：642	甲AaⅠ	二期	婦好
2589	6857	婦觚	安陽殷墟M5：618	甲AaⅠ	二期	婦
2590	6858	婦觚	安陽殷墟M5：633	甲AaⅠ	二期	婦
2591	6859	婦好觚	安陽殷墟M5：629	甲AaⅠ	二期	婦好
2592	6860	婦好觚	安陽殷墟M5：827	甲AaⅠ	二期	婦好
2593	6861	婦好觚	安陽殷墟M5：648	甲AaⅠ	二期	婦好
2594	6862	婦好觚	安陽殷墟M5：650	甲AaⅠ	二期	婦好
2595	6863	婦好觚	安陽殷墟M5：644	甲AaⅠ	二期	婦好
2596	6864	婦好觚	安陽殷墟M5：634	甲AaⅠ	二期	婦好
2597	6865	婦好觚	安陽殷墟M5：641		二期	婦好
2598	6866	婦觚	安陽殷墟M5：647		二期	婦
2599	6867	婦好觚				婦好
2600	6868	婦鋶觚			商末周初	婦鋶
2601	6869	婦鋶觚			商末周初	婦鋶
2602	6870	婦鳥觚			商末周初	婦鳥

（續表）

編號	著錄號	器名	出 土 地	型式	期別	銘 文
2603	6871	婦□瓿				婦□
2604	7171	婦燅瓿		甲AaⅡ	三、四期	婦燅
2605	7172	婦燅瓿		甲AaⅡ	三、四期	婦燅
2606	6872	賓母瓿				賓母
2607	6873	賓母瓿				賓母
2608	6874	盤母瓿				盤母
2609	6875	母戊瓿				母戊
2610	6876	魚母瓿		甲BbⅠ	四期	魚母
2611	6877	魚母瓿		甲AaⅡ	四期	魚母
2612	6879	朕母瓿				朕母
2613	J697	朕母瓿		甲BbⅠ	二、三期	朕母
2614	6773	橐瓿	安陽殷墟M5：613	甲AaⅠ	二期	橐
2615	6774	橐瓿	安陽殷墟M5：607	甲AaⅠ	二期	橐
2616	6775	橐瓿	安陽殷墟M5：616	甲AaⅠ	二期	橐
2617	6776	橐瓿	安陽殷墟M5：635		二期	橐
2618	6777	橐瓿	安陽殷墟M5：624		二期	橐
2619	6891	子橐瓿	安陽殷墟M5：610	甲AaⅠ	二期	子橐
2620	6892	子橐瓿	安陽殷墟M5：622	甲AaⅠ	二期	子橐
2621	6893	子橐瓿	安陽殷墟M5：620		二期	子橐
2622	6894	子象瓿		甲AaⅡ	二期	子象
2623	6895	子象瓿				子象
2624	6896	子妥瓿				子妥
2625	6897	子脊瓿				子脊
2626	6898	子媚瓿				子媚
2627	6899	子媚瓿				子媚
2628	6900	子𠭨瓿		甲BbⅠ	二期	子𠭨
2629	6901	子𠭨瓿		甲BbⅠ	二期	子𠭨

（續表）

編號	著錄號	器名	出土地	型式	期別	銘　文
2630	6902	子蠱觚				子蠱
2631	6903	子蠱觚	安陽殷墟西區 M2508：3	甲AaⅡ	三期	子蠱
2632	6904	子蠱觚				子蠱
2633	6905	子蠱觚				子蠱
2634	6906	子嬴觚				子嬴
2635	6907	子兴觚				子兴
2636	6908	子蝠觚				子蝠
2637	6909	子保觚	山東鄒縣	甲Bc	四期	子保
2638	6910	子▲觚				子▲
2639	6911	子𠂤觚		甲AaⅡ	四期	子𠂤
2640	6912	子光觚				子光
2641	6913	子雨觚		甲AaⅠ	二期	子雨
2642	7270	子媞觚		甲AaⅡ	四期	子媞
2643	J731	子癸觚		甲BbⅡ	四期	子癸
2644	J732	子𢆷觚		甲AaⅠ	二期	子𢆷
2645	6914	子𢆷觚		甲AaⅠ	二期	子𢆷
2646	E654	子倗觚		甲AaⅡ	二期	子倗
2647	E655	子倗觚		甲AaⅡ	二期	子倗
2648	6915	襄未觚				襄未
2649	6916	比𢆷觚				比𢆷
2650	6917	比𢆷觚				比𢆷
2651	6918	巂叔觚	山東費縣（傳）	甲BbⅠ	四期	巂叔
2652	6919	巂叔觚	山東費縣（傳）		四期	巂叔
2653	6920	樂文觚				樂文
2654	6921	兮建觚		甲BbⅠ	二期	兮建
2655	6922	見爻觚				見爻

(續表）

編號	著錄號	器名	出土地	型式	期別	銘文
2656	6924	交示觚		甲AaⅠ	二期	交示
2657	6925	？？觚	安陽郭家灣北地			？？
2658	6926	柔羌觚				柔羌
2659	6927	※㠯觚	安陽（傳）	甲BbⅠ	四期	※㠯
2660	6928	聑𩵋觚				聑𩵋
2661	6929	聑𩵋觚				𩵋聑
2662	6930	聑𨞺觚				聑𨞺
2663	6931	犾耳觚				犾耳
2664	6932	聑竹觚	安陽（傳）	甲AaⅡ	三、四期	聑竹
2665	6933	䀠中觚		甲BbⅠ	四期	䀠中
2666	6934	叉聑觚				叉聑
2667	6935	叉聑觚				叉聑
2668	6936	叉川觚				叉川
2669	6938	叉宁觚				叉宁
2670	6939	叉宁觚				叉宁
2671	J733	叉宁觚		甲BbⅠ	二、三期	叉宁
2672	6940	冂䕒觚	安陽侯家莊西北岡 M1795：10			冂䕒
2673	6942	正紟觚				正紟
2674	6944	◆衢觚				◆衢
2675	6945	亞┐觚				亞┐
2676	6946	亞𦣻觚	安陽殷墟M5：630	甲AaⅠ	二期	亞𦣻
2677	6947	亞𦣻觚	安陽殷墟M5：820	甲AaⅠ	二期	亞𦣻
2678	6948	亞𦣻觚	安陽殷墟M5：643	甲AaⅠ	二期	亞𦣻
2679	6949	亞𦣻觚	安陽殷墟M5：627	甲AaⅠ	二期	亞𦣻
2680	6950	亞𦣻觚	安陽殷墟M5：626	甲AaⅠ	二期	亞𦣻
2681	6951	亞𦣻觚	安陽殷墟M5：637	甲AaⅠ	二期	亞𦣻

商代青銅器銘文總表　487

（續表）

編號	著錄號	器名	出 土 地	型式	期別	銘　文
2682	6952	亞𦉢觚	安陽殷墟 M5：646		二期	亞𦉢
2683	6953	亞𦉢觚		甲 Aa Ⅰ	二期	亞𦉢
2684	6954	亞𦉢觚		甲 Aa Ⅰ	二期	亞𦉢
2685	6955	亞其觚			四期	亞其
2686	6956	亞弜觚				亞弜
2687	6957	亞弜觚				亞弜
2688	6958	亞弜觚				亞弜
2689	6959	亞矣觚				亞矣
2690	6960	亞矣觚		甲 Aa Ⅱ	二期	亞矣
2691	6961	亞矣觚				亞矣
2692	6962	亞矣觚				亞矣
2693	6963	亞矣觚		甲 Aa Ⅱ	二期	亞矣
2694	6964	亞矣觚				亞矣
2695	6965	亞矣觚	安陽大司空村	甲 Aa Ⅰ	二期	亞矣
2696	6966	亞矣觚	安陽大司空村			亞矣
2697	E672	亞矣觚	安陽劉家莊南 M22：2	甲 Bb Ⅰ	二期	亞矣
2698	6967	亞醜觚				亞醜
2699	6968	亞醜觚		甲 Aa Ⅱ	四期	亞醜
2700	6969	亞醜觚		甲 Ab	四期	亞醜
2701	6970	亞醜方觚		乙 Ⅱ	四期	亞醜
2702	J728	亞醜觚	山東青州市蘇埠屯 M7：6	甲 Bb Ⅰ	四期	亞醜
2703	故青86	亞醜觚		甲 Bc	四期	亞醜
2704	6971	亞竟觚				亞竟
2705	6972	亞告觚		甲 Aa Ⅰ	二期	亞告
2706	6973	亞牧觚				亞牧

(續表)

編號	著錄號	器名	出土地	型式	期別	銘文
2707	6974	亞果瓠				亞果
2708	6975	亞㡭瓠				亞㡭
2709	6976	亞史瓠		甲BbⅠ	二期	亞史
2710	6977	亞ㄔ瓠				亞ㄔ
2711	6978	亞ㄔ瓠				亞ㄔ
2712	6979	亞ㄔ瓠				亞ㄔ
2713	6980	亞隹瓠		甲BbⅠ	二期	亞隹
2714	J727	亞隹瓠	河南羅山縣天湖村M11:5	甲AaⅡ	三期	亞隹
2715	E656	亞隹瓠	河南羅山縣天湖村M11:4	甲AaⅡ	三期	亞隹
2716	6981	亞隻瓠				亞隻
2717	6982	亞隻瓠	安陽大司空村（傳）	甲AaⅡ	二期	亞隻
2718	J729	亞隻瓠		甲AaⅡ	二期	亞隻
2719	6983	亞豖瓠				亞豖
2720	6984	亞叟瓠				亞叟
2721	6985	亞夂瓠				夂亞
2722	6986	亞寰瓠		甲AaⅡ	三期	亞寰
2723	6987	亞耳瓠				耳亞
2724	6988	亞弔瓠		甲BbⅡ	四期	亞弔
2725	6989	亞西瓠		甲AaⅡ	四期	亞西
2726	6990	亞西瓠				亞西
2727	J730	亞西瓠		甲BbⅡ	四期	亞西
2728	6991	亞盥瓠	安陽苗圃北地M172:4	甲BbⅡ	三期	亞盥
2729	6992	亞址瓠		甲BbⅠ	三期	亞址
2730	J717	亞址瓠	安陽郭家莊M160:112		三期晚段	亞址
2731	J718	亞址瓠	安陽郭家莊M160:113		三期晚段	亞址

(續表)

編號	著錄號	器名	出 土 地	型式	期別	銘 文
2732	J719	亞址瓠	安陽郭家莊M160:114	乙Ⅰ	三期晚段	亞址
2733	J720	亞址瓠	安陽郭家莊M160:116		三期晚段	亞址
2734	J721	亞址瓠	安陽郭家莊M160:133	乙Ⅰ	三期晚段	亞址
2735	J722	亞址瓠	安陽郭家莊M160:166	乙Ⅰ	三期晚段	亞址
2736	J723	亞址瓠	安陽郭家莊M160:139		三期晚段	亞址
2737	J724	亞址瓠	安陽郭家莊M160:171	乙Ⅰ	三期晚段	亞址
2738	J725	亞址瓠	安陽郭家莊M160:170	乙Ⅰ	三期晚段	亞址
2739	J726	亞址瓠	安陽郭家莊M160:150	乙Ⅰ	三期晚段	亞址
2740	E666	亞長瓠	安陽花園莊M54:190	甲AaⅠ	二期	亞長
2741	E667	亞長瓠	安陽花園莊M54:194	甲AaⅠ	二期	亞長
2742	E652	亞孔瓠	安陽劉家莊M1046:51	甲Bc	四期	亞孔
2743	E660	亞奚瓠		甲AaⅡ	四期	亞奚
2744	6993	▲册瓠		甲AaⅡ	四期	▲册
2745	6994	膚册瓠	河北正定縣新城鋪	甲BbⅠ	三、四期	膚册
2746	J738	膚册瓠		甲BbⅠ	三期	膚册
2747	6995	孔册瓠				孔册
2748	J734	螽册瓠	安陽梅園莊南地M92:1	甲AaⅡ	四期	螽册
2749	6996	糸保瓠				糸保
2750	E659	合保瓠		甲AaⅠ	二期	合保
2751	6997	馬何瓠				馬何
2752	6998	馬何瓠	安陽大司空村M267:2	甲AaⅡ	二期	馬何
2753	7003	鄉宁瓠	安陽(傳)	甲AaⅡ	三期	鄉宁
2754	7004	鄉宁瓠				鄉宁
2755	7005	告宁瓠		甲AaⅡ	三期	告宁
2756	7006	告宁瓠	安陽殷墟西區M907:1	甲AaⅡ	三期	告宁
2757	7007	宁矢瓠	安陽			宁矢
2758	7008	宁矢瓠	安陽			矢宁

(續表）

編號	著錄號	器名	出土地	型式	期別	銘文
2759	E670	矢宁觚		甲AaⅡ	四期	矢宁
2760	7009	宁戈觚		甲AaⅡ	四期	宁戈
2761	7010	美宁觚				美宁
2762	7011	宁朋觚				宁朋
2763	7070	商宁觚		甲Bc	四期	商宁
2764	E673	宁葡觚	安陽戚家莊東M63	甲BbⅡ	四期	宁葡
2765	E674	戉葡觚	安陽戚家莊東M235∶10	甲Bc	四期	戉葡
2766	7012	周兔觚				周兔
2767	J741	罟田觚	安陽後崗M33:3	甲AaⅡ	三期	罟田？
2768	7014	南單觚				南單
2769	7015	西單觚		甲AaⅡ	三期	西單
2770	7016	西單觚		甲AaⅡ	三期	西單
2771	6784	西單觚		甲BbⅠ	三期	西單
2772	J740	西單觚	安陽梅園莊南地M20:2	甲AaⅡ	三期	西單
2773	7017	北單觚	安陽（傳）	甲AaⅠ	二期	北單
2774	E662	北單觚				北單
2775	7018	單光觚				單光
2776	7019	瓢征觚		甲AaⅡ	四期	瓢征
2777	7020	瓢奞觚				瓢奞
2778	7021	▲瓢觚				▲瓢
2779	7022	▲旗觚				▲旗
2780	7023	亡終觚		甲AaⅡ	四期	亡終
2781	7024	亡終觚		甲AaⅡ	四期	亡終
2782	7025	盾得觚		甲AaⅡ	四期	盾得
2783	7026	盾得觚		甲AaⅡ	四期	盾得
2784	J739	盾得觚	安陽豫北紡織廠	甲AaⅡ	四期	盾得

（續表）

編號	著錄號	器名	出土地	型式	期別	銘文
2785	7027	來盾觚				來盾
2786	7028	來盾觚				來盾
2787	7029	秉盾觚				秉盾
2788	7030	丩盾觚				丩盾
2789	7032	▣刀觚				▣刀
2790	7036	卜亶觚		甲Bb I	二期	卜亶
2791	7040	車涉觚		甲Aa II	二期	涉車
2792	7041	車凶觚				車凶
2793	7042	亦車觚		甲Aa II	四期	亦車
2794	7043	亦車觚			三、四期	亦車
2795	7044	亦車觚				亦車
2796	7045	亦車觚	安陽	甲Aa II	四期	亦車
2797	7046	車辜觚				車辜
2798	7047	車辜觚				辜車
2799	7048	買車觚			商末周初	買車
2800	7049	弔車觚		甲Aa II	三期	弔車
2801	7050	▣▣觚				▣▣
2802	7052	禾▣觚				禾▣
2803	7054	目▣觚				目▣
2804	7055	冊豕觚				冊豕
2805	7056	鳥▣觚	安陽殷墟 M18：16	甲Aa I	二期	鳥▣
2806	7058	弔黽觚		甲Bb I	四期	弔黽
2807	7059	弔黽觚				弔黽
2808	7060	弔黽觚				弔黽
2809	7061	▣▣觚				▣▣
2810	7066	丨堯觚		甲Aa II	二期	丨堯
2811	7067	▣免觚	安陽殷墟西區 M198：3	甲Aa II	三期	▣免

（續表）

編號	著錄號	器名	出土地	型式	期別	銘文
2812	7069	▢刀觚				▢刀
2813	E663	□□觚		甲Bc	三、四期	□□
2814	E668	心己觚		甲AaⅡ	四期	心己
2815	E671	▢失觚		甲BbⅡ	三、四期	▢失
2816	7198	▢失觚		甲AaⅡ	三、四期	▢失
2817	7199	▢失觚				▢失
2818	7200	▢失觚		甲AaⅡ	三、四期	▢失
2819	6878	射婦桑觚				射婦桑
2820	6880	司婷觚	安陽殷墟M5∶625	甲AaⅠ	二期	司婷
2821	6881	司婷觚	安陽殷墟M5∶612	甲AaⅠ	二期	司婷
2822	6882	司婷觚	安陽殷墟M5∶606		二期	司婷
2823	6883	司婷觚	安陽殷墟M5∶628		二期	司婷
2824	6884	司婷觚	安陽殷墟M5∶631	甲AaⅠ	二期	司婷
2825	6885	司婷觚	安陽殷墟M5∶614	甲AaⅠ	二期	司婷
2826	6886	司婷觚	安陽殷墟M5∶617	甲AaⅠ	二期	司婷
2827	6887	司婷觚	安陽殷墟M5∶615	甲AaⅠ	二期	司婷
2828	6888	司粵觚	安陽殷墟M5∶632		二期	司粵
2829	6889	司婷觚	安陽殷墟M5∶649		二期	司婷
2830	6890	司▢觚				司▢
2831	7072	羊祖甲觚				羊祖甲
2832	7160	▢羊乙觚				▢羊乙
2833	7201	羊阝車觚			三、四期	羊阝車
2834	7073	黽祖乙觚				黽祖乙
2835	7074	家祖乙觚				家祖乙
2836	7075	匚祖乙觚				祖乙匚
2837	7076	戎祖丙觚		甲Ab	四期	戎祖丙
2838	7077	▢祖丁觚		甲AaⅡ	三、四期	▢祖丁

(續表)

編號	著錄號	器名	出土地	型式	期別	銘文
2839	7217	🔣祖壬觚		甲BbⅡ	四期	🔣祖壬
2840	7078	戈祖丁觚		甲AaⅡ	三、四期	戈祖丁
2841	7083	戈祖辛觚			三、四期	戈祖辛
2842	7155	戈父癸觚		甲AaⅡ	三、四期	戈父癸
2843	7079	鼻祖己觚		甲BbⅠ	三、四期	鼻祖己
2844	7119	鼻父丁觚				鼻父丁
2845	7080	襄祖己觚				襄祖己
2846	E677	犬父甲觚		甲AaⅠ	二、三期	犬父甲
2847	7081	山祖庚觚				山祖庚
2848	7115	山父丁觚		甲AaⅡ	四期	山父丁
2849	7116	山父丁觚		甲AaⅡ	四期	山父丁
2850	7117	山父丁觚			四期	山父丁
2851	7082	子祖辛觚				子祖辛
2852	7085	子祖癸觚		甲Ab	四期	子祖癸
2853	7124	子父己觚				子父己
2854	7138	子父庚觚		甲Ab	四期	子父庚
2855	7158	子父癸觚		甲BbⅠ	二期	子父癸
2856	7084	🔣祖癸觚				🔣祖癸
2857	7100	🔣父乙觚	陝西岐山縣禮村	甲AaⅡ	四期	🔣父乙
2858	7112	🔣父丁觚				🔣父丁
2859	7196	🔣串娛觚				🔣串娛
2860	7197	🔣串娛觚				🔣串娛
2861	7086	得父乙觚				得父乙
2862	7087	敄父乙觚		甲AaⅡ	三、四期	敄父乙
2863	7104	牧父丙觚				牧父丙
2864	7088	鳥父乙觚		甲BaⅡ	四期	鳥父乙
2865	7089	係父乙觚		甲BbⅠ	二期	係父乙

(續表)

編號	著錄號	器名	出土地	型式	期別	銘文
2866	7090	🅰父乙觚				🅰父乙
2867	7091	豙父乙觚				豙父乙
2868	7092	冀父乙觚		甲AaⅡ	四期	冀父乙
2869	7093	冀父乙觚				冀父乙
2870	7094	冀父乙觚		甲AaⅡ	三、四期	冀父乙
2871	7109	冀父丁觚				冀父丁
2872	7121	冀父戊觚				冀父戊
2873	7137	冀父庚觚				冀父庚
2874	7140	冀父辛觚				冀父辛
2875	7095	奄父乙觚				奄父乙
2876	7096	奄父乙觚				奄父乙
2877	7097	亞父乙觚		甲BbⅡ	四期	亞父乙
2878	7126	亞父己觚				亞父己
2879	7098	冗父乙觚		甲BaⅡ	四期	冗父乙
2880	7129	冗父己觚				冗父己
2881	7099	孟父乙觚		甲AaⅡ	四期	父乙孟
2882	7223	虘父乙觚				虘父乙
2883	E678	埶父乙觚		甲Bc	四期	埶父乙
2884	7106	史父丁觚		甲BbⅠ	二期	史父丁
2885	J747	史母癸觚	山東泗水縣張莊公社	甲Ab	四期	史母癸
2886	7107	文父丁觚				文父丁
2887	7118	鳶父丁觚		甲BbⅠ	二期	鳶父丁
2888	7122	臽父戊觚				臽父戊
2889	7123	叙父戊觚				叙父戊
2890	7131	叙父己觚		甲AaⅡ	三、四期	叙父己
2891	7127	示父己觚				示父己
2892	E661	舌父觚		甲AaⅠ	二期	舌父

(續表)

編號	著錄號	器名	出土地	型式	期別	銘文
2893	7132	舌父己瓠				舌父己
2894	7133	䙴父己瓠				䙴父己
2895	7134	錐父己瓠		甲BbⅡ	四期	錐父己
2896	7136	𦍌父己瓠		甲AaⅠ	二期	𦍌父己
2897	7141	𦍍父辛瓠	安陽(傳)	甲AaⅡ	四期	𦍍父辛
2898	7142	竝父辛瓠				竝父辛
2899	7144	堯父辛瓠		甲AaⅡ	三期	堯父辛
2900	7146	梡父辛瓠		甲Bc	四期	梡父辛
2901	7150	梡父辛瓠		甲BbⅠ	四期	梡父辛
2902	7147	弔父辛瓠		甲BbⅠ	四期	弔父辛
2903	7151	串父辛瓠		甲AaⅡ	四期	串父辛
2904	7152	啓父辛瓠		甲AaⅡ	三、四期	啓父辛
2905	7154	隻父癸瓠				隻父癸
2906	7156	丫父癸瓠				丫父癸
2907	7159	𠃊父癸瓠				𠃊父癸
2908	J742	息父乙瓠	河南羅山縣後李村 M44：11	甲Bc	四期	息父乙
2909	E676	息父己瓠	安陽劉家莊南 M63：4	甲AaⅡ	四期	息父己
2910	J743	卩父戊瓠		甲AaⅠ	二期	卩父戊
2911	J745	柬父壬瓠		甲AaⅡ	三期	柬父壬
2912	J746	㚔父癸瓠		甲BbⅠ	三期	㚔父癸
2913	7236	䤷父丁瓠		甲AaⅠ	二期	䤷父丁
2914	7238	閜父戊瓠				閜父戊
2915	E679	雁父丁瓠	山東省滕州市官橋鎮前掌大村商周墓地 M9：13	甲BbⅠ	四期	雁父丁
2916	7161	舌兽戊瓠	安陽(傳)	甲AaⅡ	四期	舌兽戊
2917	7162	鄉宁己瓠		甲BbⅡ	四期	鄉宁己

(續表)

編號	著錄號	器名	出土地	型式	期別	銘文
2918	7163	鄉宁辛觚	安陽（傳）	甲Bb I	二期	鄉宁辛
2919	7164	甲母㢅觚	安陽（傳）			甲母㢅
2920	7165	甲母㢅觚	陝西鳳翔縣董家莊	甲Aa II	四期	甲母㢅
2921	7166	魚母乙觚				魚母乙
2922	7167	ㄓ㐭册觚		甲Bc	四期	ㄓ㐭册
2923	7168	ㄓ㐭册觚		甲Bc	四期	ㄓ㐭册
2924	7169	ㄓ㐭册觚			四期	ㄓ㐭册
2925	7170	ㄓ㐭册觚			四期	ㄓ㐭册
2926	E665	㐭册觚		甲Aa II	四期	㐭册
2927	7173	子蝠㼿觚		甲Aa II	四期	子蝠㼿
2928	7174	子蝠㼿觚		甲Aa II	四期	子蝠㼿
2929	7175	子眉▲觚				子眉▲
2930	7176	允册丁觚				允册丁
2931	7177	幾肵册觚				幾肵册
2932	7178	亞夅爾觚				亞夅爾
2933	7179	亞卩犬觚		甲Aa I	二期	亞卩犬
2934	7180	糞亞次觚		甲Aa II	四期	糞亞次
2935	7181	亞木守觚		甲Aa II	二期	亞木守
2936	7182	亞丁丮觚				亞丁丮
2937	7183	亞糞乙觚				亞糞乙
2938	7184	亞㱼亢觚				亞㱼亢
2939	J748	亞豕馬觚		甲Aa I	二期	亞豕馬
2940	J750	亞干示觚		甲Aa I	二期	亞干示
2941	7187	◆衢自觚				◆衢自
2942	7188	◇葡睪觚	安陽（傳）	乙I	三期	◇葡睪
2943	7189	弓丁囙觚	浙江安吉縣周家灣	甲Aa II	三、四期	弓丁囙
2944	7190	弓丁囙觚	浙江安吉縣周家灣			弓丁囙

（續表）

編號	著錄號	器名	出土地	型式	期別	銘文
2945	7191	南單菁瓠		甲AaⅡ	四期	南單菁
2946	7192	西單光瓠				西單光
2947	7193	西單己瓠		甲AaⅡ	三、四期	西單己
2948	7194	西單䇂瓠				西單䇂
2949	7195	北單戈瓠	安陽武官村	甲BbⅠ	二期	北單戈
2950	7203	冬臣單瓠	安陽			冬臣單
2951	7202	耒瓠		甲AaⅠ	二期	ᵚ耒
2952	7211	祖丁父乙瓠		甲BbⅡ	四期	祖丁父乙
2953	7212	祖丁父乙瓠				祖丁父乙
2954	7213	黿獻祖丁瓠				黿獻祖丁
2955	7214	木戉祖戉瓠		甲AaⅠ	二期	木戉祖戉
2956	7215	大中祖己瓠	安陽殷墟西區 M1080：3	甲Bc	四期	大中祖己
2957	7216	⼎祖辛瓠		甲AaⅡ	二期	⼎祖辛
2958	7218	弔黽祖癸瓠		甲BbⅠ	四期	弔黽祖癸
2959	7220	汝子妣丁瓠				汝子妣丁
2960	7221	卷父甲瓠	安陽殷墟西區 M1572：1	甲AaⅡ	四期	卷父日甲
2961	7222	舍冊父甲瓠				舍冊父甲
2962	7224	正冊父乙瓠				正冊父乙

（續表）

編號	著錄號	器名	出 土 地	型式	期別	銘　文
2963	7226	丩盾父乙觚				丩盾父乙
2964	7265	丩盾父乙觚				丩盾作父乙
2965	J752	八盾父庚觚		甲AaⅡ	四期	八盾父庚
2966	7227	腐冊父乙觚				腐冊父乙
2967	7228	亞鴈父丁觚				亞鴈父丁
2968	7248	亞宁父癸觚				亞宁父癸
2969	7230	亞醜父丁觚		甲Bc	四期	亞醜父丁
2970	7231	亞醜父丁觚	安陽			亞醜父丁
2971	7239	亞古父己觚	安陽(傳)	甲Bc	四期	亞古父己
2972	7233	力冊父丁觚		甲AaⅡ	二期	力冊父丁
2973	7237	冂戔父丁觚		甲AaⅡ	四期	冂戔父丁
2974	7240	天冊父己觚	安陽殷墟西區M856：1	甲Ab	四期	天冊父己
2975	7242	蠱辰父己觚	安陽郊區	甲Bc	四期	蠱辰父己
2976	7244	戊未父己觚		甲Bc	四期	戊未父己
2977	7247	冊父辛叟觚		甲AaⅡ	三、四期	冊父辛叟

(續表)

編號	著錄號	器名	出土地	型式	期別	銘文
2978	7269	爯冊父辛叟觚		甲AaⅡ	三、四期	爯冊父辛叟
2979	7249	奉萄父癸觚		甲AaⅡ	三、四期	奉萄父癸
2980	7250	何父癸疾觚		甲BbⅡ	三、四期	何父癸疾
2981	7251	何父癸疾觚		甲BbⅡ	三、四期	何父癸疾
2982	J751	兮建父丁觚		甲AaⅡ	四期	兮建父丁
2983	J753	⌒冊父庚觚		甲AaⅡ	四期	⌒冊父庚
2984	E682	車徙父乙觚		甲AaⅡ	四期	車徙父乙
2985	7253	亳戈冊乙觚				亳戈冊乙
2986	7262	亳戈冊父乙觚				亳戈冊父乙
2987	7254	聑䢅婦㚸觚		甲Bc	四期	聑䢅婦㚸
2988	7229	子刀父丁觚		甲Bc	四期	子刀父丁
2989	7255	子糸▲刀觚				子糸▲刀
2990	7256	子▲木冊觚				子▲木冊
2991	7260	作爯從彝觚				作爯從彝
2992	E683	曾𰯼中見觚	山東省滕州市官橋鎮前掌大村商周墓地 M127:1	甲AaⅡ	四期	曾𰯼中見

（續表）

編號	著錄號	器名	出土地	型式	期別	銘文
2993	E684	母嬅日辛觚		甲AaⅡ	四期	母嬅日辛
2994	7263	庚豕馬父乙觚	安陽殷墟M1∶19	甲BbⅡ	四期	庚豕馬父乙
2995	7264	髟莫父乙觚		甲AaⅡ	四期	亞髟莫父乙
2996	7271	亞登兄日庚觚		甲BbⅠ	四期	亞登兄日庚
2997	7277	亞禽示辛觚				亞禽示辛
2998	7266	庸册父庚正觚				庸册父庚正
2999	E685	宋婦觚	山東省滕州市官橋鎮前掌大村商周墓地M110∶2	甲BbⅡ	四期	宋婦彝。史。
3000	7281	秉父庚觚	安陽大司空村M646∶12			秉以父庚宗尊
3001	7282	秉父庚觚	安陽大司空村M646∶13			秉以父庚宗尊
3002	J756	子不觚		甲AaⅡ	四期	子蝠珂不祖癸
3003	7287	婦鵑觚				婦鵑作彝亞戠
3004	7303	又敖父癸觚		甲BbⅠ	二、三期	又敖父癸朕母
3005	7293	亞寰父丁觚		甲AaⅡ	四期	亞寰壺父丁孤竹
3006	7288	亞㭆觚		甲Bc	四期	亞㭆母甲母辛尊彝
3007	J757	無壽觚	山東桓臺縣田莊公社史家大隊	甲Bc	四期	戌壺無壽作祖戊彝
3008	7302	其說觚			四期	亞或其說作父己彝冀

商代青銅器銘文總表　501

（續表）

編號	著錄號	器名	出土地	型式	期別	銘文
3009	7306	羌旅向觚	安陽殷墟西區 M216∶1	甲 Aa Ⅱ	四期	亞✕羌旅向作尊彝
3010	7307	賏作父丁觚				亞旅賏作父丁寶尊彝
3011	7308	亞若癸觚			四期	亞受丁旋乙若癸自乙
3012	7309	亞若癸觚		乙 Ⅱ	四期	亞受丁旋乙若癸自乙
3013	7311	冀婟觚	河南輝縣	甲 Bb Ⅱ	四期	冀婟賜賞貝于婟，用作父乙彝。
3014	7312	麋婦觚		甲 Bb Ⅰ	四期	甲午，麋婦賜貝于妣，用作辟日乙尊彝。臥。
3015	7313	子爵		Aa Ⅲ	四期	子
3016	7314	子爵	陝西寶雞（傳）	Aa Ⅲ	四期	子
3017	7315	子爵	安陽西區 M856∶2	Ab Ⅱ	四期	子
3018	7316	子爵				子
3019	7317	子爵				子
3020	7318	子爵				子
3021	J780	子爵		Ab Ⅰ	二期	子
3022	J781	子爵	山東滕州級索鎮	Aa Ⅲ	四期	子
3023	E710	子爵		Aa Ⅰ	二期	子
3024	J782	囝爵		Ab Ⅱ	四期	囝
3025	7322	𢆷爵				𢆷
3026	7323	𩰫爵	安陽殷墟西區 M692∶10	Aa Ⅰ	二期	𩰫
3027	7324	天爵	山西靈石縣旌介村 M1∶6	Aa Ⅲ	四期	天
3028	7325	天爵				天

（續表）

編號	著錄號	器名	出　土　地	型式	期別	銘　　文
3029	7326	天爵				天
3030	E709	大爵		AaⅢ	四期	大
3031	7329	大爵				大
3032	7330	六爵				六
3033	7331	兴爵	山東長清縣興復河	AaⅢ	四期	兴
3034	7332	兴爵				兴
3035	7333	兴爵				兴
3036	7334	奚爵				奚
3037	7335	奚爵				奚
3038	7336	亢爵		AaⅢ	四期	亢
3039	7337	芦爵				芦
3040	7338	芦爵				芦
3041	7339	逆爵				逆
3042	7342	㇀爵				㇀
3043	7343	參爵				參
3044	7344	夔爵				夔
3045	7345	㫃爵		AbⅡ	三、四期	㫃
3046	7346	㫃爵		AbⅡ	三、四期	㫃
3047	E721	先爵		BaⅡ	二期	先
3048	7347	失爵				失
3049	7348	失爵				失
3050	7349	失爵				失
3051	7350	失爵				失
3052	7351	失爵				失
3053	7352	失爵				失
3054	7354	光爵	安陽			光
3055	7357	見爵				見

(續表)

編號	著錄號	器名	出土地	型式	期別	銘文
3056	7358	見爵		AbⅠ	二期	見
3057	7359	卩爵				卩
3058	7360	令爵				令
3059	8183	令爵				令
3060	7361	印爵	陝西綏得縣後王家溝	AbⅠ	二期	印
3061	7362	卷爵				卷
3062	7363	卷爵				卷
3063	7364	爵	安陽殷墟西區M	AaⅠ	二期	
3064	7365	重爵				重
3065	7366	重爵				重
3066	7367	重爵				重
3067	7368	爵				
3068	7369	綹爵				綹
3069	7370	何爵	安陽郭家灣北地（傳）			何
3070	7371	何爵				何
3071	7372	何爵				何
3072	7373	匿爵				匿
3073	7374	匿爵				匿
3074	7375	匿爵				匿
3075	7376	匿爵				匿
3076	7377	匿爵				匿
3077	7378	克爵				克
3078	7379	克爵		AbⅡ	三期	克
3079	7380	克爵		AbⅡ	三期	克
3080	7381	鼽爵				鼽
3081	7382	爵				
3082	7383	爵				

(續表)

編號	著錄號	器名	出土地	型式	期別	銘　文
3083	J846	䏦爵	陝西長安縣灃西鄉馬王村	AbⅡ	商末周初	䏦
3084	7384	佣爵				佣
3085	J847	爾爵		AaⅠ	二期	爾
3086	J848	爾爵		AbⅡ	三、四期	爾
3087	7385	爾爵				爾
3088	7386	休爵				休
3089	7387 J759	狄爵	河南羅山縣天湖村 M5：4	AaⅡ	三期	狄
3090	7388	戎爵	山東蒼山縣東堯村	AbⅡ	三、四期	戎
3091	7389	飲爵				飲
3092	7390	役爵				役
3093	7391	堯爵				堯
3094	7392	堯爵				堯
3095	7393	堯爵				堯
3096	7394	堯爵				堯
3097	7395	堯爵				堯
3098	7396	堯爵				堯
3099	7397	堯爵		AaⅠ	二期	堯
3100	7398	伐爵				伐
3101	7399	徙爵				徙
3102	7400	執爵	安陽（傳）	AaⅠ	二、三期	執
3103	7465	執爵		AbⅡ	三、四期	執
3104	7401	立爵				立
3105	7402	北爵			商末周初	北？
3106	7403	比爵				比？
3107	7404	保爵	山東鄒縣	AaⅢ	四期	保
3108	7406	保爵				保

商代青銅器銘文總表　505

（續表）

編號	著錄號	器名	出土地	型式	期別	銘文
3109	7405	扶爵				扶
3110	7407	屮爵				屮
3111	7408	鄉爵				鄉
3112	7409	母爵	安陽侯家莊M1795			母
3113	7410	母爵	安陽侯家莊M1795			母
3114	7411	母爵	安陽殷墟M5：1579	AaⅠ	二期	母
3115	7412	母爵				母
3116	7416	媓爵				媓
3117	7417	媓爵				媓
3118	7413	媚爵		BaⅢ	二、三期	媚
3119	7414	妎爵				妎
3120	7415	妎爵		AaⅢ	四期	妎
3121	7418	巤爵				巤
3122	7419	巤爵				巤
3123	7420	巤爵			商末周初	巤
3124	7421	巤爵		AaⅡ	三、四期	巤
3125	7422	旗爵				旗
3126	7423	旗爵	安陽			旗
3127	7424	旅爵				旅
3128	7425	旅爵		AbⅡ	四期	旅
3129	7426	旅爵		AaⅠ	二期	旅
3130	7427	旅爵				旅
3131	E718	旅爵		AaⅢ	四期	旅
3132	J765	巤爵		AaⅠ	二期	巤
3133	J866	巤爵	安陽郭家莊東南M26：18	AaⅠ	二期	巤
3134	J867	巤爵	安陽郭家莊東南M26：19	AbⅠ	二期	巤

（續表）

編號	著錄號	器名	出土地	型式	期別	銘文
3135	7428	奄爵				奄
3136	7429	豙爵				豙
3137	7430	豙爵				豙
3138	7431	豙爵				豙
3139	7432	李爵		AaⅡ	三、四期	李
3140	7433	李爵		AaⅡ	三、四期	李
3141	7434	虬爵				虬
3142	7435	又爵				又
3143	E712	又爵		AaⅠ	二期	又
3144	7436	敦爵				敦
3145	7437	守爵	河北藁城縣前西關	AaⅢ	四期	守
3146	7438	守爵		AaⅢ	四期	守
3147	7439	得爵				得
3148	7440	聿爵				聿
3149	7441	聿爵				聿
3150	7442	聿爵				聿
3151	7443	聿爵				聿
3152	7444	聿爵				聿
3153	7445	史爵				史
3154	7446	史爵				史
3155	7447	史爵				史
3156	7448	史爵			商末周初	史
3157	7449	史爵				史
3158	7450	史爵				史
3159	8193	史爵				史
3160	J783	史爵		AbⅡ	四期	史
3161	E707	史爵		AaⅡ	三、四期	史

(續表)

編號	著錄號	器名	出 土 地	型式	期別	銘 文
3162	E708	史爵	山東鄒城市北宿鎮西丁村M1：1	AaⅢ	四期	史
3163	E695	史爵	山東省滕州市官橋鎮前掌大村商周墓地M213：77	AaⅢ	四期	史
3164	E696	史爵	山東省滕州市官橋鎮前掌大村商周墓地M129：2	AaⅢ	四期	史
3165	E697	史爵	山東省滕州市官橋鎮前掌大村商周墓地M38：58	AaⅢ	四期	史
3166	E698	史爵	山東省滕州市官橋鎮前掌大村商周墓地M38：62	AaⅢ	四期	史
3167	E699	史爵	山東省滕州市官橋鎮前掌大村商周墓地M17：1	AaⅢ	四期	史
3168	E700	史爵	山東省滕州市官橋鎮前掌大村商周墓地M120：15	AaⅢ	四期	史
3169	E701	史爵	山東省滕州市官橋鎮前掌大村商周墓地M120：17	AaⅢ	四期	史
3170	E702	史爵	山東省滕州市官橋鎮前掌大村商周墓地M11：98	AbⅡ	四期	史
3171	E703	史爵	山東省滕州市官橋鎮前掌大村商周墓地M11：108	AaⅢ	四期	史
3172	E704	史爵	山東省滕州市官橋鎮前掌大村商周墓地M11：104	AaⅢ	四期	史

（續表）

編號	著錄號	器名	出土地	型式	期別	銘文
3173	E705	史爵	山東省滕州市官橋鎮前掌大村商周墓地 M11：102	AaⅢ	四期	史
3174	E706	史爵	山東省滕州市官橋鎮前掌大村商周墓地 M18：29	AaⅢ	四期	史
3175	E711	鼻爵	山東省滕州市官橋鎮前掌大村商周墓地 M49：4	AbⅡ	四期	鼻
3176	7451	奴爵				奴
3177	7452	奴爵				奴
3178	7453	爵				
3179	7454	抹爵				抹
3180	7455	啓爵	河北磁縣下七垣	AaⅡ	三、四期	啓
3181	7456	舍爵		AaⅠ	二期	舍
3182	7457	舍爵				舍
3183	7458	爵				
3184	7459	爰爵				爰
3185	E689	爰爵	安陽戚家莊東M269：9	AaⅡ	三期	爰
3186	E690	爰爵	安陽戚家莊東 M269：12	AaⅡ	三期	爰
3187	7460	受爵				受
3188	7461	興爵	安陽			興
3189	7462	興爵		AaⅠ	二期	興
3190	7463	興爵				興
3191	7464	興爵		AbⅠ	二期	興
3192	7467	购爵				购
3193	7468	昇爵				昇
3194	7469	爵				

（續表）

編號	著錄號	器名	出土地	型式	期別	銘文
3195	7470	止爵				止?
3196	7471	沚爵	安陽（傳）	AbⅠ	二期	沚
3197	7472	沚爵	河南濬縣			沚
3198	7473	步爵				步
3199	7474	步爵		AbⅠ	二期	步
3200	7475	徙爵	河南溫縣小南張村	AbⅠ	二期	徙
3201	7476	亞爵	安陽大司空村M304∶6	AaⅡ	三期	亞
3202	7478	登爵				登
3203	7479	⑪爵				⑪
3204	7480	正爵				正
3205	7481	正爵				正
3206	7482	正爵				正
3207	7484	正爵		AbⅠ	二、三期	正
3208	7485	躍爵	安陽侯家莊M1768			躍
3209	7486	躍爵	安陽侯家莊M1769			躍
3210	7487	躍爵				躍
3211	7488	躍爵				躍
3212	7489	躍爵				躍
3213	E717	址爵		AbⅠ	二期	址
3214	7490	蟲爵				蟲
3215	7491	蟲爵				蟲
3216	7492	蟲爵		AbⅠ	二期	蟲
3217	7493	目爵			商末周初	目
3218	7495	匡爵			商末周初	匡
3219	7496	叟爵			商末周初	叟
3220	7497	叟爵				叟
3221	7498	叟爵	安陽M2∶1	AbⅠ	二期	叟

(續表)

編號	著錄號	器名	出土地	型式	期別	銘文
3222	E713	叟爵		Aa I	二期	叟
3223	7500	眔爵				眔
3224	7501	舌爵	安陽	Aa I	二、三期	舌
3225	7502	舌爵		Ab I	二、三期	舌
3226	7503	舌爵				舌
3227	7504	舌爵				舌
3228	7505	耳爵				耳
3229	7506	恩爵			商末周初	恩
3230	7507	恩爵	河南洛陽			恩
3231	7508	虎爵		Ab II	四期	虎
3232	7509	象爵				象
3233	J771	象爵	安陽薛家莊 M3：27	Ab I	二期	象
3234	E716	象爵		Aa II	三期	象
3235	7510	羊爵				羊
3236	7511	羊爵				羊
3237	7512	羊爵				羊
3238	7513	羊爵				羊
3239	7514	羍爵				羍
3240	7515	羍爵	安陽大司空村 M539：24	Ab I	二期	羍
3241	7516	牢爵	安陽（傳）	Ab I	二期	牢
3242	7517	豕爵				豕
3243	7518	豕爵				豕
3244	7519	豕爵				豕
3245	7520	豕爵				豕
3246	7521	馬爵				馬
3247	7522	馬爵				馬

（續表）

編號	著錄號	器名	出 土 地	型式	期別	銘　文
3248	7523	爵				
3249	7524	犬爵				犬
3250	7525	犬爵				犬
3251	7526	犬爵	安陽（傳）			犬
3252	7527	剢爵		AbⅠ	二期	剢
3253	7528	剢爵		AaⅠ	二期	剢
3254	7529	家爵		AaⅡ	三、四期	家
3255	7530	虣爵				虣
3256	7531	彖爵				彖
3257	8284	橐爵	安陽殷墟M5∶667	AaⅠ	二期	橐
3258	8285	橐爵	安陽殷墟M5∶668	AaⅠ	二期	橐
3259	8286	橐爵	安陽殷墟M5∶665	AaⅠ	二期	橐
3260	8287	橐爵	安陽殷墟M5∶659		二期	橐
3261	8288	橐爵	安陽殷墟M5∶660		二期	橐
3262	8289	橐爵	安陽殷墟M5∶663		二期	橐
3263	8290	橐爵	安陽殷墟M5∶666		二期	橐
3264	8291	橐爵	安陽殷墟M5∶669		二期	橐
3265	8292	橐爵	安陽殷墟M5		二期	橐
3266	7532	龍爵				龍
3267	7535	龜爵	安陽			龜
3268	7536	黽爵				黽
3269	7537	魚爵				魚
3270	7538	魚爵	陝西鳳翔縣董家莊	AaⅢ	四期	魚
3271	7539	魚爵				魚
3272	7540	魚爵				魚
3273	7541	魚爵		AbⅡ	四期	魚
3274	7542	魚爵				魚

（續表）

編號	著錄號	器名	出土地	型式	期別	銘文
3275	7544	魚爵				魚
3276	7546	弁爵				弁
3277	7547	弁爵				弁
3278	7548	弁爵				弁
3279	7549	弁爵				弁
3280	7550	萬爵		AaⅡ	三、四期	萬
3281	7551	萬爵				萬
3282	7552	萬爵				萬
3283	7553	萬爵				萬
3284	7554	巳爵		AaⅡ	三、四期	巳
3285	7555	虫爵				虫
3286	7556	弔爵				弔
3287	7557	弔爵				弔
3288	7558	弔爵				弔
3289	7559	弔爵		AaⅢ	四期	弔
3290	7560	弔爵				弔
3291	7561	弔爵				弔
3292	7562	弔爵				弔
3293	7563	龜爵	安陽武官村	AaⅠ	二期	龜
3294	7564	龜爵	安陽武官村	AaⅠ	二期	龜
3295	7565	□爵				□
3296	7566	豕爵				豕
3297	7567	■爵				■
3298	7568	脊爵				脊
3299	7569	鳥爵				鳥
3300	7570	鳥爵		AbⅠ	二、三期	鳥
3301	7571	鳥爵				鳥

商代青銅器銘文總表　513

（續表）

編號	著錄號	器名	出土地	型式	期別	銘文
3302	7572	鳥爵			三、四期	鳥
3303	7573	鳶爵	安陽（傳）	AaⅠ	二、三期	鳶
3304	7574	鳶爵	安陽（傳）	AaⅠ	二期	鳶
3305	7575	册爵		AaⅢ	四期	册
3306	7576	册爵		AbⅠ	二期	册
3307	7579	告爵				告
3308	7580	亼爵				亼
3309	7581	亼爵				亼
3310	7582	亼爵				亼
3311	7583	亼爵				亼
3312	7584	亼爵				亼
3313	7585	亼爵				亼
3314	7586	亼爵				亼
3315	7587	亼爵	安陽侯家莊 M1400			亼
3316	8216	韋爵				韋
3317	8217	韋爵				韋
3318	8218	韋爵				韋
3319	7588	邑爵				邑
3320	7589	邑爵				邑
3321	7590	西爵	陝西耀縣丁家溝	AbⅠ	二期	西
3322	7591	西爵	安徽潁上縣趙集王拐村	AbⅠ	二、三期	西
3323	7594	爵				
3324	7595	爵				
3325	7596	爵				
3326	7597	爵				
3327	7598	爵				
3328	7599	爵		AaⅢ	四期	

(續表)

編號	著錄號	器名	出土地	型式	期別	銘文
3329	J796	爵		AbⅡ	四期	
3330	7600	爵		AbⅡ	三、四期	
3331	7601	爵				
3332	7602	爵				
3333	7603	豆爵		AaⅢ	四期	豆
3334	7604	皿爵				皿
3335	7605	皿爵				皿
3336	7606	盂爵	安陽侯家莊M1550			盂
3337	7607	盥爵				盥
3338	7608	爵				
3339	7609	刀爵				刀
3340	7610	刀爵				刀
3341	7613	紉爵				紉
3342	7614	紉爵				紉
3343	7615	戈爵		AbⅡ	四期	戈
3344	7616	戈爵				戈
3345	7617	戈爵				戈
3346	7618	戈爵				戈
3347	7619	戈爵				戈
3348	7620	戈爵				戈
3349	7621	戈爵				戈
3350	7622	戈爵				戈
3351	7623	戈爵				戈
3352	7624	戈爵				戈
3353	7625	戈爵				戈
3354	7626	戈爵				戈
3355	7627	戈爵				戈

（續表）

編號	著錄號	器名	出土地	型式	期別	銘文
3356	E714	戈爵		AaⅢ	四期	戈
3357	7638	馘爵				馘
3358	7639	馘爵		AaⅠ	二期	馘
3359	7640	馘爵				馘
3360	J776	馘爵	安陽後崗 M21:3	AaⅠ	二期	馘
3361	7641	咸爵				咸
3362	7632	寅爵				寅
3363	7633	矢爵	安陽侯家莊 M1001			矢
3364	J779	矢爵	河北武安縣趙窰村 M10:4	AaⅠ	二期	矢
3365	J778	↑爵	河南偃師縣山化鄉忠義村	AaⅠ	二期	↑
3366	7634	射爵				射
3367	7635	葡爵				葡
3368	7636	葡爵				葡
3369	7637	斁爵				斁
3370	7642	戉爵		AaⅡ	三、四期	戉
3371	7643	盾爵				盾
3372	7644	盾爵				盾
3373	7645	旃爵				旃
3374	7646	旜爵		AaⅠ	二期	旜
3375	7647	旜爵				旜
3376	7649	罕爵				罕
3377	7650	賈爵				賈
3378	7651	賈爵				賈
3379	7652	購爵				購
3380	7655	冈爵				冈

（續表）

編號	著録號	器名	出土地	型式	期別	銘文
3381	7656	冚爵		AaⅠ	二期	冚
3382	7657	冚爵		AbⅡ	三、四期	冚
3383	7658	冚爵	安陽殷墟西區M697∶8	AbⅡ	四期	冚
3384	7659	冚爵	山西靈石旌介村M1∶21	AaⅢ	四期	冚
3385	7660	冚爵	山西靈石旌介村M1∶42	AbⅡ	四期	冚
3386	7661	冚爵				冚
3387	7662	冚爵		AaⅢ	四期	冚
3388	7663	冚爵		AaⅠ	二期	冚
3389	7664	冚爵		AbⅠ	二期	冚
3390	7665	冚爵		AaⅢ	四期	冚
3391	7666	冚爵				冚
3392	J799	冚爵		AaⅢ	四期	冚
3393	J800	冚爵		AaⅢ	四期	冚
3394	J801	冚爵	山西靈石縣旌介村M2∶35	AaⅢ	四期	冚
3395	J802	冚爵	山西靈石縣旌介村M2∶42	AbⅡ	四期	冚
3396	E720	冚爵		AaⅢ	四期	冚
3397	7668	甲爵				甲
3398	7669	庚爵				庚
3399	7670	腐爵				腐
3400	E722	腐爵		AaⅠ	三期	腐
3401	J777	腐爵		AaⅠ	二期	腐
3402	7671	辛爵		AaⅠ	三期	辛
3403	7672	辛爵				辛
3404	7673	癸爵				癸

商代青銅器銘文總表 517

（續表）

編號	著錄號	器名	出　土　地	型式	期別	銘　文
3405	7674	夨爵	安陽殷墟M17：6	AbⅠ	二期	夨
3406	7675	夨爵	安陽侯家莊M1550			夨
3407	7676	夨爵		AbⅠ	二、三期	夨
3408	7677	夨爵				夨
3409	7678	夨爵		AaⅢ	四期	夨
3410	7679	夨爵	河北靈壽縣西木佛村			
3411	7680	夨爵				夨
3412	7681	夨爵		AaⅢ	四期	夨
3413	7683	夨爵				夨
3414	7684	夨爵				夨
3415	7685	夨爵				夨
3416	7688 J798	亼爵		AbⅡ	三、四期	亼
3417	7689	亼爵				亼
3418	7690	亼爵				亼
3419	7691	亼爵				亼
3420	7692	亼爵				亼
3421	E687	亼爵	安陽苗圃南地M58：1	AbⅠ	二期	亼
3422	E688	亼爵	安陽苗圃南地M58：2	AbⅠ	二期	亼
3423	7696	𠂤爵				𠂤
3424	7697	𠂤爵		AaⅢ	四期	𠂤
3425	7699	㪅爵		AaⅡ	三、四期	㪅
3426	7700	田爵				田
3427	7701	畗爵				畗
3428	7702	名爵				名
3429	7703	古爵				古
3430	7706	工爵				工

（續表）

編號	著錄號	器名	出土地	型式	期別	銘文
3431	7707	牵爵		AaⅡ	三、四期	牵
3432	7708	牵爵				牵
3433	7709	睪爵				睪
3434	7710	襄爵				襄
3435	7711	襄爵				襄
3436	7712	襄爵				襄
3437	7713	ㄩ爵				ㄩ
3438	7714	串爵				串
3439	7715	串爵	安陽侯家莊M1049			串
3440	7716	中爵	安陽侯家莊M1032			中
3441	7717	⊗爵				⊗
3442	7720	肉爵				肉
3443	7221	肉爵				肉
3444	7722	卅爵				卅
3445	7724	ㄥ爵		AbⅠ	二期	ㄥ
3446	7725	禾爵		AbⅠ	二期	禾
3447	7726	朿爵				朿
3448	7727	嗇爵				嗇
3449	7730	芻爵				芻
3450	7731	¥爵				¥
3451	7732	耑爵		AbⅡ	三、四期	耑
3452	7734	兮爵		AaⅠ	二期	兮
3453	7735	弜爵				弜
3454	7736	木爵	安陽侯家莊M2020			木
3455	7740	乘爵	安陽大司空村 M663：54			乘
3456	7739 J773	乘爵	安陽大司空村 M663：49	AbⅠ	二期	乘

（續表）

編號	著錄號	器名	出土地	型式	期別	銘文
3457	7741	析爵		AbⅠ	二期	析
3458	7742	析爵				析
3459	7743	文爵		AaⅠ	二、三期	文
3460	7744	舟爵				舟
3461	7745	皿爵		AaⅡ	三、四期	皿
3462	7746	雫爵	安陽	AaⅠ	二期	雫
3463	7747	◇爵				◇
3464	7748	◇爵				◇
3465	7751	息爵	河南羅山縣蟒張M6:5	AaⅢ	四期	息
3466	7752	乙爵				乙
3467	7753	囟爵				囟
3468	7754	囟爵				囟
3469	7755	⌒爵		BaⅠ	中商	⌒
3470	7759	㳄爵				㳄
3471	7760	㕚爵		AbⅠ	二期	㕚
3472	7761	㕚爵		AbⅠ	二期	㕚
3473	7762	㕚爵				㕚
3474	7763	㕚爵		AbⅠ	二期	㕚
3475	7764	㕚爵	安陽殷墟西區M354:2	AaⅠ	二期	㕚
3476	7765	■爵				■
3477	7766	✕爵				✕
3478	7767	冊爵				冊
3479	7768	冊爵				冊
3480	7769	✳爵				✳
3481	7770	易爵				易
3482	7771	中爵				中
3483	8222	彙爵		AaⅠ	二期	彙

（續表）

編號	著録號	器名	出土地	型式	期別	銘文
3484	8279	亶爵	安陽	AaⅠ	二期	亶
3485	8821	弴爵				弴
3486	J760	狀爵		AaⅡ	三期	狀
3487	J762	及爵				及
3488	J763	邲爵		AaⅢ	四期	邲
3489	J764	杏爵		AaⅡ	三期	杏
3490	J769	涉爵	河南羅山縣天湖村 M23：4	AaⅡ	三期	涉
3491	J772	融爵	山東青州市蘇埠屯 M8：6	AaⅢ	四期	融
3492	J774	韋爵	安陽梅園莊南地 M59：1		四期	韋
3493	J787	虡爵	安陽後崗 M9：10	Bb	四期	虡
3494	J788	虡爵	安陽後崗 M9：4		四期	虡
3495	J789	虡爵	安陽後崗 M9：11	AaⅢ	四期	虡
3496	J791	✦爵		AaⅢ	四期	✦
3497	J793	賈爵	河南羅山縣天湖村 M15：3		三期	賈
3498	J803	卜爵		AaⅡ	三、四期	卜
3499	8215	麝爵				麝
3500	E691	㠯爵	安陽戚家莊東 M235：3	AaⅢ	四期	㠯
3501	E692	㠯爵	安陽戚家莊東 M235：4	AaⅢ	四期	㠯
3502	E693	丰爵		AbⅠ	二期	丰
3503	E694	牧爵		AaⅡ	三期	牧
3504	E731	穀爵		AaⅡ	三期	穀
3505	E733	穀爵		AaⅡ	三期	穀
3506	E726	叙爵	山東大辛莊 M72：8	AaⅡ	三期	叙
3507	E715	珥爵		AaⅠ	二期	珥

（續表）

編號	著錄號	器名	出土地	型式	期別	銘 文
3508	7611	亡終爵		AaⅡ	三、四期	亡終
3509	7612	亡終爵				亡終
3510	7704	◆衢爵				◆衢
3511	7705	◆衢爵				◆衢
3512	7723	珥日爵				珥日
3513	7772	亞矣爵		AbⅠ	二期	亞矣
3514	7773	亞矣爵				亞矣
3515	7774	亞矣爵				亞矣
3516	7775	亞矣爵				亞矣
3517	7776	亞矣爵	安陽（傳）	AbⅠ	二期	亞矣
3518	7777	亞矣爵				亞矣
3519	7778	亞矣爵				亞矣
3520	7779	亞矣爵				亞矣
3521	7780	亞矣爵		AaⅠ	二期	亞矣
3522	7781	亞矣爵		AaⅠ	二期	亞矣
3523	J842	亞矣爵		AbⅠ	二期	亞矣
3524	J827	亞醜爵	山東青州市蘇埠屯 M7：7	AaⅢ	四期	亞醜
3525	7783	亞醜爵	山東益都蘇埠屯 M1：18		四期	亞醜
3526	7784	亞醜爵		Bb	四期	亞醜
3527	7785	亞醜爵		Bb	四期	亞醜
3528	7786	亞醜爵		Bb	四期	亞醜
3529	7787	亞醜爵				亞醜
3530	7788	亞子爵				亞子
3531	7789	亞倗爵				亞倗
3532	7790	亞㠯爵				亞㠯

（續表）

編號	著錄號	器名	出土地	型式	期別	銘文
3533	7791	亞徙爵	山西靈石旌介村 M1：11		四期	亞徙
3534	7792	亞徙爵	山西靈石旌介村 M1	AaⅢ	四期	亞徙
3535	7795	亞茾爵				亞茾
3536	7796	亞茾爵		AaⅡ	三、四期	亞茾
3537	7798	亞敕爵				亞敕
3538	7799	亞敕爵				亞敕
3539	7800	亞盥爵	安陽苗圃北地 M172：5	AaⅡ	三期	亞盥
3540	7801	亞牧爵	安陽	AbⅠ	二期	亞牧
3541	7802	亞豕爵	安陽（傳）	AaⅢ	四期	亞豕
3542	7803	亞犬爵				亞犬
3543	7804	亞犬爵				亞犬
3544	7805	亞⿰鹿爵				亞⿰鹿
3545	7806	亞⿰鹿爵		AbⅠ	二、三期	亞⿰鹿
3546	7807	亞馬爵				亞馬
3547	7808	亞鼇爵		AaⅢ	商末周初	亞鼇
3548	7809	亞鳥爵			二期	亞鳥
3549	7810	亞雔爵				亞雔
3550	7811	亞隻爵				亞隻
3551	7812	亞隻爵	安陽（傳）			亞隻
3552	7813	亞隻爵		AaⅠ	二期	亞隻
3553	8281	亞禽爵		AbⅠ	二、三期	亞禽
3554	7814	亞黽爵	"壽張縣梁山"			亞黽
3555	7815	亞過爵		AaⅢ	四期	亞過
3556	7816	亞⿰爵				亞⿰
3557	7817	亞沚爵				亞沚
3558	7818	亞沚爵				亞沚

(續表)

編號	著錄號	器名	出土地	型式	期別	銘文
3559	7819	亞弜爵		Aa Ⅰ	二期	亞弜
3560	7820	亞弜爵				亞弜
3561	7821	亞弜爵		Aa Ⅰ	二、三期	亞弜
3562	7822	亞舟爵				亞舟
3563	7823	亞舟爵				亞舟
3564	E738	亞舟爵		Ab Ⅰ	二期	亞舟
3565	7825	亞㱃爵		Aa Ⅰ	二、三期	亞㱃
3566	7826	亞㱃爵				亞㱃
3567	7827	亞戈爵		Ab Ⅰ	二期	亞戈
3568	7828	亞告爵				亞告
3569	J828	亞告爵		Aa Ⅱ	三、四期	亞告
3570	J829	亞印爵		Aa Ⅱ	三、四期	亞印
3571	7829	亞❦爵				亞❦
3572	7831	亞冒爵			二期	亞冒
3573	7832	亞冒爵			二期	亞冒
3574	7833	亞冒爵			二期	亞冒
3575	7834	亞冒爵		Aa Ⅰ	二期	亞冒
3576	7835	亞冒爵	安陽殷墟 M5：655	Ba Ⅱ	二期	亞冒
3577	7836	亞冒爵	安陽殷墟 M5：651		二期	亞冒
3578	7837	亞冒爵	安陽殷墟 M5：679	Ba Ⅱ	二期	亞冒
3579	7838	亞冒爵	安陽殷墟 M5：684	Ba Ⅱ	二期	亞冒
3580	7839	亞冒爵	安陽殷墟 M5：682	Ba Ⅱ	二期	亞冒
3581	7840	亞冒爵	安陽殷墟 M5：687	Ba Ⅱ	二期	亞冒
3582	7841	亞冒爵	安陽殷墟 M5：674	Ba Ⅱ	二期	亞冒
3583	7842	亞冒爵	安陽殷墟 M5		二期	亞冒
3584	7843	亞冒爵	安陽殷墟 M5		二期	亞冒
3585	7844	亞辛爵				亞辛

(續表)

編號	著錄號	器名	出土地	型式	期別	銘文
3586	E737	亞長爵	河南安陽花園莊東地商墓M54：138	BaⅡ	二期	亞長
3587	7845	祖甲爵				祖甲
3588	7846	祖甲爵				祖甲
3589	7847	祖乙爵		AaⅢ	四期	祖乙
3590	7848	祖乙爵				祖乙
3591	7849	祖乙爵				祖乙
3592	7852	祖丁爵				祖丁
3593	7853	祖丁爵				祖丁
3594	7854	祖戊爵			四期	祖戊
3595	7855	祖戊爵				祖戊
3596	7856	祖戊爵			四期	祖戊
3597	7857	祖己爵				祖己
3598	7858	祖己爵		AaⅡ	三、四期	祖己
3599	7859	祖庚爵				祖庚
3600	7860	祖庚爵		AaⅢ	四期	祖庚
3601	7861	祖庚爵				祖庚
3602	7862	祖辛爵	安陽殷墟西區M793：10	AaⅢ	四期	祖辛
3603	7863	祖辛爵				祖辛
3604	J807	祖辛爵		AaⅡ	三、四期	祖辛
3605	7868	祖壬爵		AaⅡ	三、四期	祖壬
3606	7869	祖癸爵				祖癸
3607	7870	祖癸爵		AaⅡ	三、四期	祖癸
3608	7871	祖癸爵				祖癸
3609	7874	父甲爵	山東膠縣西庵村M	AaⅢ	四期	父甲
3610	7875	父甲爵				父甲

(續表)

編號	著錄號	器名	出土地	型式	期別	銘文
3611	7876	父甲爵				父甲
3612	7877	父甲爵				父甲
3613	7880	父乙爵		AbⅡ	四期	父乙
3614	7881	父乙爵	河南洛陽邙山苗溝			父乙
3615	7882	父乙爵		AbⅡ	四期	父乙
3616	7883	父乙爵				父乙
3617	7884	父乙爵				父乙
3618	7885	父乙爵		AaⅠ	二期	父乙
3619	7886	父乙爵				父乙
3620	7887	父乙爵				父乙
3621	7888	父乙爵				父乙
3622	7889	父乙爵				父乙
3623	7890	父乙爵		AaⅡ	三、四期	父乙
3624	7891	父乙爵		AaⅠ	二、三期	父乙
3625	7892	父乙爵		AaⅠ	二期	父乙
3626	7893	父乙爵		AaⅠ	二、三期	父乙
3627	7894	父乙爵		AaⅡ	三、四期	父乙
3628	7895	父乙爵		AaⅠ	二期	父乙
3629	J808	父乙爵	河南羅山縣天湖村 M41∶6		四期	父乙
3630	7902	父丁爵		AaⅡ	三、四期	父丁
3631	7903	父丁爵				父丁
3632	7904	父丁爵				父丁
3633	7905	父丁爵				父丁
3634	7906	父丁爵				父丁
3635	7907	父丁爵				父丁
3636	7909	父丁爵				父丁

（續表）

編號	著錄號	器名	出 土 地	型式	期別	銘 文
3637	7910	父丁爵				父丁
3638	7912	父丁爵				父丁
3639	7915	父丁爵			（或偽）	父丁
3640	E748	父丁爵	山東省滕州市官橋鎮前掌大村商周墓地 M21∶42	AbⅡ	四期	父丁
3641	7927	父戊爵	安陽		二期	父戊
3642	7928	父戊爵			三期	父戊
3643	7929	父戊爵			四期（或偽）	父戊
3644	7932	父己爵				父己
3645	7933	父己爵				父己
3646	7934	父己爵				父己
3647	7935	父己爵				父己
3648	7937	父己爵		AaⅢ	四期	父己
3649	7938	父己爵				父己
3650	7942	父己爵		AaⅡ	三、四期	父己
3651	7948	父庚爵				父庚
3652	7952	父辛爵				父辛
3653	7953	父辛爵	河南武陟縣龍睡村	AaⅡ	三、四期	父辛
3654	7954	父辛爵				父辛
3655	7955	父辛爵		AaⅡ	三、四期	父辛
3656	7956	父辛爵				父辛
3657	7957	父辛爵				父辛
3658	7959	父辛爵		AaⅡ	三、四期	父辛
3659	7962	父辛爵				父辛
3660	7963	父辛爵				父辛
3661	7971	父壬爵				父壬

(續表)

編號	著錄號	器名	出土地	型式	期別	銘文
3662	7972	父壬爵				父壬
3663	7973	父壬爵		AaⅠ	二期	父壬
3664	7466	父壬爵	安陽侯家莊M2006			父壬
3665	7976	父癸爵				父癸
3666	7977	父癸爵				父癸
3667	7978	父癸爵		AbⅡ	三、四期	父癸
3668	7979	父癸爵		AaⅠ	二、三期	父癸
3669	7980	父癸爵				父癸
3670	7981	父癸爵		AaⅠ	二期	父癸
3671	E745	□父爵	河南臨汝縣小屯公社張莊村	AaⅢ	四期	□父
3672	J814	母乙爵	山東泗水縣張莊公社M		四期	母乙
3673	7992	母己爵	安陽後崗祭祀坑 H10∶7	AaⅢ	四期	母己
3674	7993	母己爵				母己
3675	J815	母癸爵	山東泗水縣張莊公社M		四期	母癸
3676	7998	妣癸爵				妣癸
3677	7999	示甲爵		AaⅠ	二期	示甲
3678	8047	主庚爵				主庚
3679	8000	虫甲爵		AaⅢ	四期	虫甲
3680	8001	中甲爵	安陽（傳）	AaⅠ	二期	中甲
3681	8002	執甲爵				執甲
3682	8003	癸乙爵				癸乙
3683	8004	何乙爵				何乙
3684	8005	冎乙爵				冎乙
3685	8006	冎乙爵				冎乙
3686	8041	冎己爵				冎己

(續表)

編號	著錄號	器名	出土地	型式	期別	銘文
3687	8007	夨乙爵				夨乙
3688	8008	夨乙爵				夨乙
3689	8009	夨乙爵				夨乙
3690	J817	夨乙爵		AaⅡ	三、四期	夨乙
3691	E727	夨乙爵		AaⅡ	三、四期	夨乙
3692	E728	夨乙爵		AaⅡ	三、四期	夨乙
3693	8015	夨丙爵				夨丙
3694	8019	夨丁爵				夨丁
3695	8020	夨丁爵				夨丁
3696	8021	夨丁爵				夨丁
3697	8022	夨丁爵				夨丁
3698	8023	夨丁爵				夨丁
3699	8024	夨丁爵				夨丁
3700	8262	夨戊爵			二期	夨戊
3701	8040	夨己爵		AaⅡ	三、四期	夨己
3702	8056	夨辛爵				夨辛
3703	8057	夨辛爵				夨辛
3704	8061	夨癸爵				夨癸
3705	8062	夨癸爵				夨癸
3706	8011	𠬞乙爵				𠬞乙
3707	8012	守乙爵	安陽武官村	AaⅠ	二期	守乙
3708	8013	束乙爵	安陽殷墟西區M271	AaⅡ	三期	束乙
3709	8035	束己爵	安陽			束己
3710	8014	戈乙爵	安陽郭家灣北地（傳）			戈乙
3711	J818	戈乙爵		AaⅠ	四期	戈乙
3712	8026	戈丁爵			三、四期	戈丁
3713	8052	戈辛爵				戈辛

商代青銅器銘文總表　529

（續表）

編號	著錄號	器名	出土地	型式	期別	銘文
3714	8053	戈辛爵				戈辛
3715	8054	戈辛爵			三、四期	戈辛
3716	8016	牧丙爵	安陽	AbⅠ	二期	牧？丙
3717	8017	山丁爵				山丁
3718	8018	羞丁爵				羞丁
3719	8025	共丁爵				共丁
3720	8027	屰丁爵				屰丁
3721	8028	□丁爵		AbⅡ	三、四期	□丁
3722	8029	鹵戊爵				鹵戊
3723	8030	竝己爵		AbⅠ	二、三期	竝己
3724	8031	夕己爵	安徽潁上縣趙集王拐村	AbⅠ	二、三期	夕己
3725	8032	夕己爵	安徽潁上縣趙集王拐村	AbⅠ	二、三期	夕己
3726	8034	羊己爵				羊己
3727	8036	西己爵		AbⅡ	四期	西己
3728	E729	八乙爵	安陽八里莊東M52：1	AbⅡ	四期	八乙
3729	8037	八己爵				八己
3730	8044	執己爵				執己
3731	8045	執己爵		AaⅢ	四期	執己
3732	8048	▰庚爵				▰庚
3733	8050	萬庚爵		AaⅡ	三、四期	萬庚
3734	8051	羊庚爵				羊庚
3735	8055	尤辛爵		AaⅡ	三、四期	尤辛
3736	8059	屰癸爵		AbⅠ	二、三期	屰癸
3737	8060	企癸爵				企癸
3738	8063	蠱癸爵				蠱癸
3739	8064	孚癸爵		AaⅠ	二期	孚癸
3740	8065	史癸爵				史癸

(續表)

編號	著錄號	器名	出土地	型式	期別	銘文
3741	8067	㠱癸爵				㠱癸
3742	8068	昷癸爵				昷癸
3743	8069	䲣癸爵				䲣癸
3744	8070	合癸爵		AaⅢ	四期	合癸
3745	J826	馬癸爵		AaⅠ	二期	馬癸
3746	E760	㝑癸爵				㝑癸
3747	8049	庚子爵				庚子
3748	8071	子癸爵				子癸
3749	8072	子㔾爵				子㔾
3750	8073	子𡕲爵				子𡕲
3751	8074	子𠂤爵		AaⅢ	四期	子𠂤
3752	8075	子何爵				子何
3753	8076	子媚爵	安陽	AaⅠ	二期	子媚
3754	8077	子媚爵	安陽			子媚
3755	8078	子媚爵	安陽			子媚
3756	8079	子媚爵	安陽	AaⅠ	二期	子媚
3757	8080	子媚爵	安陽			子媚
3758	8081	子媚爵	安陽			子媚
3759	8082	子媚爵	安陽	AaⅡ	二期	子媚
3760	8083	子媚爵	安陽			子媚
3761	8084	子女爵				子女
3762	8085	子守爵				子守
3763	E744	子守爵		AaⅠ	二期	子守
3764	8086	子又爵				子又
3765	8087	子蟲爵	安陽殷墟西區 M2508:4	AaⅡ	三期	子蟲
3766	8088	子蟲爵		AaⅡ	三期	子蟲
3767	8089	子蟲爵				子蟲

(續表)

編號	著錄號	器名	出土地	型式	期別	銘文
3768	8090	子蟲爵	安陽	AaⅡ	三期	子蟲
3769	8091	子蝠爵		AaⅢ	四期	子蝠
3770	8092	子蝠爵				子蝠
3771	8093	子蝠爵				子蝠
3772	8094	子蝠爵				子蝠
3773	8095	子蝠爵				子蝠
3774	8096	子蝠爵		AaⅡ	三、四期	子蝠
3775	8097	子蝠爵				子蝠
3776	8098	子脊爵		AaⅡ	三、四期	子脊
3777	8099	子脊爵				子脊
3778	8100	子贏爵		AaⅠ	二期	子贏
3779	8101	子㲽爵	安陽大司空村			子㲽
3780	8102	子✿爵				子✿
3781	8103	子鼎爵		AaⅢ	四期	子鼎
3782	8104	子鼎爵		AaⅢ	四期	子鼎
3783	8105	子糸爵		AaⅡ	三、四期	子糸
3784	8106	子糸爵	安陽			子糸
3785	8107	子糸爵				子糸
3786	8108	子禾爵				子禾
3787	8109	子禾爵				子禾
3788	8110	子不爵		AaⅢ	四期	子不
3789	8111、J844	子▲爵	河南安陽劉家莊 M1:19	AaⅢ	四期	子▲
3790	8112	子▲爵				子▲
3791	8113	子雨爵				子雨
3792	8114	子雨爵				子雨
3793	8115	子梟爵				子梟

（續表）

編號	著錄號	器名	出土地	型式	期別	銘文
3794	8767	子稟爵				子稟
3795	8768	子䀇爵				子䀇
3796	8116	子刀爵	河北正定縣新城鎮（傳）	AaⅢ	四期	子刀
3797	8117	子□爵				子□
3798	8118	子❀爵				子❀
3799	8119	子兔爵				子兔
3800	8120	子析爵	河南舞陽縣吳城北高村	AaⅢ	四期	子析
3801	8121	子□爵		AbⅠ	二、三期	子□
3802	J843	子義爵	山東平陰縣洪範鄉臧莊	AbⅠ	二、三期	子義
3803	E735	子由爵	河南安陽花園莊東地商墓M42∶12	AaⅠ	二期	子由
3804	E736	子❖爵	河南安陽花園莊東地商墓M48∶2	AaⅢ	四期	子❖
3805	8122	婦好爵	安陽殷墟M5∶675		二期	婦好
3806	8123	婦好爵	安陽殷墟M5∶662	BaⅡ	二期	婦好
3807	8124	婦好爵	安陽殷墟M5∶653	BaⅡ	二期	婦好
3808	8125	婦好爵	安陽殷墟M5∶657	BaⅡ	二期	婦好
3809	8126	婦好爵	安陽殷墟M5∶656	BaⅡ	二期	婦好
3810	8127	婦好爵	安陽殷墟M5∶680	BaⅡ	二期	婦好
3811	8128	婦好爵	安陽殷墟M5∶664	BaⅡ	二期	婦好
3812	8129	婦好爵	安陽殷墟M5∶652		二期	婦好
3813	8130	婦好爵	安陽殷墟M5∶685		二期	婦好
3814	8131	婦好爵	安陽殷墟M5		二期	婦好
3815	8132	婦❖爵				婦❖
3816	8133	❖爵				❖
3817	8134	龏母爵				龏母
3818	8135	龏婦爵				龏婦

商代青銅器銘文總表　533

（續表）

編號	著錄號	器名	出土地	型式	期別	銘文
3819	8136	甲婦爵		AaⅠ	二期	甲婦
3820	8755	婦竹爵	安陽殷墟 M238			婦竹
3821	8138	信母爵		AaⅠ	二期	信母
3822	8139	□母爵		AaⅠ	二、三期	□母
3823	8140	葡󰀀爵		AaⅠ	二期	葡󰀀
3824	E749	宁葡爵	安陽戚家莊東 M63	AaⅢ	四期	宁葡
3825	8241	葡失爵		AaⅠ	二、三期	葡失
3826	8242	牵葡爵				牵葡
3827	8240	五葡爵		AaⅢ	四期	五葡
3828	J859	葡戊爵		AaⅢ	四期	葡戊
3829	8141	敉天爵				敉天
3830	8142	戈天爵				戈天
3831	8143	亞天爵				亞天
3832	8144	天丙爵		AbⅠ	二、三期	天丙
3833	8153	天󰀁爵				天󰀁
3834	8146	▲丁爵				▲丁
3835	8147	▲屮爵				▲屮
3836	8148	▲屮爵		AaⅡ	三、四期	▲屮
3837	8158	屮祉爵		AaⅡ	三、四期	屮祉
3838	8152	牵何爵				牵何
3839	8164	屮何爵				屮何
3840	8179	󰀂旅爵				󰀂旅
3841	8154	󰀂免爵	安陽殷墟西區 M198：4	AaⅡ	三期	󰀂免
3842	8155	周免爵				周免
3843	8156	周免爵				周免
3844	8159	飲示爵	河南洛陽			飲示
3845	8165	嚳◇爵				嚳◇

（續表）

編號	著錄號	器名	出土地	型式	期別	銘文
3846	8167	冀叡爵	山東費縣(傳)	AaⅢ	四期	冀叡
3847	8168	冀叡爵	山東費縣(傳)			冀叡
3848	8170	保束爵		AaⅠ	二期	保束
3849	8171	保㕣爵				保㕣
3850	8172	聑埶爵				聑埶
3851	8173	ᙱ衍爵				ᙱ衍
3852	8174	爰爾爵	安陽殷墟西區 M875：2	AbⅡ	三期	爰爾
3853	8175	鄉宁爵		AaⅡ	三、四期	鄉宁
3854	8176	鄉宁爵				鄉宁
3855	8177	鄉宁爵	安陽(傳)			鄉宁
3856	E730	鄉宁爵		AaⅡ	三期	鄉宁
3857	8178	北單爵				北單
3858	8257	西單爵				西單
3859	8258	西單爵				西單
3860	8259	西單爵	安陽(傳)	AaⅡ	三期	西單
3861	8163	單光爵				單光
3862	8180	單竝爵				單竝
3863	8181	◇竝爵				◇竝
3864	8182	木竝爵	安陽(傳)	AbⅡ	四期	木竝
3865	8185	刮□爵	安陽武官村			刮□
3866	8186	盾得爵		AbⅡ	四期	盾得
3867	8187	盾得爵		AbⅡ	四期	盾得
3868	8202	盾坐爵				盾坐
3869	8249	秉盾爵				秉盾
3870	8188	史犬爵	安陽			史犬
3871	8189	敄▲爵	山東益都			敄▲
3872	8190	▲敄爵				▲敄

(續表)

編號	著錄號	器名	出 土 地	型式	期別	銘 文
3873	8191	盥爵		AaⅡ	三期	盥
3874	8192	盥爵				盥
3875	8194	又爵				又
3876	8195	又敉爵				又敉
3877	8196	又敉爵				又敉
3878	8197	又敉爵	陝西西安袁家崖村M	AbⅠ	四期	又敉
3879	8198	叉宁爵				叉宁
3880	8199	門埶爵	安陽殷墟西區M152：1	AbⅡ	四期	門埶
3881	8200	翌正爵	安陽	AbⅡ	四期	翌正
3882	8239	戎翌爵				戎翌
3883	8203	▲蠅爵				▲蠅
3884	8208	齒戊爵			二、三期	齒戊
3885	8209	戊木爵				戊木
3886	8210	宁爵				宁
3887	J819	豕乙爵		AaⅢ	四期	豕乙
3888	8213	古豕爵		AaⅡ	三、四期	古豕
3889	8214	臼豕爵				臼豕
3890	8219	羊口爵	河北正定縣新城鋪村	AaⅢ	四期	羊口
3891	8220	羊口爵	河北正定縣新城鋪村		四期	羊口
3892	8221	鳥卯爵		AbⅡ	三、四期	鳥卯
3893	8224	弔黽爵		AbⅠ	二期	弔黽
3894	8225	弔黽爵				弔黽
3895	8226	弔黽爵				弔黽
3896	8227	弔黽爵				弔黽
3897	8228	弔黽爵		AaⅠ	二期	弔黽
3898	8223	冂龍爵				冂龍
3899	8233	冂戈爵	安陽（傳）			冂戈

(續表)

編號	著錄號	器名	出土地	型式	期別	銘文
3900	8234	冂戈爵		AaⅢ	四期	冂戈
3901	8232	戈叀爵			三、四期	戈叀
3902	8235	家戈爵				家戈
3903	8236	守戈爵	安陽侯家莊M1001			守戈
3904	8238	⌣刀爵				⌣刀
3905	8204	出虤爵				出虤
3906	8793	𢧑失爵				𢧑失
3907	8794	𢧑失爵				𢧑失
3908	E741	𢧑失爵		AaⅡ	三、四期	𢧑失
3909	8243	矢宁爵				矢宁
3910	8244	矢宁爵		AaⅠ	二、三期	矢宁
3911	8245	矢丙爵				矢丙
3912	8247	刀口爵				刀口
3913	8248	𠁁鳥爵				𠁁鳥
3914	7718	亦車爵	安陽(傳)		三、四期	亦車
3915	7719	亦車爵				亦車
3916	J864	車犬爵		AaⅡ	三期	車犬
3917	8250	車買爵			三、四期	車買
3918	8251	車買爵			三、四期	車買
3919	8252	貝車爵				貝車
3920	8253	弔車爵		AaⅡ	三、四期	弔車
3921	8254	舟壬爵				舟壬
3922	8274	▲啓爵				▲啓
3923	8211	皀册爵				皀册
3924	8212	皀册爵				皀册
3925	8255	庴册爵				庴册
3926	8256	庴册爵	河北正定縣新城鋪村	AaⅠ	三期	庴册

商代青銅器銘文總表　537

（續表）

編號	著錄號	器名	出土地	型式	期別	銘文
3927	8280	ㄨ册爵				ㄨ册
3928	8282	册夃爵				册夃
3929	J849	祝册爵	安陽郭家莊M50：24	AaⅢ	四期	祝册
3930	J862	册⊗爵		AaⅡ	三、四期	册⊗
3931	E740	册韋爵		AbⅠ	二期	册韋
3932	8260	⌂爵				⌂
3933	8263	貞夲爵				貞夲
3934	E746	告祖爵	河南安陽市大司空商墓M101：8	AaⅡ	三期	告祖
3935	8264	告宁爵				告宁
3936	8265	告宁爵	安陽殷墟西區M1118：3	AaⅢ	四期	告宁
3937	8266	告□爵				告□
3938	8267	耳日爵				耳日
3939	8268	耳奠爵				耳奠？
3940	8207	入耳爵				入耳
3941	8157	耳羅爵		AaⅠ	二期	耳羅
3942	E742	耳羅爵		BaⅡ	二期	耳羅
3943	8269	耳竹爵	安陽（傳）	AaⅡ	三、四期	耳竹
3944	J861	耳竹爵		AbⅡ	三、四期	耳竹
3945	8205	珥竹爵				珥竹
3946	8206	珥竹爵				珥竹
3947	8270	丁竹爵				丁竹
3948	8271	司竹爵				司竹
3949	8272	向□爵	安陽殷墟M5：670	AbⅠ	二期	向□
3950	8273	木罕爵	安陽（傳）			木罕
3951	8275	西冎爵				西冎
3952	8276	西冎爵				西冎

(續表)

編號	著錄號	器名	出土地	型式	期別	銘文
3953	8277	賓亡爵				賓亡
3954	8278	◇⺈爵				◇⺈
3955	8283	瓿奮爵		AaⅢ	四期	瓿奮
3956	8293	□祖爵	河北滿城縣要莊	AaⅢ	四期	□祖
3957	8295 J852	寢出爵	安陽大司空村 M539：33	AaⅠ	二期晚段	寢出
3958	8296	寢玄爵				寢玄
3959	J853	寢印爵	安陽大司空村 M25：16	AbⅠ	二期	寢印
3960	J854	寢印爵	安陽大司空村 M29：5	AbⅠ	二期	寢印
3961	J855	寢印爵	安陽大司空村 M29：1	AbⅠ	二期	寢印
3962	J856	寢印爵	安陽大司空村 M25：14	AbⅠ	二期	寢印
3963	8297	辰□爵				辰□
3964	8309	妝王爵				妝王
3965	8802	卷佩爵	安陽殷墟西區 M1572：2	AbⅡ	四期	卷佩
3966	J820	冢乙爵	河南羅山縣後李村 M44：7	AaⅢ	四期	冢乙
3967	J822	息己爵	河南羅山縣天湖村 M12：4	AbⅠ	三期	息己
3968	J823	息庚爵	河南羅山縣後李村 M45：5	AaⅢ	四期	息庚
3969	J824	息辛爵	河南羅山縣天湖村 M8：3	AaⅡ	三期	息辛
3970	J825	息辛爵	河南羅山縣天湖村 M8：2	AaⅡ	三期	息辛
3971	J857	榮門爵	山東濰坊市坊子區院上水庫南崖	AbⅡ	四期	榮門
3972	J858	家肇爵	河南羅山縣天湖村 M28：5		四期	家肇

(續表)

編號	著錄號	器名	出土地	型式	期別	銘文
3973	J860	㠱又爵	山東昌樂縣東圈	AbⅡ	四期	㠱又
3974	J863	皿⊗爵		AaⅡ	三、四期	皿⊗
3975	E739	帚因爵		AaⅡ	三期	帚因？
3976	E743	▲辛爵	河南安陽市孝民屯商代墓葬M17：5	AaⅢ	四期	▲辛
3977	E747	曳♠爵	山東省滕州市官橋鎮前掌大村商周墓地M41：10	AaⅡ	四期	曳♠
3978	8166	◇大中爵	安陽殷墟西區M1080：6	AbⅡ	四期	◇大中
3979	8311	卷祖乙爵			商末周初	卷祖乙
3980	8313	矣祖乙爵				矣祖乙
3981	8314	矣祖乙爵				矣祖乙
3982	8321	矣祖丙爵				矣祖丙
3983	8427	矣父乙爵				矣父乙
3984	8428	矣父乙爵				矣父乙
3985	8480	矣父丁爵				矣父丁
3986	8481	矣父丁爵		AbⅠ	二、三期	矣父丁
3987	8483	矣父丁爵				矣父丁
3988	8532	矣父戊爵		AaⅡ	三、四期	矣父戊
3989	8533	矣父戊爵	湖北襄樊	AbⅡ	三、四期	矣父戊
3990	8569	矣父己爵				矣父己
3991	8570	矣父己爵				矣父己
3992	8571	矣父己爵	湖北鄂城縣五家灣村	AbⅡ	四期	矣父己
3993	8644	矣父辛爵				矣父辛
3994	8723	矣父癸爵	山東膠縣西庵村	AaⅡ	三、四期	矣父癸
3995	8724	矣父癸爵		AaⅡ	三、四期	矣父癸
3996	8725	矣父癸爵				矣父癸

(續表)

編號	著録號	器名	出 土 地	型式	期別	銘 文
3997	8726	䚄父癸爵		Aa I	二、三期	䚄父癸
3998	8727	䚄父癸爵				䚄父癸
3999	8813	䚄夫麋爵				䚄夫麋
4000	8316	𠂎祖乙爵				𠂎祖乙
4001	8317	𠂎祖乙爵				𠂎祖乙
4002	8338	𠂎祖己爵				𠂎祖己
4003	8365	𠂎祖癸爵				𠂎祖癸
4004	8491	𠂎父丁爵		Aa II	三、四期	𠂎父丁
4005	8575	𠂎父己爵				𠂎父己
4006	8655	𠂎父辛爵				𠂎父辛
4007	8729	𠂎父癸爵				𠂎父癸
4008	8318	□祖乙爵				□祖乙
4009	8319	冂祖丙爵	湖北鄂城縣碧石村	Aa II	三、四期	冂祖丙
4010	8712	冂父癸爵				冂父癸
4011	8322	車祖丁爵				車祖丁
4012	8371	車父甲爵				車父甲
4013	8506	車父丁爵				車父丁
4014	8406	亞父乙爵		Aa III	四期	亞父乙
4015	8631	亞父辛爵				亞父辛
4016	8326	𠀃祖丁爵				𠀃祖丁
4017	8328	臤祖丁爵				臤祖丁
4018	8394	臤父乙爵				臤父乙
4019	8329	戈祖戊爵			三、四期	戈祖戊
4020	8349	戈祖辛爵			三、四期	戈祖辛
4021	8407	戈父乙爵				戈父乙
4022	8409	戈父乙爵			三、四期	戈父乙
4023	8410	戈父乙爵			三、四期	戈父乙
4024	8411	戈父乙爵			三、四期	戈父乙

（續表）

編號	著錄號	器名	出 土 地	型式	期別	銘　文
4025	J869	戈父乙爵		AbⅡ	三、四期	戈父乙
4026	8467	戈父丁爵			三、四期	戈父丁
4027	8555	戈父己爵				戈父己
4028	8556	戈父己爵				戈父己
4029	8557	戈父己爵			三、四期	戈父己
4030	8657	戈父辛爵			三、四期	戈父辛
4031	8699	戈父癸爵		AaⅢ	四期	戈父癸
4032	8700	戈父癸爵			三、四期	戈父癸
4033	8734	戈母乙爵	河南上蔡田莊村	AbⅡ	三、四期	戈母乙
4034	8469	我父丁爵				我父丁
4035	8561	钦父己爵		AaⅢ	四期	钦父己
4036	8333	襄祖己爵				襄祖己
4037	8334	襄祖己爵				襄祖己
4038	8643	襄父辛爵				襄父辛
4039	8714	襄父癸爵		AaⅡ	三、四期	襄父癸
4040	8341	凸祖庚爵				凸祖庚
4041	8343	子祖辛爵				子祖辛
4042	8441	子父丁爵				子父丁
4043	8442	子父丁爵		AaⅢ	四期	子父丁
4044	8536	子父己爵				子父己
4045	8584	子父庚爵		AaⅢ	四期	子父庚
4046	8594	子父辛爵		AaⅢ	四期	子父辛
4047	8662	子父壬爵		AaⅢ	四期	子父壬
4048	8666	子父癸爵		AbⅠ	二、三期	子父癸
4049	8344	戎祖辛爵				戎祖辛
4050	8601	戎父辛爵	安陽殷墟西區 M1125∶2	AbⅡ	四期	戎父辛

（續表）

編號	著錄號	器名	出土地	型式	期別	銘文
4051	8602	戎父辛爵				戎父辛
4052	8351	皂祖辛爵				皂祖辛
4053	8352	☊祖辛爵				☊祖辛
4054	8353	宀祖辛爵	安陽			宀祖辛
4055	8366	宀祖癸爵				宀祖癸
4056	8572	宀父己爵		AaⅢ	四期	宀父己
4057	8650	宀父辛爵		AaⅡ	四期	宀父辛
4058	8717	宀父癸爵				宀父癸
4059	8738	宀母己爵				宀母己
4060	8412	庰父乙爵				庰父乙
4061	8742	庰兄癸爵				庰兄癸
4062	8354	祖日壬爵				祖日壬
4063	8356	山祖壬爵				山祖壬
4064	8358	堯祖癸爵				堯祖癸
4065	8359	堯祖癸爵				堯祖癸
4066	8389	堯父乙爵				堯父乙
4067	8605	堯父辛爵				堯父辛
4068	8680	堯父癸爵				堯父癸
4069	8360	⿺祖癸爵				⿺祖癸
4070	8361	倗祖癸爵				倗祖癸
4071	8362	倗祖癸爵				倗祖癸
4072	8604	倗父辛爵				倗父辛
4073	8677	倗父癸爵				倗父癸
4074	E762	倗父乙爵		AbⅡ	四期	倗父乙
4075	8363	鳥祖癸爵	甘肅慶陽縣溫泉西莊韓家灘村	AaⅡ	三、四期	鳥祖癸
4076	8694	鳥父癸爵		AaⅢ	四期	鳥父癸

（續表）

編號	著錄號	器名	出 土 地	型式	期別	銘 文
4077	8695	鳥父癸爵		AaⅡ	三、四期	鳥父癸
4078	8367	□祖癸爵				□祖癸
4079	8368	田父甲爵	山東長清縣崮山驛			田父甲
4080	J894	田辛爵	安陽後崗 M33∶12	AaⅡ	三期	田辛
4081	8369	串父甲爵				串父甲
4082	8374	啓父甲爵				啓父甲
4083	8375	啓父甲爵				啓父甲
4084	8376	天父乙爵				天父乙
4085	8598	天父辛爵				天父辛
4086	8668	天父癸爵				天父癸
4087	8378	令父乙爵				令父乙
4088	8384	失父乙爵				失父乙
4089	8390	父乙爵				父乙
4090	8391	父乙爵				父乙
4091	8392	父乙爵				父乙
4092	8397	虎父乙爵				虎父乙
4093	8398	父乙爵				父乙
4094	8399	父乙爵				父乙
4095	8413	父乙爵				父乙
4096	8400	魚父乙爵				魚父乙
4097	8401	魚父乙爵				魚父乙
4098	8402	魚父乙爵				魚父乙
4099	8437	魚父丙爵		AbⅡ	四期	魚父丙
4100	8460	魚父丁爵				魚父丁
4101	J891	魚父□爵		AaⅡ	三、四期	魚父□
4102	8414	中父乙爵				中父乙
4103	8415	酉父乙爵				酉父乙

544　商代青銅器銘文研究

（續表）

編號	著錄號	器名	出土地	型式	期別	銘　文
4104	8416	弜父乙爵		AbⅡ	四期	弜父乙
4105	8418	冥父乙爵				冥父乙
4106	8424	束父乙爵		AaⅢ	四期	束父乙
4107	8433	□父乙爵				□父乙
4108	8435	□父乙爵		AaⅠ	二期	□父乙
4109	J870	宁父乙爵	安陽劉家莊M2：2	AaⅢ	四期	宁父乙
4110	8436	門父丙爵				門父丙
4111	8642	門父辛爵			商末周初	門父辛
4112	8421	鼎父乙爵				鼎父乙
4113	8422	鼎父乙爵				鼎父乙
4114	8440	聑父丙爵				聑父丙
4115	8448	卩父丁爵				卩父丁
4116	8449	以父丁爵		AaⅢ	四期	以父丁
4117	8931	旅父己爵				旅父己
4118	8932	旅父己爵				旅父己
4119	8969	旅父癸爵				旅父癸
4120	E767	史父乙爵	山東省滕州市官橋鎮前掌大村商周墓地M121：6	AaⅢ	四期	史父乙
4121	E768	史父乙爵	山東省滕州市官橋鎮前掌大村商周墓地M121：4	AbⅡ	四期	史父乙
4122	8453	史父丁爵				史父丁
4123	J874	史父丁爵		AbⅡ	四期	史父丁
4124	8615	史父辛爵		AbⅠ	三期	史父辛
4125	8458	蚰父丁爵				蚰父丁
4126	8462	弔父丁爵				弔父丁
4127	8731	⌇父□爵				⌇父□

商代青銅器銘文總表　545

（續表）

編號	著錄號	器名	出土地	型式	期別	銘　文
4128	8464	剞父丁爵		AaⅢ	四期	剞父丁
4129	8563	剞父己爵		AaⅢ	四期	剞父己
4130	8465	戔父丁爵		AbⅡ	四期	戔父丁
4131	8471	束父丁爵		AbⅡ	三、四期	束父丁
4132	8474	皿父丁爵				皿父丁
4133	8475	皿父丁爵				皿父丁
4134	8625	皿父辛爵				皿父辛
4135	8477	木父丁爵		AaⅢ	四期	木父丁
4136	8633	木父辛爵				木父辛
4137	8634	朵父辛爵				朵父辛
4138	8488	𦉢父丁爵				𦉢父丁
4139	8490	舍父丁爵		AaⅢ	四期	舍父丁
4140	8499	牢父丁爵				牢父丁
4141	8501	曲父丁爵		AbⅠ	二期	曲父丁
4142	8505	爻父丁爵				爻父丁
4143	8509	父丁彝爵				父丁彝
4144	8511	□父丁爵				□父丁
4145	8902	𦉢父丁爵		AbⅡ	三、四期	𦉢父丁
4146	8967	𦉢父癸爵				𦉢父癸
4147	8517	糞父戊爵				糞父戊
4148	8540	糞父己爵		AaⅡ	三、四期	糞父己
4149	8587	糞父庚爵		AbⅡ	四期	糞父庚
4150	8607	糞父辛爵				糞父辛
4151	J887	糞父癸爵	安陽劉家莊M9∶54	AbⅡ	四期	糞父癸
4152	8673	糞父癸爵		AbⅡ	三、四期	糞父癸
4153	8674	糞父癸爵		AaⅢ	四期	糞父癸
4154	8675	糞父癸爵		AaⅠ	二、三期	糞父癸

（續表）

編號	著錄號	器名	出土地	型式	期別	銘文
4155	8445	興父丁爵	河南新鄭	AbⅡ	四期	興父丁
4156	8537	興父己爵				興父己
4157	8541	旂父己爵		AaⅡ	三、四期	旂父己
4158	8518	黿父戊爵				黿父戊
4159	8693	黿父癸爵				黿父癸
4160	J892	黿父□爵	安陽梅園莊南地 M92：2	AaⅢ	四期	黿父□
4161	8520	屰父戊爵			四期	屰父戊
4162	8599	屰父辛爵				屰父辛
4163	8521	徙父戊爵			三期	徙父戊
4164	8522	舌父戊爵			三、四期	舌父戊
4165	8552	舌父己爵				舌父己
4166	8553	舌父己爵		AaⅠ	二、三期	舌父己
4167	8535	才父戊爵			四期	才父戊
4168	8538	刎父己爵				刎父己
4169	8542	㫃父己爵				㫃父己
4170	8546	面父己爵				面父己
4171	8548	面父己爵				面父己
4172	8547	中父己爵		AbⅠ	二期	中父己
4173	8550	鬼父己爵				鬼父己
4174	8554	心父己爵				心父己
4175	8562	舟父己爵				舟父己
4176	8564	萬父己爵	安陽			萬父己
4177	8565	萬父己爵				萬父己
4178	E764	萬父己爵		AaⅢ	四期	萬父己
4179	8619	萬父辛爵				萬父辛
4180	8567	融父己爵				融父己

商代青銅器銘文總表　547

（續表）

編號	著錄號	器名	出土地	型式	期別	銘文
4181	8577	覃父己爵		Aa Ⅲ	四期	覃父己
4182	8578	⊔父己爵		Ab Ⅱ	四期	⊔父己
4183	8582	牵父己爵				牵父己
4184	8585	娀父庚爵		Ab Ⅱ	四期	娀父庚
4185	8586	娀父庚爵				娀父庚
4186	8592	㣇父庚爵				㣇父庚
4187	8597	囝父辛爵		Aa Ⅲ	四期	囝父辛
4188	8600	光父辛爵	安陽	Aa Ⅰ	二期	光父辛
4189	E766	光父辛爵		Ab Ⅱ	三期	光父辛
4190	8603	姁父辛爵		Ab Ⅱ	四期	姁父辛
4191	8678	狄父癸爵				狄父癸
4192	8315	豕祖乙爵				豕祖乙
4193	8617	豕父辛爵				豕父辛
4194	8618	黽父辛爵		Aa Ⅲ	四期	黽父辛
4195	8620	鼌父辛爵				鼌父辛
4196	8621	弔父辛爵				弔父辛
4197	8626	☗父辛爵				☗父辛
4198	8627	畐父辛爵				畐父辛
4199	8628	畐父辛爵		Aa Ⅲ	四期	畐父辛
4200	8636	東父辛爵				東父辛
4201	8641	册父辛爵				册父辛
4202	8438	重父丙爵				重父丙
4203	8672	人父癸爵				人父癸
4204	8681	☗父癸爵				☗父癸
4205	8685	盥父癸爵				盥父癸
4206	8690	徙父癸爵				徙父癸
4207	8697	隻父癸爵		Ab Ⅰ	二期	隻父癸

(續表)

編號	著錄號	器名	出土地	型式	期別	銘文
4208	8698	雔父癸爵		AbⅡ	三、四期	雔父癸
4209	8701	矢父癸爵				矢父癸
4210	8702	矢父癸爵				矢父癸
4211	8810	知祖丙爵				知祖丙
4212	8811	知祖丙爵				知祖丙
4213	8812	知祖丙爵		AaⅠ	二、三期	知祖丙
4214	8704	賊父癸爵		AbⅠ	二、三期	賊父癸
4215	8707	☐父癸爵				☐父癸
4216	8708	土父癸爵				土父癸
4217	8709	言父癸爵	河北临城縣	AbⅡ	四期	言父癸
4218	8710	丰?父癸爵				丰?父癸
4219	8713	☐父癸爵				☐父癸
4220	8715	☐父癸爵		AaⅢ	四期	☐父癸
4221	8718	☐父癸爵		AbⅡ	三、四期	☐父癸
4222	8719	玄父癸爵				玄父癸
4223	8722	冟父癸爵		AbⅡ	四期	冟父癸
4224	8730	父癸☐爵				父癸☐
4225	8732	☐父☐爵				☐父☐
4226	8735	剢妣乙爵				剢妣乙
4227	J889	剢父癸爵	山東兗州嶧山區李宮村	AaⅢ	四期	剢父癸
4228	8736	竝妣乙爵				竝妣乙
4229	8737	主妣丙爵		AaⅢ	四期	主妣丙
4230	8870	☐父乙爵				☐父乙
4231	8904	麝父丁爵		AaⅢ	四期	麝父丁
4232	J877	伐父丁爵		AaⅡ	三期	伐父丁
4233	J881	又父辛爵		AbⅡ	四期	又父辛

（續表）

編號	著錄號	器名	出土地	型式	期別	銘文
4234	J886	宄父癸爵		AaⅢ	四期	宄父癸
4235	J890	息父□爵	河南羅山縣天湖村M12∶3	AaⅡ	三期	息父□
4236	E765	息父己爵	安陽劉家莊南M63∶2	AbⅡ	四期	息父己
4237	8743	司婷爵	安陽殷墟M5∶661	BaⅡ	二期	司婷
4238	8744	司婷爵	安陽殷墟M5∶686	BaⅡ	二期	司婷
4239	8745	司婷爵	安陽殷墟M5∶654	BaⅡ	二期	司婷
4240	8746	司婷爵	安陽殷墟M5∶677	BaⅡ	二期	司婷
4241	8747	司婷爵	安陽殷墟M5∶681		二期	司婷
4242	8748	司婷爵	安陽殷墟M5∶689		二期	司婷
4243	8749	司婷爵	安陽殷墟M5∶687		二期	司婷
4244	8750	司婷爵	安陽殷墟M5∶658		二期	司婷
4245	8751	司婷爵	安陽殷墟M5		二期	司婷
4246	8753	齊嫄□爵		AaⅢ	四期	齊嫄□
4247	8754	齊嫄□爵		AaⅢ	四期	齊嫄□
4248	8752	□子妥爵				□子妥
4249	8756	子♠母爵	安陽殷墟M18∶6	BaⅡ	二期	子♠母
4250	8757	子♠母爵	安陽殷墟M18∶51		二期	子♠母
4251	8758	子♠母爵	安陽殷墟M18∶50		二期	子♠母
4252	8759	子♠母爵	安陽殷墟M18∶11	BaⅡ	二期	子♠母
4253	8760	子▲單爵		AaⅠ	二、三期	子▲單
4254	8761	子▲單爵				子▲單
4255	8762	子▲目爵	安陽苗圃北地M54∶4	AaⅡ	三期	子▲目
4256	8763	子▲萬爵				子▲萬
4257	8764	子▲萬爵		AaⅡ	四期	子▲萬
4258	8765	子▲卿爵		AaⅡ	四期	子▲卿
4259	8766	子䖵爰爵				子䖵爰

(續表)

編號	著錄號	器名	出土地	型式	期別	銘文
4260	8769	◯◯保爵	安陽高樓莊	AaⅡ	三期	◯◯保
4261	8770	◯◯保爵	安陽高樓莊	AaⅡ	三期	◯◯保
4262	8771	糞亞◯爵	山東長清興復河			糞亞◯
4263	8772	糞亞◯爵	山東長清興復河			糞亞◯
4264	8773	糞亞◯爵	山東長清興復河			糞亞◯
4265	8774	糞亞◯爵	山東長清興復河			糞亞◯
4266	8775	亞父◯爵	陝西淳化縣黑豆嘴村M	AaⅡ	三、四期	亞父◯
4267	8776	亞門父爵				亞門父
4268	8777	亞寅◯爵				亞寅◯
4269	8778	亞方母爵				亞方母
4270	8779	亞羌乙爵		AaⅡ	三、四期	亞乙羌
4271	8780	亞册舟爵				亞册舟
4272	8781	亞禾鼄爵		AbⅡ	四期	亞禾鼄
4273	8782	亞黽舟爵	"壽張縣梁山"			亞黽舟
4274	8783	亞凷衍爵		AaⅢ	四期	亞凷衍
4275	8784	亞凷衍爵		AaⅢ	四期	亞凷衍
4276	8785	亞干示爵				亞干示
4277	8786	亞◯爵				亞◯
4278	8787	妞甲宁爵				妞甲宁
4279	8788	舌亞告爵	安陽	AbⅡ	三、四期	舌亞告
4280	E761	亞宫乳爵	安陽劉家莊M1046：15	AbⅡ	四期	亞宫乳
4281	J895	亞夫畏爵		AaⅢ	四期	亞夫畏
4282	8789	◯羊乙爵		AaⅠ	二、三期	◯羊乙
4283	8790	脊日乙爵				脊日乙
4284	8791	◯丁册爵				◯丁册
4285	8795	毕何戊爵				毕何戊
4286	8796	羊己妊爵	安陽（傳）	AbⅡ	四期	羊己妊

（續表）

編號	著錄號	器名	出土地	型式	期別	銘文
4287	8797	鄉宁辛爵				鄉宁辛
4288	8798	秉盾辛爵		AaⅡ	三、四期	秉盾辛
4289	8799	巽㐅辛爵				巽㐅辛
4290	8800	冎日辛爵	安陽殷墟西區M907：2	AaⅡ	三期	冎日辛
4291	8801	宁未口爵				宁未口
4292	8803	宗彤妣爵				宗彤妣
4293	8804	羊阆車爵			三、四期	羊阆車
4294	8805	◦◦㐅未爵				◦◦㐅未
4295	8806	戈北單爵	安陽武官村	AbⅠ	二期	戈北單
4296	8807	戠北單爵				戠北單
4297	8808	西單亯爵				西單亯
4298	E763	𠃌西單爵		AaⅢ	四期	𠃌西單
4299	8809	戈涉玆爵				戈涉玆
4300	J907	𠯑皿父爵		AbⅡ	四期	𠯑皿父
4301	J908	𠯑皿父爵		AbⅡ	四期	𠯑皿父
4302	E759	粛■旂爵		AaⅠ	二期	粛■旂
4303	8814	◇葡晕爵	安陽（傳）	BaⅢ	三期	◇葡晕
4304	8815	目◇民爵		AaⅡ	三期	目◇民
4305	8527	◇⌐父戊爵		AaⅢ	四期	◇⌐父戊
4306	8834	唐子祖乙爵				唐子祖乙
4307	8835	唐子祖乙爵				唐子祖乙
4308	8836	唐子祖乙爵				唐子祖乙
4309	8843	弓蟲祖己爵		AbⅡ	三、四期	弓蟲祖己

(續表)

編號	著錄號	器名	出土地	型式	期別	銘文
4310	8850	亞豕父甲爵				亞豕父甲
4311	8852	亞僕父乙爵	安陽（傳）	AaⅢ	四期	亞僕父乙
4312	8853	亞䣙父乙爵				亞䣙父乙
4313	8854	亞䣙父乙爵		AaⅢ	四期	亞䣙父乙
4314	8858	亞聿父乙爵	安陽			亞聿父乙
4315	8860	亞□父乙爵				亞□父乙
4316	8864	天曹父乙爵				天曹父乙
4317	8956	天曹父癸爵				天曹父癸
4318	8865	庚豕父乙爵	安陽殷墟M1∶23	AaⅢ	四期	庚豕父乙
4319	8866	犬山父乙爵				犬山父乙
4320	8867	圂犬父乙爵				圂犬父乙
4321	8871	秉盾父乙爵				秉盾父乙
4322	8842	盾倗祖己爵				盾倗祖己
4323	8872	盾倗父乙爵				盾倗父乙
4324	8973	盾倗父癸爵				盾倗父癸

（續表）

編號	著錄號	器名	出土地	型式	期別	銘　文
4325	8937	盾單父己爵				盾單父己
4326	8884	西單父丙爵				西單父丙
4327	8888	亞魚父丁爵	安陽殷墟西區 M1713∶43	AaⅢ	四期	亞魚父丁
4328	8889	亞魚父丁爵	安陽殷墟西區 M1713∶44	AaⅢ	四期	亞魚父丁
4329	8890	亞覃父丁爵		AaⅢ	四期	亞覃父丁
4330	8895	亞獏父丁爵		AaⅢ	四期	亞獏父丁
4331	8926	亞址父己爵				亞址父己
4332	9015	亞丞父己爵	河南上蔡縣田莊村			亞丞父己
4333	8943	亞畢父辛爵				亞畢（告？）父辛
4334	8896	兮建父丁爵				兮建父丁
4335	8898	己竝父丁爵	安陽（傳）	AaⅠ	二、三期	己竝父丁
4336	8899	己竝父丁爵		AaⅠ	二、三期	己竝父丁
4337	8900	己竝父丁爵		AaⅠ	二、三期	己竝父丁
4338	8901	戈埶父丁爵				戈埶父丁
4339	8875	虜册父乙爵	安陽			虜册父乙

(續表）

編號	著錄號	器名	出土地	型式	期別	銘文
4340	8907	廥册父丁爵				廥册父丁
4341	8909	困册父丁爵				困册父丁
4342	8910	玉册父丁爵				玉册父丁
4343	8911	玉册父丁爵				玉册父丁
4344	8913	□册父丁爵				□册父丁
4345	8915	叀庚父丁爵	山東鄒縣小西韋村	AbⅡ	三、四期	叀庚父丁
4346	8929	甲簸父己爵				甲父己簸
4347	8930	辰蠱父己爵				辰蠱父己
4348	8951	叏興父辛爵				叏興父辛
4349	8861	子翌父乙爵				子翌父乙
4350	8954	子翌父壬爵				子翌父壬
4351	8443	子八父丁爵		AaⅡ	三、四期	子八父丁
4352	8961	子◧父癸爵				子◧父癸
4353	8987	子▲乙辛爵				子▲乙辛
4354	8957	何父癸疾爵				何父癸疾

商代青銅器銘文總表　555

（續表）

編號	著錄號	器名	出土地	型式	期別	銘　文
4355	8958	何父癸疾爵		BaⅢ	三、四期	何父癸疾
4356	8959	何父癸疾爵				何父癸疾
4357	8962	北酉父癸爵				北酉父癸
4358	8968	妻鼀父癸爵		AaⅢ	四期	妻鼀父癸
4359	8970	夆𥷚父癸爵				夆𥷚父癸
4360	8972	庚壴父癸爵		AaⅢ	四期	庚壴父癸
4361	8982	耴罨婦妙爵	河南輝縣褚邱	AaⅢ	四期	耴罨婦妙
4362	8983	耴罨婦妙爵	河南輝縣褚邱	AaⅢ	四期	耴罨婦妙
4363	9023	𪓐作父癸爵				𪓐作父癸
4364	E781	史爵爵	山東省滕州市官橋鎮前掌大村商周墓地 M110：4	AaⅢ	四期	史爵作爵
4365	E782	曾𠂤爵	山東省滕州市官橋鎮前掌大村商周墓地 M127：2	AaⅢ	四期	曾𠂤中見
4366	8840	爵耴倗祖丁爵				爵耴倗祖丁
4367	8923	丩盾作父癸爵	安陽（傳）			丩盾作父癸
4368	8993	㝬祖丁父乙爵				㝬祖丁父乙
4369	9007	亞父丁爵				□木亞父丁

(續表）

編號	著錄號	器名	出土地	型式	期別	銘　文
4370	9010	亞向父戊爵				亞向爭父戊
4371	9014	宁啓■父戊爵				啓宁■父戊
4372	9022	子■木父癸爵				子■木父癸
4373	J900	周兴天父己爵	安陽梅園莊南地 M30∶1	AaⅡ	三期	周兴天父己
4374	J906	鄉爵		AbⅡ	四期	鄉作祖壬彝
4375	9049	子册父乙爵				子册翌♤父乙
4376	9050	黿父乙爵				貝唯賜，黿父乙。
4377	9051	黿父乙爵		AaⅢ	四期	貝唯賜，黿父乙。
4378	9055	子糸刀父己爵				子糸父■刀己
4379	9056	秉父庚爵	安陽大司空村			父庚尊秉以宗
4380	9057	秉父庚爵	安陽大司空村			父庚尊秉以宗
4381	E787	丏爵	陝西麟游縣九成宮鎮後坪村	AbⅡ	四期	丏用作父乙彝。
4382	9072	蠢册父丁爵		AaⅢ	四期	作父丁尊彝。蠢册。
4383	9074	耳衔父庚爵				耳衔父庚 百七六八
4384	9084	又叔父癸爵		AbⅡ	四期	又叔父癸朕母
4385	9085	又叔父癸爵		AbⅠ	二、三期	又叔父癸朕母
4386	9090	者妅爵	河南（傳）	Bb	四期	亞醜者妅大子尊彝

（續表）

編號	著錄號	器名	出土地	型式	期別	銘文
4387	9088	子戀父乙爵		AbⅡ	四期	子戀在㽙作文父乙彝
4388	9092	婦闌爵				婦闌作文姑日癸尊彝，冀。
4389	9098	姒瓦爵		AbⅡ	四期	乙未，王賞姒瓦，在寢，用作尊彝。
4390	9101	寢魚爵	河南安陽市孝民屯商墓M1713∶50	AbⅡ	四期	亞魚。辛卯，王賜寢魚貝，用作父丁彝。
4391	E793	亞角	安陽劉家莊M1046∶18	BⅠ	四期	亞
4392	7756	㑹角		BⅠ	三、四期	㑹
4393	7757	㑹角				㑹
4394	7758	㑹角		BⅠ	三、四期	㑹
4395	E794	史角	山東省滕州市官橋鎮前掌大村商周墓地（M11∶110）	BⅠ	四期	史
4396	E795	史角	山東省滕州市官橋鎮前掌大村商周墓地（M11∶114）	BⅠ	四期	史
4397	7793	亞虞角		A	三期	亞虞
4398	7794	亞虞角		BⅠ	三期	亞虞
4399	J832	亞址角	安陽郭家莊M160∶144	BⅠ	三期	亞址
4400	J833	亞址角	安陽郭家莊M160∶153		三期	亞址
4401	J834	亞址角	安陽郭家莊M160∶151		三期	亞址
4402	J835	亞址角	安陽郭家莊M160∶146	BⅠ	三期	亞址
4403	J836	亞址角	安陽郭家莊M160∶145	BⅠ	三期	亞址
4404	J837	亞址角	安陽郭家莊M160∶142	BⅠ	三期	亞址
4405	J838	亞址角	安陽郭家莊M160∶143	BⅠ	三期	亞址

(續表)

編號	著錄號	器名	出土地	型式	期別	銘文
4406	J839	亞址角	安陽郭家莊M160：141	BⅠ	三期	亞址
4407	J840	亞址角	安陽郭家莊M160：125	BⅠ	三期	亞址
4408	J841	亞址角	安陽郭家莊M160：124		三期	亞址
4409	7936	父己角		BⅠ	三、四期	父己
4410	8169	巤叔角	山東費縣（傳）	BⅠ	四期	巤叔
4411	8337	巤祖己角		BⅠ	三、四期	巤祖己
4412	8379	巤父乙角				巤父乙
4413	8380	巤父乙角				巤父乙
4414	8381	巤父乙角		BⅠ	三、四期	巤父乙
4415	E798	巤父丁角	山東省滕州市官橋鎮前掌大村商周墓地（M119：39）	BⅠ	四期	巤父丁
4416	8608	巤父辛角		BⅠ	三、四期	巤父辛
4417	8372	陸父甲角		BⅠ	四期	陸父甲
4418	8327	册祖丁角		BⅠ	四期	册祖丁
4419	8383	子父乙角				子父乙
4420	8396	黿父乙角	河南（傳）	BⅠ	三、四期	黿父乙
4421	J872	黿父乙角		BⅠ	三、四期	黿父乙
4422	8589	黿父庚角		BⅠ	三、四期	黿父庚
4423	E797	史父乙角	山東省滕州市官橋鎮前掌大村商周墓地（M18：32）	BⅡ	商末周初	史父乙
4424	E800	史子日癸角	山東省滕州市官橋鎮前掌大村商周墓地（M120：16）	BⅠ	商末周初	史子日癸
4425	E801	史子日癸角	山東省滕州市官橋鎮前掌大村商周墓地（M120：14）	BⅠ	商末周初	史子日癸

(續表)

編號	著錄號	器名	出土地	型式	期別	銘文
4426	8531	凵盾父戊角	安陽（傳）			凵盾父戊
4427	8837	▲丁祖乙角		BⅡ	四期	▲丁祖乙
4428	8857	敢父乙爻角		BⅠ	四期	敢父乙爻
4429	J897	母嬗日辛角		BⅠ	四期	母嬗日辛
4430	E799	母嬗日辛角		BⅠ	四期	母嬗日辛
4431	8882	亞䣝父丙角		Cb	四期	亞䣝父丙
4432	8891	亞弜父丁角				亞弜父丁
4433	8892	亞弜父丁角				亞弜父丁
4434	8894	亞獏父丁角		BⅡ	四期	亞獏父丁
4435	8927	亞古父己角		BⅠ	四期	亞古父己
4436	8874	陸冊父乙爵		BⅠ	四期	陸冊父乙
4437	J902	虜冊父庚角		BⅠ	三、四期	虜冊父庚
4438	8984	聑䢅婦䋣角	河南輝縣褚邱	Ca	四期	聑䢅婦䋣
4439	9008	亞㒳父丁角		BⅠ	四期	亞㒳父丁叙
4440	9064	冊弜祖乙角		BⅠ	三、四期	冊弜作祖乙，亞戈。
4441	J910	婦闌角		Cb	四期	婦闌文姑尊彝

(續表)

編號	著錄號	器名	出土地	型式	期別	銘　文
4442	9093	婦闌角		Ca	四期	婦闌作文姑日癸尊彝，冀。
4443	9100	瓬作父癸角				甲寅，子賜瓬貝，用作父癸尊彝。奄。
4444	9102	葡亞作父癸角		BⅡ	四期	丙申，王賜葡亞虤冥貝，在㲋，用作父癸彝。
4445	9105	宰㭱角		BⅡ	四期	庚申，王在闌，王格，宰㭱從。賜貝五朋，用作父丁尊彝。在六月，唯王廿祀翌又五。庸冊。
4446	9106	黽斝		Bb	二期	黽
4447	9107	齒斝				齒
4448	9108	人斝		AaⅢ	二期	人
4449	9109	失斝				失
4450	9110	襄斝	安陽侯家莊西北岡M1400			襄
4451	9111	兒斝				兒
4452	9112	卂斝				卂
4453	9113	奚斝				奚
4454	E804	耳斝		AaⅠ	中商	耳
4455	9114	匿斝		AaⅡ	二期	匿
4456	9115	匿斝		AaⅡ	二期	匿
4457	9116	何斝				何
4458	9117	何斝				何
4459	9118	𣪘斝		AaⅡ	二期	𣪘
4460	9119	立斝				立

商代青銅器銘文總表　561

（續表）

編號	著錄號	器名	出土地	型式	期別	銘文
4461	9120	北斝		AbⅠ	二期	北
4462	9121	鄉斝		AbⅠ	二期	鄉
4463	9122	臣斝		AaⅢ	二、三期	臣
4464	9123	叟斝		AaⅢ	二期	叟
4465	9124	聿斝				聿
4466	9125	史斝				史
4467	9126	爰斝	安陽（傳）	AaⅢ	三期	爰
4468	J916	爰斝	安陽戚家莊東 M269∶42	AaⅢ	三期	爰
4469	9127	昌斝	安陽殷墟M5∶861	AaⅢ	二期	昌
4470	9128	興斝		Bb	二期	興
4471	9129	興斝				興
4472	9130	正斝				正
4473	9131	正斝		AbⅠ	二期	正
4474	9132	躄斝		AaⅢ	二期	躄
4475	E805	躄斝		AbⅠ	二期	躄
4476	9133	徙斝	河南溫縣小南張村	AbⅠ	二期	徙
4477	9134	奄斝				奄
4478	9135	鳥斝				鳥
4479	9136	梟斝				梟
4480	9137	冊斝				冊
4481	9138	冊斝				冊
4482	9139	𠦪斝				𠦪
4483	9140	戈斝	河南輝縣褚邱村	CⅡ	四期	戈
4484	9141	⌘斝		Bb	二期	⌘
4485	9142	葡斝	安陽（傳）			葡
4486	9144	𦫵斝	安陽（傳）	AaⅢ	二、三期	𦫵

（續表）

編號	著錄號	器名	出土地	型式	期別	銘　文
4487	9145	▽斝		AbⅡ	三期	▽
4488	9146	亯斝		AbⅠ	二期	亯
4489	9147	册斝		Bb	二期	册
4490	9148	⊛斝		AaⅡ	二期	⊛
4491	9149	◇斝		AbⅠ	二期	◇
4492	9150	串斝		CⅡ	四期	串
4493	9151	下斝				下
4494	9155	臭斝				臭
4495	J916	斝		AbⅠ	二期	
4496	J923	旅斝		AbⅠ	二期	旅
4497	9152	戍斝		AaⅢ	三期	戍
4498	9153	戍斝		AaⅢ	二、三期	戍
4499	9154	癸斝				癸
4500	9143	亞羍斝	安陽大司空村 M539：35	AbⅠ	二期	亞羍
4501	9156	亞矣斝		AbⅡ	三期	亞矣
4502	9157	亞矣斝	安陽侯家莊西北岡M	AaⅢ	二期	亞矣
4503	9158	亞矣斝		AaⅢ	二期	亞矣
4504	9159	亞䚖斝		AaⅡ	三期	亞䚖
4505	9164	亞獏斝	安陽			亞獏
4506	9163	亞舁斝	安陽殷墟M5：1197	AaⅢ	二期	亞舁
4507	9162	亞⌇斝				亞⌇
4508	9160	亞酉斝				亞酉
4509	9177	亞母斝	安陽（傳）	AbⅠ	二期	母亞
4510	9161	亞斂斝		AbⅠ	二期	亞斂
4511	J919	亞址斝	安陽郭家莊M160：111	BaⅡ	三期	亞址
4512	J920	亞址斝	安陽郭家莊M160：173	BaⅡ	三期	亞址

(續表)

編號	著錄號	器名	出土地	型式	期別	銘文
4513	E808	亞長斝	安陽花園莊 M54：43	Ba I	二期	亞長
4514	9224	子㯱斝	安陽殷墟 M5：317	Aa Ⅲ	二期	子㯱
4515	9174	子漁斝	安陽殷墟 M18：17	Ab I	二期	子漁
4516	9173	子媚斝				子媚
4517	9172	子蝠斝				子蝠
4518	9165	祖戊斝		C I	四期	祖戊
4519	9166	祖己斝				祖己
4520	J917	祖己斝	河南武陟縣寧郭村	I	三期	祖己
4521	9167	父乙斝				父乙
4522	9168	父己斝	安陽殷墟西區 M198：6	Ab Ⅱ	三期	父己
4523	9169	父庚斝				父庚
4524	9170	父辛斝				父辛
4525	9171	父癸斝				父癸
4526	9175	冀八斝		C I	四期	冀八
4527	9176	戲冀斝		C I	四期	戲冀
4528	9193	弔黽斝				弔黽
4529	9185	㲋乙斝				㲋乙
4530	9190	免周斝		Aa Ⅲ	三期	免周
4531	9189	⺈斝	安陽郭家灣北地（傳）			⺈
4532	9188	㐬辛斝				㐬辛
4533	9187	戈庚斝				戈庚
4534	9186	魚乙斝				魚乙
4535	9184	酉乙斝				酉乙
4536	9183	酉乙斝		Aa Ⅱ	二期	酉乙
4537	9182	酉乙斝				酉乙
4538	9195	鄉宁斝		Bb	二期	鄉宁
4539	E809	宁葡斝	安陽戚家莊東 M63：15	C I	四期	宁葡

（續表）

編號	著錄號	器名	出土地	型式	期別	銘文
4540	9178	婦好斝	安陽殷墟M5：752	BaⅠ	二期	婦好
4541	9180	婦好斝	安陽殷墟M5：751	AaⅢ	二期	婦好
4542	9179	婦好斝	安陽殷墟M5：855	BaⅠ	二期	婦好
4543	9181	婦好斝	安陽殷墟M5：854	BaⅠ	二期	婦好
4544	9222	司䊆斝	安陽殷墟M5：860	AaⅢ	二期	司䊆
4545	9223	司䊆斝	安陽殷墟M5：857	AaⅢ	二期	司䊆
4546	9194	㚔失斝		CⅡ	四期	㚔失
4547	9196	買車斝			三、四期	買車
4548	9197	車凶斝		AaⅢ	二期	車凶
4549	9200	西單斝		AbⅠ	二期	西單
4550	9198	庿册斝				庿册
4551	9199	聚册斝				聚册
4552	9201	㸚祖丁斝				㸚祖丁
4553	9202	瓢祖丁斝				瓢祖丁
4554	9203	襄祖己斝		CⅠ	四期	襄祖己
4555	9204	豙父甲斝				豙父甲
4556	9205	田父甲斝	山東長清（傳）	CⅡ	四期	田父甲
4557	9227	妣田干斝	安陽薛家莊	CⅠ	四期	妣田干
4558	9208	伋父乙斝				伋父乙
4559	9215	伋父己斝				伋父己
4560	9216	伋父辛斝				伋父辛
4561	9217	伋父辛斝				伋父辛
4562	9209	奄父乙斝		CⅠ	四期	奄父乙
4563	9212	單父丁斝		CⅡ	四期	單父丁
4564	9213	聿父戊斝		CⅠ	四期	聿父戊
4565	9214	保父己斝				保父己
4566	J922	子父辛斝		AaⅢ	二、三期	子父辛

（續表）

編號	著錄號	器名	出土地	型式	期別	銘文
4567	9219	龔父癸罍				龔父癸
4568	9220	鬥父癸罍		CⅠ	四期	鬥父癸
4569	9221	凸父丁罍		CⅡ	四期	凸父丁
4570	9225	亞壴衍罍		CⅠ	四期	亞壴衍
4571	J924	亞䘚址罍	安陽郭家莊M160∶174	CⅠ	三期	亞䘚址
4572	中國	亞䘚址罍		AbⅡ	三期	亞䘚址
4573	J925	亞郒其罍	陝西岐山縣北郭鄉樊村	CⅡ	四期	亞郒其
4574	E812	亞宫丮罍	安陽劉家莊M1046∶20	CⅠ	四期	亞宫丮
4575	9226	臨其𤔲罍				臨其𤔲
4576	9228	亞㚸父丁罍				亞㚸父丁
4577	9232	山U父辛罍				山U父辛
4578	9233	何父癸疾罍				何父癸疾
4579	9234	亞次騶罍		AbⅡ	三期	亞次騶
4580	9235	史眲作彝罍				史眲作彝
4581	9237	光作從彝罍				光作從彝
4582	9238	亞禽示辛罍		CⅠ	四期	亞禽示辛
4583	9231	丩盾作父戊罍				丩盾作父戊
4584	9246	婦闌罍				婦闌作文姑日癸尊彝，龏。
4585	9247	婦闌罍		CⅡ	四期	婦闌作文姑日癸尊彝，龏。

（續表）

編號	著錄號	器名	出土地	型式	期別	銘文
4586	9249	小臣邑斝		CⅡ	四期	癸巳，王賜小臣邑貝十朋，用作母癸尊彝。唯王六祀肜日，在四月。亞矣。
4587	9250	㭉觥				㭉
4588	9251	婦觥		甲AbⅠ	二期	婦
4589	E813	嬪觥		甲AaⅠ	二、三期	嬪
4590	J928	萩觥蓋	安陽後崗M9：1	甲AaⅡ	四期	萩
4591	9259	牢旅觥		甲AaⅠ	二、三期	牢旅
4592	9253	亞若觥				亞若
4593	E814	亞長觥		甲AbⅡ	二期	亞長
4594	9254	𠂤雨觥		甲AaⅠ	二期	𠂤雨
4595	9255	𠂤羊觥		甲AaⅠ	二、三期	𠂤羊
4596	9256	▲賈觥		甲AaⅠ	二、三期	▲賈
4597	9258	宁矢觥		甲AaⅡ	四期	宁矢
4598	1339	婦好觥	安陽殷墟M5：763	甲AbⅠ	二期	婦好
4599	9260	婦好觥	安陽殷墟M5：802	甲AaⅠ	二期	婦好
4600	9261	婦好觥	安陽殷墟M5：779	甲AaⅠ	二期	婦好
4601	9262	喜戚觥		甲AaⅠ	二期	喜戚
4602	9263	𠃊己觥		甲AaⅡ	四期	𠃊己
4603	9264	庚執觥				庚執
4604	9280	婞辛觥	安陽殷墟M5：803	乙	二期	婞辛
4605	9281	婞辛觥	安陽殷墟M5：1163	乙	二期	婞辛
4606	9269	巽父乙觥		甲AaⅡ	四期	巽父乙
4607	9270	巽父乙觥				巽父乙
4608	9284	巽文父丁觥				巽文父丁

（續表）

編號	著錄號	器名	出土地	型式	期別	銘文
4609	9271	山父乙觥		甲B	殷末周初	山父乙
4610	9272	豢父乙觥		甲B	殷末周初	豢父乙
4611	9279	黽父癸觥				黽父癸
4612	9283	册勿❏觥		甲AaⅡ	四期	册勿❏
4613	9291	作母戊觥蓋	河南林縣下莊	甲AaⅡ	四期	作母戊寶尊彝
4614	J930	觥觥	安陽郭家莊M53：4	甲AaⅡ	四期	觥作母丙彝，亞址。
4615	9294	者姒觥		甲B	四期	亞醜，者姒大子尊彝。
4616	9295	者姒觥		甲B	四期	亞醜，者姒大子尊彝。
4617	9301	文嬁己觥		甲AbⅡ	四期	巽，丙寅，子賜□貝，用作文嬁己寶彝，在十月又三。
4618	9305	夅盉		Cb	商末周初	夅
4619	9306	失盉				失
4620	J931	失盉		BbⅠ	三期	失
4621	9307	❏盉		Ca	商末周初	❏
4622	9310	黽盉		Ca	四期	黽
4623	9312	❏盉		Ca	商末周初	❏
4624	9313	矢盉		BbⅡ	四期	矢
4625	9315	左方盉	安陽侯家莊西北岡M1001	Ab	二期晚段	左
4626	9316	中方盉	安陽侯家莊西北岡M1001	Ab	二期晚段	中
4627	9317	右方盉	安陽侯家莊西北岡M1001	Ab	二期晚段	右

(續表)

編號	著錄號	器名	出 土 地	型式	期別	銘　文
4628	9318	甲盉				甲
4629	9319	🅇盉				🅇
4630	9320	🅇盉				🅇
4631	9321	冂盉		Bc	商末周初	冂
4632	9322	爻盉		Ca	商末周初	爻
4633	E817	敉盉	山東省滕州市官橋鎮前掌大村商周墓地 M120∶12	Cb	商末周初	敉
4634	E818	史盉	山東省滕州市官橋鎮前掌大村商周墓地 M11∶101	Ca	商末周初	史
4635	9323	亞醜盉				亞醜
4636	9324	亞醜盉		Bc	商末周初	亞醜
4637	9366	亞醜母盉				亞醜母
4638	9373	亞醜父丁盉		Cb	商末周初	亞醜父丁
4639	9326	亞耑盉		BbⅠ	四期	亞耑
4640	J933	亞址盉	安陽郭家莊 M160∶74	BbⅠ	三期	亞址
4641	9327	巺戜盉	山東費縣（傳）	Bc	四期	巺戜
4642	9330	🅇蟲盉		BbⅡ	四期	🅇蟲
4643	9332	子蝠盉		Cb	四期	子蝠
4644	9333	婦好盉	安陽殷墟 M5∶859	Aa	二期晚段	婦好
4645	9334	婦好盉	安陽殷墟 M5∶837	Ba	二期晚段	婦好
4646	9335	婦好盉	安陽殷墟 M5∶798	Ba	二期晚段	婦好
4647	E823	▲萬盉		Bc	四期	▲萬
4648	9338	子父乙盉	陝西寶雞鬥雞臺	Ca	商末周初	子父乙
4649	9339	子父乙盉				子父乙
4650	9349	子父丁盉		Ca	商末周初	子父丁

（續表）

編號	著錄號	器名	出土地	型式	期別	銘文
4651	9343	堯父乙盉		Ca	商末周初	堯父乙
4652	9344	鬥父乙盉		Ca	商末周初	鬥父乙
4653	E826	武父乙盉	安陽小屯村東北地 F1：1	Aa	一期	武父乙
4654	9350	倗父丁盉				倗父丁
4655	9351	亼父丁盉				亼父丁
4656	9352	奐父丁盉		Bc	商末周初	奐父丁
4657	9365	奐父癸盉		Ca	商末周初	奐父癸
4658	9354	黿父戊盉				黿父戊
4659	9359	黿父癸盉				黿父癸
4660	9356	舍父戊盉				舍父戊
4661	9357	舍父戊盉				舍父戊
4662	9360	狀父癸盉		Ca	商末周初	狀父癸
4663	9363	八父癸盉		Ca	商末周初	八父癸
4664	9374	亞獏父丁盉		Ca	商末周初	亞獏父丁
4665	9375	亞得父丁盉				亞得父丁
4666	9378	亞古父己盉				亞古父己
4667	9379	亞挈父辛盉				亞挈父辛
4668	9346	丩盾父乙盉				丩盾父乙
4669	9370	葡參父乙盉		Cb	商末周初	葡參父乙
4670	9377	聚冊父丁盉		Bc	商末周初	聚冊父丁

(續表)

編號	著錄號	器名	出土地	型式	期別	銘文
4671	9387	子◇☗父甲盉				子◇☗父甲
4672	9389	北單戈父丁盉				北單戈父丁
4673	9403	亞鳥父丁盉		Ca	商末周初	亞鳥宁从父丁
4674	9415	亞睪盉		BbⅠ	三期	亞睪作仲子辛彝
4675	E833	奉盉	山東省滕州市官橋鎮前掌大村商周墓地 M18∶46	BbⅠ	四期	奉擒人方雍伯夗首毛,用作父乙尊彝。史。
4676	9457	失壺		BⅠ	三期	失
4677	9458	先壺				先
4678	9459	叟壺				叟
4679	9460	叟壺				叟
4680	9462	躍壺				躍
4681	9463	躍壺	安陽侯家莊西北岡 M1708	BⅡ	三期	躍
4682	9464	弃壺		BⅡ	三期	弃
4683	9465	興壺		BⅠ	二期晚段	興
4684	9466	興壺		BⅠ	二期晚段	興
4685	9467	夆壺				夆
4686	9468	弔壺				弔
4687	9471	▲壺		BⅠ	二期晚段	▲
4688	9472	戈壺		BⅠ	二期晚段	戈
4689	9473	弓壺		BⅠ	二期晚段	弓
4690	9474	寅壺		BⅠ	二期晚段	寅
4691	E837	×壺		A	中商	×
4692	9475	爻壺				爻

商代青銅器銘文總表　571

(續表)

編號	著錄號	器名	出土地	型式	期別	銘　文
4693	J944	♀壺		BⅠ	二期	♀
4694	9480	旅壺		BⅠ	二期晚段	旅
4695	9484	矣丁壺		BⅠ	二、三期	矣丁
4696	9478	亞佣壺				亞佣
4697	9479	亞弜壺				亞弜
4698	9481	鄉寧壺		BⅠ	二、三期	鄉寧
4699	9482	鄉寧壺		BⅠ	二、三期	鄉寧
4700	9485	子龍壺				子龍
4701	9486	婦好壺	安陽殷墟 M5：863	BⅠ	二期晚段	婦好
4702	9487	婦好壺	安陽殷墟 M5：795	BⅠ	二期晚段	婦好
4703	9509	婦好正壺		BⅠ	二、三期	婦好正
4704	9488	心守壺	河北藁城縣前西關	BⅠ	二、三期	心守
4705	9489	天犬壺				天犬
4706	9490	史旅壺				史旅
4707	9491	盟商壺				盟商
4708	9493	父己壺				父己
4709	J947	箙失壺		BⅠ	二、三期	箙失
4710	9510	司嬃壺	安陽殷墟 M5：794	D	二期晚段	司嬃
4711	9511	司嬃壺	安陽殷墟 M5：807	D	二期晚段	司嬃
4712	9505	䍙父辛壺				䍙父辛
4713	9507	冀兄辛壺				冀兄辛
4714	9508	北單戈壺	安陽（傳）	BⅠ	二、三期	北單戈
4715	E844	史子ｇ壺		BⅠ	二、三期	史子ｇ
4716	9524	丗⌒父丁壺				丗⌒父丁
4717	9544	亞羌壺		C	四期	亞羌作犾彝
4718	9565	亞矢父乙壺				亞矢丩望父乙

(續表)

編號	著錄號	器名	出土地	型式	期別	銘　文
4719	9576	尸作父己壺				☒，尸作父己尊彞。
4720	9566	冰父乙壺				冰作父乙尊彞，號册。
4721	9736	立罍				立
4722	9737	冀罍		AⅢ	四期	冀
4723	9738	妙罍		AⅢ	三、四期	妙
4724	9739	何罍	安陽郭家灣北地（傳）			何
4725	9741	☒罍				☒
4726	9742	得罍	河南洛陽（傳）			得
4727	9743	枲罍		AⅡ	三期	枲
4728	9744	蠢罍				蠢
4729	9745	☒罍				☒
4730	9746	正罍				正
4731	9747	鳶方罍	安陽（傳）	BⅡ	三期	鳶
4732	J976	鳶方罍		BⅡ	三期	鳶
4733	9748	☒罍		AⅢ	三期	☒
4734	E879	☒罍		AⅢ	三期	☒
4735	9749	☒罍		AⅠ	二期	☒
4736	9750	賈罍				賈
4737	9751	宣罍				宣
4738	9752	戈罍				戈
4739	9753	戈罍				戈
4740	9755	戈罍				戈
4741	J975	武方罍		BⅠ	二期	武
4742	9756	☒罍				☒
4743	J973	爰罍	安陽戚家莊東 M269：35	AⅡ	三期早段	爰

商代青銅器銘文總表　573

（續表）

編號	著錄號	器名	出土地	型式	期別	銘文
4744	J974	融罍	山東青州市蘇埠屯 M8：10	AⅡ	三期	融
4745	J977	䇂罍蓋	山西靈石縣旌介村 M2：46		三、四期	䇂
4745		䇂罍	山西靈石縣旌介村 M1：32	AⅢ	三、四期	䇂
4746	E881	毇罍		AⅠ	二期	毇
4747	9762	亞矣罍				亞矣
4748	E883	亞矣方罍		BⅠ	二期	亞矣
4749	9763	亞醜罍		BⅢ	商末周初	亞醜
4750	9764	亞醜罍		AⅢ	四期	亞醜
4751	9765	亞醜方罍		BⅢ	商末周初	亞醜
4752	9766 J979	亞醜罍		AⅢ	四期	亞醜
4753	9767	亞醜罍		AⅢ	四期	亞醜
4754	9768	亞旁罍		AⅡ	三期	亞旁
4755	9769	亞止方罍	安陽（傳）	BⅢ	商末周初	亞止
4756	J978	亞址罍	安陽郭家莊M160：140	AⅢ	三期	亞址
4757	E882	亞伐方罍	陝西漢中市城固縣寶山鎮蘇村小冢（1976CHBSXT：2）	BⅠ	二期	亞伐
4758	E884	亞刊方罍	安陽劉家莊M1046：25	BⅢ	四期	亞刊
4759	9770	冀戱罍	山東費縣（傳）	AⅢ	四期	冀戱
4760	9771	登艸方罍	遼寧喀左縣小波汰溝	BⅢ	商末周初	登艸
4761	9772	又敓方罍		BⅠ	二期	又敓
4762	9773	貴甲罍	陝西武功縣游鳳鎮	AⅢ	三、四期	貴甲
4763	9774	敦▲罍				敦▲
4764	9775	盾得方罍		BⅡ	三期	盾得

(續表）

編號	著録號	器名	出土地	型式	期別	銘文
4765	9776	車☒甖				車☒
4766	9779	日癸甖		AⅢ	三、四期	日癸
4767	9781	婦好方甖	安陽殷墟M5：866	BⅠ	二期	婦好
4768	9782	婦好方甖	安陽殷墟M5：856	BⅠ	二期	婦好
4769	9783	婦姦甖		AⅠ	二期	婦姦
4770	9780	鼓母甖	河南洛陽北窰龐家溝	BⅢ	商末周初	鼓母
4771	9784	子媚甖				子媚
4772	J980	子媚甖		AⅡ	三期	子媚
4773	9785	田父甲甖				田父甲
4774	9786	☒父乙甖				☒父乙
4775	9788	☒父己方甖		BⅢ	商末周初	☒父己
4776	E886	山父己甖	陝西城固縣博望鄉陳邸村	AⅡ	三期	山父己
4777	9790	正☒双甖				正☒双
4778	9792	畬見册甖				畬見册
4779	E885	册言☒甖		AⅢ	四期	册言☒
4780	9793	亞㠱孤竹方甖		BⅢ	商末周初	亞㠱孤竹
4781	9810	孤竹父丁甖	遼寧喀左縣北洞村窖藏	AⅢ	商末周初	父丁,孤竹,亞髟
4782	9794	亞矣鴗婦方甖		BⅡ	三期	亞矣鴗婦
4783	9796	騶父乙甖				騶父乙
4784	9797	騶父丁甖	安陽（傳）	AⅡ	三期	騶父丁
4785	9798	子天父丁甖				子天父丁
4786	9799	Ⅲ子父丁甖				Ⅲ子父丁

商代青銅器銘文總表　575

（續表）

編號	著錄號	器名	出土地	型式	期別	銘文
4787	9806	冀祖辛方罍	山東長清縣興復河	AⅢ	四期	冀,祖辛禹,㚔。
4788	9807	亞高父丁罍				救,亞高父丁。
4789	9808	朋父庚方罍	遼寧小波汰溝	BⅢ	商末周初	朋五罕父庚
4790	9818	者奴方罍		BⅢ	四期	亞𩫏,者奴大子尊彝。
4791	9819	者奴罍				亞𩫏,者奴大子尊彝。
4792	9820	婦闔罍蓋				婦闔作文姑日癸尊彝,冀。
4793	E889	婦婭罍				亞。婦婭作母癸尊彝。朿。冀。
4794	9821	協作父丁罍		BⅢ	商末周初	王由攸田協,協作父丁尊。濛。
4795	9823	智作祖甲罍		AⅢ	商末周初	乃孫智作祖甲罍,其邊𠃬弗述（墜）寶,其作彝。
4796	9828	㚔方彝		AⅡ	三期	㚔
4797	9829	俀方彝				俀
4798	9830	立方彝		AⅠ	二期	立
4799	9831	又方彝	安陽西北岡M1022	AⅡ	三期	又
4800	9832	聿方彝	安陽（傳）	AⅢ	四期	聿
4801	9833	史方彝		AⅠ	二期	史
4802	9834	目方彝		AⅡ	三期	目
4803	9835	耳方彝		AⅢ	四期	耳
4804	9836	鳶方彝		AⅡ	三期	鳶
4805	9837	鼎方彝		AⅡ	三期	鼎

（續表）

編號	著錄號	器名	出土地	型式	期別	銘文
4806	J988	鼎方彝		AⅠ	二期	鼎
4807	J992	鼎方彝		AⅡ	三期	鼎
4808	9838	車方彝				車
4809	9839	枡方彝				枡
4810	9840	戈方彝				戈
4811	9841	戈方彝				戈
4812	9843	𱁬方彝		AⅢ	四期	𱁬
4813	J990	㚔方彝		AⅠ	二期	㚔
4814	J989	旗方彝		AⅡ	三期	旗
4815	J993	𱁷方彝	安陽郭家莊東南 M26:35	AⅠ	二期	𱁷
4816	安陽P36	爰方彝	安陽戚家莊東 M269：22	AⅢ	三期	爰
4817	E895	癸方彝		AⅠ	二期	癸
4818	9845	亞矣方彝		AⅢ	四期	亞矣
4819	J991	亞矣方彝		AⅠ	二期	亞矣
4820	9846	亞舟方彝				亞舟
4821	9847	亞啓方彝	安陽殷墟M5：823	AⅠ	二期	亞啓
4822	9848	亞醜方彝		AⅢ	四期	亞醜
4823	9849	亞醜方彝		AⅢ	四期	亞醜
4824	9850	亞醜方彝		AⅢ	四期	亞醜
4825	9851	亞豕方彝		AⅠ	二期	亞豕
4826	9852	亞羲方彝		AⅢ	四期	亞羲
4827	9853	亞又方彝		AⅡ	三期	亞又
4828	9854	亞𦫵方彝	安陽（傳）	AⅠ	二期	亞𦫵
4829	E899	亞長方彝	河南安陽花園莊東地商墓M54：183	AⅠ	二期	亞長
4830	9855	癸𠂤方彝		AⅢ	四期	癸𠂤

商代青銅器銘文總表　577

（續表）

編號	著錄號	器名	出土地	型式	期別	銘文
4831	9856	鄉宁方彝	河南（傳）	AⅠ	二期	鄉宁
4832	9857	鄉宁方彝		AⅠ	二期	鄉宁
4833	9858	鄉宁方彝		AⅡ	三期	鄉宁
4834	9860	角丂方彝				角丂
4835	9861	婦好方彝	安陽殷墟 M5：849	AⅠ	二期晚段	婦好
4836	9862	婦好偶方彝	安陽殷墟 M5：791	C	二期晚段	婦好
4837	9863	婦好方彝	安陽殷墟 M5：825	AⅠ	二期晚段	婦好
4838	9864	婦好方彝	安陽殷墟 M5：828	AⅠ	二期晚段	婦好
4839	9865	子蝠方彝		AⅢ	四期	子蝠
4840	E898	子豕方彝	河南安陽花園莊東地商墓 M42：2	AⅠ	二期	子豕
4841	E896	凡何方彝		AⅡ	三期	凡何
4842	E897	冊䚄方彝		AⅡ	三、四期	冊䚄
4843	9867	𠂤父庚方彝		AⅢ	四期	𠂤父庚
4844	9868	北單戈方彝			二期	北單戈
4845	9869	❀𤓉末方彝		B	二、三期	❀𤓉末
4846	E900	亞宫卂方彝	安陽劉家莊 M1046：1	AⅢ	四期	亞宫，卂
4847	9871	聑日父乙方彝		AⅢ	四期	聑日父乙
4848	9872	驕父丁方彝				驕父丁
4849	9873	母㚸婦方彝		AⅢ	四期	母㚸婦
4850	E901	母嬻日辛方彝		AⅢ	四期	母嬻日辛

(續表)

編號	著錄號	器名	出土地	型式	期別	銘　文
4851	9874	癸乙方彝		AⅡ	三期	癸。乙。
4852	J994	王屮女叙方彝		AⅢ	四期	王屮女叙
4853	9877	册嬰祖癸方彝				册嬰作祖癸彝
4854	9878	竹壺父戊方彝		AⅢ	四期	竹壺父戊告侃
4855	9879	竹壺父戊方彝		AⅢ	四期	竹壺父戊告侃
4856	9886	亞若癸方彝		AⅢ	四期	亞,受丁,旋乙,若癸,自乙。
4857	9887	亞若癸方彝		AⅢ	四期	亞,受丁,旋乙,若癸,自乙。
4858	9894	戍鈴方彝		AⅢ	四期	己酉,戍鈴尊宜于召康庚,啻九律,啻賞貝十朋、丏犾,用壺丁宗彝。在九月,唯王十祀劦日五。隹來束。
4859	9902	子勺	河南安陽大司空村（傳）			子
4860	9903	配勺		B	三、四期	配
4861	9904	又勺	河南安陽西北M1400			又
4862	9905	鳶勺		B	三、四期	鳶
4863	9906	襄勺				襄
4864	9907	冊勺				冊
4865	9908	日勺		B	三、四期	日
4866	9909	圂勺				圂

（續表）

編號	著錄號	器名	出土地	型式	期別	銘文
4867	E903	爻勺		AⅡ	二、三期	爻
4868	E904	此勺		B	三、四期	此
4869	9910	亞艹勺	河南安陽（傳）	AⅡ	二、三期	亞艹
4870	9911	亞舟勺		AⅢ	四期	亞舟
4871	9912	亞冒勺			二期	亞冒
4872	E905	亞長勺	河南安陽花園莊東地商墓M54∶149	B	二期	亞長
4873	9913	聑日勺		B	三、四期	聑日
4874	9914	子䵼勺				子䵼
4875	9916	婦好勺	河南安陽殷墟M5∶744	AⅠ	二期	婦好
4876	9917	婦好勺	河南安陽殷墟M5∶745	AⅠ	二期	婦好
4877	9918	婦好勺	河南安陽殷墟M5∶743	AⅠ	二期	婦好
4878	9919	婦好勺	河南安陽殷墟M5∶747	AⅠ	二期	婦好
4879	9920	婦好勺	河南安陽殷墟M5∶749	AⅠ	二期	婦好
4880	9921	婦好勺	河南安陽殷墟M5∶748	AⅠ	二期	婦好
4881	9922	婦好勺	河南安陽殷墟M5∶742	AⅠ	二期	婦好
4882	9923	婦好勺	河南安陽殷墟M5∶746	AⅠ	二期	婦好
4883	E906	子天▲單勺		B	三、四期	子天▲單
4884	J1027	▨勺	河北蘄春縣達城鄉柏條鋪村新屋灣	B	三、四期	▨
4885	9941	▨盉		B	二期	▨
4886	9942	▨盉	殷墟西區M355∶5	AbⅡ	三期	▨
4887	9943	侯盉		Aa	二期	侯
4888	9944	車盉				車
4889	9945	▨盉		Aa	二期	▨
4890	9946	戈盉				戈

(續表)

編號	著錄號	器名	出土地	型式	期別	銘　文
4891	9947	廣瓿	陝西岐山縣賀家村 M1∶6	Aa	二期	廣
4892	9948	亞矣瓿	安陽西北岡M	Aa	二期	亞矣
4893	9949	印興瓿	河南安陽（傳）	AbⅡ	三期	印興
4894	9950	戈🅰瓿	殷墟西區M613∶4	AbⅠ	二期	戈🅰
4895	9951	弔龜瓿				弔龜
4896	9952	婦好瓿	殷墟M5∶830	Aa	二期	婦好
4897	9953	婦好瓿	殷墟M5∶796	Aa	二期	婦好
4898	9954	食癸瓿				食癸
4899	9955	又敎瓿				又敎
4900	9956	亞🅰言瓿				亞🅰言
4901	9958	亞車邑瓿				亞車邑
4902	9957	丩盾父戊瓿		Aa	三期	丩盾父戊
4903	10009	車盤				車
4904	10010	⊕盤		AⅡ	三、四期	⊕
4905	10011	束方盤			四期	束
4906	10012	葡盤				葡
4907	10013	鬲盤				鬲
4908	10014	丩盤	安陽（傳）	AⅡ	三、四期	丩
4909	10015	穴盤				穴
4910	10017	舟盤	安陽（傳）	AⅠ	三、四期	舟
4911	10033	旅盤	安陽（傳）	AⅠ	二期	旅
4912	10034	帝盤		AⅠ	二期	帝
4913	E913	此盤		AⅠ	二期	此
4914	E914	史盤	山東省滕州市官橋鎮前掌大村商周墓地 M11∶71	AⅡ	四期	史

商代青銅器銘文總表　581

（續表）

編號	著錄號	器名	出土地	型式	期別	銘文
4915	E915	戈盤		AⅡ	三、四期	戈
4916	10021	亞矣盤				亞矣
4917	10022	亞矣盤		AⅡ	三、四期	亞矣
4918	10023	亞矣盤	安陽（傳）	AⅠ	二期	亞矣
4919	J998	亞址盤	安陽郭家莊M160∶97	AⅡ	三期晚段	亞址
4920	E916	亞夫盤		AⅠ	二期	亞夫
4921	E917	亞丮盤	安陽劉家莊M1046∶8	AⅠ	四期	亞丮
4922	10024	父甲盤		AⅡ	三、四期	父甲
4923	10026	㝬丁盤		AⅡ	三、四期	㝬丁
4924	10028	婦好盤	安陽殷墟M5∶777	AⅠ	二期	婦好
4925	10029	寢㽿盤		AⅠ	二期	寢㽿
4926	10031	鼓寢盤	安陽大司空M539∶20	AⅠ	二期	鼓寢
4927	10032	爻盤				爻
4928	10035	俞舌盤				俞舌
4929	10039	佣父乙盤				佣父乙
4930	10040	黿父乙盤		AⅠ	二期	黿父乙
4931	10041	弔父丁盤				弔父丁
4932	10042	𠬝父戊盤		AⅡ	三、四期	𠬝父戊
4933	10044	鳥父辛盤				鳥父辛
4934	10046	蠱典弜盤				蠱典弜
4935	10047	北單戈盤		AⅠ	二期	北單戈
4936	10051	豆册父丁盤	河南洛陽馬坡（傳）	AⅠ	四期	豆册父丁
4937	9983	𦉨罐	河南安陽殷墟西區M152∶2		四期	𦉨
4938	9984	亞矣罐				亞矣
4939	9985	婦好罐	河南安陽殷墟M5∶852		二期	婦好

（續表）

編號	著錄號	器名	出土地	型式	期別	銘文
4940	4765	八鍑			二期	八
4941	J1043	宁□鍑	河南安陽郭家莊東南 M26：28		二期晚段	宁□
4942	3020	戈盂			二期	戈
4943	10300	罗盂				罗
4944	10301	好盂	河南安陽殷墟 M5：811		二期	好
4945	E960	葡盂				葡
4946	E961	亞長盂	河南安陽花園莊東地商墓 M54：157		二期	亞長
4947	10302	寢小室盂	河南安陽西北岡 M1400		二期	寢小室盂
4948	10286	射婦桑方形器			二期	射婦桑
4949	10345	婀辛方形器	河南安陽殷墟 M5：850		二期	婀辛
4950	10392	史箕			二期	史
4951	J1054	尹箕	河南羅山縣天湖村 M1：16		三期	尹
4952	J1055	斕箕	河南安陽郭家莊東南 M26：24		二期晚段	斕
4953	10393	亞矣箕				亞矣
4954	10394	婦好箕	河南安陽殷墟 M5：869		二期	婦好
4955	10395	蚕典弝箕				蚕典弝
4956	E969	子▲單箕				子▲單
4957	J1056	八器蓋	河南安陽戚家莊東 M269：25		三期早段	八
4958	10346	司嬶器蓋	河南安陽殷墟 M5		二期	司嬶
4959	10347	王作妠弄器蓋	河南安陽殷墟 F11：12		四期	王作妠弄

（續表）

編號	著錄號	器名	出土地	型式	期別	銘文
4960	E967	作冊般黿			四期	丙申，王迏于洹，隻（獲）。王一射，夻射三，率無廢矢。王命寢馗貺于作冊般。曰："奏于庸，作汝寶。"
4961	10343	旅器				旅
4962	10480	嬬器				嬬
4963	10481	妥器				妥
4964	10482	弔器				弔
4965	10483	豙器				豙
4966	10484	羊器				羊
4967	10485	彝器				彝
4968	10486	龍器				龍
4969	10487	旗器				旗
4970	10488	衍器				衍
4971	10489	戈器				戈
4972	10490	栩器				栩
4973	10491	𠙹器				𠙹
4974	10492	↑器				↑
4975	10493	霝器	河南彰德（傳）			霝
4976	10494	夋器				夋
4977	10495	羋器				羋
4978	10496	𤴔器				𤴔
4979	10508	舟器				舟
4980	10510	戎器	河南洛陽（傳）			戎
4981	10511	辜器				辜

584　商代青銅器銘文研究

（續表）

編號	著錄號	器名	出土地	型式	期別	銘　文
4982	10512	辜器				辜
4983	10497	亞醜器				亞醜
4984	10498	亞弜器				亞弜
4985	10344	亞矣器	河南安陽西北岡（傳）			亞矣
4986	10499	父辛器				父辛
4987	10500	父辛器				父辛
4988	10502	鄉宁器				鄉宁
4989	10503	鄉宁器				鄉宁
4990	10504	失卌器				失卌
4991	10505	叉宁器				叉宁
4992	10506	叉宁器				叉宁
4993	10507	聑喦器				聑喦
4994	10509	戈乙器	河南洛陽（傳）			戈乙
4995	10513	子㠯器				子㠯
4996	10514	子夌器				子夌
4997	10515	子蟲器				子蟲
4998	10516	黿父乙器				黿父乙
4999	10517	壹父乙器				壹父乙
5000	10518	子父丁器				子父丁
5001	10519	宂父丁器				宂父丁
5002	10520	糞父丁器				糞父丁
5003	10521	亞父辛器				亞父辛
5004	10522	家父辛器				家父辛
5005	10523	□父辛器				□父辛
5006	10526	册言𠂤器				册言𠂤
5007	10532	戚言父乙器				戚戊言父乙

(續表)

編號	著錄號	器名	出 土 地	型式	期別	銘 文
5008	10535	亞禽父丁器				亞禽父丁
5009	10537	母康丁器				母康丁󰀀
5010	10562	汝母作婦己彝器	陝西鳳翔（傳）			汝母作婦己彝
5011	10570	作父戊器				作父戊彝。亞正冊。
5012	10591	↓戈		乙Aa	晚期	↓
5013	10592	↓戈		乙Aa	晚期	↓
5014	10593	↓戈		乙Aa	晚期	↓
5015	10594	↓戈			晚期	↓
5016	10595	↓戈			晚期	↓
5017	10596	↓戈			晚期	↓
5018	10597	↓戈			晚期	↓
5019	10598	↓戈			晚期	↓
5020	10599	↓戈			晚期	↓
5021	10600	↓戈			晚期	↓
5022	10601	↓戈		乙Aa	晚期	↓
5023	10602	↓戈			晚期	↓
5024	10603	↓戈		乙Aa	晚期	↓
5025	10604	↓戈	安陽侯家莊M1004	乙Aa	晚期	↓
5026	10605	↓戈	安陽侯家莊M1004	乙Aa	晚期	↓
5027	10606	↓戈	安陽侯家莊M1004	乙Aa	晚期	↓
5028	10607	↓戈	安陽侯家莊M1004	乙Aa	晚期	↓
5029	10608	↓戈	安陽侯家莊M1004	乙Aa	晚期	↓
5030	10609	↓戈	安陽侯家莊M1004	乙Aa	晚期	↓
5031	10610	↓戈	安陽侯家莊M1004	乙Aa	晚期	↓
5032	10611	↓戈	安陽殷墟	乙Aa	晚期	↓

（續表）

編號	著錄號	器名	出土地	型式	期別	銘文
5033	10612	↓戈			晚期	↓
5034	10613	↓戈			晚期	↓
5035	10614	↓戈			晚期	↓
5036	10615	↓戈	安陽殷墟西區M727：2	乙Aa	三期	↓
5037	10616	↓戈	山西石樓義牒褚家峪	乙Aa	晚期	↓
5038	10617	↓戈			晚期	↓
5039	10618	↓戈			晚期	↓
5040	10619	↓戈			晚期	↓
5041	10620	↓戈			晚期	↓
5042	10621	↓戈			晚期	↓
5043	10622	↓戈	安陽	乙Aa	晚期	↓
5044	10623	↓戈	安陽侯家莊M1001		二期	↓
5045	10624	↓戈	安陽（傳）		晚期	↓
5046	10625	↓戈	安陽（傳）		晚期	↓
5047	10626	↓戈	安陽（傳）		晚期	↓
5048	10627	↓戈			晚期	↓
5049	E1053	↓戈		乙Aa	晚期	↓
5050	J1062	↑戈	安陽郭家莊M38：2	甲AaⅢ	二期	↑
5051	10628	天戈		甲AaⅡ	二三期	天
5052	10629	天戈		甲BⅠ	二三期	天
5053	10630	天戈		甲AaⅡ	二三期	天
5054	10631	天戈				天
5055	10632	屰戈	安陽（傳）			屰
5056	10633	屰戈				屰
5057	10634	屰戈	安陽（傳）	乙Aa	晚期	屰
5058	10635	亦戈				亦
5059	10636	需戈				需

商代青銅器銘文總表　587

（續表）

編號	著錄號	器名	出　土　地	型式	期別	銘　文
5060	10637	交戈		甲AaⅡ	二三期	交
5061	10638	交戈		甲AaⅣ	四期	交
5062	10639	立戈	安陽	甲AbⅡ	二三期	立
5063	10640	戈	安陽	甲BⅠ	三期	
5064	10641	失戈				失
5065	10642	戈	山西石樓縣義牒	乙Aa	晚期	
5066	10643	軟戈	河北邢臺曹演莊	乙Aa	晚期	軟
5067	10644	卷戈				卷
5068	10645	卷戈	安陽大司空村（傳）			卷
5069	10646	旂戈		乙Aa	晚期	旂
5070	10647	巽戈	安陽	乙Aa	晚期	巽
5071	10648	巽戈		乙Aa	晚期	巽
5072	10649	從戈				從
5073	10650	從戈				從
5074	10651	参戈		甲AbⅢ	二三期	参
5075	10653	旂戈		甲AaⅢ	晚期	旂
5076	10654	黽戈		甲AaⅣ	四期	黽
5077	10655	豕戈		甲AaⅢ	晚期	豕
5078	10656	李戈	安陽			李
5079	10657	李戈		甲BⅠ	三期	李
5080	10658	李戈	安陽	甲BⅠ	三期	李
5081	10659	李戈		甲BⅠ	三期	李
5082	10660	李戈	安陽	甲BⅠ	三期	李
5083	10661	李戈		甲BⅠ	三期	李
5084	10662	李戈		甲BⅠ	三期	李
5085	10663	李戈		甲BⅠ	三期	李
5086	10664	李戈		甲BⅠ	三期	李

(續表)

編號	著錄號	器名	出土地	型式	期別	銘文
5087	10665	臣戈				臣
5088	10666	臣戈	河南中牟縣大壯大村M	甲AbⅡ	一期	臣
5089	10667	臣戈	陝西岐山縣京當窖藏	甲AbⅠ	中商	臣
5090	10668	望戈		甲AbⅡ	二三期	望
5091	E1046	𠆢戈	河南安陽花園莊東地商墓M54：126	甲AaⅡ	二期	𠆢
5092	10669	向戈				向
5093	10670	皇戈	安陽			皇
5094	10671	耳戈				耳
5095	10672	耳戈				耳
5096	10673	叟戈				叟
5097	10674	叟戈	安陽	甲AaⅢ	晚期	叟
5098	10675	叟戈		甲AaⅢ	晚期	叟
5099	10676	叟戈				叟
5100	10677	叟戈				叟
5101	10678	眔戈				眔
5102	E1048	叟戈	河北定州市北莊子商墓M61:14	乙Aa	晚期	叟
5103	10679	豕戈				豕
5104	10680	死戈				死
5105	10681	伇戈				伇
5106	10682	受戈				受
5107	10683	翌戈				翌
5108	10684	爰戈	安陽			爰
5109	E1050	爰戈	安陽戚家莊東M269：1	甲BⅠ	三期	爰
5110	10685	喬戈		甲AaⅣ	四期	喬
5111	10686	茲戈	安陽	甲AaⅢ	晚期	茲

(續表)

編號	著錄號	器名	出土地	型式	期別	銘文
5112	10687	守戈		甲AaⅢ	晚期	守
5113	10688	ᄃ戈		乙Ab	三四期	ᄃ
5114	10689	正戈				正
5115	10690	蟲戈		甲AbⅢ	二三期	蟲
5116	10691	䱉戈				䱉
5117	10693	子戈				子
5118	10694	子戈				子
5119	10695	子戈				子
5120	10696	子戈	安陽大司空村（傳）			子
5121	10697	萬戈	安陽大司空村（傳）			萬
5122	10698	萬戈				萬
5123	10699	萬戈		甲AaⅢ	晚期	萬
5124	10700	萬戈	安陽	甲AaⅡ	二三期	萬
5125	10701	萬戈				萬
5126	J1070	萬戈		乙B	三四期	萬
5127	10702	弔戈	安陽			弔
5128	10703	弔戈				弔
5129	10704	弔戈	安陽	甲AaⅡ	二三期	弔
5130	10705	弔戈				弔
5131	10706	弔戈				弔
5132	10707	𦓝戈				𦓝
5133	10708	𦓝戈				𦓝
5134	10709	𦓝戈				𦓝
5135	J1071	𦓝戈		甲AaⅡ	二三期	𦓝
5136	10710	鴜戈	山西石樓縣義牒褚家峪	甲AaⅢ	晚期	鴜
5137	10711	鳥戈		甲AaⅠ	中商	鳥

（續表）

編號	著錄號	器名	出土地	型式	期別	銘文
5138	J1064	鳥戈	山東沂水縣柴山鄉信家莊	甲 Ab Ⅲ	二三期	鳥?
5139	10712	🐎戈		甲 Aa Ⅲ	晚期	🐎
5140	10713	羊戈	安陽			羊
5141	10714	癸戈	安陽殷墟西區 M692∶14	甲 Aa Ⅱ	二三期	癸
5142	10715	癸戈				癸
5143	E1044	癸戈				癸
5144	10716	宁戈				宁
5145	10717	㡭戈				㡭
5146	10718	㡭戈				㡭
5147	10719	曰戈		甲 Aa Ⅲ	晚期	曰
5148	10720	賈戈	河南羅山天湖村 M11∶25	甲 Aa Ⅱ	二期?	賈
5149	10721	萠戈	安陽	甲 Aa Ⅳ	四期	萠
5150	10722	購戈		甲 Aa Ⅲ	晚期	購
5151	10723	息戈	河南羅山天湖村 M9∶7		三期	息
5152	10724	息戈	河南羅山天湖村 M9∶8	乙 Aa	三期	息
5153	J1067	息戈	河南羅山縣後李村 M43∶4		四期	息
5154	10725	兮戈				兮
5155	10726	丼戈				丼
5156	10727	州戈	安陽	甲 C	三四期	州
5157	10728	葡戈	安陽			葡
5158	10729	戈戈			三四期	戈
5159	10730	戈戈				戈
5160	10731	戈戈		乙 Aa	晚期	戈
5161	10732	戈戈				戈

商代青銅器銘文總表　591

（續表）

編號	著錄號	器名	出土地	型式	期別	銘文
5162	10733	戈戈		甲AbⅡ	二期	戈
5163	10735	我戈				我
5164	10736	我戈				我
5165	10737	我戈		乙Aa	晚期	我
5166	10738	田戈	安陽	甲AbⅢ	三四期	田
5167	10739	田戈	安陽	甲AbⅢ	三四期	田
5168	10740	田戈				田
5169	10741	合戈		甲AaⅡ	二三期	合
5170	10742	合戈				合
5171	10743	合戈	山西石樓縣義牒褚家峪	甲AaⅢ	晚期	合
5172	10744	亶戈		甲AaⅡ	二三期	亶
5173	10745	臯戈		甲AaⅣ	四期	臯
5174	10746	⊗戈				⊗
5175	10747	舟戈				舟
5176	10748	舟戈	安陽武官村	乙Aa	晚期	舟
5177	10749	叀戈				叀
5178	10750	戈				
5179	10751	戈				
5180	10752	戈				
5181	10753	戈				
5182	10754	戈				
5183	10755	斷戈				斷
5184	10756	敊戈	安陽武官村	甲AaⅢ	晚期	敊
5185	10757	斷戈		甲AaⅣ	四期	斷
5186	10758	甗戈		甲AaⅣ	四期	甗
5187	10759	戈				

(續表)

編號	著錄號	器名	出土地	型式	期別	銘文
5188	10760	⚙戈				⚙
5189	10761	⚙戈				⚙
5190	10762	未戈				未
5191	10763	聿戈				聿
5192	10764	秉戈		乙Aa	晚期	秉
5193	10765	册戈	安陽			册
5194	10766	册戈				册
5195	10767	ⅦⅣ戈				ⅦⅣ
5196	10769	齒戈				齒
5197	10770	旜侯戈	安陽	乙Aa	晚期	旜侯
5198	10771	日戈				日
5199	10772	日戈		甲AaⅣ	四期	日
5200	10773	矢戈		乙Aa	晚期	矢
5201	10774	⺈戈	湖北隨縣淅河	甲AaⅠ	中商	⺈
5202	10775	罔戈	甘肅崇信縣于家灣 M3:1			罔
5203	10776	秉戈	安陽	甲AbⅢ	三四期	秉
5204	10777	亢戈				亢
5205	10778	㕣戈				㕣
5206	10779	中戈				中
5207	10780	史戈		乙Ab	四期	史
5208	E1051	史戈	山東省滕州市官橋鎮前掌大村商周墓地 M40:21	乙B	商末周初	史
5209	E1052	史戈	山東省滕州市官橋鎮前掌大村商周墓地 M45:3	乙Aa	商末周初	史
5210	10846	栩戈				栩

(續表)

編號	著錄號	器名	出土地	型式	期別	銘文
5211	10863	亦車戈	安陽	甲AbⅢ	二三期	亦車
5212	10865	亦車戈	安陽			亦車
5213	10874	又戈		甲AaⅢ	晚期	又
5214	E1043	◇戈		甲AaⅣ	四期	◇
5215	E1045	禽戈		乙Aa	晚期	禽
5216	E1047	□戈				□
5217	E1049	丞戈				丞
5218	J1063	中戈		甲AaⅡ	二三期	中
5219	J1065	吹戈		甲AaⅢ	晚期	吹?
5220	J1066	羋戈		甲AbⅢ	二三期	羋
5221	J1068	狄戈		甲AaⅢ	晚期	狄
5222	J1069	包戈		甲C	三、四期	包
5223	10830	亞矣戈				亞矣
5224	10831	亞矣戈	安陽			亞矣
5225	10832	亞矣戈				亞矣
5226	10833	亞矣戈	安陽	甲AaⅢ	晚期	亞矣
5227	10834	亞矣戈				亞矣
5228	10835	亞矣戈				亞矣
5229	10836	亞矣戈				亞矣
5230	10837	亞果戈	安陽	乙Ab	三四期	亞果
5231	10838	亞佣戈	安陽			亞佣
5232	10839	亞甗戈		乙Aa	四期	亞甗
5233	10840	亞犬戈		甲AaⅣ	四期	亞犬
5234	10841	亞🐎戈				亞🐎
5235	10842	亞𢦒戈				亞𢦒
5236	10843	亞受戈				亞受
5237	10844	亞𠬝戈	山東益都蘇埠屯 M1∶15	乙Ab	三期	亞𠬝

(續表)

編號	著錄號	器名	出土地	型式	期別	銘文
5238	10845	亞啟戈	安陽	乙Aa	晚期	亞啟
5239	E1065	亞長戈	河南安陽花園莊東地商墓M54：262	乙Aa	二期	亞長
5240	E1066	亞長戈	河南安陽花園莊東地商墓M54：255	乙Aa	二期	亞長
5241	E1067	亞長戈	河南安陽花園莊東地商墓M54：256	乙Aa	二期	亞長
5242	E1068	亞長戈	河南安陽花園莊東地商墓M54：261	乙Aa	二期	亞長
5243	E1069	亞長戈	河南安陽花園莊東地商墓M54：246	乙Aa	二期	亞長
5244	E1070	亞長戈	河南安陽花園莊東地商墓M54：248	乙Aa	二期	亞長
5245	E1071	亞長戈	河南安陽花園莊東地商墓M54：93	乙Aa	二期	亞長
5246	J1090	亞㳄戈		甲C	三四期	亞㳄
5247	10652	比■戈				比■
5248	10768	■齒戈				■齒
5249	10847	需索戈	河南寶豐縣前瑩村	乙Aa	晚期	需索
5250	10848	失獸戈	安陽	甲AaⅡ	二三期	失獸?
5251	10849	■卂戈	安陽	甲AaⅣ	四期	■卂
5252	10850	天卂戈				天卂
5253	10851	竝开戈	山西石樓縣蕭家塌	乙Aa	晚期	竝开
5254	J1089	鄉寧戈	安陽郭家莊M135:5	乙B	三期	鄉寧
5255	J1091	車觠戈	山西洪洞縣淹底鄉楊岳村(傳)	乙Aa	三四期	車觠
5256	J1093	子黹戈		乙Aa	晚期	子黹
5257	10852	子商戈	安陽			子商
5258	10853	子■戈	安陽	甲AbⅡ	二三期	子■

商代青銅器銘文總表　595

（續表）

編號	著錄號	器名	出土地	型式	期別	銘文
5259	10854	子■戈		甲AaⅣ	四期	子■
5260	10855	子戌戈				子戌
5261	10856	戈己戈	安陽四盤磨M4			己戈
5262	10857	戈馬戈		乙Aa	晚期	戈馬
5263	10858	戈馬戈				戈馬
5264	10859	戈告戈		乙Aa	晚期	戈告
5265	10861	𩰫串戈		乙Aa	晚期	𩰫串
5266	10862	弔黽戈	安陽	甲AbⅢ	二三期	弔黽
5267	10866	車敦戈			三四期	車敦
5268	10867	𢦏合戈				𢦏合
5269	10868	來盾戈				來盾
5270	10869	耳奠戈	安陽	甲AaⅢ	晚期	耳奠
5271	10870	秉盾戈		甲AbⅡ	二三期	秉盾
5272	10871	耳盾戈				耳盾
5273	10872	伐甗戈				伐甗
5274	10873	伐甗戈	安陽	甲AaⅢ	晚期	伐甗
5275	10875	史册戈		甲AaⅣ	四期	史册
5276	10876	亳册戈		乙Aa	晚期	亳册
5277	10878	弓舍戈				弓舍
5278	10879	鼎𠨍戈				鼎𠨍
5279	10880	酉丹戈	安陽	乙Ab	三四期	酉丹
5280	10881	亡終戈	陝西綏德墕頭村	甲AaⅠ	三四期	亡終
5281	10946	亞又敄戈		甲AbⅡ	二三期	亞又敄
5282	10947	亞又敄戈		甲AbⅡ	二三期	亞又敄
5283	10948	亞又敄戈		甲AbⅡ	二三期	亞又敄
5284	10949	亞又敄戈		甲AbⅡ	二三期	亞又敄
5285	10950	亞又敄戈		甲AbⅡ	二三期	亞又敄

（續表）

編號	著錄號	器名	出土地	型式	期別	銘文
5286	10951	亞又敉戈		甲AbⅡ	二三期	亞又敉
5287	11010	亞啓戈		乙Aa	晚期	亞又啓。
5288	11114	亞若癸戈		乙Aa	晚期	亞旋乙，亞若癸。
5289	10952	矞見册戈				矞見册
5290	11115	祖乙戈		甲BⅡ	四期	祖乙、祖己、祖丁。
5291	11392	大兄日乙戈	易州或保定	甲BⅡ	四期或周早	兄日丙、兄日癸、兄日癸、兄日壬、兄日戊、大兄日乙。
5292	11401	大祖日己戈	易州或保定	甲BⅡ	四期或周早	祖日己、祖日己、祖日丁、祖日庚、祖日乙、祖日丁、大祖日己。
5293	11403	祖日乙戈	易州或保定	甲BⅡ	四期或周早	父日己、父日辛、父日癸、仲父日癸、大父日癸、大父日癸、祖乙。
5294	11411	人矛				人
5295	11413	冀矛	河南（傳）	AⅠ	二、三期	冀
5296	11414	李矛				李
5297	11415	李矛		AⅡ	三、四期	李
5298	11416	李矛		AⅡ	三、四期	李
5299	11417	李矛		AⅡ	三、四期	李
5300	11418	李矛				李
5301	11419	李矛	安陽			李
5302	11420	李矛	安陽			李
5303	11421	李矛	安陽（傳）	BaⅡ	三期	李
5304	11422	李矛				李

商代青銅器銘文總表　597

（續表）

編號	著錄號	器名	出 土 地	型式	期別	銘　　文
5305	11423	交矛	安陽殷墟西區 M374∶7	BaⅢ	四期	交
5306	11425	息矛	河南羅山縣天湖村 M9∶10	Bb	四期	息
5307	11426	冚矛	山西靈石縣旌介村 M2∶5	AⅡ	四期	冚
5308	E1256	冚矛	山西靈石縣旌介村 M2∶23	AⅡ	四期	冚
5309	11447	亦車矛	安陽	Bb	三期	亦車
5310	11448	亦車矛				亦車
5311	11449	嚮矛	安陽（傳）	BaⅢ	四期	嚮
5312	11445	北單矛		BaⅠ	二期	北單
5313	11446	北單矛		BaⅠ	二期	北單
5314	11433	亞矣矛		BaⅠ	二期	亞矣
5315	11434	亞矣矛		BaⅠ	二期	亞矣
5316	11435	亞矣矛				亞矣
5317	11436	亞矣矛				亞矣
5318	11437	亞矣矛				亞矣
5319	11438	亞醜矛	山東益都蘇埠屯	AⅡ	三、四期	亞醜
5320	11439	亞醜矛	山東益都蘇埠屯	AⅡ	三、四期	亞醜
5321	11440	亞醜矛	山東益都蘇埠屯	AⅡ	三、四期	亞醜
5322	11441	亞醜矛	山東益都蘇埠屯	AⅡ	三、四期	亞醜
5323	11442	亞醜矛	山東益都蘇埠屯	AⅡ	三、四期	亞醜
5324	11443	亞醜矛	山東益都蘇埠屯			亞醜
5325	11444	亞賽矛				亞賽
5326	E1263	亞長矛	安陽花園莊 M54∶129	AⅠ	二期	亞長
5327	E1258	亞長矛	安陽花園莊 M54∶6	BaⅠ	二期	亞長
5328	E1261	亞長矛	安陽花園莊 M54∶37	AⅠ	二期	亞長
5329	11720	冀鉞	安陽	AaⅡ	二期	冀

(續表）

編號	著録號	器名	出土地	型式	期別	銘文
5330	11721	何鉞	安陽	AaⅡ	二期	何
5331	11722	何鉞		AaⅡ	二期	何
5332	11723	伐鉞		AaⅣ	四期	伐
5333	11724	皇鉞				皇
5334	11725	賈鉞		Ab	二期	賈
5335	11726	兮鉞				兮
5336	J1246	兮鉞		D	二期	兮
5337	11727	蠱鉞		C	二期	蠱
5338	11728	正鉞		AaⅣ	四期	正
5339	11729	戈鉞		AaⅡ	二期	戈
5340	11730	𧘇鉞		C	二期	𧘇
5341	11731	羞鉞		C	二期	羞
5342	11732	▨鉞	陝西綏德墕頭村窖藏	C	二期	▨
5343	11733	牵鉞		AaⅠ	二期	牵
5344	11734	冊鉞	安陽（傳）	AaⅢ	三期	冊
5345	11735	田鉞	安陽（傳）	AaⅢ	三期	田
5346	11736	家鉞		AaⅡ	二期	家
5347	11737	甗鉞		AaⅢ	三期	甗
5348	11738	寅鉞		AaⅡ	二期	寅
5349	11754	▨鉞		AaⅡ	二期	▨
5350	J1245	盉鉞		C	二期	盉
5351	J1247	狽鉞		AaⅣ	四期	狽
5352	11739	婦好鉞	安陽殷墟M5：799	B	二期	婦好
5353	11740	婦好鉞	安陽殷墟M5：800	B	二期	婦好
5354	11741	司嬣鉞			二期	司嬣
5355	11742	亞啓鉞	安陽殷墟M5：1156	AaⅠ	二期	亞啓
5356	11743	亞醜鉞	山東益都蘇埠屯M1：2	B	三期	亞醜

商代青銅器銘文總表　599

（續表）

編號	著錄號	器名	出　土　地	型式	期別	銘　文
5357	11744	亞矣鉞		Ab	二期	亞矣
5358	11745	亞矣鉞	安陽大司空村	Ab	二期	亞矣
5359	11746	亞矣鉞		Ab	二期	亞矣
5360	11747	亞父鉞	安陽	AaⅡ	二期	亞父
5361	11748	亞父鉞		AaⅡ	二期	亞父
5362	11749	亞父鉞		Ab	二期	亞父
5363	E1327	亞長鉞	安陽花園莊M54：581	AaⅡ	二期	亞長
5364	E1328	亞長鉞	安陽花園莊M54：582	AaⅡ	二期	亞長
5365	E1329	亞長鉞	安陽花園莊M54：91	AaⅡ	二期	亞長
5366	E1330	亞長鉞	安陽花園莊M54：86	AaⅡ	二期	亞長
5367	11750	冚父鉞	安陽（傳）	AaⅡ	二期	冚父
5368	11751	龏子鉞		AaⅡ	二期	龏子
5369	11752	子■鉞				子■
5370	11753	伐甗鉞	安陽（傳）	AaⅣ	四期	伐甗
5371	11755	未卩鉞				未卩
5372	11756	堯父乙鉞		B	二期	堯父乙
5373	11759	庚斧				庚
5374	11762	矣斧				矣
5375	11763	矣斧				矣
5376	J1239	羊斧	安陽武官村商代墓葬M259：1			羊
5377	11764	佘錛			二期	佘
5378	11765	佘錛			二期	佘
5379	11766	征錛	安陽（傳）		三、四期	征
5380	11767	盾錛			晚期	盾
5381	11770	↑錛			二期？	↑
5382	11771	↓錛			二期？	↓

(續表)

編號	著錄號	器名	出土地	型式	期別	銘文
5383	11783	虤錛	安陽大司空村		三、四期	虤
5384	11789	子錛				子
5385	11790	門錛	安陽殷墟西區 M907∶5		三期	門
5386	11791	己錛	山東壽光縣益都侯城址			己
5387	11792	己錛	山東壽光縣益都侯城址			己
5388	11793	何錛				何
5389	11794	亞矣錛	安陽			亞矣
5390	11795	亞矣錛				亞矣
5391	11775	亞矣錛			二期	亞矣
5392	11776	亞矣錛			二期	亞矣
5393	11777	亞醜錛			四期	亞醜
5394	11796	亞醜錛				亞醜
5395	11797	亞醜錛	山東益都蘇埠屯 M1∶23			亞醜
5396	11781	弔龜錛	安陽（傳）		晚期	弔龜
5397	11782	弔龜錛	安陽（傳）		晚期	弔龜
5398	11798	戈鑿			三、四期	戈
5399	11801	亞矣鑿				亞矣
5400	11803	☐刀	安陽		二期	☐
5401	11804	豕刀				豕
5402	11805	執刀				執
5403	11806	宁刀				宁
5404	11807	卯刀	山東長清縣興復河		四期	卯
5405	11808	己刀	山東壽光縣益都侯城址		四期	己
5406	11810	亞弜刀				亞弜
5407	11811	亞弜刀			二期	亞弜得
5408	11813	亞矣刀			二期	亞矣

商代青銅器銘文總表　601

（續表）

編號	著錄號	器名	出土地	型式	期別	銘文
5409	E1336	亞長刀	安陽花園莊 M54：88		二期	亞長
5410	11823	↑鐮	山東濟南大辛莊采集			↑
5411	11828	豖鏟				豖
5412	11852	亞矣銅泡	安陽（傳）			亞矣
5413	11853	亞矣銅泡	安陽（傳）			亞矣
5414	11866	先弓形器				先
5415	11867	佥弓形器				佥
5416	11868	斁弓形器				斁
5417	11869	鼻弓形器				鼻
5418	11870	盉弓形器	安陽（傳）			盉
5419	11871	析弓形器				析
5420	11872	亞㢱弓形器				亞㢱
5421	11873	亞㢱弓形器				亞㢱
5422	E1332	亞長弓形器	河南安陽花園莊東 M54：393		二期	亞長
5423	11874	甲冑	安陽侯家莊 M1004			甲
5424	11875	甲冑	安陽侯家莊 M1004			甲
5425	11876	甲冑	安陽侯家莊 M1004			甲
5426	11877	正冑	安陽侯家莊 M1004			正
5427	11878	鼎冑	安陽侯家莊 M1004			鼎
5428	11879	㕢冑	安陽侯家莊 M1004			㕢
5429	11880	合冑	安陽侯家莊 M1004			合
5430	11881	合冑	安陽侯家莊 M1004			合
5431	11882	合冑	安陽侯家莊 M1004			合
5432	11883	合冑	安陽侯家莊 M1004			合
5433	11884	合冑	安陽侯家莊 M1004			合

（續表）

編號	著録號	器名	出 土 地	型式	期別	銘 文
5434	11885	賈冑	安陽侯家莊M1004			賈
5435	11886	賈冑	安陽侯家莊M1004			賈
5436	11887	屮冑	安陽侯家莊M1004			屮
5437	11888	囦冑	安陽侯家莊M1004			囦
5438	11889	旋冑	安陽侯家莊M1004			旋
5439	11890	舟冑	安陽侯家莊M1004			舟
5440	11891	卜冑	安陽侯家莊M1004			卜
5441	11892	↑冑	安陽侯家莊M1004			↑
5442	11893	一冑	安陽侯家莊M1004			一
5443	11894	二冑	安陽侯家莊M1004			二
5444	11895	五冑	安陽侯家莊M1004			五
5445	11896	五冑	安陽侯家莊M1004			五
5446	11897	五冑	安陽侯家莊M1004			五
5447	11898	五冑	安陽侯家莊M1004			五
5448	11899	八冑	安陽侯家莊M1004			八
5449	11831	亞矣鐓	安陽（傳）			亞矣
5450	11903	凡䑣鐓				凡䑣
5451	11912	牽干首				牽
5452	11913	8干首				8
5453	12000	車車飾			三、四期	車
5454	12003	龠車飾				龠

說明：

　　一、本表引用銅器大體截至2007年底。

　　二、本表中的著録號一欄中，僅出數字的皆采自《殷周金文集成》；英文字母J指《近出殷周金文集録》；E指《近出殷周金文集録二編》。

　　三、《集成》、《近出》等著録中定爲殷或商代晚期的銘文而本書未録者，筆者歸入西周時期（或爲僞銘）。本書不再一一臚列。

後　　記

　　此書的主體是我2006年通過答辯的博士學位論文，變動主要是增加了2005年至2007年間公佈的商代銅器銘文資料。另外，偶有少數幾處認識發生改變者作了些修改。

　　捫心自問，這是一部並不完善的書稿。從2006年通過答辯後，一直也沒打算將其出版，原因就是羞於示人。本想將文中一些章節再作砥礪，先行出版一部分商代銅器銘文的專題研究結果，最後總結以"商代銅器銘文研究"的名目出版，似會更對得起這樣的書名。但不知是榮幸還是不幸，出現有不當使用本文結論的情況，於是決定還是先讓其問世罷。

　　行文至此，一些往事出現在記憶中，一些人事是我需要致謝的：

　　感謝導師劉一曼先生。

　　感謝論文開題論證的曹定雲先生、馮時先生、張永山先生、溫明榮先生。

　　感謝學位論文匿名評審的諸位先生。

　　感謝學位論文答辯會的黃天樹先生、曹定雲先生、馮時先生、劉雨先生、溫明榮先生。

　　感謝考古系主任、所長王巍先生。

　　感謝研究生教學秘書劉凱軍女士。

　　感謝推薦參加全國優秀博士學位論文評選的劉釗先生、黃天樹先生、白于藍先生。

　　感謝全國優秀博士學位論文匿名評審的諸位先生。

　　感謝國家哲學社會科學成果文庫的評審先生。

　　感謝上海古籍出版社吳長青先生、繆丹女士；責編顧莉丹博士。

　　囿於學識、能力，雖然此書在撰寫過程中自己花了十分的心力，原始資料的處理已讓人勞頓至極,但結果還是不盡如人意。用力甚勤而收穫甚微,是我自己的體會。也許是研究方法的問題? 研究取向的問題? 或是研究視野的問題? 對自己不入流的研究,唯有自嘲。

回轉過來想想,出版此書的目的,只是對過去十年的一個紀念,僅此而已。